東大寺の新研究2

歴史のなかの東大寺

栄原永遠男
佐藤　信
吉川真司　編

法藏館

序

本書は、先に刊行した『東大寺の新研究1　東大寺の美術と考古』（法藏館、二〇一六年）に続けて、「東大寺の新研究」の第二巻として公刊する「歴史のなかの東大寺」をめぐる最新の研究成果である。

先の第一巻の「序」に詳しいように、本書も、栄原永遠男東大寺史研究所所長を研究代表者とする科学研究費基盤研究（B）「東大寺史の総合的再構成――『東大寺要録』を中心に――」（平成二十四～二十八年度）の研究成果の報告としての性格を持っている。この科学研究費による共同研究では、多くの研究者の参加を得ながら、多岐にわたる内容をもつ東大寺史の基本史料『東大寺要録』の校訂・注釈を進めるとともに、その前提として、東大寺の豊かな歴史・文化を理解するための多方面からの調査・研究を進めてきた。具体的には、東大寺要録研究会を三ヶ月ごとに東大寺総合文化センターにおいて開催し、日本史学・考古学・美術史学・建築史学・仏教史学・国語学・国文学・保存科学など多くの分野にわたる研究者の参加を得て、諸方面からの研究の交流を深め、東大寺史を総合的に再構成する方向をめざしたのであった。

幸い多くの研究者の協力を得ることができ、二日間にわたる毎回の研究会では、東大寺の歴史・文化をめぐる多角的な視野からの新鮮な調査・研究の報告をいただき、率直で大変刺激的な討議が繰り広げられた。東大寺を総合的に理解するために有益なこうした研究成果を、今の段階でまとまった形で提示することには、歴史研究の上でも大きな意義があろうと考えたことが、本「東大寺の新研究」シリーズの企画のもととなった。

本巻では、主に美術・考古系に焦点をあてた前巻に引き続いて、歴史系の諸研究成果をとりまとめている。幸い、いずれも魅力的なテーマの実証的で意欲的な研究成果をいただくことができ、東大寺研究に新しい段階をもたらす達成となったと自負している。編者の一人としては、狭い研究対象にしばられた個別分散型の研究の寄せ集めではなく、いずれも東大寺の歴史・文化の総合的な理解をめざす新たな研究志向にもとづく研究成果となったものと受け止めている。本書が全体として示した東大寺研究の新しい方向性の上に、これから多くの若い研究者によって、さらに多様で新鮮な研究が進められることを、期待したい。

本書が成るにあたっては、多くの方々からのご協力に負うところが大きい。執筆の方々はもとより、科学研究費による研究や東大寺要録研究会にご参加・協力いただいた多くの研究者の方々、科学研究費当局、科研事務局の大阪市立大学、とりわけ様々なご支援をたまわった東大寺ご当局など、皆様に心から感謝・御礼申し上げたい。また、本書の刊行をお引き受けいただき、編集の労を惜しまれなかった法藏館にも、厚く御礼申し上げる。

二〇一七年二月二十日

佐藤　信

歴史のなかの東大寺＊目次

序……佐藤　信　i

第一部　正倉院宝物と東大寺

正倉院織維製品の調庸関係銘文をめぐって
——東大寺要録封戸水田章への展望——……杉本一樹　5
正倉院文書と聖語蔵経巻……佐々田悠　49
正倉院収蔵の東大寺領北陸荘園の図をめぐって……飯田剛彦　79
糞置村開田地図に描かれた条里プランについて……門井直哉　125
奈良国立博物館所蔵　東大寺注進状案（紙背　遠江国条里坪付帳断簡）について……野尻　忠　157

第二部　大仏造顕と東大寺領荘園

大仏料銅産出の歴史的前提……竹内　亮　181

『東大寺要録』の産金記事……遠藤慶太　209
平城京南郊の古代荘園……吉川真司　231
平安期東大寺領庄園の運用とその変遷……中林隆之　263
造東大寺司の停廃……吉江　崇　289
平安前期の東大寺修理造営体制と造寺使・造寺所……飯塚　聡　311

第三部　平安・鎌倉期の東大寺

東大寺僧の伊勢神宮参詣
――その歴史的背景――……斎木涼子　363
伊賀国玉滝杣の成立と四至……熊谷隆之　387
東大寺の封物収納における返抄と下文……佐藤泰弘　411
東大寺の寺域空間にみる中世
――東大寺別所その後――……久野修義　443

東大寺の記録類と『東大寺要録』……横内裕人　473
鎌倉後期の東大寺大勧進をめぐる騒乱事件……小原嘉記　495
近世における東大寺寺内組織と『東大寺要録』……坂東俊彦　521

第四部　正倉院文書と東大寺

紫香楽宮における写経の再検討……栄原永遠男　559
正倉院文書にみえる櫃……渡部陽子　599
正倉院文書からみた僧良弁の実像……濱道孝尚　627
行基・和泉・東大寺
——山林修行と神仏習合を中心に——……古市　晃　681
早良親王・桓武天皇と僧・文人……鷺森浩幸　707

あとがき……吉川真司　731
執筆者紹介　733

歴史のなかの東大寺

第一部　正倉院宝物と東大寺

正倉院繊維製品の調庸関係銘文をめぐって

――東大寺要録封戸水田章への展望――

杉本一樹

はじめに

正倉院には数多くの麻布・絁製の衣服類をはじめとする繊維製品が存する。これが律令制下で生産された調庸に由来することはよく知られている。この点は、正倉院宝物中の調庸銘を系統的に紹介された松嶋順正氏の功績に挙げて帰すべきであろう。すなわち、「正倉院古裂銘文集成」(1)「正倉院御物銘文集」(2)に始まり、畢生の労作というべき『正倉院宝物銘文集成』(3)に結実し、多くの研究者を益してきた。

ここで松嶋氏は、銘文を第一編　帯年号銘文・第二編　無年号銘文・第三編　調庸関係銘文の三部に分かって排列されている。この第三編所収の銘記が、調庸の実例の集大成と評すべきものである。

さて、本稿は『東大寺要録』封戸水田章に見える東大寺封戸のあり方を、現存する正倉院調庸銘から考えてみようとするものである。先回りしていうと、特定の結論――何かがわかった――では終わらず、問題点の発見――こういうわからないことを見つけた――という言説で終わる。

成稿にあたっての再調査は、基本的に松嶋氏が典拠とされた調書類の確認に止まる。また、引用も完全ではないので、松嶋著書を傍らに置いて、必要に応じて参照していただきたい。

検討作業の最初に必要となるのは、衣服や布など、染織品・繊維製品と一括りにされているものについて、どの材料が、当面の課題解決のために使えるのか、それを見分けることであろう。

整理のため、現前する品々が出来上がるまでのプロセスを、次のステージに分けてみよう。

（第一次過程）布・絁の生産から一次製品として完成。

（第一次から第二次への渡りの過程）税として貢納・輸送、検収・保管、払出先へ。

（第二次過程）布・絁を受納・保管。一部は素材として二次製品に加工。

簡略化を旨としたモデルであるから、いろいろとすくい上げられない綾がある。「生産」と一括りにしたなかでも、糸作り、機仕掛け、織り、さらには染めほかの後加工などがあって、調庸銘の分析はここでも効き目を発揮するはずだが、先を急いで枝葉は省略する。

現在、正倉院に伝わる、ということから逆に辿ると、ここにあるものは、第二次過程（何番目かは問わず）に位置することになる。このステージでは、一次製品として保管された布・絁と、二次製品との両様が混在する。二次加工されたものを見分けるのは容易であるとしても、東大寺の封戸からの収取という観点からすれば、それが寺内・寺外のどちらで行なわれたか、換言すれば東大寺の布・絁で作ったものか、製品として外から持ち込まれたか、の違いは大きい。このあたりは少し丁寧に見ていく必要があろう。

因みに、松嶋氏の著書では、一次製品としての銘文（第三編に収載）と、二次製品となってからの銘文（年紀の明らかなものは第一編に、不明のものは第二編に収載）の二つを厳密に分離する方針を優先させ、実際に同一品の上に記された文字でも、二箇所に分けて収録されることが多い。「この品は何なのか」という問いに第一義的に結びつくのは、第一・二編所収の銘文であることが普通であり、これ自体は正当かつ有効な編集方針である。多岐にわたる宝物の全容を概観するのは困難であり、第一編を年代順に、第二編を用途別に排列したことは、読者の利便にとってもおそらく最善の方途であろう。しかも、二次製品（第一・二編）側から一次製品（第三編）側には、「この××は××国調布を用いて作る（第三編××）」の按文を付して参照を求めてあり遺漏はない。

ただ、第三編のほうから、第一・二編への参照、例えば「この調布は、××に仕立てられ、××に使用された」という逆リンクは張られておらず、調庸銘を記した布・絁の使用状況をうかがう手がかりは宝物名称以外にはほとんどない。以下、この点を補うために、最終形である製品別に大きくグループ化して概ね年代順に並べ、その中身を個別に検討していくことにする。その際、『正倉院宝物銘文集成』（以下、『銘文集成』）第三編所収銘文は、▼「品目」《松嶋〇〇：第三編番号》の形式で示し、第一・二編銘文について《一ノ〇〇》《二ノ〇〇》のように編名を付け加えることにする。その他《未収》《新出》等、類推されたい。

第一章　製品グループの検討

第一節　東大寺大仏開眼会用品――天平勝宝四年（七五二）四月九日

【楽衣裳】

正倉院に、東大寺大仏開眼会のさいに使用された楽装束類が多数伝わっていることはよく知られている。すなわち東大寺で天平勝宝四年四月九日に挙行された楽舞の、どの楽（大歌・唐古楽・唐中楽・唐散楽・高麗楽・呉楽・度羅楽）に使用されたものかが明記され、さらに呉楽（伎楽）装束であれば、四部編成のうち、どの部に使用されたものかも記される（《松嶋一ノ五七～二四八、二ノ八六～一七三》）。すなわち開眼会の後、これらの銘文があまり時間をおかずに、伎楽面・面袋と同様に、一斉に記入された状況がうかがわれる。一括納入された後は、東大寺内に保管され、その後の法会の際に繰り返し使用されたと見られ、管理者を示す「東寺綱印」の朱印が捺される例もある。

このように開眼会銘文の記入例が多い割には、材料となった布・絁の調庸銘の知られるものが少ない。開眼会関係とわかるものでは、▼「金剛枠取布衫」《松嶋一三四＝一ノ一〇一》は天平十九年（七四七）十一月、▼「太孤児布衫」《松嶋一三五＝一ノ一二四》は天平十四年十月と、いずれも裾の部分に年紀記載が残り、国印が確認されるが国名未詳である。楽装束の例に入りそうな品々をさらに見ていくと、▼「布襪」《松嶋一三七＝二ノ一三三（5）のうち一隻》は、「百斉月足九月□日」の銘記をもち、類例の多い深型タイプの襪である。天平勝宝四年十月の年紀が記され、某国印を捺す。材料は開眼会より後の調布と推定されるが、襪がいつ製作・使用されたかは不明である。▼「橡地臈纈絁袍」《松嶋一〇六》は、国名不詳の調絁を橡地臈纈染（霞襷鳥文）とし、綿入れ、袷の袍に仕立てたもの。「加美里戸主」の記載から、郷里制廃止以前の、およそ天平十二年以前と推定できる。四月九日に挙行された開眼会の奏楽に使用された衣裳は、単衣が基本であり、北方系の楽装束で本来袷に仕立てるべき襖子を単衣に変えている例もあるので[4]、これは開眼会楽装束ではないと思われる。また、『銘文集成』出版後に、松嶋氏自身が追補された銘文として、半臂（袖無しの上衣）の襴（裾飾り）に使われている臈纈染絁に記された「越前国足羽郡川合郷戸主大伴大人絁壹匹　天平十五年□」の墨書がある（南倉一八五第一三〇号櫃雑三六号B）[5]。

しかし、これらをあわせても僅かな数であることには変わりがない。楽装束の素材としては、絁が多用される。

植物性繊維の麻に比べて経年による劣化・破損の度合いが大きいこと、裁断・縫製の過程で、裁ち落とされたり、隠されたりする銘文も多いことを考慮しても、何らかの事情があると考えられる。

大量の楽衣裳がいつ頃、どこで準備されたか。これまで類を見ない規模での奏楽ということで、雅楽寮の指導のもとでの教習も相応の時間をかけて行なわれたとすれば、並行する装束の準備もそれなりの用意を以て準備されたであろう。その場所として、完成を急ぐ現場である東大寺は相応しいとは思えない。今後、開眼会楽衣裳に使用された錦・綾などの裂の分布状況の検討を経て結論を出すべきであるが、ひとまず寺外の別の場所を想定するほうが自然かと思われる。

なお、開眼会当日に演舞があった林邑楽（南倉一一八）は、楽用品が現在も整理着手に至らず、古櫃に収納されている。▼「夾纈絁」《松嶋一〇七》、▼「夾纈絁」《松嶋一〇八》は国郡司の記載が残り、同一国（同年の可能性あり）からの輸貢にかかる絁の断片かも知れない。▼「林邑楽用物心絁」《松嶋七三》は越中国鳳至郡の調狭絁を心裂に使った製品であろうが、開眼会に遅れること一年半の「天平勝宝五年十月」の年紀をどう理解するのか。興味深いところであるが、その詳細を知ることはできない。

【面袋・両口布袋】

東大寺開眼会で使用された伎楽面は、作家名が記された中央工房作と目される一群のほか、讃岐・周防・相模の国名を記す地方作も伝わり(6)、これらの国が東大寺とどう結びつくかは検討を要するところである。ここでふれるのは、その面を収納した袋である。

調庸銘をもつ材料が使われた面袋のうち、銘記から開眼会所用伎楽面の袋と特定できるのは▼「太孤児面袋」《松嶋一ノ四九》で、基永師作の太孤児面を納めたとある。白布製で綿入れとし、中身に直接触れる内側に絁を用いた袷仕立ての袋で、内側の白絁に甲斐国巨麻郡年未詳の調絁《松嶋七四》が使われる。

同構造の袋では、▼「酔胡従面袋」《松嶋二ノ八五》に讃岐国鵜足郡天平勝宝四年十月の調絁《松嶋一〇〇》が使われる。開眼会より後の材料であり、面名だけを記す方式も開眼会所用面と異なる。白布製の▼「太孤児面袋」《松嶋二ノ八二》も面名のみを記す。布一枚の幅を二つ折りにして底と一辺を縫い閉じる一層簡略な作りで、常陸国多珂郡天平勝宝四年の調曝布《松嶋一九》を用いる。太孤児は童子の役柄で、面のサイズも小さい。「少」（内面にも「小」）の墨書はその注記であろうか。

面の袋には、他に「両口面袋」という宝物名をもち、両口すなわち二方向に開口するタイプもあるが、こちらは楽装束の収納具と見るほうがよい。この一群も、銘記から概ね開眼会面関連と推定されるが《松嶋二ノ一七三・一七四》、この中には下総国相馬郡の調庸合成布二端から作られた▼「両口面袋」《松嶋三三＝二ノ一七四(7)》がある。用布のうち一端は天平十七年十月、もう一端は欠失のため不明であるが、同時期の布であると見てよいだろう。また▼「両口布袋」《松嶋一三三》は、人名の「葛原部直」は、下総や常陸など東国に多く分布する姓で、天平宝字元年に藤原の呼称を避けて定められた「久須波良部」との関係で時期をどのように考えるか。詳細は不明である。

この面袋は二八口、両口面袋は三五口と、正倉院にまとまって伝わっており[7]、銘記には全体として規格の統一が意識されている。開眼会以降、面や装束の新調の機会があるたびに、保管のためまとめて東大寺で作られたものとみるのが穏当であろう。そのための材料も、東大寺から支弁されたと考えておく。

【紅赤布帳】

▼「紅赤布帳」《松嶋一ノ二四》は、大仏開眼会の際に「大仏殿上敷」として使用された帳の部品である。銘記が示すとおり、長さ四丈三尺、五幅を継いで一条に仕立てた製品で、残る四幅分も現存する。帳の復原サイズは、長さは一二・五メートル、幅は三メートルあまり。大仏殿の鋪設に相応しい大きさであるが、床に敷いて人がその上を歩んだか、敷き詰めて使用しただけのことか、実際の使用法は不明である。この五幅のうち、三幅分に天平勝宝二年十月の上総国貲布の調銘が認められる。すなわち[8]▼「紅赤布帳残欠」二張《松嶋四〇、四一＝一ノ二四》は上総国周准郡、▼「紅赤布帳残欠」《松嶋四三》は上総国市原郡の調貲布で、無銘の二幅分も、同品質の布と見られる。五幅とも赤色の染色に紅花を使用したことが確認されているが、銘文には「貲」とだけあって染めに言及せず、帳の製作時に染めたことが推定される。延喜式には縫殿寮の雑染用度の項に「中紅花貲布」の材料が見える。

現在、一幅分に相当する元の調貲布一端の形で整理されている。大きな帳としての取扱いに耐える強度で縫い合わせた五幅のすべてが、自然の損耗等で分離したと見るより、何らかの理由でほどかれたと考えるべきであろう。正倉院文書のなかに、衾を解体して洗濯した例がある[9]。洗濯に限らず、大型の布製品については、用が済めば解体して扱いやすい状態に戻すことが普通に行なわれていたのではなかろうか。

この例では、製品化といっても、一次製品の調貲布と二次製品の帳との隔たりは小さい。東大寺に入っていた布からの製作と考えてよい。

【褥心など】

開眼会には多くの貴顕からの献納品があり、褥つきの献物几が使用された例は少なくなかったはずである。献物几附属以外の褥も併せてここに類収する。

▼「山水図刺繡褥残欠」（中倉九五附属）は、長さ八一センチメートル、幅二一センチメートル以上の褥で、表面は羅を被せて山水鳥魚などの景物を刺繡であらわした華麗な品である。墨書銘に「二尺九□」とあるのが本来の長さであろう。造りやサイズから見て、献物にともなう几褥であろう。この裏裂に年未詳の讃岐国某（寒河ヵ）郡銘のある白絁《松嶋一〇一》が使用されているが、これは製品として東大寺外から入ったものであろう。

▼「白布褥心」《松嶋八三》には信濃国布を用いる。「天平十一年十月」とだけ記され、国名は押された「信濃国印」に拠り、調庸等の種別や郡以下の地名等は不明。長さ二三八センチメートル、幅七一センチメートルの一幅そのままで、同じく「白布褥心」の名で整理されている二張とほぼ同型同大である。この二張の用布は同裂のようで、ともに「南御在所井殿褥」《松嶋二ノ二五四》の銘があり、この仏殿の鋪設に使用されたものと知られる。この文字は、完成後は隠れる位置に比較的大きく記され、製作段階でこの布の用途を示したものであろう。信濃銘の一張は、これとは別裂で、サイズ以外には同種とする直接の根拠を欠くが、伝来を尊重して同種の褥の心裂と見ておきたい。「南御在所」は臨時的な場所[10]、「井殿褥」はある程度恒久的な施設、といった異なるニュアンスが感じられるが、他の銘文中に見える「南院」（第六節参照）との関係を含め、その実態は不明である。使用後は東大寺の什物となったものと見られるが、布の出所は確定しがたい。

▼「紫綾几褥残欠」（南倉一五〇ノ六）は長さ九六センチメートル、幅六四センチメートルの褥で、心に一幅の麻布を用い、ここに天平十六年十月の調布銘がある《松嶋一三一》。製作事情は不明である。

第二節　東大寺仁王会所用屛風袋――天平勝宝五年（七五三）三月二十九日

屛風・屛風袋については、天平勝宝五年の仁王会関係品と、天平勝宝八歳の献納品との二系統が現在知られており、正倉院に伝わる関係品は、銘文と揩文の形式に基づいて概ねこの二群に分類できる。調庸銘を集成した『銘文集成』第三編のなかで一番大きなまとまりをなすのが、屛風袋・屛風本体に関わるものである。

天平勝宝五年三月二十九日（強風のため延引して四月九日）に東大寺で行なわれた仁王会は、中林隆之氏の研究[11]に詳しいが、『続日本紀』にも記事が見える一方で正倉院宝物・正倉院文書のなかにも関係品が散見されるという特徴がある。

仁王会屛風の袋は、▼「揩布屛風袋」《松嶋三三＝一ノ二五七（3）》が上野国碓氷郡・多胡郡の年代不明庸布、▼「同」《松嶋二六＝一ノ二五七（2）》が上野国佐位郡天平感宝元年庸布、▼「同」《松嶋六三＝二ノ二四六》が越後国久疋郡天平勝宝年間庸布である。前の二つの袋と同様の銘記をもち、一連の品として北倉に整理される屛風袋《松嶋一ノ二五七（1）》もまた、調庸銘は見えないが材料としては似た印象を受ける。いずれも中に納められた屛風は伝わらない。

この仁王会における講説に用いた仁王経は、期限に間に合わせるため、興福寺・薬師寺ほかの写経所にも書写作業が割り振られているが、統括プロジェクト本部というべき装束司―仁王会所は、機構的・空間的に造東大寺司に近いことが推定される[12]。ただ、国家的な規模の法会という性格上、これらの庸布は、経費的には東大寺から支出されたものではないと考える。

第三節　聖武天皇大葬関連品――天平勝宝八歳（七五六）五月二日、同十九日

【崩御当日の儀関連品】

五月二日は聖武太上天皇崩御の日である。▼「緋絁櫃覆町形帯」《松嶋九四（1）》は、播磨国飾磨郡の調緋染狭絁（年未詳）、▼《同（2）〜（4）》も同類か。これを用いて製作されたのが櫃覆町形帯で、櫃に覆い布を被せた上から、

あらかじめ縫い合わせた帯でワンタッチ式に押さえる仕掛けのもの。麻布を折り畳んだ心を緋絁で包んで部品を作っている。同類の町形帯・綱が集中的に残り《松嶋 一ノ二七五〜二八〇》、そこには日付のほか「内膳司」（紙箋）、「寮」[13]の表示がある。また▼「緋絁櫃綱布心」も同類と見られ、下総国匝瑳郡年代未詳の調布《松嶋三三》を用いている。しかしそれ以外は、五月二日関係品で正倉院宝物として今に伝わるものは少ない。

葬儀全般については臨時に設置された御装束司が統括したと見られ、製作の担当は、短期集中的に、個別の官司の垣根を越えて行なわれたのではなかろうか。崩御後の法要も、二七日が七大寺、三七日が左右京諸寺、五七日が大安寺、六七日が薬師寺、七七日が興福寺と、諸大寺の持ち回りで営まれた（『続日本紀』）。宝物が東大寺に献納されたのは、七七忌の当日である。このような状況から、五月二日関係品の一般論としては、素材と東大寺との関連はうかがわれないと見ておく。

そのなかで町形帯だけが大量に残っているのは、崩御当日の儀に用いられた後、宝物献納の際の運搬時にも使用されたためではないだろうか。六月二十一日の宝物・薬物奉献に際しては、『国家珍宝帳』所掲で櫃二十九合、種々薬帳所掲で櫃二十一合、あわせて五十合の櫃が東大寺に運ばれたことになる。帯本体には絁紐が取り付けてあるのは、実際の使用にあたって櫃にフィットさせるためかも知れない。時間にゆとりがあれば櫃ごとにサイズ合わせをするのが理想のように見えるが、そこは製品を使用する側の工夫に委ねて、フリーサイズのものをまとめて造るのが現実的である。銘文に「東大寺櫃町形帯　天平勝宝八歳五月二日」とあるので、この町形帯に限っては、五月二日時点で、最終の落ち着き先である東大寺が意識されており、先の案とは逆に東大寺側で用意した材料による可能性がある。

このほか▼「緋絁帯心布」は、半幅に裁った布を四つ折りにして心とし、赤絁で包んだ帯の残片。伊豆国那賀郡の調の商布一段（年代未詳）の銘が半存する《松嶋八六》。別の心布（緋絁付着）である▼「紐心麻布（「綱」は誤植）」には信濃国小県郡の麻布《松嶋八〇》を用い、▼「緋絁帯心布」《松嶋一二九》は、国郡司名の部分のみである。

また正倉院には、同じく緋絁で包んだ紐心麻綱と称する綱の一群も数多く伝わる。これらは大葬関連品と見る案のほか、第五節でふれる御一周忌法要との関連も想定される。すなわち、越後以下二十六カ国の国分寺で営まれる一周忌の道場荘厳の料として、灌頂幡一具・道場幡卌九首・緋綱二条の頒下を天平勝宝八歳十二月に命じているが（『続日本紀』同月己亥二十日条）、この荘厳具のセットは東大寺の荘厳の縮小版と見られ、そこに見える緋綱は東大寺でも使用されたと見られるからである。緋色の帯・綱という点だけでは、製作に関する詳細をうかがうことは困難である。

【佐保山陵における奉葬儀関係品】

次に、五月十九日は天皇を佐保山陵に葬った日である。この日の儀式で使用された花鬘、あるいは師子座・香天子輿を担うための綱・紐類（小朸）が残る《松嶋一ノ二六一〜二六七》。銘記によれば品物は直接東大寺に納められたと読めるが、『続日本紀』に見える当日の供具「師子座、香天子座、金輪幢、大小宝幢、香幢、花縵、蓋繖」全体からすると限定的である。

五月二日の用具の赤色（緋絁）に対し、目に見える違いとして、十九日の用具は緑絁を用いる。ここから某国年未詳の調布▼「緑絁紐心布」《松嶋一三〇》を心に使った紐、無年号の▼「緑絁断片」の銘記《松嶋二ノ三六六》に見える「宝車一車長柄裏□」（納物は現存せず）も、同日関係品に加えることができるだろう。▼「緑絁断片」は讃岐国三木郡の調絁を用いる[14]《松嶋九七》。

【東大寺山堺四至図】

なお、聖武帝崩御後、七七忌以前の寺領施入に関するものでは、同年六月九日の▼「東大寺山堺四至図」（中倉一四）《松嶋一ノ二八》がある。麻布三幅を継いで図が描かれるが、同じ一端の布からの製作と見てよい。一隅に調庸銘の墨書「天平勝宝六年十月」が残る(15)。国郡名ほかは不明であるが、東大寺の材料を使用して寺内で製作されたことが想定される。

第四節　聖武天皇七七忌の東大寺献納宝物・薬物——天平勝宝八歳（七五六）六月二十一日

天平勝宝八歳六月二十一日の聖武天皇七七忌にあたって、献物帳（国家珍宝帳）とともに、天皇遺愛の品をはじめとする宝物が献納された。その数は六百数十点の多数に昇るが、本稿のテーマと関連する品としては、屏風百畳がある。

【屏風袋】

屏風・屏風袋の二系統のうち、前掲の天平勝宝五年の仁王会関係品とならぶ一群である。松嶋氏に簡にして要を得た解説(16)があるので紹介する。構造の説明は仁王会屏風袋にも当てはまるものである。

屏風にはそれぞれ付属の袋があったことは「珍宝帳」に注記してある。現に遺存する袋は、大破、復原修理したもの五十九口で、残欠残片のものが六十数片を数える。いずれも袷《あわせ》仕立の布製で、表面には円形・方形二種の花文を交互に配した褐色の摺模様《すりもよう》をおく、いわゆる揩布袋《かいふふくろ》である。

その形状は、状袋様で両側に襠裂《まちきれ》を入れ、口覆は長く約四〇ないし六〇センチある。袋は庸布で作られている。現に、袋に庸布銘をとどめるものも十数点あり、屏風袋には庸布があてられていることを知る。当時庸布は長二丈八尺（約八三〇センチ）、幅二尺四寸（約六八センチ）を一段《たん》として輸納せられたものである。高さ五尺、広さ一尺八寸前後の六曲屏風を折畳んで納める袷仕立の袋一口を製作するには、二十数尺を必要とする。そして一段の庸布をこれに充用したのは、端裂《はぎれ》の生ずることが少なく、経済的である理由によるものであろう。

袋には表に屏風名を記し、口覆の裏に「占部馬麻呂」または「矢田部咋麻呂」の墨記がある。おそらく両人は、屏風袋の製作者と思われる。（下略）。

松嶋氏の説明にあるように、献納屏風の袋は、記された屏風名、『国家珍宝帳』の記載によって中身との対照が可能となる《松嶋二ノ二四五(1)～(43)》。

庸布銘文について残りのよいものから見ていくと、▼「揩布屏風袋」《松嶋五五＝二ノ二四五(8)》は武蔵国加美郡天平勝宝五年十一月庸布であり、同国横見郡の庸布で作った屏風袋には▼「同」《松嶋五三＝二ノ二四五(32)》、▼「同」《松嶋五一》がある。この二例はともに年代不明であるが、主当国司の記載などから見ると、現在▼「白布　第四〇号」《松嶋五〇》として掲出されている庸布を加えて、同じ天平勝宝五年の武蔵国庸布である可能性がある。ついで▼「同」《松嶋六三＝二ノ二四五(29)》は、胴部（口縁に銘文）に相模国某郡天平勝宝四年ヵ十月の庸布を用いるが、襠裏・裏裂の銘文は別の裂のものであり、国郡年代未詳とみるべきである。▼「揩布屏風袋残欠」《松嶋一一八＝二ノ二四五(38)》、▼「同」《松嶋一三一》は、国名（と厳密には庸布であるか）は不詳であるが、天平勝宝五年の年紀をもつ。▼「同」《松嶋一二〇》も同様に天平勝宝年間のもの。残余の国名不詳▼「揩布屏風袋（残欠）」《松嶋一一五、一一六、一一七、一一九、一二三》も、なお国印や文字を手がかりに精査の余地があるが、天平勝宝四年、同五年庸布の使用は特徴として指摘できるだろう。

現在まで伝わる献納屏風では、その一つである鳥毛立女屏風について、天平勝宝四年の買新羅物解を画面本紙に二次利用していることが知られている[17]。また▼「羊木臈纈屏風」《松嶋一〇五》の画面には「天平勝宝三年十月」の調銘をもつ絁が使用されている（「象木臈纈屏風」〈北倉四四〉も同じ裂を使用）。したがって屏風本体については、この頃を上限、献納の天平勝宝八歳を下限とする製作時期の幅を想定できる。袋についても、庸布の銘文から導かれる時期を見ると、先行する屏風本体のあとを追うように製作が始まったことが推察される。

同じ屏風関連では、下地を形成する屏風下張布・屏風心布がある。

▼「屏風下張布」《松嶋四》は常陸国筑波郡の年代未詳布。貢納者と見られる人名（連名か）を記す。▼「同」《松嶋六》は常陸国交易布（天平勝宝五年）。▼「屏風心布」《松嶋二九》は上野国天平勝宝年間（六年以前）の布。▼「屏風下張布」《松嶋四七》は「上総国勅旨交易布壹段」（年未詳）の、▼「同」《松嶋五六》は「武蔵国民部省交易布一段」の銘記がある。この布は木枠を組んで作った下地骨に直接貼って固定する、いわゆる「骨縛り」の機能を果たすが、その上に紙が貼り重なり、完成品では布の層が完全に隠れるため、この用途には粗い布（延喜内匠寮式の屏風の項では、下張料として商布が見える）が選択される。正倉院における交易布の現存例はここに集中するが[18]、時期の判明するものは、屏風や屏風袋と同じ傾向を示す。

正倉院での実例の範囲では、屏風袋は庸布で作られるのが大勢であるが、庸布の総体的な印象としては、品質的に低く見られていた様子がうかがわれる。調布ないし調庸合成布に比して、織密度の数字に大差はなくとも、手触りが粗い。これは仁王会・献納品に共通する。屏風心布となると、密度はさらに粗く、もう一段下の感がある。ただし、庸布銘文をもつ品のなかには、「天平三年十月」と書かれた▼「白布（函五八ノ一〇）」《松嶋一四一》のように、屏風袋とは別の製品を想定するべきものも含まれる。

屏風の製作に当たった場所として、神亀五年に設置された内匠寮管下の工房を想定する説があり[19]、延喜式制でも同様である[20]。また、材料のなかに民部省が介在する諸国交易布が含まれることも、中央官司製作の傍証となろうか。屏風袋もまた、本体と同じく内匠寮の目の届くところで製作され、袋に納めた姿に製作責任者の名を記したところで製品としての完成形となった。このことが、銘文の書き様から浮かんでくる。

以上、二種類の屏風袋と屏風部品について検討したが、そこで使用された庸布・交易布は、布の状態で東大寺が収取したものではなく、製品として東大寺の外から持ち込まれたものと見るべきであろう。

【薬袋】

天平勝宝八歳（七五六）六月二十一日、宝物奉献と同日に、薬物六十種が目録の『種々薬帳』とともに大仏に献じられた。薬物は袋や裹に入れた上で櫃二十一合に分納されたが、その薬袋に調庸銘を記したものがある。

鍾乳床附属の絁製裹《松嶋一ノ三八八》および麻布製袋《松嶋二ノ七》（縫い目がほどけてかつては裹と思われていた）が現存する。袋のほうには献納当初の斤量銘文が見えないが、いずれも献納時点で用意されたものと見られる。この▼「鍾乳床裹（実は袋）」《松嶋五》は天平勝宝四年十月の常陸国信太郡調布を用いて作る。

芫花は、献納当初は三二四斤二両という大量のものが、いくつもの袋に入れて三つの櫃に分納されていた。「芫花袋」は八口が伝わる（第一号は絁製《松嶋一ノ三九一（1）》。第二～七号は布製、《松嶋一ノ三九一（2）～（7）》。第八号は同前だが現在の所属を異にする《松嶋一ノ三九一（8）》）。このうち、▼「芫花袋　第四号」《松嶋一ノ三九一（4）》は天平十八年十月の相模国調布《新出》[21]を用いて作る。

人参は、五四四斤七両の大量献納であり、いくつもの袋に入れて三つの櫃に分納されていた。「人参袋」四口

《松嶋一ノ三九二(1)～(3)、二ノ一〇》のうち、▼「人参袋　第四号」は天平勝宝四年十月の常陸国鹿嶋郡調曝布《松嶋三》を、▼「人参袋　第二号」は常陸国郡郷年代未詳の調布《新出》[22]を用いて作る。

臈蜜は、献納当初は五九三斤四両。袋に入れて二つの櫃に分納されていた。麻布製の「臈蜜袋」四口《松嶋二ノ二(1)～(4)》のうち、▼「臈蜜袋　第二号」は天平勝宝五年十月の常陸国行方郡調布《松嶋八》を用いて作る。

かつて筆者は、薬物献納と種々薬帳の記載について、鑑真の深い関与を想定した[23]。薬物の知識が豊かで、聖武上皇の病に当たっては看病禅師に加わった鑑真であるが、来朝以来この時期も東大寺戒壇院に止住していた。献納の実質的主体として、一方で光明皇后や出身の藤原氏との関連も考慮せねばならず、布の出所は東大寺と近い可能性があるものの、判別は困難である。

なお、現在薬袋関連として北倉に所属する▼「金青袋」《松嶋二ノ三四》は、甲斐国山梨郡の調絁《松嶋七三》を用いて作る。年代は和銅七年十月と、他の例とかけ離れて古い。金青は岩群青（藍銅鉱）のうち粒度が粗く色の濃いものを指す[24]。その貢進は、文武二年九月乙酉に近江・安芸・長門から、和銅六年五月癸酉に上野からの記事が見える（『続日本紀』）。顔料は、いずれ費消されるものであっても、寺院資財帳に登載管理されるほどの重要物品である[25]。貴重視された金青はなおさらで、袋に納めたまま古くに寺外からもたらされ、大事に使われたものであろう。

【馬鞍】

献納宝物には、百を単位とする数の大刀、弓矢、甲などの武器が含まれている。その中核には天皇の御料や御由緒物があるにせよ、全てをそうとらえる訳にはいかない。全体としては近侍側衛の意味[26]を象徴的に示す威儀物と見立てることができる[27]。そこで、献納の記事はないが、馬鞍をここに類収する。

正倉院には、十具の馬鞍が伝わる。組み上げた鞍の一具を、騎乗の際に馬の背に置いて固定するための腹帯や、馬を御する手綱などに麻布が使用される。▼「馬鞍腹帯　三条」は、一枚の布を横三段に切り分け、折り畳んで帯としたもので、天平勝宝四年十月の常陸国茨城郡調布《松嶋七》から作られる。鞍は、木工・漆工・金工・皮革・染織にわたる複合材料・技法が一体となって製作されるものであり、内蔵寮・大蔵省などで製作されたものが東大寺に入ったと考えられる。

第五節　聖武天皇御一周忌関連品――天平勝宝九歳（七五七）五月二日

聖武天皇の崩御後の葬儀は、京を中心に諸大寺が分担したが、『続日本紀』によれば御一周忌法要は僧一五〇〇余人を東大寺に請じて五月二日に行なわれた。それに先立つ四月四日、道祖王を廃して大炊王を皇太子に立てた日に発せられた勅のなかで、一周忌法要の用品（「周忌御斎種々作物」）の製作に日夜を問わずに精励した諸司の男女に賜物・叙位を行なっている。一連の聖武天皇大葬関係行事が一段落した後は、東大寺では一周忌法要の準備に力を注いだと思われる。

一方、御一周忌関連品は、散華に用いた花籠、大小の灌頂幡・道場幡、幡に附属する鎮鐸と袋など《松嶋一ノ三九五～三〇九》、同種のものが多数正倉院に伝わり、合わせると宝物全体のなかで大きな比率を占める。

【幡】

このなかで長大な「大幡残欠」は、組帯製の垂飾に絁の小籤が縫い付けられ、そこには一周忌の日付とともに幡の配置を示す番付が記してある。ここから当時は「灌頂幡」の名称が使われ、少なくとも当初は十旒以上が存在したことが知られる。そのうち一旒の心裂、▼「緑絁」には、天平勝宝七歳十月の土佐国吾川郡調絁《松嶋一〇三》を使用している。▼「紅布」《松嶋一三五》は、長さ五メートル余、幅約二八センチメートルで、一端を剣先に作り、サイズと形状から大型の幡脚と見られる。素材の調布銘文の一部が残るが、一周忌灌頂幡の形式とは異なり、対象から除外しておく。

御一周忌道場幡は、共通仕様として、用途を記した白綾朱書の題箋（類例は数百枚にのぼる）を備える。身・脚に羅を使用した一旒（一二八号櫃一一号）の、頭部縁の心裂▼「道場幡頭縁心生絹」は、天平勝宝八歳十月の生絹《松嶋一一四》を用いる。身は白地・紫地錦の継分け、脚は紫・黒紫綾ほかを交互に継いだ別の一旒（一二九号櫃一四号）の脚の一部には、遠江国城飼郡の銘のある▼「臈纈絁」《松嶋九〇》を用いる。

なお、聖武天皇御一周忌の際の灌頂幡関連品を入れた「黄絁袷袋残欠」が知られている《松嶋一ノ三〇六・三〇七》。これとは別に、「万僧蓮華会灌頂鎮袋　東大寺」《松嶋二ノ三〇》の銘をもつ▼「黄絁袷幡鎮袋」《松嶋一》も用途を同じくする袋である。これは常陸国筑波郡天平宝字二年十月の調黄絁を折り畳んで袷とし、それを二幅継いで横長の袋としたものである。調銘に見える年代は一周忌法要より後のもので、製作方法も異なる。

【天蓋】

また同じく仏具の一種に天蓋がある。吉字刺繡天蓋と称する華麗な装飾のもの一ないし二具、方形天蓋九張分、八角天蓋三張分が伝わる。大幡が「灌頂幡」と称されることから、頂部に天蓋を備えた形式であったことが推定され、現存天蓋のなかには、一周忌法要のため製作された大幡と一体になるものが含まれるはずであるが、個体に即しての弁別はなされていない。

天蓋は、別に整理される天蓋骨を除いても多くの染織品から構成される。縁に巡らした垂飾の素材に使用された

▼「緑地臈纈絁断片」には、天平二十年十月の調絁銘があり《松嶋一〇四》、但馬国印が押されているようである。臈纈絁片は、あちこちに整理されて全容はうかがえず、ここまでで止めておく。

【その他御一周忌関連品】

一周忌法要用品の製作材料で年紀の明確な例では、天平勝宝七歳、同八歳と、製品の使用時期に近接している。先の『続日本紀』の記事と考えあわせれば、ストックだけでは間に合わず、材料が手に入り次第製作に回された事情がうかがわれる。ここから逆に、天平勝宝七、八歳の年紀の調庸銘ほか、同時期の史料に着目して、一周忌法要関連という極めをつけることも可能なのではなかろうか。

▼「緋絁帳緋絁紐」は、紫地錦の表裂、緋絁裏裂の褥に附属する固定用の紐で、天平勝宝七歳十月の伊豆国田方郡の調緋染狭絁《松嶋八四》を用いる。製品の完成は、ぎりぎり聖武天皇崩御の日付より前と見ることも可能であるが、一周忌法要関係と見るほうが無理はない。

▼「橡絁残欠」《松嶋九三》は、この素材を縦横に継いで帳のように仕立てたものである。方形の形状とすればおよそ一八六センチメートル×二六三センチメートルの大型の製品である。銘文の擬少領榎本連千嶋は、『続日本紀』天平神護元年十月の記事から紀伊国名草郡司と知られ、天平勝宝八歳十月の調橡絁を使用したことがわかる。輸貢時点で染めまで済んでおり、製品化は裁断・縫製の工程のみ、継ぎ合わせの方式が整っておらず、東大寺内での加工と見られる。

▼「浅縹布」《松嶋三五》は上総国朝夷郡の細布、▼「胡粉絵浅縹布幕」《松嶋三六》は上総国長狭郡の細布、ともに天

平勝宝八歳十月の調布一端がそのまま残っている（「胡粉絵」のもう一方の端にも「天平勝宝八歳十月」の墨書が新たに確認された(28)。布を横長に使用した幕、いわゆる帽額《もこう》の類と見られ、《松嶋三五》の銘文「長六丈」から、製品としては一端では間に合わず、長さ方向に継いで製作したことがうかがわれる。二帖が現存するうち、一つだけに白色顔料で勇壮な雲が描かれるが、これは道場である大仏殿の正面に使用されたもの、絵のないものはそれ以外の位置に使われたものという差ではなかろうか。いずれの銘文でも、判読は困難ながら貢納者名が四名記されているように見えるが、これは養老元年格制で二丈一尺を二丁で成端との規定を準用して、四丈二尺の一端を四名で合成した実例と見られる。専当国司名の判読が進んだことで、同じ国司名の見える▼「黄布　函装一」《松嶋三九》が天平勝宝八歳の上総国周准郡の貲布である可能性が高まった。長さ一四七センチメートル、幅六六センチメートル。『整理済古裂明細帳』では茶布の名称で登録されている。

▼「緋絁断片」《松嶋一二》は、「長四丈六尺五寸」「長四丈六尺四寸」と両端の銘に一寸の差はあるが、現存長も記載相当である。天平勝宝八歳十月の銘をもつので、御一周忌関連品に使用されたのと同時期の調絁となるが、特徴ある加工痕はなく、残余の素材として長さを注記したものであろうか。ただ、残り素材が返上されず東大寺に留められたとすれば、元の絁は東大寺の資材からの支出、加工の現場は東大寺内とする想定の傍証となる。

▼「茶絁断片」《松嶋一〇九》は、白絁が褐色となったもの。天平勝宝八歳十月の調絁と見られるが詳細不明。

▼「白布浄衣」は、背に「浄衣」の印文が認められることから宝物名とされたが、形式上は袍である。右前身頃裾・前衽裾にそれぞれ「天平勝宝八歳□」「天平勝宝八歳十月」の銘がある《松嶋一三三を訂正》。袍一領の用布は一丈八尺ほどであり、普通一端の布からまかなえるから、二つの調銘が見られるのは不審であるが、この時期の特殊事情によるか。▼「早袖」《松嶋一二八》は、天平勝宝四年十月と著録されているが、実は天平勝宝八歳十月とす

るのが正しいようである。▼「白布　一一八号櫃」《松嶋四九》は、長さ一三五センチメートル、幅六二センチメートル。天平勝宝八歳十一月の武蔵国橘樹郡調庸合成布である。▼「布断片」《松嶋一四四(1)》は、某国印のある天平勝宝七歳の布だが、詳細は不明である。

【文書ほか】

聖武天皇御一周忌をめぐる動きについては、『続日本紀』に記事が比較的多く見える。その他既知の史料として、正倉院文書に年欠の「染臈纈所解」(29)がある。この文書を受け取った場所で二次文書の天平勝宝八歳九月二十三日「経台注文」(30)が記される。一次文書は臈纈絁三十八匹を染めるための材料を請求するもので（染女三人が作業に従事）、長く保存すべき内容とはいえず、二次利用の時期と大きくは隔たらないと見られる。次に、二次文書が造鋳所に見本の経台を充てた記録であることから、文書の移動範囲は、造東大寺司とその管下の染臈纈所・造鋳所の間に止まったと見られる。どちらも御一周忌関連の「もの」の動きと対応する。

また、大幡の脚端飾りの中から、製作に際して錦の裏打に用いた反故紙が発見された(31)。これも御一周忌関連品であり、文書の内容は、錦の刳形加工を含む「裁物」工程に関する指示書もしくは報告書案である。ある「もの」に言及した文書と、言及された「もの」とが一体となって伝わった背景には、製作を急ぐなかで、指示、材料の入手、報告まで狭い範囲で完結する状況を想定しうる。

なお、「雑材」（南倉一八七琴瑟類残材のうち）は、天平宝字五年〜神護景雲元年頃の造東大寺司の物品出納に関する倉札と推定され(32)、時期は下る史料であるが、調布は百端、綿は千数百屯のオーダーでの出納を記す事例として注目される。

第六節　その他の麻製品

【衣服類】

麻布製の衣服で装飾のないものには労働着・作業着として使用されたものが含まれる。正倉院文書に多くの記事を見るように、写経に従事する経師たちの着用した袍や袴などの衣服は浄衣と称され、使用済みのものが返上される例もある。女丁などによって寺内で製作されたものであろう。

▼「布袍　第三八号」《松嶋三四》は、左袖下の縫い目部分に上総国平群郡大里郷戸主の名と国印があるが、年月の記載をもたず年未詳の布である。▼「白布袍残欠」《松嶋八七》は駿河国富士郡調布の墨書が左袖に残るが、袖口が欠損して年代ほかは未詳である。▼「布衣服残欠」《松嶋四四》は「長倉郷」の記載と国印から上総国武射郡の某年布を用いたことが知られる。

▼「布袴　第一一号」《松嶋六五》は腰の紐付け部分に沿って佐渡国賀茂郡天応元年六月（原調書の九月を採るべきか）の調布銘、▼「布袴　南倉一三六ノ八号」《松嶋七七》は同じ部分に信濃国安曇郡天平宝字八年十月調布銘、▼「布袴　第四号」《松嶋八二》、▼「布袴　南倉一三六ノ九号」《松嶋八二》の二口は同じ部分に天平宝字八年十月銘と信濃国印があり、「臺国□（守カ）」《松嶋二ノ三〇七》の人名を記した▼「白布袴　南倉一三六ノ一一号」《松嶋一三六》は天平勝宝年間某国調布を用いる。

【袋・幞】

▼「布袋　一四号」《松嶋九》は常陸国行方郡天平勝宝五年十月の調布を用いる。二つ折りにして脇と底を綴じた

だけの簡単な作りである。▼「布袋　一五号」《松嶋四三》は、上総国長柄郡または長狭郡の布を用いる。これらは寺内でも製作可能であろう。

▼「布袋　北倉一四六」《松嶋二ノ二〇》は、はじめ薬物の袋に使用された後、紅染衣二十具の収納具に転用されたもの。天平十八年十月の信濃国伊那郡小村郷交易布《松嶋七五の「十年」を訂正》を用いて作る。交易布が布の状態で東大寺に入った、という状況の可能性がどれほどの確率で成立するか判定しがたい。

▼「布袋　南倉一四四ノ一五号」《松嶋二八》には「納紺幕一条」《松嶋二ノ二六三》の記載がある。上野国天平年間の布を用いる（口縁の「天平十四年」と同じ布か未確認）。正倉院には藍染め袷の布幕が伝わり、落書きとみられる墨書がある（「藍袷布幕残欠」《松嶋二ノ二六一》）。東大寺内で製作も可能とみられる一方、紺布幕は軍防令に定める装備（火＝兵士十名ごとに一具）の一種でもあり[33]、幕と袋とが一体となって東大寺に入った可能性もある。

▼「布袋　布袋第一号」《松嶋七八》は天平勝宝二年十月に貢進された信濃国水内郡中男作物の芥子の袋、「布袋衣第四八号」《松嶋七九》は天平十三年十月に貢進された信濃国小県郡の芥子（同じく中男作物であろう）の袋で、生産国から中身とともに民部省に送られた。後者には天平勝宝五年六月四日の検定記があり[34]、同様の銘記をもつ他の品とともにこの芥子は造東大寺司の管理下にあったと見られる。

▼「布幞」《松嶋一〇》は大型の風呂敷包みで、布一幅半を継いで縦一〇三・五センチメートル、横一一五センチメートルとする。このうち半幅のほうに常陸国行方郡の白調曝布銘がある。途中で切断されており、年代未詳である。

以上、袋・幞については、素材の布と東大寺との関連を明確に判定できる事例は見いだせなかった。

【白布】

『正倉院宝物銘文集成』に白布・黄布・紅布・麁布・布（断片）の名で掲出されるものは、計四十四件にのぼり、第三編収録件数の約三割を占める。その多くは古裂整理の過程で発見されたものである。事業の進捗にともなって書き継がれた『整理済古裂明細帳』は、名称については即物的に付す原則であり、『銘文集成』もそれを基本的に継承して項目名としているため、「はじめに」で述べた一次製品・二次製品の弁別は、あらためて個別に見ていくしかない。いくつもの**『フィルター』**を用意して単離していく方法をとっていく。

〖製品の一部〗

▼「白布　第一八号」は、一幅の布で六二五センチメートルの長さがあり、紅絁を縫い付けた痕跡から、もとは紅絁と白布とを縫い合わせた帳や覆いであったと推定される。常陸国行方郡年代未詳の調布を用いる《松嶋二》。

▼「白布　函装五」《松嶋三七》、▼「白布　第二九号」《松嶋四五》、▼「白布　第三〇号」《松嶋四六》は、いずれも九世紀に下った天長五年（八二八）上総国の庸布である。国印の押し方に乱れが感じられる。この三枚にはともに「南院」の墨書がある。《三七》は二一一センチメートル、《四五》は二〇八センチメートル、《四六》は二〇〇センチメートル（幅は六七・五～六九センチメートル）。同じ「南院」銘をもつ白布はあわせて七枚あり《すべて未収》、上記三枚以外に調庸銘はないが、いずれも長さ六尺六寸～七尺に調整され、褥心などに使用された痕跡もうかがわれないため、「南院」で使用された製品と見ておく。この「南院」が、東大寺内の堂舎・施設か、「南寺」と称された香山薬師寺を指すかは不明である。

【一端を丸ごと使う】

▼「白布　第一二号」《松嶋六四》は佐渡国雑太郡天平十一年の調布で、首尾に調銘が残る。長さ一二五三センチメートル、幅七〇センチメートル。[35] 明瞭な加工の痕跡は認められないが、両耳付近に白く汚れの少ない部分が続くので、継ぎ合わせて帳などに使用され、後に元の一端の状態に戻されたものであろう。

▼「白布　函装五七ノ一」《松嶋三二》は、下野国那須郡熊田郷天平十三年の調布。長さ一三二〇センチメートル、幅六九センチメートルであり、既出銘のほか、他端に朱印「下野国印」と墨書「下野国」があり、調布一端の姿を留めている。これとは別に、同年同国郡郷の調布が▼「白布　第二一号」《松嶋三〇》であり、これ自身は長さ四四三センチメートル（幅七〇センチメートル）に切断されているが、「四丈二尺　四幅」の墨書があり、製品としては調布一端を四幅継いで作った帳であったことがわかる。この二つの布は同じ帳を構成していたものであろう。

次に同年隣国の調布に▼「白布　第一一号」《松嶋三三》があり、上野国多古郡の調布を用いる。ここには「東大寺」の墨書《未収》があり、これも同じ帳の部品である可能性がある。二次的に切断されて四五八センチメートル（幅七三センチメートル）となっている。

さらに同じ天平十三年の調布を検すると、▼「白布　第二三号」《松嶋三〇》に行き当たる。長さ一〇六五センチメートル、幅七〇センチメートルであり、下総国匝瑳郡の調庸布を用いるが、同じ輸納者の姓名（年紀記載なし）が▼「白布　第一九号」《松嶋三一》に見える。こちらの長さは一二三五センチメートル、幅七〇センチメートルである。両者がもと一端の白布を切断したもの、即ち二つの銘文が布の両端《はし》に書かれた一対の銘文である可能性は、[36] 筆蹟に相当な違いがあり、布目のようすが異なり、両者とも銘文の左側に端《はし》の切断面が来ることから否定される。しかしこれら天平十三年の布（下野、下総、上野）は一張の帳の構成要素である可能性は残るだろう。

▼「白布　第二四号」《松嶋五八》、▼「白布　第三四号」《松嶋五九》、▼「白布　第八号」《松嶋六〇》、▼「白布　第二三号」《松嶋六一》は、いずれも同じ相模国鎌倉郡（郷違い）の調庸合成布。「第八号」《六〇》に「天平勝宝元年十月」とあるが、他も主当国（郡）司の組み合わせが同じであり、同年のものと推定しておく。《五九》は一二七〇センチメートル、《六〇》は一三〇六センチメートルと一端本来の長さをとどめ、《五八》は一〇八〇センチメートル（幅六八センチメートル）と少し切断、《六一》は二八〇センチメートルと短く切断される（幅は六七～六九センチメートル）。《六一》に「一条　二副　四丈二尺」の墨書があり、前項の例に照らして、布一端を二幅継いだ帳が二条（以上）作られ、のち解体（一部は切断して二次利用）されたような状況が想定できる。

▼「白布　第一〇号」《松嶋一六》は、長さ一三五センチメートル、幅七三センチメートル、天平十五年の常陸国那賀郡調布である。この調銘と途中まで全く同一の墨書が▼「白布　第四五号」《松嶋一七》に見える。半幅に切断され（長さ八九センチメートル、幅三五センチメートル）、下欠となっているが、ここに「天平十五年十月」の墨書のある▼「白布　第五一号」《松嶋一三九》（長さ九一センチメートル、幅三六センチメートル）が接続し、同じ貢納者「雀部奈為麿」の輸貢した一端の両端が揃う可能性がある。

〖天平年間の布〗

以上のフィルタリングを経て、残った白布で年代を知ることができるものを類聚する。郷里制施行期の天平十一年以前のものは、本稿で扱う調庸布のなかでは、年代が古めと言えよう。

▼「白布　函装五八」《松嶋一四一》は長さ二六二・五センチメートル、幅七〇・五センチメートル。「二丈　下」の墨書がある《未収》。現存長はそれより短く、「下」は庸布ゆえの品質表示とも見られるが、調布と大差ないように

見える。天平三年は郷里制下で、現存例のなかでは古い。▼「白布　第一三号」《松嶋五四》は長さ一〇三一センチメートル、幅七一センチメートル。「天平六年十一月」とある。『整理済古裂明細帳』は中央に戯書ありとする。▼「白布　雑六〇号」《松嶋四八》は、長さ一六七・五センチメートル、幅三六センチメートル、安房国平群郡の調布である（『整理済古裂明細帳』では細布）。「天平九年」（半截されて下欠）と見えるが、平群郡は当時、養老二年に上総国から分置された安房国に所属した。天平十三年に再併合された後の、上総国平群郡から貢納した布が布袍《松嶋三四。前出》に使われる。▼「白布　第三六号」《松嶋五七》は、長さ七二七センチメートル、幅六六センチメートル。「大□郷大磯里」から相模国余綾郡と推定する天平十年九月の調庸合成布である。▼「白布　一一八号櫃」《松嶋三五》は、長さ二五〇センチメートル、幅六四センチメートル。天平十八年の上野国群馬郡調布である。「長三丈」「十条」《ともに未収》の墨書があるが、前者と現存長とは隔たりがある。

〔天平勝宝年間の布〕

これまで見た他の製品での使用状況と対比するため類聚する。天平勝宝七歳、同八歳の分については、第五節「聖武天皇御一周忌関連品」も参照されたい。

▼「白布　第二八号」《松嶋一三七》は長さ二二五センチメートル、幅六八センチメートル、天平勝宝元年の布である。▼「白布　第三〇号」《松嶋一四》は長さ一一三センチメートル、幅七二センチメートル、天平勝宝四年の常陸国那賀郡調布である。▼「白布　第一〇号」《松嶋七六》は、長さ二四八センチメートル、幅七一センチメートル。天平勝宝四年信濃国筑摩郡の調庸合成布である。▼「白布」《松嶋一三》は、天平勝宝五年の布であり、寸法等の詳細は明らかでないが、人名（専当郡司）から常陸国行方郡の布と知られる。▼「白布　第四四号」《松嶋一三八》は、長さ一

五六センチメートル、幅三三センチメートル。半幅に切断された布で、下半に「天平勝宝六年十月」の墨書が残る。

▼「白布　第四〇号」《松嶋一八》は、常陸国久慈郡に在住の浮浪人（本貫は下野国河内郡）から徴収し、常陸国から輸貢した調布である。長さ二一五センチメートル（幅六一センチメートル。下耳切断か）と狭く截断される。銘文の「専当国司史生正八位上□」には、天平勝宝四年であれば志貴連秋嶋、同五年であれば高志史広道と、当てはまる候補が類例から知られるが、この両年に絞り込む根拠はそれ以上ない。

▼「白布　第六号」《松嶋一三六》は長さ四五センチメートル（幅七四センチメートル）とやや狭く截断される。勝宝年間に属するが詳細不明。▼「白布断片」《松嶋一四二》は勝宝年間に属し、国郡司の人名が見えるが詳細不明。▼「布断片」《松嶋一四四(2)》は、勝宝年間に属するが詳細不明。

〖その他の白布〗

▼「白布　第二七号」《松嶋三》は、常陸国筑波郡天平宝字七年の調曝布。「四尺一寸」《未収》の墨書があり、長さ一二五センチメートル、幅六九センチメートルは記載相当である。布・絁を問わず、長さを注記した裂の例は多く、一部を使用した残余に寸法を記して次の使用に備える意味であろう。書き入れの前提として、もともとの一端、一匹がそこに存在したことが想定される。▼「白布　第九号」《松嶋一五》は常陸国那賀郡天平宝字元年の調曝布。長さ一二四センチメートル、幅七三センチメートル。

▼「白布　第四号」《松嶋二四》は長さ六七センチメートル、幅七六センチメートル。年代未詳の上野国緑野郡の調布である。ほぼ正方形に裁断された白布は、素材の丈夫さから裏などの用途が想定される。

▼「白布　雑四〇号」《松嶋三八》は、銘文のある長さ六・五センチメートル（布の幅七三センチメートル）のみが帯

状に残る。内容は、宝亀八年段階で上総国周准郡に金光明寺封戸が存在したことを裏付ける貴重な史料である。この断片自身を使おうと思えば、両端の切断面を内側にたたみ込むなり、何らかのほつれ止めを施すなりが必要であろうが、その痕跡は見えない。細布ということでそれなりに気を遣う用途に加工される際には、存在感のありすぎる銘文で、この部分だけ切除されたものが、領収書を切り取った後の耳のような意味で、捨てられずに残った可能性もある。なお▼「布断片」《松嶋一四三》は寸法ほか詳細不明であるが、年号の「□亀元年十月」は、他の調庸布の例から神亀以前とは考えにくく、宝亀元年の調布と見てよい。

▼「白布　一一八号櫃」《松嶋一四〇》は、長さ五二センチメートル、幅は上方が切断されて五二センチメートル。年代未詳の曝布である。▼「麁布　雑九七号」《松嶋八五》は、伊豆国田方郡の布と推定するが、寸法等の詳細未詳。

第七節　絹製品

絁を使用した製品から順に、これまで言及しなかったものについて述べる。

植物性繊維の麻に比べると柔らかく滑らかであるが、それと引き替えに、経年による劣化・破損の度合いが進んで断片化する例が多い。残った銘文のボリュームは相対的に少ないが、麻布より緻密なため、墨書・朱印とも、紙に書いたものほどではないが読みやすい。この項でも、先の【白布】項で試みたフィルタリングの手法を念頭において、順次検討していきたい。

【絁】

製品となったものを挙げていくと、▼「黄絁　緋絁黄絁合縫」《松嶋二七》は、緋絁・黄絁各五幅を表裏に合わせ縫いとした大型の幔・帳の類である（製品の長さ二三メートル以上、幅約二六一センチメートル）。黄絁の一端に調銘が残り、天平勝宝四年の上野国新田郡調黄絁の使用が確認される。▼「赤絁　碧絁赤絁合縫」《松嶋九三》は、碧絁・赤絁を袷仕立てとした製品で、全容は不明であるが、このうちの赤絁一枚に天平十一年丹後国竹野郡の調絁が用いられる。なお、別筆の注記のある「天平六年十月」は、隣り合う別の絁の銘文か。ともにやや古い事例に属する。▼「黄絁白絁袷覆」《松嶋九六》は、製品の長さ二三八センチメートル、幅五四センチメートル。細長い平面をもつ几に敷く褥のような用途が想定され、隅には紐を具える。黄絁の短辺に残る銘文から天平四年阿波国麻殖郡の調黄絁（国印見えず）を用いていることがわかる。何らかの献納品と関連か。これも古い時期に属する。▼「緋絁断片」《松嶋二〇》は、断片とあるが、二幅を継ぎ、長さ二三〇センチメートル、幅一一〇・五センチメートルの製品。帳の類かと思われるが、破損のため緋絁の一幅に「天平十七年十月」の墨書を確認するのみである。▼「白絁幞残欠」《松嶋二三》は、『銘文集成』出版後の調査によって、天平十四年、同十六年の美濃国（不破郡ほか）調絁の銘が確認、追補された(37)。宝物名の「幞」は包みであるが、復原すると絁四幅以上を継ぎ、長さ一〇メートルに達すると推定される長大な製品で、幔ないし帳と呼ぶのが適切かと思われる。

次に、絁一匹＝六丈の状態をうかがわせるものを挙げる。

▼「黄絁」《松嶋八八》は調黄絁一匹が完全な形で伝わった例。長さ一七八三センチメートル、幅五六センチメートル(38)。「遠江国敷智郡竹田郷戸主刑部真須弥調黄絁六丈　天平十五年十月」の銘文は、全く同一のものが両端に残る。一次製品として伝来か。▼「白絁」《松嶋九九》は、天平十八年の讃岐国鵜足郡調絁である。長さ二四八センチメートル、幅五六センチメートル。本来の長さ六丈のうち、一丈に満たない分量しか残っていないが、縫い目など二次製品への加工痕跡は明瞭でなく、帳など加工の手間がさほどかからない製品の部品、もしくは何かに利用され

た残りと見られる。いずれにしても、一次製品である調絁として東大寺内にあった絁一匹からの加工であろう。▼「白絁断片」《松嶋一〇三》は、伊予国越智郡天平十八年調絁。名称に断片とあるが、一幅の絁を裁断した長さ九〇・三センチメートル（幅五四・八センチメートル）の一枚物である。

次に、断片化して十分な情報を得られなかったものをまとめて挙げる。いずれも年代未詳である。▼「緋絁断片」《松嶋二》の二片は、整理の状況から見て同一個体に由来すると見てよい。常陸国筑波郡の調とみられ、国印も押されているようである。同じく帖装六九九号に整理されたなかには「□郷戸主」《未収》の墨書のある緑地臈纈絁断片もあるが、既出（御一周忌【天蓋】の項）の▼「緑地臈纈絁断片」《松嶋一〇四》との関連は不明。同種のものに▼「赤絁断片」《松嶋五三》があり、武蔵国埼玉郡の調絁を用いる。▼「白絁断片」《松嶋八九》は遠江国山名郡の絁、▼「白絁断片」《松嶋九五》は伯耆国会見郡調狭絁である。▼「茶絁断片」《松嶋九八》は讃岐国鵜足郡調絁で、現在茶色を呈するが、本来は白絁。▼「白絁断片」《松嶋一一三》は詳細不明。

【綾】

▼「黄綾断片」《松嶋九一》は小片であるが、近江国調綾（年代未詳）の事例で珍しい。

【調綿】

▼「紙箋」「紙箋断片」《松嶋六六〜七一》はいずれも越中国が貢進した天平勝宝四年、同六年の調綿に添えた紙箋である(39)。東大寺の調綿は、天平宝字年間に行なわれた二部大般若経書写の用度で大きな位置を占め(40)、また新出の倉札の記載（前掲）にも見えるが、ここでは省略する。

第二章　一次製品の抽出と評価

前章では、多くの推測を交えながら製品を逐一検討した。「はじめに」で述べた三つのステージの存在を念頭におき、一次製品として東大寺に入ったものを抽出するための手がかりを得るために行なった作業である。製品化された後に東大寺に入ったものを除外し、東大寺にあった一次製品やそこからの加工が推定されるものを選び、二極に弁別していく。グレーゾーンに属する品はまだ残っているが、今回は八世紀までの資料を対象として、以下の品目を得た。

＊東海道

1遠江国敷智郡竹田郷調黄絁　天平十五年十月《松嶋八八》

2相模国鎌倉郡沼浜郷調布　天平勝宝元年十月カ《松嶋五八》

3相模国鎌倉郡方瀬郷調幷庸布　天平勝宝元年十月《松嶋五九、六〇、六一》

4上総国周准郡某郷貲調　天平勝宝二年十月《松嶋四一》

5上総国周准郡藤部郷貲布調　天平勝宝八歳十月《松嶋三九》

6金光明寺封上総国周准郡額部郷細布調　宝亀八年十月《松嶋三八》

7上総国市原郡某郷貲調　天平勝宝二年十月《松嶋四二》

8上総国朝夷郡満禄郷調細布　天平勝宝八歳十月《松嶋三五》

9上総国長狭郡酒井郷調細布　天平勝宝八歳十月《松嶋三六》
10下総国匝瑳郡磐室郷調庸布　天平十三年十月《松嶋三〇、三一》
11下総国相馬郡大井郷調幷庸布　天平十七年十月《松嶋三三》
12常陸国那賀郡荒墓郷調布　天平十五年十月《松嶋一六、一七、一三九》
13常陸国多珂郡棚藻嶋郷調曝布　天平勝宝四年《松嶋一九》
14常陸国筑波郡某郷黄絁　天平宝字二年十月《松嶋一》
15常陸国筑波郡栗原郷調曝布　天平宝字七年十月《松嶋三》

＊東山道

16美濃国不破郡某郷調絁　天平十四年九月廿日《松嶋一一三》
17信濃国安曇郡前科郷調布　天平宝字八年十月《松嶋七七》
18上野国多古郡八田郷調布　天平十三年十月《松嶋二三》
19上野国新田郡淡甘郷調黄絁　天平勝宝四年十月《松嶋二七》
20下野国那須郡熊田郷調布　天平十三年十月《松嶋二〇、二一》

＊北陸道

21佐渡国雑太郡石田郷曽禰里調布　天平十一年十一月十五日《松嶋六四》
22佐渡国賀茂郡殖栗郷調布　天応元年六月《松嶋六五》

＊山陰道

23丹後国竹野郡鳥取郷深田里調絁　天平十一年十月《松嶋九三》

＊南海道
24紀伊国名草郡某郷調橡絁　天平勝宝八歳十月《松嶋九二》
25讃岐国鵜足郡川津郷調絁　天平十八年十月《松嶋九九》
26讃岐国鵜足郡二村郷調絁　天平勝宝四年十月《松嶋一〇〇》
27伊予国越智郡石井郷調絁　天平十八年九月《松嶋一〇二》
28土佐国吾川郡桑原郷調絁　天平勝宝七歳十月《松嶋一〇三》

右に列挙した事例を、東大寺に布一端、絁一匹のかたちで入ったものと考えた。経路として、まず封戸の調庸の可能性を検討する。

東大寺封戸に関しては、竹内理三氏の先駆的な業績がある[41]。氏の解説を借りれば、「東大寺に、初めて封戸を施入せられたのは、天平十九年（七四七）九月二十一日の勅旨によって、同二十九日に捨施せられた金光明寺食封一千戸（A）である。而して、「其収停期更待後勅」とあり、これより後、五年を経た天平勝宝四年（七五二）に至り、改めて「永配封」として施入せられた（B）」（A・Bは私に加えた）。

（A）の内容は『東大寺要録』雑事章第十之二に見え、（B）の内容は『同』封戸水田章・正倉院蔵「造寺司牒三綱務所諸国封戸事」に見える。この間の天平勝宝元年十二月には、封四〇〇〇戸の追加施入によって（『続日本紀』）、合わせて五〇〇〇戸となった。なお、『続日本紀』天平勝宝二年二月壬午条には、大倭金光明寺に封三五〇〇戸を増し、通計五〇〇〇戸としたとする別系統の記事も見える。

この五〇〇〇戸の用途は、天平宝字四年七月二十三日に至り、営造脩理塔寺精舎分一〇〇〇戸、三宝常住僧供養分二〇〇〇戸、官家脩行仏事分二〇〇〇戸と定められた（『東大寺要録』封戸水田章・正倉院蔵「東大寺封戸処分勅書」）。『新抄格勅符抄』第十神事諸家封戸の項には、大同元年の諸寺封戸の分布状況を掲げるが、ここに記載された東大寺の五〇〇〇戸は、宝亀十一年段階の様相を示す（C）。

それぞれに見える国郡郷名と、前掲1〜28の正倉院調庸銘の事例を対照してみよう。

1遠江国敷智郡竹田郷……遠江国は（A）に磐田郡五〇戸が見えるが、（B）には見えず、（C）で再び五〇戸が見える。天平十五年の調であり、封戸とは直結しないか。

2・3相模国鎌倉郡沼浜郷・方瀬郷……（A）に鎌倉郡五〇戸が見える。（B）に相模国は見えないが、（C）で再び一五〇戸が見え、天平勝宝元年段階で封戸との関連を想定しうる。

4〜6上総国周准郡藤部郷・額部郷・某郷……額部郷は、6の調細布によって宝亀八年時点で東大寺封戸の存在が確認できる。当郡はこれ以前にも天平勝宝二年、同八歳と時期を異にする貲布の輸貢例があり、封戸との関連を想定しうる。

7上総国市原郡……ここに挙げた天平勝宝二年某郷貲布のほか、天長五年の庸布がある《松嶋三七》。

8・9上総国朝夷郡満禄郷、長狭郡酒井郷……天平勝宝八歳の調細布である。

4〜9の上総国の調布は、地域的には集中、時期的には繰り返し出現という残存状況を呈する。また天平勝宝八歳のものは、翌年五月の聖武天皇御一周忌用品に急ぎ充てられた可能性がある。記録上、上総国は（A）（B）ともに見えず、（C）に至って一五〇戸が見えるのみであるが、上記の状況から封戸との関連を実例の宝亀八年より遡って想定することができる。

10・11下総国匝瑳郡磐室郷・相馬郡大井郷……下総国は（A）に印旛郡五〇戸が見えるが、（B）には見えず、（C）で再び五〇戸が見える。両例とも（A）より古い天平十三年、同十七年の調庸布であり、封戸と直結しないか。ただし、天平十三年の事例は、同年異国の布を使って一つの製品に仕立てており、流入経路を考えるうえで示唆的である。

12・13常陸国那賀郡荒墓郷、多珂郡棚藻嶋郷……那賀郡は天平十五年十月調布、多珂郡は天平勝宝四年調曝布。常陸国の調布・絁は、上総国と似た残存状況で、時期を隔てて事例があらわれるが、（A）より古い那賀郡の事例は封戸と直結せず、多珂郡も封戸の所在は知られていない。

14・15常陸国筑波郡栗原郷、同郡某郷……常陸国の例では（A）に筑波郡五〇戸が見える。（B）には見えず、（C）で再び五〇戸が見える。天平宝字二年黄絁、同七年曝布は封戸由来と見て差し支えない。

16美濃国不破郡某郷……美濃国は（A）（B）ともに見えず、（C）に至って一〇〇戸が見える。同じ製品に使用された天平十六年の調絁も同じく美濃国のものか。天平十四年という時期から見て封戸と直結しないか。

17信濃国安曇郡前科郷……信濃国は（A）に小県郡五〇戸が見える。（B）には見えず、（C）で再び二五〇戸が見える。天平宝字八年の信濃国調布を使った布袴はほかにも例があるが、封戸との関連を示す事例は確認できない。

18・19上野国多古郡八田郷、新田郡淡甘郷……多古郡は天平十三年調布で、同年の下総・下野国調布と同じ製品に使用（10参照）。上野国は（A）に新田郡五〇戸が見え、19の天平勝宝四年黄絁は封戸由来と見られるが、（B）には見えず、（C）に四五〇戸が見える。

20下野国那須郡熊田郷……これも天平十三年調布で、10・18とともに同じ製品に使用。下野国は（A）に芳賀郡五〇戸、（B）に芳賀郡石田郷五〇戸ほか四郡の郷名計二五〇戸が見えるが、ここに那須郡は含まれない。（C）も二五〇戸である。

21・22佐渡国雑太郡石田郷曽禰里、賀茂郡殖栗郷……佐渡国は養老五年に雑太郡から賀母・羽茂二郡が分立し、天平十五年二月〜天平勝宝四年十一月の間は越後国に併合されている。（A）に越後国は見えず、（B）には賀茂郡殖栗郷・雑太郡播多郷の旧佐渡二郡郷と頸城・磐船郡の二郷とで各五〇戸、計二〇〇戸が見える。（C）は越後一〇〇戸、佐渡一〇〇戸とする。従って21雑太郡調布は（A）より古い郷違いの事例、22賀茂郡調布は郷名まで一致する（B）の状況が（C）期まで継続した事例、すなわち封戸由来と解することができる。

23丹後国竹野郡鳥取郷深田里……封戸水田章では「丹波」とあるが「造寺司牒三綱務所諸国封戸事」に従って「丹後」と訂正する。（A）に丹後国は見えず、（B）に竹野郡網野郷五〇戸が見え、（C）でも五〇戸である。23は（A）より古い郷違いの事例と評価しうる。

24紀伊国名草郡某郷……紀伊国は（A）（B）ともに見えず、（C）に至って五〇戸が見える。製品は天平勝宝八歳の年紀をもつことから、聖武天皇御一周忌用品に用いた可能性を想定した。『銘文集成』の指摘するごとく、銘文に見える擬少領榎本連千嶋が皇権に接近を図った事情も垣間見えるが、同郡は日前・国懸などの神社の神郡であり、正規ルートにおける封戸との関連は否定される。

25・26讃岐国鵜足郡川津郷、二村郷……讃岐国は（A）に見えず、（B）に鵜足郡川津郷ほか二郡の郷名、計一五〇戸が見える。（C）でも一五〇戸である。25は（B）と郷名まで一致するが、時期は（A）より古い。26は（B）段階の郷違いの事例。

27伊予国越智郡石井郷……伊予国は（A）に見えず、（B）に風早・温泉二郡の郷名、計一〇〇戸が見える。時期は（A）の施入の前年である。「白絁敷布（函装六ノ四）」《未収》には「伊豫」の国印が半存するらしいが、これと合わせても封戸との関連は確認できない。

28土佐国吾川郡桑原郷……土佐国は（A）に見えず、（B）に吾川郡大野郷五〇戸が見え、（C）では一〇〇戸である。28は天平勝宝七歳の年紀をもつ調絁で、聖武天皇御一周忌用品に用いられたものであり、郷違いではあるが封戸との関連が想定される。

おわりに

ここまでの作業を通じて、現在正倉院宝物として伝来している繊維製品のなかから、東大寺封戸からの貢進を想定できる事例をいくつか拾い上げることができた。これ自体はいわば想定の範囲内の結論である。同時に、封戸所在郡の近隣郷事例のなかに、天平十九年以前のものがかなりの比率で含まれていることが知られた。

ここで東大寺封戸の推移を再度見てみよう。竹内氏の説明に従えば、（A）と（B）の国郡名は基本的に一致するはずだが、実際は両方に顔を出す国は下野だけで、この間に芳賀郡五〇戸から足利・梁田・都賀・塩屋の四郡二〇〇戸の加増がある。

（A）の補完として（B）があり、範囲が拡大したというのならば自然な流れであるが、（A）（B）ともに総数一〇〇〇戸は変わらないので、数字に忠実である限りは、二つの時点の間に総入れ替えに近いものを想定するしかない。ところが、（A）（B）のいずれかに見えるものは、（C）にも見える。この間に四〇〇〇戸の加増があったので、これ自体不思議はないが、（A）に見えたものが（B）でいったん停廃され、（C）で再度復活という過程は、やはり不自然である。

ここで一案であるが、先にふれた『続日本紀』の別系統の記事（天平勝宝二年二月壬午条）の助けを借りてみたい。これによれば、大倭金光明寺の封は、この時点で一五〇〇〇戸であった。全面解決には程遠いが、いくらか（A）（B）の折り合いが付きやすくなるだろう。

さらに（A）（B）に見る封戸数の「あふれ」は、もう一つの疑問と結びつく。天平十九年より古い段階で「後に」東大寺封戸に点定される郡郷の存在である。

同郡郷違いを許容するかどうか。これは換言すれば調庸の収取過程での郷の完結度・自立性の評価如何に関わり、その認識次第で結果は大きく変わるはずだが、ここでは許容の立場で先へ進むと、郷名まで一致する25讃岐国鵜足郡川津郷のほか、21佐渡国雑太郡、23丹後国竹野郡、28土佐国吾川郡の事例を挙げることができる。

あらためて問うが、これら封戸水田章に見える封戸のなかに、天平十九年以前から存在し、（A）（B）で追認されたものはないのだろうか。これは、封戸がなぜその郡郷に定められたか、という設問と表裏一体である。「何らかの事情により」それ以前からつながりのあった郡郷が、封戸として選ばれたと見るのである。

『東大寺要録』雑事章には、大倭国金光明寺ほか八箇寺での安居について定める天平十四年七月十四日官符が収められている。ここに金光明寺の元の名が金鐘寺とあるが、その淵源は、神亀五年九月に薨じた皇太子の追善のため造立された「（金鐘）山房」に遡る[42]。

一方、天平十三年正月に藤原不比等家から返上された食封五〇〇〇戸のうち、三〇〇〇戸が丈六仏像造営料として諸国国分寺に施入され、同年三月に寺ごとに五〇戸の配分があった（『続日本紀』）。この時点で金鐘寺が大倭国金光明寺として認定済みで、封戸の配分に与かったという明証はない。しかし前述の山房創立以後、国分寺を拠点として金光明最勝王経の法会を全国展開する構想のなかで、それなりの経済的支援がなかったとも考えにくい。天平前半期の寺封施入の例としては、天平六年三月の四天王寺二〇〇戸、同十年の山階寺一〇〇〇戸・鵤寺二〇〇戸・隅院一〇〇戸・観世音寺一〇〇戸がある。最低でも大倭国への割り当て分は金鐘寺に入ったほか、封戸の形で他に施入されたものがあった可能性を想定してみたい。かなり乱暴な議論に終始したが、これを先の「何らかの事情」の一端に擬して、稿を閉じることとする。

註

(1)「正倉院古裂銘文集成（一）（二）」『書陵部紀要』二・三、一九五二・五三年。

(2)「正倉院御物銘文集」『書陵部紀要』七、一九五六年。

(3)松嶋順正『正倉院宝物銘文集成』吉川弘文館、一九七八年。

(4)関根真隆「正倉院の衣服」『天平美術への招待――正倉院宝物考――』吉川弘文館、一九八九年。

(5)宮内庁正倉院事務所編『正倉院宝物』10南倉Ⅳ　毎日新聞社、一九九七年には採録せず。正倉院事務所架蔵『正倉院宝物銘文集成』には、松嶋氏自筆の正誤表が挿入され、ここで補訂されている。

(6)宮内庁正倉院事務所編『正倉院の伎楽面』平凡社、一九七二年。伎楽面に関する最新の調査成果は『正倉院紀要』年次報告に逐次記載されている。

(7)宮内庁正倉院事務所編『正倉院宝物』7南倉Ⅰ　毎日新聞社、一九九五年、解説。

(8)『正倉院宝物銘文集成』および『正倉院宝物』9南倉Ⅲ　毎日新聞社、一九九七年で「周准郡ヵ」と推定されていたものを、『正倉院紀要』三四号年次報告、二〇一二年で訂正。

(9)正倉院文書の中に、宝亀年間に東大寺における写経事業を担っていた奉写一切経所の定期事業報告（告朔解）が断続的に残っており、その中に優婆夷（女性の在家信者）・雇女の女性労働力が見える。主に女性の仕事として割り振られた作業に、針仕事（縫）・洗濯がある。ここではその中の「優婆夷…法師浄衣、衾を解き洗う」「雇女…経師らの浄衣を洗う」という注記（『大日本古文書』六巻四八四頁）に注目したい。衾は、関根真隆『奈良朝服飾の研究』吉川弘文館、一九七四年によれば、綿入の布団相当の製品で、洗濯の際には皮をはぐしかなかったと思われるが、必要であれば解体した例に算える。

(10) 『延喜式』図書寮4二季読経条、5灌仏条、6仏名条に「御在所」の語が見え、その時点で天皇の御座所という意味合いで用いられる。「南」を冠するのは、東大寺内のある範囲の中でも複数の御座所が想定されたためか。

(11) 中林隆之「日本古代の仁王会」『日本古代国家の仏教編成』塙書房、二〇〇七年（初出一九九九年）。

(12) 柳雄太郎「仁王会関係の木簡」『律令制と正倉院の研究』吉川弘文館、二〇一五年（初出「正倉院伝世の仁王会関係木簡」、一九七七年）。杉本一樹「正倉院宝物をめぐる史料調査　五、正倉院の木簡」『日本古代文書の研究』吉川弘文館、二〇〇一年。

(13) 「漆香盆」《松嶋二ノ二〇三》には「図書寮」の針書および「香水」の白書がある。

(14) この断片は『整理済古裂明細帳』では茶絁とされていた。これとは別に、方角・数字を組み合わせた番付と尺寸の表示とを記す緑絁紐の一群があり《松嶋二ノ三四二～三四六》、鋪設の位置を示す銘記と推定される。これも佐保山陵儀との関連を検討すべき品である。

(15) 《松嶋一ノ二八八》および宮内庁正倉院事務所編『正倉院宝物』4中倉Ⅰ　毎日新聞社、一九九四年）には言及がなく、岸俊男「東大寺山堺四至図について」『古代文物の研究』塙書房、一九八八年（初出一九八三年）宮内庁正倉院事務所編『正倉院宝物』中倉　朝日新聞社、一九八八年および東京大学史料編纂所『日本荘園絵図聚影』釈文編一古代　東京大学出版会、二〇〇七年には紹介されている。

(16) 松嶋順正「正倉院の屏風」『正倉院よもやま話』学生社、一九八九年（初出一九七七年）。

(17) 杉本一樹「正倉院宝物をめぐる史料調査　一、鳥毛立女屏風に用いられた文書故紙について」『日本古代文書の研究』吉川弘文館、二〇〇一年。弘仁五年九月十七日に出蔵された屏風三十六帖の中には、画屏風二十一帖ほか、唐からの舶載をうかがわせるものが多い。米田雄介「『国家珍宝帳』に見える屏風の成立について」『正倉院紀要』三五、二〇一三年。

(18) 中西康裕「二枚の交易布」『続日本紀研究』二六〇、一九八八年。

(19) 東野治之「鳥毛立女屏風下貼文書の研究」『正倉院文書と木簡の研究』塙書房、一九七七年。

(20) 『延喜式』内匠寮25屏風条。

(21) 『正倉院紀要』三八号年次報告、二〇一六年。

(22) 註(20)に同じ。
(23) 杉本一樹「献物帳の書」『日本古代文書の研究』吉川弘文館、二〇〇一年。
(24) 成瀬正和「正倉院宝物に用いられた無機顔料」『正倉院紀要』二六号、二〇〇四年。
(25) 『大安寺伽藍縁起幷流記資財帳』には朱沙・金青・緑青・白緑・空青・胡粉・丹・烟紫・雌黄・紺青が、『法隆寺伽藍縁起幷流記資財帳』彩色物として同黄・丹・朱砂・緑青・胡粉・烟子・雌黄が見える。上原真人『古代寺院の資産と経営──寺院資財帳の考古学──』すいれん舎、二〇一四年は、寺院資財帳に見える顔料を、臨時の営繕に備えた手工業材料と位置づける。
(26) 北啓太「献物帳管見」『正倉院紀要』三〇号、二〇〇八年。
(27) 正倉院の馬鞍は十具のセットが伝わったものと見られるが、その中には、素材に錦、アザラシの革などを使用したものを含む。延喜式内蔵寮48威儀御鞍条に見える、特別な装飾を凝らした威儀の御鞍の料物はこれと重なる。なお、前条47造皮功条に見える皺皮、染革、熏革は、明示されてはいないが、鞍料に充てられる素材である。
(28) 最近の調査成果は『正倉院紀要』三四号年次報告、二〇一二年。
(29) 『大日本古文書』二五巻二〇七～二〇八頁。
(30) 『大日本古文書』四巻一八三～一八四頁。
(31) 『正倉院紀要』三六号年次報告、二〇一四年。また飯田剛彦「赤地鴛鴦唐草文錦大幡脚端飾裏打文書(口絵解説)」(『正倉院文書研究』一四、二〇一五年)は、そこから考察を進め、素材としての裂を外部から染織品加工の工房に渡す際の送り状である蓋然性が高いとする。この例では、文書としての利用の局面と、反故となってのちの利用の局面とが極めて近いのが特徴であり、本文のような御一周忌関連品製作の特殊事情をその背景に想定した。
(32) 『正倉院紀要』三三号年次報告、二〇一一年。
(33) 軍防令7備戎具条。
(34) 関根真隆「正倉院遺宝伝来の記」『正倉院への道──天平美術への招待──』吉川弘文館、一九九一年(初出一九八二年)。杉本一樹「正倉院宝物をめぐる史料調査　五、正倉院の木簡」『日本古代文書の研究』吉川弘文館、二〇〇一年。同『正倉院──歴史と宝物──』中公新書一九六七、二〇〇八年。
(35) 宮内庁正倉院事務所編『正倉院宝物』6中倉Ⅲ　毎日新聞社、一九九六年は「長一二三」(一二三三頁)に誤る。

(36) 長さの合計だけみれば、調布一端の範囲に入る。一端の長さの実測長をいくつか挙げると、上総国長狭郡細布の「胡粉絵浅縹布幕」《松嶋三六》一三〇四センチメートル、佐渡国雑太郡調布の「白布　第一一号」《松嶋六四》長さ一二五三センチメートル、下野国那須郡調布の「白布　函装五七ノ一」《松嶋二一》長さ一三二〇センチメートルの例がある。

(37) 宮内庁正倉院事務所編『正倉院宝物』8南倉Ⅱ　毎日新聞社、一九九六年。

(38) 最近の調査成果は『正倉院紀要』三一号年次報告、二〇〇九年。

(39) 「正倉院宝物をめぐる史料調査　四、いわゆる日向国計帳について」『日本古代文書の研究』吉川弘文館、二〇〇一年。

(40) 学説史の整理は栄原永遠男「奉写大般若経所の写経事業と財政」『奈良時代写経史研究』塙書房、二〇〇三年(初出一九八〇年)に詳しい。

(41) 竹内理三『奈良朝時代に於ける寺院経済の研究』第四章経済機構『竹内理三著作集』一　角川書店、一九九八年(原著一九三二年)、同『日本上代寺院経済史の研究』第二篇寺封の盛衰と荘園の発生『竹内理三著作集』二　角川書店、一九九九年(原著一九三四年)。

(42) 堀池春峰「金鐘寺私考」『南都仏教史の研究』上　東大寺篇　法藏館、一九八〇年(初出一九五五年)。

正倉院文書と聖語蔵経巻

佐々田悠

はじめに

正倉院構内には現在二つの校倉造の建物が立っている。正倉院宝物を伝えた正倉（正倉院正倉）と東大寺尊勝院の経蔵、聖語蔵である。二つの倉蔵にはそれぞれ古文書と古経巻が襲蔵されてきた。言うところの正倉院文書と聖語蔵経巻である。これらはその歴史において、また内容において、深い関わりを有している。本稿はその関わりの具体相をなるべく物に即しながら示すことを目的としたい。はじめに両者の成り立ちと現状について簡単に振り返っておこう。

第一章　文書と経巻――現状

正倉院文書は皇后宮職、のちに東大寺に置かれた写経所の帳簿群からなる。国家安寧のために仏教の興隆をはかり、厳密なテキストを必要とした奈良時代、写経所には各所から人員が集められ、膨大な量の経巻を生み出した。その際の文書や帳簿がまとまって伝来したのである。正倉院文書の大半は写経所文書と言え、写経事業の推移はもちろん、当時の役所の運営や下級役人の実態、さらには紙や墨の使い方の多様さまで生々しく伝えてくれる(1)。ただし、現状の成り立ちは複雑である。正倉院文書はいつの頃からか宝庫に納められ、長く人目につかなかったが、幕末の国学者穂井田忠友によって再発見された。忠友は帳簿の紙背（一次文書）に見られる有印の公文に注目し、抜き出して四十五巻に編んだ。現編成の嚆矢、正集である。明治に入ると古文書は東京に持ち出され、内務省管下の浅草文庫において抜き出しや整理が進められる。続修五十巻、続修別集五十巻、続修後集四十三巻が順に成巻され、状態の悪いものは塵芥三十九巻三冊に仕立てられた(2)。そうして残った膨大な数の断簡は宮内省御物整理掛で整理され、続々修四四〇巻二冊にまとめられた。以上計六六七巻五冊の古文書は、他の正倉院宝物と同様に東京で整理され、最終的に明治二十八年（一八九五）に宝庫に還納されている(3)。如上の整理の仕方は写経所文書としては破壊を含んでおり、当初の姿を復元しつつ理解する必要がある。

一方の聖語蔵経巻は、かつて華厳教学の拠点であった尊勝院に伝わったものである。総数は五〇〇〇巻近くにのぼり、東大寺が蓄積・継承してきた知の重要な部分を占めただろう。明治二十六年、これらは帝室に献納され、経蔵は正倉院構内に移築された。ただし、経巻には痛みがあり、また糊離れによって他巻と混淆するなど、体系的な整理と修理が必要であった。明治四十二年、帝室博物館総長股野琢らは奈良に赴き、経巻の分類整理に臨む。股野は正倉院宝物と同じようにこの事業にも並々ならぬ意欲を注いだ(4)。幾度かの変更を経て完成した昭和五年（一九三〇）の『正倉院聖語蔵経巻目録』は高い完成度を誇り、現在に至るまで管理の典拠となっている。目録では総計四九六〇巻を十一類に整理する。いまその内容を摘記すると、第一類は隋経二十二巻、第二類は唐経二二一巻で、数こそ少ないが隋唐時代の完成された写経の姿を示す。第三類天平十二年（七四〇）御願経七五〇巻は光明皇后発願の一切経として著名な五月一日経である。第四類神護景雲二年（七六八）御願経七四二巻は称徳天皇発願の一切経であるが、近年の調査により景雲経は四巻ほどで、大部分は宝亀五年（七七四）から同七年書写の今更一部一切経であることが明らかになった(5)。第五類甲種写経三一六巻、第六類乙種写経二〇一二巻は文字の優劣や時代から写経を甲乙に整理したもので、時期は平安時代初期から南北朝時代に及ぶ。以上の写経に対して残る九〇〇巻弱は版経であり、第七類寛治版八巻、第八類宋版一一四巻、第九類甲種版経五十四巻、第十類乙種版経七〇三巻からなる。これに蒙求など仏書以外の外典である第十一類雑書十八巻が加わる。これら経巻は宝物と異なり、あくまで奈良の地で分類整理され、修理も彼の地で始まった。以後、修理事業は一〇〇年以上続くことになる(6)。

聖語蔵のうち奈良朝写経は、五月一日経と景雲経他が数巻、そして今更一部一切経の計一五〇〇巻ほどである。これらは古経巻それ自体として優れた価値を有するが、その歴史的な意義を増しているのは正倉院文書との関わりである。すなわち、正倉院文書を生み出した写経所が一貫して行ったのが五月一日経の書写であり、その後の活動休止や変遷を経て、最後に書写したのが今更一部一切経であった。天平年間に長期にわたって行われた一切経と、奈良朝末の二年余に集中して行われた一切経の現物が、それぞれ帳簿とともに現存し、対応するわけである。このことの意義は計り知れない。文書と経巻をあわせ見ることで、事業の具体的な推移や思想的な背景、あるいは律令国家を支えた製作部門の具体的な姿を知る手がかりが得られるだろう。以下ではこうした文書と経巻の関わりの一端を、三つの観点――内容・形状・伝来――から取り上げて論じたい。

第二章　五月一日経の書写と帳簿――内容

五月一日経の書写事業の展開については、関連史料の復原や事業の全貌を明らかにした皆川完一氏の記念碑的業績や、山下有美氏らの一連の研究によって、主に正倉院文書に残る帳簿の分析から明らかにされている(7)。書写は天平八年（七三六）九月を機に本格化し、途中幾度かの中断を経て天平勝宝八歳（七五六）まで続けられ、総数は約六五〇〇巻にのぼった。ここでは先学に基づいて事業の大筋を追いながら、現物として残る経巻との内容的な対応について触れたい。

第一節　事業の始まり：天平八・九年

この一切経がいつの段階で構想され、着手されたのかはよく分からない。ただ天平八年九月に画期があったことは確かである。天平七年に帰国した僧玄昉は経論五〇〇〇巻を将来したといい（続日本紀）、その数字に誇張はあるものの、翌八年九月より彼の元から経典が借り出された。冒頭に「自天平八年九月廿九日始経本請和上所」とある写経請本帳（続々修一六帙八、『大日本古文書』第七巻五四～九〇頁〈以下、七54～90と表記〉）には、開元釈教録から始めて順次経巻を借り出し、写経の底本としたことが見える。開元釈教録は唐智昇撰の最新の経典目録である。天平九年末頃と見られる史料には「合依開元一切経目録應寫経伍阡肆拾捌巻」とあり（続々修一帙六、一七51）、開元釈教録巻一九・二〇の入蔵録（以下、開元入蔵録）に基づく一切経を目指すに至ったことが明確に知られる。なお、この時書写済みとして計上された一八五六巻には、天平五・六年書写の小乗経が含まれる。当事業が遡ることが知られるが、これらの一部は後に玄昉将来経を底本として写し直されたらしい[8]。天平五・六年段階と天平八年九月以後は明らかに異なり、五月一日経につながる始まりとしては天平八年九月に画期がある。

書写事業は皇后宮職のもと、皇后宮内の隅院（海龍王寺）において行われた。この時期の写経で現存するものは聖語蔵に幾つか見出されるが、複数の明証のある例として、漸備一切知徳経（第八四号、No.693～696）[9]を挙げておく。巻一・二・三・五の四巻が現存し、そのうち巻二の巻末紙背に次の墨書がある（**図1**）。

□□　二月廿□□

　　寫山直廣濱　三月廿□

巻末紙背墨書は本紙の奥裏に記される書写・校正記録である。製作時に経巻名や経師・校生名、日付などが書かれ、巻子を開かなくとも内容や進捗が分かる仕組みであった。本紙の奥は軸付けに際して天地を斜めに切断されるから、墨書は一部しか残らない。したがって断片的ではあるが、その内容が正倉院文書と対応する。本例で言えば、天平九年十二月以前と推定される本経論幷紙筆墨充帳（続々修三三帙五裏、二四60～62）に「山廣濱　阿毘達磨論七巻〈既未〉漸備経五巻〈寫四巻　紙七巻　未一巻　墨即裹〉」とあり、まさに紙背墨書にいう山直広浜が漸備経四巻を書写したことが知られる。現存経のうち、紙背墨書のある巻二と巻一・三は同筆、巻五は別筆であるから、広浜は巻一～四の四巻を書写したのだろう。こうした巻末紙背墨書と帳簿（主に経師や校生の業務報告である手実帳）

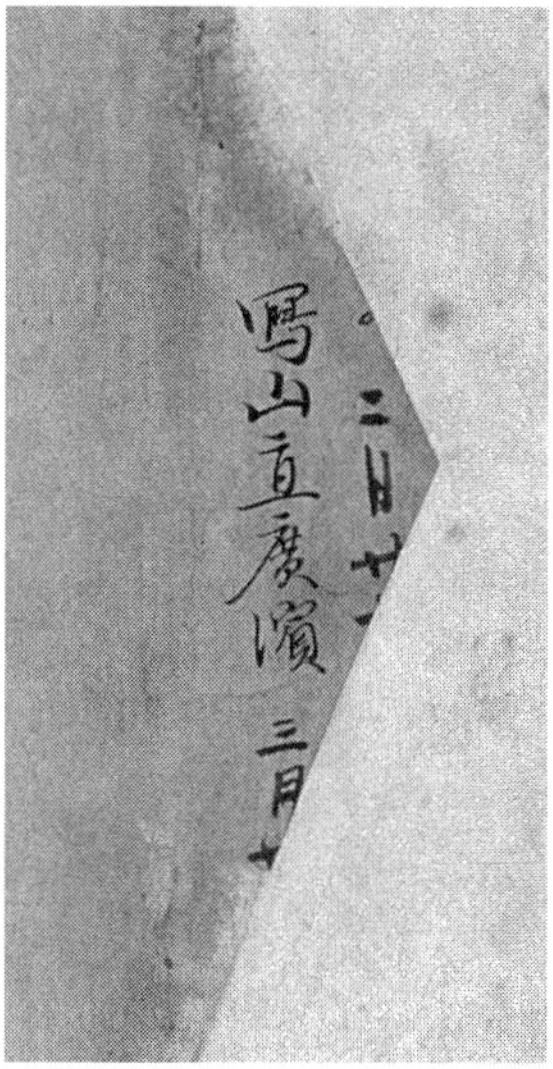

図1　漸備一切知徳経巻二（No.694）
巻末紙背墨書

との対応は随所に見出され、堀池春峰氏や松本包夫氏らの個別研究によって明らかにされている。[10] なお、紙背墨書の現存しないものも少なくないが、それは後述する願文の取り付けと深く関わるだろう。

以上の大筋に対して、独自の位置を占めるのが大宝積経である。当経一二〇巻だけは天平八年九月より前に書写されている。天平三～九年の事業を記した写経目録（続々修一二帙三、七5～32）によれば、八年四月から八月の時期に「大寶積経十二帙一百廿巻〈黄紙及標〉用二千二百卅二／右経□□「宮」一切経内寫」とあり、八年九月を遡ると見てよい。玄昉将来経を底本にしたのかは確言できないが、「宮」の追記からすれば、当初の意図から変更して五月一日経の一部に組み込んだ可能性が考えられる。大宝積経は訳者の菩提流志が則天武后と関わりが深く、また授記成仏の内容から、光明皇后に重視されたとも考えられている。[11] 写経の現物としては、聖語蔵に大宝積経四十五巻が現存し（第八二号、No.638～682）、一二〇巻の一部を今に伝えている。

第二節　事業の展開と中断：天平十～十二年

書写事業は順次進められ、皇后宮職管下の写経組織も整えられた。事業の中心は皇后宮内の隅院から中嶋院に移り、写経司という組織に発展した。天平十一年には写経司の下に東院写一切経所が設けられ、五月一日経に専従するようになる。このころには現存経と帳簿の対応が明らかな事例も多く残る。堀池春峰氏が取り上げた瑜伽師地論（第七七号、No.490～569）は、巻末紙背墨書と対応する経師手実や校帳などの残りがよく、一帙十巻ごとに各経師に割り当てた様子がよく分かる。[12]

ところが、天平十二年四月をもって事業は突如中断する。同年四月十五日付写経司啓（続々修一七帙三、七485～486）に見写三五三一巻、未写一五一七巻とあり、一五〇〇巻余りを残しての中断であった。以後、翌十三年閏三月

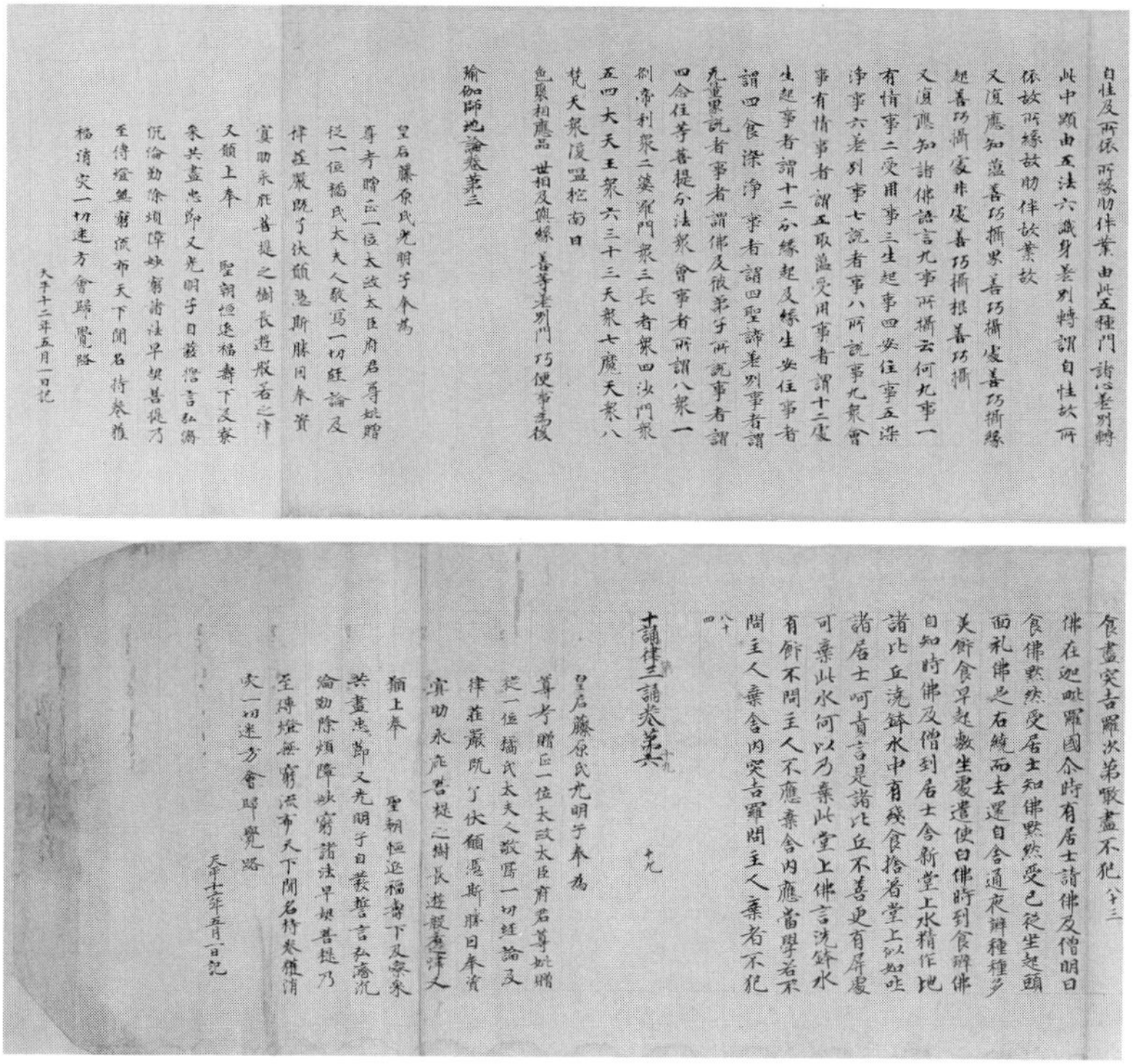

図2　五月一日経の願文と巻末料紙

上：瑜伽師地論巻三（No. 491）最終前紙が通常より1行ほど短い

下：十誦律巻十九（No. 578）　最終前紙が通常より5行ほど短い

まで書写は行われず、その間「天平十二年五月一日記」とある願文の書写がなされた（**図2**）。ただし、現存経のうち、手実から天平十二年三・四月の書写と分かる阿毘達磨蔵顕宗論（第八八号、No. 719～734）の巻二、四～八、一一～一五に願文は無く、願文を見越して奥に余裕を持たせた様子もない。中断までの作業と願文は完全に切り離されている。阿毘達磨順正理論（第九三号、No. 796～824）も四月に書写した巻六五～六九のうち、巻六七以外に願文は無い。直前に書写したものは願文に回されなかったのであり、願文の作業自体、急ぎ進められたことが知られる。

この時の写結願経注文（塵芥一二、二256～257）には天平十二年五月から七月のこととして「写結願経合三千三百十五巻」とあり、願文対象のうち二〇〇〇余巻は軸付けなどの装書済み、一千数百巻は未了であったという。前掲写経司啓との総数の違いは四月分の扱いによるのだろう。また、この注文には装潢の仕事量も記されるが、それは本紙の手直しを意味する。装書済みのものはいったん軸を外し、新たに紙を継いで、願文の天界を加えるからである。奥の天地は斜めに裁断していたから、紙を継ぐにはその幅を切除する必要もあっただろう。あるいはもとの最終紙が軸付け用の空紙であれば、直前の継目で切断して新たな一紙を足したかもしれない。現存経を見渡すと、別紙を継いで願文を書くものが散見され、その直前紙には紙長が五行程度短いものと、僅かに一行ほど短いものとが見出されるが、それは右のような事情によると考えられる（図2）。いずれにしても先述の巻末紙背墨書は残らない。また、未造了で紙を継ぐ場合も、紙背墨書が目立つことから同様に切除されたはずである。逆に天平十二年四月以前の書写でありながら、紙背墨書が残っているのは、もともと最終紙に充分な余白があり、紙を継がずに願文を書き入れた場合である。先に触れた瑜伽師地論がそれで、同経は天平十一年十・十一月を中心に書写されたが、この時期のものとしては珍しく紙背墨書が多く遺存している。

それではなぜこの時期に急遽中断し、願文を取り付けたのか。願文の内容は、光明皇后が亡き父母の藤原不比等・橘三千代のために「一切経論及律」を書写し、追福を祈ることを主眼としつつ、聖朝の福寿と臣下の忠節を祈り、また自ら衆生を救い法灯を伝えることを表明する。私的な契機ながら皇后として臣下の忠節に言及する点は特徴的で、天平十二年八月に生じる藤原広嗣の乱との関係も指摘されている(13)。一方で、この中断が写経事業の位置づけや立地の上で大きな変化に繋がっている事実はより重要である。すなわち福寿寺への移転との関わりである。

第三節　事業の転換：天平十三～十七年

天平十三年閏三月、事業は平城京東辺の福寿寺において再開された。初めて書写の場が皇后宮の敷地から離れたことになる。栄原永遠男氏によれば、皇后の肝いりで進められた福寿寺の造営は天平十一年に荘厳の目途がたち、写経所が製作した紫紙金泥の大般若経六〇〇巻も同寺に備えられたという[14]。天平十二年の一連の動きはこれを受けたもので、翌十三年の移転を念頭に、言わば強引に一区切りをつけた可能性がある。ともかく願文を付して体裁を整え、一切経を福寿寺に備えた形にすること、また拠点を同寺に移すことで皇后の私的事業という側面を超えて、国家的仏教事業として規模を拡大させていくこと――そうした志向性をすでに孕んでいたのだろう。

福寿寺において再組織された写経所（福寿寺写一切経所）は引き続き皇后宮職の管下にあったと見られるが、翌天平十四年、福寿寺は金鍾寺とともに大和国国分寺たる金光明寺へと発展、写経所も金光明寺写一切経所へと名称が変更された。この間、写経所の人員や施設に大きな変更はなかったが、写経所の上部機関が金光明寺の造営機関である造物所へと変わっている。このことの意味は大きい。造物所政所は皇后宮職と関わりが深いものの、組織上はあくまで別個の存在である。後に大仏造立が金光明寺に移されるなど、造物所は国家的性格と事業規模を増し、写経所はそのもとで事業を拡大していくことになる。

書写状況としては、まず天平十三年三月の移転時の納櫃目録（続々修一五帙一、七495～498、続々修一七帙三、七498～500）に八櫃三五六五巻、整理して九櫃三五〇九巻を計上し、この時の細目録（天平十三年目録[15]、続々修一三帙一、二99～147）では経巻を開元入蔵録の順に書き上げる。入蔵録が現に基準となっていることが知られるが、注目すべきは、この目録末尾に「大乗出経」三十八部一二〇巻、「目録外経」十二部二十六巻を計上することである（巻数は追記含む）。「大乗出経」は入蔵外の別生経で、いわゆる不入蔵目録に載るもの、「目録外経」は不入蔵にも載らない録外経を指す[16]。また移転の翌年、天平十四年十二月十三日の納櫃目録（続修後集二六、二322～323）には「合大小乗幷論傳四千五百六十一巻」と見える。約一〇〇〇巻が新写され、櫃も十二櫃に増えているが、その内訳に「七櫃大乗経別生幷律三百六巻」とあることが注目される。別生とは広義には入蔵以外を包括して言い、狭義には前出の不入蔵録に載る抄出本や異名本を言うが、いずれにしても入蔵録に基づく五〇四八巻の書写を目指す五月一日経の本筋からは外れる。この点について山下有美氏は、別生は入蔵すべきものではないが、後々計会や真偽判定に必要であり、五月一日経においても当初から選択的に書写された可能性を示している。(17)重要な見解だろう。

聖語蔵の現存経について言えば、入蔵の経律論集伝がほとんどで、大乗経五十七部、大乗律一部、大乗論三部、小乗経十七部、小乗律十八部、小乗論九部、賢集伝六部を数える。ただし、例外が二つある。一つは仏説菩薩蔵経（第九号、No.252〜254）で、先述の「大乗出経」に見える別生経である。同経は大宝積経に編入されたため、不入蔵とされたものである。当事業では天平九年三月に本経が借用された後（写経請本帳〈前掲〉、七70）、早々に書写され、八月には装書に回されている（続々修二七帙四、七109）。いま一つは大般涅槃経集解（第八九号、No.735〜751）である。諸家の説を集めて涅槃経に注釈を施したもので、七十一巻のうち十七巻が現存する。こちらは録外経であり、後述する章疏（注釈書）の範疇に入る。天平九年四月から本経が借りられ始め（写経請本帳〈前掲〉、七78）、以後天平十一年から同十三年ごろに書写されている。(18)このように五月一日経の書写は、開元入蔵録を基準としながら、当初から玄昉将来の別生経・録外経（章疏を含む）も一部書写されたことが知られる。

以上の素地の上に、天平十五年五月、事業は新たな段階を迎える。すなわち入蔵の経律論集伝や別生経に加えて、開元入蔵録にない章疏へと本格的に対象を広げたのである。同年五月一日に始まる律論疏集伝等本収納幷出納帳（正集三三裏、八185〜188ほか）(19)は、未写の経律論等のほか、章疏の底本の出納記録である。入蔵録を基準とした上で別生を対象に設定した段階から、入蔵録の枠組み自体を超えた志向を明確に示す点に画期がある。遡れば天平十二年に北大家写経所啓（続々修一四帙一、七486～491）により「自常目録寫加経論疏」の目録を得るなど、章疏を含む未写経典の情報は収集されていた。これらを前提に本格的な拡大へと踏み込んだのだろう。その背景としては、残り五〇〇〇巻を切った入蔵録は底本の確保がいよいよ困難となったこと、一方で日本に伝来した多様な経巻を五月一日経のもとに統合し、数において開元入蔵録を凌駕しようと図ったことなどが推測される。[20]

以後、五月一日経の書写は章疏が中心となり、写経所に写疏所という部門が組織されてこれにあたった。残念ながら、この時期に書写された章疏は現存せず、その体裁や願文の有無について確認することはできない。

第四節　事業の終了と勘経：天平十八年～天平勝宝八歳

天平十七年八月、平城還都とともに大仏造立は金光明寺に移された。天平二十年には金光明寺が総国分寺たる東大寺となり、造営機関は四等官を備えた造東大寺司へと成長する。写経所も造東大寺司の管下に置かれた。写経所では五月一日経の書写が細々と続けられたが、入蔵分の書写は天平勝宝三年（七五一）ごろまで、それ以後は章疏のみとなり、天平勝宝八歳には終了したらしい。勝宝六年末ごろ作成と見られる奉写章疏集伝目録（続々修一三帙二、一二522～543）には一一二六巻が計上されている。入蔵分と合わせて、総計六五〇〇巻との推定は的を射ていよう。[21]この間、天平勝宝四年四月九日の大仏開眼会では、入蔵分が大仏に奉献された可能性がある。

こうして書写自体は終了したが、天平勝宝六年から天平宝字二年（七五八）ごろ、今度は勘経が行われた。[22]勘経とは通常の校正と異なり、底本とは別のテキストを証本として校訂する作業を言い、経典の内容理解にも深く関わる。五月一日経は主に玄昉将来経を底本としたから、それとは別系統の舶来経を含む図書寮経が証本に用いられた。[23]

勝宝七歳二月からは外嶋院が主導し、薬師寺・大安寺・元興寺・興福寺の四大寺や中嶋院に五月一日経を分配し、勘経を行わせたことが外嶋院一切経散帳（続々修二帙一〇、一三122～132）から知られる。同年八月の聖武の不予に際して一時中断された後は、経典や僧侶を中嶋院に集約して継続された。この間、大宝積経は書写時と同じく扱いが特別で、別に勘経・写経機関が中嶋院に設けられている。[24]一方、造東大寺司写経所は五月一日経や図書寮経の管理に関わるのみで、勘経の主体としては見えない。

このように勘経はもと皇后宮であった法華寺の嶋院（中嶋院・外嶋院）を中心に、京内の主要な寺院の僧侶を結集して行われ、その結果五月一日経は当時の日本で隔絶した権威を得たと考えられる。法華寺では勘経を経た五月一日経を本経とする写経も行われた（善光朱印経）。なお、勘経が実施された天平勝宝六年は、正月に中国から遣唐使が帰国し、鑑真が来日している（続日本紀）。鑑真や遣唐使が将来した経巻がこの勘経で使用された可能性は充分考慮されるべきだろう。[25]鑑真物化伝には、時に一切経論の校正があり、諸本とも誤字が同じで正せなかったところ、和上が暗誦してこれを正した、と伝える。鑑真と勘経の深い関係を示していよう。

さて、こうした勘経の記録は現存経の一部に重跋として残っている。聖語蔵では計二十四巻の奥に勘経年月日と担当者が墨書されている。[26]担当者は官人と複数の僧侶から成り、たとえば大集経月蔵分（第一一四号、No.964～972）の巻一・二・四・五・六・七・九に

天平勝宝七歳十月十七日従八位下守少内記林連広野正
大安寺沙門琳躰讀
沙門敬明　沙門玄蔵　沙門曝忍　沙門行脩證

とあり、官人が「正」、僧侶らが「讀」「證」すると記す。僧侶の一人が経文を読み、他の僧は証本との異同を確認して校訂の判断を保証し、その結果を官人が書き込む、という手順であったかと想像される。勘経には経典・教義

に通じた僧侶や漢字に習熟した官人の力が必須であった。その校訂の内容については、現存経に貼紙や朱書、白書による訂正・書き込みが見られるものの、どれが勘経に由来するのか（あるいはしないのか）確言できない。ただ、聖語蔵の四分律（第七三号・第八一号、No.484～486・609～636）について、杉本一樹氏が巻次などの朱書訂正は天平十八・十九年の安寛による補訂作業、分巻位置や内容の確認に関わる白書は勘経と推定しているのは参考になろう[27]。またこれに関連して、勘経の跋文を白書した例を挙げていることは注目される。現状では九例、先述の墨書と同様のものが確認されている[28]。現存経の大半には勘経の記録が見出せないが、それが白書の摩滅によるものか、記録自体付されなかったのか、勘経による校訂内容の評価とともに、今後更なる検討が必要である。

第三章　今更一部一切経と帳簿のすがた――形状

以上、前章では五月一日経書写の大筋を辿りながら、文書と現存経との内容的な対応を見てきたが、本章では見方を変え、文書の特徴的な形状に着目して経巻との関係について考えたい。正倉院文書は写経所の帳簿群からなるが、単に内容上書写事業を記しているだけではない。紙という共通の素材から、一方は文書となって写経所を運営し、一方は経巻となって仏の言葉を生み出した。その過程において、両者の紙は密接不可分の関係にあった。そうしたモノとしての深い関わりを紙に残る痕跡にうかがってみたい。

話の導入として、冒頭に触れた今更一部一切経の帳簿を取り上げよう。同経は宝亀年間に書写された五部一切経の一つで、宝亀五年（七七四）五月ごろから同七年六月まで、四六〇九巻を目指して書写された[29]。宝亀五年七～十一月の奉写一切経経師写経手実帳（続々修二三帙一、二二429～471）は、「更部帙上帳」「寶龜五年」との往来軸を有し、全一四五紙、計八十四通の写経報告の手実が貼り継がれている（紙数のカウントはマイクロフィルムによる）。いまこの手実帳を通覧して気付くのは、その特徴的な形状である。

（一）各手実は二紙〜数紙程度からなる。その中には白紙に罫線のある染紙（写経料紙）を継いだセットが二十一組見られる。料紙は細幅であったり、剝がし取られた断片であったりするものが多い。

（二）手実の内容とは無関係に、紙端の天地にアタリや引き流れの墨線のあるものが七十紙と数多く見出される。これらは写経料紙に施界した際の痕跡と見てよい。（一）の白紙はすべてこれにあてはまり、そのアタリや引き流れは継がれた料紙の界線と連続する。

（三）これも手実の内容とは無関係に、紙端近くに一・二字の書き込みが見られるものがある。第四紙裏の右下に「氏」（天地逆）、第十八紙左上に「刑」、第五十一紙左上に「継丈」など。これらは装潢名（氏部・刑部・丈部）や作業内容を示すと考えられる。

そのほか、必ずしも形状的な特徴とは言えないが、次の点も指摘できる。

（四）写経料紙の転用が多く見られる。

（五）巻末紙背墨書にあたる書き込みのあるものがある（第三三紙裏）。

こうした特徴は、同じく今更一部一切経の写経手実帳である続々修二二帙二・三・四・五の諸巻にも見出される。結論から述べれば、これらの特徴から導き出されるのは、写経手実の多くは端継《はしつぎ》の転用である、ということである。手実と端継との関係については別稿で詳論したところであるが[30]、改めて要点を整理したい。

第一節　「前の端継」

経巻製作にあたって、貼り継いだ本紙の巻首・巻末にさらに凡紙を継いで作業上の便としたことはすでに指摘されている通りである。(31) これを端継という。このうち巻首に継がれた端継を便宜上「前の端継」と称することにする。「前の端継」の特徴については、天平十四年(七四二)の写一切経充紙帳(続修後集二一、二四151〜160)の実例を通じて、杉本一樹氏が明らかにしている。(32)同帳は五月一日経の料紙を各経師に配分した際のいわゆる口座式の帳簿であるが、天地に切れ込み様のある一〇〜一五センチメートル程の白紙(多くは天地から斜めに折り痕がある)の左に二センチメートル程度の細幅の染紙が継がれ、そのセットが連続するというかなり特徴的な形状を呈する。また染紙から白紙の左端にかけては、天地にアタリや引き流れの墨線が見られる。このセットの白紙こそ「前の端継」に由来する。「前の端継」は冒頭に仮軸を巻くための軸付紙であり(斜めに折るのも軸のためである)、かつアタリを付すなど施界に必要な余白であった。また、仮軸を外した際には仮表紙として本紙の汚損を防いだと考えられる。それが最終的に、天地を斜めに折った状態のまま化粧裁ちされ、また継がれた写経料紙の右端ごと裁ち落とされた。それにより天地に切れ込み様が生じ、また細幅の染紙が一体で残ったのである(図3)。写一切経充紙帳はこうした端継の反故をいくつも貼り継いで帳簿に用いている。

注意したいのは「前の端継」が反故となるタイミングである。経巻の製作手順を確認しておくと、まず仕立てを担う装潢が「継」すなわち本紙を一定数(標準二十紙)貼り継ぎ、その前後に端継を継ぐ。次に「打」すなわち打紙によって紙の平滑度を高め、「界」すなわち薄墨で施界する。こうして写経料紙が出来上がると、経師による書写、校生による校正と進み、本文内容が確定した段階で、再び装潢に戻されて「装書」となる。(33) ここでようやく天地が化粧裁ちされ、軸や表紙が取り付けられた。すなわち表紙取り付けの直前に「前の端継」は切断され、反故となるのである。反故は装潢のもとに大量に生じたであろう。そしてそれは装潢から現場の事務責任者である案主の

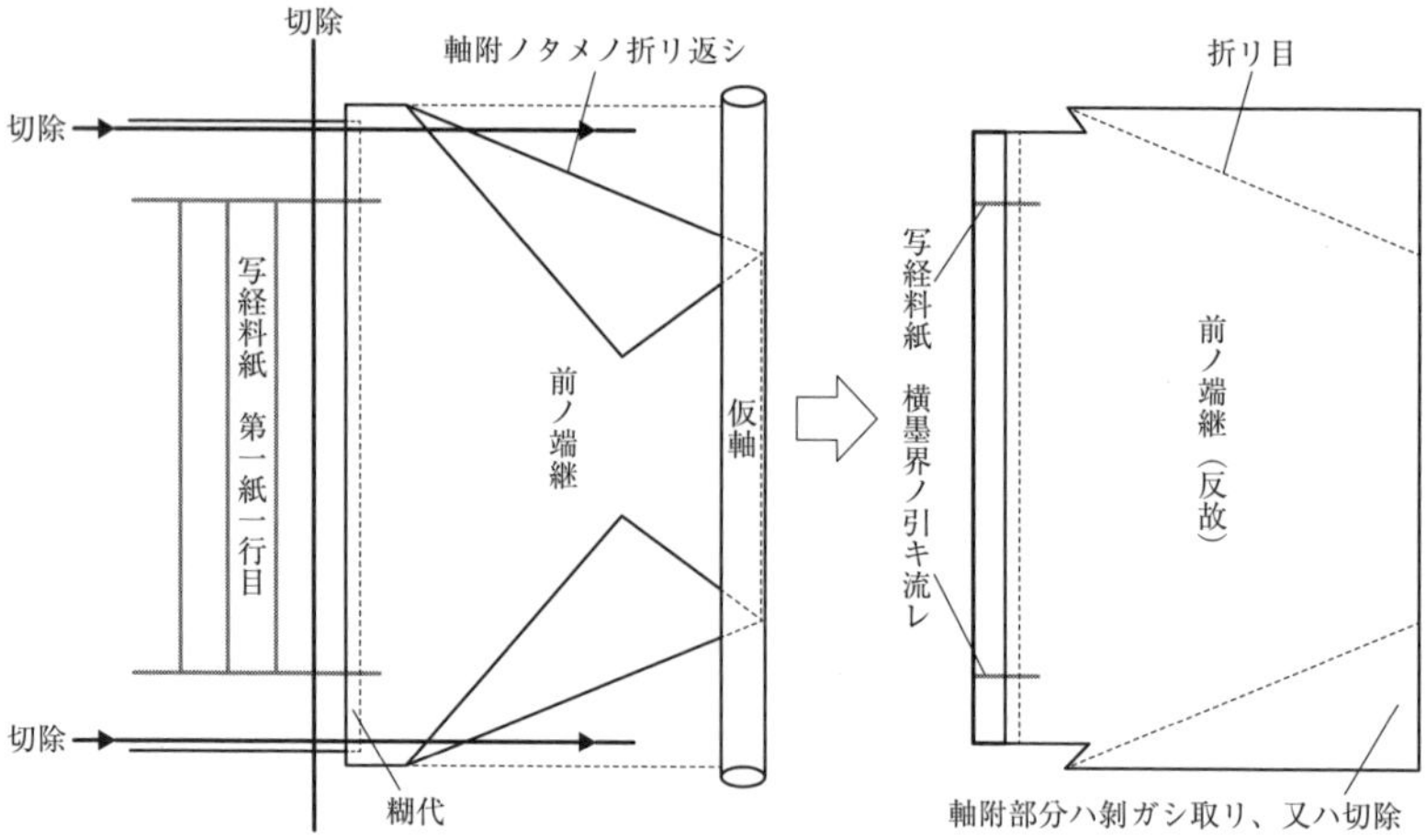

図３　「前の端継」模式図

東京大学史料編纂所編『正倉院文書目録　三　続修後集』参考図をもとに作成

もとに集約され、案主の差配によって色々に用いられたに違いない。「前の端継」は、右の写一切経充紙帳のほか、同じく口座式の紙充帳である天平十五年の私経紙充帳（続々修一一帙一、八291～304）の第十紙以降など、案主作成の帳簿に転用されているものが多い。

　このように見てくると、先に宝亀五年の写経手実帳の特徴として挙げた（一）（二）は「前の端継」に由来すると考えられなくもない。しかし、そう判断する前に、もう一方の端継、本紙の奥に継がれた端継（以下、「奥の端継」と称す）についても考える必要がある。

第二節　「奥の端継」

「奥の端継」には「前の端継」と同様、天地にアタリや引き流れがあるはずである。そうした痕跡は実に多くの手実に見出されるが、それだけで巻首・巻末を判断するのは難しい。しかし、既述の「前の端継」に対して異なる特徴を持つ一群があり、それが「奥の端継」であろうと想定することが可能である。

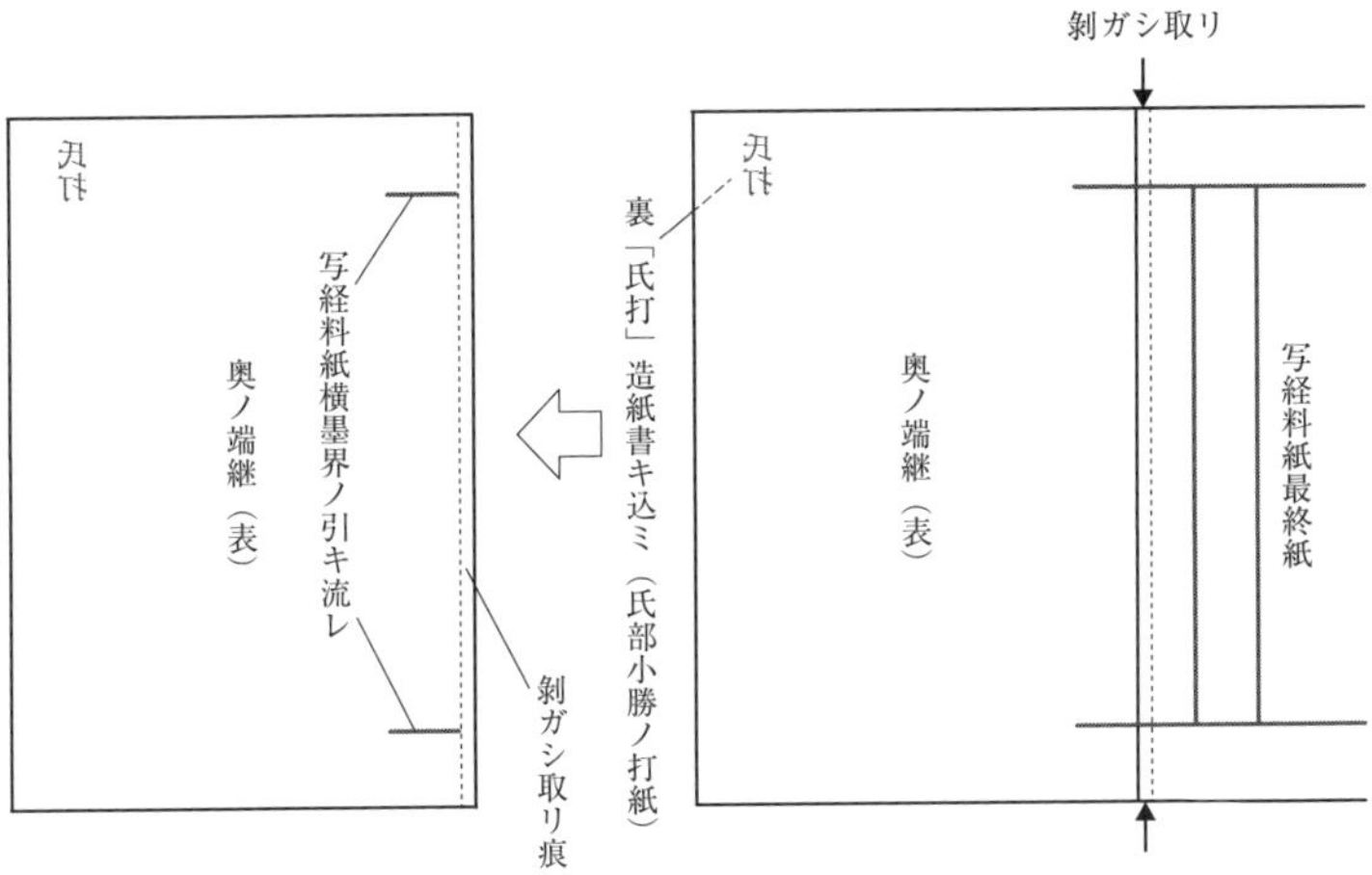

図4　「奥の端継」模式図

東京大学史料編纂所編『正倉院文書目録 三 続修後集』参考図をもとに作成

手実類が豊富に残る五部一切経を例にとると、先一部一切経の宝亀元年十月〜二年三月の経師帙上手実帳（続々修二〇帙二、一八33〜94）や同二年四〜九月の同帳（続々修二〇帙五、一八472〜541）、始二部一切経の宝亀三年三〜八月の経師請筆手実帳（続々修三〇帙二、一九418〜497）、同三年十二月の写経手実帳（続々修四〇帙一裏第六六紙〜第二六紙、二〇335〜350）などの手実には、いずれも類似の特徴が見出される。すなわち、天地にアタリや引き流れが見られるのは「前の端継」と同じであるが、斜めの折り痕はほぼ見られない。天地に切れ込み様もなく、多くの場合細幅の染紙も付属しない。ただ一度は染紙に貼り継いでいたらしく、剝がし取った痕跡は散見される。これと対応するようにアタリや引き流れは紙端に達せず、糊幅の二、三ミリメートルを残す事例が多い。加えて注目されるのが先に挙げた（三）の特徴である。装潢の名や工程と思しき書き込みがあり、その位置はアタリや引き流れとは表裏左右逆となることがほとんどである。これらの特徴は「前の端継」にはまず見られず、「奥の端継」の典型的な特徴と言えよう（**図4**）。こうした事例は多数あり（宝亀五年の写経手実帳では少なくとも七十八紙を数える）、ここで例示したのは宝亀年間のものであるが、同様の痕跡から、遡って天平十一年以来の五月一日経の写経手実にも「奥の端継」の転用が数多く認められる(34)。

右の特徴をもとに「奥の端継」の使われ方を整理すると以下のようになる。「奥の端継」はまず「継」の工程で本紙の奥に継がれ、奥側の仮表紙や余白として機能した。作業上仮軸を「奥の端継」に巻くこともあったが、基本的には巻首に取り付けたらしい。次に「継」「打」「堺」の各工程を終える際には、奥に巻き切った状態、すなわち「奥の端継」が外側に巻かれた状態で、紙端に進捗の覚えが書き込まれた。アタリと書き込みが表裏対称になるのはそのためである。その後書写に回され、書写終了とともに反故となったと考えられる。巻末紙背墨書が本紙に記されたのは「奥の端継」がすでに剝がされていたからだろう。こうして経師のもとで大量の「奥の端継」が反故となり、経師の手実に転用されたわけである。反故のタイミングと二次利用のされ方は、前述の「前の端継」と大きく異なる。なお、反故に際しては「前の端継」のように切断せず、剝がし取る事例が大多数を占める。その理由は標準二十紙に料紙を足すにせよ、あるいは料紙の余分を返上するにせよ、剝がし取ることで継がれていた料紙を最大限有効利用できるからである。ただ最終紙の余白の程度によっては、継いだまま本紙で切断することもあり得よう。その場合「前の端継」の形状と似るが、宝亀五年の写経手実帳について言えば、特徴（三）や折り痕の有無、天地の状態などから見て、「奥の端継」として理解するべきである。

以上、巻首・巻末の端継について述べ、それらが経巻製作時に本紙と貼り継がれて機能していたことを確認した。「前の端継」は本紙に継がれたまま切断され、現に染紙が一部残った。「奥の端継」は剝がされて反故となった後、経師手実の有力な供給源となり、写経所文書の少なからざる部分を占めた。正倉院文書と聖語蔵経巻は内容的に対応するだけでなく、かつては経巻を造り出す素材として一体的であった時期さえあると言えよう。言わば経巻のための余白であった紙から文書が生み出されたのである。文書と経巻のこうした関係性は、写経所文書とそこで製作された経巻という事実からすれば充分あり得ることであり、当然とも言える。ただその関係性の痕跡がそれぞれの現物に刻まれ、当時の経巻製作や仕事のあり方を彷彿させてくれることは、やはり特筆すべきことであろう。

第三節　料紙の転用と巻末紙背墨書

以上の端継に比して、より直接的に文書と経巻の繋がりを示すのが、罫線のある写経料紙が文書に転用されている事例である。写経時に生じた余分の料紙は、短くとも案主に返上し、必要に応じて経巻の継ぎ足しに用いられたと思われるが、一部は手実などに転用された。特徴（四）に挙げたように、宝亀五年の写経手実帳にはそうした事例がかなりあり（第七・一五・三二・三三・三六紙など）、切断されたやや幅広の料紙と「奥の端継」のセットも見出される（第一九・二〇紙、第二五・二六紙、第一一〇・一一一紙など）。また、端継に転用された後に手実に用いられた事例も見られる（第二四・一二九・一三九紙）。写経料紙は写経所の重要物品であり、断片であっても自由にできたとは思われない。そのなかで、端継・手実とは紙として互いに融通し得る存在であったことがうかがえる。

これに関連して巻末紙背墨書にも触れたい。既述のように本紙の奥裏には写経や校正の覚えが書き込まれた。軸付け時に天地を斜断されるものの、墨書は経巻に部分的に残るものである。しかし、正倉院文書のなかに紙背墨書にあたるものが幾つか見られる(35)。

一つは、料紙の巻末紙背そのものが墨書の幅で切断され、集積されている事例である。大灌頂経校帳（続々修一〇帙八、九639～641、**図5**）、六巻鈔校帳（続々修二六帙一〇、九427～428）に見られる。現状の貼り継ぎは明治の整理によるもので、もとは短冊のまま伝来したと考えられる。これらに天地の斜断はなく、四センチメートル前後の短い

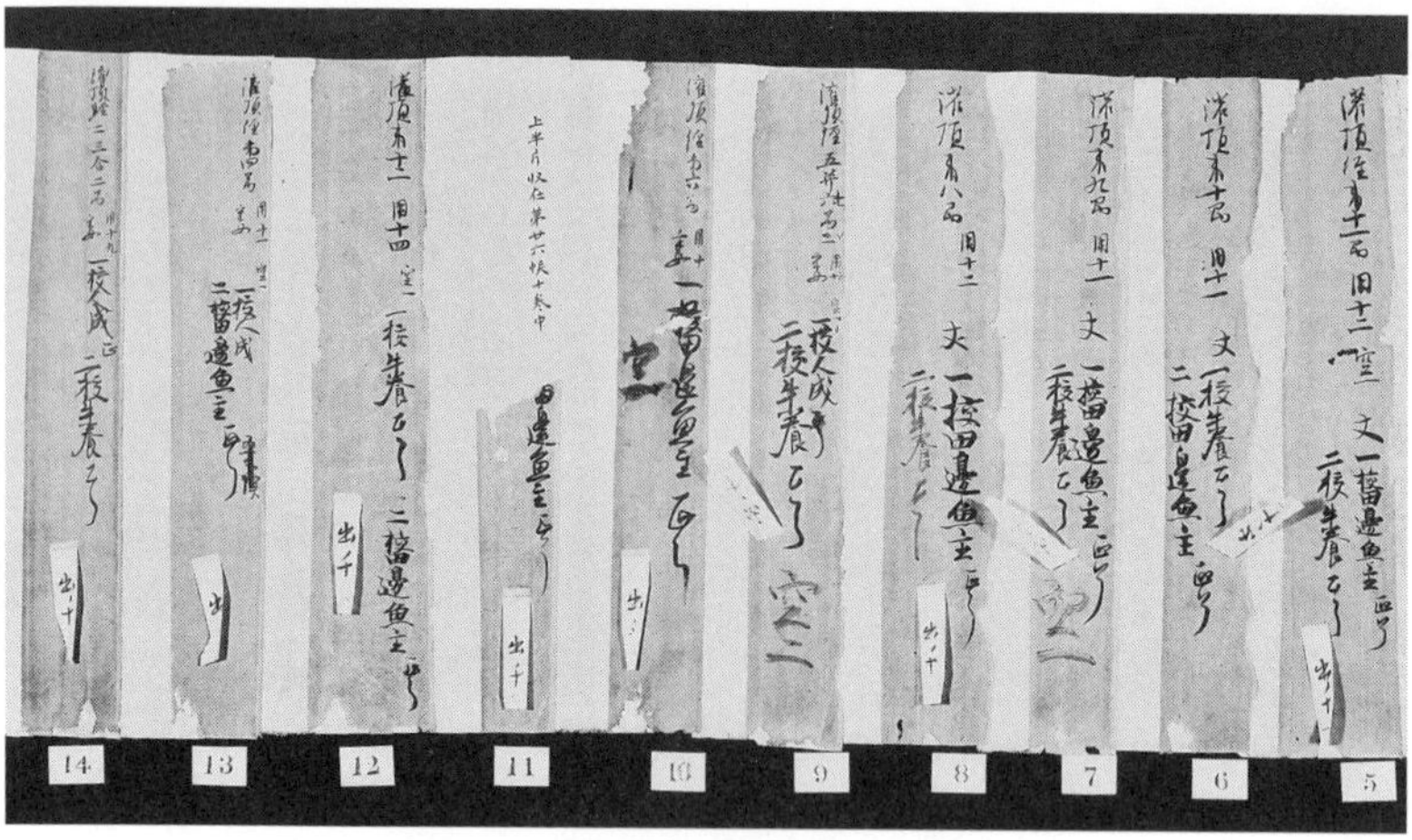

図５　大灌頂経校帳（続々修10帙８）

巻末紙背墨書の部分を切り取り、集積していたことがうかがえる

幅で切断しており、経巻名や経師・校生、年月日といった紙背墨書本来の内容が知られる。こうした事例は珍しく、校正記録を集約するために便宜的にとられた手法であろう。右の二例がいずれも天平十九年の間写経であることも留意される。

いま一つは、紙背墨書の内容が端継に書かれている事例である。天平十一年と推定される写華厳経校正注文（続々修二六帙一〇第二六紙、二四123）には書写・校正の覚えが書かれ、内容的にまさに巻末紙背墨書に相当するが、この紙は写経料紙ではなく、「野」の書き込み（三野）や天地のアタリ、筆ならしの存在から「奥の端継」と見てよい。また、天平十四年三月二十七日民屯万呂手実（続々修七帙三第三一紙、八33）は右端に濃紺紙の付着があり、裏に書写・校正、瑩紙の書き込みがある。これも「奥の端継」に巻末紙背の内容が書き込まれたもので、後に剝がされて手実に転用されたのである。先に「奥の端継」は書写後剝がし取られると指摘したが、当初の継紙で済む場合はすぐ反故にする必要はなく、校正の間も余白として機能する場合があったのだろう。濃紺紙の場合、料紙に墨で書き込んでは見えにくいという事情もあったかもしれない。

これら二つの事例に比して問題となるのは、料紙を幅広に切断している場合である。先に特徴（五）として挙げた宝亀五年写経手実帳の第三三紙（音太部野上上帙手実、二二437）は、紙長二〇センチメートルほどの写経料紙の転用である。裏の右端に巻末紙背墨書があり（写識身足論校正注文、二〇467）、奥を切ったものと分かるが、幅広に切断するにはその分を見込んで奥を長く定めることになり、料紙の無駄である。こうしたやり方が一般的であったとは思われないが、宝亀年間の五部一切経にはこれに似た事例が意外と多い。その理由、経緯を明らかにする必要があるが、今は指摘するにとどめたい(36)。

以上、正倉院文書中に残る写経料紙や巻末紙背墨書の事例からは、先の端継と同じく、文書との内容的な対応はもちろん、経巻製作における紙利用のサイクルが垣間見られ、かつて文書と経巻が一体的に存在したことが具体的に知られるのである。

第四章　校倉から聖語蔵へ――伝来

最後に、正倉院文書と聖語蔵経巻の伝来について整理し、その過程における両者の関わりに触れることにしたい。話題の中心となるのは五月一日経の行方である。

既述のように五月一日経は大仏に奉献されたと思われるが、実際には造東大寺司の管下にあって本経として度々貸し出され、読経にも用いられた。管理にあたっては煩雑な出納にも対応するべく、所属の櫃ごとに出入が記録された。天平十四年（七四二）の目録以来十二櫃に整理され、納櫃本経検定幷出入帳（続々修一五帙一・三ほか、二四163～200）によれば、第三櫃から第十二櫃まで経巻の追加や納櫃の再編が見られる一方、第十三櫃が増設されたことが知られる。天平十五年以後対象となった章疏については、第一・二櫃での出納が確認できる（続々修一五帙二、一一9～12ほか）。入蔵分の第一・二櫃は大般若経であるから、これは章疏用の別櫃であろう。その後も追加と整理が進み、降って天平神護三年（七六七）二月、五月一日経を貸し出した際の造東寺司移案二通（続々修一七帙六、一七24～34、同34～48）では、入蔵分と別生が十五櫃に整理されていることが判明する。章疏は別に四櫃あまりに分納していたらしい（続々修一三帙二、一二522～543）[37]。

それでは十五櫃と章疏からなる五月一日経はその後どうなったのか。以下、主に堀池春峰氏の所説にしたがってまとめる[38]。『東大寺要録』諸院章には「一、下如法院　納一切経辛櫃卅五合〈十二合皇后宮、四合審詳大徳、自余大仏殿移納也〉（中略）大般若経櫃二合」とあり、この「十二合皇后宮」は五月一日経と見られる。前記の十五櫃との繋がりは不詳ながら、入蔵分を中心に整理されたものであろう。また、他櫃には今更一部一切経などが含まれていたはずである。さて、経蔵であった下如法院は羂索院双倉と同じく延喜十二年（九一二）に綱封となったが、天暦四年（九五〇）羂索院双倉は頽廃し、その納物は「正蔵三小蔵南端綱封」、すなわち同じく綱封であった正倉院南倉へと移された。下如法院もこれと同様の経緯をたどった可能性がある。果たして永久五年（一一一七）八月九日の綱封蔵見在納物勘注（塵芥一八、二五附119～126）に、南倉納物の筆頭として「辛櫃捌合〈奉入一切経、但不具、不注其目録〉」が見える。この八合は「一切経辛櫃卅五合」から変遷したものと考えられ、「不具」とあるように、かなりの部分を失っていたのだろう。試みに聖語蔵の現存経を前記の十五櫃に振り分けると、第一・二櫃（大般若経）にあたるものは皆無で、第七・八櫃（大乗律論）、第十五櫃（賢聖集伝）の経巻も数はかなり少ない。櫃ごとの残存状況にかなり偏りがあったものと思われる。なお、正倉院宝物のなかに経帙や帙付属の牌があるが、これらも下如法院から南倉に移り、宝庫に残されたものである可能性がある[39]。

治承四年（一一八〇）南都焼き討ちにより東大寺は甚大な被害を受け、多くの聖教が失われた。文治元年（一一八五）復興に伴って大仏開眼が行われると、南倉にも動きがあった。すなわち、南倉のうち階下を造営勧進重源に委ねるとともに、庫内にあった唐櫃八合の経論四三一帙を他蔵に移し、講読に供するというのである（綱封蔵取出聖教注文案、塵芥二三、二五附135〜137）。この時の移動先は不明であるが、ほどなく建久年間（一一九〇〜一一九九）に院主弁暁により尊勝院の再興が進み、経蔵も建てられたと考えられることから、経巻類は移動先の某蔵から（あるいは右の出蔵云々を将来の移納を見据えたものと見て、南倉から）、聖語蔵へと移動されたものと思われる。また注目されるのは、建久初年に中原行盛発願の一切経が書写され、それが聖語蔵に現存することである。堀池氏の指摘する阿毘達磨大毘婆沙論一五一巻（乙種写経第五〇号、No.2633〜2783）のほか、阿毘達磨順正理論のうち二巻（同第一三号、No.2103・2104）などに建久二年の奥書があり、いずれも第一紙裏に「東大寺正蔵院」との墨印がある。「正蔵院」との表記を重視すれば、移動先であった近隣の某蔵、あるいは重源に負託された南倉階下そのものが聖教の仮庫として機能し、そこから再興なった尊勝院経蔵へと移納された可能性が考えられる(40)。

やや聖語蔵に立ち入り過ぎたが、それでは正倉院文書の伝来についてはどうか。遡り得る記録としては、元禄六年（一六九三）の開封記録が最初である。この時の『東大寺正倉院開封記』（『続々群書類従』一六所収）などによれば、中倉階下の「厳」の長持に「御経ノ切、水帳寫、其外反古共數多」とあり、これが後の正倉院文書の中心的なものにあたると考えられる。この「厳」は「金」の合文に改められ、仕分けにより南倉階下に収められた。他に「方」「臣」の櫃にも「記録水帳」などと見え（「方」は中倉階下の「火」から納物を移した可能性がある）、これらも仕分け後に南倉階下に置かれている。この間の経緯と資料については、西洋子氏が詳細に明らかにしたところである(41)。従来、文書類は南倉と北倉にあったと理解されることが多かったが（『国史大辞典』等）、それは仕分け後の状況によるに過ぎない。天保四年（一八三三）の開封後、穂井田忠友が正集を編纂したのは、まさに元禄に中倉から南倉へ移動させた唐櫃の文書類であった。

このように一応は中倉に伝わったと考えてよいが、元禄以前にも修理に際して納物を移動させることはあり[42]、確定的なことは言えない。ただいずれにしても、写経所文書たる正倉院文書が元来正倉院の納物であったとは考えがたい。羂索院双倉や下如法院の例を参照すれば、もとは造東大寺司の倉庫に伝わり、その退転により移納されたと考えるのが妥当だろう。前記永久五年の記録には前年に南倉の重物を「勅封蔵」に移したとあり、移動先には中倉を含むと考えられるから、遅くともこのころには中倉も勅封の扱いになっていたと思われる[43]。したがって、文書類を中倉に納め得たとすればそれ以前、平安時代後期までであろう。あるいは南倉へ納めたのだとしても、治承四年の戦禍より降ることはないと思われる。

以上、五月一日経をはじめとする経巻の一群は、下如法院を経て正倉院の南倉に収められ、さらに聖語蔵へと移動したことを確認した。正倉院文書もまた、造東大寺司の倉庫の退転により平安時代後期、おそらくは中倉に移されたものと推測される。したがって、正倉院文書と聖語蔵経巻は、少なくとも平安時代末の一時期、同じ校倉のなかに存在したと言えよう。五月一日経や今更一部一切経など奈良朝の一切経の現物と、その写経事業によって生み出された帳簿群が、再び同じ場所に集ったわけである。

おわりに

本稿では正倉院文書と聖語蔵経巻の関わりについて、なるべく物に即しながら提示することを試みた。まず五月一日経の書写事業を題材として、事業の進捗と現存経巻との内容的な対応を述べ、次に今更一部一切経の帳簿の形状を手がかりに、経巻製作時の余白から文書が生み出されていくという関係を論じ、最後に伝来として、両者が平安時代後期の一時期に正倉に集ったことを整理した。正倉院文書の紙利用の実態に関しては、従来籍帳類の払い下げや造石山寺所での二次利用について種々議論されてきたところであるが、本稿で述べたような写経所内における紙のライフサイクルについても、経巻製作の場面を含めてさらに明らかにしていく必要があると感じている。

また、正倉院文書と聖語蔵の奈良朝写経は、成立時点において写経所という同じ場にあったが、経巻はやがて経蔵に入って変転し、文書は反故の塊となって造東大寺司の倉庫に置かれた。その間の経緯についてはなお不明なところが多く、今後も検討を深めていきたい。ともあれ、その後時を経て、奇しくも文書と経巻はともに正倉に納められた。聖語蔵の成立により再び別れることになったが、両者が内容的にも形状的にも不可分の関係にあり、その深い繋がりを今に留めていることは本稿で論じたとおりである。

註

（1）正倉院文書の概要については、杉本一樹「正倉院文書」（『日本古代文書の研究』吉川弘文館、二〇〇一年、初出一九九四年）、同『正倉院の古文書』（『日本の美術』四四〇、至文堂、二〇〇三年）。

（2）大仏開眼会の僧名帳であることが判明した蠟燭文書は塵芥文書に付属する。杉本一樹「蠟燭文書と塵芥雑張」（註（1）前掲書所収、初出一九九六年）。

（3）以上、正倉院文書の整理・修理の過程については、西洋子『正倉院文書整理過程の研究』（吉川弘文館、二〇〇二年）に詳しい。

（4）聖語蔵経巻の整理・修理の概要については、『正倉院聖語蔵経巻目録』（奈良帝室博物館正倉院掛、一九三〇年）凡例参照。同目録は『昭和法宝総目録』（『大正新脩大蔵経』別巻一）にも収録されている。

（5）飯田剛彦「聖語蔵経巻「神護景雲二年御願経」について」（『正倉院紀要』第三四号、二〇一二年）。
（6）近年の修理については、『書陵部紀要』（第二九号まで）、『正倉院年報』『正倉院紀要』の年次報告参照。明治四十三年以来の修理は平成二十年度にようやく一巡した。なお、目録に言う巻数は修理初期のものであり、実際には修理を経て多少の増減がある。
（7）皆川完一「光明皇后願経五月一日経の書写について」（『正倉院文書と古代中世史料の研究』吉川弘文館、二〇一二年、初出一九六二年）、山下有美『正倉院文書と写経所の研究』（吉川弘文館、一九九九年）。事業を遂行した写経所については、福山敏男「奈良朝に於ける写経所に関する研究」（『寺院建築の研究』中、中央公論美術出版、一九八二年、初出一九三二年）の先駆的業績のほか、栄原永遠男「初期写経所に関する二三の問題」（『奈良時代の写経と内裏』塙書房、二〇〇〇年、初出一九八四年）、渡辺晃宏「金光明寺写経所の研究――写経機構の変遷を中心に――」（『史学雑誌』第九六編第八号、一九八七年）などが重要である。
（8）山下有美『正倉院文書と写経所の研究』（註（7）前掲書）四〇三～四〇七頁。
（9）『正倉院聖語蔵経巻目録』に基づくＩＤ番号を表す。カラーデジタル版『聖語蔵経巻』（宮内庁正倉院事務所編、丸善株式会社、二〇〇〇年より刊行中）もこれに依っている。
（10）堀池春峰「光明皇后御願瑜伽師地論の書写について」（『南都仏教史の研究』上　東大寺篇、法藏館、一九八〇年、初出一九五四年）、松本包夫「聖語蔵五月一日経の筆者と書写年代その他」（『書陵部紀要』第一五・一六・一七号、一九六三・六四・六五年）。以下、巻末紙背墨書と手実との対応については、主に松本論文に基づく。
（11）宮﨑健司「天平勝宝七歳における『大宝積経』の勘経」（『日本古代の写経と社会』塙書房、二〇〇六年、初出一九九四年）。
（12）堀池春峰「光明皇后御願瑜伽師地論の書写について」（註（10）論文）。
（13）小倉慈司「五月一日経願文作成の背景」（笹山晴生編『日本律令制の展開』吉川弘文館、二〇〇三年）。
（14）栄原永遠男「初期写経所に関する二三の問題」（註（7）論文）、同「福寿寺と福寿寺大般若経」（『奈良時代写経史研究』塙書房、二〇〇三年、初出一九八五年）。
（15）『大日本古文書』は天平勝宝三年九月に類収するが、大平聡『正倉院文書と古写経の研究による奈良時代政治史の検討』（科学研究費補助金一般研究（Ｃ）研究成果報告書、一九九五年）により天平十三年三月十一日頃に作成されたことが明らかにされた。
(16) 開元釈教録巻二〇の入蔵録に続けて、入蔵から外した経典を書き上げたものを不入蔵目録と称している。抄出・重複・疑偽などを理由に、主に大周刊定衆経目録との違いから留意すべきものがリストアップされている。山下有美「五月一日経における別生・疑偽・録外経の書写について」(『市大日本史』第三号、二〇〇〇年)参照。
(17) 山下有美「五月一日経「創出」の史的意義」(『正倉院文書研究』第六号、一九九九年)。
(18) 大般涅槃経集解は序に「大般涅槃経義疏」、現存経の外題に「注涅槃経」とあり、文書中には「注(大般)涅槃経」「注涅槃経集解」などと見える。現存する手実は、天平十一年十月十五日大鳥祖足手実(続々修一九帙二第一〇一紙、七338)に第一帙の書写が見えることに始まり、主に天平十三年の手実が多く残る。
(19) 本史料の所在や接続復原については、皆川完一「光明皇后願経五月一日経の書写について」(註(7)論文)九三~九四頁。
(20) 皆川完一「光明皇后願経五月一日経の書写について」(註(7)論文)一一八頁、山下有美『正倉院文書と写経所の研究』(註(7)前掲書)四一一~四一五頁。
(21) 山下有美『正倉院文書と写経所の研究』(註(7)前掲書)四二一~四二二頁。
(22) 宮﨑健司「光明子発願五月一日経の勘経」(註(11)前掲書所収、初出一九九二年)、大平聡「天平勝宝六年の遣唐使と五月一日経」(笹山晴生先生還暦記念会編『日本律令制論集』上巻、吉川弘文館、一九九三年)、同「五月一日経の勘経と内裏・法華寺」(『キリスト教文化研究所研究年報　民族と宗教』第二六号、一九九三年)、山下有美「嶋院における勘経と写経――国家的写経機構の再把握――」(『正倉院文書研究』第七号、二〇〇一年)。
(23) 図書寮経とはさまざまな契機で内裏に献納され、図書寮に集積された経巻群を言う。栄原永遠男「図書寮経の構成と展開」(註(7)前掲書所収、初出一九九七年)参照。
(24) 宮﨑健司「天平勝宝七歳における『大宝積経』の勘経」(註(11)論文)、大平聡「五月一日経の勘経と内裏・法華寺」(註(22)論文)。この勘経では、大宝積経に編入されて不入蔵となった諸経も集められた。
(25) 大平聡「天平勝宝六年の遣唐使と五月一日経」(註(22)論文)。大平氏は鑑真・遣唐使将来経が図書寮経中の舶来経(「大唐」)成立の主要因であり、勘経に用いられたとする。栄原永遠男「図書寮経の構成と展開」(註(23)論文)はこれを否定するが、個々の史料にはなお検討の余地がある。勘経初期の評価を含めて、今後の課題としたい。

(26) 聖語蔵以外のものも含め、勘経重跋の事例については、註(22)諸論文参照。
(27) 杉本一樹「聖語蔵経巻『四分律』について」(『正倉院紀要』第二九号、二〇〇七年)。
(28) 過去現在因果経巻二・四・五(第三〇号、No.280・282・283)、仏華厳入如来徳智不思議経巻下(第四二号、No.314)、仏説濡首菩薩無上清浄分衛経巻上・下(第四三号、No.315・316)、宝積三昧文殊師利問法身経(第七五号、No.488)、漸備一切智徳経巻三・五(第八四号、No.695・696)。
(29) 栄原永遠男「奉写一切経所の写経事業——奈良時代末期の一切経書写——」(註(14)前掲書所収、初出一九七七年)。
(30) 拙稿「手実と端継——正倉院文書の成り立ち——」(『正倉院紀要』第三九号、二〇一七年)。以下の記述の多くはこの論文に基づく。
(31) 大平聡「写経所の帳簿より見た賃金支給システム」(『官営工房研究会会報』二・三、一九九五年)。文書の接続を復元提示する東京大学史料編纂所編『正倉院文書目録』(東京大学出版会)では、『同三　続修後集』以降、巻首側の「端継」と巻末側の「奥の端継」とを区別して提示している。
(32) 杉本一樹「端継・式敷・裏紙」(註(1)前掲書所収、初出一九九一年)。
(33) 以上、製作の手順については主に、栗原治夫「奈良朝写経の製作手順」(『続日本古代史論集』中巻、吉川弘文館、一九七二年、のち『日本古文書学論集』三、吉川弘文館、一九八八年に再録)、杉本一樹「律令制公文書の基礎的考察」(註(1)前掲書所収、初出一九九三年)参照。
(34) 天平十三年の写経手実帳(塵芥一九ほか、詳細は杉本一樹「写一切経経師等手実——天平十三年——」(註(1)前掲書所収、初出一九九一・一九九六年))など参照。
(35) 巻末紙背墨書の実例は、正倉院展図録やカラーデジタル版『聖語蔵経巻』に図版があるほか、山下有美「校経における勘出・正書の実態と布施法」(『正倉院文書研究』第一三号、二〇一三年)が正倉院文書、経巻それぞれに残る事例を集成しており、至便である。本稿でもこれを参照したが、経紙・端継の別については一部私見によって改めた。
(36) 五部一切経の手実は料紙の用い方がやや雑に感じられ、また「奥の端継」の特徴が必ずしも合致しない場合がある(天地のアタリと装潢の書き込みが同一面である等)。これを端継の多様性としてよいか、本稿で示した基準自体に誤りがあるのか、時期的な変化なのかが問題となろう。後考を期したい。
(37) 山下有美『正倉院文書と写経所の研究』(註(7)前掲書)四一六・四二二・四三四頁。
(38) 堀池春峰「光明皇后御願一切経と正倉院聖語蔵」(註(10)前掲書所収、初出一九五四年)。
(39) 熊谷公男「正倉院宝物の伝来と東大寺」(松島順正・木村法光監修『正倉院と東大寺』平凡社、一九八一年)。中倉六〇大乗雑経帙第一号、同第二号付属牌には雑帙の編成が記されるが、五月一日経とは合致せず、別の一切経のものと考えられる。
(40) 杉本一樹「「聖語蔵経巻」概観Ⅱ——乙種写経の視点を加えて——」(韓国・成均館大學校BK21Plusワークショップ「東アジア学研究への新たなビジョン」、二〇一五年一月二十四日)。
(41) 西洋子『正倉院文書整理過程の研究』(註(3)前掲書)第一章。
(42) 前近代における正倉修理については、飯田剛彦「正倉院宝庫修理の歴史と自然災害」(『正倉院紀要』第三八号、二〇一六年)に詳しい。
(43) 橋本義彦「宝庫と宝物の歴史」(『正倉院の歴史』吉川弘文館、一九九七年)二〇頁。

正倉院収蔵の東大寺領北陸荘園の図をめぐって

飯田剛彦

はじめに

古代日本においては、土地の厳密な支配・管理を目指して大縮尺の地図が作成された。校班田に際して作成される田図がその代表的なものであり、奈良時代の作成にかかる現物は残らないものの、現存する、八世紀末〜九世紀初頭の田図の転写本を基図に平安時代や鎌倉時代に製作された図から、そのあり方は窺い知ることができる。一方、東大寺印蔵に伝来した東大寺領荘園を表した図が、現在は正倉院に収蔵されている。これら荘園図は、古代の東大寺領荘園の全てについて残っている訳ではないが、越前国、越中国のものが多数伝存し、八世紀当時の土地の利用状況、景観等について詳細な情報を与えてくれる。これによって東大寺による初期荘園の経営がどのように行われていたかをある程度知ることが可能である。

荘園図は基本的に、冒頭に所在地・地積・四至を記し、方格線を引いて坪毎に坪番号・小字地名的名称・田積・田品等を表す。田地や野地のほか、山岳・河川・樹木・道路などが描写され、奥に作成に関与した検田使や国司の署名や作成年月日が記される。また、開墾済みの土地を中心として数量を容易に把握し得る券文が、荘園図と同日付けで作成され、相互補完的に一体となって機能した。荘園図については、これまで景観の描写や個々の書き入れの意味の検討、歴史地理学的な観点からの現地比定など、様々なアプローチがなされてきた。荘園図の作成主体、作成目的、機能等は、作成された年次によってそれぞれ異なっている。これらは荘園図を検討する際にはおさえておくべき基礎的な内容であると考えるが、意外にもあまり注意を払われていないような気がする。荘園図の作成目的としてこれまで強調されてきたのは、荘園図・券文が中央政府による地方の土地の支配において大きな役割を果たしていたという主張である。券文には国司解の形式を採るものがあり、それと一体となる荘園図も共に京進され、遠隔の土地でも手に取るように状況を把握し、中央からの管理が可能になるとされてきた。具体的には、券文と荘園図に基づき、墾田地の占定が妥当であるかどうか、また、占定が限度額内に収まっているか否かなどを確認し、統制を加えてきたとするのである。しかし、荘園図の進官については、さほど明確な事例がある訳ではなく、中央政府による土地管理が田図・田籍によって厳格に行われていたという認識に立ち、墾田地に関しても個別に作成された図・券文がその管理において有効活用されたであろうとの推論に基づくように思われる。本稿では、個別の荘園図・券文と関連史料を検討することにより、荘園図・券文がどのような目的で作成され、どこで保管されたか、そして、現存図はどのように伝来したのかについて、明らかにすることを試みたい。

第一章　東大寺北陸荘園図進官説の検討

第一節　東大寺北陸荘園図の基本的性格

荘園図の概要

現在、正倉院には、麻布に描かれた地図十一点（越中・越前・近江国の荘園図。天平勝宝三年〈七五一〉近江国水田地図は二図一幀、神護景雲元年〈七六七〉越中国三郡地図は七図一幀で、図の数は十八）と、それらとは系統の異なる紙に描かれた地図三点が収蔵されている。これらはもとは東大寺印蔵に伝来した史料群であるが、明治年間に帝室に献納され、正倉院宝物に組み込まれる形で現在まで伝わってきた（倉別番号は中倉一四）。また、これらに密接に関連する文書群も、東南院文書として同じ経緯で正倉院宝物となっている。本稿では、正倉院収蔵の地図のうち主要な部分を占める、北陸地方に置かれた東大寺領荘園の図と、東南院文書中に含まれる券文を主に取り扱う。東大寺の北陸荘園に関しては、越前・越中国の天平宝字三年（七五九）、越前国の天平神護二年（七六六）、越中国の神護景雲元年（七六七）という二カ国三時期について、それぞれ図数点と券文が現存している。描写や記載内容には作成年次毎に特色があり、それらが図の性格を明らかにする手掛かりとなる。

荘園図作成の背景

まず、本稿で扱う荘園図や券文が作成された当時の、越前・越中両国における東大寺領荘園をめぐっての情勢を簡単にまとめておく。天平十五年（七四三）に墾田永年私財法が発布された後、同二十一年（七四九）四月には寺院に墾田の所有を許可する詔が出され、東大寺（造東大寺司）による北陸地方における野地の占定が始まる。東大寺の墾田の上限額は四〇〇〇町であった。東大寺がこれに則って開発を進める一方、天平宝字二年（七五八）に藤原仲麻呂が大保（右大臣）となって権力を掌握すると、翌年にその七男・薩男が越前国司となり、仲麻呂も北陸地方を経済的な基盤とすべく活動を始める。東大寺の野占後、現地における他の開発主体との軋轢があったことは、後掲の史料二などから知られるが、東大寺と利害が対立する仲麻呂の意向を受け、国司や在地勢力による東大寺領に対する圧迫も徐々に強まっていった。天平宝字四・五年に実施される校班田を控えた同三年、危機意識の高まった東大寺から越前国・越中国に検田使が派遣され、検田と天平宝字三年図・券文の作成が行われる。検田使は、造東大寺司官人と東大寺僧から構成され、算師など現地で測量等を行う技術者も含まれていた。その後、天平宝字八年に藤原仲麻呂の乱が起きて仲麻呂が斬首され、翌天平神護元年（七六五）に道鏡が太政大臣禅師に就任した。道鏡政権下では一転して寺院優遇政策がとられ、かつて蚕食された寺領の回復が中央政府からの命令で進められる。具体的には、天平神護二年に越前国に東大寺から検田使が再度派遣されて検田を実施し、それを受けて図・券文が作成され、神護景雲元年（七六七）には越中国において図・券文が作成される。いずれも、天平宝字三年図・券文における認定結果に基づいて、同四・五年の校班田の際に作成された田図・田籍の改正を行い、その時点での田地の利用状況について調査したものである。本稿で扱う正倉院収蔵の荘園図が作成された時期の当該地域の情勢は以上のようにまとめられる。

第二節　荘園図進官の存否について

荘園図進官説の根拠の検討①

それでは、現存荘園図が進官されたとする説の根拠について、その妥当性を検討していきたい。荘園図の進官については、栄原永遠男氏がその根拠を挙げて論じられている[1]。論文の中で栄原氏は、荘園図の中央への提出があり、現存する荘園図は、複数枚作成されたもののうち太政官の勘検を経て造東大寺司に下されたものであると論じられている。また、検田作業については国司と東大寺が共同で行うが、荘園図と券文は国司の責任で作成し、上申されると結論づけられている。上記の結論を導き出すに至った根拠について、以下で検討を加えたい。

第一点として、図と同日付けで作成される券文の記述を根拠として挙げられている。具体的には、神護景雲元年越中国諸郡荘園惣券第三と称する券文の記述である。(2)

史料一　越中国司解（越中国諸郡荘園惣券第三）

越中国司解　　中検校東大寺墾田幷野地図事

合玖伯参拾肆町捌段壱伯壱拾捌歩

見開田肆伯肆拾陸町壱段弐伯弐拾漆歩

奉□□□□（神壱町漆）段弐伯弐拾肆歩

□□□（川成壱）段弐拾歩

荒壱伯伍町肆段壱伯捌拾陸歩

定参伯参拾捌町捌段壱伯伍拾漆歩

□□（未開）地肆伯捌拾捌町陸段弐伯伍拾壱歩

捌巻

礪波郡肆処

合参伯玖拾捌町弐伯伍拾弐歩

見開□□（壱伯）捌拾伍町弐段参伯壱拾壱歩

□□（奉神）陸段壱伯肆拾肆歩

荒伍拾漆町捌段参伯壱拾歩
定壱伯弐拾陸町漆段弐伯壱拾漆歩
未開弐伯壱拾弐町漆段参伯壱歩
（中略）
射水郡肆処
合参伯弐町漆段壱拾肆歩
（中略）
新川郡弐処
合弐伯参拾肆町弐伯壱拾弐歩
（中略）
以前、検校東大寺墾田野地幷図、具件如前、仍具録状、附利波臣浄貞進上、謹解、
神護景雲元年十一月十六日　正七位上行目阿倍小殿朝臣調使
従五位上行守佐伯宿祢朝集使　正六位上行掾若桜部朝臣「粳麻呂」
従五位下行介国見真人「安曇」　正六位上行員外掾秦忌寸「黒人」
従五位上行員外介利波臣「志留志」　正八位上行員外目阿刀連在京
（異筆）「右件田図、付浄人・浄浜、送上三綱所
景雲二年九月九日主典建部「広足」
少判官志斐連「麻呂」

冒頭に「検校東大寺墾田幷野地図」とあることから、この文書は太政官への図の検校結果の報告であり、「捌巻」という記載は、併せて検校対象の荘園図を進官したことを示すとされる。確かに、この文書は検校結果の報告であり、「捌巻」は検校対象とされた荘園図を指すと考えられるが、図そのものが中央に進上されたと明記されている訳ではない。荘園図「捌巻」は検校対象の巻数を報告したに過ぎない可能性もあり、そのものが進官されたと即断できるものではないであろう。荘園について、図の形式で表現された一筆毎の詳細な情報が中央で必要だったのかという点については、改めて検討する必要がある。

荘園図進官の根拠の検討②

次に栄原氏が荘園図進官の根拠として挙げられるのが、天平神護三年（七六七）二月十一日民部省符案の記述である。(3)

史料二　天平神護三年二月十一日民部省符案

民部省符越中国司

合寺田誤給百姓口分十町四段二百六十歩

成戸庄九段二百歩

須加庄一町一段一百廿歩

棫田庄八町三段三百歩

公田誤割充寺十四町七段一百廿八歩

鹿田庄新応掘溝地一処長九十丈　広四尺　深二尺
応損公田一百廿歩
以前、被太政官今月六日符偁、得国解偁、被太政官去年八月廿六日符偁、得東大寺鎮三綱等牒偁、去天平宝字五年、巡察使幷国司等、割取寺家雑色供分之田、給百姓等、又雖乞溝堰処、无所判許、加以郡司百姓、捉打寺田使、堀塞寺溝、堰水不通、荒地不少、望請、遣件人、依前図券、勘定虚実、若有誤給百姓、更収返入寺家、改正図籍、並充溝堰、永得无損者、官判依請、国宜承知、准状施行者、国依符旨検案内、依天平廿一年四月一日　詔書、点件野地矣、天平宝字三年、検田使佐官法師平栄・造寺司判官上毛野真人等、就元野地、取捨勘定、造図籍申上已畢、而天平宝字五年、班田国司守阿倍広人等、相替誤給百姓、今国司与使共勘当得実、仍新止寄本、改正図籍、且溝堰地、与百姓共和点便処已訖、今具録事状、謹請官裁者、被左大臣同月五日宣偁、奉　勅、検東大寺田使少寺主伝燈進守法師承天・造寺司判官外従五位下美努連奥麻呂請田者、並依　奏者、省宜承知、依　勅施行者、国宜承知、准　勅施行、今以状下、符到奉行、
少輔従五位下大伴宿祢　　　　正六位下大録三田毗登
天平神護三年二月十一日

この文書は、天平神護三年に民部省が越中国に対して東大寺の寺領回復について指示したものである。その中に引かれた越中国司解の「天平宝字三年、検田使佐官法師平栄・造寺司判官上毛野真人等、就元野地、取捨勘定、造図籍申上已畢」との記述について、栄原氏は「「越中国司解」の一部であるから、国司を主体として読まねばならない」とされ、「天平宝字三年にいたって検田使佐官法師平栄や造寺司判官上毛野真人らと、元の野地について取

捨勘定して「図籍」を造り、すでに進上した」と、国司から太政官に対して荘園図と券文を進上した事実に関する記述と解される。しかし、当然のことながら、国司発給文書中の文の主語が全て国司である必要は全くなく、国が第三者から申告を受けた事実に関する報告もあるはずである。この記述に関していえば、主語は「検田使…等」であり、国が中央に進上したという事実はここからは読み取れない。即ち、天平二十一年四月一日の詔書に基づいて東大寺は野地を点定したが、天平宝字三年に至って検田使らが、その土地について整理・検校を行って荘園図と券文を作成し、越中国に提出した、という事実を中央政府に報告したものと解釈すべきである。

以上、栄原氏が荘園図の中央への進上の根拠とされる二点について検討を加えたが、いずれも確実な根拠とまでは言い難い。よって、現存する荘園図が中央に進上されたか否か、それぞれの作成の背景に即して再検討を加える必要がある。

第二章　個別の荘園図・券文の性格について

第一節　天平宝字三年図・券文の検討

天平宝字三年図・券文の作成主体

ここから、個別の荘園図について進官の有無をみていきたい。まず、券文（東大寺越中国諸郡荘園惣券第一）(4)と天平宝字三年図（越中国礪波郡伊加流伎開田地図(5)・越前国足羽郡糞置村開田地図(6)）の文言を引き、それらについて検討を加えたい。

史料三　東大寺越中国諸郡荘園惣券第一

「(表題)越中国諸郡庄園惣券第一 国判　造営牒 宝字三年」

越中国検定東大寺墾田地漆処

　惣地伍佰捌拾漆町漆段壱拾捌歩

　開田壱伯伍拾肆町陸段肆拾陸□(歩)

　未開肆伯参拾参町参伯参拾弐歩

礪波郡

　合伊加流伎野地壱伯町 東山　南利波臣志留志地　西故大原真人麻呂地 北寺□(田カ)　並未開

射水郡

　合弐伯伍拾参町陸段伯陸拾陸歩

　開田壱伯拾捌町壱段参伯拾陸□(歩)

　未開壱伯参拾伍町肆段弐伯拾歩

　椋田村地壱伯参拾町捌段壱伯玖拾弐歩 東西北伯姓口分 南礪波・射水二郡堺

　開田参拾肆町壱伯玖拾弐歩

　未開玖拾陸町捌段

（中略）

上葦原里壱拾弐町参段 田一町三段 野十一町

一行二葦原田五段

三行一葦原田一段

六行二葦原田三段　　三葦原田四段

十条東葦原里参拾町野

須加村地参拾伍町壱段弐伯弐拾肆歩東大葦原五行与六行堺畔　南西伯姓口分、北須加山

（中略）

鳴戸村地伍拾捌町参段壱拾歩東南西北公田

（中略）

鹿田村地弐拾玖町参段壱伯歩東南公田　西石川朝臣豊成地　北法花寺溝

（中略）

新川郡

合弐伯参拾肆町弐伯拾弐歩

開田参拾陸町伯段玖拾歩

未開壱伯玖拾漆町陸段伯弐拾弐歩

丈部村捌拾肆町弐伯拾弐歩東古俣里与酒无里堺畔　南大田里与箕田里堺畔並高市江　西沓田里与枚野里堺畔幷伯姓家　北丈部溝幷伯姓口分

（中略）

大藪野地壱伯伍拾町東梶波川　南野　西孫名人山道幷百姓家辛女川　北故笠朝臣蓑万呂地、如本員　並未開

以前、去天平勝宝元年占定野地、且墾開如件、

天平宝字三年十一月十四日算師散位正八位下小橋公「石正」

造寺判官外従五位下上毛野公「真人」
佐官法師「平栄」
知開田地道僧「承天」
都維那僧「仙主」
国司
従五位上行守　「王」朝集使
守正六位下行掾三嶋県主「宗麻呂」
正六位上行介粟田朝臣「男玉」
正八位上行目小野朝臣大帳使
従五位上行員外介日下部宿祢在京

史料四　越中国礪波郡伊加流伎開田地図

（端裏書）「越中国礪波郡伊加流伎野地　天平宝字三年」
東大寺開田地図
越中国礪波郡伊加流伎野地壱佰町未開北寺田　東岡山　南利波臣志留志地　西神窪幷故大原真人麻呂地
（図略）
天平宝字三年十一月十四日使算師散位正八位下小橋公「石正」
造寺判官外従五位下上毛野公「真人」
知開田地道僧「承天」
都維那僧「仙主」
佐官法師「平栄」

国司
従五位上行守「王」朝集使　　正六位下行掾三嶋県主「宗麻呂」
正六位上行介粟田朝臣「男玉」　　正八位上行目小野朝臣大帳使
従五位上行員外介日下部宿祢在京

史料五　越前国足羽郡糞置村開田地図
（端裏書）
「糞置」
東大寺開田地図
越前国足羽郡糞置村地壱拾伍町壱□肆拾肆歩東南西岡北没官地
開田二町五段三百十六歩
未開十二町五段二百八十八歩
（裏書、天地逆）
「越前」
（図略）
天平宝字三年十二月三日使算師散位正八位下小橋公「石正」
造寺判官従五位下上毛野公「真人」
知墾田地道僧「承天」
都維那僧「仙主」
佐官法師「平栄」

国司
守従五位下藤原恵美朝臣朝集使　従六位下行掾平群朝臣「虫麻呂」
正六位上行介阿倍朝臣「広人」　従七位上行大目阿倍朝臣入部内
従五位下行員外介長野連在京　従七位上行少目上毛野公暇

まず、天平宝字三年の券文・図の作成主体を考えたい。加署部分に注目すると、いずれの史料においても検田使（東大寺側）の署名が国司より先であるところに特徴がある。通常、二者が作成主体となる場合、上位の主体から順に署名が加えられる。この場合であれば、国司・検田使（東大寺側）の順となるはずである。しかし、そうなっていないということは、荘園図の作成主体は検田使のみで、国司は公的に認証を与える立場として署名を加えたものと考えられる(7)。天平宝字三年の券文・荘園図には、要所に国印が捺されている。このことも、東大寺からの検田内容の国への報告と、国司によるその承認という流れを経た資料であるという状況にふさわしい。この前提に立てば、天平宝字三年の検田とその報告は、中央政府や国からの命令で実施されたというより、墾田の領有主体たる東大寺の側に動因があった可能性が高い。

天平神護二年における天平宝字三年図の認識

もう一点、当時現地において当該図がどのように認識されていたかが窺える史料を検討してみたい。次に掲げるのは、先の史料で東大寺側が寺領を蚕食したと主張した現地の郡司・百姓が越前国に出した解である(8)。

史料六　越前国足羽郡司解（天平神護二年か）

足羽郡司解　申伏弁人事

道守男食部下草原郷戸主

*「道守庄」
合田伍段弐伯漆拾弐歩西北一条十一上味岡里卅□

右人申云、件田所奏如寺図、伏弁□（如カ）件者、郡依申状、収伏弁手実状申上、謹解、

□□（天平）神護□□（二年カ）□伏弁道守男食

（以下略）

この解は、仲麻呂敗死後に東大寺が寺領の回復を進める中で、かつて寺領を奪ったとされる郡司・百姓から出された伏弁書である。この中で、道守男食という人物が、かつて自らの領有した墾田が東大寺の田であることを認めている。問題の墾田は道守村にあったようで、天平神護二年十月二十一日越前国司解（後掲史料七）(9)の改正田の項に、足羽郡味岡里の「卅六味岡田伍段壱佰捌拾歩草原郷戸主道守男食墾」とある田に相当する。またこの田について、道守村の天平神護二年図には「味岡田上五段／百八十歩百姓／墾改成寺／田」と記載されており、東大寺田に改正されたことも知られる。この解の中に「件田所奏如寺図」との表現があって、男食は墾田所有の根拠となる図を「寺図」としている。さて、他の事例から明らかなように、道鏡政権下において東大寺の寺領回復の根拠とされたのは天平宝字三年図であるから、「寺図」も同様と考えるのが穏当である。但し、道守村については天平宝字三年図は現存しておらず、また、大治五年（一一三〇）の「東大寺諸荘文書幷絵図目録」(10)や仁平三年（一一五三）の「東大寺諸荘園文書目録」(11)など、平安時代に東大寺が蔵した荘園関係資料の目録にもその名は見えず、かつて存在したと

いう徴証も認められない。栄原氏は天平宝字三年の道守村図の存在を認めない立場から、この図を天平神護二年図と考えられた。即ち、同年に男食の田が東大寺田に改正され、その結果に基づいて図券が作成された後に男食が異議を唱えたが、その図を示されたので承服したとの理解を示される。しかし、この史料と同様の伏弁書の例は他にもあり、道鏡政権となり、東大寺が仲麻呂政権下での寺領への圧迫に対する追及を郡司・百姓に対して行っていく過程で、在地側から提出されたものである。当該文書も同様の流れの中で作成された伏弁書と考えられる。天平神護二年段階で改正の根拠とされたのは天平宝字三年図に他ならず、「寺図」は天平宝字三年図を指すと考えられる。(12) 注目すべきは、「図券」などと称さず、「寺図」と表現している点である。「寺図」の意味するところについては「寺の作成にかかる図」と考えられ、天平宝字三年図は越前国司等の公権力によって作成された図ではなく、あくまで東大寺の図であることは現地の郡司・百姓にも認識されていたことが分かる。

天平宝字三年図・券文進官の可能性

天平宝字三年図が東大寺の作成にかかる資料であり、現地においてもそのような性格のものと位置づけられていたことをみてきたが、それを前提として、図・券文の進官について考えてみたい。まず注目したいのが、天平宝字三年の券文は解の形式を採らないことである。他の例では、後に検討を加える神護景雲元年の券文は解形式で作成されている。また、近江国水沼・覇流両荘は、勅施入によって成立した東大寺領荘園で、天平勝宝三年十月某日付けで荘園図（近江国水田地図）(13) が作成されている。この荘園図は開墾状況についての報告を求める勅に基づいて国司が作成したことが明記されており、荘園図自体「近江国司解申墾開水田事」という中央への上申文書の体裁を採っている。(14) 天平宝字三年の券文・荘園図が解形式でないことは、これと好対照をなしている。栄原氏は、造寺司官人・東大寺僧・越中国司の自署があるにも拘らず、全面に越中国印が捺されていること、天平神護三年二月十一日民部省符案所引の越中国司解（史料二）で自ら「図籍」を申上したとしていることなどを根拠として、天平宝字三年の券文は解形式ではないが、事実上越中国司解として機能し、図籍のセットとして神護景雲元年のそれと同じルート（越中国司→太政官→造東大寺司→東大寺三綱所→印蔵）を移動したとされる。しかし、国印の押捺は、上申文書においてのみ行われる訳ではなく、記載内容について国がその正しさを認定し、改竄等の行われないように施される処置である。国印の押捺を根拠として進官を云々することはできない。また、栄原氏が史料二で国司が自ら中央に図と券文を申上したとする部分については、前章で述べたとおり、「検田使…等」を主語とした、東大寺から越中国への図と券文の進上に関する中央への報告と解するべきであり、いずれも、天平宝字三年の図・券文の進官を裏付ける根拠としては認め難い。よって、天平宝字三年の検田は、中央への報告を前提とした調査ではないと考えた方がよい。

仲麻呂政権下での天平宝字三年図・券文の扱い

最後に、仲麻呂政権下における天平宝字三年の券文・荘園図の無視のされ方をみてみたい。史料二に「天平宝字三年、検田使佐官法師平栄・造寺司判官上毛野真人等、就元野地、取捨勘定、造図籍申上已畢。而天平宝字五年、班田国司守阿倍広人等、相替誤給百姓」とあるように、天平宝字三年の検田結果は二年後の班田時には国司によってほとんど顧みられていない。さらに、同史料に引かれた天平神護二年八月二十六日官符では、あくまで東大寺鎮三綱の訴えではあるが、「去天平宝字五年、巡察使并国司等、割取寺家雑色供分之田、給百姓等、又雖乞溝堰処、无所判許、加以郡司百姓、捉打寺田使、堀塞寺溝、堰水不通、荒地不少」として、「巡察使国司等」と「郡司百姓」

が、いずれも天平宝字三年の検田結果を無視し、こぞって東大寺領への圧迫を加えた状況を伝えている。正式な要請に基づく検田とその結果報告であれば、提出を求めた側もその内容をある程度尊重し、現実を規制する方向に進んだはずではあるまいか。全くそのような形跡が認められないことからすると、宝字三年の図・券文は東大寺の一方的な都合で作成され、公的な保証を得るために国司に提出されたに過ぎないと考えられる。天平宝字三年の検田結果が漸く顧みられるようになったのは、仲麻呂政権崩壊後のことであった。

天平宝字三年図・券文の作成意図

以上、天平宝字三年の図と券文について、作成主体・進官の有無等について検討を加えた。天平宝字四・五年の校班田を控えた同三年の調査は東大寺側の動因に則って行われたもので、太政官から現地への実施命令はなく、その結果報告もなされていないものと考えられる。当事者として東大寺から中央政府に対して実施命令を下すよう働きかけがあったか否かは不明であるが、政治情勢から考えても中央政府からの指示でこの寺領確定作業が行われる可能性は極めて低かったはずである。校班田は六年に一度の国家的大事業であり、東大寺には、危機的な状況の中で、この機会を逃せば失地回復は儘ならないとの焦燥感があったと考えられる。校田の結果、班給計画が盛り込まれた校田目録（統計的資料）が国から中央に提出されるので、そこに自己の主張を反映させる必要があった。東大寺は、この調査を通してその目標を達成すると共に、後に争論が発生した際に権利を主張する根拠として、国の承認を得た荘園図・券文を作成して手許に置いたのであろう。現存図と券文は、これらが東大寺に伝来したものとみなすことができる。土地の売買立券文のように、権利保証のための文書が複数枚作成され、その権利を有する当事者と国や郡などの官司それぞれが保管するといったあり方を勘案すれば、現存図・券文と同じものが複数枚作成され、国司の許に保管されていた可能性はある。ただ、中央政府への進上ということは初めから想定されていなかったであろう。

天平宝字三年図の描写の特徴

現存する天平宝字三年図は、天平神護二年図と比較すると、絵画表現の丁寧さや彩色の豊かさなどの面でやや見劣りする部分もある。更に、天平宝字三年の越中国射水郡須加野地図には、多くの訂正箇所（重ね書き、墨抹・朱抹、「誤」字の書き入れ）がそのまま残っている。これらも、太政官に提出される図とすれば違和感があり、東大寺が証験として活用する分には許容範囲内に収まると考えられる。また、天平宝字三年図作成の背景を考慮すれば、技巧を凝らした絵画的表現や念入りな彩色は不必要であり、描写や訂正の仕方の一見粗雑にみえる部分も手抜きなどではなく、むしろ校班田の前までに完成を間に合わせねばならないという緊張感・切迫感の表れと評価できる。

第二節　天平神護二年図・券文の検討

天平神護二年図・券文の作成主体

次に、天平神護二年の券文と図について検討を試みる。まずは券文[15]と図（越前国足羽郡糞置村開田地図[16]）の作成された背景から検討を加えたい。

史料七　天平神護二年十月二十一日越前国司解

（前欠）

没官田改正壱拾壱町捌段参拾伍歩
船王墾田所注捌段弐伯捌拾捌歩
田辺来□(女)墾田所□(注カ)壱拾壱町壱拾漆歩
（中略）
故大領外正六位上品治部公広耳所進田之内、有百姓墾田改正弐伯歩、
東南五条九桁谷里十九桁谷田上分南弐伯歩
誤付高向郷戸主品治部公千国名、今改正寺田、
右検案内、上件田地、依去天平感宝元年四月一日　詔書、国司守従五位下粟田朝臣奈勢麻呂・掾従六位上大伴宿祢潔足等、以同年閏五月四日、占東大寺田地已訖、然寺家占後、百姓等私治開寺地、為己墾田、今勘問百姓、申云、誤治寺地、無更所申、己等所治、進上寺家、伏弁已訖、亦船王幷右京四条一坊戸主従七位上上毛野公奥麻呂戸口田辺来女等治開寺地、為己墾田、依有罪人支儻(党)、没官、是実寺家所占堺内、仍改正寺田、亦以天平宝字四年、校田駅使正五位上石上朝臣奥継等、寺家所開不注寺田、只注今新之田、即入公田之目録数、申官已訖、仍以天平宝字五年班田之日、授百姓口分、幷所注公田、今改張(帳)並為寺家田已訖、但百姓口分代者、以乗田替授之、
（中略）
一足羽郡大領正六位上生江臣東人所進墾田漆町壱段参伯伍拾肆歩
板倉壱間長二丈五尺、広二丈　在丹生郡水成村六人部浄成家、
西北二条十一宮処西新里十六野田上壱町

廿一野田壱町
廿二野田壱町
西北一条十一味岡十一味岡田壱段弐伯拾陸歩
十三味岡田分壱段伯漆拾捌歩
十四味岡田陸段伯肆拾肆歩
十五味岡田分参段弐伯拾陸歩
十六味岡田分参段弐伯肆拾肆歩
十七味岡田壱町
十八味岡田陸段弐伯漆拾陸歩
十九味岡田参段肆拾歩
廿味岡田分伍段伯弐拾歩
右、足羽郡道守村田中、犬牙墾田、便進功徳分已訖、
以前、被太政官去八月廿六日符偁、得東大寺鎮・三綱等牒偁、越前国田使僧勝緯等状云、去天平宝字五年、巡察使并国司等、割取寺家雑色供分之田、給伯姓等、又雖乞溝堰処、无所判許、加以郡司伯姓等捉打寺田使、堀塞寺溝堰、水不通、荒地不少者、今鎮・三綱等、具注申状、牒上如前、望請、依前図券、勘定虚実、若有誤給伯姓、更収返入寺家、改正図籍、並充溝堰、永得无損者、官判依請、仍差少寺主伝燈進守法師承天・造寺司判官外従五位下美努連奥麻呂等、充使発遣、国宜承知、准状施行者、謹依符旨施行、具件如前、仍具事状、即付奥麻呂等申上、謹解、

天平神護二年十月廿一日　　従七位下行大目大宅朝臣
参議従四位下守右大弁兼行守藤原朝臣在京、　正六位上行掾佐味朝臣「吉備万呂」
従五位下行介多治比真人「長野」　正七位上行少目丈部直入部
従五位上守近衛少将兼行員外介弓削宿祢「牛養」　正八位上守近衛員外将曹兼行員外少目榎井朝臣大帳使
検田使
少寺主伝燈進守法師「承天」　少都維那僧「慚教」
知田事伝燈進守住位僧「勝位」
造寺司判官外従五位下美努連「奥麻呂」
算師造寺司史生正八位上凡直「判麻呂」

史料八　越前国足羽郡糞置村開田地図
（端裏書）「糞置庄」
越前国足羽郡糞置村東大寺田
合地壱拾伍町捌段弐佰陸拾捌歩東南西山 北大市広田野　改正得田弐町捌□壱□
未開壱拾壱町六段弐佰伍拾漆歩　相替得田肆段百□□
見開田肆町弐段壱拾壱歩　買得田伍段百姓墾田
寺田肆段弐伯壱拾陸歩
（図略）

国司
　　天□□□(平神護)二年十月廿一日従七位下行大目下大宅朝□
参議従四位下守右大弁兼行守藤原朝臣在京　正六位上行掾佐味朝臣「吉備□□」
従五位下行介多治比真人「長野」　正七位上行少目丈部直入部
従五位上守近衛少将兼行員外介弓削宿祢「牛養」正八位上守近衛員外将曹兼行員外少目柄榎井朝臣大帳使
検田使
少寺主伝燈進守法師「承天」　少都維那僧「慚教」
　　　　　　　　　　　　　知田事伝燈進守住位僧「勝位」
　　　　　　　　　　　　　造寺司判官外従五位下美努連「奥麻呂」
　　　　　　　　　　　　　算師造寺司史生正八位上凡直「判麻呂」

すでにみたように、天平宝字三年の検田結果があったにも拘らず、仲麻呂政権下では国司や在地勢力によってそれらは無視され、東大寺領は大きな弾圧を受けていた。しかし、道鏡政権となり、丹生郡椿原村、足羽郡糞置村・栗川村・道守村・鳴野村、坂井郡田宮村・子見村・串方村などにおいて、改正、即ち口分田や百姓墾田などのうち、天平宝字三年の検田結果に基づいて寺の権利が明瞭な田については東大寺領に変更された。それに加えて相替（田地の交換）や買得によって東大寺は寺領の一円化を進め、その結果を記録したのが天平神護二年のこの図と券文である。券文には改正等の実施された部分に関してのみ記載されている。

天平宝字三年の図・券文と比較して明らかであるのは、加署部分において天平宝字三年のものでは検田使（東大寺側）の署名が国司より先であったのに対して、天平神護二年の図・券文では国司、検田使の順に署名が行われていることである。上位の主体から順に署名が加えられており、国司主導のもと、検田使が作成に携わったことが知られる。そもそも、東大寺の都合により、造寺司と寺とが独自に行った天平宝字三年の検田とは異なり、天平神護二年の田地に関する措置は、同年八月二十六日の官符によって国に対して命じられたものであることはこの解に記されており、国が主導的に図・券文の作成に関与し、中央に対してその内容を報告するのは当然といえる。

天平神護二年図・券文進官の可能性

券文は解の形式であり、国から中央への報告がなされたことは明らかである。一方、図に関していえば、天平勝宝三年（七五一）の近江国水田地図のような解の形式は採っていない。また、現存する券文には越前国印が捺されるが、図には捺されていない。寺領の改正は中央政府からの指示に従って行われた作業であり、券文（解）によって太政官への報告が行われたのは当然のことといえる。それでは、現存する券文・図そのものが京進され、太政官の勘検を経た上で造寺司に下されたものと考えることができるであろうか。

券文については、本来的には改正・相替・買得等の結果を太政官に報告する文書であるが、田地の権利認定という意味も有することから、複数通作成されて必要な主体が保持した可能性がある。参考に古代における土地売買の手続きをみてみると、売主・買主が所部官司（郡司・条令）に対して立券を申請し、それを受けて所部官司が売買の事実に関する審査を実施し、売主・買主・保証人の署名のある解を作成して上級官司（国・京職）に進達する。上級官司ではその解に判を加え、一通を国に留め、一通を郡に送り、もう一通は買人料として下す。(17)この場合、買主にとっては国判を得た権利証文を獲得し、保持することに意味がある。

文書が複数通作成されて、それぞれが異なる役割を果たす例としては、正倉院宝物の点検結果を記した延暦十二年曝涼使解[18]が参考になる。延暦十二年（七九三）の点検に至る経緯は、順を追えば、桓武天皇の勅を奉って右大臣宣が出され、それを受けて太政官符が発給されて実施に及んでいる。同解は「東大寺使解　申曝涼香薬等事」で始まり、点検実施の経緯を勘案すれば、本来的には東大寺使から太政官に対する報告と考えられるが、巻末に「合三通　一通進内裏　一通在御蔵　一通造案収三綱所」と記されており、複数通作成されたことが分かる。内裏に進達された一通は太政官へ提出されたものであろうが、宝庫に残されたものと、三綱所に収められた案は太政官を経由せず、そのまま現地に残されたものであろう。正倉院には同解が現存するが、宝庫に残されたものがそれにあたると推定可能である。三綱所に収められたのは案であることが明記されているので、実際に発信された内裏分だけでなく、この宝庫分の一通も正文であったことが分かる。弘仁二年（八一一）の点検の際にも同様に目録（弘仁二年勘物使解[19]）が作成され、同じく正倉院に現存するが、末尾に「合三通　一通献内裏　一通留三綱所　一通収御倉」と記されるのは延暦十二年の解と変わらない。いずれの原本を確認しても、太政官の勘検文言は付されていない。これらの例をみる限り、文書の宛所での勘検が必須でない限り、宛所を経由することなく、必要とする主体の許でそのまま文書が機能を発揮し得ることは明らかである。

ここで天平神護二年の図・券文に話を戻す。天平神護二年の券文の宛所は太政官であるが、東大寺にとっては太政官の勘検を経たものが必要であった訳ではない。実際、天平宝字三年図・券文は中央に報告すべく作成されたものではなく進官されてもいないが、東大寺にとって寺領領有の証験として機能することが期待された資料である。また、栄原氏が太政官への進上・勘検を経たとされる天平神護二年の図・券文には太政官の勘検文言は加えられておらず、太政官の勘検を経た図・券文こそが証験として機能するとしても、何をもってその真正性を主張し得たのか定かではない。よって必要とされたのは、国司の加署と国印の押捺のある巻文等であったことが分かる。検田使という東大寺側の使者が現地に赴いて図と券文の作成に携わっている以上、わざわざ太政官経由でそれらを入手せねばならない必然性もない。以上より、現存する券文については、文書としての宛所は太政官であるものの、太政官に送られたものとは別に、検田使によって直接東大寺に持ち帰られたものと考えられる。

現存する券文が、越前国から東大寺が直接入手したものと考えられるのであれば、現存の図も同じ経緯で東大寺に入ったと考えるのが妥当であろう。券文は別の一通が太政官に進達されたことは確かであるが、図に関しては不詳である。但し、図の体裁や作成された状況等を考える時、東大寺領北陸荘園の図としては、現存図とは別の正式な図とはいえ、唯一進官の可能性を想定し得るものであろう。

天平神護二年図と国印押捺

図については、もう一つ言及すべき問題がある。現存する図には、天平宝字三年図や後述する神護景雲元年図のような国印の押捺が認められないことである。このことに関しては、先述の延暦十二年曝涼使解において、複数通作成されて各所に渡る文書について、正案の別が定められた場合のあったことが参考になるかもしれない。即ち、現存しない、現地に残されたものには正式な図として国印が押捺され、東大寺に渡った現存図は案の扱いであったために、区別のため国印が捺されなかったとみなすのである。しかしながら、東大寺に渡った券文には国印が捺されているので、一体で渡った図にのみ印が捺されなかったことは、この考えでは説明が付きにくい。あるいは、保管場所に基づく正案の別とは関係なく、同図が券文の付属資料的な位置付けを受けたため、本体である券文への押捺で十分と判断されたと考えた方が理解し易いかもしれない。もしくは、東大寺に渡される図に国印の押捺は必須との前提に立てば、国庁に備え置く予定であった無印の図が、なんらかの理由で東大寺分に回された、といった想定も可能ではなかろうか。しかし、これらはあくまで推測の域を出るものではなく、天平神護二年図に国印の押捺が認められない理由については、今後の検討課題としたい。

天平神護二年図の描写の特徴

なお、天平神護二年図は、記載情報の多さ、絵画的要素の豊富さと彩色の豊かさが古代荘園図中でも抜きんでている。同図は国司主導で作成された点が、北陸地方の別の年次の東大寺領荘園図と異なっている。作成主体の違いが描写の方向性を決定づけているのは間違いないであろう。天平神護二年図に関しては、東大寺の意に反して口分田や百姓墾田などになっていた田を改正するのみでなく、相替や買得によって一円化の進展した状況を記録する必要があった。また、越前国足羽郡道守村図を例に挙げれば、いまだ計画段階の大規模な水利施設が描かれるなど、以後の開発も踏まえて複雑な情報を整理しつつ丁寧に描写を進めていった過程が窺える。天平宝字三年図が緊張感・切迫感の中で作成されたのとは対照的に、ある意味十分余裕のある状況下で、国庁所属の熟達した画師の手によって作成されたものと考えられる。

第三節　神護景雲元年図・券文の検討

神護景雲元年の図・券文作成に至る流れ

最後に、正倉院に収蔵された北陸地方の東大寺領荘園の図・券文のうち、最も新しい越中国の神護景雲元年図と券文を扱う。券文については既に史料一として紹介している。越中国における東大寺の寺領回復については、史料二の天平神護三年二月十一日民部省符案で、検田使による調査報告を受けて、射水郡に所在する寺領においてかつて誤給された田地の改正が指示されている。検田使は越前国においては国内寺領の開墾状況について詳細な調査を実施して図・券文の作成にも関与したが、越中国では限られた地域での田地の誤給について調査するにとどまり、図・券文も作成していない[20]。よって、同年四月九日の太政官符で同国東大寺領荘園の検校を担当する専当国司として利波臣志留志が改めて指名され、礪波・射水・新川三郡に所在する東大寺領の未墾地の検校を実施することとなった。それを受け、越中国は同年五月七日に各荘の見開・未開の地積を太政官に報告している[21]。以下にこの越中国司解を掲げる。

史料九　天平神護三年五月七日越中国司解

越中国司解　申検校東大寺墾田地事

合墾田地漆伯伍拾漆町肆段壱伯壱拾陸歩

見開田肆伯弐拾漆町参段壱伯弐拾漆歩

奉神壱町玖段壱伯肆拾肆歩

荒捌拾弐町玖段弐伯参拾肆歩

全佃参伯肆拾弐町肆段壱伯玖歩

未開地参伯参拾町参伯肆拾玖歩

（以下、各荘の開墾地・未墾地の地積等の情報が記されるが省略）

以前、被太政官去四月九日符偁、被右大臣同月六日宣、奉　勅、在礪波・射水・新川等参郡東大寺未開田地、肆伯壱拾町参伯参拾弐歩、宜便令志留志検校者、亦宜承知、准　勅施行者、謹依符旨、即差員外介従五位上利波臣志留志充使、検校如件、仍具注状、謹解、

天平神護三年五月七日　正七位下行目阿倍小殿朝臣「浄足」

（以下、国司署名部分省略）

本解には「謹依符旨、即差員外介従五位上利波臣志留志充使、検校如件」とあり、建前上は志留志が各寺領を回って検校を実施したように報告されているが、極めて短期間でまとめられたもので錯誤も多いことから、現地調査なしに国庁にあった資料のみをもとに急遽作成されたものと考えられている(22)。具体的には、天平宝字三年の券文に記載された面積との一致を勘案すれば、同年基準での寺領回復という中央からの命令の趣旨に則って、安易にその内容を引き写したのであろう(23)。しかし、それでは天平宝字三年以降に拡張した部分が除かれることになってしまう。よって、より正確な情報を把握して報告すべく現地調査を行って作成したのが神護景雲元年図であり、志留志が国庁に持ち帰ったその図を国司らが検校して作成したのが券文（史料一）である。

券文（越中国諸郡荘園惣券第三）の形式としては、越前国の天平神護二年の券文同様、「解」の形式を採る。券文・図の作成が太政官からの命によって実施されたことは明白であり、その報告が太政官宛になされたのは自然なことである。

神護景雲元年図の体裁と作成主体

次に、図の記載を摘記すれば、以下のようになる(24)。

史料一〇　越中国三郡墾田野地図

越中国東大寺墾田幷野地図

合漆処

礪波郡参処 井山　伊加留岐　杵名蛭

（射水）郡参処 須加　鳴戸　鹿田

（新川郡壱処）大荊

東大寺墾田地図

礪波郡井山村…

（図略）

神護景雲元年十一月十六日田使礪波郡副擬主帳蝮部公「諸木」

専当国司従五位上行員外介利波臣「志留志」

東大寺墾田地図

越中国礪波郡伊加留岐村…

（図略）

神護景雲元年十一月十六日礪波郡副擬主帳蝮部公「諸木」

専当国司従五位上行員外介利波臣「志留志」

東大寺墾田地図
越中国礪波郡枠名蛭村…
（図略）
神護景雲元年十一月十六日僧「明典」
田使伝燈満位僧「慄寵」
専当国司従五位上行員外介利波臣「志留志」

東大寺墾田地図
越中国射水郡須加村…
（図略）
神護景雲元年十一月十六日田使僧「明典」
伝燈満位僧「慄寵」
専当国司従五位上行員外介利波臣「志留志」

東大寺墾田地図
越中国射水郡鳴戸村…
（図略）
神護景雲元年十一月十六日田使僧「明典」

伝燈満位僧「憬寵」
専当国司従五位上行員外介利波臣「志留志」

東大寺墾田地図
越中国射水郡鹿田村…
（図略）
神護景雲元年十一月十六日田使住位僧「□善」
僧「定具」
専当国司従五位上行員外介利波臣「志留志」

東大寺墾田地図
越中国新川郡大荊村…
（図略）
神護景雲元年十一月十六日田使「僧宝哲」
専当国司従五位上行員外介利波臣「志留志」
神護景雲元年十一月十六日正七位上行目阿倍小殿臣調使
□□（国司）

□□□上行守佐伯宿祢朝集使　　正六位上行掾若桜部朝臣「粳麻呂」
従□□下行介□（国）見真人「安曇」　　正六位上行員外掾秦忌寸「黒人」
従五位上行員外介利波臣「志留志」　　正八位上行員外目阿刀連在京

図は礪波・射水・新川三郡所在の七つの寺領図を、麻布二枚を継ぎ合わせた長さ六四二センチメートルの料布に描き並べたものである。基本的にはほぼ一筆で描かれており、記載のある箇所には越中国印が押捺されている。各図には「東大寺墾田地図／越中国○郡△村…」の表題がそれぞれ別個に付され、また、「田使」と専当国司である利波臣志留志がそれぞれの図の奥に署名を加えている。いずれも署名は田使が先で、国司が後である。「田使」は、「検田使」のように検田のために東大寺から臨時に派遣された使者ではなく、現地に常駐して東大寺領荘園の管理を任されていた者と考えられる。図の作成に至る経緯からすれば、天平宝字三年の際のように東大寺が独自に行った訳ではなく、中央からの指示でなされたことは明らかである。よって、この署名の順が意味するところは、東大寺側の田使の調査結果に基づいて図が作成され、現地に赴いた専当国司・志留志が事実関係を確認した上でそれを承認するという形で事務処理が行われたということであろう[25]。なお、七図の末尾には全体についての承認の意味で守以下の国司四等官の連署が加えられる（但し、守は朝集使で不在）。図を検校した結果作成された券文（史料一）に加えられたのも国司の連署である。この券文が進官されるに至ると考えられる。

越前国と越中国での作図上の相違

こうして作成された越中国の神護景雲元年図であるが、同じ目的で作成された越前国の天平神護二年図との間には作図をする上での大きな相違点が見出せる。越前国糞置村図としては、天平宝字三年図と天平神護二年図の両図が現存しており、それらを比較すると、後者は前者の描写を参照し、その表現を誤認して作成された部分を確認し得る。(26)越中国についても、同じ寺領の天平宝字三年図と神護景雲元年図が現存している場合があって両者の比較が可能であるが、天平宝字三年図に基づく同五年の田図・田籍の認定内容の取消・訂正という意味で越中国の神護景雲元年図も越前国の天平神護二年図と作成意図を同じくするものでありながら、現存する越中国の神護景雲二年図には天平宝字三年図を参照した形跡は認められない。同じ目的で作成された越前国の天平神護二年図と越中国の神護景雲元年図とで、どうして異なる作成の仕方を選択したのであろうか。

当然参照して然るべき天平宝字三年図を利用しなかったのは、越中国ではあえて参照しなかったのではなく、それができなかったのではなかろうか。越前国の天平神護二年図と越中国の神護景雲元年図との大きな差異は、前者の作成には東大寺から派遣された検田使が関与したが、後者では関与していないということである。越中国では在地豪族出身の国司・利波臣志留志が寺領の検校担当者に指名され、常駐の田使と共に図の作成を行った。即ち、当時現地の国庁には天平宝字三年図が蔵されておらず、越前国では検田使が同図（恐らく現存図）を持参したためにそれを利用でき、一方、越中国には検田使が図の作成に関与しなかったのでそれができなかったのではなかろうか。これは推測の域を出るものではないが、越前国と越中国の図の作成における最も大きな相違点は検田使の関与の有無と考えられるので、このように考えることも強ち誤りではないものと考える。天平宝字三年図は、東大寺分の他に国で備用する分など、複数枚作成された可能性も想定できるが、天平宝字四・五年の校班田で国司にほぼ完全に無視されていることなども勘案すると、天平神護二年までは残っていなかったのかもしれない。

なお、神護景雲元年の越中国射水郡鳴戸村地図には、一条一巻の田図二条分を参照利用する際、一里分ずらして並べた状態で写してしまったために生じたと考えられる描写のズレが認められる。(27) 田図は国庁に備えられていたと考えられ、志留志はその田図を携えて各墾田地を巡った可能性がある。

七図と「捌巻」との齟齬

券文は三郡十箇所の東大寺領墾田について報告するが、検校対象の図としては券文中に「捌巻」の記載がある。一方、現存図は長大な布に七図を描き連ねたもので、券文の記載との齟齬がある。券文に記された「捌巻」について、栄原氏は、現存図を一巻（総図）と数え、大治五年（一一三〇）目録や仁平三年（一一五三）目録所載の神護景雲元年図（個別図。布製・紙製）とあわせて八巻のセットを想定されるが、(28) 巻数こそ合わせられたものの、同じ墾田を扱ったものを含む様々なレベルの図を同時に検校した意味が不明であり、容易には従えない。栄原氏は大治・仁平の目録を重視する立場であるが、奈良時代には存在したが、その時点では逸失していた図があった可能性は高く、平安時代の目録は絶対的な基準とはならない。(29)

一方、杉本一樹氏は、神護景雲元年図七図を「捌巻」のうちの一巻として扱うことには疑義を呈される。その上で、七図のうち、鹿田村図の方格が左方で切断され、その署名、大荊村図と続く料布と二次的に継ぎ合わせており、後方の料布の端裏部分に「越中国／大藪庄合八枚」の墨書記載があることに注目される。券文の「捌巻」と一致するこの記載は、図の作成途中で書き込まれ、その時点では図が八枚にまとめられる方向であったことを示すとされる。その計画は潰えて結局七図一体でまとめられることとなったが、当初計画の八巻については、例えば、近接する礪波郡井山村・伊加留岐村・石粟村を一巻、それ以外は一処一巻で合計八巻とした可能性を提示される。(30)

杉本氏は計画段階の巻数である「捌巻」の記載が券文に残ってしまったと想定されるが、そう記載された券文と実際に作成された七図がセットで進官されたならば、その齟齬は太政官において確実に問題になるはずであり、疑問が残る（京進されるのが券文のみで、図は太政官には提出されなかったと考えれば問題はない）。「捌巻」と記した券文は確実に太政官に進上されたはずであるが、少なくとも現存の七図と一体として提出されることはなかったものと考えられる。

七図＝写しの可能性について

それでは、神護景雲元年の七図とは一体どのように位置づければよいものであろうか。七図は全て一筆で描かれている。先述のごとく、署名をみる限り、田使が作成のイニシアチブを取っていたと考えられるが、図毎に様々な田使が関与しており、本来ならば複数の筆跡が認められるはずである。しかし、実際にはそうなっていないということは、七図が原図をもとに一筆で作成された写し（控え）であった可能性が想定できる。即ち、各所で作成された個別図を、長大な布にまとめて七つ写して控えとしたのである。券文に記された「捌巻」と七図との齟齬も、写しの作成段階において、一続きの布に収まるものとそうでないものが存したことに由来すると考えれば、説明が付くかもしれない。

写しであるという観点で七図を眺めると、様々な奇妙な部分の説明が付くように思う。まず、この図には、用意周到に作成された痕跡があまり認められない。例えば、全体にかかる奥の国司の連署は、最末に配された大荊村図の専当国司・田使の署名に食い込むようにその上方に書かれ、結果的に双方の日付や両方に加えられた利波志留志の署名が上下で重複する形になっているのも、正本として機能する図としてみた場合は不審であるが、写しであるならば、やむを得ない部分として許容できる。また、七図は、同じ目的で作成された越前国の天平神護二年図と比較すると、絵画表現や彩色に乏しく、非常に簡略な地図との印象を受ける。これは越前国の天平神護二年図が東大寺からの検田使の派遣を伴う検田作業の結果を受け、越前国が主導して作成した本格的な荘園図であり、一方、越中国の神護景雲元年図の場合、現地の田使の作成にかかる比較的簡便な荘園図であり、仕上がりの相違は作成主体と作成状況の違いに由来する可能性が高い。しかし、更に原図から転写の過程を経ることによって、現存図のやや淡泊な描写ができあがったと考えると、七図から受ける印象を説明し易くなる。

本来バラバラであった図の写しを、このように一連の形で作成することは、それを保存管理する上では非常に効果的である。現に、当該年の七図が現代においてもまとめて確認できるのは、この形態ゆえであろう。そういった意味でも、このような図を作成する意義は十分理解できる。以上から、七図は写しであった可能性が高いものと考えられる。

「捌巻」進官の有無

現存図が写しであったとすれば、当然太政官に提出されたものではない（ゆえに「捌巻」と七図の齟齬が問題化することはない）ことになるが、それでは、その原図となった「捌図」は提出されたのであろうか。この点については、神護景雲元年の券文末尾の追記が手掛かりになる。この追記には「右件田図、付浄人・浄浜、送上三綱所」とあって、続いて日付と、造東大寺司官人の署名が記される。券文で検校対象とされた「捌巻」を、神護景雲二年九月九日に造寺司から東大寺三綱所に送るという内容である。この記載に基づいて、栄原氏は神護景雲元年図が、越中国司→太政官→造東大寺司→東大寺三綱所→印蔵というルートで動いたと推定されるが、再検討の余地があるのではなかろうか。養老公式令文案条には、「凡文案、詔勅奏案、及考案、補官解官案、祥瑞財物婚田良賤市估案、如此之類常留、以外年別検簡、三年一除之、具録事目為記、其須為年限者、量事留納、限満准除」とあって、太政官においても受領した公文類は少なくとも三年間は保管されたものと考えられる（「田」は古記によれば田図、令釈・義解によれば田籍・田図とされ、神護景雲元年図と券文はそれにはあたらない）。よって、券文と図が太政官に進上されたのであれば、十ヶ月弱で東大寺（造寺司）が入手しているのは不審である。

そもそも、神護景雲元年に作成された「捌巻」の図は、太政官に提出する必要のある資料とみなせるであろうか。神護景雲元年の券文はいわゆる坪付ではなく、各墾田地毎の総地積・見開地積とその内訳、未開地積までが把握できるのみである（天平宝字三年と天平神護二年に作成された券文は、坪毎に面積や開墾状況を記す）。坪毎の情報までが太政官で必要とされたのであれば、図も進官されたと考えられる。しかし、果たしてそうであろうか。神護景雲元年の券文作成の半年前に、同じ目的で報告書（天平神護三年五月七日越中国司解〈史料九〉）が作成されたことは先に述べたが、その報告書も同様の統計的な数値の提示のみで坪付ではなく、坪毎の情報を記した図が付属していた痕跡も認められない。神護景雲元年に新たに券文が作り直されたのは、天平神護三年の報告が、天平宝字三年の調査内容を単純に引き写したために内容に錯誤が多かったことを理由としており、神護景雲元年の券文が「検校東大寺墾田并野地図事」と事書に記すのも、単なる過去の資料の引き写しではなく、現地調査に基づいて作成した図を検校した結果を報告するということを強調するためであったと考えられる。しかし、太政官から要求されて必要であったのは、あくまで天平神護二年に報告したものと同レベルの情報までであって、新たに坪毎の詳細情報が求められた訳ではないであろう。即ち、神護景雲元年の荘園図はあくまで正しい地積を算出するために事前に作成された補助的な資料に過ぎなかった。そのような資料が太政官まで提出されることがあったのかどうか、甚だ疑問である。この案件に関しては、太政官では統計的な数値の把握のみを目指していたものと考えられる。恐らく、太政官には券文の正文のみが進上され、東大寺に下されるようなことはなく、そのまま保管されることとなったであろう。

七図の作成主体と作成時期

それでは、進上されなかった「捌巻」の図はどうなったのであろうか。それこそが、券文の追記から明らかになるものと思われる。先述のごとく、現存する券文の奥には「右件田図、付浄人・浄浜、送上三綱所」とある。浄人と浄浜の二名を使者として、この文書で検校対象とされた「捌巻」を東大寺三綱所に送るという内容である。続いて神護景雲二年九月九日という日付と、造寺司官人の署名がある。送付した主体は造寺司であるが、送付対象である「捌巻」の作成からは十ヶ月弱が経過している。使者とされた「浄人」「浄浜」は造寺司所属の者と考えられ、時期的な要素を勘案の上、正倉院文書を検ずると、「浄人」は天平宝字年間以降に活動が認められる画師・雀部浄人ではないかとの推測が可能である。浄人が画師であったことに注目して、「浄浜」も画師ではないかと仮定したが、「浄浜」という画師は正倉院文書に確認できない。しかしながら、雀部浄人と同時期に活動していた画師に秦広浜がおり、追記の雑な雰囲気からすれば、「浄浜」の「浄」に引き摺られて「広浜」を「浄浜」と誤記した可能性も十分考えられる(31)。この想定はあくまで可能性にとどまるが、少なくとも「浄人」は画師であった。ここで画師が使者とされたことに意味を見出すとすれば、単なる雑使ではなく、送付の前段階として画技を活かした作業が付随していたと考えるのが穏当であろう。券文に記された「捌巻」は既に神護景雲元年十一月までには完成していたはずで、直接その作業に関与したとはみなし難い。しかれば、考えられるのは先に触れた写しの作成への関与ではなかろうか。現存の七図は写しの可能性が高く、その作成に浄人らが関与していたということになる。

注意すべきは、現存する神護景雲元年図には記載のある箇所に越中国印が押捺されていることである。現存図が写しであるとすれば、それは造寺司で作成されたのではなく、現地である越中国において作成され、その後国印が押捺されたことになる。原図は進官されなかった「捌巻」の図であるが、大治・仁平の目録によれば、当時、大藪村・伊加留伎村・石栗村の神護景雲元年の個別図が残されていたことが確認できる。現存の七図以外に、写しの個別図が更に作成された可能性は低いと考えられるので、「捌巻」の図そのものが同じタイミングで東大寺に運ばれてきたものと思われる。

以上、時系列で一連の動きを整理すれば、まず浄人ら二名が越中国に派遣され、国庁に保管されていた「捌巻」を原図として写し（現存図）を作成し、原図（「捌巻」）と写し（七図）、また、国庁に図と共に保管されていた券文の案（現存券文）とを一旦造寺司に運び、券文案の奥に三綱所に送る旨の追記を受けた後、三綱所まで送り届けたという状況が窺えるのではないか。憶測に憶測を重ねた感はあるが、残された史料を整合的に解釈するならば、上記のような解釈が可能であろう。やはり、現存図は進官を経たものではないし、現存図以外の図が進官された訳でもないと結論づけられる。

第三章　荘園図の進官の可能性について

以上、正倉院収蔵の北陸地方の荘園図について、作成の契機、作成主体、進官の可能性等を個別の図に即して検討した。特に進官、即ち荘園図が太政官に進上されたか否かについては、これまで考えられていたほど自明ではなく、特に正倉院に現存する図そのものはいずれも直接東大寺に入ったものと想定できることについて述べた。この問題を考える上で示唆的であるのは、弘仁十一年（八二〇）に出された、田図の扱いに関する官符である。

史料一一　弘仁十一年十二月二十六日太政官符（『類聚三代格』巻一五　校班田事）

太政官符

応留田図、除田籍事

右、得民部省解偁、格云、天平十四年、勝宝七歳、宝亀四年、延暦五年、四度図籍、皆為証験。公式令云、文案詔勅及婚田市沽等案、如此之類常留、以外年別検簡、三年一除、具録事目為記、其須為年限者、量事留納、限満准除者、今検諸国田籍、偏注戸頭姓名、口分田段、一班之後、不必相同、但図者、公私有用、永存可見、望請、内外田図、悉置擬備比校、畿内田籍、除証年外、毎経一班、為例除棄、其庫内先有墾田籍、亦従簡留、又有七道諸国進籍不進図、自今以後、下知諸国、停籍進図者、大納言正三位兼行近衛大将陸奥出羽按察使藤原朝臣冬嗣宣、奉　勅、依請、

弘仁十一年十二月廿六日

天平十四年（七四二）以降、田図と田籍は一体のものとして作成されていた。この官符によれば、四度の図籍、即ち天平十四年、天平勝宝七歳（七五五）、宝亀四年（七七三）、延暦五年（七八六）の田図・田籍は土地所有の根拠を示す根本資料として永年保存されていた。しかし、四証年以外の図籍に関しては、弘仁十一年当時、田図と田籍とで評価が分かれていたことが分かる。即ち、口分田・墾田等の所有者毎に所在地・田品・田積等をまとめた田籍は、経年に伴って意味をなさなくなる、とされている。それに比して、既墾地のみでなく未墾地も含めて、坪毎に所有者・面積等の情報を記す田図は、長い年月の間、土地の有り様を示すものとして公私ともに利用価値の高い資料とされた。その評価を前提とした今後の措置として、以下の内容が定められた。

①畿内・畿外の別に拘らず、田図を検討資料として優先的に保管し、四証年以外の田籍は、一班（当時は十二年か）経過する毎に廃棄することとする。
②保管されている墾田籍は必要なもの以外廃棄する。
③畿外には田籍のみを進上する国も存在するが、今後は田籍ではなく田図を進上させることとする。

この史料は、当時の図籍をめぐる実態を窺知し得るものとして極めて重要である。まず、図籍の進上に関して畿内と畿外で異なる状況であったことが分かる。畿内では図籍一体で進上されていたが、畿外には田図を出さない国もあったということである。「有七道諸国進籍不進図」という書き方からすれば、本来的なあり方から外れた状況とのニュアンスが窺えるが、中央政府にとっての必要性と、諸国における図の複数枚作成の手間とを勘案した結果許容され、次第にこのような実態となったのであろう。

もう一点、当時民部省の官庫には墾田籍が保管されていたが、墾田図、即ち本稿でいうところの荘園図については、全く触れるところがない。また、この官符は土地の管理において籍よりも図の有用性が高いことを述べ、以後図を優先的に収集・保管するという方針を定めたものであるが、墾田籍に代えて墾田図を進上せよ、といった要求もしてはいない。即ち、中央政府は、弘仁年間以前、そして以後も基本的には墾田図の進上を必須とする立場ではなく、近江国覇流村・水沼村図のように必要な案件については墾田図が進上されることもあったが、それらが官庫に長期的に保管されるような状況はなかったようである。この官符から導かれる内容は、現存の図・券文を検討して得た結論に合致する。地方所在の墾田地に関して、荘園図と券文が一体となって太政官に進上され、それに基づいて中央から遠隔操作が可能な状態が保持されてきたというこれまでの考え方は、大きく修正が必要である。

おわりに

個々の荘園図と券文、その周辺史料を検討した結果、荘園図は進官されない場合の方が多かったという結論を得た。この結論に対しては、律令国家の土地支配を過小評価するものではないか、との批判を受けるかもしれない。詳細に記された図の記載をもとに墾田の占地状況を把握し、中央から指示を下すことが可能であると想定していた段階からすれば、不当に評価を矮小化しているようにも思える。しかしながら、現存図にはいずれも太政官への進上を経たとおぼしき痕跡が認められず、また、弘仁十一年官符の内容を考えても、奈良時代に太政官で荘園図を積極的に保存・利用したとはやはり考えられない。

原則的には田籍・田図については進官が義務付けられており、弘仁十一年官符をみても田図の有効性については十分認識されていた。気になるのは、同官符で畿外諸国の中には田籍のみを進上し、田図は提出しない場合もあったと記されていることである。畿内と畿外で把握すべき情報の質が異なるケースとして思い浮かぶのは、計帳歴名の場合である。計帳歴名は力役徴発の台帳である差科簿としての役割も担っていたために畿外においては現地に残して活用すべき資料であり、統計的な内容を持つ大帳のみが京進されると考えられている(32)。即ち、詳細な情報が中央に送られれば質の高い管理・支配が実現できるかというと必ずしもそうではなく、現地に残してこそ有効な場合が少なからずあったと考えられる。理念上は田図・田籍は共に進官すべきとされていたが、実態としては畿外からの田図の進官は徹底されなかった。土地に関する施策においても、畿内では班田使をはじめとして中央から使者が派遣されるのに対して、畿外では国司に委ねられる部分が多かった。田図が現地に留め置かれたのは、その方が土地管理の上で有益だったからではあるまいか[33]。

それと同様、荘園図も進官されるよりも現地で活用されるべき資料であった。荘園図は、未開墾の土地を含めて位置情報・個別の数量等を視覚の上で容易に把握し得るツールであり、現地で土地をめぐる争論等が発生した場合、極めて有効に機能したものと考えられる。荘園図は遠隔操作に利用されるより、現地で、現実の土地と照らし合わせてこそ、その効力を十分に発揮したのである。荘園図は進官されないという検討結果は、律令国家の土地支配に対する過小評価に繋がるものではなく、中央派遣官たる国司が在地において主体的に活動していたことの表れかもしれない。但し、国庁備用の図の存在についてはその可能性を類推し得るといった程度にとどまったことから分かるように、現実にはそれを証験として自らの権利を確保しようとした主体（今回の場合は東大寺）などによって、積極的に保存・活用されたものと考えられる。権利主体たる東大寺所持にかかる現存図も、現地に運ばれて活用するためのものであったのだろう。中央への報告として荘園図をとらえるのではなく、主に権利の保持者がその主張のために使用するという観点に立って、荘園図の内容を再検討する必要があるものと考える。

註

（1）栄原永遠男「古代荘図の作成と機能」（金田章裕・石上英一・鎌田元一・栄原永遠男編『日本古代荘園図』東京大学出版会、一九九六）。

（2）東南院文書第三櫃二九巻（『大日本古文書』家わけ東南院文書二　三一三～三二〇頁）。

（3）東南院文書第三櫃三五巻（『大日本古文書』家わけ東南院文書二　三五三～三五五頁）。

（4）東南院文書第三櫃二八巻（『大日本古文書』家わけ東南院文書二　二九五～三一二頁）。

（5）『日本荘園絵図聚影』一上　東日本一（東京大学出版会、一九九五）。

（6）『日本荘園絵図聚影』一下　東日本二（東京大学出版会、一九九六）。

（7）署名の前後関係の意味については、櫛木謙周「越前　c越前国坂井郡高串村東大寺大修多羅供分田地図」（金田ほか編『日本古代荘園図』東京大学出版会、一九九六）において、古代荘園図研究会での討論から示唆を受けたこととして指摘がある。

（8）東南院文書第三櫃一六巻（『大日本古文書』家わけ東南院文書二　一七一・一七二頁）。

（9）東南院文書第三櫃一八巻（『大日本古文書』家わけ東南院文書二　一八六～二四四頁）。

（10）東大寺文書（『大日本古文書』家わけ東大寺文書六　一〇五～一一八頁）。

（11）守屋孝蔵氏所蔵文書（『平安遺文』六　二三〇四～二三二〇頁）。

（12）平安時代の目録には天平宝字三年の道守村図に関する記載は認められないが、当該文書によれば同図が作成されなかった訳ではなく、逸失してしまった資料であることが判明する。

（13）『日本荘園絵図聚影』一下　東日本二（東京大学出版会、一九九六）。

（14）杉本一樹「絵図と文書」（平川南・沖森卓也・栄原永遠男・山中章編『文字による交流（文字と古代日本　2）』吉川弘文館、二〇〇五）。

（15）東南院文書第三櫃一八巻（『大日本古文書』家わけ東南院文書二　一八七～二四四頁）。

（16）『日本荘園絵図聚影』一下　東日本二（東京大学出版会、一九九六）。

（17）中田薫「売買雑考」（『法制史論集　第三巻上』岩波書店、一九七一。初出は一九四三）。

（18）正倉院宝物（北倉一六三）（『大日本古文書』二五附録　三四～五四頁）。

（19）正倉院宝物（北倉一六四）（『大日本古文書』二五附録　七一～八六頁）。

（20）検田使の作業が越前国と越中国とにおいて異なっていた理由については、越前国において田地の詳細調査を実施する必要性がより高かったためか、行程上、越前国、越中国の順に作業を進めた結果、越中国では時間的な制約が生じてしまったためなど、いくつかの可能性が想定できるが、現状では断案は下せない。

（21）東南院文書第三櫃三〇巻（『大日本古文書』家わけ東南院文書二　三二一～三二五頁）。

（22）竹内理三『奈良朝時代に於ける寺院経済の研究』（『竹内理三著作集　一』角川書店、一九九八。初出は一九三二）。

（23）吉川敏子「越中　b越中国射水郡東大寺領荘園図」（金田ほか編『日本古代荘園図』東京大学出版会、一九九六）。

(24)『日本荘園絵図聚影』一上　東日本一（東京大学出版会、一九九五）。
(25)天平神護三年五月七日越中国司解で報告された内容に、天平宝字三年以降に拡張した部分の墾田が除外されてしまうという不備があって神護景雲元年の調査が実施された経緯からすれば、東大寺側に調査に対する強い動因があったことは確かであろう。
(26)拙著『正倉院の地図（日本の美術　五二一）』ぎょうせい、二〇〇九。
(27)岸俊男「班田図と条里制」（『日本古代籍帳の研究』塙書房、一九七三。初出は一九五九）。
(28)先掲栄原註(1)論文。
(29)先述のとおり、天平宝字三年の越前国足羽郡道守村開田地図はこれらの目録には見えないが、天平神護二年作成と考えられる史料六の足羽郡司解には「寺図」として表れており、天平神護二年当時の存在が窺える。
(30)先掲杉本註(14)論文。杉本氏は「捌巻」の訂正が行われなかった理由として、「図の清書にかかる段階では、国司解の内容は完成しており、しかも図の形態の問題もあって（例えば、算え方として枚・巻の混在をどう処理するか、など）、図の在りようを文書の記載上に配当することが困難となったため」とされる。
(31)例えば、大仏殿庇絵画師等毎人充日作物給功銭帳（『大日本古文書』四　三五三～三五八頁）によれば、両者は天平宝字三年三月以降、画師として大仏殿庇絵の彩色作業に携わっていたことが分かる。
(32)杉本一樹「「計帳歴名」の京進について」（『日本古代文書の研究』吉川弘文館、二〇〇一。初出は一九八五）。
(33)図自体が「解」の形式を採る天平勝宝三年（七五一）近江国水沼村・覇流村図（近江国司解）は確実に進官された例であるが、荘園自体の成立が北陸の荘園とは違うため（勅命により近江国が開発）であった可能性もあるが、近江国が畿内に準じてより直接的に中央からの管理を受けたためであるとも考えられる。

糞置村開田地図に描かれた条里プランについて

門井直哉

はじめに

東大寺正倉院には越前国足羽郡糞置村開田地図と称される二種類の古代荘園図が伝存している。両図はともに東大寺領として設定された田・野の所在地と面積を記録したものであり、一枚は天平宝字三年（七五九）、もう一枚は天平神護二年（七六六）に作成されている（以下、本稿では前者をA図、後者をB図と呼ぶ）。また、両図には周辺の地形描写とともに、方格線と数詞地番の組み合わせからなる条里プランが示されている。このことから両図に描かれた条里プランと現地の対応関係について多くの研究が積み重ねられてきた(1)。そうしたなかでとくに有力な学説として注目されてきたのは『福井県史』(2)にも反映された金田章裕による比定案であろう(3)。しかし、その金田案に対してはこれを疑問視する向きもあり(4)、いまだ断案とは言いがたい状況もある。そこで本稿では糞置村の条里プランにかかわる従来の比定案を批判的に検討し、これらと異なる私案を提示してみたい。また、A・B両図の記載内容や表現の違いにも注目し、そうした差違が生じた理由についても考察してみたい。

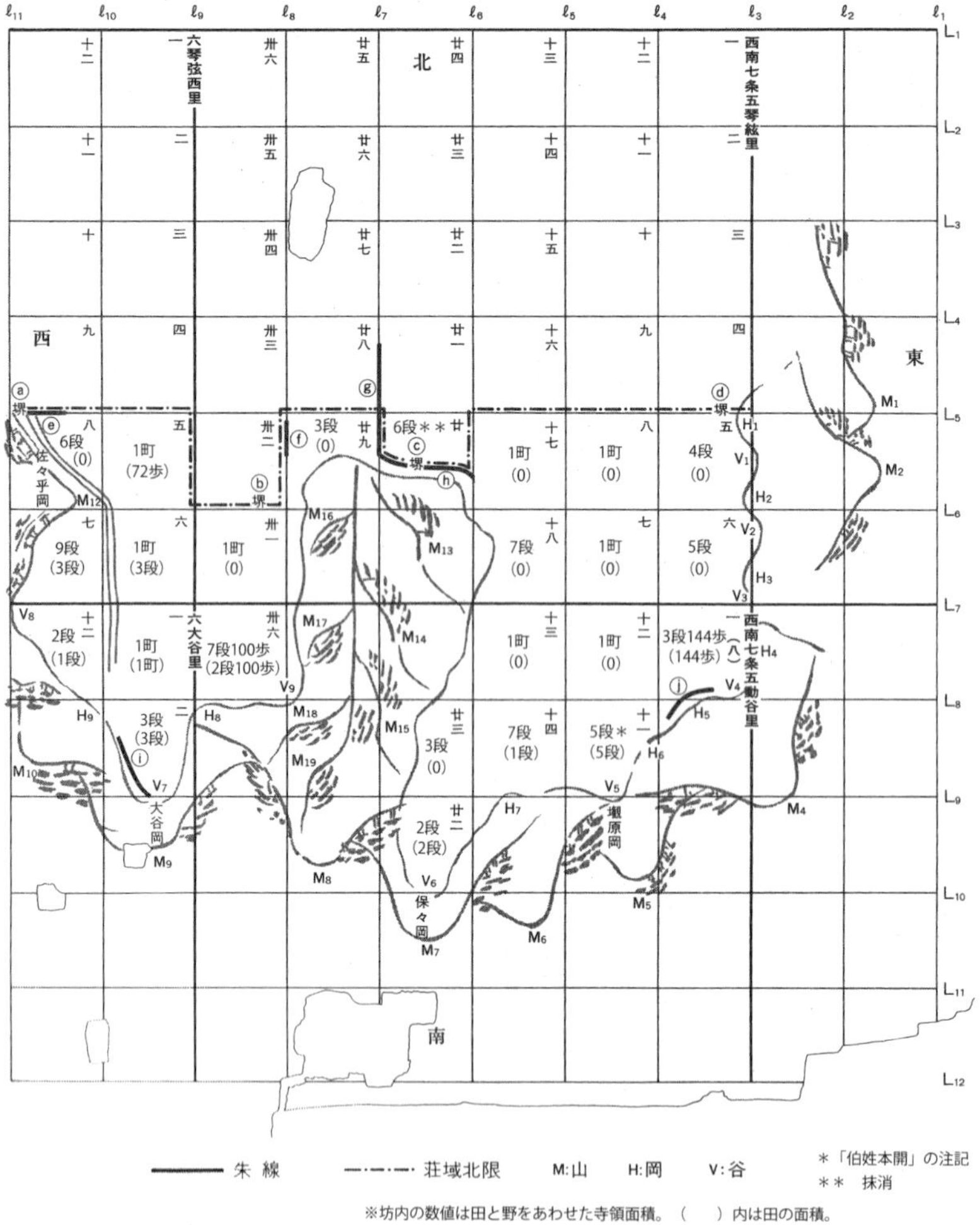

※坊内の数値は田と野をあわせた寺領面積。（　）内は田の面積。

図1　天平宝字3年図（A図）
（栄原　1996に加筆）

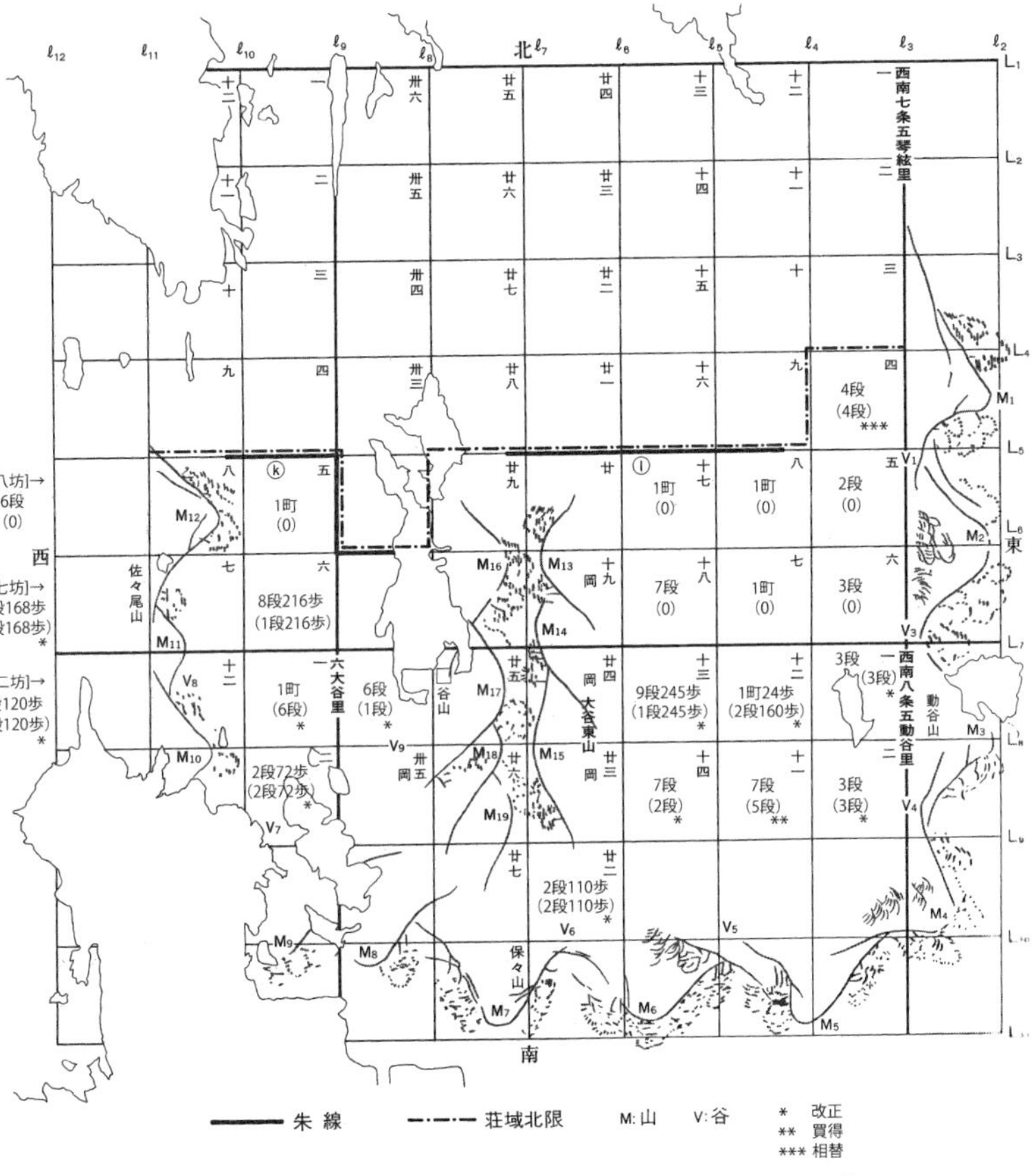

※坊内の数値は田と野をあわせた寺領面積。（　）内は田の面積。
※七条六里七坊の田5段168歩のうち改正得田は2段168歩。

図2　天平神護2年図（B図）
（栄原　1996に加筆）

第一章　糞置村開田地図の概要

第一節　A図の作成経緯と特徴

糞置村の東大寺領は北に向かって口を開いた二つの谷間にあり、その故地は現在の福井市帆谷（開田地図中の東側の谷）・二上地区（開田地図中の西側の谷）に比定される。東大寺が当地に初めて寺領を設定した時期は、寺院に対する墾田の開発と所有が認められた天平勝宝元年（七四九）頃とみられている。(5) A図は六年に一度の班田収授に備えて作成されたものであり、天平宝字三年は翌年に校田を控えた年であった。東大寺としては校班田に際して寺領が誤って収公されることのないよう、予め寺領所有の根拠を確定しておく必要があったのである。A図には検田使として現地に派遣された造東大寺司官人・東大寺僧の署名が先にみえ、越前国司の署名が後に続いている。また図中のところどころに越前国印が捺されている。これらのことからA図は東大寺が主体となって作成し、越前国司の承認を得た後に東大寺へと戻されたものと考えられている。(6)

A図の特徴としては次の点が挙げられる（**図1**）。

・条里プランを示す方格線を描く。
・里界線上に「西南七条五琴絃里」「六琴絃西里」のように条里呼称を記す。なお、「西南七条五動谷里」は「西南八条五動谷里」の誤記とみられる。
・各坊（坪）内に地番と田・野の面積を記す。
・山稜線を太い墨線で、山麓線を細い墨線で描く。

・山稜線に樹木を描く。なお、山稜線M_{12}（「佐々乎岡」）は山麓線を取り違えたものとみられる。
・二上地区に溝とみられる二重線を描く。
・荘界とみられる朱線を描く。

なお、A図の右上部には寺領の総面積が「越前国足羽郡糞置村地壹拾伍町壹□　□肆拾肆歩」と記されている。欠字もあるが、続いて寺領の内訳が「開田二町五段三百十六歩　未開十二町五段二百八十八歩」とみえることから、天平宝字三年時点での寺領総面積は一五町一段二四四歩であったことが判明する。

第二節　B図の作成経緯と特徴

東大寺は天平宝字三年に越前・越中の各地にあった寺領についてA図と同様の地図を作成し、土地の所有権を確定しようとした。ところが天平宝字四・五年の校班田の際には、東大寺の所有権は全面的には認められず、糞置村でも寺田の一部が収公され、口分田として百姓に班給されてしまうといった混乱が生じていた。東大寺は寺領を回復するために、東大寺僧・造東大寺司官人を現地に派遣し、天平神護二年の校田に先立って検田を実施した。その結果にもとづいて作成された地図がB図である。なお、B図の署名は国司が先にみえ、東大寺僧・造東大寺司官人が後となっており、B図は越前国側が主体となって作成されたものとみられる。B図の山の表現がA図よりも絵画的で丁寧な彩色が施されているのは、そうした作成主体の違いを反映したものと考えられている(7)。

またA図と同様、B図には条里プランの方格線が描かれ、里界線上に条里呼称の表記がみえるが、各坊内の田・野面積については改正・相替・買得などの寺田編入方法も記載されている。当時の東大寺は先の校班田で失われた寺領の回復だけでなく、分散していた寺領と百姓墾田・口分田との交換や百姓墾田の新規買得によって、寺領の一円化を図ろうとしていたことがうかがえる。

このほかB図の表現内容については次のようなA図との違いも認められる（図2）。

・周辺の地形描写は山稜線のみで、山麓線は描かれない。
・A図には描かれていない山が追加されている（M_3・M_{11}）。
・A図とB図で描写された山の条里プラン上の位置に齟齬がある。たとえばB図の「保々山」（M_7）はA図の「保々岡」（M_7）と比べて西に一坊分ずれた位置に描かれている。
・七条五里四坊、八条五里二坊・一一坊、および七条五里二〇坊の北半分が荘域に加わっている。
・溝とみられる二重線はB図には描かれていない。

なお、B図の右上部には東大寺領の総面積が一五町八段二六八歩と記されている。その内訳は「未開」が一一町六段二五七歩、「見開田」が四町二段一一歩である。また、「見開田」の内訳には「寺田」「改正得田」「相替得田」「買得田」の区別があり、「寺田」が四段二一六歩、「相替得田」が四段、「買得田」が五段となっている。「改正得田」の記載は二町以下の数値が欠損しているが、「見開田」の面積から「寺田」「相替得田」「買得田」の合計面積を差し引くと二町八段一五五歩であったことが判明する。

第二章　糞置村条里プランに関する先行研究

第一節　金田章裕・三河雅弘による比定案

糞置村条里プランの現地比定にあたっては、A・B両図の地形描写が手がかりとなる。ただし前述のように、条里プランと山との対応関係についてはA図とB図でずれがある。これをどう考えるのかが大きな問題であるが、金田章裕は両図に示された条里プランを異なるものと理解することで、この問題を解決しようとした[8]。すなわち金田によれば、A図の条里プランとは足羽郡主要部の条里プランの延長とみられる正方位プランであり、B図の条里プランは現地の遺存地割に合致する西偏条里プランとされる（**図3**）。A図からB図にかけての各坊内の田積の変化や両図における山の位置の違いは、このような条里プランの変化を想定することで説明が可能とされている。また金田は、現地における条里プランの不明確さを天平宝字四年の寺田収公の一因とみており、それ故に天平神護二年には実情に合わせた形で条里プランの表現の修正が図られたものと指摘している。

これに対し三河雅弘は、B図と同じ日付をもつ「越前国司解」によればB図の作成に際してA図が参照されていた蓋然性が高いこと、またB図の作成当時、糞置村に条里地割が全面的に施工されていた可能性は低いことなどを理由に金田案への疑問を呈し、A・B両図に示された条里プランは同一とする見方を示している[9]。三河はとくにB図にみえる山稜線のピークが方格線上にくるケースに注目して条里プランの現地比定を試み、足羽郡主要部から南方に延びてくる正方位プランが糞置村の荘域内で徐々に東方へと彎曲していく比定案を提示している（**図4**）。

第二節　先行研究の問題点

A図の条里プランを足羽郡主要部の正方位条里プランの延長とみる金田案については、実際の地形との対応関係において次のような問題があることが先学によって指摘されている[10]。

・八条五里一一坊の位置に谷V_5が存在しない。

・谷V_3に通じるように描かれる七条と八条の条界線L_7は、実際には丘陵の張り出し部分に通じることになる。

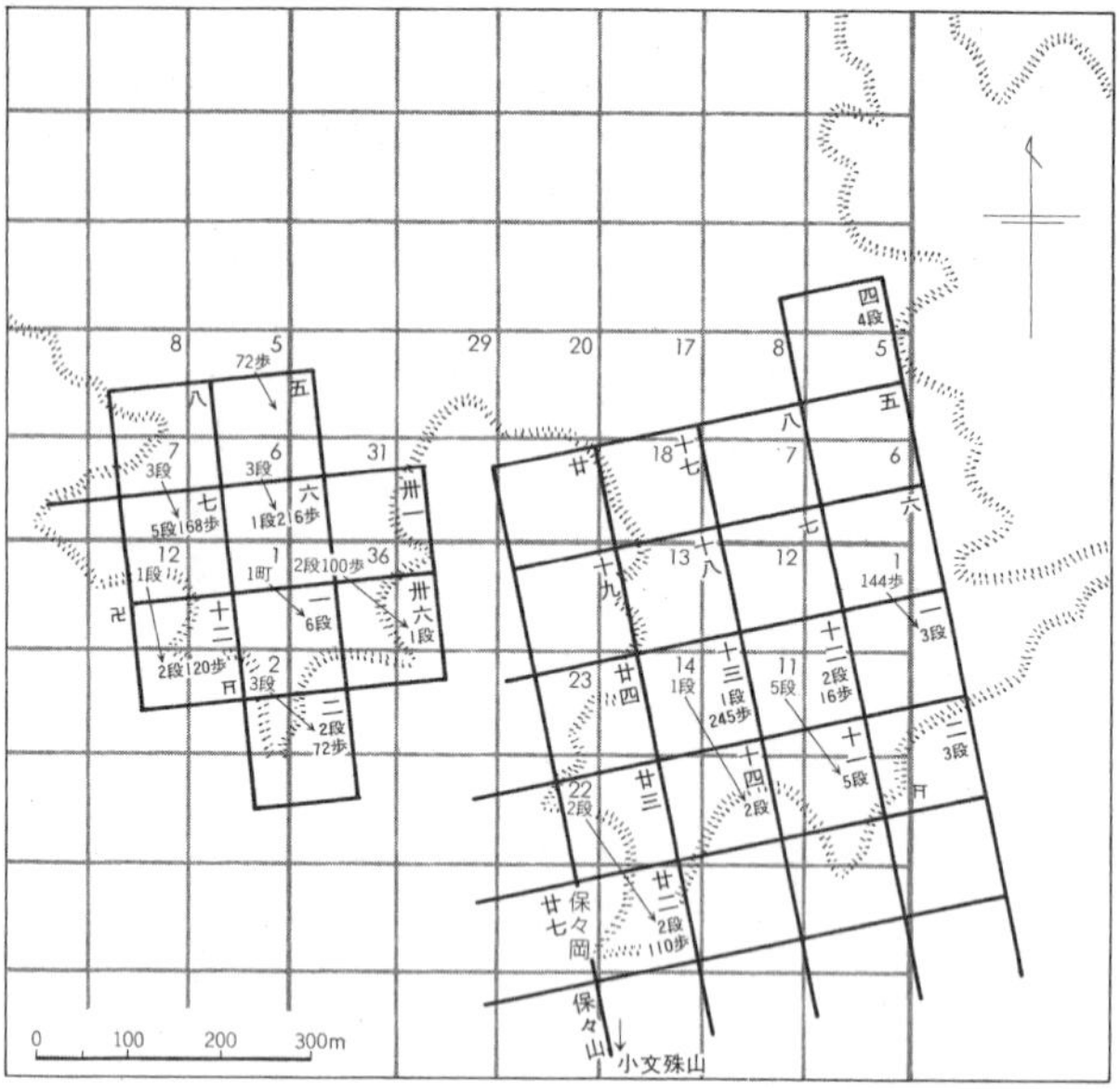

図3　金田章裕による比定案（金田　一九九三より）

（実線：天平宝字３年図，破線：天平神護２年図）

図4　三河雅弘による比定案（三河　二〇〇四より）

・四里と五里の里界線ℓ_3が山麓線に重なるように描かれているが、実際には山麓線の半町ほど西に里界線が通じることになる。
・八条五里二坊の平地部はわずかとなっているが、実際には一町の土地が存在することになる。
また三河は、A図からB図への条里プランの変化を想定することについても、次のような問題点を指摘している。(11)
・足羽郡の正方位条里プランと冀置村の斜行条里プランとの間に不連続部分が生じることになる。
・八条五里二二坊の位置が全く変わってしまう。
一方、三河が想定する徐々に彎曲する条里プランについても、筆者は次のような問題点があると考えている。
・各坊の形状が不整形となり、坊の面積が一町で揃わなくなる。
・山は直線を設定する場合の目標物となりうるが、徐々に向きを変えていくような坪界線の目標物としては不適である。
したがって、三河案もまた決定的な比定案とはみなしがたい。

第三章　冀置村条里プランの再検討

第一節　金田案と三河案の比較

1　比較の方法

そこで、さらに別の観点から金田案と三河案の妥当性について検討してみたい。ここでは基盤地図情報（数値標高モデル、五メートルメッシュ）を用いて傾斜区分図を作成し、その上に金田・三河それぞれの比定案を重ね合わせ、各坊内の平地面積を計測することにした[12]（**表1**）。

なお現在、中山間地域等直接支払制度では、傾斜二・九度（勾配二〇分の一）以上が水田の急傾斜地、傾斜八度（勾配一〇〇分の一四）以上が畑の緩傾斜地と定義されている。これを参考に、本稿では傾斜八度未満の土地を水田の成立可能な「平地」と定義した。

そして、各坊内の平地面積とA・B両図にみえる各坊内の寺領（田・野）面積との差をみることで、金田・三河両氏による比定案の妥当性を判断することにした。

2　各坊内の平地面積とA図寺領面積との差

次の坊で寺領面積が平地面積を上回り、寺領の用地が不足する。不足面積は以下の通りである（**図5**）。

八条五里一三坊（帆谷地区）：〈金田案〉三段一五四歩　※寺領はすべて野
八条五里二二坊（帆谷地区）：〈金田案〉三四四歩　※寺領はすべて田
八条五里二三坊（帆谷地区）：〈金田案〉一段三〇八歩[13]　※寺領はすべて野
七条五里三一坊（二上地区）：〈金田案〉三〇二歩　〈三河案〉三段一一二歩　※寺領はすべて野
七条六里七坊（二上地区）：〈金田案〉一段三一歩[14]
八条五里三六坊（二上地区）：〈金田案〉四四歩　〈三河案〉四段二六六歩
八条六里一坊（二上地区）：〈金田案〉一六六歩　〈三河案〉一段三五〇歩　※寺領はすべて田
八条六里二坊（二上地区）：〈金田案〉一段一四二歩　〈三河案〉二段七七歩　※寺領はすべて田

これらの結果からすると、帆谷地区に関しては用地不足が発生してない三河案に説得力があるといえる。一方、

表1　開田地図中の寺領面積と各比定案の平地面積

	里	坊	条	寺領面積				平地面積（m²）			
				A図	（m²）	B図	（m²）	金田案（A図）	金田案（B図）	三河案	門井案
帆谷地区	7	5	4	—	—	4段	4,752	10,426	11,662	9,432	11,015
	7	5	5	4段	4,752	2段	2,376	10,890	11,881	8,404	10,497
	7	5	6	5段	5,941	3段	3,564	11,881	11,881	12,831	11,881
	7	5	7	1町	11,881	1町	11,881	11,881	11,881	15,275	11,881
	7	5	8	1町	11,881	1町	11,881	11,881	11,881	14,101	11,881
	7	5	17	1町	11,881	1町	11,881	11,881	9,708	14,938	11,855
	7	5	18	7段	8,317	7段	8,317	9,451	10,194	15,167	11,035
	7	5	20	—	—	（野6段？）	?	10,571	174	12,185	11,073
	8	5	1	3段144歩	4,040	田3段（＋野1段？）	?	11,881	11,498	13,707	11,881
	8	5	2	—	—	3段	3,564	11,134	2,986	2,126	6,800
	8	5	11	（百姓墾田5段）	5,941	7段	8,317	11,881	9,570	10,917	11,501
	8	5	12	1町	11,881	1町24歩	11,960	11,881	11,881	14,628	11,881
	8	5	13	1町	11,881	9段245歩	11,501	7,809	11,558	14,653	11,881
	8	5	14	7段	8,317	7段	8,317	9,189	6,130	9,206	10,147
	8	5	22	2段	2,376	2段110歩	2,739	1,242	2,590	2,987	5,124
	8	5	23	3段	3,564	（野3段？）	?	1,361	6,371	13,690	9,390
二上地区	7	5	29	3段	3,564	（野3段？）	?	8,512	?	6,961	8,456
	7	5	31	1町	11,881	（野7段？）	?	10,885	7,094	7,948	8,937
	7	6	5	1町	11,881	1町	11,881	11,881	11,881	13,040	11,881
	7	6	6	1町	11,881	8段216歩	10,218	11,881	11,881	13,950	10,243
	7	6	7	9段	10,693	5段168歩	6,495	9,403	9,447	14,974	8,831
	7	6	8	6段	7,129	6段	7,129	9,268	8,594	9,426	9,266
	8	5	36	7段100歩	8,647	6段	7,129	8,503	2,399	3,016	8,851
	8	6	1	1町	11,881	1町	11,881	11,333	8,204	9,538	11,825
	8	6	2	3段	3,564	2段72歩	2,614	1,907	850	934	2,663
	8	6	12	2段	2,376	2段120歩	2,772	3,528	3,483	3,511	3,620

	6里			5里				
7条	8 1段288歩 1段336歩 1段288歩	5 0歩 351歩 0歩		29 4段59歩 2段309歩 4段42歩		17 0歩 2段206歩 △8歩	8 0歩 1段313歩 0歩	5 5段60歩 3段26歩 4段301歩
	7 △1段31歩 3段217歩 △1段204歩	6 0歩 1段267歩 △1段136歩	31 △302歩 △3段112歩 △2段172歩			18 344歩 5段276歩 2段104歩	7 0歩 2段308歩 0歩	6 5段 5段288歩 5段
	12 349歩 344歩 1段17歩	1 △166歩 △1段350歩 △17歩	36 △44歩 △4段266歩 62歩			13 △3段154歩 2段120歩 0歩	12 0歩 2段112歩 0歩	1 6段216歩 8段49歩 6段216歩
8条		2 △1段142歩 △2段77歩 △273歩			23 △1段308歩 8段188歩 4段325歩	14 264歩 269歩 1段195歩		
					22 △344歩 185歩 2段113歩			

上段：金田案、中段：三河案、下段：門井案

図5　各比定案における平地面積と寺領面積（A図）の差

二上地区に関しては両案ともに用地不足となる坊がみられるが、七条六里七坊を除けば金田案のほうが不足面積は小さく、金田案を基本に考えたほうが良いだろう。

3　各坊内の平地面積とB図寺領面積との差

次の坊で寺領面積が平地面積を上回り、寺領の用地が不足する。不足面積は以下の通りである（図6）。

七条五里一七坊（帆谷地区）：〈金田案〉一段二九八歩
※寺領はすべて野

八条五里二坊（帆谷地区）：〈金田案〉一七五歩　〈三河案〉一段七六歩　※寺領はすべて田

八条五里一二坊（帆谷地区）：〈金田案〉二一四歩

八条五里一四坊（帆谷地区）：〈金田案〉一段三〇三歩

八条五里二二坊（帆谷地区）：〈金田案〉四五歩　※寺領はすべて田

八条五里三六坊（二上地区）：〈金田案〉三段三五三歩
〈三河案〉三段一六六歩

八条六里一坊（二上地区）：〈金田案〉三段三四歩　〈三

	6里		5里					
								4 5段294歩 （4段279歩） 3段338歩 5段98歩
7条	8 1段84歩 （1段288歩） 1段336歩 1段288歩	5 0歩 （0歩） 351歩 0歩		29 ? （7段59歩） 5段309歩 7段42歩	20 53歩 （8段323歩） 1町92歩 9段115歩	17 △1段298歩 （0歩） 2段206歩 △8歩	8 0歩 （0歩） 1段313歩 0歩	5 8段 （7段60歩） 5段26歩 6段301歩
	7 2段174歩 （2段161歩） 7段49歩 1段348歩	6 1段144歩 （1段144歩） 3段51歩 8歩	31 5段350歩 （9段58歩） 6段248歩 7段188歩			18 1段209歩 （344歩） 5段276歩 2段104歩	7 0歩 （0歩） 2段308歩 0歩	6 7段 （7段） 7段288歩 7段36歩
	12 215歩 （229歩） 224歩 257歩	1 △3段34歩 （△166歩） △1段350歩 △17歩	36 △3段353歩 （1段56歩） △3段166歩 1段162歩			13 17歩 （△3段39歩） 2段235歩 115歩	12 △24歩 （△24歩） 2段88歩 △24歩	1 9段244歩 （1町） 1町1段193歩 1町
8条		2 △1段174歩 （△214歩） △1段149歩 15歩			23 5段130歩 （1段52歩） 1町1段188歩 7段325歩	14 △1段303歩 （264歩） 269歩 1段195歩	11 1段20歩 （3段） 2段68歩 2段245歩	2 △175歩 （6段134歩） △1段76歩 2段260歩
					22 △45歩 （△1段94歩） 75歩 2段3歩			

上段：金田案（　）内は正方位プランを適用した場合、中段：三河案、下段：門井案
※アミかけの坊は寺領面積の欠落が想定されるため、平地面積のみを示す。

図6　各比定案における平地面積と寺領面積（B図）の差

河案〉一段三五〇歩
八条六里二坊（二上地区）：〈金田案〉一段一七四歩〈三河案〉一段一四九歩　※寺領はすべて田

帆谷地区については金田案に用地不足となる坊が多く、三河案で理解したほうが無理は少ないといえるだろう。なお金田案の八条五里一二坊に発生している用地不足は、そもそも寺領が一町二四歩となっていることによるものである。

一方、二上地区に関しては両案ともに一段以上の用地不足となる坊がある。とくに寺領面積がA・B両図ともに一町となっている八条六里一坊で、両案ともに一町分の平地面積が確保できていないこ

とは問題であろう。

さらに、A図からB図での条里プランの変化を想定する金田案については、同坊での用地不足が一六六歩から三段三四歩にまで拡大してしまうという問題も指摘することができる。八条五里三六坊についてもA図からB図で寺領面積が一段以上減少しているにもかかわらず、金田案では四四歩から三段三五三歩にまで用地不足が拡大してしまう。

4　比較の結果

以上の検討結果からすると、帆谷地区の条里プランに関してはA・B両図ともに三河案で理解したほうが寺領の分布をうまく説明できそうである。ただし、三河案も完璧ではなく、八条五里二一坊のB図寺領面積については、三河案のほうが金田案よりも多くの用地が不足する事態が生ずる。

一方、二上地区に関しては、金田案・三河案ともに明らかな用地不足をきたす坊がみうけられる。ただし、A図の寺領分布に関していえば、金田案のほうが総じて不足の度合いは小さい。ところがB図の寺領分布となると、わずかの差ではあるが金田案のほうが三河案よりも用地不足の度合いが大きくなる。

ちなみに条里プランの変化を想定しない三河案では、A図の段階では七条五里三一坊、八条五里三六坊、八条六里一坊・二坊で寺領の用地不足となるが、B図の段階では八条五里三六坊と八条六里二坊でその度合いは縮小している（B図の七条五里三一坊については欠損のため寺領面積は不明。八条六里一坊の寺領面積は変化なし）。これに対して条里プランの変化を想定する金田案では、A図の段階で七条五里三一坊、七条六里七坊、八条五里三六坊、八条六里一坊・二坊に寺領の用地不足が生じているが、このうちB図段階で用地不足が縮小したのは七条六里七坊のみである。八条五里三六坊、八条六里一坊・二坊ではむしろ用地不足は拡大しており、この点、三河案とは対照的といえよう。

そこで試みにA図段階の金田案、すなわち正方位条里プランをそのままB図段階にも適用し、各坊内の平地面積と寺領面積との差を測定してみることにした（**図6**）。その結果、八条五里三六坊では用地不足が解消され、八条六里一坊・二坊ではなお用地不足が生じているものの、それぞれ一六六歩、二一四歩まで縮小することが判明した。加えて、その数値が三河案よりも小さくなっている点も注目される。つまりA図からB図への条里プランの変化を想定するより、むしろB図においてもA図と同じ条里プランが表現されていると理解したほうが寺領分布との矛盾は少なくなるのである。

なお、正方位条里プランを帆谷地区に適用してみると、七条五里一七坊、八条五里二坊・一四坊での用地不足が解消される。しかしその一方で、八条五里二二坊で用地不足が拡大し、八条五里一三坊で用地不足が新たに生じることとなる。したがって帆谷地区に関しては、正方位条里プランでもB図の寺領分布をうまく説明することはできない。帆谷地区については三河案のほうが適合的と判断されよう。

第二節　糞置村条里プランの比定私案

1　比定の方法

前節での検討結果から、次の事実を明らかにしえたものと考える。

・A図段階からB図段階への条里プランの変化は想定しがたい。

・二上地区に関しては正方位の条里プランを想定したほうが、A・B両図に記載された寺領分布との整合性が高くなる。

・帆谷地区に関しては三河案の条里プランを想定したほうが、A・B両図に記載された寺領分布との整合性が高くなる。

もっとも、二上地区にそのまま正方位条里プランを適用したところで、八条六里一坊・二坊で用地不足が生じてしまう。同様に、帆谷地区に三河案の条里プランを適用したところで、八条五里二坊で用地不足が生じてしまう。また、三河案の条里プランに関して、具体的な地割の存在を抜きに、徐々に彎曲していく方格線を設定することが困難であることは既に指摘した通りである。したがって、二上地区では正方位条里プラン、帆谷地区では三河案の整合性が比較的高いとはいえ、いずれも修正の余地があることは間違いない。そこで本節では改めて糞置村開田地図に描かれた条里プランの現地比定を行ってみたい。

なお、前述のように三河は条里プランの現地比定にあたってB図に描かれた山のピークと方格線の関係に注目した。しかし、糞置村のような狭隘な谷間にあっては遠方に見える山のピークより、むしろすぐ間近にある山麓線の出入りに注目したほうが条里プランを把握しやすいだろう。筆者はB図に山麓線が描かれないのは、B図の作成時点までに条里地割の部分的な施工が進み、これらに依拠して条里プランを認識しうる状況があったからではないかと考える。そこで以下では、A図に描かれた山麓線と方格線の関係に注目し、条里プランの現地比定を試みることにしたい。

2　二上地区の条里プラン

二上地区の条里プランについては、とくに次の条件を満たすことに留意した。

・里界線ℓ_9がH_8付近を通過すること。
・坊界線L_6がM_{18}「佐々乎岡」（実際は山麓の張り出し部）を通過すること。
・A・B両図ともに寺領面積が一町となっている七条六里五坊と八条六里一坊に一町分の用地を確保すること。

その結果、七条までは正方位を基本とし、八条以南で約六度西偏する条里プランを想定することとなった。

3　帆谷地区の条里プラン

帆谷地区については三河案の整合性が比較的高いとはいえ、彎曲した条里プランを想定することには無理がある。やはり帆谷地区でも直線を基本とした条里プランが採用されていたとみるべきであろう。そこでここでは、A図の金田案（正方位プラン）について指摘された問題点を念頭に置きつつ、これらを可能な限りクリアしうる位置にB図の金田案（西偏プラン）を移動するかたちで再比定を試みた。また、この調整にあたってはB図段階でとくに一段以上の用地不足が生じた七条五里一七坊および八条五里一四坊に十分な用地を確保することに留意した。その結果、具体的には約十二度西偏するB図の金田案を東に約二〇メートル、北に半町ほど移動させた条里プランを想定することとなった。

4　両地区の条里プランと開田地図の表現

こうして得られた私案によれば（**図7**）、二上地区と帆谷地区にはそれぞれ方位の異なる条里プランが存在し、それらの条里プランは七条五里二九坊と同二一坊の付近で接合していたことになる。ところが、糞置村開田地図で二九坊の東隣に位置するのは二〇坊である。この齟齬についてはどのように理解しうるのだろうか。

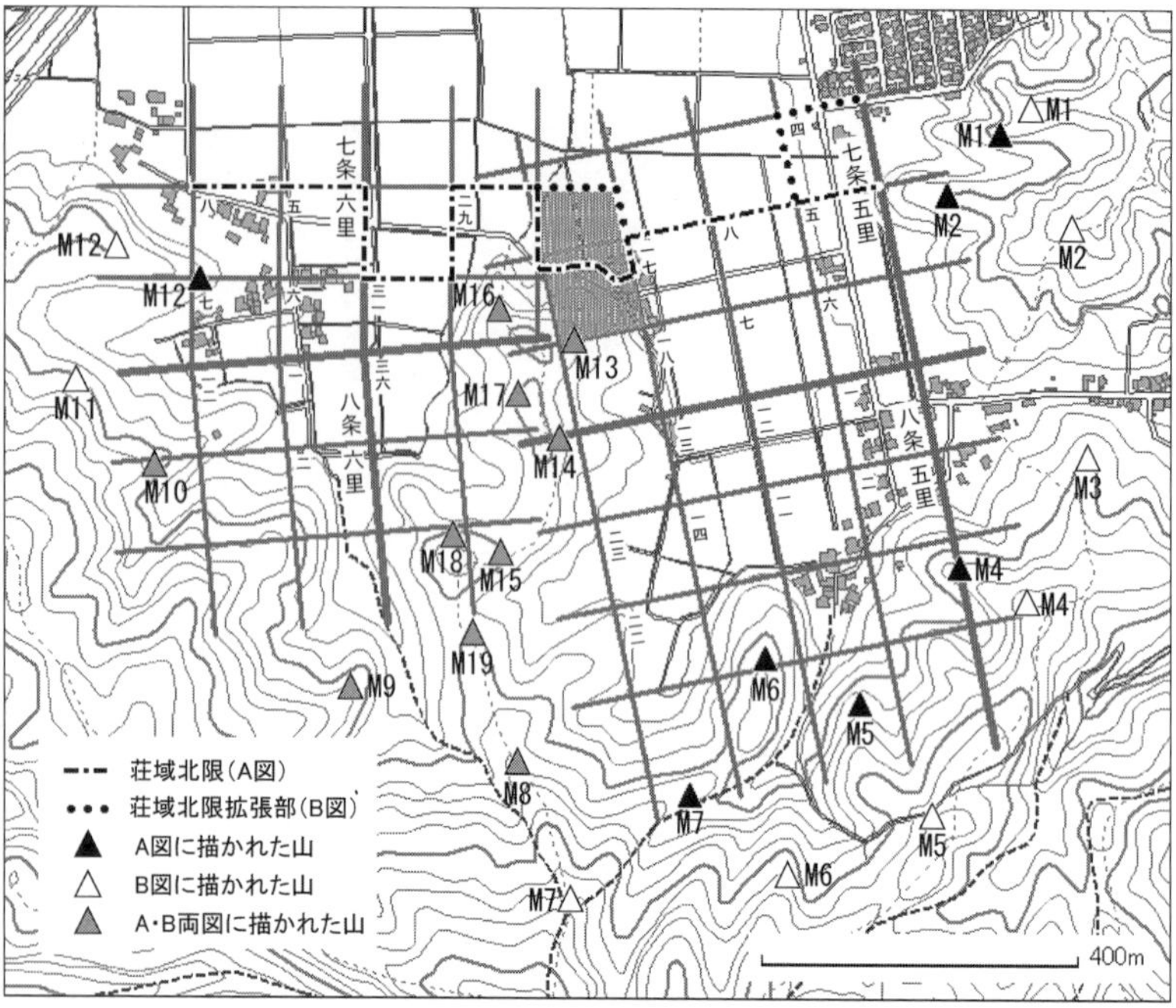

図7　糞置村の条里プランと山の比定

そこで注目したいのは、A図の二〇坊に「野六段」の文字が抹消された痕跡がある点である。文字が抹消された理由については後述するが、仮に二〇坊内に「野六段」を確保しようとするならば、私案における二〇坊の比定地では明らかに平地が不足する。

そこで**図7**のアミかけ部のように、二〇坊の区域が本来二一坊に相当する区域にまで広がっていた可能性を想定してみたい。このように考えると二〇坊と二九坊はまさしく東西に隣り合う位置関係となる。この場合、二〇坊は不整形となり、全体の面積も一町を超過することになるが、二〇坊の実態をこのようなものと仮定すれば、二つの条里プランを一体的に捉えることは容易となる。二〇坊はいわば二つの条里プランを繋ぐ調整地であったということになろう。

また、このような想定に立つならば、A図に描かれた朱線ⓖについても解釈の見通しが立つように思われる。A図の朱線が基本的には荘域を示すものとみられることは先に述べた。しかし、朱線ⓖは二一坊と二八坊の坊界線上にまで延びており、この部分は明らかに荘域外となっている。この朱線ⓖの意味するところは不明であるが、一つの可能性としてL_3とℓ_7の交点付近にみえる文字「山道」にかかわる表現とする見解がある。[15]筆者はそうした見方をさらに敷衍し、朱線ⓖは二つの条里プランのバッティング部分において「山道」の延長を坊界線とすることを示したものではなかったかと考えてみたい。

さて、私案でもう一つ気になる部分は、七条五里三一坊と七条六里六坊である。この二つの坊は不整形となっているためA図において存在するはずの一町分の用地が確保されていない。この部分をどう解釈するのかという問題は後に述べることにしたい。

第三節　私案の検証

1　各坊内の平地面積とA図寺領面積との差

以下では私案における各坊内の平地面積と開田地図にみえる寺領面積との差をみることにより、私案の妥当性について検証してみたい。まずはA図の寺領面積についてみてみよう。私案において寺領の用地不足が生じる坊とその面積は以下の通りである（**図5**）。

七条五里一七坊（帆谷地区）：八歩　※寺領はすべて野
七条五里三一坊（二上地区）：二段一七二歩　※寺領はすべて野
七条六里六坊（二上地区）：一段一三六歩
七条六里七坊（二上地区）：一段二〇四歩

八条六里一坊（二上地区）：一七歩　※寺領はすべて田
八条六里二坊（二上地区）：二七三歩　※寺領はすべて田

このうち七条五里一七坊と八条六里一坊の不足分は極わずかであるので測定誤差の範囲と理解して差し支えないだろう。それ以外の坊についてみると、まず私案では金田案・三河案で問題のなかった七条六里六坊で一段以上の用地不足が発生している。また、七条五里七坊については、同じく用地不足となる金田案よりも私案のほうが不足面積が大きい。七条五里三一坊では三河案ほどではないものの、私案にも二段以上の用地不足が生じている。これらの問題をどう考えるかは後述することにしたい。

2　各坊内の平地面積とB図の寺領面積との差

次の坊で寺領の用地が不足する。不足面積は以下の通りである（**図6**）。

七条五里一七坊（帆谷地区）：八歩　※寺領はすべて野
八条五里一二坊（帆谷地区）：二四歩
八条六里一坊（二上地区）：一七歩

このうち七条五里一七坊と八条六里一坊の不足面積はA図の場合と変わらず、極わずかである。測定誤差の範囲と理解して差し支えないだろう。また八条五里一二坊の用地不足は、同坊の寺領面積が一町二四歩となることによる。

以上にみたように、私案の条里プランはB図の寺領分布をほぼ矛盾なく説明できることが判明した。一方、A図の寺領分布に関しては、七条五里三一坊、七条六里六坊・七坊、および八条六里二坊において明らかな用地不足が生じる結果となった。とはいえ、筆者はこれにより私案の妥当性が否定されるものとは考えていない。むしろA図の作成時に現地の条里プランが誤って認識されていた可能性を指摘したい。

第四章　開田地図の記載内容と表現をめぐる諸問題

第一節　二上地区の寺領分布

ここで注目したいのは、私案において明らかな用地不足となる四つの坊のうち、七条五里三一坊、七条六里六坊・七坊の南辺が二上地区の条里プランの傾きが変わる条界線L_7となっている事実である。このためこれら三つの坊は台形状となり、坊全体として一町分の面積が確保されていない。

筆者はA図では一町あった七条六里六坊の寺領面積が、B図で八段二一六歩に減少しているのは、おそらくこのことが関係しているのではないかと考える。すなわち、A図の作成時点ではL_7がL_6・L_8と平行するものと誤認されたが故に、七条六里六坊の面積は一町という非常に切りのよい数値となった。しかし、B図の作成時にはそうした誤りが修正され、B図での同坊の寺領面積は減少する結果となったのであろう。同坊の北と南に隣接する七条六里五坊と八条六里一坊については、A・B両図ともに一町分の寺領が存在していることもこうした推測を補強するものと考える。

また私案の条里プランによれば、A図の七条六里七坊の谷V_8と八条六里二坊の谷V_7は、それぞれ七条六里一八坊、八条六里三坊にまで及んでいたことになる。しかしA図の作成時には、おそらく谷奥部までがそれぞれ七条六里七坊と八条六里二坊に含まれるものと認識されたのであろう。そのためこれらの坊では寺領面積が過大となり、私案に用地不足が生じる結果となったものと推察する。

なおA図では七条五里三一坊に一町の野が存在するが、これも七条六里六坊と同様、おそらくは条里プランの誤認に由来するものであろう。B図では同坊の寺領面積は欠損のためわからないが、ここにも本来は面積記載があったはずである。私案の条里プランによればB図の同坊には七条六里六坊の八段二一六歩よりさらに少ない寺領面積が想定されることになる。

第二節　所在不明の野

ところで、B図の右上部にある端書には寺領の総面積が一五町八段二六八歩と記されている。その内訳は「見開田」(田) が四町二段一一歩、「未開」(野) が一一町六段二五七歩となっている。一方、B図の条里プラン内に記載される田の合計面積は四町二段一一歩、野の合計面積は九町六段二二四歩である。前者は「見開田」面積と一致するが、後者は「未開」面積と比して二町三三歩が不足している。すなわち端書の記載に従えば、B図の条里プラン内にはさらに二町三三歩分の野が存在したことになる。では、これら不明分の野はどこにあったのか。私案の条里プランにもとづき、野の所在地を推定してみたい。

その所在地としてまず確実なのは、七条五里三一坊と八条五里一坊である。両坊はともにB図では欠損がみられる。しかし、これらの坊には野の面積記載がある場合にその末尾に記される「寺」の文字が残り、八条五里一坊についてはさらに「野」という文字までが残存している。したがって、両坊の欠損部に面積記載があったことは間違いない。

このほか不明分の野の所在地として考えられるのが七条五里二九坊と八条五里二三坊である。この二つの坊については、A図でそれぞれ三段の野が存在しているが、B図では野についての記載がない。B図では両坊に本来あるべき野の面積記載が脱落している可能性が考えられよう。

また、七条五里二〇坊については、A図では同坊内の中央丘陵の山麓線が荘域の北限をなしていたが、B図では坊全体が荘域に含まれている。B図では同坊内に野の記載がみえないが、おそらくは荘域の拡張部分に野が存在していたはずである。よって、これも脱落とみるべきだろう。その面積はA図で抹消されている「野六段」であったのではないかと推察する。

さて、脱落が推定される三つの坊内の野の面積がA図段階から変化がないものと仮定すると、その合計は一町二段となる。不明分の野は二町三三歩なので、残り八段三三歩の野がB図で欠損している二つの坊内に存在したことになる。

なお、私案の七条五里三一坊の平地面積は八九三七平方メートルなので、同坊には最大で七段一八八歩程度の野を想定することができる。二上地区では各坊の平地のほとんどが寺領となっていることを踏まえれば、七条五里三一坊には七段程度の野が含まれていた可能性が高いだろう。この場合、坊全体が平地で占められる八条五里一坊には、B図にみえる田三段に加えて、一段程度の野の存在が想定されることになる。

第三節　寺領面積の変化

次に糞置村の東大寺領がいかにしてB図のような状態になったのかを考えてみたい。まずA図で一五町一段二四四歩であった寺領の総面積は、Ｂ図では一五町八段二六八歩となっており、全体として七段二四歩増加している。その内訳は、田が一町六段五五歩の増加、野が九段三一歩の減少である。ただし、田の増加分には相替と買得による取得分九段（七条五里四坊の四段と八条五里一一坊の五段）が含まれている。これらを除外すると田の増加分は七段五五歩となり、Ｂ図の寺領総面積は一四町九段二六八歩となる。つまりＢ図の寺領面積はＡ図段階から田は増加したものの、野の減少はそれ以上であり、結果として寺領の総面積は減少することとなった。寺領面積の回復率は九八・七パーセントということになる。

とはいえ、Ｂ図の「改正得田」面積は二町八段一五五歩であり、Ａ図にみえる「開田」面積二町五段三一六歩を上回っている点には注意を要しよう。このことは「改正得田」が単に収公された田を東大寺領に復すという性質のものでなかったことを意味している。そもそも八条五里一二坊・一三坊のようにＡ図段階ではすべて野であった坊にも「改正得田」が分布していることからすると、収公された寺領に野が含まれていたことは間違いないだろう。すなわち「改正得田」にはＡ図以降に開発された田も含まれていたのである。このような収公後に田地化された野は八条五里一二坊に二段一六〇歩、同一三坊に一段二四五歩、そのほか同一坊に二段二一六歩、同一四坊に一段、七条六里七坊に二段一六八歩、八条六里一二坊に一段を想定することができる。その合計面積は一町一段六九歩となる。

なおＡ図では八条六里一二坊に寺領が二段あり、田と野が一段づつ存在しているが、Ｂ図にみえる同坊の寺領は二段一二〇歩の「改正得田」となっている。ということは、同坊では一段分の野が田となって寺領に復したほか、さらに一二〇歩分の田が寺領として新たに編入されたことになる。また、八条五里二二坊の寺領はＡ図段階では二段の田として存在していたが、Ｂ図段階では二段一一〇歩の「改正得田」となっている。同坊では寺領に復した二段分の田のほかに、一一〇歩分の田が新たに寺領として編入されたことになる。さらにA図では寺領の存在していなかった八条五里二坊にもB図では三段の「改正得田」が加えられている。このようにB図段階で新たに寺領に編入された田は三段二三〇歩となる。

結局のところ東大寺はA図段階では存在していなかった一町四段二九九歩の田を獲得したことになる。なお田の収公は八条五里一坊・一四坊・二二坊・三六坊、八条六里一坊・二坊・一二坊で生じたが、A図にみえるこれら坊内の田が全て収公されたのだとすれば、その合計面積は一町九段二四四歩となる。しかしB図の記載によれば、このうち元の坊内で寺領に復した田は一町三段二一六歩であり、六段二八歩の田は収公後に荒廃したものとみられる。おそらく東大寺が元々の寺領としていた田のほかに獲得することになった一町四段二九九歩の田にはその補塡という側面もあったのだろう。それにしても東大寺は減少分を補って余りあるほどの田を獲得することに成功したことになる。

なお、七条六里五坊・六坊にはA図において七二歩と三段の田がみえるが、B図では前者の坊内すべてが野となり、後者の田も一段二一六歩にまで減少している。これらの坊は収公を免れたものの、田の荒廃は進んでいたのである。結局のところ、A図以降も東大寺が寺領として田を維持できたのは七条六里七坊の三段のみであった。このようにA図より後、東大寺による開発がほとんど進んでいなかったことも勘案するならば、口分田の改正がいかに東大寺側にとって有利な措置であったかが実感されよう。

第四節　条里プランと地割との関係

糞置村開田地図に示される方格線は机上のプランとみるべきなのか、あるいは実際の地割を伴うものとみるべきなのか。この問題については既に金坂清則が地図学的な見地から方格線が実態を伴っていた可能性を指摘しているが[16]、私案を踏まえた上でどのようなことがいえるだろうか。ここではA図で一町あった七条六里六坊の寺領面積がB図では八段二一六歩に減少していたことを改めて想起したい。前述のように筆者は、この寺領面積の減少はA図段階では正方形の区画として誤認されてしまった同坊がB図段階では台形状の区画として正しく把握されたために生じたものと考えている。

　では、A図段階でこのような誤認が生じたのはなぜなのか。それはおそらく条里プランの坊界線に対応する地割が必ずしも明瞭なかたちで現地に存在しなかったためであろう。なお、A図にみえる七条六里六坊の田三段が坊内のどの位置にあったかは不明である。しかし、A図にみえる二重線が用水路であったとすれば、同坊の田がこの水路沿いに存在していた可能性が高いだろう。また二上地区の開発がV_7やV_8の谷から同地区の中央部に向かって進行していったのだとすれば、七条六里六坊の田が八条六里一坊や七条六里七坊の田と接するように存在していた状況も想定しうる。この場合、七条六里六坊の南と西を画す坊界線L_7やℓ_{10}の位置に田の畦畔が存在していた可能性もあろう。しかし、そうした畦畔は、おそらく同坊の北と東を画すL_6やℓ_9までは延びていなかったのではあるまいか。この部分の坊界線が現地において明瞭に確認しうるものでなかったために、A図では同坊の寺領面積が一町と誤認されたのではないかと筆者は考える。

　また、A図では一町となっていた八条五里一二坊の寺領面積がB図では一町二四歩となっている点にも注目したい。ちなみに同坊の寺領はA図ではすべて野であったが、B図では二段一六〇歩の田（改正得田）が含まれている。おそらくこれらの田は、同一三坊との坊界線ℓ_5をわずかに跨ぐかたちで造成されたのではないだろうか。そしてB図ではその田がすべて八条五里一二坊に存在するものとして東大寺領に組み込まれた。つまりB図では坊界線が現実の地割に即して把握されたのである。筆者は同坊の面積が一町を超える結果となったのはそのためではないかと推察する。このような面積一町を超える坊の存在は、条里プランが単なる机上のプランではなく、現実の地割にも依拠しつつ把握されていたことをうかがわせる事例といえよう。

また、私案ではA図の七条六里七坊と八条六里二坊において明らかに田の用地が不足していたことも想起したい。しかし前述のように、これは七条六里七坊と八条六里二坊の区域が、本来ならば七条六里一八坊、八条六里三坊に含まれるはずのV_8・V_7の谷奥にまで及ぶものとされたために生じた事態とも解釈しうる。だとすれば、これは条里プランが現地の地形に即して把握されていた事例となろう。

以上を要するに、開田地図に描かれた方格線は必ずしも全面的な地割の存在を意味するものではないが、全くの机上のプランともみなしがたい。実際には畦畔・道路など現実に存在する地割や地形に即して坊の区画が把握されることもあったのだろう。この場合、坊のかたちは必ずしも方一町の正方形の区画とはならないこともあった。しかし、そうした坊も含め、開田地図上では各坊が整然と並んでいるように表現されていたのである。

なお、いわゆる条里地割にかかわる畦畔・小字界と私案の条里プラン方格線との関係を示せば**図8**のようになる。栄原永遠

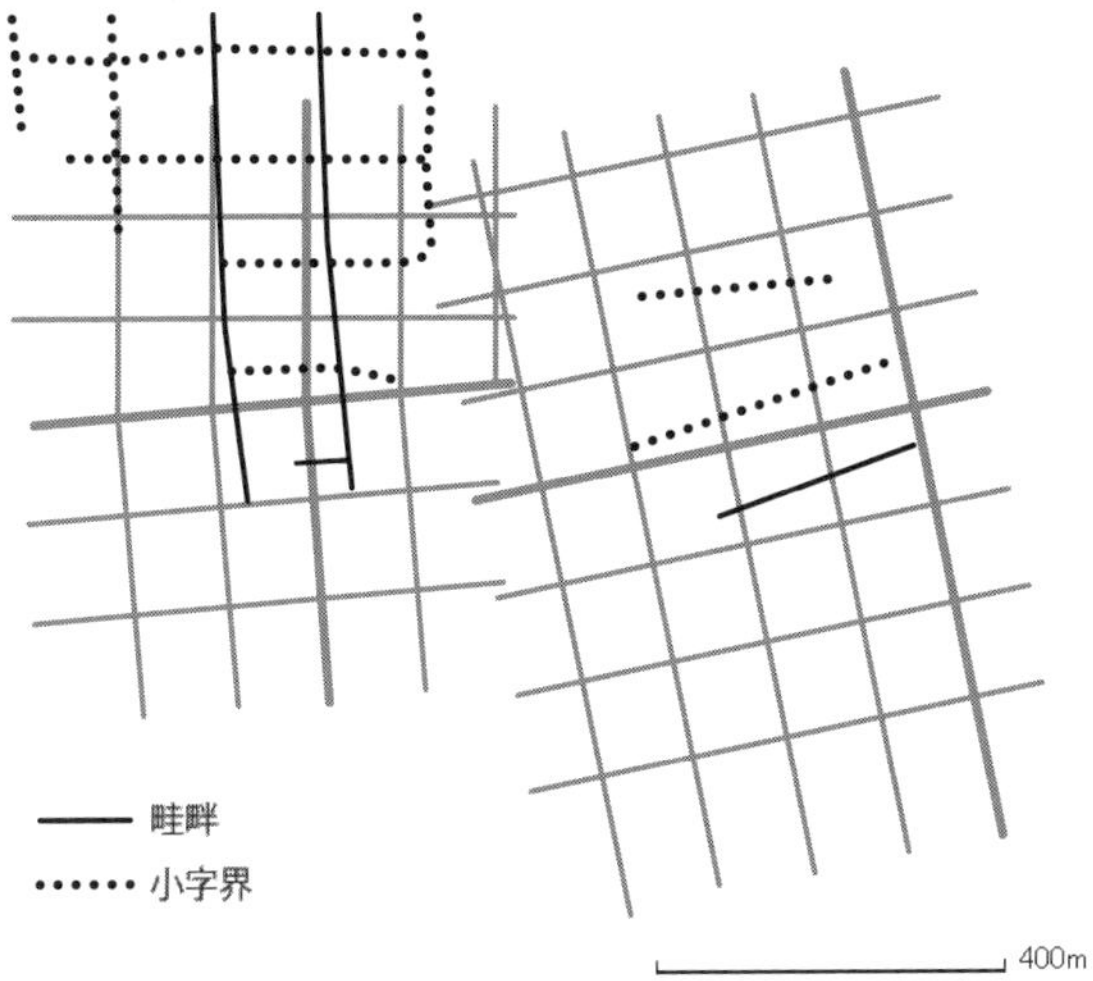

図8　私案による方格線と旧畦畔・小字界

男はこれらの畦畔・小字界をA・B両図の方格線に対応するものとして明治期地籍図から拾い上げた[17]。しかし、私案の方格線とは合致する部分がない。私案に従うならば、これらの条里地割は少なくとも開田地図が作成された当時には存在しなかったとみるべきこととなろう。

ちなみに天暦五年（九五一）十月二十三日「越前国足羽郡庁牒」には「糞置庄田、曾所不聞也」とあり、糞置村にあった東大寺の田は十世紀中頃には荒廃していた様子がうかがえる。明治期地籍図にみえる条里地割などはその後の再開発で形成されたものと理解したい[18]。

第五節　A・B両図にみえる山の位置

A・B両図にはともに山稜線が描かれており、先行研究においてこれらはほぼ同じ山を表現したものとみられてきた。ただし、両図にみえる山のピークの位置は必ずしも一致していない。金田章裕はA図段階からB図段階にかけての現地における条里プランの認識の修正により、このような齟齬が生じたものと解釈している[19]。しかし本稿で検証したように、糞置村における条里プランの変化は想定しがたい。したがってA・B両図における山の位置の異同については別の解釈が必要となろう。

そこでA・B両図において位置のズレが顕著なM_7について考えてみたい。このM_7は従来、文殊山[20]（三六六メートル）ないし小文殊山[21]（二九六メートル）のピーク付近を描いたものと考えられてきた。しかしM_7の名称がA図では「保々岡」、B図では「保々山」となっている点には注意を要しよう。というのも「岡」は「山」と全くの同義ではなく、「岡」には「小高いところ」ないし「低い山」という意味が含まれるからである。

ちなみに文殊山は古く「文殊が岳」と呼ばれることもあった[22]。「岳」には「高い山」という意味がある。このような語義の違いを重視するならば、文殊山のピーク付近を「保々岡」と呼称することには違和感を覚える。また文殊山よりも標高の低い小文殊山にしても平地部との比高差は二五〇メートル以上あり、「岡」のイメージには合わない。となれば、A図のM_7、すなわち「保々岡」は文殊山や小文殊山のピーク以外の場所を描いていた可能性もあるのではないか。筆者はA図のM_7は山のピークではなく、麓に近い尾根筋の突起部や張り出し部などを山稜線として描いたものではないかと推察する。

一方、B図においてM_7は「保々山」と表記されている。「山」には「岡」「岳」双方の意味が含まれることからすれば、B図のM_7はA図のM_7よりも高い位置にみえる山稜線を表現した可能性もあるだろう。とはいえ、B図のM_7もまた必ずしも文殊山や小文殊山のピーク付近を描いたとは限らない。筆者は「保々岡」よりも一段高い位置にある山腹の突起部や張り出し部が山稜線として描かれているのではないかと考える。なお、そのような観点からA・B両図のM_7に相当する地点を現地に探し求めてみると、**図7**の▲M_7および△M_7が候補となりうる。つまり、A・B両図に表現された山の位置のズレとは、山体のどの部分を山稜線として抽出したかの違いであったということになろう。

同様にM_7以外の山々についても現地にその位置を探し求めるならば、**図7**に示した諸地点が候補となろう。ただし、これらは必ずしも平地から目視で容易に峻別しうるほどの起伏を呈しているわけでなく、条里プランの方格線を特定するのにどれほど有効であったかは疑問も残る。

三河雅弘は、A図の山稜線は現地の印象を伝えることが主要な役割であったとし、一方、B図の山稜線は図上の方格線と対応させることによって現地の条里プランの施工状況を表現したものと指摘している[23]。しかし前述のように、条里プランに対応する地割が部分的であれ形成されていたとするならば、山稜線との対応関係を厳密に示さずとも現地において条里プランを把握することは全く不可能というわけでもないだろう。筆者はB図に描かれた山稜線もA図の場合と同様、基本的には現地の印象を伝える絵画的表現であったのではないかと考える。

おわりに

以上、本稿では糞置村の条里プランの現地比定について私案を提示し、これをもとに両図の記載内容と表現に関わる諸問題について私見を述べてみた。

なお糞置村開田地図の表現に関しては、A図にみえる二上地区の溝がB図において消滅している事実をどのように理解するのかという問題もある。これについては、郡司百姓等が東大寺から派遣された田使を捉え打ち、「寺溝堰」を掘り塞いだという、天平神護二年十月二十一日「越前国司解」に引用される天平宝字五年（七六一）の事件に関連づけて説明する向きもある。(24) 二上地区における溝の消滅は用水をめぐる在地勢力と東大寺との対立抗争があったと仮定すると確かに理解しやすい。

ただし「越前国司解」は、天平宝字五年の事件が越前国内のどの寺領で起こった出来事なのかを明かにしていない。はたして糞置村にこのような対立抗争を想定しうるのか、東大寺領が収公された背景やその法的根拠も含めて、先行学説を改めて吟味する必要性も感じている。本稿で論じ残したB図に描かれていない溝の問題については、またいずれ考察してみたい。

註

(1) 一九八〇年代までの糞置村条里プランの比定に関する主な先行研究としては以下の文献がある。斎藤優『若越條里の研究』(一九三七年)。水野時二『条里制の歴史地理学的研究』(大明堂、一九七一年)。同「糞置庄と越前の条里」(『太田山古墳群と糞置庄』奈良国立文化財研究所、一九八三年)。古代史部会「越前の条里制」(『条里制の諸問題Ⅱ』福井県郷土誌懇談会、一九七六年)。栄原永遠男「越前国糞置庄と条里地割」(『福井県史研究』創刊号、一九八四年)。白崎昭一郎「道守・糞置両庄の形成過程と足羽郡条里」(『福井県史研究』五、一九八七年)。

(2) 『福井県史』(資料編一六下、条里復原図・解説編、一九九二年)。

(3) 金田章裕①「越前国足羽郡糞置村開田地図における山の表現と条里プラン」(荘園絵図研究会編『絵引荘園絵図』東京堂出版、一九九一年)。同②『古代日本の景観』(吉川弘文館、一九九三年)。

(4) 田中禎昭①「東大寺領越前国足羽郡糞置村開田地図について」(『古代史研究』一一、一九九二年)。同②「東大寺領越前国足羽郡糞置村開田地図の再検討」(奥野中彦編『荘園絵図研究の視座』東京堂出版、二〇〇〇年)。『福井市史』(通史編一、古代・中世、一九九七年)。三河雅弘「越前国足羽郡糞置村開田地図における山の表現とその特質」(『人文地理』五六―一、二〇〇四年)。なお、近年の糞置村条里プランの現地比定をめぐる研究動向については竹内亮が概要をまとめている(竹内亮「越前国足羽郡糞置村開田地図の現地比定」『古代学協会研究報告第一輯　糞置荘・二上遺跡の調査研究』古代学協会、二〇一五年)。

(5) 藤井一二『初期荘園史の研究』(塙書房、一九八六年)。

(6) 飯田剛彦「正倉院の地図」(『日本の美術』五二一、二〇〇九年)。

(7) 竹内、前掲註(4)。

(8) 金田、前掲註(3)①②。

(9) 三河、前掲註(4)。

(10) 田中、前掲註(4)①②。三河、前掲註(4)。

(11) 三河、前掲註(4)。

(12) これらの分析に際しては傾斜区分図の作成にはフリーソフト「QGIS」を使用し、比定案の重ね合わせ、および平地面積の計測には「地図太郎」(東京カートグラフィック)を使用した。

(13) 金田案の八条五里二三坊比定地では丘陵の削平が進行しており、計測した平地面積にはこの削平部の面積と尾根筋の面積も含まれている。これを考慮すれば、不足面積はさらに大きくなる。
(14) 三河案については同坊の西限が不明のため、便宜的に谷奥までが同坊内に含まれるものと理解して平地面積を計測した。そのため用地不足は生じていない。
(15) 栄原永遠男「越前国足羽郡糞置村開田地図」(金田章裕・石上英一・鎌田元一・栄原永遠男編『日本古代荘園図』東京大学出版会、一九九六年)。
(16) 金坂清則「東大寺開田図に描かれた方格線と条里地割」(『条里制研究』六、一九九〇年)。
(17) 栄原、前掲註(15)。
(18) 栄原も明治期地籍図にみえる地割を直ちに八世紀段階の地割と結びつけることには慎重であり、「糞置荘退転後の再開発の結果、二次的に形成された地割が、谷筋の方向や土地の傾斜などの制約によって、よく似た位置をとった」可能性を指摘している(栄原、前掲註(15))。
(19) 金田、前掲註(3)。
(20) 栄原、前掲註(15)。
(21) 金田、前掲註(3)②。三河、前掲註(4)。
(22) 十八世紀初頭の地誌書『帰雁記』に「富士見てもなににかはせん角原のもんじゅが嵩の雪のあけぼの」という伝・西行歌がみえる。
(23) 三河、前掲註(4)。
(24) 村岡薫「糞置荘の開発と現地」(荘園絵図研究会編『絵引荘園絵図』東京堂出版、一九九一年)。田中、前掲註(4)①②。

奈良国立博物館所蔵

東大寺注進状案（紙背　遠江国条里坪付帳断簡）について

野尻　忠

はじめに

かつて「幻の遠江倉印」と題する論文において皆川完一氏は、[1]昭和初年頃まで伯爵松浦厚氏が所蔵していた「東大寺注進状」という一通の文書を紹介された（後述するように本文書は写しであるため、本稿ではこれ以降、東大寺注進状案と呼称する）。それによると、東京大学史料編纂所がこれをレクチグラフで撮影した昭和三年（一九二八）五月には松浦氏の手元にあったが、[2]京都大学文学部古文書室架蔵『古文書纂』三六に収める影写本が作られた昭和十二年十二月十一日には、矢野豊次郎氏が所蔵していたという。[3]その後、この文書は矢野家の手を離れ、皆川氏が右の論文を執筆した当時には行方知れずになっており、文書に捺される「遠江倉印」の法量等の情報を記す『日本の古印』[4]の編者木内武男氏にも所在を照会したが、分からなかったとのことである。

その行方不明の文書が、平成二十四年（二〇一二）十一月の東京古典会の『古典籍展観大入札会目録』に図版付きで忽然と現れ、[5]関係各位のご尽力もあり、平成二十六年十月三十一日付で奈良国立博物館の所蔵となった。

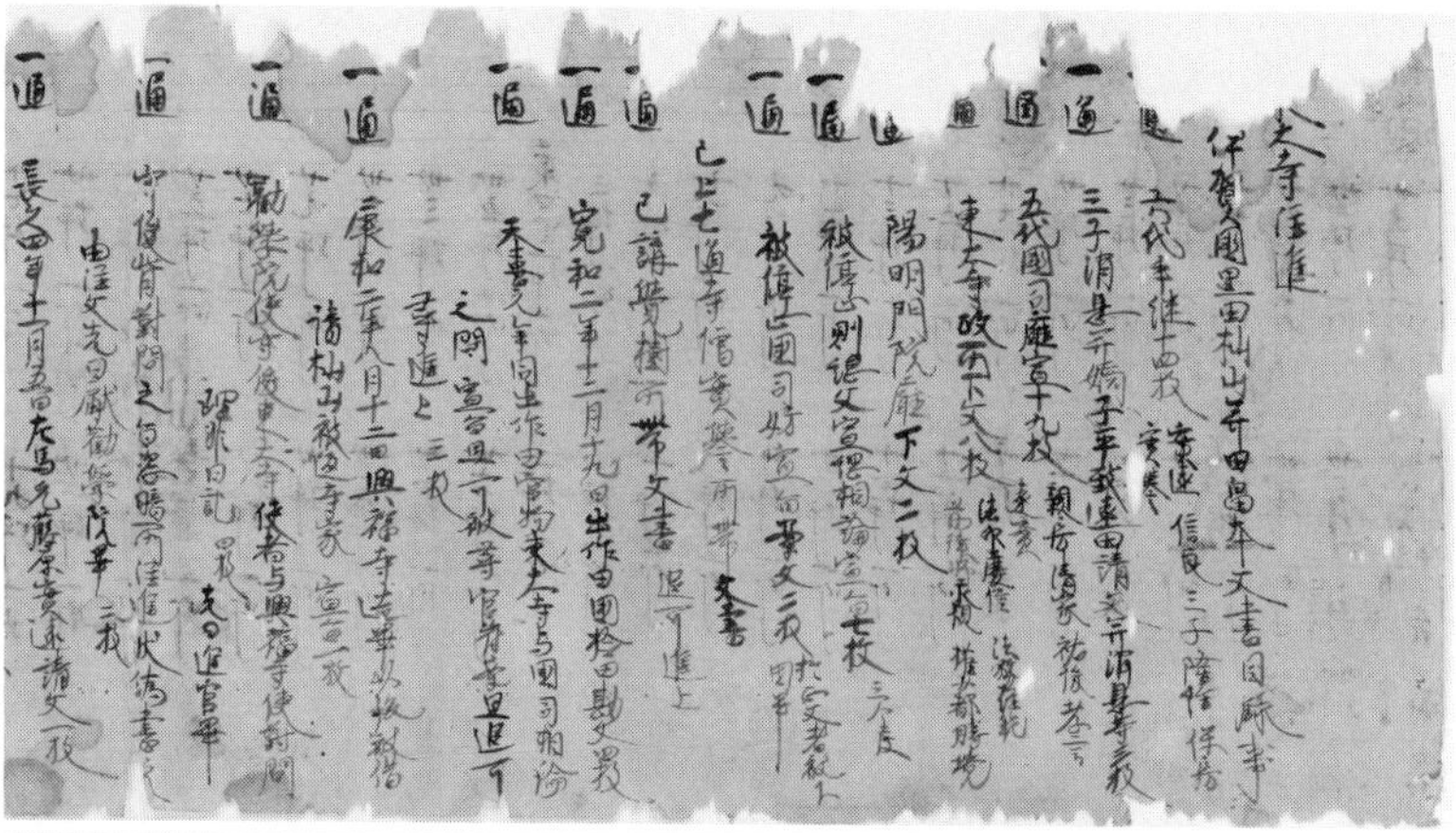

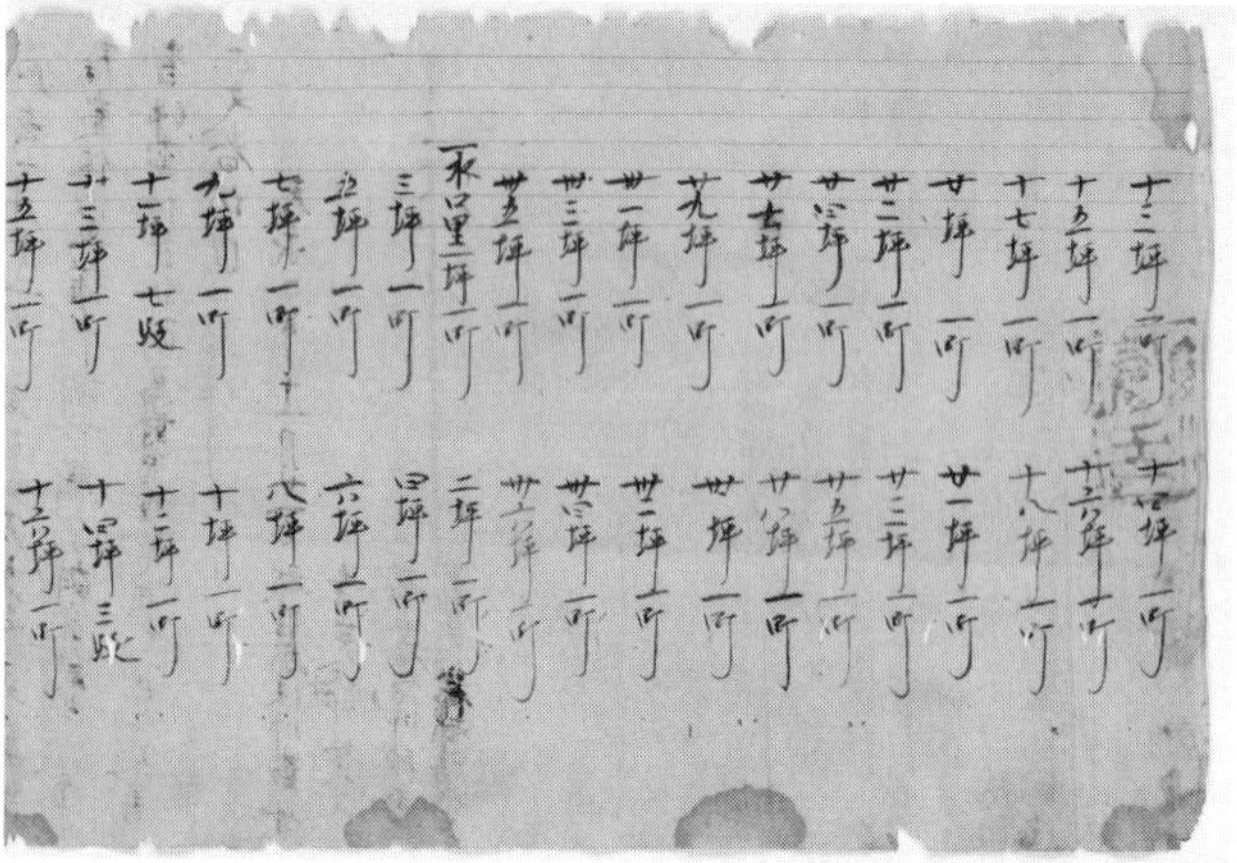

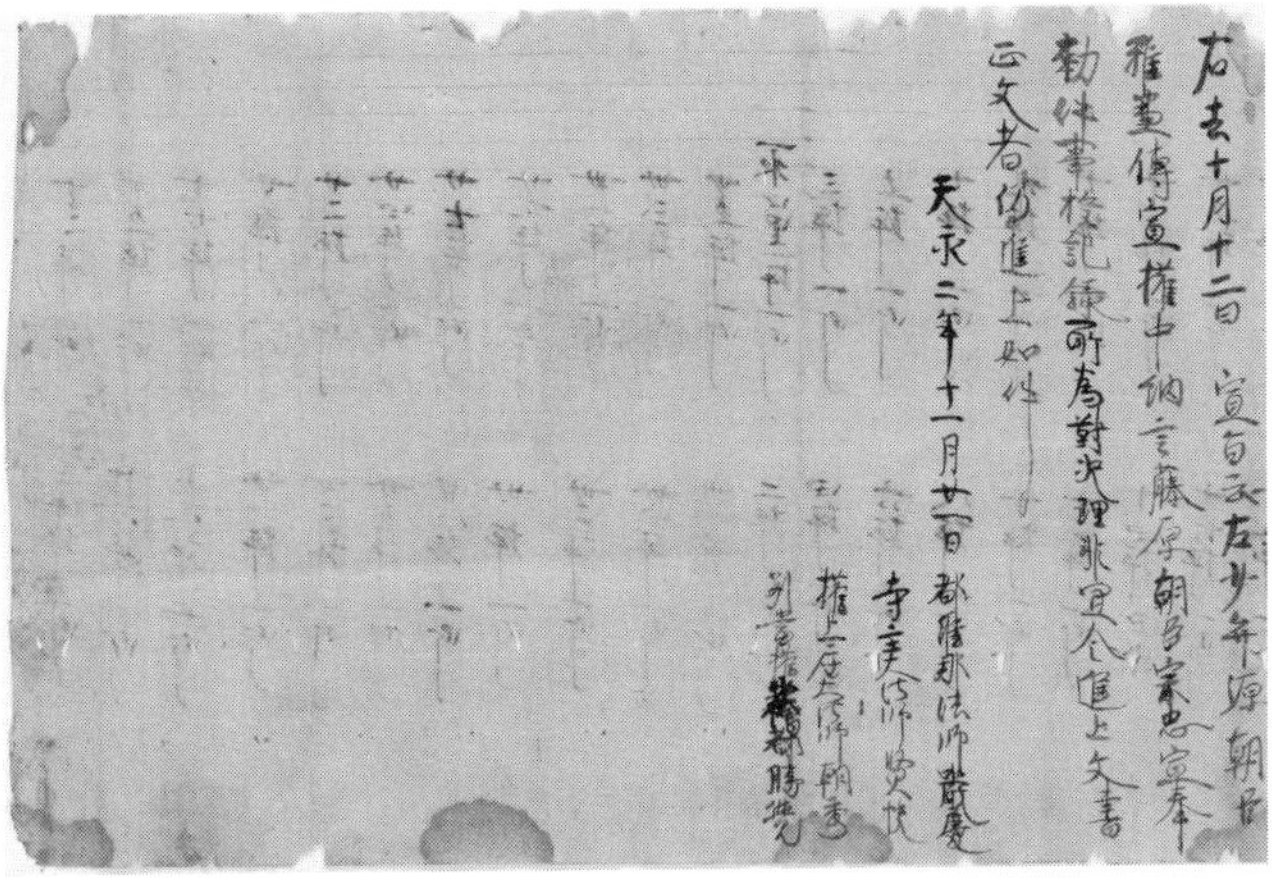

図1 東大寺注進状案

図2 遠江国条里坪付帳断簡

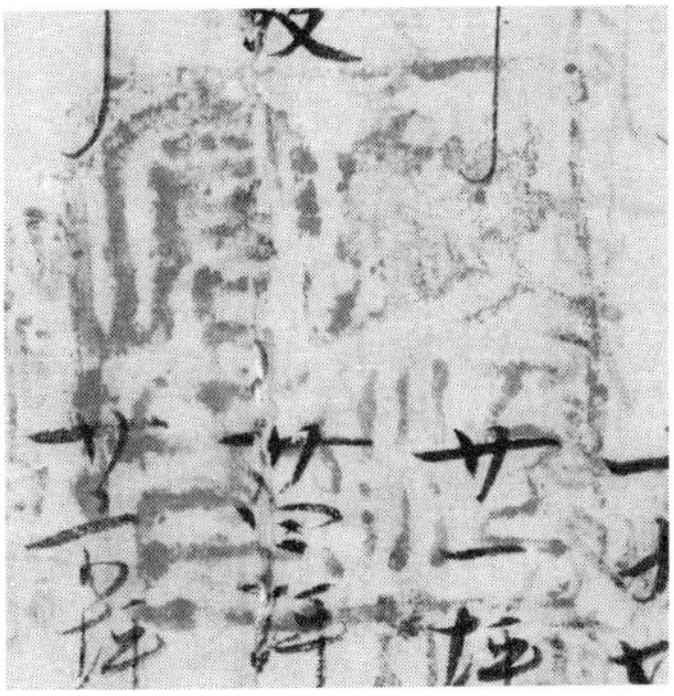

図3 遠江倉印

この東大寺注進状案は、伊賀国黒田荘の土地をめぐる東大寺と興福寺との相論にあたり、天永二年（一一一一）十一月二十一日付で東大寺側が作成して記録荘園券契所（以下、特に必要な場合を除き記録所と呼ぶ）に提出した文書の写しである。記録所では注進状の写しを作成するにあたり反故文書の紙背を利用したが、それは遠江国から朝廷に上進された長巻の坪付帳（その時点で不要となっていた）から二紙分を抜き出したものであった。そのため、紙背文書は前後の文章を欠く断簡となり、その一方で、図らずも朱印「遠江倉印」の印影を今に伝えることとなった。

本稿は、この東大寺注進状案と遠江国条里坪付帳断簡について、書誌事項や釈文など、基本情報を提示しようとするものである。本文書は、先述のとおり表裏両面の影写本が存在するが、写真は昭和三年撮影のオモテ面しかこれまで存在しなかった。釈文に関しては、オモテ面は『平安遺文』をはじめとする各種の史料集、最近では『三重県史　資料編　古代・中世（上）』[6]等にも収載されるが、ウラ面は先掲の皆川論文が唯一である。本文書が図版とともに包括的に学界に紹介されるのは、今回が初めてとなる。

第一章　書誌と釈文

楮の打紙を二枚継いだ料紙の表裏両面に文書が墨書される。現状のオモテ面は天永二年十一月二十一日付の東大寺注進状案で、ウラ面は年月日未詳の遠江国条里坪付帳断簡。東大寺注進状案の面を内側にして巻いた状態で保管される。表紙や軸はなく、また過去に装丁されていた痕跡も見られない。損傷としては、天辺前半に大きく欠損があり、一部は文字にかかっている。地辺にも、天辺ほどではないが欠損があり、そのほか虫孔が全般に見られ、特に巻頭付近には穿孔状の虫損が多くある。また天辺と地辺に、水分の付着による影響と思われるシミが連続的に付いている。

第一紙の法量は、縦二八・四センチメートル（右端）、横四八・五センチメートルを測り、オモテの東大寺注進状案の文面で二十行分を収める。第二紙は、その右端の幅約三ミリメートルが第一紙左端の下になるように糊継ぎされ、糊代を含めた一紙長は横四九・二センチメートルで、縦は二八・八センチメートル。オモテ面で墨書は十行分あり、左方に大きく余白を残す。二枚の紙が継がれた文書全体では、縦の最大値二八・八センチメートル、横の長さは九七・四センチメートルとなる。楮繊維で漉かれた紙は、オモテの東大寺注進状案の面に簀目が明瞭に表れており、製品としての紙本来のオモテは現状のウラ面（坪付帳）であったと思われ、坪付帳の面が一次利用、注進状の面が二次利用であることを窺わせる。

ウラ面の遠江国条里坪付帳断簡に目を転じると、右側に来る第二紙に二十二行、左側の第一紙に同じく二十二行を収め、第一紙の左端に二十三行目が僅存する。この左端部分には、オモテ面の文書に関わる端裏書が重なるように墨書されている。第二紙と第一紙の継ぎ目には、正方単郭陽印「遠江倉印」が朱で捺される。印影の外寸は六・〇センチメートル四方。印影の上辺は紙の天辺から一二・〇センチメートルのところに位置し、印影の下辺は紙の地辺から一〇・七センチメートルの位置にある。

朱印は第二紙の右端と第一紙の左端にも確認されるが、それぞれ半影であり、残りの半分はこの左右にもともと継がれていた料紙にあって、現在は失われている。すなわちこの断簡は、その前後に長く続いていた坪付帳から二紙分だけを抜き出したものであり、両端は切断ではなく糊継ぎ部分の剥がし取りによって分断され、現状の形を呈していると推定される。第二紙の右端には、六ミリメートル幅の糊代が確認でき、右のことを裏付けている。印影は糊代部分には及んでおらず、また後述の界線も糊代部分には及ばず、その手前で切れている。第一紙の左端では、糊代がオモテ面になるため、印影は紙端まで及び、界線も紙端まで引かれている。

坪付帳には、天辺近くに七本の横界線が淡墨で引かれている。坪付帳を作成するにあたり、項目ごとに書き出す位置に変化を付けるために引かれた界線であるが、二紙のみの断簡となっている現状では、四本目の界線と五本目の界線しか利用されていない。一本目の界線は紙の天辺から約一・五センチメートルの位置に引かれ、二本目の界線はそこから約一センチメートル下に引かれる。以下、各界線間の幅は約一センチメートルであり、七本目の界線は天辺から七・四センチメートルの位置にある。七本の界線には、墨継ぎが明瞭に認められる。墨継ぎの位置は七本ともほぼ揃っており、冒頭から十三行目の右傍と、末尾から七行目の右傍にある。五本目の界線で測ると、墨継ぎと墨継ぎの間は五三・〇センチメートルであり、これは界線を施すのに用いられた定規の長さに制約されているのであろう。また、界線を引く際のアタリかと思われる穿孔（針で開けたものか）が、五本目の界線の右端にある。ただし、それ以外に明確にアタリと認められる穿孔は確認できない。

紙の継ぎ目は、伝来の過程で継ぎ直しをされたことがあるようで、ウラ面から見ると横界線や墨文字にズレが生じており、オモテ面でも文字が僅かに切れているのを確認できる。本文書は後世に裏打ちや表装等の改変を受けず、平安時代の姿をよく伝えていると思われるが、作られた当初の形のまま現在に至っているわけでない点には注意が必要である。保管状況についても、現在は軽く巻かれているが、料紙に見える縦方向の折れ目の存在からは、二つ折りまたは四つ折りだった時期や、それ以上に細かく折り畳まれていた時期等のあったことが推察される。なお、過去の継ぎ直しと関係があるか否かは分からないが、両紙の継ぎ目を挟んで左右対称の位置に、人為的な孔が各一箇認められる。ウラ面から見ると、それは継ぎ目から二行前の「廿坪一町」の「町」字の下と、継ぎ目の直後の行「廿五坪一町」の「町」字の七画目の先端付近とであり、継ぎ目（第二紙の左端）からの距離はどちらの穿孔も二・

四センチメートルずつと等距離にあり、紙の天辺からは約一三センチメートル、地辺からは約一五センチメートルと、紙の縦方向で見ても中心付近にある。この二つの孔は、その形状からは綴じ紐を通すためのもののようにも見えるが、左右一対しか存在しないのは綴じ紐用として相応しくなく、現段階では穿たれた目的を明らかにできない。

さて、本文書には現在、素木箱一合と覆紙一枚が付属している。どちらも近代のもので、縦三三・〇センチメートル、横四八・〇センチメートルを測る覆紙には、「東大寺／天永二年十一月（昭和廿六年より約八百四十年前）紙背文書／天平時代遠江国水口里条里地割書」（※著者注　／は改行を表す）との墨書がある。

次に表裏両面の釈文を掲げる。

【東大寺注進状案】（オモテ）

・端裏書（上）「□□（永カ）二―
　□記録所文書
　　　目録」
・端裏書（中）「第五□（帖カ）内」
・端裏書（下）「右史生上野是持」

東大寺注進
　伊賀国黒田杣山幷田畠本文書目録事
□通　六代手継十四枚　実遠、信良、三子、隆経、保房、
　　　　　　　　　　　実誉

一通　三子消息幷嫡子平致遠田請文幷消息等三枚

□通　五代国司庁宣十九枚　親房、清家、祐俊、孝言、実遠

□通　東大寺政所下文八枚　法印慶信、法務経範、前律師永観、権少都勝覚

□通　陽明門院庁下文二枚

一通　被停止則綱父宣綱相論宣旨七枚　三个度

一通　被停止国司妨宣旨案文二枚　於正文者被下国畢

已上七通、寺僧実誉所帯文書

一通　已講覚樹所帯文書　追可進上

一通　寛和二年十二月十九日、出作田国検田勘文四枚

一通　天喜元年同出作田官物、東大寺与国司相論
之間、　宣旨且可被尋官符案、且追可
尋進上　三枚

一通　康和二年八月十二日、興福寺造畢以後、被借
請杣山被寺家　宣旨一枚

一通　勧学院使守俊、東大寺使者与興福寺使対問
理非日記　四枚　先日進官畢

一通　守俊背対問之旨、恣暗所注進状偽書之

〈紙継目〉

＊「子」…同字を上から重ね書き

由、注文先日献勧学院畢 二枚
一通 長久四年十一月五日、左馬允藤原実遠請文一枚
右去十月十二日 宣旨云、左少弁源朝臣
雅兼伝宣、権中納言藤原朝臣宗忠宣、奉
勅、件事於記録所、為決理非、宜令進上文書
正文者、仍進上如件
天永二年十一月廿一日 都維那法師厳慶
寺主大法師賢快
権上座大法師朝秀
別当権少僧都勝覚

＊「少」…別字の上に書き直し

【遠江国条里坪付帳断簡】（ウラ）

十三坪一町 十四坪一町
十五坪一町 十六坪一町
十七坪一町 十八坪一町
廿坪一町 廿一坪一町
廿二坪一町 廿三坪一町
廿四坪一町 廿五坪一町

廿七坪一町　廿八坪一町　＊「七」…「六」を擦り消して「七」

廿九坪一町　卅坪一町

卅一坪一町　卅二坪一町

卅三坪一町　卅四坪一町

卅五坪一町　卅六坪一町

一水口里一坪一町　二坪一町

三坪一町　四坪一町

五坪一町　六坪一町

七坪一町　八坪一町

九坪一町　十坪一町

十一坪七段　十二坪一町

十三坪一町　十四坪三段

十五坪一町　十六坪一町

十七坪一町　十九坪七段　＊「九」…擦り消し訂正。「八」を消して「九」か

廿坪一町　廿一坪一町

廿□坪一段　廿四坪一町　＊□…残画より「三」と推定

〈紙継目〉

廿五坪一町　廿六坪一町

廿七坪一町　廿八坪一町
廿九坪一町　卅坪一町
卅一坪一町　卅二坪一町
卅三坪一町　卅四坪一町
卅五坪一町　卅六坪一町
二水口里一坪一町　二坪一町
三坪一町　四坪一町
五坪一町　六坪一町
七坪一町　八坪一町
九坪一町　十坪一町
十一坪一町　十二坪一町
十三坪一町　十四坪一町
十五坪一町　十六坪一町
十七坪一町　十九坪七段
廿坪一町　廿一坪一町
廿三坪一町　廿四坪三段
廿五坪八段　廿六坪一町
廿七坪一町　廿八坪一町

＊廿三の「三」…「二」と書いてから上に一画足す

廿九坪一町　卅坪一町
卅一坪一町　卅二坪一町
卅三坪一町　卅四坪一町
［　　　　］　［　　　　］　＊［　］…残画より「卅五坪一町　卅六坪一町」と推定

釈読における先行研究との相違について、若干補足しておく。

端裏書について。先述の皆川論文に提示された釈文では、端裏書（中）の三字目を「北」とするが、虫損と重なっていて明確には読めない。また、文脈的に「北」は相応しくないと判断し、釈文は立てず「帖」の可能性を示すに留めた。なお推測を述べれば、この「第五□内」と、端裏書（下）「右史生上野是持」は、この注進状案が朝廷にあった時期に書かれたものと思われる一方、「記録所文書」「目録」などの文字を含む端裏書（上）は、前者とは別筆であり、記録所での所領をめぐる審理が完了し関連文書が東大寺に移された後で、東大寺側において書かれたものと考えられよう。

東大寺注進状案の本文は、『三重県史　資料編　古代・中世（上）』の釈文に、ほぼそのまま拠っており、そのほか『平安遺文』（二七五六号文書）、『大日本史料』第三編第十二巻（天永二年十月十二日条）、竹内理三編『伊賀国黒田荘史料』一[7]（一三〇号文書）を参照した。

遠江国条里坪付帳断簡では、皆川論文が初行の前に僅存文字の存在を示すが、原本では墨痕が確認できないため、「十三坪……」の行から釈読を開始した。二十二行目の二字目、虫損で読めない漢数字を、皆川論文では「二」と推定するが、原本の墨痕から「三」と読んだほうが良いことを確認した。最終行は、墨痕が残ることは皆川論文でも示されていたが、下方の「卅」は読めそうであり、行全体は前後の文脈からして「卅五坪一町　卅六坪一町」と書かれていたたであろう。

第二章　東大寺注進状案について——天永の記録所

すでに述べたとおり、オモテ面の東大寺注進状案は、東大寺が朝廷の記録所に提出した文書を、記録所の側で写したものである。天永元年（一一一〇）頃から続いていた伊賀国黒田荘の領有権をめぐる東大寺と興福寺の相論は、はじめ藤氏長者管下の勧学院(8)からの使者が両者の主張を聴取し、興福寺側に有利な裁定を下したが、東大寺側からの反論を受けて、その審理は天永二年十月設置の記録所に持ち込まれた。同月十二日、記録所は証拠文書を提出するよう東大寺に通達し、それに応じて十一月二十一日に出されたのがこの注進状の正本であった。記録所での審理等、その後の展開も含めて年表にまとめたので、参照されたい(9)。

【関連年表】

凡例

・各事項には、〔　〕で典拠史料を記したが、東大寺文書については、『東大寺文書目録』に所載の番号を、たとえば第一部第一の三一二号であれば、東大寺文書一—一—三一二のように記した。

・典拠史料の後に、釈文を掲載する史料集を掲げた。その際、『三重県史　資料編　古代・中世（上）』第一部「東大寺領」伊賀国黒田荘に所載の文書番号を「県史〇〇」のように示し、竹内理三編『伊賀国黒田荘史料　一』に所載の文書番号を「荘史〇〇」と示し、『平安遺文』の文書番号を「平遺〇〇」と記した。

天永元年
十二月以前より、黒田荘（国見杣、および矢川・中村と簗瀬・夏見にある出作田）をめぐり、東大寺と興福寺が相論
十二月上旬頃、勧学院、東大寺と興福寺との相論をめぐり、両者に聞き取り調査を実施する〔「天永元年十二月十日東大寺三綱等注進状案」（東大寺文書一―一―三一二）〕＊県史一二〇、荘史一二六、平遺一七三八
十二月十日、東大寺、上記の対問の経過を注勘して提出する〔同右〕
十二月十三日、勧学院使紀守俊、両者の主張を審議し、理非を決す〔「天永元年十二月十三日勧学院使紀守俊等文書勘注状案」（東大寺文書三―一一―一四）〕＊県史一二一、荘史一二七、平遺一七三九
天永二年
二月、東大寺、紀守俊の勘状を不服とし、真偽の糺明を訴える〔「天永二年二月日東大寺解案（土代）」（東大寺文書一―一―三三二）〕＊県史一二二、荘史一二八、平遺一七四三
四月一日、藤原忠実、東大寺別当勝覚宛てに御教書を出し、伊賀の杣をめぐる興福寺との相論は、朝廷の裁定に従うよう伝える〔「（天永二年）四月一日摂政藤原忠実御教書」（東大寺文書一―一―二五四）〕＊県史一二三
五月十四日、本件につき、陣定において審議される〔『長秋記』同日条〕
九月九日、記録所の設置が決定される〔『中右記』同日条〕
十月十二日、宣旨により、本件につき記録所において審理するので証拠文書を提出するよう東大寺へ要請がある〔当該文書〕＊県史一二五、荘史一三〇、平遺一七五六

十一月二十一日、東大寺、証拠文書を記録所に提出する〔同右〕

天永三年

この年、記録所、両寺の解状と調度文書等を得て、大内記文章博士藤原敦光に本件を勘申させる〔「年月日未詳黒田荘勘注状案」（宮内庁書陵部所蔵「東大寺古文書」）〕＊県史一二一七、荘史一三二一、平遺一七七六

この年、東大寺、右の勘申に対する反駁の勘注状を提出する〔同右〕

この年、記録所より勘注状が出される〔「（天永三年カ）記録荘園券契所勘注状案」（東大寺文書一―一―三一四）〕＊県史一二一八、荘史一三二二、平遺二九〇五

九月、東大寺、右の勘注状に対する再びの反駁を出す〔「天永三年九月日黒田荘勘注状案」（宮内庁書陵部所蔵「東大寺古文書」）〕＊県史一二二六、荘史一三三一、平遺一七七五

※天永三年九月以降、本件に関する史料は見られない

ここで両寺の相論を審理した記録所について簡単に触れておきたい(10)。記録所は、荘園整理に関わる業務を遂行するため、いわゆる延久の荘園整理令に際し延久元年（一〇六九）に後三条天皇が設置した記録荘園券契所が最初である。それは従来の国司による荘園整理から、朝廷が主体的におこなう荘園整理への変化であり、上卿、弁、寄人で構成される記録荘園券契所は太政官庁内の朝所に置かれ、整理事業に大きな役割を果たした。そして、後三条天皇の譲位からほどない時期に、その活動を停止したようである。その後、天永二年（一一一一）と保元元年（一一五六）の二度にわたって再設置され、文治三年（一一八七）の四回目の設置以降は記録所の名で基本的に常置の機関となった。

本稿で問題となる天永二年設置の記録所は、『中右記』天永二年九月九日条に、

蔵人弁雅兼来仰云、庄園記録所上卿可奉行、弁雅兼、大外記師遠、大夫史盛仲、明法博士信貞可為寄人者、便仰左少弁了、是依延久例被仰下者、但件事国司与本家相論之時、可検知云々

とあるように、『中右記』の記主である藤原宗忠が上卿を務め、弁に源雅兼、それに中原師遠、小槻盛仲、三善信貞等を寄人とし、「延久例」に基づいて設置された。その目的について、『中右記』は国司と本家（荘園領主）との相論を審理することのみを記しているが、延久度と同じく、荘園の券契を提出させ、それを調査して荘園の存廃を決するという重要な任務もあった[11]。この天永二年に、しばらく停止されていた記録所が再設置されたのは、この時期に課題となっていた伊勢太神宮領の整理を遂行するためであったことが先学により指摘されている[12]。天永の記録所の活動を示す史料は必ずしも多くないため、本稿で紹介する東大寺注進状案は重要な一史料であり、その原本が学術的に利用できる環境になったことは大変喜ばしい。

なお、本文書の端裏書（下）に見える「右史生上野是持」は、外記または弁官の史生として記録所の文書を管理する立場にあった者であろう。同一人は今のところ他に検出できないが、一族かと思われる人物として、「上野是時」が十二世紀半ばの史料に確認できる[13]。また、東大寺注進状案の文中に登場する人名については、『三重県史』が人物比定して傍注を付けており、大変有益である[14]。

第三章　遠江国条里坪付帳断簡――「遠江倉印」をめぐって

ウラ面の遠江国条里坪付帳断簡（以下、坪付帳と略称）は、「遠江倉印」が捺された現存唯一の文書である。「遠

江倉印」は、皆川論文によると、根岸武香(一八三九〜一九〇二)の『日本古印史稿本』(全三十冊、国立国会図書館蔵)のうち『日本印史』四に印影が収められていて、それは松浦氏が所蔵していた原本から採取した印影であろうとする。次いで、先述の『古文書纂』三六に影写された印影があり、皆川論文には以上の二種が図版で紹介されている。印影を載せる先行文献は以上のみで、それ以外は木内武男編『日本の古印』や国立歴史民俗博物館編『日本古代印集成』(15)等において、所在情報が掲載されるに留まっている。

奈良〜平安時代の諸国の倉印は、倉印そのものの伝世品が駿河、但馬、隠岐の三点あり(16)、古文書に捺された印影が山城、大和、摂津、遠江、常陸、丹波、因幡、播磨の八箇国(やや不審な点のある紀伊を含めれば九箇国)分が確認されている。

日本古代には、右の倉印とは別に諸国の国印があり、正倉院に伝わる戸籍や正税帳には国印が捺されている。律令に定めのある国印とは別に、諸国に倉印が存在することの意味については、岸俊男氏が本格的に分析されたのを最初として(17)研究の蓄積があり、概ね次のような理解がなされている。八世紀、諸国の正税を収納する正倉は、倉自体は各国にありながら国司の裁量で運用できる範囲は限定的で、政府の強い統制下にあったが、これを象徴的に示しているのが国印とは別につくられた倉印であった。その時点では、倉印が使用されるのは正倉からの出納に関わる文書、正倉に封をする手続き文書などに限定されていたはずであるが、九世紀以降、国司の受領化とともに、国印や倉印は受領が専ら管理・運用するようになり、京進される公文書や国衙発給文書にも倉印が捺される例が見られるようになる。土橋誠氏は、どの種類の文書に国印または倉印を捺すか、その使い分けは各国によって相違しており、その運用が受領の専権事項になっていたことを指摘され、さらに倉印については、畿内近国の受領が在京時に国司庁に置いていた場合もあることを述べられた(18)。佐藤泰弘氏は、この理解をさらに推し進め、十〜十一世紀において、京官を兼帯する受領は倉印を携帯し（国印は国衙に残置）、在京のまま国務を遂行しなければならない場面では倉印を押捺したと結論された[19]。

佐藤氏は、この遠江倉印が捺された坪付帳自体についても詳しく分析され、坪付帳の作成は紙背文書の年代からそれほど遡らない十一世紀末から十二世紀初頃であること、それは諸国からの坪付帳が必要な朝廷の儀式、具体的には不堪佃田奏に用いられたものであろうこと、その時期であれば諸国からの坪付帳の提出が実質的な意味を持っていたとは思われず、儀礼用に作成されたものであること、儀礼用のものであれば遠江国の現地ではなく京で作られた可能性があること[20]、もしそうであれば、捺されたのが国印ではなく、在京の受領が携行していた倉印であることも理解しやすいこと[21]等を述べられた。このうち坪付帳の年代については、紙背文書に近い時期と限定せず、もう少し遡る可能性も含めて幅を持って考えたほうが良いように思うが、それ以外は首肯できる内容である。坪付帳は儀式で使用された後、官底（官の文殿）に蓄積され、後に案文作成の料紙として再利用されたことも、佐藤氏の指摘どおりであろう。

さて、この坪付帳には条里二里半分の坪番および土地面積が記されている。倉印の存在からこれが遠江国に属する土地であることは判明するが、それ以上の具体的な地域はわかっていない。

また、この坪付帳は一里あたり三十六坪、そのすべての坪の面積を書き上げているように見えるが、抜けている坪番も多い。たとえば、冒頭の前欠の里では十九坪と廿六坪が欠けている。その一方で、七行目の「廿七坪」は最初に「廿六坪」と書いてから「六」を擦り消して「七」に訂正している。次の「一水口里」では、十八坪と廿二坪が欠けているが、「十九坪」の「九」は最初に「八」と書いたのを擦り消して訂正している。「二水口里」も、前と同じく十八坪と廿二坪が欠けており、「廿三坪」は最初に「廿二坪」と書いてから、「二」の上に一画書き足して

「三」に訂正している。以上のような訂正箇所の存在は、この坪付帳がどのように作られたか、その作成過程を考えるための手掛かりを与えてくれそうであるが、それは今後の検討課題としたい。

おわりに

以上、再発見史料の概要を紹介するとともに、先行研究に導かれながら若干の考察を試みてきた。原本から得られる情報はまだまだ多くあり、見落としや見誤りもあるに相違ない。本稿は現時点において、筆者の能力の範囲で成し得た報告であることをご了承いただきたい。引き続き研鑽に努める所存であるが、識者からのご意見を頂戴できれば、また違った観点からの調査が進められるものと考えている。

本稿では原本の基礎的な情報を提供することに努めたが、これが今後の歴史学研究、殊に平安時代の東大寺史研究のための一助となることを強く願うものである。

註

（1） 皆川完一「幻の遠江倉印」（同著『正倉院文書と古代中世史料の研究』、吉川弘文館、二〇一二年、五九八頁以下。初出は二〇〇〇年）。

（2） 東京大学史料編纂所架蔵レクチグラフ。昭和三年五月撮影。請求番号六八〇〇—一六。

（3） 影写本には、「市内姉小路大宮西入　矢野豊次郎氏蔵／昭和十二年十二月十一日影写」との奥書がある（皆川註（1）論文による）。

（4） 木内武男編『日本の古印』（二玄社、一九六四年）。遠江倉印については、附表一の一九二頁下段に記される。

（5）『古典籍展観大入札会目録　平成二十四年十一月』（東京古典会、二〇一二年）二八一頁「1180　東大寺注進下書遠江水口里条里地割紙背」）。
（6）『三重県史　資料編　古代・中世（上）』（三重県、二〇一五年）第一部「東大寺領」伊賀国黒田荘一二五号「黒田杣文書注進状」（九三～九四頁）。
（7）竹内理三編『伊賀国黒田荘史料　二』（吉川弘文館、一九七五年）。
（8）勧学院については、田村憲美「郡支配体制の再編と興福寺」（同著『日本中世村落形成史の研究』、校倉書房、一九九四年。初出は一九八二年）一二三頁以下を参照した。
（9）関連年表の作表にあたっては、五味文彦「荘園・公領と記録所」（同著『院政期社会の研究』山川出版社、一九八四年）三二〇頁の理解を基本に、中貞夫『名張市史』上巻（伊和新聞社、一九六〇年）一二二頁、『三重県史資料編　古代・中世（上）』註（6）、『伊賀国黒田荘史料　二』註（7）、『大日本史料』等を適宜参照した。
（10）記録所に関する以下の記述は、五味文彦「荘園・公領と記録所」註（9）のほか、下向井龍彦「天永の記録所について――記録所の設置目的――」（『史学研究』〈広島大〉一九九号、一九九三年）、『日本歴史大事典　二』（小学館、二〇〇〇年）所収の項目「記録所」「記録荘園券契所」（佐々木文昭氏執筆）などを参照した。
（11）下向井龍彦「天永の記録所について」註（10）五五頁など。
（12）下向井龍彦「天永の記録所について」註（10）五六頁以下。
（13）筆者が検出できた「上野是時」は次の二例。①天承二年（一一三二）六月二十四日付の文殿勘文（『大日本古文書（家わけ第四）石清水文書之五』に所収の「宮寺縁事抄第十二」所引）に右史生として。②天養元年（一一四四）十月二十一日付の文殿勘文（『少外記清原重憲記』十月十六日条〈『大日本史料』三ノ六、四八頁〉所引）に、おそらく右史生として、「上乃是時」の表記で。
（14）なお、東大寺注進状案の末尾に署名する東大寺別当と三綱の構成は、これに近い時期の文書に照らして自然である。たとえば「天永二年九月四日東大寺解案」（筒井氏所蔵東大寺文書、『平安遺文』一七五一号）、「天永三年八月二十一日東大寺牒」（東南院文書、『平安遺文』一七七二号）など。
（15）国立歴史民俗博物館編『日本古代印集成――「非文献資料の基礎的研究―古印―」報告書――』（一九九六年）三四二頁。

(16) 伝世の倉印はいずれも銅製で、国の重要文化財に指定されている。図版は文化庁監修『国宝・重要文化財大全九 考古資料』(毎日新聞社、一九九七年)の五七四・五七六頁に掲載。
(17) 岸俊男「倉印管見」(同著『日本古代籍帳の研究』、塙書房、一九七三年。初出は一九六七年)四四一頁以下。
(18) 土橋誠「「国判」に押された倉印について」(『京都府埋蔵文化財論集』第一集、京都府埋蔵文化財調査研究センター、一九八七年)。
(19) 佐藤泰弘「倉印と受領の執印」(同著『日本中世の黎明』、京都大学学術出版会、二〇〇一年。初出は一九九六年)。
(20) 佐藤泰弘「倉印と受領の執印」註(19)三一六頁。
(21) 佐藤泰弘「倉印と受領の執印」註(19)三五八頁。

〔付記〕 本稿をなすにあたっては多くの方々にお世話になった。特に、最初に情報をご提供いただいた石上英一先生、原本に関して貴重なご助言を賜った飯田剛彦、栄原永遠男、土橋誠、横内裕人、吉川真司の各先生には厚く御礼を申し上げたい。ありがとうございました。

第二部　大仏造顕と東大寺領荘園

大仏料銅産出の歴史的前提

竹内　亮

はじめに

「国銅を尽して象を鎔す」と聖武天皇が大仏造立詔で謳ったように、(1)東大寺大仏の造立は膨大な量の銅を必要とする国家的事業であった。一九八八年に奈良県立橿原考古学研究所が実施した東大寺大仏殿回廊西地区の発掘調査において大仏創建時の鋳造に伴う様々な遺物が出土し、(2)その中に大量に含まれていた溶銅塊の成分分析によって、大仏料銅の原産地は、山口県美東町（当時、現在は美祢市）に所在する長登銅山であったことが明らかとなった。(3)長登《ながのぼり》の地には「奈良の大仏に銅を送ったため奈良登《ならのぼり》と呼ばれた」という地名伝承が古くから伝わり、(4)一九七二年には美東町教育委員会の池田善文氏によって奈良時代の土器が銅製錬滓《からみ》とともに採取されて古代に遡る銅山遺跡と推定されていたが、(5)東大寺出土銅の成分分析結果の発表を契機に、長登銅山は伝承通りの大仏料銅産地として注目を集めることとなった。その後、美東町教育委員会による数次にわたる発掘調査の結果、長登銅山跡から多数の奈良時代の木簡や銅製錬関係遺物が出土し、木簡の内容などから、この銅山が奈良時代の官営銅山であったことが判明した。[6]東大寺大仏の料銅は、官営銅山における国家的銅採掘によって供給されていたのである。

長登銅山は、大仏発願よりも前から国家が必要とする様々な用途に応じて銅を生産しており、その実績を踏まえて「国銅を尽す」造像の発願が可能となった。空前の巨大金銅仏造立が実現に至った理由は様々であるが、原料の確保という観点からみれば、大仏発願時点において鋳造に必要な量の銅を供給できる見込みが立つほどの銅生産能力を国家が保有していたことは決定的であったと言える。では、その生産力はどのような過程を経て獲得されたのであろうか。本稿ではそれを明らかにすることで、大仏造立を可能にした条件の一端を明らかにしたい。

第一章　官営銅山における銅の通常用途と臨時用途

長登銅山跡からは、発掘調査により約八〇〇点の木簡が出土しており、中には同地で生産された銅の用途をうかがわせるものが含まれている。最初に木簡群全体の性格を概観しておく。[7]

木簡群の年代は、貢進物荷札木簡などの紀年によると、神亀～天平初年頃の数年間、おおむね七二〇年代後半から七三〇年代前半頃とみられる。[8]大仏発願を十年あまり遡る時期の木簡群であり、これらの木簡に記録された長登における銅生産は、もちろん大仏鋳造を目的としたものではない。ただし、この時期に生産された銅がどこかに備蓄され、後に大仏料銅として使用された可能性はある。

出土した木簡の種類は、文書木簡、帳簿木簡、封緘木簡、貢進物荷札木簡、付札木簡、その他（習書木簡、削屑など）に分類できる。文書・帳簿・封緘木簡などは、木簡や紙を媒体とする様々な事務作業や情報往来に使われたもので、国司や郡司など地方官人の関与がうかがえることから、木簡の廃棄主体が官司組織であることがわかる。

文書や帳簿を含む多くの木簡には銅の生産管理に関わる記載があり、この官司組織が当地の銅山において銅生産を所管していたことが知られる。その組織とは、長門国司が運営する採銅所と考えられる。出土木簡の中に当国美祢郡司から当該組織への上申とみられる文書木簡があること、(9) 正倉院丹裹文書の中に天平勝宝六年（七五四）～同八歳（七五六）頃に長門から東大寺へ銅が運漕されたことを記す文書があり、(10) その銅の送付元が長門国司であることなどからみても、銅山における銅生産事業の運営主体（本司）が長門国であることは明らかである。(11)

銅の生産管理に用いられた木簡のうち、最も多数を占めるのが銅付札木簡であり、約七十点が確認されている。それらの書式はおおむね一定している。典型的な例を一点だけ挙げておく。

・「＜豊前門司卅五斤枚一
上」

・「＜大伴マ黒万呂二月功
上□」

一五三×二八×八（㎜）〇三二型式（三二七号）

木簡の記載項目は、銅の宛先（豊前門司）、銅の重量（卅五斤）、銅インゴットの数量（枚一）、製錬工人名（大伴部黒万呂）、月功（二月功）、銅の品質（上、上□）から構成されている。他の銅付札木簡もこれに準じた書式であるが、いくつかの項目を省略したものもある。(12) これらの記載項目は、インゴット数枚単位での銅の宛先・重量・品質を示し、かつ月単位での銅製錬工人ごとの出来高（製錬銅の重量と品質から算出される月功）を集計するという、主に二つの機能に大別することが可能である。かかる複数の機能に関わる情報が同一の付札木簡に併記されているのは、特定の宛先に銅を供給する際、その生産に要した経費（生産担当工人の人件費を含む）を宛先ごとに集計するためと考えられる。

九世紀の法制史料によると、長門国をはじめとする各国の採銅所の主幹業務は、官鋳銅銭の原料銅（鋳銭料銅）を鋳銭司へと供給することであった[13]。鋳銭料銅採掘の経費として、調庸や正税の内の一定額が年度予算の形で準備されており、各国は年次計画に従ってそれらの経費を使用し、決められた量の鋳銭料銅を採掘した。官鋳銅銭は年ごとの発行枚数が国家によって厳密に定められていたので、その数値に連動して鋳銭料銅の年間生産量と生産経費もあらかじめ定められていたのである[14]。

長登の銅付札木簡の中には銅の宛先として鋳銭関係機関名を記すものがあることから[15]、八世紀の長登銅山も九世紀の各国採銅所と同じく鋳銭料銅を供給していたことは疑いない。古代日本における銅山の開発は、八世紀初頭までは全国各地で見つかった銅鉱を国司に貢上させる方式で進められていたが[16]、七三〇年代以降には周防・長門地域に銅産地が集中するようになった[17]。このことは、遅くとも天平二年（七三〇）までには長門に鋳銭司が置かれたことと関連する[18]。この年に周防の二カ所で見つかった銅鉱が長門における鋳銭に充てられたという記事[19]は、この二カ所が鋳銭料銅を常時生産する銅山として鋳銭体制に組み込まれたことを意味している。こうして鋳銭料銅の供給元に定められた銅山では、国司が直轄する採銅所による直接生産が行われ、工人の徴発と雇用、必要経費の確保と支出、生産銅の配分と輸送といった銅山運営に関するあらゆる仕事を国司が一元的に管理する官採体制が敷かれた[20]。官採制が導入された銅山では民間による私的採掘は排除され、銅資源を国家が独占することになった。国家は、鋳銭料銅を安定的に産出可能な銅山が集中する周防・長門地域を鋳銭体制を支える生産地帯と位置づけ、それらの銅山に官採体制を導入し、生産地に近接して鋳銭司を設置することで、鋳銭体制を盤石にしたのである[21]。長登銅山もそのような銅山の一つであった。

このことは、官鋳銅銭の成分分析結果からも傍証できる。和同開珎などの官鋳銅銭を対象とした鉛同位体比法による原料産地の同定調査では、和同銀銭と同様の書体を持ついわゆる古和同銅銭は一点ごとに原料銅産地のばらつきが大きいのに対し、いわゆる新和同銅銭の多くが長登銅山の銅と同じ分析結果を示している。(22)これは、古和同銭が全国各地の銅鉱を用いる古い仕組みで生産されていたのに対し、新和同銅銭が長登をはじめとする長門一帯に鋳銭料銅産地が集中する新しい鋳銭体制の下で生産されたことを意味する。長門鋳銭司跡（山口県下関市）の発掘調査で出土する和同開珎の銭笵が新和同銅銭に限られるのも同じ理由からであろう。(23)

鋳銭料銅の生産は、長門に所在する長登銅山の通常業務であった。それに対して、鋳銭以外の様々な用途のための銅の生産は、いわば臨時業務と言える。あくまで臨時であるから、その生産に要する経費は予算として準備されていないため、別個に計上する必要がある。そうした臨時の経費を算定する際の基礎資料として、銅付札木簡の宛先・製銅出来高・工人名といった項目が活用されたと考えられるのである。(24)

このように、長登銅山で生産された銅の用途は、通常の鋳銭料と、臨時のその他とに大別できる。この点を踏まえた上で、次章からは銅付札木簡に記された銅の宛先について具体的に検討してみたい。

第二章　長登銅山における銅の臨時用途（その1）——節度使

長登銅山跡から出土した銅付札木簡に記される銅の宛先を見ていくと、前章で述べたように臨時の用途と考えられるものが多い。(25)宛先は人名や官司名など多岐にわたっており、例えば「太政大殿」などは銅の供給先が具体的に判明する例である。太政大殿とは養老四年（七二〇）の没後に太政大臣を贈官された藤原不比等の家政機関を指し、(26)

天平初年頃における実質的な管理者は光明皇后であろう[27]。東大寺大仏殿回廊西地区出土木簡の中に皇后宮が東大寺に提供した銅の斤数を記録する木簡があることから[28]、佐藤信氏は長登銅山から故藤原不比等家に送られた銅が光明皇后の意図によって大仏鋳造に使用された可能性を指摘している[29]。長登の木簡群の年代から大仏創建までは十年前後の隔たりがあるので、「太政大殿」付札に記された銅がそのまま大仏鋳造に用いられたかどうかはわからないが、光明皇后が故藤原不比等家および皇后宮を通じて長登銅山から銅の供給を受けていた可能性は高い。この例をはじめとして、貴族・官人・官司など様々な相手に対して長登銅山から銅が供給されていたことが、銅付札木簡の宛先記載から知られる[30]。

前章で述べたように、木簡群の年代は神亀から天平初年にかけての数年間とみられるが、ちょうどこの期間内に時期を限って置かれた臨時の官司に向けて、長登銅山から銅が供給されていた。それは、山陰道節度使である。

・「＜節度使判官犬甘卅斤枚二」
・「＜額田部□□□四月功　　」　　一三九×三一×九（㎜）　〇三二型式（二〇一号）

節度使判官を宛先とする銅付札木簡は、右のものを含めて計三点が確認できる[31]。節度使は天平四年（七三二）八月から同六年四月にかけて東海・東山・山陰・西海の各道に置かれ、それぞれ長官一人、判官四人、主典四人、医師一人、陰陽師一人が任命された[32]。天平宝字五年（七六二）にも再び節度使が置かれたが[33]、長登では八世紀後半に下る木簡の存在は全く確認できないので、銅付札木簡記載の節度使は天平初年のそれとみて間違いない。長登銅山の所在する長門国は、右の四道の節度使のうち山陰道節度使の所管する因幡・伯耆・出雲・隠岐・石見・安芸・周防・長門の八カ国に含まれている[34]。節度使は所管の各国に対して節度使符を下し、軍団兵士の徴発や訓練、兵器・軍装・軍船などの製造や修理、兵糧・兵站・烽などの整備、牛馬の確保といった軍備全般の強化を行わせていた[35]。長登銅山の運営主体は長門国であるから、山陰道節度使は符によって長門国へ銅の送進を命じ、それに応じて長登銅山から山陰道節度使へ銅が送られたと想定できよう。

山陰道節度使に供給された銅の用途については、節度使の任務内容から推測することができる。節度使は軍備増強に関する様々な命令を所管諸国へ下すのが主な任務であったが、中には節度使が主体的に実施した業務もあった。その一つが、造弩生の教習である[36]。山陰道節度使は、天平五年（七三三）八月二十日に出雲国へ符を下して造弩を教習するため工匠二人を派遣するよう命じ、九月六日には同内容の再命令が下された。これに応じて出雲国は九月二十四日に造弩生二人を節度使へ参向させ、十一月十五日には教習を終えた二人が弩の様（見本）を携えて本国へ帰された。こうして弩の製法を学んだ造弩生が出雲国で作った弩は、翌天平六年二月五日の節度使符によって出雲国内の要地六処に配備された。器仗の製造や修理は諸国の職掌であり、出雲国の弩についても製造自体は国で行われた。北啓太氏は、軍防令に軍団弩手の規定はあるものの、実際にはこの頃まで弩は各国に配備されていなかったと推定している[37]。弩の製造技術も普及していなかったため[38]、節度使が特に教習を実施したのであろう。

古代日本で使用された弩の実物資料としては、伊治城跡（宮城県栗原市）から出土した弩機（発射装置）がある[39]。伊治城は多賀城と胆沢城のほぼ中間に置かれた古代の城柵で、発掘調査によって土塁と大溝による外郭、築地塀による内郭、その中央に位置する政庁などの遺構が見つかっている。弩機は、内郭東塀の外側に位置する竪穴住居跡床面上から出土した。多数の鋳銅部品が精緻に組み合わされており、わずかに部品を欠損するがほぼ完形である。陸奥鎮守府では宝亀年間（七七〇～七八〇）に弩師が任用されており[40]、発掘調査報告書ではその頃に弩が伊治城へ配備されたと推定されている。この伊治城跡出土の弩機の材質は青銅である。中国で多数見つかっている古代の弩機もおしなべて青銅製であり、古代日本の弩機は銅で作られていたことが知られる。

山陰道節度使から製造教習を受けた出雲国造弩生は、弩の様を持ち帰って本国での製造に備えた。弩の製造において最も技術的に困難な部分は弩機の作製であるから、教習に際しても代替品ではなく実際の素材である銅を用いて弩機製作を実習したと考えられる。そうして作った試作品を見本として出雲へ持ち帰ったのであろう。よって、山陰道節度使は少なくとも弩機の製作実習に必要な分の銅を天平五年十月頃に保有していたことが確実である[41]。この当時、山陰道節度使は出雲国を含む所管八カ国全てに対して、弩だけでなく様々な軍用品の供給や製作教習を実施していたと考えられる。その中には銅製品も多く含まれていたはずで、例えば天平六年（七三四）には節度使から山陰道四カ国へ鉦が送られている[42]。鉦は軍隊の指揮に用いる銅製の打楽器で、軍防令が規定する軍団への設置品目には含まれておらず、この時新たに整備された軍用品の一つであった[43]。そのため、節度使が特に調達して各国へ下付したのであろう[44]。このように、山陰道節度使が様々な軍備増強業務を遂行するには、軍用品の素材としての銅が欠かせなかった。これらの銅素材を全て長登銅山で生産された銅インゴットと即断するのはいささか早計にせよ（他所で製作された完成品を調達したり、あるいは不要銅製品を鎔解して素材とすることなども行われただろう）、山陰道節度使が軍備の迅速な強化という任務を全うするためには、管内に所在する有力官営銅山である長登の銅生産力を活用するのが有効な手段だったはずである。したがって、長登銅山から山陰道節度使へ供給された銅の用途については、主に軍用品の素材と考えておきたい。

第三章　長登銅山における銅の臨時用途（その2）――豊前門司

次に、第一章で銅付札木簡の宛先の例として挙げた豊前門司について検討する。豊前門司を宛先とする銅付札木簡は、前掲例を含めて計十四点が確認でき[45]、銅の宛先としては最多である。豊前門司は豊前国に置かれた官司であり、関門海峡を挟んで対岸に位置する長門関司とともに西海道諸国と瀬戸内海方面を結ぶ海上交通を監視した[46]。具体的には、九州沿岸の諸津を出港して西海道域外へ向かう船に対して大宰府が発行する過所（通行許可証）を勘検するのが主な業務であった。銅付札木簡に記された豊前門司については、大宰府管内へ銅を運漕する際の仲介機関であるとする八木充氏の説に対し[47]、豊前門司自体に銅が供給され同地で消費されたとする畑中彩子氏の説がある[48]。私見は八木説を支持するが、豊前門司の機能に即してもう少し詳しくみておきたい。

天平十八年（七四六）七月、太政官は大宰府に対して、官人・百姓・商旅の徒が豊前国草野津（福岡県行橋市）・豊後国国埼津（大分県国東市）・坂門津（大分市、旧佐賀関町）から自由に往還し国物を運漕するのを一部の例外を除いて禁止するよう命じる太政官符を下した[49]。大宰府はこれを受けて違法行為を取り締まってきたが、延暦十五年（七九六）にはこの三津からの違法交通が止まず、大宰府発行の過所を持ちながら豊前門司での勘検を経ずに通行する者もあり、こうした船舶は違法状態のままことごとく難波津へ集まる状態であったという[50]。つまり天平十八年以降、西海道諸国から道域外へ向かう船舶は、全て豊前門司で過所の勘検を受けなければならない定めであった。しかし、国東や佐賀関など九州東海岸の津から出港して難波へ向かう場合、門司を経由するとかなりの迂回を強いられるため、それを嫌って門司を経ず伊予灘を突っ切って東へ直行する船舶があとを絶たなかったのである。森哲也氏によると、天平十八年官符自体は天平十四年（七四二）正月から同十七年六月までの大宰府廃止期間中に西海道域外への交通統制が弛緩していた状態を是正する目的で出されたものと考えられているが、この他にも西海道諸国から道域外への物資持ち出しには様々な規制がかけられており、西海道からの恣意的な物資流出を防止しようとする国家の意図は一貫して確認できるという[51]。西海道域外への交通を統制するための過所発行は大宰府の職掌として職員令に挙がっており[52]、豊前門司の過所勘検機能も令制段階から定められていたとみてよかろう。

以上による限り、豊前門司は西海道諸国からの物資流出を食い止める最後の関門として、上り方向の物流の制御に特化した機能を有していたと考えられる。関門海峡対岸の長門関司が上下両方向の文書伝達などの統制機能を有していたのと対照的である[53]。過所を勘検するには、関係する船舶が停泊するための港湾設備が必須となる。九州の諸津から出港して門司を通過・経由する船舶なら一時的な停泊で済むが、門司において車馬などの陸上交通から船舶へ継走することも考えられ、その場合には船積みのための設備が必要となる。さらに実効性のある取り締まりを実施するには、違法船舶に積載された物資を陸揚げし保管するための設備も必要となろう。豊前門司にこのような設備が備わっていたとすれば、重貨である銅を本州から九州へと運び込む際の中継地としても適当であると言えよう。豊前門司は、長門国の責任で輸送されてきた銅を国境で受け取る窓口としての役割を持っており、ここから先は大宰府が輸送責任を負ったと考えられる[54]。山陰道節度使を宛先とする銅の目的地は石見国の節度使鎮所と推測されるが[55]、石見も長門の隣国であり、長門国による銅の輸送責任範囲は原則として隣国までだったのだろう。

豊前門司が大宰府管内への銅輸送の中継点であることを傍証する材料として、長登銅山で生産された銅が大宰府政庁の付属工房で鋳銅素材として用いられた可能性を指摘しておきたい。大宰府跡ではこれまで政庁を中心とする広範囲で発掘調査が続けられており、政庁跡の西に位置する来木地区では七世紀後半から八世紀前半にかけての銅製品鋳造に関する遺物が集中して出土し、大宰府匠司ないしは修理器仗所の遺跡と目されている[56]。この鋳銅工房で用いられていた素材銅の原産地を特定するため、同地から出土した銅滓が鉛同位体比法によって分析されており、長登産出の銅とかなり近い成分を含むという分析結果が出ている[57]。この成分分析は、大宰府管内に位置する古代銅山である豊前の香春岳から採れた銅が大宰府鋳銅工房で用いられたのではないかという見通しに基づいて実施されたもので、当初の目論み通りに香春岳産出の銅の一部とも近い測定値が出ている。しかし、亀田修一氏が指摘しているように、この値は長登産出の銅ともほぼ重複しており、長登と香春岳のどちらの銅が大宰府工房で用いられたのかは成分分析結果だけでは今のところ判別できない[58]。

香春岳の所在する豊前国では、同国企救郡（福岡県北九州市）で元慶二年（八七八）に官営採銅が開始されたもの[59]の、仁和元年（八八五）には当国の民が銅採掘の技術を未だ習得していないとして、長門国から破銅手（銅鉱石を破砕して銅成分を抽出する技術者）と掘穴手一名ずつの派遣を受けている[60]。豊前国田河郡鹿春郷に新羅国から神が渡来し、同郷の鹿春峯（香春岳）第二峯で銅が産出したとする『豊前国風土記』逸文の記載や[61]、「銅湯を水と成す」という宇佐八幡神の存在からみて[62]、新羅系渡来人が銅採掘技術を移植してから八世紀初頭頃までは、豊前は採銅技術の先進地域であったと考えられる。しかし、九世紀後半の豊前では民間の技術継承が既に断絶している。私見では、八世紀前半に長門での官営採銅が本格的に始まったのを機に、豊前から長門へ採銅技術者が移転させられ、豊前における民間の採銅技術が衰退したとみる[63]。この技術断絶期間中は、大宰府鋳銅工房で用いられた素材銅の産地は香春岳以外の銅山である可能性が高い。その候補として最もふさわしいのは長登銅山であろう。

以上のことから、長登銅山から豊前門司を宛先として送られた銅の用途は、匠司や修理器仗所といった大宰府の鋳銅担当官司における鋳造素材の可能性が高いと考える。豊前門司やその近辺で銅が用いられた可能性も完全には否定できないが[64]、天平十年（七三八）の筑後国・周防国正税帳によれば[65]、筑後国から大宰府へ派遣された造銅竈工によって府の工房で銅竈が製造され、完成した銅竈は大宰府から京進された[66]。造銅竈工の出張期間中の功直は、筑後国の正税から支出された。銅竈以外の鋳銅製品についても同様の生産方式がとられていたとすれば、仮に豊前に鋳銅工人が存在したとしても、鋳銅製品の製造作業は豊前ではなく大宰府工房で行われた可能性が高い。

天平四年（七三二）から同六年までは西海道にも節度使が置かれており、同時期の山陰道節度使には長登銅山から銅が供給されていた。当該期の節度使は短期間の内に所管諸国に対して集中的かつ精力的に軍備強化策を実施しており、山陰道では一国に対して月あたり平均四通ほどの節度使符を発信している[67]。すなわち、この頃にはそれほど軍備強化を急がねばならない軍事的事情があったということである。こうした事情は、さらに大陸に近い西海道節度使においても全く同様であっただろう。長登銅山の銅が豊前門司を経由して大宰府の工房に供給された背景には、山陰道節度使と同じく管内の軍備増強を急速に進める西海道節度使の積極的活動があったと考えたい。

第四章　天平初年前後の内外情勢と銅生産

天平の節度使は、日本と軍事的緊張関係にあった新羅に対して沿岸防備体制を敷くために設置されたとするのが通説である[68]。積極的な新羅への外征を明らかに意図して設置された天平宝字の節度使が「行軍式」を作成したのに対し[69]、天平の山陰道節度使は「備辺式」、西海道節度使は「警固式」を作成して所管諸国や大宰府に下付しており[70]、式の名称の相違からみても、天平の節度使は確かに対外遠征ではなく沿岸防衛の方針を明白に掲げていた。

古畑徹氏によると[71]、この時期の北東アジアでは、六九八年に興った渤海が次第に南北へ領土を拡張し、七二〇年代に入ると南で新羅、北で黒水靺鞨と対峙するようになった。新羅と黒水靺鞨はそれぞれ唐との関係を強化したため、唐と渤海の間にも次第に軋轢が生じるようになり、ついに七三二年には渤海が山東半島の登州を攻撃、唐渤紛争が勃発した。唐と渤海の対立は七三五年頃から次第に解消へ向かい、七三七年には完全に和解が成立した。この間、新羅は親唐路線の強化と並行して日本との外交関係を次第に疎遠にしていったという。酒寄雅志氏によれば[72]、渤海が七二七年に日本へ使節を派遣して外交関係を新たに結んだのは、日本に対して新羅を牽制する勢力としての役割を期待したためであったという。節度使が置かれた七三二年は、唐渤紛争が勃発したまさにその年である。

下向井龍彦氏によれば[73]、このような国際情勢下において渤海が日本に期待した役割とは、渤海による山東攻撃の隙に新羅が渤海の背後を衝く事態の抑止であったという。七三〇年の遣渤海使帰国、七三二年の新羅使節来日と遣新羅使帰国がもたらした情報により、日本は渤海の対唐攻撃計画と新羅の対渤海攻撃計画をおそらく察知し、遣新羅使が帰国した八月十一日の直後、八月十七日に遣唐使と節度使を同時に任命した[74]。天平の節度使設置の戦略的目的とは、日本が武力を強化して新羅を牽制することで、渤海の対唐作戦を側面支援することだったのである。西海道節度使が定めた警固式では船百隻以上を置いて不慮の事態に備えるよう定められており[75]、中尾浩康氏によるとこれは軍船を用いて海戦に至る局面を想定した規定であるとされる[76]。節度使が実戦をも辞さない覚悟で軍備増強を急いでいたことは疑いない。その一方、節度使が定めた式の名称として「備辺」「警固」を掲げたのは、外征ではなく防衛のための軍備増強であると主張することで、唐・新羅と直接敵対して戦端を開かないための措置であったと考えられる。節度使と同時に任命された遣唐使は、そうした意図を唐へ伝える役割を主に担っていたのであろう[77]。

養老三年（七一九）の兵士数削減以来[78]、日本は軍縮体制下にあった[79]。この間、兵士削減によって得られた庸の増収と徭役労働力の増加に支えられ、大寺の移建を伴う平城京の建設、後期難波宮の造営、百万町歩開墾計画や三世一身法による耕地開発など、多くの大規模造営事業が推進された。造営事業に従事する役夫の功賃をまかなうために官鋳銅銭（和同開珎）の発行量は増大し、[80]その鋳銭料銅を確保するため、有望な銅鉱の存在が見込まれた長門国に官営銅山（採銅所）と鋳銭司が設けられた。天平二年（七三〇）頃までには長門一帯で鋳銭料銅の官採から銅銭鋳造までを一貫して行う鋳銭体制が整い、長登銅山でも通常業務としての鋳銭料銅の生産が軌道に乗った。ところが国際情勢の急展開に対応して天平四年（七三二）に節度使が設置されると、国家体制は軍拡路線へ急転換し、兵士徴発数は再び令制通りに戻され、官営銅山には臨時業務としての兵器・軍装などの原料銅生産も課されることとなった。このように、通常用途と臨時用途の双方を共にまかなえるだけの原料銅供給力を天平初年頃の官営銅山は有していた。原料確保の観点からみた大仏鋳造を可能にした条件とは、天平初年の軍拡体制期までに確立されたこのような官営銅山の生産力だったのである。

おわりに

本稿では、銅の用途を通常用と臨時用に区別するという観点から、大仏発願よりも前段階における官営銅山の銅生産体制を素描した。この観点からみれば、大仏料銅の生産そのものが官営銅山にとっては臨時業務ということになる。しかも、その生産要求は非常に過大であった。『東大寺要録』所引の大仏殿碑文によれば、[81]大仏の鋳造には熟銅七三万九五六〇斤もの料銅が費やされている。九世紀前半における鋳銭料銅の年間法定量は弘仁十二年（八二一）以降で銅一万六三三三斤五両一分二銖、天長六年（八二九）以降で銅五万一三三三斤であったから、[82]この頃の官営銅山が通常用として生産していた銅の十五～四十五年分に相当することになる。奈良時代の官鋳銭の推定発行量や銅含有比率からすると、八世紀の年間鋳銭料銅量は九世紀よりもずっと多かったであろうが、それにしても七十万斤以上の銅を臨時に供給することが銅山にとって過重な負担だったであろうことは想像に難くない。

実際、臨時の大仏料銅の要求があまりに過大なため、通常の鋳銭料銅の供給に支障が出たのではないかと考えられる徴証がある。大仏本体の鋳造は天平十九年（七四七）から天平勝宝元年（七四九）にかけて行われたが[83]、栄原永遠男氏が分析された奈良時代の物価変動動向によると、それまで一貫して上昇を続けてきた筆・墨・絁の物価がちょうどこの頃から一斉に下落するという傾向が認められる[84]。栄原氏はこの現象を銭貴現象、すなわち銅銭の価値が上昇したために見かけ上の物価が下落したと解釈しており、その理由として銅銭の流通拡大に対して国家の通貨供給が追いつかなかったためと推定している。大仏鋳造に大量の銅が消費されている時期に合わせて急に国家による銅銭発行のペースが落ちたとすれば、その原因は大仏料銅の過重負担に起因する鋳銭料銅の不足である可能性が高い。天平宝字四年（七六〇）から発行された万年通宝は、当初は旧銭である和同開珎の十倍の価値を持つ新銭として設定された[85]。この新銭発行も、大仏鋳造以来続く鋳銭料銅不足への対処策であったとも考え得る。九世紀になると官営銅山の銅生産能力が衰え、官鋳銅銭の銅含有率も著しく低下していったが、その遠因ももしかすると大仏料銅の過重負担にあったのかもしれない。大仏鋳造は、文字通り「国銅を尽して」しまったのであろうか。

以上、本稿では国家による銅生産体制の推移の中に、大仏料銅産出を歴史的に位置づける試みを行った。今のところ、大仏が鋳造されていた時期における銅生産地の一次史料が不足しているため、本稿では少し前の時期の史料から間接的に見通すという手段を執らざるを得なかった。長登銅山跡は地方ではまれに見る木簡の宝庫であり、今後も木簡の出土が見込まれる。もしかすると、大仏料銅の生産を直接的に示す史料も見つかるかもしれない。そのことを淡く期待しつつ、本稿を閉じたい。

註

（1）『続日本紀』天平十五年（七四三）十月辛巳条。
（2）中井一夫・久野雄一郎・和田萃「東大寺大仏殿西廻廊隣接地の発掘調査」（『奈良県遺跡調査概報』一九八七年度（第一分冊）、奈良県立橿原考古学研究所、一九九〇年）、『大仏開眼――東大寺の考古学――』（平成十二年度秋季特別展図録）奈良県立橿原考古学研究所附属博物館、二〇〇〇年。
（3）久野雄一郎「東大寺大仏の銅原料についての考察」（『橿原考古学研究所紀要　考古学論攷』一四、奈良県立橿原考古学研究所、一九九〇年）。
（4）『防長風土注進案』十一長門国美祢郡宰判長登村「当村ハ金山所にて往古奈良の都大仏を鋳せらるる時大仏鋳立の地金として当地の銅弐百餘駄貢かしめらる其恩賞として奈良登の地名を賜り、其比天領にて御制札にも奈良登銅山村とありし由言伝ふ、いつしか奈良を長と唱へ替たる訳詳ならす」。
（5）池田善文「古代長登（奈良登）銅山遺跡について」（『温故知新』創刊号、美東町文化研究会、一九七四年）、同『長登銅山跡』日本の遺跡四九、同成社、二〇一五年。
（6）発掘調査報告書は、以下の三冊が刊行されている。『長登銅山跡Ⅰ』美東町文化財調査報告第三集・『長登銅山跡Ⅱ』（同）第五集・『長登銅山跡Ⅲ』（同）第八集、美東町教育委員会、一九九〇・一九九三・一九九八年。発掘調査全体の概要については、池田善文『長登銅山跡』（註(5)前掲）参照。
（7）木簡集成は、美東町教育委員会編『長登銅山跡出土木簡』（《古代の銅生産シンポジウムin長登》木簡展解説図録）美東町教育委員会、二〇〇一年、美東町史編さん委員会編『美東町史（改訂版）資料編』美東町、二〇〇四年。なお、『美東町史（改訂版）資料編』所収の木簡釈文は二〇〇一年九月の《古代の銅生産シンポジウムin長登》で実施された木簡判読検討会の結果を踏まえ、釈文の一部を修正したものである。筆者はこの検討会に参加し釈読案について意見を述べ、その意見の一部は同書所収の釈文に反映された。本稿で引用する木簡番号・釈文・法量は同書に従う。なお、本章の記述は、竹内亮「官営採銅事業と地域社会の変容」（高橋照彦ほか編『古代日本とその周辺地域における手工業生産の基礎研究』改訂増補版、大阪大学大学院文学研究科考古学研究室、二〇一六年）と一部重複する（以下、前稿と略記）。
（8）木簡群の年代については、橋本義則「銅の生産・消費の現場と木簡」（平川南・沖森卓也・栄原永遠男・山中章編『流通と文字』文字と古代日本 三、吉川弘文館、二〇〇五年）に従った。なお、発掘調査報告書や木簡集成には「和銅四年」（七一一）の年紀を持つ木簡が掲載されているが（一一七号）、橋本氏も指摘するように、和銅四年と書かれたとされる部分には墨痕が確認できないため、この年紀は木簡群の年代判定基準としては採用しない。

（9）・「美祢郡司　□×
・「已訖仍状□□《〔注カ〕》×
（一五三）×三七×九（㎜）〇一九型式（五三五号）

（10）『大日本古文書』（編年）二五巻（以下、『大日古』二五―の形式で略記）一五五～一五七頁。同文書については栄原永遠男氏の考察があり（栄原永遠男「瀬戸内海水運にかんする一史料――丹裏古文書「造東大寺司牒案」の検討――」〈『山口県史の窓（『山口県史』月報）史料編 古代』山口県、二〇〇一年〉）、長門国司が東大寺へ送った銅の不足に関する造東大寺司からの問い合わせ文書と理解されている。同文書の年代については、栄原氏の判定に従った。

（11）八木充氏は、長登銅山における銅生産組織の運営に長門国司とともに美祢郡司が関与していたとするが（八木充「奈良時代の銅の生産と流通――長登木簡からみた――」〈同『日本古代出土木簡の研究』塙書房、二〇〇九年〉初出二〇〇〇年）、郡司はあくまで国司の指示の下、郡内における米などの料物徴収・運送や役丁徴発といった関連実務を担ったのであろう。九世紀の史料（『類聚三代格』巻一四「鋳銭事」所収太政官符など）でも、銅の採掘・送進（主に鋳銭司宛）の責任官司は銅山所在国の国司であることが確認できる。

（12）銅付札木簡の各記載項目の意味、特に「上」「下」を銅の品質とする点については、畑中彩子「長登銅山遺跡出土の銅付札木簡に関する一試論」（『木簡研究』二五号、二〇〇三年）参照。

（13）『類聚三代格』『延喜式』など。関係史料の整理とその内容については、栄原永遠男「延喜式における鋳銭管理システム」（同『日本古代銭貨研究』清文堂出版、二〇一一年）初出二〇〇四年参照。

（14）竹内亮「古代官営採銅事業と雇役制――長登銅山跡出土の庸米荷札木簡をめぐって――」（栄原永遠男・西山良平・吉川真司編『律令国家史論集』塙書房、二〇一〇年）において、年料銭と鋳銭年料銅が連動して定められていることを述べた。

（15）「＜二□《〔俣カ〕》郷銭司料□×
（一一二）×（二八）×五　〇三九型式（三八五号）
「銭司」とは鋳銭司自体ではなく、その関連機関と考えられる。詳細は前稿（註（7）前掲）参照。

（16）『続日本紀』文武天皇二年（六九八）三月乙丑条「因幡国献二銅鉱一」、同年九月壬午条「周芳国献二銅鉱一」、同月乙酉条「令三近江国献二金青一、（中略）安芸長門二国金青緑青」、和銅元年（七〇八）正月乙巳条「武蔵国秩父郡献二和銅一」、和銅六年（七一三）五月癸酉条「又令三大倭参河並献二雲母一、（中略）上野金青」など。「金青」（近江・安芸・長門・上野）とは顔料（いわゆる岩絵具）の紺青のことで、銅鉱床の酸化帯に生成する藍銅鉱から精製されるもので、銅鉱の存在を間接的に示すという（池田善文「古代産銅地考」〈坂詰秀一先生還暦記念会編『考古学の諸相』坂詰秀一先生還暦記念会、一九九六年〉）。なお、和銅元年（七〇八）七月丙辰条「令三近江国鋳二銅銭一」、和銅三年（七一〇）正月丙寅条「大宰府献二銅銭一」、同月戊寅条「播磨国献二銅銭一」などの記事も、各地で採れた銅を原料として銅銭が鋳造されていたことを示す可能性がある（八木充「山陽道の銅産と鋳銭司」〈福尾猛市郎編『内海産業と水運の史的研究』吉川弘文館、一九六六年〉）。

（17）『続日本紀』天平二年（七三〇）三月丁酉条「周防国熊毛郡牛嶋西汀、吉敷郡達理山所レ出銅、試加二冶練一、並堪レ為レ用、便令三当国採冶一、以充二長門鋳銭一」、神護景雲二年（七六八）三月乙巳朔条「又長門国豊浦厚狭等郡、宜二養蚕一、乞停二調銅一、代令レ輸レ綿」など。

（18）「播磨国郡稲帳」（『大日古』一―一五〇～一五一頁。高田淳「（解説）播磨国郡稲帳」〈林陸朗・鈴木靖民編『復元天平諸国正税帳』現代思潮社、一九八五年〉は同帳の年次を天平初年～四年の間と推定）では、鋳銭司の官人六名が同年の同時期に次々と上京していることが確認できる。これは、天平二年に周防国内で発見された銅鉱が長門での鋳銭に充てられたことにより（註(17)前掲史料）、この頃鋳銭司の活動が活発化していたためと考えられている（高田淳「（解説）播磨国郡稲帳」〈前掲〉）。同帳に見える鋳銭司が長門鋳銭司を指すことは栄原永遠男氏により論証されている（栄原永遠男「鋳銭司の変遷」「日本古代銭貨の鋳造組織」〈同『日本古代銭貨流通史の研究』塙書房、一九九三年〉初出一九七七・一九七九年）。この長門鋳銭司の所在地は現在の覚苑寺付近（現山口県下関市長府安養寺、旧長門国豊浦郡、長門国府推定地の近隣）に比定されており、古くから和同開珎の銭笵や鋳銅関係遺物が出土していた。大正以前の調査については、永井久美男「長門鋳銭所跡の発掘資料」（『出土銭貨』三三、二〇一三年）に整理されている。二〇一〇年の発掘調査（『下関市埋蔵文化財年報』四、下関市教育委員会、二〇一一年）では「天平二年五月四日主典□部車万呂」と記す木簡が同地から出土し、天平二年における同地での長門鋳銭司の活動を示すと考えられている（濱崎真二「天平二年銘木簡の出土と長門鋳銭司跡」〈『山口考古』三〇、二〇一〇年〉)。

(19) 註(17)前掲史料。

(20) 銅の官採制については、八木充氏の一連の論文(「山陽道の銅産と鋳銭司」〈註(16)前掲〉、「銅と鋳銭司」〈稲田孝司・八木充編『新版古代の日本 四 中国・四国』角川書店、一九九二年〉、「長登木簡から見た古代銅生産」「奈良時代の銅の生産と流通——長登木簡から見た——」「律令国家と長登銅生産施設」〈同『日本古代出土木簡の研究』塙書房、二〇〇九年〉初出一九九五年・二〇〇〇年・二〇〇一年)を参照。

(21) 註(7)(14)前掲拙論文で述べたように、法で定められた年ごとの鋳銭ノルマ(年料銭)を達成するには、鋳銭年料銅を規定量通り採掘しなければならないため、私採を排除する銅の官採制が導入されたと考えられる。貴族・官人などの銅の私的需要も、あくまで国家が管理する官採制生産体制の中に取り込まれていた。

(22) 齋藤努「日本の銭貨の鉛同位体比分析」(『国立歴史民俗博物館研究報告』八六、二〇〇一年)、齋藤努・高橋照彦・西川裕一『古代銭貨に関する理化学的研究——「皇朝十二銭」の鉛同位体比分析および金属組成分析——』IMES Discussion Paper Series, No. 2002-J-30、日本銀行金融研究所、二〇〇二年、齋藤努『金属が語る日本史——銭貨・日本刀・鉄炮——』歴史文化ライブラリー三五五、吉川弘文館、二〇一二年。

(23) 『出土銭貨』三三(註(18)前掲)巻頭図版の長門鋳銭司跡出土銭笵写真などで銭文の書体を確認した。

(24) 銅の宛先ごとに経費を別計上するため製銅出来高を工人単位で集計したという考え方は、山口英男「長登銅山の「経済効果」と民衆」(『山口県史の窓(『山口県史』月報) 通史編 原始・古代』山口県、二〇〇八年)で既に示されているが、私見の独自性は、銅の用途を通常用と臨時用に区別し、臨時用の場合のみ銅付札木簡に宛先が明記されたとみる点にある。なお、畑中彩子氏(註(12)前掲論文)は宛先を記さないタイプと記すタイプの二種類に銅付札木簡を区別し、同一の銅インゴットに両タイプの付札が付けられていたとするが、橋本義則氏(註(8)前掲論文)は前者を国家への納付と理解し、銅の付札は一枚のみとする。私見は橋本氏の見解に近く、前者を通常用(鋳銭司宛)、後者を臨時用とみる。

(25) 「<太政大殿□□首大万呂 上□
五十三斤枚二 」 一六四×二九×八(mm) 〇三二型式(四六九号)

(26) 『続日本紀』養老四年(七二〇)十月壬寅条「詔遣二大納言正三位長屋王、中納言正四位下大伴宿祢旅人一、就二右大臣第二宣レ詔、贈二太政大臣正一位一」、神亀四年（七二七）十月甲戌条「太政大臣家資人女孺、賜レ禄各有レ差」。

（27）天平二年（七三〇）に設置された皇后宮職施薬院の財源に皇后宮職と不比等家の封物が用いられていることから（『続日本紀』天平二年四月辛未条「始置二皇后宮職施薬院一、令下諸国以二職封幷大臣家封戸庸物一充レ価、買二取草薬一、毎年進上レ之上」）、立后以降は光明皇后が不比等家の運営を引き継いだと考えられている（吉川真司『聖武天皇と仏都平城京』天皇の歴史〇二、講談社、二〇一一年）。

（28）・「自宮請上吹銅一万一千二百廿二斤　　（二一八）×三二×二（㎜）〇一九型式

（『東大寺境内出土木簡釈文』〈奈良県教育委員会編『東大寺防災施設工事・発掘調査報告書』東大寺、二〇〇〇年〉一七六二号）表面の別筆習書と裏面の釈文は省略した。

（29）佐藤信「長門長登銅山と大仏造立」（同『出土史料の古代史』東京大学出版会、二〇〇二年）、同「律令国家と銅――長門長登銅山と大仏造立――」（笹山晴生編『日本律令制の構造』吉川弘文館、二〇〇三年）、同「大仏造立の歴史的背景」（あたらしい古代史の会編『王権と信仰の古代史』吉川弘文館、二〇〇五年）。

（30）本文で挙げた他には、「掾殿」（三八七号）、「少目殿」（一九二号）、「大殿」（八九号）、「家原殿」（一八四・一九九・二三八・二三九・二四四・四五二号）、「□笠殿」（三八六号）など。前稿（註(7)前掲）で述べたように、この中には私的な需要のため銅の供給を受けた者と、公的な職務として銅を受け取った者が混在していると考えられる。

（31）・「く□□〔判官カ〕犬甘殿十七斤枚一」
・「く杖マ勝万呂　　　　　」　一四八×二六×九（㎜）〇三二型式（二四二号）
・「く□□〔官カ〕□□
・「く額田部廣□十月×　　（一三〇）×二三×七（㎜）〇三九型式（三四七号）

二四二号は二〇一号の「節度使判官犬甘」と同一である可能性が高いが、三四七号はわずかに残る墨痕からの推測に留まる。

（32）『続日本紀』天平四年（七三二）八月丁亥条「以二従四位上多治比真人広成一為二遣唐大使一、従五位下中臣朝臣名代為二副使一、判官四人、録事四人、正三位藤原朝臣房前為二東海東山二道節度使一、従三位多治比真人県守為二山陰道節度使一、従三位藤原朝臣宇合為二西海道節度使一、道別判官四人、主典四人、医師一人、陰陽師一人一」、天平六年（七三四）四月壬子条「諸道節度使事既訖、於レ是令三国司主典已上掌二知其事一」。

(33)『続日本紀』天平宝字五年（七六一）十一月丁酉条「以二従四位下藤原恵美朝臣朝狩一為二東海道節度使一（後略）」。

(34) 山陰道節度使の所管国に山陽道の安芸・周防・長門三国が含まれることについては、北啓太「天平四年の節度使」（土田直鎮先生還暦記念会編『奈良平安時代史論集』上、吉川弘文館、一九八四年）参照。その根拠となる史料は、『続日本紀』宝亀十一年（七八〇）七月丁丑条「宜下仰二縁海諸国一勤令中警固上。其因幡・伯耆・出雲・石見・安芸・周防・長門等国、一依二天平四年節度使従三位多治比真人県守等時式一勤以警固焉、又大宰宜レ依二同年節度使従三位藤原朝臣宇合時式一」（多治比真人県守は天平四年任命の山陰道節度使長官）。

(35) 節度使の任務内容については、北啓太「天平四年の節度使」（註(34)前掲）に整理されている。関係史料は、『続日本紀』天平四年八月壬辰条、天平六年出雲国計会帳（『大日古』一―五八六～六〇六頁。同帳についての基本的理解は、早川庄八「天平六年出雲国計会帳の研究」〈同『日本古代の文書と典籍』吉川弘文館、一九九七年〉初出一九六二年に従う）。

(36) 天平六年出雲国計会帳の当該箇所を『大日古』一の掲載頁で示す。「（天平五年八月）一、同（廿）日符壹道 為教習造弩追工匠二人状 以二八月廿六日一到レ国」、「（同年九月）一、六日符壹道 追工上二人状 以二九月十三日一到レ国」（五九三頁）「（同年九月）一、同（廿四）日参向造弩生大石村主大国等合二人事、右即附二大国一申送」（六〇〇～六〇一頁）、「（同年）十一月、一、十五日符壹道 造弩生大石村主大国付前様却還本郷状 以二十一月卅日一到レ国」（五九四頁）、「（天平六年二月）一、同（五）日符壹道 要地六処儲置弩并応置幕料布状 以二三月廿三日一到レ国」（五九五頁）。

(37) 北啓太「天平四年の節度使」（註(34)前掲）。関係史料は、軍防令10「凡軍団、毎二一隊一、定二強壮者二人一、分充二弩手一、均分入レ番」（令条文番号・本文は、『律令』日本思想大系三、岩波書店、一九七六年に従う。以下同）。

(38) 出土遺物や関係史料からみて、この頃まで実用品としての弩は存在しなかったとされる（大日方克己「日本古代における弩と弩師」〈『社会文化論集 島根大学法文学部紀要社会文化学科編』一〇、二〇一四年〉）。

(39)『伊治城跡』築館町文化財調査報告書第一三集、築館町教育委員会、二〇〇〇年。

(40)『類聚三代格』巻五、天長五年（八二八）正月廿三日太政官符「応レ補二鎮守府弩師一事 右検二案内一、件弩師宝亀以来式部補任（後略）」。

(41) 弩の製造教習が山陰道節度使鎮所で行われたことについては、櫛木謙周「律令制下における技術の伝播と変容に関する試論」（『歴史学研究』五一八、一九八三年）に指摘がある。

（42）天平六年出雲国計会帳の当該箇所を『大日古』一の掲載頁で示す。「（天平六年四月）一、十二日符壱道送山陰道四国鉦幷封函状以二五月廿二日一到レ国、（同月）一、同（十二）日符壱道鉦五面状以二五月廿二日一到レ国」（五九六頁）、「（同年五月）廿五日移弐道一、鉦柒面並以狸皮褁状、一、節度使下山陰道状」（五八九頁）。

（43）軍防令39「凡軍団、各置二鼓二面、大角二口、少角四口一、通用二兵士一、分番教習」。

（44）この時、節度使が帰京していたとみられることから（「（天平六年）二月　一、五日符壱道依　勅符使司向京状以二三月廿三日一到レ国」〈『大日古』一―五九五頁〉）、鉦は京から送付されたとする見解がある（北啓太「天平四年の節度使」〈註（34）前掲〉）。もしそうである場合、鉦は京で調達された（官からの下付、市などでの購入、外注製作など）ことになるのだろう。

（45）当該木簡番号は、一八五・一九一・一九六・一九七・一九八・二〇六・二四一・二四五・二四六・三二七・三九一・三九九・四二二・四三五号。なお、一九一・三九九号はいずれも「司」字のみが釈読でき、他の字はわずかに残る墨痕からの推測に留まる。

（46）豊前門司の機能については、松原弘宣「水上交通の検察システムについて」（同『古代国家と瀬戸内海交通』吉川弘文館、二〇〇四年）初出二〇〇二年、森哲也「下関の成立」（下関市市史編修委員会編『下関市史　原始―中世』下関市、二〇〇八年）参照。

（47）八木充「奈良時代の銅の生産と流通――長登木簡からみた――」（註（11）前掲）。

（48）畑中彩子「長登銅山遺跡出土の銅付札木簡に関する一試論」（註（12）前掲）、同「長登銅山にみる日本古代の銅の流通と輸送経路」（鐘江宏之・鶴間和幸編『東アジア海をめぐる交流の歴史的展開』東方書店、二〇一〇年）。

（49）『類聚三代格』巻十六、延暦十五年（七九六）十一月廿一日太政官符所引天平十八年（七四六）七月廿一日太政官符「官人百姓商旅之徒、従二豊前国草野津・豊後国国埼・坂門等津一、任意往還擅漕二国物一、自レ今以後、厳加二禁断一、但豊後・日向等国兵衛・采女資物漕二送人物一船、取二国埼之津一有二往来一者、不レ在二禁限一、除レ此以外、咸皆禁断者」。

（50）『類聚三代格』巻十六、延暦十五年（七九六）十一月廿一日太政官符「府依二符旨一重令二禁制一、上件三津尚多二姦徒一、旧来越度不レ得二禁断一、又雖レ有二過所一而不レ経二豊前門司一、如レ此之徒咸集二難波一」。

(51) 森哲也「下関の成立」(註(46)前掲)。
(52) 職員令69「大宰府(中略)帥一人、掌(中略)過所」。
(53) 長門関は三関に准じて上下往還の過所を勘検し、越度を取り締まった。衛禁律25「凡私度レ関者、徒一年 謂、三関者、摂津・長門減二一等一」、同26「凡不レ応レ度レ関而給二過所一 取而度者亦同、若冒名請二過所一而度者、各徒一年、摂津・長門減二一等一」。具体例として、大宰府へ下す官符と府が言上する解文が共に長門関を通過していることを伝える次の記事がある。『続日本後紀』承和八年(八四一)八月戊午条「勅曰、聞、下二大宰府一駅伝官符、幷彼府言上解文、路次諸国、長門関司等、毎各開見」。
(54) 長門の隣国で銅を受け取る窓口として、豊前門司と似た位置づけにあったと考えられるのが、周防国吉敷郡の椹野川口一帯(山口市小郡下郷)である。同地は長登銅山から最も近い瀬戸内海の津であり、東へ向けて銅を海運する積出港として有力な候補である(池田善文「古代の美祢」〈美東町史編さん委員会編『美東町史(改訂版)通史編』美東町、二〇〇四年〉)。同地には天平勝宝六年(七五四)以前に東大寺領椹野荘が勅施入によって成立しており(仁平三年〈一一五三〉四月廿九日「東大寺諸荘園文書目録」〈『平安遺文』二七八三号〉)、大仏鋳造を契機に設置された長登産銅の輸送に関わる東大寺の現地機関に付属する所領(さらにその淵源は故太政大臣家や皇后宮職の銅輸送のための現地機関か)とみる説がある(吉川真司「周防・長門の封戸と古代荘園」〈『山口県史 通史編 原始・古代』山口県、二〇〇八年〉)。長登銅山から東大寺へ銅を運ぶ際には、長門国司が椹野川口までの輸送責任を負い、以降は東大寺の費用で海運した(栄原永遠男「瀬戸内海水運にかんする一史料――丹裹古文書「造東大寺司牒案」の検討――」〈註(10)前掲〉)と考えられる。天長二年(八二五)に周防国吉敷郡の椹野川東岸(山口市鋳銭司)に鋳銭司が置かれたのも(東北大学附属図書館蔵狩野文庫本『類聚三代格』巻四、天長二年四月七日太政官符)、このような長登銅山と椹野川口を結ぶ銅輸送ルートが存在したためであろう。
(55) 山陰道節度使の鎮所が石見国に置かれていたことは、早川庄八「天平六年出雲国計会帳の研究」(註(35)前掲)で論証されている。鎮所はおそらく石見国府に併設されたと思われる。石見国府の所在は国域西寄りの那賀郡で、長門との国境から数えて二郡目に当たる。
(56) 『大宰府史跡昭和四七年度発掘調査略報』(第一九次調査)九州歴史資料館、一九七三年、『大宰府史跡平成六年度発掘調査概報』(第一六〇次調査)・『(同)八年度発掘調査概報』(第一六九―一次調査)・『(同)九年度発掘調査

概報』（第一六九—二次調査）九州歴史資料館、一九九五・一九九七・一九九八年。炉跡、鞴羽口、坩堝、取鍋、鋳型、銅滓などの鋳銅関連遺物が多数出土している。

(57) 齋藤努・藤尾慎一郎「日韓青銅製品の鉛同位体比を利用した産地推定の研究」（『国立歴史民俗博物館研究報告』一五八、二〇一〇年）、齋藤努『金属が語る日本史——銭貨・日本刀・鉄炮——』（註(22)前掲）。

(58) 亀田修一「日本における銅製品の始まり」（『国立歴史民俗博物館研究報告』一五八、二〇一〇年）。

(59) 『日本三代実録』元慶二年（八七八）三月五日辛丑条「詔、令三大宰府採二豊前国規矩郡銅一、充二彼郡徭夫百人一、為二採銅客作児一、先潔清斎戒、申三奏八幡大菩薩宮二」。

(60) 『日本三代実録』仁和元年（八八五）三月十日乙丑条「太政官処分、下三知長門国一、送二破銅手一人・掘穴手一人於豊前国採銅使許一、以二豊前国民未レ習二其術一也」。

(61) 『八幡宇佐宮御託宣集』巻十一「昔者新羅国神、自度到来住二此河原一、便即名曰二鹿春神一、又郷北有レ峯、（中略）第二峯有二銅并黄楊龍骨等一」。なお、『香春神社縁起』では「第三峯有レ銅」とする。

(62) 『続日本紀』天平勝宝元年（七四九）十二月丁亥条「八幡大神祢宜尼大神朝臣杜女 其輿紫色一同二乗輿一 拝二東大寺一、天皇・太上天皇・皇太后、同亦行幸、（中略）左大臣橘宿祢諸兄奉レ詔白レ神曰、『（中略）豊前国宇佐郡尓坐広幡乃八幡大神尓申賜閉勅久、神我天神地祇乎率伊左奈比天必成奉无、事立不有、銅湯乎水止成、我身遠草木土尓交天、障事無久奈佐牟止（後略）』」。

(63) 前稿（註(7)前掲）。豊前国企救郡には香春岳から北へ延びる銅鉱が分布しており、九世紀前半の銅製錬炉遺構が出土している（『尾崎遺跡——九州縦貫自動車道関係文化財調査報告二九——』北九州市埋蔵文化財調査報告書第一一八集、（財）北九州市教育文化事業団埋蔵文化財調査室、一九九二年）。これは元慶二年（八七八）に大宰府が徭夫百人を動員して銅を採掘した時（註(59)前掲史料）から数十年ほど遡る遺構で、民間の技術者による銅製錬と考えられるが、長登の官営製錬炉よりも小規模なものであり（梅崎恵司「古代豊前国企救郡の産銅事情」〈『季刊考古学』六二、一九九八年〉）、官採体制の下で大規模な銅生産が長期にわたって継続していた長門と比べてかなりの技術格差が認められる。

(64) 小池伸彦氏によれば、製錬と鋳造には技術面での共通性があることから、産銅地では製錬とともに鋳造の技術も発達したという（小池伸彦「古代の鋳銭と採銅——岡田鋳銭司と「岡田山」銅山——」〈『季刊考古学』六二、一九九八年〉）。豊前門司は産銅地である豊前国企救郡に位置するので、尾崎遺跡（註(63)前掲）に見られるような民間の製錬技術を背景として、鋳銅技術者が近辺に分布していたと考える余地はある。

(65) 天平十年筑後国正税帳「為二貢上一造銅竈工功備給稲参拾玖束弐把」（『大日古』二―一四七頁）、同年周防国正税帳「閏七月五日向京従二大宰府一進上銅竈部領使」（『大日古』二―一三二頁）。

(66) 平野邦雄「大宰府の徴税機構」（竹内理三博士還暦記念会編『律令国家と貴族社会』吉川弘文館、一九六九年）、岡藤良敬「天平一〇年筑後国貢上「造銅竈工」をめぐる問題」（『大宰府研究会会報』七～九、一九七四年）。

(67) 天平六年出雲国計会帳は天平五年（七三三）八月～同六年四月の間に計三十二通の節度使符を記録する。

(68) 先行諸説は、節度使の権限について、実戦を想定した軍事統帥権を有していたとみる説、通常の軍団兵士制を整備するのが目的で統帥権は有しないとみる説に大きく分かれる。前者は、村尾次郎「出雲国風土記の勘造と節度使」（同『律令財政史の研究』吉川弘文館、一九六一年）初出一九五三年、瀧川政次郎「山陰道節度使――日本海沿岸の国防――」（『國學院大学紀要』一五、一九七七年）、北啓太「天平四年の節度使」（註(34)前掲）、松本政春「奈良朝陰陽師考――その軍事史的意義を中心に――」（同『律令兵制史の研究』清文堂出版、二〇〇二年）、中尾浩康「天平期の節度使に関する一考察」（『続日本紀研究』三八八、二〇一〇年）など。後者は、奥田尚「天平初期における日羅関係について」（時野谷勝教授退官記念事業会編『日本史論集』清文堂出版、一九七五年）、平川南「鎮守府論I――陸奥鎮所について――」（『東北歴史資料館研究紀要』六、一九八〇年）、大原良通「唐の節度使と日本の遣唐使」（『史泉』七七、一九九三年）、原田諭「天平の節度使について」（『続日本紀研究』三二一、一九九九年）、小田切敏雄「天平四年節度使再考――対外関係と奈良朝軍事制度の性格をめぐって――」（『法政史学』七〇、二〇〇八年）など。後者の論者は、天平四年当時の日羅関係が表面的には悪化していないとして節度使の非実戦的性格を強調するが（奥田氏、小田切氏など）、後述するように日本は渤海と同盟、新羅は渤海と敵対しており、日羅間には渤海を挟んで潜在的な対立関係があった。私見は前者の説を支持する。

(69) 『続日本紀』天平宝字三年（七五九）六月壬子条「令三大宰府造二行軍式一、以将レ伐二新羅一也」。

(70) 備辺式は天平六年出雲国計会帳「(天平五年十二月) 一、同（六）日符壱道備辺式弐巻状以二十二月廿一日一到レ国」（『大日古』一―五九四頁）に、警固式は『続日本紀』天平宝字三年（七五九）三月庚寅条「拠二警固式一、於二博多大津、及壱岐・対馬等要害之処一、可下置二船一百隻以上一、以備中不虞上」（この時点では行軍式〈註(69)前掲史料〉は未作

成）に見える。これらは、宝亀十一年（七八〇）七月丁丑条（註(34)前掲史料）の「多治比真人県守等時式」と「藤原朝臣宇合時式」にそれぞれ相当する。

(71) 古畑徹「日渤交渉開始期の東アジア情勢——渤海対日通交開始要因の再検討——」（『朝鮮史研究会論文集』二三、一九八六年）。

(72) 酒寄雅志「渤海国家の史的展開と国際関係」（同『渤海と古代の日本』校倉書房、二〇〇一年）初出一九七九年。

(73) 下向井龍彦「軍縮と軍拡の奈良時代」（『歴博』七一、一九九五年）。

(74) 註(32)前掲史料。

(75) 註(70)前掲史料。

(76) 中尾浩康「天平期の節度使に関する一考察」（註(68)前掲）。

(77) 友寄隆史「節度使設置について」（『立正史学』四五、一九七九年）。

(78) 『続日本紀』養老三年（七一九）十月戊戌条「減二定京畿及七道諸国軍団并大小毅兵士等数一有レ差、但志摩・若狭・淡路三国兵士並停」。

(79) 国内で大規模造営が展開した軍縮期と対外的な戦時体制が敷かれた軍拡期のサイクルとして奈良時代の歴史過程を捉える見方は、下向井龍彦氏に倣った（註(73)前掲論文）。節度使廃止の後、天然痘流行による人口減少を経て、天平十一年（七三九）に兵士制が停止されると（『続日本紀』天平十一年六月癸未条「縁停二兵士一、国府兵庫点二白丁一、作レ番令レ守之」）、時代は再び軍縮期に入る。恭仁京・紫香楽宮造営、大仏造立、平城京復都などの造営事業は全てこの時期である。

(80) 和同開珎には、造営事業の役丁への功直を銭貨で支払うことで雇傭支出が国庫を圧迫するのを回避するという財政的意義が担わされていたとされる（栄原永遠男「律令国家と日本古代銭貨」（同『日本古代銭貨流通史の研究』、註(18)前掲）初出一九七二年）。

(81) 『東大寺要録』巻二、縁起章第二「大仏殿碑文（中略）以二天平十九年歳次丁亥九月二十九日一、始奉二鋳鎔一、以二勝宝元年歳次己丑十月二十四日一、奉二鋳已了一、三箇年八ケ度、奉レ鋳二御体一、（中略）金銅盧舎那仏像一体、（中略）用二熟銅七十三万九千五百六十斤一」。

(82) 『類聚三代格』巻十四、承和元年（八三四）十月九日・同八年（八四一）閏九月廿九日太政官符。

(83) 註(81)前掲史料。
(84) 栄原永遠男「日本古代の銭貨流通」(同『日本古代銭貨研究』、註(13)前掲)初出二〇〇二年。
(85) 『続日本紀』天平宝字四年(七六〇)三月丁丑条「其新銭文曰二万年通宝一、以レ一当二旧銭之十一」。

『東大寺要録』の産金記事

遠藤慶太

はじめに

十二世紀にまとめられた東大寺の寺誌『東大寺要録』は、日本古代史で大きな意味をもつ文献史料である。そこに記された東大寺の創建からのあゆみは、一寺院の歴史にとどまらない。奈良時代の王権と仏教、造営事業の実像、寺院社会のありかたなど、他では得られない歴史情報を提供する。

それがために、かえって『東大寺要録』が材料を集めてまとめられた編纂文献であることは、古代史の研究では見過ごされがちである。

爰《ここ》に少僧、目には伽藍を視、耳には耆談を聴き、聊《いささ》か旧記を拾ひ、粗《あらあ》ら寺要を勒す。遂に編集して十巻を成し、東大寺要録と名く。其の載せざるところ有らば、幸いに見る者、これを補へ。時に嘉承元年孟秋、斯れに略記を存すのみ。

（『東大寺要録』序文）

右に引用した序文にあきらかなように、『東大寺要録』そのものは「耆談」や「旧記」を材料として嘉承元年（一一〇六）にいったんまとめられた。その後、東大寺本『東大寺要録』巻第十の奥書に「長承三年八月十日　東大寺僧観厳集之」とあるように、長承三年（一一三四）に観厳によって増補されたのが、現在の『東大寺要録』である。

したがって、古代史に関わる内容は、ふんだんに引用された歴史記録によって織りなされた模様といって差し支えない。この点、はやくに堀池春峰氏は、中世東大寺の視点から構成された寺史として『東大寺要録』の叙述を認識されていた。(1)『東大寺要録』から八世紀の史実を引き出すことと、『東大寺要録』に十二世紀の歴史意識を探ることとは、同じ作業ではない。

『東大寺要録』が採用した史料は、どのような性格を有し、どのような原理で整理・加筆されているのか。小篇では大仏の造営で画期となった黄金産出を採りあげ、『東大寺要録』を構成する素材史料の検討から、編纂の方法を検討したい。

第一章　奈良時代の産金

日本での金の産出は、よく知られるように天平二十一年（七四九）二月の陸奥国からの貢上を嚆矢とする。その事実は『続日本紀』の条文が最も信頼すべきものである。

a〔続日本紀〕天平勝宝元年二月丁巳（二十二日）条

天平廿一年二月丁巳、陸奥国始貢二黄金一。於レ是、奉レ幣、以告二畿内七道諸社一。

右の条文が陸奥産金の第一報にあたる。これを受け四月甲午朔に聖武天皇が東大寺に行幸をする。いまだ完成していない盧舎那仏像に北面し、左大臣橘諸兄に宣命を宣べさせたのである（宣命第十二詔）。その趣旨は、日本では天地開闢以来黄金が産出することがなかったけれども、このたび陸奥守百済王敬福が部内の「少田郡」より黄金を献じたことを喜び、「盧舎那仏の慈《うつくし》び賜ひ福《さき》はへ賜ふ物に有り」と意味づけて感謝をささげた。

続けて中務卿石上乙麻呂に宣命を宣べさせた（宣命第十三詔）。こちらは長大な宣命で、大仏の造営事業を回顧して金の産出は「大瑞」であると喜び、「天平感宝」への改元や関係者への叙位・任官を細かに述べていく。

そもそも大仏の造営は、天平十二年（七四〇）二月の難波行幸のなかで、聖武天皇が河内国大県郡の知識寺で盧舎那仏を礼拝したことを契機とし（『続日本紀』天平勝宝元年十二月丁亥条）、同十五年（七四三）十月に紫香楽の地で盧舎那仏金銅像の造立を発願したことで開始した（同　天平十五年十月辛巳条）。いずれの記事でも、資財や労力を提供して事業に結縁する「智識（知識）」が重要な語である。知識のなかには官人・百姓はもとより、天神地祇を含んでいる。

陸奥からの黄金産出にはふたつの意義がある。第一の意義はそれまで国外に仰いでいた黄金が国内から産出したことである。

これまで金は列島外から調達するものであった。法興寺創建では高句麗王から金が献上されたように（『元興寺縁起』）、主な入手先は朝鮮半島である。新羅はしばしば「金銀の国」と称される。実際のところ新羅は金の産出国ではないが、日本にとっては金の輸入先として、また高度な金製品の製作地として観念されていたのであろう。しかし八世紀には新羅とは摩擦が深まり、安定した外交関係を維持できない。そこに国内から産金の報が届いたのである。大仏を造営する側が喜んだのは当然である。

第二の意義は天神地祇や歴代の天皇霊が大仏の造営を擁護すると解釈されたことである。これは宣命第十二詔・十三詔に言及され、同年五月十二日に越中守大伴家持が任地で詠んだ長歌のなかにも、「天地乃　神安比宇豆奈比　皇御祖乃　御霊多須気弖（天地の　神相うづなひ　皇祖の　御霊助けて）」とある。産金は神祇をも知識に巻き込んで造営を進める側に確信を与えたであろう。

したがって産金に対して手厚い報謝が行なわれた。陸奥以外の産金、たとえば天平勝宝二年三月に駿河国廬原郡多胡浦の黄金が献じられたときは、練金一分・沙金一分というわずかな分量であれ、献じた駿河守楢原造東人には勤（伊蘇志）臣の姓が賜られ（同　天平勝宝二年三月戊戌条）、黄金は机に載せ、大仏に献上されたのである（正倉院宝物銘文　帖六九九）。

さて、七四九年の陸奥産金については、現地での考古学的調査による裏付けが取れている。すなわち宮城県遠田郡涌谷《わくや》町黄金迫《こがねはざま》に所在する延喜式内社「黄金山神社」が産金の故地である。

現在の黄金山神社社殿は、伊勢白子の国学者・沖安海《おきやすみ》（一七八三―一八五七）が再建したものである。安海は本居大平に学び、奥州行きの型紙商として同地を訪れるなかで、文化七年（一八一〇）に涌谷を産金の地とする考証をまとめた（西尾市岩瀬文庫蔵「陸奥国黄金山神社考」）。考証は表採される布目瓦と字名「黄金狭間」・陸奥国小田郡の変遷を根拠とするもので、以後の研究にも参照されている[2]。

同地では一九五七年に発掘調査が行なわれ、奈良時代の礎石建物跡が検出された。拾採された瓦には「天平」と箆書するものがあり、礎石建ち瓦葺の構築物の存在が想定されている。

この地で産出した金が盧舎那仏金銅像の塗金に用いられた。陸奥守百済王敬福が七四九年に献じた金の量は「九百両」（『続日本紀』天平勝宝元年四月乙卯条）に及ぶ。以後、陸奥の金は朝廷を潤す。やがて金は、国際交易にあっては西国の綿（絹綿）に代わる国際交易の決裁品目となり、陸奥経営にあっては蝦夷社会との軋轢を生じたであろう。このことは吉川真司氏の展望が明解である。(3)

陸奥よりもたらされた金の当面の用途は、大仏の塗金料である。『東大寺要録』引用の「大仏殿碑文」によれば、大仏の塗金は天平勝宝四年（七五二）三月十四日より行なわれ、「練金一万四百卌六両」を要した。同年四月に行なわれた開眼供養では塗金は完了していない。事実、正倉院の出納記録をみれば、天皇の意志によって天平勝宝九歳（七五七）正月に「大仏像に塗り奉る料」として沙金二〇一六両が造東大寺司に充てられている。開眼から五年を経て、なお塗金作業は続いていた。

黄金山神社社殿（宮城・涌谷）

沖安海翁墓碑（三重・鈴鹿）

第二章　『東大寺要録』の産金記事

第一節　産金記事の概観

続いて小篇の目的である『東大寺要録』の検討に移りたい。七四九年の産金は『東大寺要録』巻第一・本願章第一に記され、「天平廿一年二月、陸奥国より始めて黄金を献る。これに由りて天平勝宝と改元す」とある。これはa『続日本紀』からの取意文である。

じつはa『続日本紀』天平勝宝元年二月丁巳条は、年の途中であるにもかかわらず「天平廿一年二月丁巳」とあり、編年史書の体裁としていささか特異である。この部分は『続日本紀』諸本で異同はない。

この特異な点については、水野柳太郎氏は『続日本紀』の素材史料から説明した。すなわち、『続日本紀』が編纂された際、政府の公文書を基盤として、八幡神に関する別系統の史料が差し込まれた。そのため別系統にあった表示「天平廿一年」が『続日本紀』に持ち込まれたとする(4)。編年記事の不統一を編纂材料から理解するものであり、筆者も水野氏の説明を支持したい。

右のように理解すると、『東大寺要録』本願章第一は『続日本紀』天平勝宝元年紀の特異な特徴を受け継いだことになる。『東大寺要録』は『続日本紀』を再述して陸奥産金の記事を紹介したといえよう。

ところが『東大寺要録』はこの他の産金伝承を採録する。内容によって五系統に分類できる。概要と掲載箇所を筒井英俊氏の校訂本当該頁とともに示すと次のとおりである。

①**伊勢大神宮禰宜延平日記**（本願章第一　筒井英俊校訂本一五頁）
……「示現」により近江国栗太郡に石山寺を建て、如意輪観音・執金剛神を安置。やがて下野国より産金の報告。神主首名の叙位。

②**延暦僧録**（本願章第一　筒井英俊校訂本一七〜二三頁）
……地蔵菩薩が「北方金山神」となり、陸奥国より産金。良弁・佐伯今毛人を造寺別当に任じる。

③**口伝**（縁起章第二　筒井英俊校訂本四四頁）
……聖武天皇と良弁の前世譚。高僧の夢により水辺の勝地に行基・良弁を派遣して寺（石山寺）を創建。陸奥国より産金（扶桑略記）

④**或日記**（縁起章第二　筒井英俊校訂本四五頁）
……金峯大菩薩へ黄金を祈請、蔵王が近江国志賀郡に如意輪観音を安置することを示し、良弁を派遣。陸奥国より産金（今昔物語集）

⑤**太政官符**（諸院章第四　筒井英俊校訂本一一七〜一一九頁）
……黄金を買うために唐への遣使を計画。八幡神が「此土」から出ると託宣、陸奥国より産金。宇佐に黄金を奉る。

五系統の産金伝承は、互いに矛盾した要素がある。①は下野国から黄金がもたらされたとするが、陸奥国からもたらされたのではなかったか。また黄金産出で効験があったのは、神宮（①）・地蔵菩薩（②）・石山寺（①・③・④）・金峯山（④）・宇佐八幡（⑤）と、さまざまである。

一見、論理的に整序されていないかにみえる『東大寺要録』の産金記事はどのような意味をもつのか。順に伝承の内容を検討することにしたい。

第二節　伊勢神宮と産金伝承

『東大寺要録』は陸奥での産金があった天平二十一年（七四九）をさかのぼり、天平十九年（七四七）九月二十九日の大仏鋳造に続けて下野国で金が出たことを記す。これは『伊勢大神宮禰宜延平日記』の引用である。

b〔東大寺要録〕巻第一　本願章第一（筒井英俊校訂本一五頁）

十九年丁亥三月、仁聖皇后、縁二天皇不予一、立二新薬師寺一、幷造二七仏薬師像一。九月二十九日、始奉レ鋳二大仏一。又大仏殿造事、始レ自二今年一焉。伊勢大神宮禰宜延平日記云、「天平十九年丁亥九月二十九日、始而東大寺大仏盧舎那仏、被レ奉二鋳鎔一。未二成畢給一、而依レ無下可レ塗二件大仏一之金上、天皇御心不レ静。歎念御之間、蒙二示現一御須告云、『近江国栗太郡、水海岸頭山脚、有二勝地一。件地建二立伽藍一、而修二行如意輪法一者、必金宝者可二出来一也』者。即御夢覚之後、件栗太郡勢多村下一勝地、急建二立伽藍一、安二置如意輪観世音・幷執金剛神像各一躰一（石山寺是也）。修二行件如意輪法一給之程、以二同年十二月一、従二下野国一、奏二聞金出来之由一也」云々。

天平勝宝元年、大神宮禰宜外従八位上神主首名、被レ叙二外従五位下一。是依二黄金出来一也（已上記文）。

bの記事は夢託による大仏塗金料の出来を述べ、如意輪観世音・執金剛神像を安置した石山寺創建の縁起でもある。「已上記文なり」とあるので、ここまでが『伊勢大神宮禰宜延平日記』の引用である。

『伊勢大神宮禰宜延平日記』には、神主首名の叙位が記されている。この記事を『続日本紀』に当たり直すと、たしかに天平勝宝元年四月戊戌（五日）条に中臣益人・忌部鳥麻呂・神主首名への叙位が確認できる。同年四月甲午朔の宣命第十三詔にあった「大神宮を始めて諸神たちに御戸代奉り、諸祝部治め賜ふ」とあるのに応じた叙位である。またこの日に参議紀麻路と神祇大副中臣益人・少副忌部鳥麻呂は幣帛を奉るために神宮に遣わされた。よって奈良時代、神宮が産金に対する報謝の対象だったことは確かである。

しかしながら、神主首名の叙位理由を「是、黄金の出来に依るなり」としたのは『伊勢大神宮禰宜延平日記』が付け加えた独自の評価である。『続日本紀』天平勝宝元年閏五月甲辰（十一日）条には、陸奥の国司・鎮守府判官・金を獲た人・冶た人・金を出した山の神主への叙位があるが、『伊勢大神宮禰宜延平日記』は言及をしない。つまり神宮に関係する記事だけを抜き出して強調している。

結局、bの記事内容が信頼できるかは、『東大寺要録』が引用した『伊勢大神宮禰宜延平日記』の史料性にかかっている。『伊勢大神宮禰宜延平日記』は皇大神宮（内宮）の禰宜・荒木田延平（?—一一〇四）の記録であり、平安時代後期に荒木田氏によってまとめられた神宮の編年史『太神宮諸雑事記』の異本とされる[5]。『東大寺要録』は『伊勢大神宮禰宜延平日記』を二条引用した。ひとつはb産金伝承、もうひとつは東大寺創建と神宮の縁起である。次に掲げる。

c〔東大寺要録〕巻第一　本願章第一（筒井英俊校訂本一一頁）

類聚国史云、「天平十年五月辛卯、使二右大臣正三位橘宿禰諸兄・神祇伯従四位下中臣朝臣名代・右少弁従五位下紀朝臣宇美・陰陽頭外従五位下高麦太一、賚二神宝一奉二于伊勢大神宮一。云云。
大神宮禰宜延平日記云、「天平十四年十一月三日、右大臣正二位橘朝臣諸兄、為二勅使一参二入伊勢大神宮一。天皇御願寺可レ被二建立一之由、所レ被レ祈也。爰件勅使帰参之後、同十一月十五日夜、示現給布。帝皇御前玉女坐。而放二金光一底宣久、『当朝ハ神国ナリ。尤可下奉レ欽二仰神明一給上也。而日輪者大日如来也。本地者盧舎那仏也。衆生者悟二解此理一、当帰二依仏法一也止云布』。御夢給之後、弥堅固御道心発給。始企二件御願寺一給也。謂二東大寺一是也已上記文。

cにみえる「日輪は大日如来なり。本地は盧舎那仏なり」とは、研究史のなかで神仏の関係をめぐって採りあげられてきた著名なものである。

ところで弘安九年（一二八六）に再度の裏書を加えた『日本書紀』弘安本（兼方本、京都国立博物館蔵）には、裏書に「天照太神御本地大日事　最秘事也」とある。皇祖神・天照大神を大日如来とみなすことは、十三世紀の日本紀講においてさえ語られていた。

そこから転じて盧舎那仏を大日如来とみなし、産金の功績が神宮にもあることを主張するのがcの意図であろう。このひとつをとっても、『大神宮禰宜延平日記』が八世紀の記録でないことは、もはや自明に属する。[6]神宮が示現して聖武天皇に御願寺建立を勧めるc『大神宮禰宜延平日記』の説話は、三重・専修寺が所蔵する慈円（一一五五―一二二五）の書状にもみえる。[7]

慈円書状には注目すべき一節、「東大寺ニ候なる記文ニハ、大神宮たまのおんなニ現して、東大寺つくらるへきよし、聖武天皇にハ申候由、おはしましたると候と承及候」がある。慈円書状の「記文」は、『東大寺要録』での

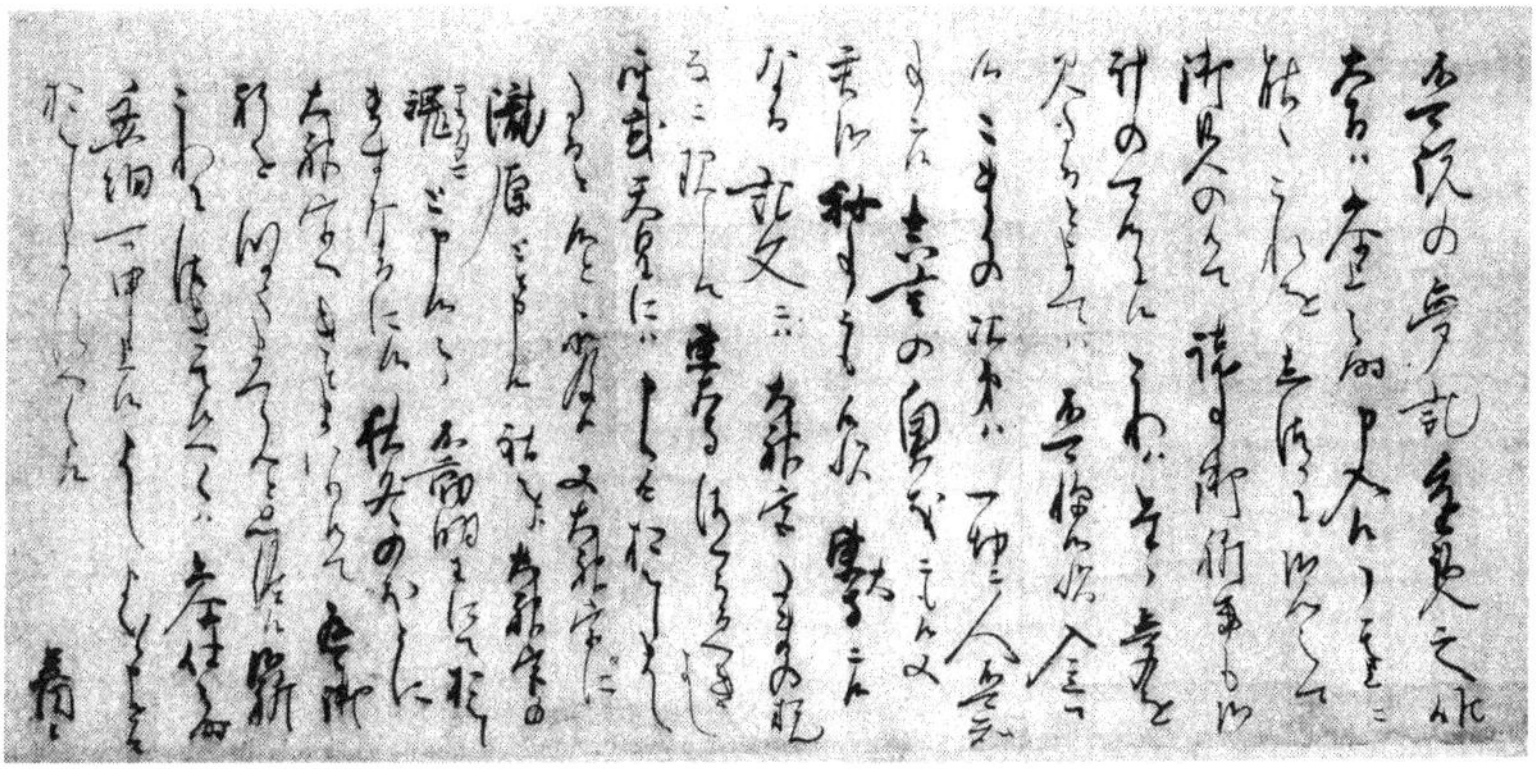

慈円書状（専修寺）

『大神宮禰宜延平日記』の引用注記「已上記文なり」と呼応する。慈円書状の「たまのおんな」は、cの「玉女」に他ならない。

『続日本紀』宣命第十三詔には「盧舎那仏化《つく》り奉るとして、天に坐す神・地に坐す祇を祈禱り奉り」とあるので、奈良時代の朝廷は天神地祇の冥助によって東大寺や大仏の造営が成ったととらえていた。そのため産金の報を受けると、畿内七道の諸社へ奉幣がなされた。

これに対し『大神宮禰宜延平日記』や慈円書状は、産金の功績を神宮と東大寺の関係に絞りこんでいる。大仏造立は聖武天皇が勧進し「伊世大神宮」に禱請して建立したとする文治二年（一一八六）後白河院宣（『東大寺衆徒参詣伊勢大神宮記』）も同じである。これらは中世にとらえ直された東大寺創建の縁起と解釈すべきである。

第三節　東大寺再建と下野の産金

以上の論述で『大神宮禰宜延平日記』が八世紀の記録として根拠にならないことは明白と思われるが、なお一点、証左を加えてbの産金伝承が平安期以降のものであることを示したい。それは金を産出したのは「下野国」とした点である。

すでに述べたように、『大神宮禰宜延平日記』では東大寺の創建には神宮の加護があったことが強調されているが、神宮と東大寺のあいだで顕著な関係が結ばれるのは、鎌倉期の大仏・大仏殿再建事業である。とりわけ東大寺再建で勧進となった重源（一一二一―一二〇六）の役割は大きい。

重源は元暦二年（一一八五）三月に神宮の御杣山に造寺料の材木を求めたことがある。九条兼実の記録では、東大寺の再建材を神宮の御杣山に求めることは、「聖人」（重源）が「霊告」を得たからだという（『玉葉』元暦二年三月三十日条）。

結局、御杣山からの再建材伐採の要請は実施されなかった。それでも、元暦二年三月の段階で重源が「霊告」を挙げて神宮を視野に入れていたことは重要である。このような動きが、やがては文治二年（一一八六）四月の東大寺衆徒の参宮につながっていく。重源の参宮を契機に神宮と仏教の結合が大きく進展した(8)。

『東大寺要録』との関係から注視しておきたいのは、養和元年（一一八一）八月の重源東大寺修造願文である。

d〔東大寺続要録〕造仏篇　重源東大寺修造願文（筒井寛秀監修本一一二頁）

東大寺勧進上人重源敬白

請下特蒙二十方檀那助成一、任二糸綸旨一、終二土木功一、修二補仏像一、営中作堂宇上状

右、当伽藍者、軼二雲雨於大半一、有二棟甍之竦擢一。仏法恢弘之精舎、神明保護之霊地也。原夫、聖武天皇、発二作治之叡願一、行基菩薩、表二知識之懇誠一。加之、天照太神、出二両国之黄金一、採レ之奉レ塗二尊像一。菩提僧正、渡二万里之蒼海一、嘱レ之令レ開二仏眼一。彼北天竺八十尺弥勒菩薩、現二光明於毎月之斎日一、此東大寺十六丈盧遮那仏、施二利益於数代之聖朝一。以レ彼比レ此、々猶卓然……

養和元年八月　日　　勧進上人重源敬白

別当法務大僧正大和尚位在判

重源願文は対句で東大寺を「仏法恢弘の精舎」「神明保護の霊地」と呼び、わけても皇祖神・天照大神の加護を強調する。ここでは明解に天照大神が大仏塗金のために「両国の黄金」をもたらしたことが述べられている。

「両国」とはどこか。これは陸奥と下野の二国を指す。

『東大寺要録』縁起章（④或日記）と対応する産金伝承に『今昔物語集』巻第十一・聖武天皇始造東大寺語第十三がある。ここでは、塗金料の不足に悩んだ聖武天皇に夢託があり、良弁が祈請したところ、「其後、幾程ヲ不経シテ、陸奥ノ国・下野ノ国ヨリ色黄ナル砂ヲ奉レリ」と感応があったとされている。

天平の産金は陸奥国であった。これは動かない史実である。けれども、d重源願文は産金が下野国とする説（それは神宮側の伝承に由来する）にも配慮し、黄金は「両国」から産出したと述べているのではないか。

古代では、下野国もまた金を産する地域であった[9]。試みに『延喜式』民部下を参照すると、金を貢納するのは下野国（砂金一五〇両・練金八十四両）と陸奥国（砂金三五〇両）の二国に限られる。

下野の産金で確かな初見記録は『続日本後紀』で、承和二年（八三五）二月に下野国武茂神に神階が授けられ、「此の神、沙金を採るの山に坐すなり」と注記がある（『続日本後紀』承和二年二月戊戌条）。「武茂神」は下野国那須郡の式内社「健武山神社」であろう。

後代、那須（那珂川・箒川流域）の産金はよく知られ、歌学書で「金　ナスノユリカネ（下野国也）」（『和歌初学抄』物名）と採りあげられる。「ユリガネ」は比重差を利用した金の採取をあらわした語である。

下野国の金は九世紀以降に産出するようになっていった。『伊勢大神宮禰宜延平日記』が下野からの産金を語るのは、この伝承の成立年代を示すものだ。当然、奈良時代のものではなく、中世的な変容を遂げた神宮の言説である。

付け加えると、十一世紀後半に真言密教から唱えられた天照大神を大日如来・日本の国主とみなす観念は、神宮にも受け入れられていた[10]。仏徒からのアプローチに応じる素地は、神宮の側で醸成されていたのであり、その上限は、荒木田延平の死去した長治元年（一一〇四）、『東大寺要録』序の嘉承元年（一一〇六）が目安となるだろう。

第四節　地蔵菩薩・金峯山・宇佐八幡

『東大寺要録』が採録したその他の産金伝承についても簡単に概観しておきたい。

『続日本紀』の宣命とならんで成立時期の古いのは、②『延暦僧録』逸文である。『延暦僧録』は鑑真とともに来朝した唐僧・思託が著した[11]。本文は散逸してしまったが、『東大寺要録』をはじめ、『日本高僧伝要文抄』（東大寺図書館蔵）・『龍論鈔』（金剛寺蔵）に逸文が残る。『延暦僧録』の成立は延暦七年（七八八）とはやく、『続日本紀』にはみえない記事があることからも注目に値する。

この『延暦僧録』にあった勝宝感神聖武皇帝菩薩伝によれば、陸奥の産金は地蔵菩薩によるもので、地蔵菩薩は北方金山神に化して黄金を施したとされている。仏教的な世界観では、閻浮提の外に東西南北に対応した四つの宝山（瑠璃・碼碯・白銀・黄金）があり、黄金は北方に充てられるため、大仏が造営されている平城京からみて北にあたる陸奥での産金を意味づけたものである。

奈良時代の地蔵菩薩信仰は不明な点が多く、地蔵菩薩像の作例も少ない。地蔵菩薩が陸奥で黄金をもたらしたとの伝承は、文字どおり、地下の財宝をつかさどる菩薩として金山神に化したと解釈されたのであろうか。

ただ地蔵菩薩の霊験は『延暦僧録』にしかみえず、『東大寺要録』の序文で「地蔵、黄金を陸奥に施す」とあるのを例外として、後代に継承されない産金伝承である。他の伝承が伊勢神宮（①）・石山寺（①・③・④）・金峯山（④）・宇佐八幡（⑤）と、それぞれ縁起を伝承する場を有していたことと比べ、地蔵菩薩の産金は『延暦僧録』という文献にとどまった。またそれだけに、唐僧・思託による産金の解釈は、手を加えられることなく、奈良時代のままに残されていると判断できる。

次に③口伝・④或日記である。これらの典拠表示は他と比べて曖昧であるが、それぞれ『扶桑略記』天平十五年十月十五日条に引用された「世伝」・『今昔物語集』巻第十一の聖武天皇始造東大寺語第十三に類話がある。さかのぼると永観二年（九八四）に成立した『三宝絵』には、④に沿った内容の産金伝承が紹介されているので、十世紀以降に広まった伝承とみられる。

e 〔三宝絵〕下　東大寺千花会

大仏アラハレ給日、堂塔イデキタリヌルニ、此国モト金ナクシテヌリカザルニアタハズ。カネノミタケノ蔵王ニ祈申サシメ給。「今法界衆生ノタメニ寺ヲタテ、仏ヲツクレルニ、我国金ナクシテ此願ナリガタシ。ツテニキク、此山ニ金アリト。願ハ分給ヘ」ト祈ニ、蔵王シメシ給ハク、「此山ノ金ハ弥勒ノ世ニ用ルベシ。我ハ只守ルナリ。分ガタシ。近江ノ国志賀郡ノ河ノホトリニ、昔、翁ノ居テ釣セシ石アリ。其ノ上ニ如意輪観音ヲツクリスヱテ、祈リ行ナハシメ玉ヘ」トアリ。スナハチ尋求ルニ、今ノ石山ノ所ヲエタリ。観音ヲツクリテ祈ルニ、ミチノ国ヨリハジメテ金出来ヨシヲ申テタテマツレリ。スナハチ年号ヲ改テ天平勝宝ト云ニ、寺ヲ供養ジタマフコロホヒ、行基菩薩・良弁僧正・婆羅門僧正・仏哲・フシミノ翁・コノモトノ翁ナドイヘル、アトヲタレタル人々、或ハ我国ニ生レ、或ハ天竺ヨリ来テ、御願ヲタスケタリ。其間ニアヤシク妙ナル事多カレドモ、文ニオホカレバシルサズ。続日本記《ママ》・東大寺ノ記文等ニ見エタリ。

③口伝・④或日記とe『三宝絵』で共通するのは、良弁（六八九―七七三）が登場し、石山寺の創建縁起として語られたことである。「東大寺ノ記文等」にみえるというのだから、この伝承は十世紀の東大寺で語られていた。

中世の東大寺にとって石山寺の存在は重視されていたようで、『東大寺要録』巻第六・末寺章第九では、聖武天皇が良弁・行基・婆羅門僧正らを遣して創建したとする。e『三宝絵』の登場人物が『東大寺要録』末寺章では「四聖」に整理され、「四聖」全員が関わって奈良時代に創建された寺院なのだと位置づけるのである。

石山寺の創建は奈良時代以前にさかのぼり、天平宝字五年（七六一）から増改築されたことが分かっている。増改築にともなう記録が正倉院文書として伝存しているからである[12]。また良弁は平城から石山に赴き、造営事業を指揮していた。

ただし伝承と異なる点もある。正倉院文書によると、天平宝字六年（七六二）に完成した石山寺の本尊は丈六の観世音菩薩の塑像である[13]。④或日記がいうように如意輪観音ではない。

もうひとつ、④或日記やe『三宝絵』で注意されるのは、「カネノミタケ」すなわち金峯山の黄金に言及されていることである。当初、大仏へ塗る黄金を金峯山に求めたものの、金峯山の黄金を守っていた蔵王は「当来弥勒出世の時」のために用いる金を分かつことはできないから、代わりに如意輪観音を安置して祈請することを夢告し、結果として陸奥で黄金が産出したとする。

吉野・金峯山に黄金が蔵されているとの観念は、これも古いものである。平安初期にまとめられた『日本霊異記』上巻第五縁には、吉野・比蘇寺の阿弥陀仏の霊験として、大部屋栖野古の蘇生譚を挙げる。『日本霊異記』撰者である景戒は蘇生譚を解釈し、屋栖野古が死後にみた「黄金の山」を五台山、山でみた「聖徳皇太子」は聖武天皇に転生し、「比丘」は行基であって「文殊師利菩薩の反化」と解説する。

さらに吉野・金峯山は中国の五台山と同視され、平安期には「もろこしの吉野山」（『古今集』誹諧歌・一〇四九）・「昔漢土に金峯山有り」（九条家本『諸山縁起』引用の『吏部王記』承平二年二月十四日条）などの考えが広まっていた。

③口伝・④或日記は、平安期にひろく知られていた金峯山信仰を取り込み、石山寺創建の縁起と結びつけたかたちで陸奥の産金を意味づけたのである。[14]

最後に⑤太政官符である。こちらは八幡神が託宣して黄金を産出させたとする著名な伝承である。『八幡宇佐宮御託宣集』によると、陸奥からの金は一二〇両が宇佐八幡に奉られ、第一御殿に納められて「黄金御正體」と号したとある。

ところが『続日本紀』には宇佐への黄金奉納はみえず、八幡神と産金の伝承は、『東大寺要録』が引用したこの弘仁十二年（八二一）官符が最も古い。官符の内容を敷衍したものが『扶桑略記』天平二十一年正月四日条で、やはり「東大寺大仏料の黄金を買はむがために遣唐使を企つ」とある。

弘仁十二年の官符は何らかの史実を反映するとの見方が有力で、黄金の説話は弘仁以前から存在し、遣唐使の計画も存在したと考えられてきた。[15]正倉院文書では「天平十八年正月七日召大唐使巳訖也」の記載があり、[16]石上乙麻呂が天平年中に入唐使に選ばれたとの『懐風藻』の記事とも対応する。[17]

このように、実施されなかった遣唐使の計画のあったことまでは、『東大寺要録』が採録した弘仁十二年官符と別系統の史料によって傍証できる。遣唐使の使命のひとつに、糸で黄金を購入するようなこともありえただろう。そこに宇佐八幡の伝承が結びついたと解したい。

八幡神が大仏の造立を援助したことは『続日本紀』にもあり、天平勝宝元年十一月から十二月にかけて八幡大神の入京・東大寺参拝を記載している。特に禰宜尼大神杜女・主神大神田麻呂の叙位や託宣を引用した十二月丁亥（二七日）の宣命では、「神我、天神・地祇を率ゐていざなひて必ず成し奉らむ。事立つに有らず、銅の湯を水と成し、我が身を草木土に交へて障る事無くなさむ」とある。『続日本紀』が天平勝宝元年紀を構成するうえで、宇佐の関係資料が採用されたことは明瞭である。(18) しかしそこに産金の説話はない。奈良時代にあっては、八幡神が黄金の産出を託宣したことまでは語られていなかったのではないか。

おわりに

以上、『東大寺要録』が採録した産金伝承について、各説を検討してきた。天平二十一年二月に陸奥国から貢上された黄金をめぐって、伊勢神宮・地蔵菩薩・石山寺・金峯山・宇佐八幡と、これだけ性格の異なる伝承が語られているのは、それだけ産金が与えた衝撃が大きく、さまざまな伝承に展開したことを物語るのであろう。

さて、『東大寺要録』は、これら互いに矛盾する産金伝承を、どのような意図のもとで採録するのであろうか。最初に述べたように、小篇の目的は編纂文献としての『東大寺要録』の性質を見極めることにあった。そのため『東大寺要録』の奈良時代史を、中世寺院・東大寺の視点から再検討することに重きを置いてきた。

そこで産金伝承についていえば、『東大寺要録』は異伝を好んで採録したのではなく、優劣を以て採録したと考える。史料の優劣は、それが『東大寺要録』のどこに配次されたかによって表現されている。

編纂された当初の『東大寺要録』は、全十巻に本願章から雑事章まで十章を配次する構成であった。その後の増補により、供養章之余、諸会章之余、雑事章第十之二、雑事章第十之三、雑事章之余が加わり、現行の『東大寺要録』は巻数と章数が一致しない。ただし巻第一・本願章第一は変更がない。本願章は最も重視された、東大寺にとって公的な東大寺草創の歴史とみてよい。

本願章で採用されたのは、①『大神宮禰宜延平日記』・②『延暦僧録』である。

『東大寺要録』本願章第一の構成と引用史料

聖武天皇の編年記事	（続日本紀） 龍蓋記 （聖武天皇発願一切経識語） （光明皇后発願一切経識語） （玄昉発願経識語） 類聚国史 ①大神宮禰宜延平日記 伊勢大神宮禰宜延平日記 或日記
補足	②延暦僧録文
孝謙天皇の編年記事	（続日本紀）
補足	裏書（表書ヵ） 恵運僧都記録文 裏書 廉記（旧記ヵ） 延暦僧録文 耆老相伝云 相伝云 八嶋寺記 法花会縁起

本願章は聖武天皇の編年記事（筒井英俊校訂本三～一六頁）と史料引用による補足（一六～二三頁）、孝謙天皇の編年記事（筒井英俊校訂本二三～二六頁）と史料引用による補足（二六～三一頁）の構成である。①『大神宮禰宜延平日記』は編年史に消化された聖武天皇の記事中にみられ、最も重視された所伝である。つまり東大寺の草創は神宮によって加護され、下野からの産金といった事実によって証明された、と考えられていた。これが中世の東大寺が振りかえる奈良時代の東大寺草創史なのである。

そして東大寺にとっては、この伝承が公的なものであったがため、鎌倉期の大仏・大仏殿再建では、ことさらに神宮と東大寺の関係が賞揚されたのであった。では、その他の産金伝承の位置づけはどのようなものになるだろうか。

③口伝・④或日記は縁起章第二でさまざまに引用された東大寺創建の伝承のひとつである。引用の順番からみても、特に重視されたとは思えない。⑤太政官符は諸院章第四の「諸神社」の最初に掲げられた「八幡宮」の縁起であった。鎌倉期ではよく知られた宇佐八幡の霊験であるが、『東大寺要録』全体では、手向山八幡の縁起に限定されている。

つまり『東大寺要録』の産金伝承全体を見渡すと、中心的な本願章の伝承とは別に個々の異伝が存在し、それが東大寺の公的見解と併存している状況なのである。『東大寺要録』は縁起や諸院の来歴を統合し、正伝を確立する意図がないとみてよいのではないか。

東大寺全体としては本願章の公的見解が尊重されるのであるが、個々の由緒・縁起についても併存し、互いに排除することがない。それは中世史家が把握した中世の東大寺のありよう——全体としては「惣寺」の意識を保ちながら、個々に「別所」が営まれ、分節的な構造を有した——と一致すると思われるのだ[19]。

その意味では、『東大寺要録』はすぐれて中世的な東大寺の寺誌なのである。

註

（1）堀池春峰「東大寺要録編纂について」（『南都仏教史の研究』上　東大寺篇、法藏館、一九八〇年）。東大寺史への同様の視角は、久野修義「中世東大寺と聖武天皇」（『日本中世の寺院と社会』、塙書房、一九九九年。一九九一年初出）、稲葉伸道「中世東大寺における記録と歴史の編纂——『東大寺続要録』について——」（『統合テクスト科学研究』一—二、二〇〇三年）にも提示されている。

（2）内藤政恒「天平産金地私考」（『南都仏教』二、一九五五年）。伊東信雄『天平産金遺跡』（宮城県涌谷町、一九六〇年）。堀池春峰「東大寺秘話② 黄金花さく――大仏鋳造と産金――」（『日本美術工芸』五六九、一九八六年）など。沖安海「陸奥国黄金山神社考」は、『史跡黄金山産金遺跡――関係資料集――』（宮城県涌谷町、一九九四年）に翻刻されている。

（3）吉川真司「国際交易と古代日本」（紀平英作・吉本道雅編『京都と北京――日中を結ぶ知の架橋――』、角川学芸出版、二〇〇六年）。

（4）水野柳太郎「続日本紀編纂の材料について――東大寺の食封をめぐる――」（『ヒストリア』二八、一九六〇年）。

（5）西田長男「伊勢の神宮と行基の神仏同体説」（『日本神道史研究』第四巻、講談社、一九七八年、一九五九年初出）。田中卓『伊勢神宮の創祀と発展』（国書刊行会、一九八五年、一九五九年初出）。井後政晏「太神宮諸雑事記の成立」（『神道史研究』三六―一、一九八八年）。

（6）辻善之助「本地垂迹説の起源について」（『日本仏教史研究』一、岩波書店、一九八三年、一九〇七年初出）。鎌田純一「太神宮諸雑事記の史料性」（『史料』二七、一九八〇年）。伊藤聡「天照大神・大日如来同体説の形成」（『中世天照大神信仰の研究』、法藏館、二〇一一年。二〇〇三・二〇一〇年初出）。多田實道「伊勢蓮台寺の創建と内宮本地説の成立」（『神道史研究』六三―一、二〇一五年）は、一一世紀に祭主・大中臣永頼が建立した蓮台寺の周辺で天照大神を観世音菩薩とみなす説が唱えられたことを主張する。

（7）『鎌倉遺文』三四一四号。伊藤氏前掲註（6）論文、尾崎勇「王と玉女――『慈鎮和尚夢想記』以前――」（『熊本学園大学 文学・言語学論集』一三―二、二〇〇六年）、太田光俊編『親鸞 高田本山専修寺の至宝』（三重県総合博物館、二〇一五年）、石川一「『慈鎮和尚夢想記』と『慈円消息』に関する考察」（『慈円法楽和歌論考』、勉誠出版、二〇一五年）を参照。

（8）久保田収「重源の伊勢神宮参詣」（『神道史の研究』、皇學館大学出版部、一九七三年、一九六一年初出）。『伊勢市史』第二巻中世編、第一章第四節「鎌倉時代の神宮と仏教」（伊勢市、二〇一一年、執筆分担は多田實道氏）。多田實道『俊乗房重源の参宮』（皇學館大学出版部、二〇一二年）。斎木涼子「東大寺僧の伊勢神宮参詣と中世的神仏習合」（『頼朝と重源――東大寺再興を支えた鎌倉と奈良の絆――』、奈良国立博物館、二〇一二年）。

（9）鐘江宏之「律令国家と黄金」（『那須のゆりがね――産金の歴史――』、栃木県立なす風土記の丘資料館展示図録、栃木県教育委員会、二〇一〇年）。
(10) 伊藤氏前掲註(6)論文。勝山清次「天照大神国主神観の形成をめぐって」（『中世伊勢神宮成立史の研究』、塙書房、二〇〇九年）。
(11) 『日本高僧伝要文抄』引用の『延暦僧録』影印は、藏中しのぶ『『延暦僧録』注釈』（大東文化大学東洋研究所、二〇〇八年）を参照。
(12) 福山敏男「奈良時代に於ける石山寺の造営」（『日本建築史の研究』、桑名文星堂、一九四三年、一九三三〜三五年初出）。同「石山寺の創立」（『寺院建築の研究』中、中央公論美術出版、一九八二年、一九七九年初出）。岡藤良敬『日本古代造営史料の復原研究――造石山寺所関係文書――』（法政大学出版局、一九八五年）など。
(13) 造石山院所労劇文案（続修三七・大日本古文書〈編年文書〉一五巻二三六〜二三七頁）。
(14) 山本謙治「金峯山飛来伝承と五台山信仰」（『文化史学』四二、一九八六年）。大峯山頂遺跡からは、平安期に造られた金造阿弥陀如来坐像・菩薩坐像が出土している。奈良県立橿原考古学研究所編集『大峯山寺の出土遺宝』（大峯山寺・日本経済新聞社発行、一九八五年）。『蔵王権現と修験の秘宝　天空の神と仏の世界』（三井文庫・三井記念美術館、二〇一五年）など参照。吉川聡氏は、石山寺や密教僧が関与して蔵王権現の尊格が発展したことを論証する（吉川聡「執金剛神から蔵王権現へ――天神信仰に及ぶ――」、『東大寺の新研究1　東大寺の美術と考古』、法藏館、二〇一六年）。
(15) 石井正敏「宇佐八幡黄金説話と遣唐使」（『日本歴史』五〇〇、一九九〇年）。
(16) 「経師等用度充帳」（続々修四四帙一〇・大日本古文書〈編年文書〉八巻五八一頁）。
(17) 東野治之「天平十八年の遣唐使派遣計画」（『正倉院文書と木簡の研究』、塙書房、一九七七年、一九七一年初出）。
(18) 水野氏前掲註(4)論文。
(19) 第十四回東大寺要録研究会（二〇一五年六月二十日）での久野修義氏の報告および森本公誠氏との質疑。久野修義「東大寺の寺域空間にみる中世――東大寺別所その後――」（本書所収）参照。

平城京南郊の古代荘園

吉川真司

はじめに

日本古代寺院の性格・機能やその中世的転成を考える上で、寺領荘園はさまざまな手がかりを提供してくれる。とりわけ東大寺領荘園に関しては、東大寺文書・東南院文書を始めとする豊かな史料群に支えられ、膨大な研究が積み重ねられてきた。それらが寺院史にとどまらず、古代史全体の理解に寄与してきた点については贅言を要すまい。

本稿では、こうした東大寺領古代荘園[1]のうち、八世紀中葉に成立した膝下所領である大和国清澄荘を取り上げ、その沿革について再検討を加えたい。それとともに清澄荘の近隣にあった興福寺領大和国京南荘を対比的に考察し、古代荘園が中世荘園として「再生」する道程を跡づけることにする。この作業によって東大寺・興福寺の経営基盤、そして平城京南郊地域の歴史に新たな光があてられればと思う。

第一章　東大寺領清澄荘

第一節　清澄荘と薬園荘

東大寺領大和国清澄荘は、平城京の右京南郊にあった古代～中世荘園である。これまでの研究によれば、[2]その田畠は郡山城が築かれた郡山丘陵の東方から東南方、すなわち下ツ道以西の添下郡域に立地し、南北二つの地区にわかれる。南地区が清澄荘の本荘部分で、現在の大和郡山市本庄町あたりを中心としたらしい。これに対して、北地区は薬園荘とも呼ばれ、平城京に南接する今の大和郡山市街地に位置していた（**図1**）。

清澄荘田畠の面積・耕作状況について、史料に即して再確認しておくことにしたい。天暦四年（九五〇）十一月二十日「東大寺封戸荘園幷寺用帳」には、大和国の寺領荘園の一つとして次のような記載が見える。[3]

【史料①】

添下郡清澄荘田地廿七町二段七歩

畠一（二カ）町一段百卅八歩、田廿五町二百廿九歩、常荒幷去今年荒・溝所十九町一段百十三歩

ここで併せ見るべきは『東大寺要録』巻六、封戸水田章の記事である。冒頭の注記により、長徳四年（九九八）の原史料に基づくものと考えられる。関連部分のみ抄出する。

【史料②】

一、諸国諸荘田地長徳四年注文定

新開発田幷治開田

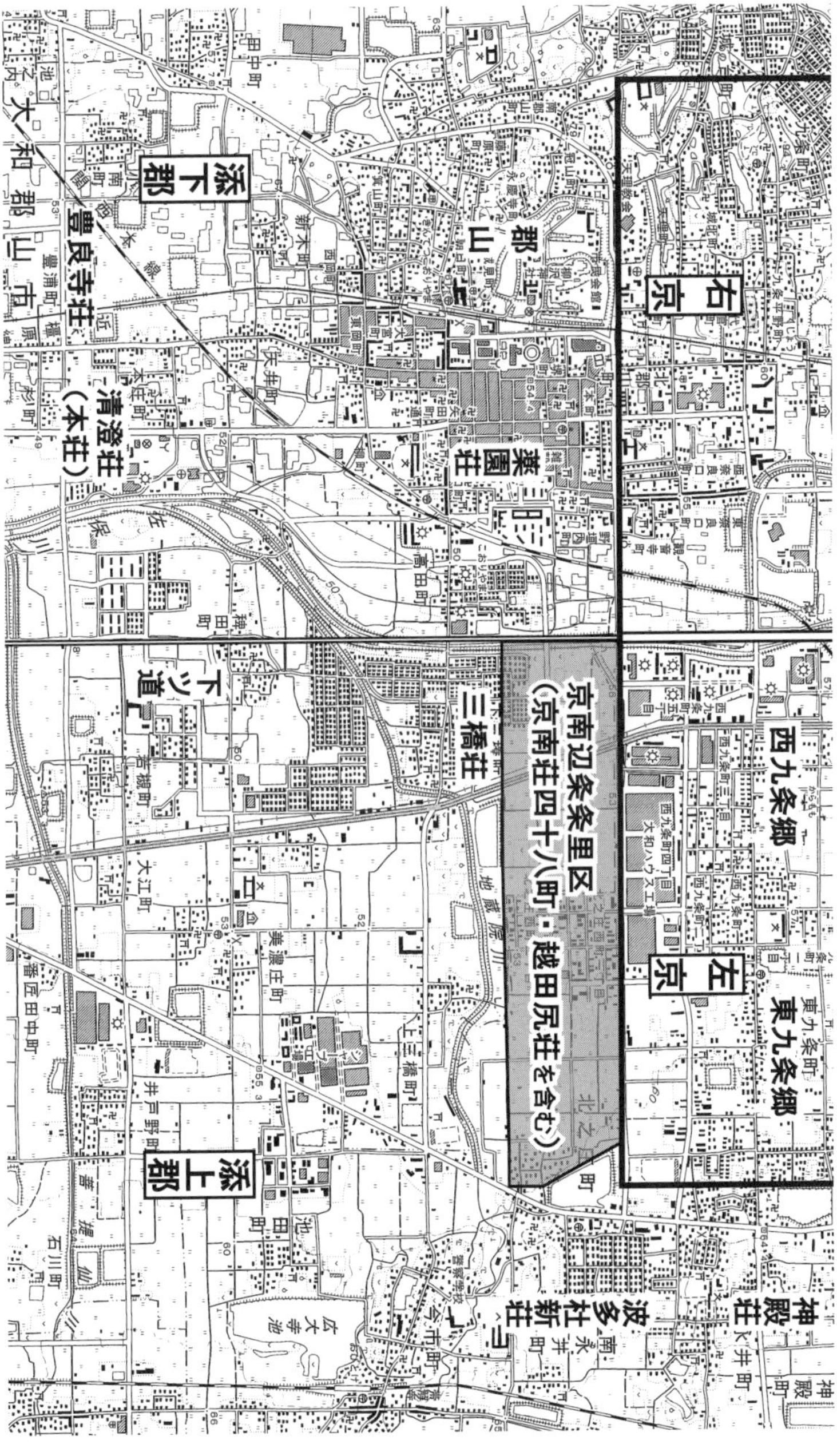

図１　平城京南郊の荘園（本稿に関わるもの）
（国土地理院発行１：25000地形図「奈良」×0.8）

a薬園宮内田地十三町四段九十五歩在大和国添下郡
田十町三段百九十（九脱カ）歩
畠三町二百五十六歩
（中略）
大和国添上郡春日荘田六町二段六十四歩
（中略）
b添下郡清澄荘田廿七町二段

清澄荘は史料①と史料②bに見え、ほぼ同面積であるが、より詳しい史料①の内訳記載によれば、田二五町余のうち七六パーセントが常荒・年荒・溝所となっていた[4]。この史料全体で「溝」記載が見えるのは清澄荘だけである。このことから清澄荘の土地条件が良好でなかったこと、顕著な溝が荘内を貫通していたことが読み取れる。一方、史料②aの「薬園宮内田地」は大和国添下郡に所在するから、清澄荘の北地区、すなわち薬園荘のことと考えてよい。これが清澄荘と別立てになっていることは重要で、「薬園宮」がもともと田畠を伴わず、「宮内」の「新開発」が清澄荘本荘の成立より遅れることを示す如くである。ただ、後述するように、薬園荘が清澄荘の一部をなしたこともまた事実であって、両荘が由緒を異にしつつも密接な関係を保ってきたことを推測させる。

その後、清澄荘の全貌を知りうる史料は、『東大寺続要録』寺領章に引く建保二年（一二一四）「東大寺領諸荘田数所当等注進状」まで途絶える。同注進状は清澄荘・薬園荘をやはり別項目とし、それぞれの田畠の本数・見作数・所当などを記している。それによれば、清澄荘の田畠は三四町八段余、薬園荘の田畠は八六町五段余となり、北地区（薬園荘）の拡大が著しい。南北両地区の総面積は一二〇町を超える。ただ、畠の比率は南地区（清澄荘）

が約二四パーセント、北地区（薬園荘）が約三九パーセントとかなり多く、さらに常荒・不作・損などの割合は南地区が約一九パーセント、北地区が約三二パーセントである。開発が遅れた北地区のほうが不安定で畠地も多かったのだが、それは富雄川・秋篠川・佐保川による灌漑が期待できない土地条件によるものであろう。(5)

以上、清澄荘の南北両地区について概観してきた。両者の性格と関係をさらに見極めるため、次に十一〜十二世紀の三度にわたる相論関係文書を吟味しておきたい。

最初の相論は天喜五年（一〇五七）、薬師寺別当隆経が清澄荘内の田を「私所領」と主張して、その権益を確保するため内大臣藤原頼宗家と結び、刈り取りを制止したことに始まる。問題の田は「京南一条二里七坪・十七坪・廿坪・廿八坪・廿九坪」、すなわち北地区にあった。(6)翌康平元年（一〇五八）、隆経はこの「私所領」に国判を請け、検田使を入部せしめた上、住人等を責勘する挙に及んだ。これを訴えた清澄荘司等は、その田が「南北御荘の中に候。四至内の尤も中也」と述べ、寺領の荘田であると主張する。(7)さらに東大寺は朝廷に上訴し、「清澄荘はこれ本願聖霊の御施入より已来、四至明白にして公私所領の地を相交ふることなし」と述べた。(8)ここから明瞭に看取されるのは、清澄荘がやはり「南北御荘」と呼ばれるような二つの地区から構成され、北地区も確かに清澄荘内と認識されていた事実である。また東大寺が語る由緒によれば、清澄荘は本願聖霊（聖武天皇）の勅施入によって成立したものであった。

ついで永久五年（一一一七）、豊良寺荘との間に用水相論が発生した。清澄荘の解状によれば、富河（西方を流れる富雄川）に上津堰・下津堰があり、毎年春にはそこから塞き上げた水で荘田を灌漑してきたが、豊良寺荘民がこの水は荘内を流れ下るのだから自分たちにも配分すべきだと主張し、実力行動に及んだという。(9)現在も大和郡山市本庄町の西隣に豊浦町があり、この地域は富雄川に設けられた三箇井堰・十箇井堰からの二系統の井手（用水）によって潤されてきた[10]。清澄荘南地区の灌漑条件は、おおむね近代まで保たれたものらしい。この井手は清澄荘の生命線であったため、同荘の「絵図」にも描かれていたという。なお、西隣の豊良寺荘とは元興寺の「末寺豊良寺」の所領の意で、飛鳥古京の豊浦寺が領有していた古代荘園と推定される。「清澄深溝」出身の東大寺別当観宿の俗姓は「宗岡氏」であり[11]、あるいは蘇我（宗岡）氏は古くからこの地域と関係をもち、檀越として豊浦寺に所領を施入したのであろうか。その当否はともかく、東大寺領清澄荘に隣接して豊浦寺領荘園があった事実は、七世紀までの開発史を考える上で見逃せない。永久の相論において、朝廷は「平均に充て行なはしむべし」との処分を下した。東大寺の主張とは異なり、豊浦寺も富河上津堰・下津堰の水利権を保持していたのであろう。

最後の相論は、またも薬師寺と揉めたものである。応保二年（一一六二）五月一日「官宣旨案」[12]に引く東大寺所司奏状によれば、久安年中より薬師寺の悪僧たちが「清澄荘内薬園村」への押妨を始めた。久安六年（一一五〇）に東大寺の領掌を認める官宣旨が下されたが、悪僧たちは聞き入れず、薬園のみならず「本荘廿余町」を押し取った。仁平元年（一一五一）の再度の官宣旨も効果がなく、「残るところの本荘、ならびに寺領郡山」までもが押領される。かくして十四年間にわたり「百余町」が薬師寺悪僧の不当な支配下に置かれており、「天平勅施入」から四百余歳、問題なく領有してきた「官省符の寺領」の侵掠をとどめていただきたい、と東大寺は訴える。この文書の情報量はすこぶる多い。何より重要なことは、清澄荘が「本荘」（南地区）と「薬園村」（北地区）だけでなく、「寺領郡山」を含む所領だったことである。他史料を見ても、十二世紀末には薬園荘内に郡山があり、正安二年（一三〇〇）に至って「郡山荘」の荘号が初見する[13]。郡山丘陵はここまで寺領として確認できなかったが、明らかに清澄荘を構成し、北地区（薬園荘）の一画をなす所領だったのである。なお、この文書では清澄荘の総面積が「百余町」に及ぶとあり、十三世紀初頭の約一二〇町に近づいている。そしてここでも「天平勅施入」が語られており、何らかの証拠文書が朝廷に提出されていた。

第二節　清澄荘の勅施入

東大寺領清澄荘はこのように南北二地区からなる古代荘園で、しかも北地区＝薬園荘にはもともと郡山が包摂されていた。すなわち清澄荘本荘・薬園荘・郡山という三元的構成が看取されるのであるが、それではその成立経緯はいかなるものだったのであろうか。

多くの研究者は古文書に言う「天平勅施入」をそのまま信用せず、「聖武天皇の施入によるといわれる」[14]といった慎重な表現を用いる。さらに泉谷康夫は北地区が「延暦ごろの施入」、南地区が奈良時代の「百姓墾田の買得」により成立したと考え、勅施入を全面否定した[15]。しかし、延暦施入説は東大寺領春日荘の成立時期を誤認した上で[16]、そこから類推を試みたものであり、また墾田買得説にも確たる論拠は存在しない。

むしろ岸俊男が夙に明示した如く、天平勝宝八歳（七五六）五月二日に聖武天皇が死去すると、年内に少なくとも八箇所の荘園が東大寺に勅施入されており、清澄荘もその一つだったと考えるべきである[17]。その八荘とは、A左京葛木寺東所、B左京田村所、C大和国春日荘、D大和国清澄荘、E大和国飛驒荘、F摂津国水成瀬荘、G摂津国猪名荘、H美濃国大井荘で、このうちA・E・F・G・Hには施入文書（案文を含む）が伝来する[18]。BはAとともに施入されたことが明らかで、Cも「天平勝宝八年十二月勅施入」との所伝をもつ。唯一残ったD清澄荘についても、次の史料が施入年をはっきり教えてくれる[19]。

【史料③】

一通　文図、載春日・清澄・飛驒・猪名・水成瀬

天平勝宝八歳十二月十三日

D清澄荘は、C春日荘・E飛驒荘・F水成瀬荘・G猪名荘とともに、天平勝宝八歳十二月の「文図」に載せられており、東大寺の「文図」は施入勅と荘園図からなる文書だという指摘[20]を勘案するなら、他の四荘と同時に勅施入されたと見るほかあるまい。

また荘園図については、近年紹介された次の史料も興味深い[21]。

【史料④】

一、絵図二巻、載

a一巻、載七箇所　枚数拾枚

葛木寺東所　田村所　清澄所　村屋所　飛驒坂所　摂津国堀江所　山崎所

b一巻、載肆箇荘

春日荘　清澄荘　猪名荘　因幡荘

絵図a・bに載せられた荘園が、すべて天平勝宝八歳勅施入にかかるものとは推断できない[22]。むしろ注目すべきは、清澄荘が絵図aで「清澄所」と称されていた事実である。絵図aの清澄所と絵図bの清澄荘が別々の場所を指す（具体的には南地区と北地区）との考え方もあるが[23]、それは「荘」が八世紀に「所」とも表示されたことを理解しない謬説である。すなわちE飛驒荘は「飛驒坂所」、G猪名荘は「猪名所」と呼ばれていたし、G猪名荘とF水成瀬荘を併せて「上件二所」と記した例もある[24]。八世紀前葉の長屋王家の所領はそれぞれ矢口司・木上司のように「〇〇司」と称されたが、八世紀中葉の東大寺領諸荘は「〇〇所」とも表記されていたのである。

では、清澄荘の起源は何だったのであろうか。結論的に言えば、紫微中台（皇后宮職）の所領である「浄清所」

が東大寺領荘園に転化した、と考えるのが最も妥当である。

根拠の第一は、清澄も浄清も地名「キヨスミ」の漢字表記と考えられることである。先述のように「清澄所」という呼称も存在したから、「浄清所」＝「清澄所」＝「清澄荘」ということになる。この「清澄も浄清もキヨスミである」という考え方は、高田淳氏の創案になる。私はかつて間接的にこのアイデアを知り、清澄荘研究の突破口を得た。高田氏のプライオリティを尊重し、御承諾を得た上でこの点を明記するものである。

根拠の第二は、浄清所が大郡宮や薬園宮からほど近い位置にあり、三者が密接な関係を有していたことである。私はこれが清澄荘の三元的構成に受け継がれたと考えるのだが、具体的に説明するためには、浄清所・大郡宮・薬園宮に関する理解が不可欠となる。そこで節を改め、関連史料を読み解いていくことにしたい。

第三節　浄清所・大郡宮・薬園宮と清澄荘

浄清所は正倉院文書のみに現われる機構である。掃部所や勇女所などと同じく、紫微中台（皇后宮職）の下級実務組織と考えられてきたが[25]、私見によれば、さまざまな物資調達機能を担う京外所領と理解するのが妥当である。
浄清所に関する文書は、以下の五通が遺存している[26]。
ⅰ天平勝宝二年七月二十二日「浄清所進上状」：漬菜の進上状
ⅱ年月日欠「浄清所解」：土器製作に関する報告（功直申請状）
ⅲ某年七月二十六日「浄清所進上状」：新米の進上状
ⅳ年月日欠「浄清所解」：布などの返上・申請状
ⅴ天平勝宝二年七月二十九日「浄清所解」（後掲史料⑤）：大郡宮へのミユキに関する物品の雑用・収納・損失報告

ⅱとⅳは二次利用時に後欠となったが、ⅰ～ⅴはすべて天平勝宝二年（七五〇）七月下旬、浄清所が紫微中台政所に送った文書の正文と判断してよい。このうちⅱは土師器生産に関する研究[27]、ⅴは大郡宮に関する研究[28]で検討されてきたが、全体を通じて浄清所をどう理解するかとなると、土器・衣類などで皇后宮の日常生活を支える下級官司[29]、あるいは「大郡宮の維持・経営に何らかの役割を果した倉庫を中心とした産業所[30]」といった曖昧模糊とした表現にとどまり、その位置についても解釈は一定しない。

浄清所の性格を知る上で最も重要なのは、ⅴ文書である。

【史料⑤】

浄清所解　申幸行雑用事

用物

一、御飯料米五斗新米一斗、古米四斗、又進米五升新、酒二負瓶数一斗九升古酒一斗、和佐々酒九升、古糟一負瓶数一斗　甘漬瓜一埦

（以下、漬物記載略）

一、人給料米四斗　古葅一叩戸　水葱幷芹漬一叩戸　薪二荷　松一束

一、供養料古葅一叩戸　薊幷蕗漬一叩戸　甘漬瓜茄子一叩戸　薑一埦　葵葅一埦　芹幷麦生菜一比良加　末醤

茄子蘘荷　糟瓜一比良加

収納物

商布陸拾段

右物、自大郡宮請運如前。

一、損失物

負瓶三口　明櫃二合　筥方二具　荷縄布一条　叩戸一口（以下、土器記載略）

右、以今月廿六日、大郡宮幸行雑用幷収納物及損失等、勘注如前、謹解。

天平勝宝二年七月廿九日　高屋美奈貴

天平勝宝二年七月、ある貴人が大郡宮にミユキした。孝謙天皇・光明皇太后のいずれかであろうが、『続日本紀』に行幸記事がないことから推せば光明の可能性が高く、それは浄清所関係文書の性格にも符合する。光明皇太后のミユキに際し、浄清所は「御飯料」「人給料」「供養料」の米・酒・糟・漬物・蔬菜を進上した。i・iiiでも漬物・米を進上しており、農作物を生産・加工するのが浄清所の役割の一つであった。京郊に立地する所領（後述）にふさわしい活動と言えるが、清澄荘が田だけでなく、多くの畠を含んでいたことが想起される。それでは、光明が赴いた大郡宮とはいかなる施設であったか。

史料⑤の大郡宮について、難波や河内にあったとする意見もあるが[31]、やはり平城京南郊、具体的には「大郡」の呼称を一部伝える郡山丘陵付近にあった離宮と見るほかない。この点を『続日本紀』の関連記事から確認すると[32]、天平勝宝元年十月九日、孝謙天皇は河内国智識寺に行幸し、同十五日に大郡宮へ帰還した。十一月二十五日、彼女は「南薬園新宮」において大嘗祭を行ない、三十日には大郡宮に遷御。さらに勝宝二年正月一日、平城宮大安殿において朝賀儀を挙行したのち、大郡宮に還御して饗宴を賜わった。その後も二月九日、薬師寺宮に移御するまで、孝謙天皇は基本的に大郡宮を居所としたのである。このうち最も良質の情報源となるのが、天平勝宝二年正月庚寅朔条である。

【史料⑥】

天皇御大安殿受朝。是日、車駕還大郡宮。宴五位以上、賜禄有差。自余五位已上者、於薬園宮給饗焉。

朝賀と賜宴は継起的に行なわれる元日儀礼であるから、大郡宮は平城宮からさほど遠くない地にあったと考えてよい。しかもこの記事は、饗宴が大郡宮と「薬園宮」で開かれたと伝えており、二つの離宮がごく近接していたことを推測させる。[33] また前年十一月、「南薬園新宮」で大嘗祭が行なわれたことも見逃せない。八世紀の大嘗祭はふつう朝堂院で挙行され、「大郡宮―薬園宮（南薬園新宮）」の位置関係は、平城宮の「内裏―朝堂院」に相当する。近隣にあったと見るのが妥当であろう。そしてこの薬園宮は薬園荘に受け継がれたから、平城京右京南郊の現大和郡山市街地に立地したと推定できる。大郡宮もそれに近接する京外の地、おそらく郡山丘陵付近にあったと見て大過あるまい。[34] なお、「薬園宮」が「南薬園新宮」とも呼ばれたのは、北薬園に対する南薬園において、新たに離宮が営まれたためであろう。平安京からの類推が許されるなら、[35] 北薬園は平城京北郊にあった典薬寮薬園の可能性があり、南薬園は経営主体こそ知られないものの、やはり平城京郊外に置かれた薬草園と考えられる。

論点を整理しておこう。大郡宮はおそらく郡山丘陵付近にあった離宮で、東隣の南薬園に薬園宮が新造された。そして、浄清所はのちの清澄荘（本荘＝南地区）の地、つまり郡山丘陵の東南に立地した紫微中台の所領で、農産物の生産・加工や土師器製作によって光明皇太后の日常生活を支え、彼女の大郡宮ミユキに奉仕することもあったのである。このように「大郡宮―薬園宮―浄清所」が、平城京右京南郊の地において空間的・機能的に密接な関係を有していたことは明らかである。それは清澄荘の三元的構造、すなわち「郡山―薬園荘―清澄荘」という関係とよく対応しており、浄清所が清澄荘、薬園宮が薬園荘に受け継がれたとする所論を裏打ちする。また、こうした理解が正しいとすれば、清澄荘（浄清所）が天平勝宝八歳に東大寺へ施入された時、北地区にあたる薬園荘（薬園宮）、およびこれと空間的に連接する郡山（大郡宮を含む）が併せて施入されたことも、十分に考えられる。薬園荘や郡山が史料上に現われる時期はずっと下るが、それはあくまで田畠開発の進展によるのであって、東大寺が獲得した時期を示すものではない。

清澄荘の起源は、紫微中台（皇后宮職）領の浄清所にあった。薬園宮や郡山も同時期に東大寺へ施入されたとすれば、やはり光明皇太后との関係を考えることができるかもしれない。ここで注目されるのは、大郡宮が光明皇太后・孝謙天皇の母娘によって利用され、また「供養」にも関与した、つまり仏教法会に奉仕した事実である（史料⑤）。大郡宮はこの時期、光明皇太后の私的活動に供される施設だったと見てよかろう。もちろん、大郡宮のこうした役割がいつまで遡るかは判然としないし、「大郡」という名称もさまざまな歴史的背景を考えさせる。ただ、ここで注目しておきたいのは、郡山丘陵には平城遷都以前から植槻寺（建法寺）があったという事実である。植槻寺は、藤原不比等が維摩会を行なったと伝えられ、藤原氏（中臣氏）と深いつながりをもつ白鳳寺院であった[36]。郡山丘陵とその周辺が、もともと藤原氏（中臣氏）の勢力下にあった可能性は捨てきれず、それは大郡宮の性格を考える上でも考慮されるべきであろう。

藤原氏（中臣氏）と添下郡の関係を示唆する史実はほかにもある。中臣国子を本願とする中臣寺（法光寺）は添下郡に立地し[37]、中臣習宜朝臣氏は添下郡北部を本拠とし[38]、中臣氏氏社の枚岡神社は、添下郡から椣木峠・暗峠を越えた河内国河内郡にあった。光明皇太后は、こうした地域の所領・別業群を不比等から受け継ぎ[39]、聖武太上天皇の死去に伴って東大寺に施入した——これが私の想定する「清澄荘の起源」である。

聖武太上天皇の死没直後に東大寺へ施入された荘園群については、「王家の家産」がそれに充てられ、当時の「王家の家産」は紫微中台が管理していたとされる[40]。確かにそのような荘園も少なくなかったろう。しかし、清澄荘の成立経緯からわかるように、「聖武の家産」とは由緒を異にする「光明の家産」も東大寺に施入されていたのである。その類例として、山城国玉井荘が挙げられる。玉井荘は天平宝字四年（七六〇）、光明皇太后の死去とともに東大寺に施入されたが、この地は橘氏の根拠地であり、近傍に法華寺領があることから推せば、光明の母・県犬養橘三千代の所領に起源をもつ荘園であろう。[41] また聖武の没後、東大寺大仏に献納された宝物も参考になる。国家珍宝帳の「先帝翫弄之珍、内司供擬之物」や大小王真蹟帳の「先帝之玩好」は聖武の私財と言ってよかろうが、藤原公真蹟屏風帳には、光明が不比等から受け継いだ「妾之珍財」が載せられていた。種々薬帳も皇后宮職施薬院に関わるものかもしれない。[42] このように大仏に献納されたのは「聖武の家産」のみではなく、そこには「光明の家産」も含まれていた。動産と不動産の違いはあっても、資財の施入という点では変わるところがない。

東大寺領荘園の形成を考える場合、「聖武の家産」とともに「光明の家産」を視野に入れねばならない。両者を「王家の家産」と一括してしまうと、さまざまな歴史的経緯が捨象され、理解も平板なものになりかねない。「東大寺及び天下の国分寺を創建するは、もと太后の勧むるところなり[43]」と称され、実際にも皇后宮職と造東大寺司が密接な関係にあったように、光明皇后は東大寺の創建・経営に大きな役割を果たした。聖武の没後は、彼女が檀越としての立場を継承したと考えることもできる。その結果として藤原氏（中臣氏）や橘氏の旧所領が流入し、東大寺領として統合されていく――このような可能性を視野に入れながら、東大寺領古代荘園の形成を考えることが必要ではあるまいか。

第二章　興福寺領京南荘

第一節　京南荘と光明皇后忌日料田

興福寺領京南荘は平城京左京南郊（添上郡）の荘園である。右京南郊の東大寺領清澄荘が古代荘園から中世荘園へ続いていったのに対し、京南荘における古代と中世の関係はいささか複雑であった。まずは中世荘園としての様相を確認することから始めよう[44]。

京南荘は興福寺寺門領で[45]、中世には光明皇后忌日法会の財源とされた。『興福寺年中行事』二、光明皇后御忌日事によれば、法会は毎年六月七日に興福寺講堂で行なわれ、遅くとも正治二年（一二〇〇）には「越田尻所当米」が供料に用いられていた。同史料に引く安元三年（一一七七）三月日の興福寺別当等起請文によれば、光明の死後、高野姫天皇（孝謙太上天皇）が「京南熟田四十八町」を興福寺に施入した。五師所はこれを賃租に出して忌日法会を勤めてきたが、「近代」では料田の耕作者が「段別一斗」の地利を弁進しないため、「毎年ノ聖忌ハ有名無実」となっている。そこで制札を現地に立て、厳密な徴収を行なうことを取り決めたのである。また、同じく引用された建久二年（一一九一）六月二十二日の興福寺公文所下文によれば、京南荘の「御忌日田四十八町」（「京南荘四十八町」とも記す）が旱損しているため、能登川・岩井川からの用水を神殿荘の次に用い、「七箇日夜分水」として灌漑することを認めている。

能登川・岩井川の用水相論はその後、中世を通じて繰り返され、三橋荘・神殿荘・波多杜新荘とならんで京南荘・越田尻荘・四十八丁がこれに関与した[46]。そのため後三者はそれぞれ別領域であった如くであり、従来の研究もそう解しているが、少なくとも十二世紀後葉においては光明皇后忌日料田が四八町あり、「京南荘」とも「越田尻」とも呼ばれていたことは明白である。中世興福寺は四八町の料田の起源を孝謙太上天皇の施入に求め、安元三年に至ってその「再建」を図ったと、とりあえずは理解しておくことにする。

【史料⑦】

光明皇后忌日料田の興福寺への施入は、天平宝字五年（七六一）に行なわれた[47]。

表　延久二年「興福寺大和国諸荘田畠坪付帳」の添上郡記事

	総田畠	本願施入	国議不輸免	雑役免
櫟本荘	32.4.220	0.0.000	0.0.000	32.4.220
西井殿荘	13.3.120	0.0.000	0.0.000	13.3.120
某荘	9.6.070	0.0.000	6.0.000（？）	3.6.070
大淵荘	2.5.000	0.0.000	0.0.000	2.5.000
杜本荘	15.0.010	0.0.000	0.0.000	15.0.010
安曇田荘	2.5.000	0.0.000	2.5.000（常）	0.0.000
蔵荘	21.3.320	0.0.000	5.0.000（常）	16.3.320
和邇荘	20.4.290	0.0.000	0.0.000	20.4.290
横田荘	12.5.000	0.0.000	0.0.000	12.5.000
櫟田荘	14.3.260	0.0.000	0.0.000	14.3.260
箕田荘	5.0.000	0.0.000	0.0.000	5.0.000
檜垣荘	1.0.000	0.0.000	1.0.000（常）	0.0.000
楊生荘	5.0.000	0.0.000	5.0.000（幣）	0.0.000
池田荘	55.1.300	0.0.000	6.0.000（常）	49.1.300
一郡総計	210.3.150	0.0.000	25.5.000	184.8.150

※田畠面積は、例えば「32.4.000」は32町4段0歩を表わす。
※国議不輸免田畠の略号は次の通り。常：常楽会免田、幣：春日社御幣免田、？：未詳免田。

勅。

京南田卌町

右、奉為藤原皇太后、毎年忌日講説梵網経料。永入山階寺。

京南田十町

右、奉為藤原皇太后、於法華寺浄土院、自忌日初逮于七日、毎年請屈浄行僧十人、礼拝阿弥陀仏料。永入法華寺。

天平宝字五年六月八日

中世興福寺の主張と同じく、右の勅では「京南」の田が施入されているが、熟田かどうかは明らかでなく、また面積は四〇町であって四八町ではない。この齟齬は決して看過できず、史料⑦の「京南田卌町」がそのまま京南荘（京南熟田四十八町）に続いてきたとする言説に対し、一抹の不安を抱かしめる。

そしてその不安は、十一世紀後葉に興福寺領京南荘が存在しなかったという事実を知ることにより、絶対的不信に変わるであろう。

すなわち、延久二年（一〇七〇）九月二十日「興福寺大和国諸荘田畠坪付帳[48]」は大和国に所在するすべての興福寺（寺門）領荘園の田畠を注進した文書であるが、その添上郡条を検するに、京南荘（もしくは類似する荘園）はどこにも出てこない（表）。ただし添上郡条には中欠部分があり、そこに六町の国議不輸免田畠を含む、総面積九町六段七〇歩の荘園が記載されていたらしいが、やはり京南荘とは別ものである。つまり、十一世紀後葉の添上郡には「京南田卌町」の後身である興福寺領荘園も、中世京南荘の前身となる興福寺領荘園も存在しなかったのである。古代から中世への連続を語る十二世紀末の起請文をそのまま信じることはできず、天平以来の京南荘の経営を「再建」するという言説は、同荘を実質的に「創出」するための方策だったのかもしれない。仮にこの推測が的を外していたとしても、興福寺領京南荘が十一世紀末〜十二世紀後葉に中世荘園として成立したことは、従来の理解とは異なるものの、まず疑いようのない事実なのである。

第二節　京南荘・越田尻荘の直接的起源

中世の京南荘が古代の光明皇后国忌料田から連続しないとすれば、京南荘は何を母体として成立したのだろうか。それを解く鍵は「四十八町」という当初面積にある。

やや迂遠な行論となるが、応永六年（一三九九）の段銭帳を見てみよう。そのころ添上郡の平城京南辺〜東南辺には次のような興福寺関係荘園があった[49]。

寺門領荘園……左京八条九条通（六六町半、西九条郷）、京南荘（三三町）、東九条郷（四四町八段）、三橋荘（三五町）

一乗院領荘園……波多杜新荘（七町四段半）

大乗院領荘園……神殿荘（三三町九〇歩）、越田尻荘（一九町九段大）

このうち傍線を引いたものが、能登川・岩井川用水相論に関わった六荘のうちの五荘である。残る一荘、四十八丁なる興福寺寺門領が段銭帳に姿を見せないのは、やはり京南荘と同一実体だったためと考えるのが最も妥当であろう[50]。

ここで問題となるのは越田尻荘である。光明忌日法会には、先述のように「越田尻所当米」が用いられたと記され、京南荘との関係がいよいよ複雑に見える。しかし「越田尻」が平城京南東角にあった越田池（五徳池）の西方に連なる地域（後述の京南辺条条里区）の呼称であるのに対し、「越田尻荘」はその地域に成立した荘園の名であって、両者がぴたり一致するとは限らない。京南荘が越田尻地域にあったため、忌日料田は「京南荘四十八町」とも「四十八町在越田尻[51]」とも表現されたのであろう。

越田尻荘は大乗院領荘園であるが、もとは興福寺龍華樹院の所領であった。龍華樹院第三代院主実覚（一一三〇死没）の忌日料を支弁したことから、実覚ゆかりの私領、つまり十二世紀前半の寺僧領に由来する可能性が高い[52]。そして『三箇院家抄』巻二、越田尻荘によれば、本来の田数は「二十四町一反大」、つまり光明忌日料田四八町のちょうど半分であった。さらに『蓮成院記録』天文二年（一五三三）十二月条によれば、忌日料米は「四十八町」から召されたが、そのうち二四町は大乗院重色領（越田尻荘）にあたるため、同荘沙汰人はここには負所を懸けない（賦課しない）はずだと主張し、残る二四町からの徴収を求めたという。つまり寺門領京南荘は本来四八町からなっていたが、うち二四町は龍華樹院領（のち大乗院領）と重複して越田尻荘と呼ばれ、その荘務権は院家側が持っていたということなのである[53]。したがって段銭帳に見える京南荘とは、四八町のうち興福寺寺門が荘務権を確保した領域のみを指し、本来の田数は二四町、十四世紀末には三三町であった。

では、田数二四町とはいかなる数字なのか。答えはやはり『三箇院家抄』に書いてある。その越田尻荘条の冒頭に「延喜式巻第四十八巻馬寮云、大和国京南荘一処、墾田廿四町一段一百卅五歩……」という注目すべき注記があ

り、馬寮領との関係が述べられているのである。関連する古代史料を引いておこう。(54)

【史料⑧】

大和国京南荘幷率川荘墾田廿四町一段一百卅五歩、佃十六町一段一百卅五歩、摂津国二町、信濃国一百八十四町五段二百五十三歩、越前国少名荘卅五町八段二百九十六歩、佃十町、播磨国一町。

右、左馬寮毎年依件営種、自余皆収地子。（中略）

大和国京南荘一処、墾田廿四町一段一百卅五歩、佃十六町一段一百卅五歩、鼠栗栖荘一処、地十五町、栗林一町、信濃国一百八十四町五段二百五十三歩、（中略）

右、右馬寮。並准上条。

【史料⑨】

一、充左馬寮水田二百卌七町五段三百廿四歩

大和国廿四町一段百卅五歩

（摂津国・越前国・播磨国・信濃国を省略）

陸田十七町一段百八十歩

大和国二町五段

山城国十四町六段百八十歩

一、充右馬寮水田二百卌五町五段三百廿四歩

大和国廿四町一段百卅五歩

（信濃国・越前国・播磨国を省略）

陸田十七町一段百八十歩
大和国二町五段
山城国十四町六段百八十歩
勅。依前件。
大同三年十月十三日

これですべての疑問は氷解する。左右馬寮は大同三年（八〇八）正月、内厩寮・主馬寮と兵馬司を統合・再編して生まれたが、年内に水田・陸田が施入され、このうち水田が『延喜式』規程に継承された。大和国では左馬寮に「京南荘幷率川荘」、右馬寮に「京南荘」としてそれぞれ水田二四町一段一三五歩が与えられた。合わせて四八町二段二七〇歩。これが中世の光明忌日料田四八町の直接的起源となったのである。

左右馬寮領京南荘が興福寺寺門領京南荘に転成するプロセスは、おそらく次のようであったと推測される。十一世紀後葉から大和国司の権力が消滅していくにつれ、大和国の公田は多くの私領（寺僧領）に分割されていった。(55) 左右馬寮田もそれぞれに私領化したが、左馬寮田に由来する（そう考える理由は後述する）寺僧領は龍華樹院領となることによって荘号を獲得した。しかし、平城旧京地域の土地支配を進める興福寺寺門組織は、十二世紀後葉までに、左右馬寮領上に成立した私領（龍華樹院領を含む）をまとめて京南荘と称し、由緒として天平宝字年間の京南田勅施入を持ち出して、越田尻地域の四八町全体を忌日料田に指定したと考えられる。四〇町と四八町の違いはこのようにして発生したのである。

第三節　京南辺条条里区と京南田四〇町

天平宝字五年（七六一）施入の京南田四〇町は、中世の興福寺領京南荘四八町に直接つながるものではなかった。しかし、両者が全く同じ地域にあった可能性もなお残されている。その場合、「京南田四〇町→左右馬寮領田四八町→興福寺領京南荘四八町」という転変を想定することになる。かかる想定は果たして可能であろうか。

まず、勅施入の京南田四〇町が廃止・収公されたかどうかが問題である。と言うのも、天平宝字五年勅（史料⑦）は『弘仁格』民部下に収められたが[56]、同書の編纂方針は現行法を集成することにあり[57]、弘仁十一年（八二〇）の撰進時には京南田施入勅が生きていたと見るのが自然だからである。一方、大同三年（八〇八）の左右馬寮田施入勅も同じ『弘仁格』民部下に採録されている。京南田四〇町が収公され、左右馬寮田四八町に姿を変えたとする考え方は、『弘仁格』の基本性格に照らせば成立困難であろう。

しかし、京南田四〇町が延久二年（一〇七〇）に興福寺領荘園でなかったことも事実であり、それまでに収公されたか、退転したと考えるほかない。ここで参考になるのが興福寺維摩会料田の推移である。維摩会は藤原鎌足の忌日法会であるが、料田一〇〇町は天平宝字元年（七五七）に興福寺へ勅施入され、若干の田地を加えて、延久の坪付帳にも「本願施入田畠」の一部として登載された[58]。重要な寺領荘園、特に膝下地域の荘園はなかなか退転しないのである。前章で見たように、東大寺領諸荘園も同様であった。したがって、光明皇后の忌日料田四〇町が延久年間までに消滅したのは、退転よりも収公にその原因を求めるべきではあるまいか。そして、収公の契機として想定されるのは、光明皇后国忌の廃止である。天皇・皇后・天皇尊属の国家的忌日法会を国忌と言い、光明皇后の国忌は天平宝字四年十二月に制度化されたが、延暦十年（七九一）三月に廃止されたと見られる[59]。このとき興福寺の変化は劇的であった。桓武天皇は皇后藤原乙牟漏の国忌を興福寺講堂で行なうことを決め、それまでの本尊不空羂索観音に代えて、新造の阿弥陀三尊像を安置したのである[60]。光明の国忌を否定し、乙牟漏の国忌を創始する意図は明らかで、同時に光明国忌料としての京南田が収公されたとしても、何ら不自然ではなかろう。

以上の点から私は、京南田四〇町施入勅が『弘仁格』に収載されたのは、ひとまず編纂上の不備と考えておきたい。その上で八・九世紀の沿革を再確認すれば、興福寺への京南田勅施入（天平宝字五年）→光明国忌廃止に伴う収公（延暦十年頃）→左右馬寮領への施入（大同三年）、となる。こうした理解に対しては、京南田・左右馬寮領・京南荘の所在を考えることで、いささかの傍証が得られる。最後にこの点を略述しておく。

左右馬寮領田四八町は、平城左京九条大路に南接する京南辺条条里区に存在したと考えてよい。京南辺条条里区とは、平城遷都当初の左京「十条」条坊が早い時期に廃止され、耕地化することによって生まれた特殊条里地域である。[61]設計規模は東西二一三四メートル、南北四六二メートル。下ツ道を基点として一里（約二六町）、二里（一三・二町）、三里（四〇町＋四町）から構成され、各里の特徴的な坪付は**図2**のように復原されている。[62]

まず左右馬寮領田の所在であるが、史料⑨をよく見ると、水田四八町二段二七〇歩・陸田五町からなるひとまとまりの所領を等分して、左馬寮・右馬寮に与えたものと推定される。総面積は五三町二段二七〇歩であるが、興味深いことに、これは京南辺条のうち二里と三里主要部を合わせた面積＝五三町二段と見事に一致する。[63]また、史料⑧では左馬寮田が「京南荘幷率川荘」、右馬寮田が「京南荘」と呼ばれているが、「率川荘」とは率川の下流にあたる東堀川が、京南辺条三里の中央やや西側を南北に貫流している部分（地割に顕然としている）を特にそう呼んでいるのであろう。これを含んだ地域が「京南」、そこに成立したから「京南荘」であって、その東半分が左馬寮、西半分が右馬寮に与えられたのである。

中世京南荘は先述のように、左右馬寮領田を引き継いだ寺門領荘園で、その半分は龍華樹院領（大乗院領）の越田尻荘でもあった。室町時代の越田尻荘には「辰市童子田」という給田が置かれていたが、『三箇院家抄』巻一に

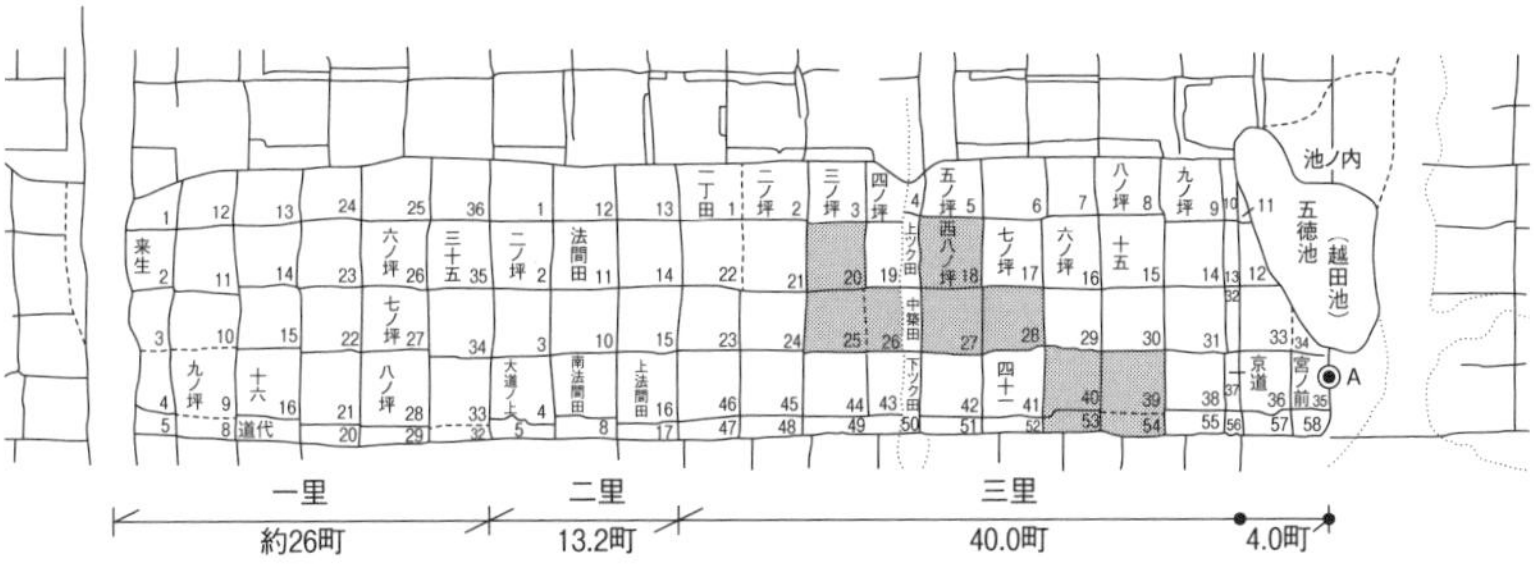

図2　京南辺条条里区復原図

（井上2004に加筆。アミカケは辰市童子田があった坪）

よれば、その所在坪の字名は「ヒツメ」「ウシコ」「ヒノシリ」「モソ井」「キツ子タ」「ニシハノツカ」「スミ田」「野田」「フルカワ」「廿カツホ」「ミソソ井」「キツ子ツカ」であった。このうち傍線の字名は近代まで残存し、坪番号を示す字名を含めて、図2のようにすべて京南辺条三里の主要部（四〇町）内にある(64)。しかも、そのほとんどは二里と三里主要部を合わせた旧左右馬寮領田、すなわち京南荘推定領域の東半分に位置するのであって、越田尻荘が左馬寮領田の後身であることを強く示唆している。

最後に古代の京南田であるが、これについては京南辺条条里区にあったという学説が説得的である(65)。光明皇后国忌料の京南田には、興福寺領四〇町とともに法華寺領一〇町があった（史料⑦）。京南辺条二里には九坪に「南法間田」、一一坪に「法間田」、一六坪に「上法間田」という小字名が残るが、これは応永十三年（一四〇六）九月「法花寺田畠本券」に見える(66)「京南四坪」の「法花寺田」と一連のもので、転訛は見られるものの、二里に法華寺田がまとまっていたことを推測させる。さらに三里主要部の面積が興福寺領と同じ四〇町であることから、二里に法華寺、三里に興福寺の国忌料田が置かれたと推測されているが、私もこれに賛同する。そう考えることによって初めて、京南辺条二里の坪がわずか三列しかなく、広大な三里の坪付が大和国統一条里と全く異なる理由が説明できるからである。天平宝字五年の施入とともに、興福寺・法華寺の経営に即して里・坪の再編がなされ、それが神護景雲元年（七六七）・宝亀四年（七七三）・同十年・延暦五年（七八六）の班田図に用いられ、延暦十年頃の収公後も踏襲され続けたのであろう。

以上、いささか煩瑣な行論となり、先行研究の再確認に過ぎない部分も多かったが、得られた結論は単純である。すなわち、法華寺領を含めた光明皇后国忌料田五〇町、左右馬寮領の京南荘・率川荘五三町余、そして中世興福寺領京南荘四八町はすべて京南辺条条里区の二里・三里に存在した。十一世紀後葉〜十二世紀中葉、中世寺院への脱皮を図る興福寺寺門は勅施入という古代の由緒を持ち出し、領有の実が全くないこの地域の私領をまとめて、京南荘という中世荘園を創出したと考えられるのである。

古代の京南田四〇町と中世の京南荘四八町は同じ場所に存在したが、興福寺の支配は連続していたわけではない――本章で明らかにしたのは、わずかこれだけのことである。ただ、両者の間に左右馬寮領時代を措定することにより、平城京南郊の地域史研究に新しい視界が開けてくるかもしれない。

例えば、京南辺条条里区の地目である。これまで根拠らしい根拠もなく、勅施入以前は乗田であったなどと説かれてきたが(67)、史料⑧がその反証となるだろう。少なくとも二里・三里のほとんどは、九世紀初頭には「墾田」だったのである。左右馬寮の財源として機能するためには、その多くが耕地化されていなければならないが、地目としては開発によって生み出された墾田であり、大和国司に田租を徴収されていたと思しい。

京南田四〇町の収公から左右馬寮への施入まで、私見によれば二十年も経っていなかった。この収公が荒廃をもたらし、全面的な再開発がなされたとは考え難いから、光明国忌料田のころにも、その地目は墾田だったのではあるまいか。そして料田としての収穫が期待された以上、天平宝字五年の勅施入時には耕地化がかなり進んでいたと見るほかない(68)。つまり平城京「十条」条坊の廃絶後、その地域は墾田として開発され、おそらく八世紀半ばまでには水田景観が広がり、特殊条里が施行されたと考えられるのである。
京南田・京南荘に関する知見には、このほかにも示唆的な点が多い。都城制や条里制を考える上できわめて重要な地域だけに、今後とも厳密な検討が必要であろう。

おわりに

平城京の右京南郊にあった東大寺領清澄荘、そして左京南郊にあった興福寺領京南荘について、初歩的な検討を加えてきた。貧しい結論を要約することはしないが、両荘が光明皇后との関わりという共通点をもつにもかかわらず、古代荘園から中世荘園への連続・不連続において、全く対照的な様相を見せたことは興味深い。その要因の一つは、左京・右京に南接する地域の歴史的背景と利用法の差異にあるのかもしれない。

中世荘園について語られる古代の由緒――これを取り扱うには、きわめて慎重な手続きが必要である。これまで清澄荘の由緒は疑われすぎ、京南荘をめぐる言説は信頼されすぎてきたのである。蹉跌の理由は明らかであろう。古代荘園と中世荘園の研究が分断され、通時代的な史料の検討が不十分であったことである。しかし近年、こうした限界を打破するような新しい研究が、着実に積み重ねられてきている。考古学や歴史地理学の成果も著しい。大和国には東大寺・興福寺を中心とする豊かな史料群があり、これからも荘園史研究や地域史研究の基盤となっていくに違いない。時代と方法を超えた意欲的研究がいっそう進められることを願いつつ、冗長にわたった論を閉じることにしたい。

註

（1）「古代荘園」の概念については、石上英一「古代荘園と荘園図」（金田章裕他編『日本古代荘園図』、東京大学出版会、一九九六年）による。
（2）堀池春峰「東大寺領清澄荘の経営」（郡山町史編纂委員会編『郡山町史』、郡山町、一九五三年）、同「清澄庄を中心とする東大寺領」（柳沢文庫専門委員会編『大和郡山市史』、大和郡山市役所、一九六六年）、朝倉弘『奈良県史　第十巻　荘園』（名著出版、一九八四年）、泉谷康夫「東大寺の寺領」（角田文衛編『新修国分寺の研究　第一巻　東大寺と法華寺』、吉川弘文館、一九八六年）、安田次郎「大和国」（網野善彦他編『講座日本荘園史7　近畿地方の荘園Ⅱ』、吉川弘文館、一九九五年）、伊藤寿和「東大寺領大和国「清澄荘」に関する歴史地理学的研究」（『日本女子大学紀要』文学部五〇、二〇〇一年）。
（3）東南院文書、『平安遺文』二五七号。
（4）両史料における七歩の差は、史料②の脱字と解釈すべきであろう。
（5）薬園荘の田畠数は、「畠現作廿三町七段六十歩」と「田五十二町四段百五十歩」の記載を尊重して計算した。この史料を含めた鎌倉時代の土地利用状況については、伊藤寿和「東大寺領大和国「清澄荘」に関する歴史地理学的研究」（前掲）に詳しい。
（6）天喜五年九月三日「大和国清澄荘解案」（東大寺文書、『平安遺文』八六四号）。
（7）康平元年十月二十三日「大和国清澄荘司等解案」（東大寺文書、『平安遺文』九一二号）。
（8）康平三年五月二十九日「官宣旨案」（東南院文書、『平安遺文』九五六号）。
（9）永久五年七月七日「官宣旨」（保坂潤治氏所蔵文書、『平安遺文』一八七五号）。
（10）二つの井堰はともに郡山丘陵西方で富雄川から取水し、上流側の三箇井堰からの井手は田中・新木などの一三〇町を、すぐ下流の十箇井堰からの井手は外川・田中・小南・豊浦・本庄などの三三二町を灌漑してきた（農林省農地局『大和川水系農業水利実態調査書』、一九五六年）。両井堰は一九八七年に統合されたが、井手は旧態を残している。なお、伊藤寿和「東大寺領大和国「清澄荘」に関する歴史地理学的研究」（前掲）は、十箇井手は富雄川の旧流路を利用したものと考え、本庄・杉遺跡で旧河道が検出されたことから、富雄川は十五世紀まで清澄荘内を流れていたと推定した。しかし、『七代記』や『日本霊異記』上巻第四縁には「鵤の富の小川の絶えばこそ我が大君の御名忘られめ」という和歌が見え、遅くとも八世紀後葉には富雄川本流は斑鳩に向かっていた。したがって、ここで問題となる十二世紀にも富雄川は清澄荘のはるか西方を南流しており、そこから長大な井手によって灌漑がなされていたと推定される。なお、富雄川の旧河道が十箇井手とどう関わるかは難しい問題であるが、平安時代には「清澄深溝」(『東大寺要録』巻四、諸院章、天地院条)と呼ばれたと思しく、東大寺尊勝院根本所領の添下郡深溝荘(『東大寺続要録』諸院編、尊勝院条)もこれに関係するものであろう。

(11)『東大寺要録』巻四、諸院章、天地院条、『東大寺別当次第』。

(12)東南院文書、『平安遺文』三三一二号。

(13)文治四年(カ)八月十一日「東大寺衆徒衆議定状」(断惑義抄上紙背文書、『鎌倉遺文』補七三号)、正安二年十一月二十日「大和国郡山・薬園両荘民連署起請文」(東大寺文書、『鎌倉遺文』二〇六四三号)。

(14)安田次郎「大和国」(前掲)。朝倉弘も同じような表現を用いる。

(15)泉谷康夫「東大寺の寺領」(前掲)。伊藤寿和「東大寺領大和国「清澄荘」に関する歴史地理学的研究」(前掲)も北地区に関して、泉谷説に賛同している。

(16)泉谷は同「東大寺領大和国河上庄の構造」(『赤松俊秀教授退官記念国史論集』、同記念事業会、一九七二年)において、春日荘が天平勝宝八歳の勅施入にかかるものではなく、延暦八年(七八九)に勅旨所領「春日酒殿東院」が施入されて成立したと論じた。しかし、その施入文書(古代学協会所蔵文書、『平安遺文』四八九七号)は春日荘に関する「天平勝宝八歳図」に言及しており、追加施入であったことは明白である。吉川真司「東大寺山堺四至図」(前掲『日本古代荘園図』、一九九六年)も参照のこと。

(17)岸俊男「東大寺山堺四至図について」(同『日本古代文物の研究』、塙書房、一九八八年、初発表一九八三年)。

(18)Hの勅施入文案については、田島公「美濃国東大寺領大井荘の成立事情」(『ぐんしょ』六〇・六一、二〇〇三年)。

(19)大治五年(一一三〇)三月十三日「東大寺諸荘文書并絵図等目録」(東大寺文書、『平安遺文』二一五六号)。必要部分のみを抜き出した。

(20)鷺森浩幸「文図について」(同『日本古代の王家・寺院と所領』、塙書房、二〇〇一年、初発表一九九四年)。

(21)年月日未詳「公験勘渡状案」(東大寺文書、『平安遺文』未収)。必要部分のみを抜き出した。栄原永遠男「古代荘図の作成と機能」（前掲『日本古代荘園図』、一九九六年）に全文が紹介されている。

(22) 絵図aはA・B・D・「村屋所」・E・「堀江所」・Fを、絵図bはC・D・G・「因幡荘」を収めている。村屋所は大和国村屋荘で施入年代は不明、堀江所が摂津国新羅江・安曇江荘であれば天平勝宝二年・四年の買得に起源をもつ（栄原永遠男「文献からみた奈良時代の難波」、直木孝次郎他編『クラと古代王権』、ミネルヴァ書房、一九九一年）。因幡荘は近江国所在、「神崎郡因幡荘券案　一巻一枚　勝宝八年」なる情報が伝わり（仁平三年四月二十九日「東大寺諸荘園文書目録」、東大寺文書、『平安遺文』二七八三号）、天平勝宝八歳施入の可能性もある。丸山幸彦「天平勝宝八年六月勅施入庄・所群の性格と機能」（同『古代東大寺庄園の研究』、渓水社、二〇〇一年）はすべて同年施入と断ずるが、各荘園の性格の理解とあわせて、抜本的な再検討が必要である。

(23) 丸山幸彦「天平勝宝八年六月勅施入庄・所群の性格と機能」（前掲）。

(24) 天平勝宝八歳六月十二日「大倭国飛驒坂所施入勅書案」（内閣文庫所蔵文書、『大日本古文書』二五巻二〇〇頁）、天平勝宝八歳十二月十七日「摂津国猪名所地図写」・同年十二月十六日「摂津国水成瀬荘地図」（ともに東京大学史料編纂所編『日本荘園絵図聚影　釈文編一　古代』、東京大学出版会、二〇〇七年）。

(25) 鬼頭清明「皇后宮職論」（同『古代木簡と都城の研究』、塙書房、二〇〇〇年、初発表一九七四年）。

(26) 正倉院文書続々修四三―二二・四四―三裏、『大日本古文書』三巻四一二頁、一一巻三五〇頁。この史料の性格については、山本幸男「正文に転用された皇后宮職（紫微中台・坤宮官）反故文書」（『相愛大学研究論集』六、一九九〇年）、参照。

(27) 吉田晶「八・九世紀の手工業生産をめぐる諸問題」（『ヒストリア』三一、一九六一年）、浅香年木「平安期の在地における手工業生産」（同『日本古代手工業史の研究』、法政大学出版局、一九七一年）、山中敏史「八・九世紀における中央官衙と土師器」（『考古学研究』七六、一九七三年）、など。

(28) 山本幸男「孝謙天皇と大郡宮」（続日本紀研究会編『続日本紀の時代』、塙書房、一九九四年）。

(29) 鬼頭清明「皇后宮職論」（前掲）。

(30) 吉田晶「八・九世紀の手工業生産をめぐる諸問題」（前掲）。

(31) 吉田晶「八・九世紀の手工業生産をめぐる諸問題」（前掲）、鬼頭清明「皇后宮職論」（前掲）、松原弘宣『日本古代の支配構造』（塙書房、二〇一四年）。

(32) 橋本義則「平城宮の内裏」(同『古代宮都の内裏構造』、吉川弘文館、二〇一一年、初発表一九九一年)、山本幸男「孝謙天皇と大郡宮」(前掲)。

(33) 大郡宮では五位以上侍臣に宴を、薬園宮ではそれ以外の五位以上官人に饗を賜わったと見てよい。『続日本紀』の同様の事例として、天平五年正月庚子朔条(中宮で侍臣に宴、朝堂で自余五位以上に饗)、同六年正月癸亥朔条・七年正月戊午朔条・十年正月庚午朔条(中宮で侍臣に宴、朝堂で五位以上に饗)、宝亀九年正月戊申朔条(内裏で次侍従以上に宴、朝堂で自余五位以上に饗)がある。いずれも二つの饗宴空間は近接している。

(34) 大郡と郡山の関係は、夙に田村吉永「郡山の起源」「京南地域の開発」(『郡山町史』、前掲)が指摘し、大郡宮と薬園宮の位置比定を行なっている。

(35) 九世紀の「典薬寮園」は平安京右京北郊の葛野郡の地、平野神社に南接する位置にあった。『類聚三代格』巻一、神社事、貞観十四年十二月十五日太政官符。

(36) 『三宝絵詞』下に「(維摩会を)山階の陶原の家より法光寺にうつし行ふ。法光寺より殖槻寺にうつしおこなふ」、『伊呂波字類抄』寺に「殖槻寺　自法光移行此寺於維摩会、其後移行山階寺云々」、『維摩会表白』に「和銅二年己酉四月、皇都遷於平城、法会従復移。即引厩坂之講筵、就植槻之浄場。……同七年、即移法会於此寺(＝興福寺)」とある。福山敏男「殖槻寺(建法寺)」(同『奈良朝寺院の研究』、高桐書院、一九四八年)、参照。植槻寺の遺跡については、保井芳太郎『大和上代寺院志』(大和史学会、一九三二年)。

(37) 『尊卑分脉』巻三、摂家相続孫は、中臣国足に「法光寺本願、号中臣寺、在大和国添下郡」と注する。註(36)引用史料に見えるごとく、維摩会の開催が伝えられる寺院である。なお、寛永十六年(一六三九)に郡山城主となった本多氏の菩提寺も法光寺という名をもち、郡山丘陵の現永慶寺の地にあったが、「草創の由緒不明」(『郡山町史』、前掲)のため、白鳳寺院法光寺(中臣寺)との関係は判然としない。

(38) 岸俊男「習宜の別業」(同『日本古代政治史研究』、塙書房、一九六六年)。

(39) 薬園についても、光明皇后・藤原不比等に関わりの深い皇后宮職施薬院との関係が想定できるが、確証はない。なお、「鎌足―不比等―光明」と継承された藤原氏首長権については、吉川真司「藤原氏の創始と発展」(同『律令官僚制の研究』、塙書房、一九九八年、初発表一九九五年)を参照のこと。

(40) 鷺森浩幸『日本古代の王家・寺院と所領』(前掲)。

(41) 吉川真司「平安京と地域社会」(『県史二六　京都府の歴史』、山川出版社、一九九九年)、参照。
(42) いずれも『寧楽遺文』中巻所収。
(43) 『続日本紀』天平宝字四年六月乙丑条。
(44) 京南荘については、朝倉弘『奈良県史　第十巻　荘園』(前掲)、『角川日本地名大辞典二九　奈良県』(角川書店、一九九〇年)、安田次郎「大和国」(前掲)、など。
(45) 寺門領荘園は大乗院領・一乗院領などの院家領荘園とは支配系統を異にする、興福寺の基幹的荘園群である。泉谷康夫「興福寺の寺門領庄園について」(『国立歴史民俗博物館研究報告』四七、一九九三年)、安田次郎「雑役免荘園と院家領荘園」(同『中世の興福寺と大和』、山川出版社、二〇〇一年、初発表一九九〇年)、参照。
(46) 宝月圭吾『中世灌漑史の研究』(畝傍書房、一九四三年)第五章。『大乗院寺社雑事記』巻一一九、文明十七年六月日「能登岩井両河用水相論条々」によって大要が把握できる。
(47) 『類聚三代格』巻一五、寺田事。『続日本紀』天平宝字五年六月辛酉条には「於山階寺、毎年皇太后忌日講梵網経、捨京南田卌町、以供其用。又捨田十町、於法華寺、毎年始自忌日一七日間、請僧十人、礼拝阿弥陀仏」と見える。山階寺(興福寺)に喜捨された京南田の面積は、卜部本系『続日本紀』や『東大寺要録』巻一〇は「卅町」とするが、金沢文庫本系『続日本紀』や『日本紀略』『類聚三代格』などは「卌町」とする。
(48) 興福寺所蔵文書(東諸郡)・天理図書館所蔵文書(西諸郡)、『平安遺文』四六三九・四六四〇号。荘園ごとに不輸免田畠・雑役免田畠のすべてを記載し、例えば西諸郡帳が「大和国荘々田畠二千三百五十七町九段三十五歩内、西諸郡添下平群城下十市高市葛下忍海葛上宇智吉野広瀬、幷十筒郡田畠坪付」と書き出すことから、「大和国諸荘田畠坪付帳」と呼ぶのが望ましく、「大和国雑役免坪付帳」なる通称は使わないほうがよい。
(49) 応永六年正月十八日「興福寺造営料大和国八郡段米田数注進状」(『春日大社文書』四巻七九七号)。神殿荘は同文書に載っていないが、大乗院根本所領の一つである。このため段銭が賦課される田数を参考のため掲げた。
(50) 地名辞書等では、四十八丁(荘)は興福寺寺門領荘園にして光明皇后忌日料所であると解説されており、その性格は京南荘と完全に一致する。用水相論関係史料において、京南荘と四十八丁が別々に記された理由については、後考を期したい。
(51) 『大乗院寺社雑事記』文正元年六月七日条。

(52) 安田次郎「大和国」(前掲)。
(53) 『角川日本地名大辞典二九　奈良県』(前掲)の「こしたじりのしょう」は、「光明皇后忌日料所四十八町荘の約半分が分立して成立したらしい」とするが、やや不正確。
(54) 史料⑧は『延喜式』巻四八、左右馬寮、史料⑨は『類聚三代格』巻一五、諸司田事。
(55) 川端新『荘園制成立史の研究』(思文閣出版、二〇〇〇年)。
(56) 『弘仁格抄』下。後述する大同三年十月十三日勅(史料⑨)も同様。
(57) 吉田孝「墾田永年私財法の基礎的研究」(同『律令国家と古代の社会』、岩波書店、一九八三年、初発表一九六七年)。
(58) 吉川真司「行基寺院菩提院とその寺田」(薗田香融編『日本古代社会の史的展開』、塙書房、一九九九年)、同「安祥寺以前」(第一四研究会編『安祥寺の研究』Ⅰ、京都大学、二〇〇四年)。
(59) 『続日本紀』天平宝字四年十二月戊辰条・延暦十年三月癸未条。中村一郎「国忌の廃置について」(『書陵部紀要』二、一九五二年)、堀裕「平安初期の天皇権威と国忌」(『史林』八七―六、二〇〇四年)、参照。
(60) 麻木脩平「興福寺南円堂の創建当初本尊像と鎌倉再興像」(『仏教芸術』一六〇、一九八五年)。藤原乙牟漏の国忌法会が興福寺で行なわれたことは『新撰年中行事』上、三月十日条に明記されている。乙牟漏は延暦九年閏三月十日に死去し、翌年から忌日法会が国忌とされたが、それとともに光明皇后などの国忌が省除されたのであろう。その後、光明皇后忌日法会が興福寺でどうなったかは判然としない。十一世紀後葉～十三世紀中葉の別当日記を多数引用する『類聚世要抄』は、巻一二「光明皇后御関日事」において長承三年(一一三四)と安貞二年(一二二八)の二条の記文しか引いておらず、十二世紀前半に同法会があったことは確かだとしても、寺内で重視されていたとは言い難い。
(61) 小澤毅「平城京左京「十条」条坊と京南辺条条里」(菅谷文則編『王権と武器と信仰』、同成社、二〇〇八年)、井上和人「平城京左京南辺特殊地区再論」(『条里制・古代都市研究』三〇、二〇一五年)。こうした認識をもたらした下三橋遺跡の遺構・遺物については、大和郡山市教育委員会・元興寺文化財研究所編『平城京十条発掘調査報告書』(二〇一四年)。
(62) 井上和人「平城京羅城門再考」(同『古代都城制条里制の実証的研究』、学生社、二〇〇四年、初発表一九九八年）。

（63）陸田五町が水田と同様、機械的に等分された（できた）理由はさらに考えたい。

（64）井上和人「平城京羅城門再考」（前掲）の復原坪付では、樋詰（ヒツメ）が二五・二六坪、牛子（ウシコ）が二八坪、野田が三九・五四坪、古川（フルカワ）が二七坪、溝添（ミソソ井）が四〇・五三坪にあたる。さらに「ニシハノツカ」が「西八ノ塚」であれば「西八ノ坪」（一八坪）と関係し、また「廿カツホ」は二〇坪の意であろう（地名は遺っていない）。このうち二〇坪と二五坪は「東半分」ではないが、隣接はしており、荘域がやや変化したものと見られる。なお、『三箇院家抄』を用いて京南辺条条里区を考察した先行研究として、岩本次郎「平城京京南特殊条里の一考察」（『日本歴史』三八七、一九八〇年）があるが、史料纂集が未発刊だったためか、少々の誤読が見られる（内閣文庫本の写真を検したところ、史料纂集の翻刻は正確であった）。

（65）岩本次郎「平城京京南特殊条里の一考察」、井上和人「平城京羅城門再考」、小澤毅「平城京左京「十条」条坊と京南辺条条里」（いずれも前掲）。

（66）『大日本史料』七編八冊、応永十三年雑載。

（67）岩本次郎「平城京京南特殊条里の一考察」（前掲）。

（68）吉野秋二「京の成立と条坊制」（『都城制研究』三、二〇〇九年）は、①京南田を墾田ではなく熟田だと考え、②「京南辺条条里地域に熟田五〇町がまとまっている状況は想定し得ない」と断ずるが、①はおそらく誤りで、②にも確たる論拠が見当たらない。

平安期東大寺領庄園の運用とその変遷

中林隆之

はじめに

八世紀半ばに聖武天皇と光明皇后が建立した東大寺には、彼らの生前・没後を通じて多くの田地（墾田など）が施入・占定された。その結果、東大寺は全国に多くの庄園を有することとなった。こうして成立した東大寺領庄園の様相については、東南院に現存するA天暦四年（九五〇）「東大寺封戸荘園幷寺用帳」（『東南院文書』二―五四五）、B年月日不詳「東大寺領諸国荘家田地目録」（『東南院文書』三―五九七）、および『東大寺要録』（以下、『要録』と略記する）所収のC「諸国諸庄田地　長徳四年注文定」（『要録』巻第六封戸水田章第八）によって、十世紀末ごろまでの様子を概観することができる。

A目録所載の諸庄は、勅施入に由来する封戸とともに掲載されていた。またA～C目録所載の庄園は、相互に内容上重なる部分も多い。とくにB目録とC目録の記載内容はきわめて近似しているが、そのC目録は、東大寺の成立の由来とその権威・歴史的正統性を担保する目的で編纂された『要録』に掲載されていた。したがってこれらの目録にみられる諸庄は、東大寺にとって、歴史的に中核的地位を占める庄園群と認識されてきたものであったと考えられる。

そこで小稿では、まず、これらA～C目録に掲載された庄園群の形成のあり方、およびそれらの庄園群の運用の特徴とその変遷について、諸先学の研究成果[1]を踏まえつつ確認していくことで、平安期の東大寺の運営に果たした、これらの庄園群の位置づけを具体的に明らかにしてみたい。

また東大寺は、平安期以降、当初独立していた東大寺伽藍域外の寺院を自己の子院としていき、それらの所領を管理していく場合もあった。そのうちA～C目録の作成時期にも近い、比較的早い時期（九世紀代）に成立した子院に注目し、その所領の形成と運営の特徴、東大寺の関与のあり方についても考えてみたい。

それらの検討を通して、東大寺寺家が、平安期以降、歴史的に所有してきた庄をどのように再構築しながら自身の宗教的・経済的な基盤の維持を図り、さらには全体としての寺家の勢力の拡大を図っていったのかを考えるための一素材を提供してみたい。

第一章　庄園目録からみた平安期東大寺領

平安前・中期の東大寺領庄園のあり方を把握するために、まず、三つの目録を概観・比較することから始めよう。

A目録（帳簿）は、前欠ではあるものの、はじめに東大寺の一年間の収入の総内訳が記され、ついで諸国の封戸収入とその種目別内訳があり、その後諸庄園の所在とその面積が記され、それらの後に、支出用途が記されるという形式となっている帳簿である。支出項目は、大仏・仏聖像への日々の御供料とそれらに従事する僧・沙弥らへの供料、九十日間におよぶ安居に関わる諸費用の他、春秋神祭料、桜会・花厳会・般若会・吉祥悔過といった、東大寺にとって自身を根拠づける主要な諸法会・行事の執行のための経常的諸経費を中心とする。経費をまかなう収入は封戸からのものが中心だが、稲・白米・黒米の総計が諸国の封戸収入の総計よりも多いとみられることから判断すると、庄園からの収入も財源に含まれていた可能性が高いだろう。ただし、個々の庄園については、収入額・用途は示されていない。

B目録は、年月日が不詳であるが、末尾に「右、諸国庄家田地目録如件」と記載されている通り、本目録作成時の東大寺が領有する（と主張している）庄園群とその所在・面積を国別に書き上げたものとみられる。記載にはミセケチによる訂正もみえるが、本目録には全面に東大寺印と紙継目に僧綱印（斜印）が捺されていた。また各庄園の記載項目ごとに勘合を意味するとみられる合点も付されている。したがって本目録は、本来、外部組織への報告へ向けた文書の下書きであったものが、ある時点で正式の控えとされ、ついで僧綱の承認を受けたものと思われる。記載形式では、前半の用途が記されない国別の庄園群の記載と後半の「別功徳分庄」（これも国別）の項目とに分けられている。記載順・記載内容とも後述するC目録と共通する部分が多い(2)。ただしB目録は、前欠の断簡であり、そのためC目録にみられる越前国以前の庄園の記載は確認できない。

C目録は、はじめに述べた通り『要録』に所収されたもので、冒頭に「長徳四年注文定」の注記をもつ。長徳四年（九九八）作成の原目録の写しとみられる(3)。Bと同様に、用途が記されない国別に列挙された諸庄と「別功徳分庄」に大別して諸庄が記される。

ただし、C目録の場合、冒頭二行目の「新開発田幷治開田」から十三行目の「水成瀬庄田八町七段七十八歩在二摂津国嶋上郡一」までの記載は、原目録の作成時点で、「新開発田」もしくは「治開田」（再開発田か）とみなされた田地で、それ以降のB目録と書式が合致する部分、つまり長徳四年以前から東大寺が領有を主張してきた国別に列挙された庄田群とはやや性格を異にしている。これらの田地は、記載順が必ずしも諸国順となっていない。また、たとえば春日庄の田地は、後掲の大和国の諸庄に含まれた春日庄との関係が不明であるし、八行目の「尾張国庄田五百八十三町二段百歩」も、具体的な所在が記されていない（あるいは後行に所載された尾張国諸郡の庄の田数合計六七九町八段のうちに含まれるかもしれない）。しかも、これらの新開発田・治開田については、総じて新開の年時が特定できず、長徳四年以降、『要録』編纂までの時点に追筆されたものを含む可能性も、一概に否定しきれない。したがって、新開発田・治開田の部分の記載には注意が必要である。

以上の諸点に留意しつつ、A〜C目録に記載された庄園の名称・所在と田地の面積をそれぞれ比較できるようにして配列した【表】を掲げ、以下、それにもとづきながら、いくつかの検討すべき課題について言及してみたい。

第一節　通分庄

先にも触れたように、B目録とC目録（十四行目以降）に掲載された諸庄は、別功徳分庄と用途が記されない庄（田地）とに大別される。このうち別功徳分庄は、後に具体的にみていくように、特定の法会の遂行のために設定された特別財源としての庄である。これらの諸庄はほとんどの場合、A目録にはみられない。A目録で確認できるのは、10大和国添上郡酒登庄（庄名の前に付したアラビア数字は【表】の番号に対応する。以下同じ）と15同国山辺郡長屋庄、40近江国坂田郡息長庄のみである。

一方、B・C目録で「別功徳分」とされていない諸庄は、C目録中の新開発田・治開田を除けば、田数は相違するものの、A目録にも掲載されたものが多い。これらはほぼ奈良時代に勅施入もしくはそれを踏まえた国家機構

【表】

No.	国郡名	庄名	A 天暦四年(950)	B 年月日不詳目録	C 『要録』(長徳四年〈998〉注文定)
1	平城左京	一条二坊佐保里（治開田）	—	—	陵田（畠）治開田3.4
2	同	佐保院田（新益田）	—	—	4.3.60
3	同	二条	5.2.100	—	—
4	同	三条二腹見里	1.5	—	—
5	同	四条二坊十二坪	—	—	1.2.124
6	同	四条五坊担穴田	1.2.120	—	1.2.124
7	同	五条二坊九坪	—	—	1.2.124
8	同	八条市庄畠	1.2.120	—	1.2.124
9	平城右京？	西薗田(新益田)	—	—	1.5
10	大和国添上郡	酒登庄	6.5.165	別 15.0.319 五月二日御斎会料	別 15.0.319（満登庄） 五月二日御斎会料
11	同郡？	□川上田（治開田）	—	—	9.5.120
12	同郡	春日庄	—	—	6.2.64 神田分0.0.120
13	同郡	春日庄田（治開田）	—	—	2.3.180
14	同郡	櫟本庄	30.5.72 (定田17.7.162)	—	30.3.80 常忘河成4.6.72
15	同国山辺郡	長屋庄	2.2	別 8 七月十九日梵網会料	3 別 8 七月十九日梵網会料
16	同国城下郡	村屋庄	6.4.20	—	5.9.100（杜屋庄）
17	同国添下郡	薬園宮内田地	—	—	13.4.95
18	同郡	清澄庄	27.2.7	—	27.2
19	同国高市郡	飛驒庄	7.6.347	—	3.9.90
20	同国十市郡	十市庄	2.5.10	—	2.5.10
21	同国宇智郡	宇智郡地	—	—	4 為戒本師料不収其地子
22	山背国相楽郡	泉庄	4	—	0.6（出水庄）
23	同郡	甕原	4	—	3.4（甕原薗地）

24	同国綴喜郡	玉井庄	—	—	36　但六町法花寺被取云々
25	摂津国嶋上郡	山埼水成庄	名のみ	—	8.7.78(新開発田、国別項目には記載ナシ)
26	同国河辺郡	猪名庄	85.1.342	—	85.1.343　或日記云、猪名庄野地百町浜二百五十町云々
27	同国住吉郡	安曇江・新羅江両庄	1.5.59	—	0.6（西成郡安曇江庄地）
28	紀伊国那賀郡・名草郡	那賀郡三毛庄・常荒川成	—	別　12.9.20（三毛庄・常荒川成）二月十六日最勝王経料	別　12.9.20(三毛庄・常荒河成）二月十六日最勝王経料
29	同国那賀郡	名陵村田	—	別　3.7.80　内竪読経料	別　3.7.80　内竪読経料
30	同郡	土埼村田	—	別　12.9.14　料ナシ　右二所、庄田川成荒廃	別　12.9.14　料ナシ
31	同国海部郡	加太村塩山	200	200	200
32	伊賀国阿拝伊賀両郡	柏野庄	14.270		20.8.19常荒河成収合16.7.313　別20.8.89　料ナシ
33	同国	笠間庄	—	—	32.0.200
34	同国	薦生庄	—	—	4.0.280
35	同国	庄甲庄	—	—	田地ナシ
36	近江国神埼郡	因幡庄	121.0.26	—	121.0.26
37	同国愛智郡	大国庄	7.1.320	—	7.1.220
38	同国犬上郡	覇流庄	112.7.36	—	113.7.46
39	同郡	水（沼）庄	—	別　7.8.253　十一月十四日千燈会料	別　7.8.253　十一月十四日千燈会料
40	同国坂田郡	息長庄	4.3.60	別　19.2.320　料ナシ	坂田郡庄田76.2　別　19.2.320　料ナシ
41	同郡	私市庄	4.8.130	—	4.9.106
42	同郡	庄名ナシ	—	別　同郡田7.5.150　六月十七日霊山悔過料	別　同郡田7.5.150　六月十七日霊山悔過料
43	伊勢国三重郡	三重庄	50已荒	—	三重郡田地430
44	美濃国安八郡	大井庄	52.9.180	—	50

45	同国	厚見庄	—	別　217.0.300已川成荒廃、今号茜部庄　料ナシ	別　217.0.300已河成荒廃、今号茜部庄　料ナシ
46	尾張国	庄田(治開田)			583.2.100
47	尾張国海部郡	庄名ナシ	10	—	10
48	同国中嶋郡	庄名ナシ	156.5.190	—	296.3
49	同国春日部郡	庄名ナシ	6	—	50
50	同国山田郡	庄名ナシ	—	—	36
51	同国愛智郡	庄名ナシ	5	—	70
52	同国葉栗郡	庄名ナシ	4	—	36.7
53	同国丹羽郡	庄名ナシ	10	—	180.8
54	越前国丹生郡	椿(楯)原庄	50	—	50
55	越前国足羽郡	道守庄	326.2.55	326.2.	326.2.50
56	同郡	鎧(鉀)庄	100.9.288	100.9.288	100.9.288
57	同郡	糞置庄	15.8.268	15.8.260	15.8.260
58	同国坂井郡	国冨大庄	47.7.40	37.7.40	37.7.40
59	同郡	国冨小庄	36.1.180	37.1.180	37.1.180
60	同郡	鯖田庄	17.4.290	17.4.290	17.4.290
61	同郡	小榛庄	40	47.4.40	47.4.40（小椿庄）
62	同郡	溝江庄	133.6.72	100	100
63	同郡	田宮庄	—	別　53.7.326　五月二日悔過料	別　53.7.326　五月三日悔過料
64	加賀国能美郡(もと江沼郡)	幡生庄	250	250　荒熟（ミセケチ）	250
65	同国加賀郡	横江庄	—	別　186.6.200已荒　料ナシ	別　186.6.200料ナシ
66	越中国礪波郡	狩城庄	100	100	100
67	同郡	石栗庄	120	120	120
68	同郡	井山庄	—	別　40　已荒　料ナシ	別　40　料ナシ
69	同国射水郡	須賀庄	56.7.294	40.8	—
70	同郡	楔田庄	130.8.192	40.8.192	40.8.192（礪波郡）
71	同郡	成戸庄	59.8.140	—	—
72	同郡	鹿田庄	30.3.200	31.1.34	31.1.34（礪波郡）
73	同国新川郡	大荊庄	150	150	150
74	同郡	丈部庄	91.9.12	90.8.116　右郡々庄田悉荒廃	90.8.116（大部庄）
75	越後国頸城郡	石井庄	65.1.74	65.1.73　荒損得（ミセケチ）	65.1.73
76	同郡	吉田庄	20.9.98	11.9.180	11.9.180

77	同郡	真沼（田）庄	26.0.160	26.8.81　已上並荒廃	26.8.81
78	同国古志郡	土井庄	—	別（追筆）十月十五日悔過料	別　十月十五日悔過料
79	丹波国多紀郡	後河庄	22.4.100	28.3.256　荒損得（ミセケチ）	28.3.256
80	同国氷上郡	布佐比庄	—	布佐比庄　田数ナシ	布佐比庄　田数ナシ
81	因幡国高草郡	高庭庄	12.1.286	12.1.186　荒廃	
82	伯耆国	河典（曲カ）	名のみ	—	—
83	播磨国多可郡	粟生庄	21.6.69	29.7.146　荒廃	29.7.144
84	同国印南郡	水田	—	別　24.7.42　内竪悔過料	別　24.7.42　内竪悔過料
85	同国明石郡	垂水村塩山	360	垂水郷　360	垂水郷　360
86	周防国吉敷郡	椹野庄	91.6.19	91.6.69　荒廃	91.6.69
87	阿波国名方郡	新嶋庄	88.0.265	84.7.75　右庄地川成荒廃	名東郡新嶋庄 84.7.75
88	伊予国新居郡	新居庄	93	96.6.100　右田地荒廃	96.6.100
89	下野国芳賀郡	古酒庄	—	追筆　田数ナシ（別　芳賀郡水田99.1.280　十月十五日悔過料、埴埼村 田12.9.14　十一月十六日阿弥陀悔過料…長徳四年寺用封戸庄薗注文云）	—

・アラビア数字：各庄の団地面積を町、段、歩の順に示したもの。
・別：別功徳分

（国衙など）や寺使などの手による野占によって占定されたものとみられ、先学の指摘する通り、その収穫物が東大寺運営のための一般財源として活用されるための通分庄として設定されたものとみてよいだろう（逆に言えば、B・C目録にしか確認できない別功徳分庄は、基本的に平安期以降に新たに設定されたものとみられる）。

もっともA目録と、B・C目録とで重複する田地でも、奈良時代成立のものがそのまま維持されていたものは、多くはなかったであろう。通分とみられる田地のうち、A目録に比してB・C目録で田数が減小しているものは、実態をある程度反映した記載とみられる。しかし、占定面積が大きく、且つA目録とB・C目録で面積記載がほぼ合致する、野占にもとづく墾田地の系譜を引く諸庄については、開発が進まず、A目録の時点ですでに帳簿の上のみの田数で、実態は荒廃地となっていたものも多かったと推察される。たとえば、74越中国新川郡丈部庄をみると、A目録で九一町九段一二歩とあり、B目録でもほぼ同面積の九〇町八段一一六歩と記されているが、B目録ではその記載の後に「右郡々庄田悉荒廃」とあった。丈部庄を含む越中国所在庄園のうち、かなりの部分がB目録以前に荒廃に帰していた。それはおそらくA目録作成の時点でも同様であったと思われる。他にも越後国頸城郡の76吉田庄と77真沼（田）庄は「已上並荒廃」とされている。

しかし、たとえ荒廃田が多数を占めるにせよ、A目録に掲載された奈良時代に成立した諸庄は、東大寺にとっては、自身の存立の根拠・基盤を構成する聖武の意向にもとづく本願所領とも言うべきものと意識されていたため、（潜在的な）領有権を主張すべく記載され、以後B・C目録でも一貫して目録に田数を付して掲載され続けたものと思われる。

第二節　別功徳分庄

次に、B・C目録で「別功徳分庄」の項目に列挙された諸庄についてみていこう。

10大和国添上郡酒登庄は、五月二日御斎会料とされている。聖武の忌日法要の資分として設定された庄とみられる。『要録』巻第四諸会章之第五の五月の項目に大仏殿で挙行される「二日御斎会」がみえ、同巻第五諸会章之余の「年中節会支度」（寛平年中日記）の五月用の項目中にも、「二日御斎会」として準備される料物が記されている。

関連して63越前国坂井郡田宮庄は、B目録では「五月二日悔過料」、C目録では「五月三日悔過料」とある。両目録の記載には一日のズレがある。しかしおそらく同一のものとみてよいのではないか。『要録』巻第五諸会章之余に所載された五月二日の項目に「御関日有㆓悔過㆒」とあるので、平安期には、五月二日の昼の追善の御斎会に続けて、悔過を実施する体制となっていたと思われる。

15大和国山辺郡長屋庄は、七月十九日梵網会料のための庄園である。当日は聖武の母藤原宮子の忌日にあたる（『続日本紀』天平勝宝六年〈七五四〉七月壬子条）。正倉院文書によれば、宮子の死没を追福するため『梵網経』一〇〇部二〇〇巻が、書写・活用されている[4]。この宮子の忌日法要を恒例化するための料田ということになる。『要録』巻第五諸会章之余の寛平の「年中節会支度」の七月用の項目中に「十九日梵網会」として料物が列挙されている。なお『同』巻第八雑事章第十之二の「梵網会縁起」によると、「戒壇院北堂」で修されるとある梵網会は、聖武が「中宮聖母報恩」のため、十三大寺に料田八町を施入して忌日法要にあてることとし、それで『梵網経』を講説したと説明する。『同』巻第四諸会章第五の七月の項目でも「於㆓戒壇院北堂㆒修㆑之」とし、同じ縁起文を引用している。この縁起文にいう聖武の料田施入が事実であったか否かは確認できないが、15長屋庄そのものは、Aにみえており、おそらく15長屋庄は、当初は通分庄であったとみられる。実際にそれが別功徳分庄とされたのは、十世紀末からであろう。

28紀伊国那賀郡三毛庄は、B・C目録ではともに二月二十六日の最勝王経料として設定されている。ただし『要録』巻第四諸会章第五と巻第五諸会章之余二月のいずれの項目にも、この法会に関する記載はみられない。

29紀伊国那賀郡名陵村田は、内竪読経料とされている。八世紀に整備された内竪は幾多の変遷を経たのち、弘仁二年（八一一）正月庚子の制で「上殿舎人一百廿人」を旧名に復して内竪としたもので（『日本後紀』）、天皇に近侍し雑使として供奉する中下級官人であった。彼らは蔵人所管下の内竪所に所属する。定員は以後も変遷があるが、『延喜式』巻三三大膳下月料によれば、「内竪二百人料、塩三斗六升…」とあり、そのころ二〇〇名であったことが知られる。29名陵村田は、こうした天皇に近侍する内竪らに関わる読経法会遂行のための田地であろう。ただし読経の期日に関する情報はみられない。

30同郡土埼村田も、別功徳分庄の項目に記載されていて、B目録では29と合わせて「右二所、庄田川成荒廃」とされる。この点からすると、あるいは30も29とともに内竪読経料として設定された庄なのかもしれない。この他、内竪関係では84播磨国印南郡の水田が、内竪悔過料とされる。詳細は不明だが、29の読経に連動して遂行された悔過のための料田であったかもしれない。

39近江国犬上郡水沼庄は、十一月十四日千燈会のための料田とされる。『要録』巻第五諸会章之余の寛平日記の十一月の項目に「十四日千燈会」とある。同巻第四諸会章第五の十一月の項目にも「十四日千燈会於羂索院堂行〻之」と記されるので、千燈会は、不空羂索観音院（法華堂）で挙行されたものとみられる。

40近江国坂田郡息長庄は、別功徳分庄に分類されている。ただし、具体的な法会は記されていないので詳細は不明である。

42近江国坂田郡田（庄名記載なし）は、六月十七日霊山悔過のために設定された田地である。霊山悔過は、釈迦が『法華経』などを説いた場所とされる霊鷲山にまつわる悔過法要と考えられる。『要録』巻第四諸院章第四の上如法院の項目に「霊山浄土二鋪」とある。これを用いた悔過のための資料として設定されたものではなかろうか。42の庄が設定されたのは、おそらく平安期以降であろう。

45美濃国安八郡厚見庄（茜部庄）は、別功徳分庄とされているが、B・C目録ともに「已川成荒廃」とあり、「今号二茜部庄一」とされている。

65加賀国加賀郡横江庄は、「已荒」とされ、具体的な用途の記載はみられない。

68越中国礪波郡井山庄も四〇町だが、同様に「已荒」で用途の記述もない。なお利波臣志留志による墾田施入に関わって神護景雲元年（七六七）十一月十六日付で「越中国礪波郡井山村墾田地図」が作成されている（『東南院文書』四―一四）。その「井山村墾田地図」の西辺には、「石田女王家治田」（11―シ）が記載されている。そして石田女王の死去後の延暦十七年（七九八）八月二十六日付で、親族とみられる文室真人長谷らが、石田女王の遺志をついで阿弥陀三尊図像・一切経・水田六〇町などを読経悔過料として施入しており（「文室真人長谷等仏像幷一切経等施入願文」『東南院文書』三―五九二）、施入願文には「東大寺中阿弥陀別院文」の表題があった。また大治五年（一一三〇）三月十三日付の「東大寺諸荘文書幷絵図等目録」（『平安遺文』五―二一五六・二一五七）にも、井山庄について「阿弥陀院領也」とする記載がみえる。[5] この阿弥陀（別）院は、『要録』巻四諸院章第四に「流記在二印蔵一水田六十町」とされ、「従五位上石田女王建立」とあるものに相当しよう。B・C目録に記された68井山庄は、この

「阿弥陀別院」での法要のために石田女王が施入した庄であったのではなかろうか。

78越後国古志郡土井庄は、十月十五日悔過料とみえる。ただし、『要録』その他にはこの悔過に関する情報はみられないので、詳細は不明である。

89下野国芳賀郡古酒庄は、B目録に追筆で庄名がみえるだけである。だが、保元年間（一一五六〜一一五九）作成の「東大寺領下野国荘園文書目録」（『平安遺文』六―二九七五）には「長徳四年寺用封戸庄薗注文云」として、「下野国芳賀郡水田九十九町一段二百八十歩、十月十五日悔過料、埴埼村田十二町九段十四歩、十一月十六日阿弥陀悔過料」とある。これが古酒庄に関わるものかもしれない(6)。いずれにせよ、注文にみえる芳賀郡の九九町余の水田は、長徳四年（九九八）段階で78越後国古志郡土井庄と同様に、十月十五日悔過料としての庄田とされ、埴埼村の一二町九段余の田は、十一月十六日阿弥陀悔過料となっていたことがわかる。後者は阿弥陀院での悔過を遂行するための料田であるが、先に68井山庄で触れた文室長谷（故石田女王）によって読経悔過料として寄進された水田との関係は不詳である。

さて、以上の検討結果を踏まえて、十世紀末ごろまでの東大寺領庄園を概括すると、A目録およびB・C目録に共通してみえる奈良時代以来の由緒をもった荒廃地も多く含んだ田地を中軸とした通分庄と、多くがA目録にみえず、B・C目録で別功徳分庄とされた、個々の法会料として平安期以降に設定された田地とに大きく分類できることが改めて具体的に確認できた。ただし、これらの区分はあくまでも十世紀半ばから末ごろでの状況であり、その内訳には歴史的変遷があった。そこで次に、目録および『要録』にいたる東大寺領の運用の変遷の中で、とくに注目すべき点について考えてみたい。

第三節　東大寺領庄園の運用の変遷

平安前・中期までの基幹的な東大寺領庄園の運用上の特徴としてまず指摘すべきは、通分庄にせよ別功徳分庄にせよ、対象となる田地は、必ずしも固定的ではなく、歴史的に変動するという点が挙げられる。

通分庄は奈良時代に成立したものを中核としたが、たとえば、A目録にも掲載されている38近江国犬上郡覇流庄は、先学の研究によると、当初は天平感宝元年（七四九）閏五月癸丑の「花厳経為本」詔による一切経奉読のための東大寺用の資分（墾田地一〇〇町）として占定されたものであったとみられる。[7]つまりこの田は、元来は別功徳分庄的な位置づけであったわけである。だが他方、天平神護二年（七六六）十月二十一日付「越前国坂井郡高串村東大寺大修多羅供分田」（『東南院文書』四―六）には、「大修多羅供分田」が越前国坂井郡高串村に所在するとされる。「大修多羅供分田」の名を有する絵図（『東南院文書』四―六）には、上記の詔にもとづく大修多羅衆による一切経奉読のための供養分の料田である。天平宝字八年（七六四）二月九日付「越前国司判」（『東南院文書』二―五〇八）によると、それは土地の売人側が売却対象地について売券を作成して郡司に申請し、郡司による売買事実の確認・承認を経て国司が判許し、売券を購入主側に渡すという一般的な土地売買処理の手続きとは異なり、買人側たる東大寺が間人宿禰鷹養から買得した墾田について越前国司に申請を行い、その後国司が坂井郡司に調査を命じる符を発給し、承認し、売券を東大寺に渡すという手続きとなっていた。[8]この点からも、東大寺と公権力の主導でこの田地が買得されていったことが明瞭である。こうした一連の経緯をみると、天平感宝元年の詔にもとづく一切経奉読の料田は、当初占定されようとした近江国犬上郡覇流庄が何らかの事情により通分庄に変更され、かわって越前国坂井郡高串庄がそれにあてられたものとみておくのがよいだろう。ただし高串庄は、A・B・Cいずれの目録にも確認できない。それは高串庄が、元来買得によって集積された田地であったことに起因するのであろう。一方、元来勅にもとづいて占定された田地であった38覇流庄は、A・C目録にはあるもののB目録にはみえないので、実際に十世紀末まで維持されていたかは疑わしいが、位置づけとしてはC目録の時点でも通分庄とされていた。

10大和国添上郡酒登庄は、A目録では六町五段一六五歩の面積で記載されている。B・C目録では、聖武の忌日法要の料田として別功徳分庄となっているが、奈良時代には聖武の忌日は国忌なので、その法要の料物は造東大寺司が管理した官家修功徳分封戸より支出されたはずである（「淳仁天皇東大寺封戸勅」正倉院御物『大日本古文書（編年）』四—四二六頁、『続日本紀』天平宝字四年七月庚戌条など）。それは忌日が国忌から除外される大同二年（八〇七）までは継続したと思われる（『日本後紀』大同二年五月庚子条）。その後の九世紀代の聖武の忌日法要料の推移は不明だが、A目録段階では、10酒登庄は他の庄園と区別無く記載されているので、本来は通分庄とされていたとみられる。おそらく奈良時代に設定された由緒ある庄の一つで、且つB・C目録の作成時点まで維持されていた庄であったので、そこで、本願聖武の忌日法要の料田へと変更されたのではないか。

一方、B・C目録では63越前国坂井郡田宮庄が五月二日悔過料とされているが、A目録にはこの庄は見当たらない。田宮庄は、天平神護二年（七六六）十月二十一日付「越前国司解」（『大日本古文書（編年）』五—五五四～六二七頁）に庄田が確認できる。あるいは別功徳分庄のような扱いで、早くから設定されていたのかもしれないが、詳細は不明である。それがB・C目録段階では悔過料田として位置づけられていた。

しかし、上記した『要録』巻第五諸会章之余に所載された五月二日の項目の「御関日有悔過」に記された細字双行の注では、「越前国々冨庄券云五月二日／御斎会之悔料云々」とある。つまり、『要録』巻第五諸会章之余の編纂時点では、五月二日実施の悔過の料田としては、58・59坂井郡国冨庄（58大庄・59小庄）が挙げられていた。国冨庄は、A目録でも58国冨大庄が「卌七町七段卌歩」を有するとされ、59国冨小庄が「卅六町一段一八十歩」あると記されており、B・C目録でも、大庄が一〇町を減じた「卅七町七段卌歩」とされ、小庄はほぼ同面積で記載され、いずれも通分の扱いであった。だが『要録』の段階では、これが63田宮庄にかわって五月二日悔過料田に設定されたわけである。おそらく、B・C目録の段階で設定されていた田宮庄が荒廃した結果、それまで通分庄として維持されてきた国冨庄を、聖武追善の悔過料田として設定し直したのであろう。

上述した10酒登庄と同様のことは、15大和国山辺郡長屋庄についても言うことができる。藤原宮子の国忌も、聖武の場合と同様、奈良時代には官家修功徳分封戸が活用されたはずである。しかし宮子の忌日は延暦十年（七九一）三月より国忌から除外された（『続日本紀』延暦十年三月癸未条）。その後の法会経費負担方式は、B・C目録に15長屋庄が梵網会料の別功徳分庄とされるまでは不明である。15長屋庄はA目録にみえるので、当初は通分庄であったと考えられるが、その後B・C目録では、宮子の忌日法要（梵網会）の料田とされたわけである。

40近江国息長庄はA目録で確認できるので、本来は通分庄であったとみられるが、B・C目録では、上記の通り具体的な法会は記されていないものの、別功徳分庄にあてられている。これも庄の用途変更の事例の一つとみてよかろう。

次に、45美濃国厚見庄・65加賀国横江庄・78越後国土井庄は、当初は、父桓武天皇と母酒人内親王のための春秋の『大般若経』『金剛般若経』の読経料の資物とするという故朝原内親王の遺言にもとづいて、酒人内親王が弘仁九年（八一八）三月二十七日付で東大寺に寄進した、別功徳分に相当する庄園であった（「酒人内親王施入状」『平安遺文』一―四五）。空閑地を主体とした勅旨田とみられる広大な面積の地であったが、施入帳によると78土井庄には未開地も多く含んでいたことがわかる。これらの庄は当然A目録では確認できず、B・C目録では別功徳分庄に分類されている。しかし、このうち78土井庄は、上記の通り、孟冬に開催される「十月十五日悔過用料」とみえるので、本願の趣旨から用途が変更されていたことが明らかである。また65横江庄も、具体的な用途は記されておらず、本願の目的が維持されていたかは不明であるし、仮にその目的が理念上維持されていたとしても「已荒」とある通り、実態が失われていたとみられる。さらに45厚見庄は、「今号茜部庄」とされている。茜部庄はよく知られているように、尊勝院を設立した別当光智が天徳四年（九六〇）に、法花会のための料田として、「元是笠原内親王所領也」とされる地をもとに再興したものである（『東南院文書』二―五五二）。なお法花会は、『要録』巻第四諸会章第五の三月の項目に十六日法花会（元名桜会）とあるもので、その項目の細字双行の注によると、元来は良弁が羂索院で創始したものであったが、深観大僧都の時（十一世紀半ばごろ）以来、講堂で開催されるようになったとする。(9)

以上のように、B・C目録にみえる、通分田と別功徳分の区分は、絶対的なものではなく、時々の要請に応じて変更されることがあった（その場合、通分から別功徳分への方向が基本であった）。また本願の目的に添って東大寺に施入された別功徳分庄であっても、本願施入者ないしその親族の生存中はその意向にもとづいて本来の用途に支出されたであろうが、その死去以後には、変更されることがしばしばあったと推定される。その区分変更・用途変更は、当然ながら寺家三綱・別当が主導したが、それは開発と荒廃を繰り返す当該期の生産力水準にも規定されたものであったことは言うまでもない。そうした状況のもと、寺家三綱らは、新開・再開発ないし施入された田地を適宜、新たに通分庄に組み入れて封戸収入にもとづく基幹的・経常的経費の補完にあてる一方、時々に寺家にとって重視された東大寺に縁の深い王族・キサキや国家機構構成員のための法会の遂行や、寺内で新たに創建された子院（塔頭）の運営費などの財源確保のために、通分庄から別功徳分庄への変更、既存の別功徳分庄の用途変更などを行い、寺家の仏事の維持・興隆を図ったものとみられる。

第二章　子院領と東大寺

東大寺の創建期以来の羂索堂・吉祥堂・戒壇堂（院）などの諸堂のみならず、平安期以降に成立したものであっても、伽藍域内に所在した東南院・尊勝院・真言院などの子院（塔頭）については、基本的に寺家三綱らが管理・領有した封戸もしくは庄（通分・別功徳分）などからの収益によって運営されていた。これまでみてきた、A～C目録所載の庄園群はそのための経費をまかなうための田地であった。しかし、東大寺には他にも、様々な経緯により自身の下に子院もしくは末寺として組み込んだ寺院を有しており、それらの子院・末寺の所領を管理する場合もあった。しかし、これらの所領については、当然ながらA～C目録にはみられない。

以下では、そうした子院・末寺領のうち、A～Cの目録の形成期にも近い、比較的早い九世紀ごろに子院領となり、且つ史料上その経緯が比較的明瞭な宇治華厳院と般若寺（院）の事例をとりあげ、東大寺によるその所領と管理のあり方について、A～C目録所載の諸庄との比較をも交えながら検討し、当該期の東大寺所領の運営の特徴についてさらに考えてみたい。

東南院文書三櫃第四一巻（『東南院文書』二―五六四）は、現状では表題に「戒本師田　天平十二年以後「東大寺」」とあり、『東南院文書』は「山城国宇治郡家地等売買寄進券文」として翻刻しているが、すでに指摘があるように、そうした表記・翻刻は不適当である。成巻は院政期の印蔵文書整理によるものとみられているが、その際、内容上宇治華厳院に関連する一連の文書群として扱われ、一括して成巻されたものとみてよいのではないか[10]。以下、検討する。

宇治華厳院は、聖武天皇のキサキであった藤原南夫人が買得した山背国宇治郡の家一区などの地が、法華寺尼公に進納されたのを契機に、おそらくは法華寺子院として成立した華厳宗を旨とする尼院であった[11]。その宇治華厳院に対して、延暦六年（七八七）三月二十日付で、従四位上五百井女王が越中国射水郡の墾田五町を施入していることが、とくに注目される（「五百井女王家墾田施入状案」『東南院文書』二―五六四〈三九四～三九五頁〉）。この地は須賀庄と称されていた。

五百井女王は、東大寺に縁の深い市原王と光仁天皇の女（母は高野新笠）であった能登内親王の子である。天応元年（七八一）の能登内親王の死去に際して、五百井女王は二世王待遇とされている（『続日本紀』同年二月丙午条）。五百井女王家は、施入の翌年に墾田を現地で管理する庄長の川辺白麻呂に対して、施入の事実にもとづき「依レ数、割レ分」き、当該施入田を宇治華厳院の使者に知らせることを命じている（「五百井女王家符案」『東南院文書』二―五六四〈三九五頁〉）。このことから、須賀庄が女王家の所有する墾田の一部を割きとったものであったことがわかる。

須賀庄の施入に際しては、五百井女王家が宇治華厳院と現地の庄長にその事実を通達しているが、「施入状案」の場合は、署名者は知家事中宮史生従八位下の高向村主諸上で、「符案」による庄長への通達には、知家事兵部大掾正六位上大弁国依と中宮史生従八位下高向諸上の名がみえる。「知家事」は家令職員令1親王条の家令の職掌として「掌、惣二知家事一、余家令准レ此」とある、家令の職掌を代行するに準じた職掌であったことを示す。大弁国依については兵部大掾以外の肩書きは不明だが、彼の位階は「正六位上」で二品の親王の家令相当の位階なので、二世王家の家令的存在としては破格の高位ということになる。

この問題について考える上で留意すべきは、五百井女王の母能登内親王の生前の品位が三品で、死後一品を贈位されている点である（前掲『続日本紀』天応元年二月丙午条）。いずれも官位相当は合致しないのだが、能登内親王の死去に伴う五百井女王の二世王待遇が、能登の権益（の一部）を五百井女王に継承させる意味をも有していたものとみるならば、大弁国依も、元来は能登内親王家所属の家令であった可能性を考慮すべきなのではなかろうか。さらに言えば、須賀庄も、当初は能登内親王の所領で、彼女の死後それを五百井女王が継承したものとみることができるかもしれない(12)（能登内親王の権益と五百井女王との密接な関係については、なお後述）。その上、二つの文書には「知家事」としてもう一人、中宮史生従八位下の高向諸上も署名していた。このことは、延暦六、七年の時点で、須賀庄の運営に関わる五百井女王家の経営に、光仁天皇夫人で能登内親王・桓武天皇らの実母であった中宮高野新笠の家政機関が深く関わり、女王家の家政を支えていたことを如実に示している(13)。憶測すれば須賀庄の宇治華厳院への施入そのものにも、高野新笠の意向が反映していたかもしれない。それはともかく、こうした五百井女王らの意向で、宇治華厳院の所領は拡大した。

その後、宇治華厳院には、延暦十年（七九一）正月二十一日付「宇治宿禰豊川解」で、稲代として宇治豊川の有した家地が進納され、嘉祥二年（八四九）九月十日付「僧安高観法連署寄進状」によると、華厳院の西辺に所在した「故尼信海」の地三段が尼の生前の願いにもとづき近親とみられる元興寺僧安高・観法らによって施入され、さらに仁寿二年（八五二）四月七日付「尼證摂家地并雑物寄進状」で、尼證摂が、吉祥天女像・比沙門像・雑物とともに家一区を寄進している（以上、いずれも『東南院文書』二―五六四）。

この一連の経緯の中で、宇治華厳院に尼信海が施入した地を東大寺三綱が判収し、それに俗別当が検校を加えていたことが注目される。その点は尼證摂の施入の場合も同様で、證摂は「一通進﹅於大寺﹅、一通留﹅収本院﹅」として、施入願文を宇治華厳院と「大寺」それぞれに奉納している。現存する文書は「大寺」分の願文であるが、そこには「判収」として東大寺三綱、「検校」として寺家別当の署名があった。これらより、当初は法華寺尼公院と称されていた宇治華厳院が、遅くとも九世紀半ばまでには東大寺の子院となり、その所領の管理を東大寺寺家にゆだねていたことがわかる。宇治華厳院の東大寺への子院化の創始の時期は不明だが、以下にみる般若寺の仏供養料米の奉納のあり方などを念頭におくと、やはり須賀庄の施入を通した五百井女王（家）の意向が、大きな契機となった可能性があるのではなかろうか。

五百井女王家は、弘仁六年十月二十五日に般若寺仏供養のために白米四石を東大寺に奉納している。これはもともと故能登内親王が死去の前年の宝亀十一年（七八〇）年に般若寺の仏御供養料として自身の品田一町の地子を奉納しようとして果たせなかったものを、この時点で「今追一箇年之地子代」として東大寺に納入したものであった（「五百井女王家施入状」）。五百井女王家はその後、十月三十日付で、「般若寺仏御供養料」として、墾田二町と白米一〇石、今みた能登内親王分の白米四石、「庄」の春米が未進の間の代替物としての白米五斗・塩一籠・雑海藻一折櫃といった現物や雑菜のための直銭一〇〇文などを奉納する旨を東大寺に伝え（「五百井女王家般若寺仏供養料施入状」）、それを受領した東大寺三綱らは同日付で五百井女王家に宛てて「尚侍奉納功徳分」の請文を作成し、あわせて僧衆十名を般若院仏供養のために参向させることを伝達している（「東大寺三綱可信連署般若院供料物状書請納状」、「般若院参向東大寺衆僧交名」、いずれも東大寺側に残された控えで「交名」は「請納状」の裏書き）。

能登内親王による般若寺仏供養料の最晩年の奉納（「漏」と表現されていることから憶測すれば、生前の毎年恒例の行事であったのかもしれない）が、本来、般若寺そのものへの奉納であったのか、東大寺への奉納であったのかは判然としないが、少なくともその遺志をついだ五百井女王は、母の供養米に添えて自身の墾田や供養米その他の雑物を東大寺に寄進し、東大寺三綱にその仏事の勤修を委任したとみてよい。その意を受けた東大寺側は般若寺に衆僧を向かわせたのだが、このことは、この王権中枢に近い王族たる五百井女王家の東大寺への財物寄進と、それを受けた寺僧による般若寺での仏事を媒介に、元来独立した寺院であった般若寺の運営に東大寺が介入していったことを示している。その際、東大寺側が般若寺を「般若院」と呼称している点も注意される(14)。ちなみに、宇治華厳院の場合は、その子院化と仏事との関係は直接的には明示されていないが、先学が指摘する能登とその夫であった市原王のころからの東大寺との関係を勘案すると、般若寺と同様のことを推定できるかもしれない。

このように、宇治華厳院・般若寺（院）の場合、桓武天皇とも近親で、父母ともに東大寺と縁が深かった五百井女王の意向によって庄園・雑物の施入や仏事の実修がなされていた。おそらくそれを契機に宇治華厳院は東大寺の子院となり、般若寺も東大寺の関与が強まっていった。独立した寺院（もしくは別寺の子院）の東大寺子院化は、こうした東大寺に近い王族らの意向と、東大寺僧の派遣による関連仏事の勤修を通じた関与強化などを梃子として為し遂げられていったものとみられる。

ただし注意すべきは、宇治華厳院の場合、東大寺が有した五百井女王家の須賀庄の施入状・通達書などは案文（写し）であった。また尼證摂の家地などの施入状は本券文を寺家がもっていたが、この場合も「一通進二於大寺一、一通留二収本院一」とあるように、華厳院の方にも施入状は留められていた。これらが示すように、宇治華厳院の所領に関わる券文類は、院家の側にも所持されていた。寺家に現存する券文類が他の東大寺領の券文とは区別され、一括して成巻されて伝来したのも、華厳院所領としてのまとまりが長らく維持されてきたことの反映とみられる(15)。したがって当然ながら、その所領がB・C目録に、別功徳分庄などとして掲載されることもなかった。この点は般若院の場合も同様である。

つまり、先にみた東大寺伽藍域内の諸堂・院に寄進された所領の場合とは異なって、寺外の子院の所領の用途は、東大寺三綱の意思のみでは変更されず、施入の由緒と院家の意向が大きな意味をもったと推定される。したがって東大寺は、こうした成立の由来・本願が異なる子院の相対的自律性を認めつつ、その所領の管理と仏事への僧の派遣・交流などを通して次第にそれらへの支配を強化しようと図ったとみられるのである。

おわりに

以上、平安前期・中期ごろの基幹的な東大寺領庄園の維持と運営の大枠的な特質を示し、あわせて当該期の子院形成の動向の一端を、宇治華厳院などの事例を通して検討し、当該期の寺家の所領経営の重層的なあり方についてみてきた。簡単にまとめ結びにかえたい。

平安期の東大寺は、本願聖武の施入以来の諸庄の伝統と権威を強調し、その権威の源泉を構成した勅施入・国家占定の諸庄を経常費財源たる通分庄に設定しその維持を図った。あわせて寺家は、伽藍域内諸堂での特定の個別法会を運営するための特別財源枠としての別功徳分庄も設定していった。ただし、国家的援助が後退する中で荒廃化が進んだ通分庄や別功徳分庄の維持は容易ではなかった。そうした中で寺家は、適宜、通分・別功徳のその区分を変更して時々の寺家にとって重要な諸行事や院家の興隆のための財源にあてることで、その経営基盤の維持・安定化を図った。一方、東大寺は、九世紀以降、自身にも縁の深い王族の意向・援助などを前提に、仏事の代行や寺僧の派遣などを梃子にしながら寺外に存在した別の寺院・院家を自身の子院化し、子院領の管理も進め自らの勢力の拡大につなげようとした。こうして東大寺は自身の直接的な経営基盤を構成した諸庄の外縁部にも子院とその所領をもつことで、自身の経営と社会的影響力の拡大を図ったのである。

註

(1) A~C目録についての先行研究では、概括的な考察ながら、佐藤泰弘「近江　a近江国水沼村墾田地図」（金田章裕・石上英一・鎌田元一・栄原永遠男編『日本古代荘園図』東京大学出版会、一九九六年）が、目録に掲載された諸庄が通分庄と別功徳分庄に分類されることをはじめて指摘しており、とくに重要である。その後、橋本義則「文献史料から見た横江庄——浅香年木氏の研究の驥尾に付して——」（松任市教育委員会編『東大寺領横江庄遺跡Ⅱ』、松任市教育委員会、一九九六年）、古尾谷知浩「美濃国厚見荘の成立」（同『律令国家と天皇家産機構』塙書房、二〇〇六年、初出二〇〇一年）、下鶴隆「「東大寺領諸国庄家田地目録案」の基礎的考察」（栄原永遠男編『日本古代の王権と社会』塙書房、二〇一〇年）などもこれらの目録の性格について言及しているが、いずれもほぼ佐藤の上記の指摘を踏まえて議論している。本稿もその点では同様である。

(2) B目録の性格については、佐藤前掲註(1)論文が、『要録』に所載されたC目録の冒頭にある長禄四年ごろに作成されたCの下書きとみるが、下鶴隆前掲註(1)論文は、九世紀末から十世紀半ばごろまでに作成されたもので、それがのちに『要録』に収録されたC目録の土台として活用されたとみている。

(3) 下鶴隆前掲註(1)論文は、本文で後に述べる「長徳四年寺用封戸庄薗注文」の性格を、庄の所在・面積などを記載した国ごとのメモ書きの総称とみる。しかし、むしろ単純に、A目録に准じるような、長徳四年時点における諸国の封戸と庄園の所在・面積などを列挙した目録の下書き（B目録はその注文作成時に利用された可能性がある）とみた方が穏当なのではなかろうか。そしてC目録は、基本的にその「長徳四年寺用封戸庄薗注文」の庄園記載部分を書き出したものなのではないか（ただし、『要録』編纂時点までの追筆も含まれたであろう）。

(4) 遠藤慶太「中宮の追福——藤原宮子のための写経と斎会——」（『正倉院文書研究』七、二〇〇一年）を参照。

(5) この点、吉川真司「院宮王臣家」（同編『日本の時代史5　平安京』吉川弘文館、二〇〇二年）に指摘がある。

(6) 「長徳四年寺用封戸庄薗注文」の記載内容と古酒庄との関係については、前掲註(1)下鶴隆論文、および荒井秀規「古代東国の寺領庄園」（天野努・田中広明編『古代の開発と地域の力』高志書院、二〇一四年）を参照。

(7) 佐藤泰弘前掲註(1)論文。

(8) この点は、櫛木謙周「越前　c越前国坂井郡高串村東大寺大修多羅供分田地図」（金田章裕・石上英一・鎌田元一・栄原永遠男編『日本古代荘園図』東京大学出版会、一九九六年）で指摘されている。

(9) この点については、古尾谷知浩前掲註(1)論文を参照。

(10) 以上の点については、石田実洋「五百井「内親王」小考」(西洋子・石上英一編『正倉院文書論集』青史出版、二〇〇五年)を参照。なお大治五年(一一三〇)三月十三日付「東大寺諸荘文書幷絵図等目録」(『平安遺文』五―二一五六・二一五七)に「宇治院資財帳等六通　大辛櫃」がみえる。その「六通」は、「山城国宇治郡家地等売買寄進券文」中のいずれかの文書が該当すると思われるが、どの文書がそれにあたるかは不詳である。

(11) 宇治華厳院の形成過程については、福山敏男「大安寺花厳院と宇治花厳院」(同『日本建築史研究　続編』墨水書房、一九七一年、初出一九三九年)と、岸俊男「家・戸・保」(同『日本古代籍帳の研究』塙書房、一九七三年、初出一九六九年)を参照。

(12) この点については、米沢康「五百井女王家の越中墾田――その成立事情をめぐる一試論――」(『富山史壇』三七、一九六七年)、石田実洋前掲註(10)論文などが示唆している。

(13) 高野新笠は、須賀庄の宇治華厳院への施入からほどない延暦八年(七八九)十二月に死去している(『続日本紀』延暦八年十二月乙未条)。五百井女王家はおそらくそれに伴い自立した。ちなみに五百井女王晩年の弘仁六年(八一五)十月二十五日付の「五百井女王家般若寺仏供養料施入状」(『東南院文書』二―五六四〈四〇八頁〉)によると、当時尚侍従二位であった五百井女王の家には、家令として従六位上大原史継吉、大書吏従八位上薗人首、家従正八位上祝部茂麿、少書吏大初位下杖部路忌寸道磨らがいたことがわかる。

(14) 『要録』巻第四諸院章第四には「般若院」がみられ、「件院、仏像等移二置戒壇院一、宝物遷二殿政所一奉二行一倉一者」との記載がある。これが問題の般若寺と同じものとみてよければ、『要録』編纂以前に子院化したとみられる。

(15) 前掲註(10)で示したように、大治五年の「東大寺諸荘文書幷絵図等目録」の時点で「宇治院資財帳等六通」が一般の東大寺領券文とは区別されて「大辛櫃」に収納されていた。こうしたあり方はのちに末寺化した筑紫観世音寺などの場合も同様で、同目録の冒頭に「櫃一合在二検封一入二観世音寺文書等一／定別有二目録注文一歟／□小皮古二合、入二末寺財良寺文書一、長承四年二月四日撰納レ之」などの追筆がみえる。この時期までの子院・末寺の資財管理の基本的特徴といえよう。

造東大寺司の停廃

吉江　崇

はじめに

長岡京の造営が進む延暦八年（七八九）三月、造東大寺司は停廃された[1]。天平二十年（七四八）七月頃に成立したとされる造東大寺司は[2]、四十年の長きにわたり東大寺の経営の中核を担ってきたが、ここにおいてその役割に終止符を打ったのである。造東大寺司が廃止されると、間もなくして造東大寺所と呼ばれる寺内組織が登場し、造営・修理といった東大寺の根幹ともいうべき事業は、官司機構から寺内組織の手へ移ることとなる[3]。

造東大寺司の停廃に伴うこうした変化は、東大寺と律令国家との関係性において大きな転換点といえようが、停廃された理由については必ずしも明確ではない。先行研究を繙くと、おおむね二つの視角から論じられているようである。浅香年木は、官営工房機構の主要部分を造都事業の促進に転用しようとしたと述べ、田中嗣人も、機能の一部が長岡宮造営に振り向けられたと理解する[4]。長岡宮・京の造営と関連付けて捉えるこうした理解が、直接的ないしは短期的な理由に対する考究と見るならば、他方は前代から続く中・長期的な変化に着目したものといえる。

松原弘宣は、三綱が独立・自立していく中で造東大寺司は三綱と対立するようになり、次第に造営に対する熱意が低下したと述べ、永村眞も、造営事業の進展に伴い、造寺司から三綱所へ造営・修理機能の移譲が進んだと指摘する。(5) いずれも三綱の機能拡大から把握しようとするものだが、こうした理解の前提には、藤原仲麻呂勢力の衰退と道鏡の台頭など僧侶階級の勢力伸張を背景に、東大寺領荘園の経営主体が造東大寺司から東大寺三綱へ移行したと述べた岸俊男の政治史的な議論が存在する。(6)

さて、上記の二つの視角は決して矛盾するものではないが、かといって、後者の延長に前者が位置するというようにして、直線的に連関し得るものでもない。本稿の目的は、造東大寺司の停廃という東大寺にとっての転換点に関し、直接的な契機とそれ以前の変容とを接合させる視角を提起することにある。こうした観点から再検討すべきは、岸の議論を前提とするような叙述のあり方だろう。なぜなら、岸が指摘した画期は天平宝字末年のことであり、停廃との間に時期差が大きく、両者を単純に結び付けるわけにはいかないと認識するからである。本稿では、岸が論じた政治史的な議論をひとまず措き、制度史的な側面から八世紀後半の造東大寺司の変容を跡付ける。そして、その機構的な変容の延長線上に、造東大寺司の停廃という事象を位置付けてみたいと考える。

第一章　造寺司と造仏司

造東大寺司の変容を考えるにあたり、本稿が考察の中心に据えたいのは、次の「造東大寺司造仏注文」と称される天平宝字四年（七六〇）二月の文書である。(7)

造東大寺司

合仏菩薩像八軀
　薬師像一軀、立、高五尺八寸、
　右、依二大僧都法師良弁去天平廿一年三月廿七日宣一、奉レ始、
　四方五仏像五軀、居、高各四尺四寸、
　右、依二大僧都法師良弁去天平十九年六月十五日宣一、奉レ始、
　弥勒菩薩一軀、立、高六尺三寸、
　観世音菩薩一軀、立、高五尺六寸、
　右、依二大僧都法師良弁去天平勝宝六年三月十五日宣一、奉レ始、
　以前仏菩薩像、造仏司主典従六位下志斐連麻呂、造寺司主典正八位上安都宿祢雄足二人、専当奉レ造如レ件、
　　天平宝字四年二月廿五日　長官正四位上兼左勇士督左右馬監坂上忌寸
　　　　　　　　　　　　大僧都法師

　これは、大僧都法師良弁の宣を承けて開始された三件八軀の造仏に関し、造仏司主典志斐麻呂と造寺司主典安都雄足とが専当する旨を示した文書である。「造東大寺司」から書き出す文書だが、末尾には造東大寺司長官の坂上犬養と大僧都良弁の二名の署所しか存在せず、しかも犬養の位署は日下に位置している。長官の位署のある造東大寺司の発給文書では、日下に主典の署を持つのを通例としており、この文書はそうした文書とは異なる書式を有しているといえ、このことは、良弁の宣による造仏が対象とされていることや⑻、良弁自身が差出者として現れること、密接に関係していることが予想される。自署が略されている点からすれば、これは写しと見るのが自然だが、ならば、自署の入った正文は、造仏を依頼した人物に提出された可能性を想定してもよく、単なる造東大寺司内部

の記録文書ではなかったとも捉え得る。いずれにせよ、この文書がかなり特異な文書であることに間違いはない。

文書自体の意義については後述するとして、本章で注目したいのは、造仏司主典志斐麻呂と造寺司主典安都雄足とが並記されること、にもかかわらず、造東大寺司の文書として発せられたことである。天平宝字二年八月の「奉写大般若経例人歴名」(9)は、大般若経書写に参加した人々を列挙する造東大寺司の解（案）だが、掲出された人名を見ると、造東大寺司の次官→判官→主典→大工→長上→史生→番上に次いで、造仏司主典志斐麻呂の名が記されており、ここに造東大寺司官人とは区別された造仏司主典の存在を知ることができる。また、「造東大寺司造仏注文」に現れる主典安都雄足も含め、歴名の中で確認できる造東大寺司の四等官は、いずれも文書の末尾に位置を有しているのに対し、造仏司主典志斐麻呂の署所は、この造東大寺司解においては見出すことができない。造寺司と造仏司の関係性については議論のあるところだが、造仏司主典と造寺司主典を並記する当該文書の存在と、こうした「奉写大般若経例人歴名」の書式とを考え併せると、天平宝字年間において両者が併存していたことは明白であるといえよう(10)。

造仏司主典志斐麻呂と造寺司主典安都雄足とが、ともに造仏を「専当」する点も看過してはならない。専当とは、官司内部での職務分担により、その者がある事業に専従したことを意味するのが一般的で、志斐麻呂と安都雄足は、それぞれ造仏司・造寺司の職務として造仏を担当したと見るのがよい。このことを踏まえた上で次に問題とすべきは、良弁が四方五仏像五軀の制作を命じた天平十九年（七四七）六月の時点では、東大寺はいまだ成立しておらず(11)、造東大寺司が機能していたとは考え難い点である。すなわち、少なくともこの四方五仏像五軀に関しては、造仏司の手で制作が始められたと推定し得るのであり、この理解を前提にして想起すべきは、ほぼ同時期に、国君麻呂が造仏長官として文書に登場する点である。造仏長官の初見は天平十八年十一月一日の「金光明寺造物所告朔解案(12)」

で、翌年二月には造仏司政所に宛てた金光明寺寺家の牒が見出せる。(13) 東大寺の前身である金光明寺においては、遅くとも天平十八年十一月には国君麻呂を長官とする造仏司が存在したのであり、良弁はこの造仏司に対して造仏を命じたと捉えるのが自然と考える。(14)

　では、造仏司の設置はいつまで遡り得るのだろうか。山下有美は、「経師等調度充帳」(15) の天平十七年十二月五日に記載される南様仏所なる機関を重視し、写経所から墨を充当された点は南様仏所が金光明寺造物所の一部局であることを示すこと、本来、造仏司が担当すべき大仏雛形の盧舎那仏を南様仏所が造ったこと、の二点から、天平十七年十二月には造仏司は成立しておらず、造仏司は大仏造立の任を帯びる形で天平十八年前半期に成立したと指摘した。(16) しかし、南様仏所が大仏の雛形を造ったというのは推測の域を出るものではなく、また、金光明寺造物所の一部局として南様仏所があり、仮にこれが大仏の雛形を造ったとしても、そのこと自体が造仏司の存在を否定するものでもない。むしろ、紫香楽で中断された大仏造立が「大仏殿碑文」が述べる如く天平十七年八月に再開されたのであれば、(17) それから半年以上を経て、ようやく大仏造営機関が設置されたというのは、聊か遅きに過ぎるのではあるまいか。金光明寺では天平十七年初頭に丈六堂が整備されており、天平十六年頃に本尊たる丈六仏が鋳造されたことを想定し得る。(18) 本尊の造営を終えた金光明寺において、本尊完成から一年も経ずに大仏造立が再開されたことを思うと、本尊の造営を担ってきた組織を利用しない手はないと考えるのが妥当な想定だろう。筆者は、この丈六仏の造像を担当した機関こそが、造仏司そのものであったと推測するものである。

　天平九年八月、巨勢奈氏麻呂が造仏像司長官なる職に任じられた。(19) 奈氏麻呂の任官は、同年三月に「毎レ国令下造二釈迦仏像一軀・挟侍菩薩二軀一、兼写中大般若経一部上」との詔が出たことに由来すると思われ、(20) また、ここに窺える釈迦仏造作が、天平十三年三月の国分寺建立詔に見える「去歳普令下天下造二釈迦牟尼仏尊像高一丈六尺者各一鋪、幷写〔中〕大般若経各一部〔上〕」に相当することは言を俟たない[21]。さらに、恭仁京遷都後の天平十三年正月においても、金光明寺が金光明最勝王経転読の「天下之模」となる位置にあった如く[22]、国分寺建立の中で最も重視されたのが大養徳国国分寺、つまりはこの金光明寺であったことも推測に難くない。天平九年に設置された造仏像司は、本来的には全国の造仏を指揮する組織だろうが、個別具体的には金光明寺の丈六仏造営を担当したと見ても差し支えはなかろう。天平十七年四月には、国君麻呂が正七位下から外従五位下へと一気に昇叙された。その後、一月を経ずに平城還都がなされることを思えば、この昇叙を紫香楽での大仏造立と結び付けるわけにはいかず、金光明寺での丈六仏完成に関連させて捉えることも可能と考える[23]。その君麻呂が翌年十一月に造仏長官として現れるのであり、天平九年に設置された造仏像司と、金光明寺・東大寺で大仏造立を担った造仏司との連続性を読み取ることは決して無理なことではない。造仏司は天平九年まで遡らせることが可能と理解する。

このように造仏司の設置を国分寺建立に関連すると捉え、大仏造営以前まで遡らせるのであれば、造寺司と造仏司とが併存したことの背景も、より具体的なものとなる。君麻呂が造仏長官として初見する天平十八年十一月の「金光明寺造物所告朔解案」では、君麻呂の他に玄蕃頭市原王と大養徳国少掾佐伯今毛人の署所が見える。山下の詳細な分析にある如く、金光明寺造物所の組織上の特質は、他官司から寄せ集めた官人によって運営された点にあるが[24]、なかでもこの三者が、その中核を担ったことに疑いはない。そして、彼らが玄蕃寮・造仏司・大養徳国といった本官と無関係に選ばれたとは考え難く、ならば、金光明寺造営機構とは、玄蕃寮・造仏司・大養徳国が連携して組織されたと見ても問題はなかろう。その後、金光明寺が東大寺と改称され、間もなくして造東大寺司が設置されると、佐伯今毛人は造東大寺司次官を兼帯し、市原王は引き続き玄蕃頭として長官的な役割を果たすこととなる。造東大寺司の成立は、既存官司の連携で進められてきた金光明寺・東大寺の造営が、独自の機構をもってなされるようになったことを意味するが、そうした造東大寺司の成立に際して造仏司は、造寺体制から離脱することとなるのである。造仏司の離脱は、造寺司の独立性の担保と造仏司の大仏造営への専従に起因するのだろうが、これ以降、造寺司と造仏司は併存関係を保ち続け、天平宝字四年の「造東大寺司造仏注文」にまで至るのだろう。

第二章　天平宝字四年の変革と良弁

前章では、天平宝字四年（七六〇）二月に記された「造東大寺司造仏注文」なる文書を検討の俎上に載せ、造仏司の成立時期及び造東大寺司と造仏司との関係性について思うところを述べた。しかし、造仏司はこの文書を最後に史料上から姿を消す。翌五年十二月には造仏司主典だった志斐麻呂が造東大寺司主典として現れ(25)、また、六年五月頃の作成と目される「造東大寺司告朔解」には、造仏所なる組織が造東大寺司の被官として検出でき、その別当として主典志斐麻呂と史生川原人成を確認し得る(26)。造仏司の中心人物だったと思しい国中公麻呂（＝国君麻呂）も、天平宝字五年十月には造東大寺司次官に就任するのであり、造仏司は、「造東大寺司造仏注文」が作成されたのとほぼ同時期に造東大寺司に組み込まれたと解するのがよい(27)。本来的に別組織であった造仏司と造寺司の主典によって専当される造仏事業が、「造東大寺司」から書き出す「造東大寺司造仏注文」に現れることの意味も、造寺司による造仏司の吸収といった文脈の中で捉える必要がある。

当該文書において、造東大寺司長官の坂上犬養と並び良弁の署所があることや、犬養が日下に署する点にも十分な注意を払わねばならない。『東大寺要録』雑事章第十、東大寺権別当実忠二十九个条事（以下、実忠二十九箇条と略す）によると、良弁は、この年正月に発せられた勅によって「寺内一事已上政知」を命じられ、この勅を承けた良弁が内裏へ奏聞したことで、実忠がその目代となり「造寺政」を検校することになったとされる（第一条）。ここに見える「一事已上」とは、加藤優が論じたように「全ての事に関して」の意と捉えるのがよく(28)、良弁はこの時、自らの目代として実忠に委ねた造寺政を含む東大寺の寺務全般を統括する地位に立ったのだろう。造東大寺司が発した天平宝字四年二月の「造東大寺司造仏注文」に良弁の署所が存在し、長官の犬養が日下に署するのは、正月の時点で「寺内一事已上政」を担う地位を良弁が獲得し、造東大寺司を掌握したことを背景とする。

もっとも、これ以前においても、良弁が東大寺の造営に関与してきた可能性は否定できない。『東大寺要録』本願章第一所収「延暦僧録」勝宝感神聖武皇帝菩薩伝には、「差二少僧都良弁及佐伯宿祢今毛人一、命二造寺別当一」とあり、佐伯今毛人とともに良弁は、聖武天皇によって造寺別当に任じられた。この記載に基づき加藤は、造寺別当として関与してきた造寺政を良弁が実忠に代行させたものとして、先の実忠二十九箇条の記事を評価した(29)。しかし、造寺別当と今時の「寺内一事已上政」とを同列に扱うことは慎重にならねばならない。『東大寺要録』本願章第一所収「延暦僧録」仁政皇后菩薩伝では、天平勝宝八歳（七五六）五月二日に聖武が崩じたことを承け、光明皇后が「続レ前、召二旧別当少僧都良弁・佐伯今毛人一。時不レ待二人事一、須下及二于天皇忌日一将上就二慶賛一」と命じたと記す。文意は明瞭ではないものの、興福寺での聖武七々御斎の翌日に発せられた、「明年国忌御斎、応レ設二東大寺一。其大仏殿歩廊者、宜下令二六道諸国営造一、必会中忌日上。不レ可二怠緩一」との勅に引き付けて考えるべきだろう(30)。天平勝宝八歳八月に発せられた「造東大寺司牒」でも、三万枚の造瓦を興福寺三綱務所へ依頼する中で、良弁は今毛人と並び署しており、東大寺の造営が急務となっていたこの時期、良弁が造寺に関与していたことを知る(31)。

看過できないのは、「延暦僧録」仁政皇后菩薩伝において、良弁と今毛人が「旧別当」と表現された点である。「旧別当」との表記から推せば、聖武によって任じられた良弁と今毛人の造寺別当は、任命権者である聖武が崩御することで解かれた可能性が高く、光明は、東大寺造営を聖武の国忌に間に合わせるべく、一度は解かれた良弁と今毛人に対し、引き続いて造営を担当させたのであろう。改めて造寺別当に任じられたか否かは定かではないが、いずれにしても良弁と今毛人の造寺別当が、東大寺の造営促進を目的に設けられた、あくまで臨時的な職務と見るのが妥当である。それに比して、天平宝字四年正月の勅で命じられた「寺内一事已上政知」とは、良弁の奏請によって実忠が目代に任じられた点からも、造寺を含む寺内の政務全てを、半永久的に良弁へ委譲したものと見るべきであり、ここに造寺別当との大きな段階差を見出すことができる。

良弁に対して「寺内一事已上政知」が命じられた天平宝字四年は、東大寺にとって大きな変革の年であった。そのことは、七月になされた東大寺の封戸の再分割に端的に示される。東大寺の封戸は、天平十九年（七四七）九月に金光明寺へ食封一千戸が与えられたことを嚆矢とし、造寺に充当すべく天平勝宝二年二月に五千戸に加増されたことで確立するが、天平宝字四年七月には、営造修理塔寺精舎分一千戸、供養三宝幷常住僧分二千戸、官家修行諸仏事分二千戸の三つに分割された(32)。天平勝宝四年十月において、造寺司から三綱所へ、「寺家雑用料」として封戸一千戸を移管されたことからも(33)、東大寺の封戸は、本来的には造東大寺司が管轄するものであったが、造東大寺司の管轄分は、この時点において営造修理塔寺精舎分として一千戸まで減少する。こうした枠組みは、八世紀末に造東大寺司が廃止され、造東大寺所（＝下司）として再編された後も、延暦十二年（七九三）に一百戸が修理新薬師寺分に充てられる他は、基本的に踏襲されることとなる(34)。良弁の目代となり造寺政に携わるようになった実忠が、「固検二収調用〔庸カ〕租米一」したことを想起すると(35)、営造修理塔寺精舎分として縮小再編された造東大寺司の封戸は、その後、良弁とその目代である実忠が把握することになったのだろう。

注意すべきは封戸分割の理由である。すなわち、勅では「造寺了後、種々用事、未レ宣二分明一。因レ茲、今追議定如﹅左」と述べられており、この再分割は造寺の終了を明言し、不可逆的なものとしたことに他ならない。営造修理塔寺精舎分と「修理」の語を殊更に含むのも、このことに由来すると思われ、従来、この封戸処分で注目されてきた官家功徳分（＝官家修行諸仏事分）の創出も[36]、根本的には造寺の終了に伴う仏教儀礼の整備として位置付ける必要があろう。このことを思うと、封戸再分割と密接に関係する事柄として想起されるべきは、前年十一月から開始される保良宮の造営であろう[37]。造営開始から一年後の天平宝字五年正月には保良京の宅地班給がなされ、十月には遷都の宣言と天皇の行幸が実現する[38]。また、こうした動きと並行して石山寺の造営が本格化することになるが、周知の如く良弁は、造東大寺司の被管組織である造石山院所を直接指揮しながら、石山寺造営に深く関与した[39]。東大寺の封戸処分は、まさに保良宮・京の造営が進む時期のことであり、保良宮・京と石山寺の造営へ労力を集中することを目指して、東大寺の造営終了を宣言したと解するのが適当だろう。もっとも、これによって東大寺の造営事業が完全に中断されたと考える必要はないが、造東大寺司が廃止されるよりも二十年以上も前に、東大寺の造営終了が宣言され、造営事業が縮小・再編されていたことには十分な注意を払わねばならない。

保良宮の造営開始、良弁への「寺内一事已上政」の委譲、造寺終了と不可分な東大寺封戸の再分割、保良京遷都と良弁の石山寺造営への関与、これらを一連の事柄と捉えるならば、「造東大寺司造仏注文」もまた、こうした東大寺の変革の中で発せられた文書と捉えるのがよい。良弁が「寺内一事已上政知」を命じられたのは、造寺事業の縮小を核とする東大寺の組織再編を前提としたものと思われ、その良弁がまず着手したのが、成立の経緯を異とする造仏司と造寺司とを併合し、造仏・造寺を造東大寺司のもとに一本化することだったのではあるまいか。この文書が、良弁自身が命じた造仏を殊更に取り上げ、良弁自身が署するのは、これが良弁が主導する組織改変を象徴していたからとも憶測される。この文書において造寺司主典の専当をも記すことからすれば、造東大寺司もすでに造仏に関与するようになっていたと見てよいが、ここにおいて、造仏司と造寺司が独自になしてきた造仏事業は、少なくともその一部に関しては、造東大寺司の事業として統合されることとなったのだろう。

第三章　実忠の造寺に関する時期区分

天平宝字四年（七六〇）正月以降、東大寺の造寺政は、良弁の目代に任じられた実忠が検校することとなった。本稿の課題は、それから二十年を経てなされた造東大寺司の停廃理由を明らかにすることにあるが、それを解く鍵は、良弁が統括し、実忠が担うこととなった造寺政とはいかなるもので、どのような変遷を辿ったかを明確にすることにある。こうした認識に立つならば、格好の分析素材となるのが実忠二十九箇条であることに間違いはない。本章では、この史料について少しく考えてみることにしたい。

二十九個の条文からなる実忠二十九箇条を、その事書に着目しながら整理すれば、「奉㆓仕造大仏御光所㆒事」（第二条）のように「奉仕」から書き始めるもの（十二箇条）、「献㆓上平城朝庭御馬蒭二千囲㆒事」（第二十七条）の如く「献上」から書き出すもの（三箇条）、という二種の特徴的な条文を検出し得る。このうち「献上」から書き始める条文は、二十九箇条の末尾にまとめて配されるもので、内容は造作への直接的な関与というよりも、物資の献上という側面が強い。一方、「奉仕」から書き始めるものは、事書の冒頭が「奉仕」でも「献上」でもない十四箇条と混在して配される。両者を配列から区別することは難しいが、前者が「合九箇年自㆓宝字七年㆒至㆓宝亀二年㆒」（第二条）のように「奉仕」の期間を明示するのに対し[40]、後者は期間を示すことがなく、有期でいわば正規な職務と臨時的でいわば付加的な職務との違いとして捉えることが可能であろう。また、前者が「奉㆓仕寺主政㆒事」（第十七条）や

「奉二仕華厳供大学頭政一事」(第二十一条)の如く、造作と直接関係ないものを含むのに対し、後者はほとんどが造作に関する条文である点にも相違を見出せる。[41]このように実忠二十九箇条は三種に大別できるのであり、以下、「奉仕」から書き出すものを奉仕型、「献上」から書き始めるものを献上型、それ以外を雑事型と称して議論を進めていくこととする。

実忠二十九箇条に三種が存在することを念頭に置き、改めて条文配列を眺めてみよう。献上型が末尾にまとまって配されることや、奉仕型が造営以外も含む一定期間の職務であること、これに対し、雑事型が臨時的・付加的なものと推測されることなどから、奉仕型に次いで献上型を並べ、そこに造作に関する雑多な雑事型を組み込んだというのが、実忠二十九箇条の基本的な構造であったことを読み取ることができる。こうした理解を前提に、松原弘宣の議論[42]を参照しながら配列順を整理すると、Ⅰ類：東大寺の造作に関するもの(第一条〜第十五条、奉仕型＋雑事型)、Ⅱ類：東大寺における地位に関するもの(第十六条〜第十九条、奉仕型)、Ⅲ類：仏教儀礼などに関するもの(第二十条〜第二十四条、奉仕型)、Ⅳ類：東大寺外での造作・功徳(第二十五条・第二十六条、雑事型)、Ⅴ類：物資の献上(第二十七条〜第二十九条、献上型)の順で配列されていることを看取できよう。先に奉仕型と雑事型が混在すると述べたが、それはⅠ類に限った特徴であることが判明する。また、そのⅠ類が全体の半数を占め、冒頭に配されていることからも、実忠の功績の中で中核を担っていたのが東大寺の造作に関する事柄だったことに疑いはない。その中身を子細に見ていくと、大仏・大仏殿に関するもの、大仏殿以外の諸建造物の造営、土木工事の順に、ほぼ年代順に配列されていることにも気付く。実忠二十九箇条は、一見、雑多な条文の寄せ集めのようにも思えるが、このように分類していくと、ある程度の基準のもと、実忠の功績を配列したと理解することが可能となる。

さて、こうした条文構成の基本的な理解を前提に、奉仕型と雑事型を年代順に並べ替え、両者の関係を示したのが図1である。容易に見出せることは、雑事型が二時期に大別し得ることである。すなわち雑事型は、天平宝字八年の「構二上東塔露盤一事」（第七条）から宝亀二年（七七一）の「奉レ造二建大仏殿副柱一事」（第四条）までの第一期と、延暦二十年（八〇一）の「造二立寺北大門一事」（第十条）から大同二年（八〇七）の「塡下固寺食堂前庭被中崩損上事」（第十四条）及び「同食堂前谷水防、便宜其川所、塡埋平固事」（第十五条）までの第二期に分けることができる。そして、これを奉仕型と対応させて眺めると、雑事型の第一期は、良弁の目代として造寺政を担った天平宝字四年から天平神護二年（七六六）までと（第一条）、少鎮政とともに造寺の検校を行なった神護景雲元年（七六七）から宝亀四年まで（第十六条）の連続する期間に相当することが判明する。

一方、第二期に関しては、「造寺司知事政」を奉仕した「合十箇年」に該当する可能性が高い（第十九条）。造寺司知事政の奉仕期間は、実忠二十九箇条には記されず、必ずしも明確ではないものの、延暦十五年八月に上座と見える実忠が、延暦二十三年六月及び大同二年八月に知事として現れること、[43]大同四年六月に修理別当と見えることから推して、[44]①延暦十七年～大同二年、②延暦十八年～大同三年、③延暦十九年～大同四年のいずれかであったと推察し得る。加えて、実忠二十九箇条第五条には、大仏の修復方法について勅使・僧綱らによって三ヶ年話し合いがもたれたが解決には至らず、延暦二十年になって実忠が「独策二愚誠一、率二工匠等一、自身征至二於伊賀杣一、造二出応レ奉レ固様一、幷令レ造二雑材木一」めたと記される。おそらくそれ以前の三ヶ年においては、実忠は造寺に関与しなかったのだろう。これらを勘案すると、③延暦十九年から大同四年までの十年間が造寺司知事政を担った時期と考えられるのであり、雑事型の第二期はここに納まるものとなる。このように実忠は、常に東大寺の造営に携わっていたのではなく、造営に関与したのは、良弁の目代として造寺政を委ねられていた期間と、造寺司知事にあった期間の二時期に過ぎない。[45]換言すれば、実忠は、自らの力量のみに依拠して造作に関与したのではなく、その時々の

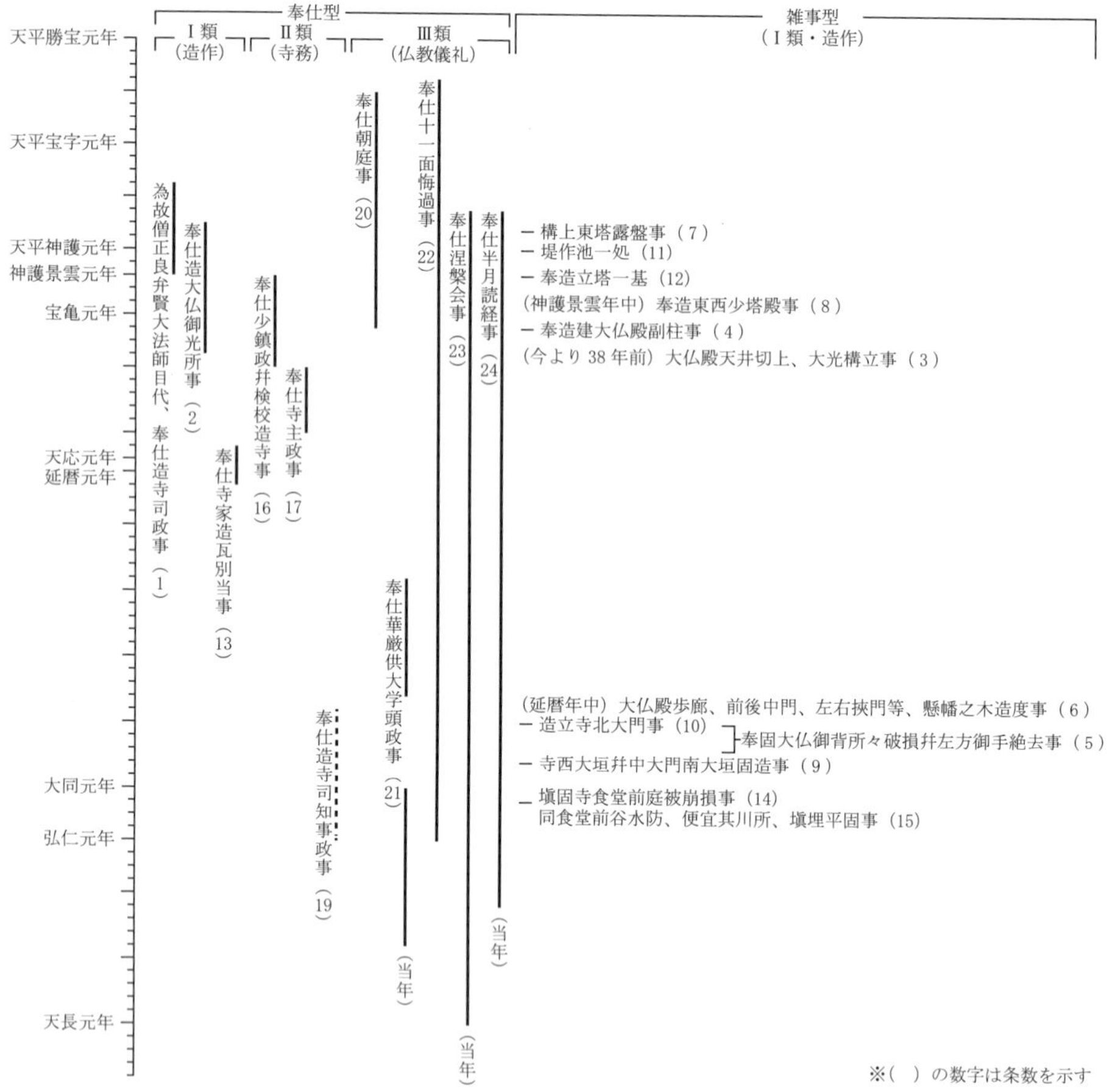

図1　実忠二十九箇条に見る実忠の活動

職務に従って東大寺の造作に携わったものといえる。

こうした第一期と第二期の間の相違は、実忠への指示者の有無として端的に現れる。第一期における実忠は、「爾時実忠承二僧正命一、親登二御塔一、量二其便宜一、催二工夫等一、二三月内構上已畢」（第七条）、「右二種事、承二僧正命一、奉二為国家一、奉レ造如レ前」（第十一条・第十二条）のように、僧正良弁の命を承ける形で造作に携わった。宝亀二年の「奉レ造二建大仏殿副柱一事」（第四条）では、「爾時親王禅師幷僧正和尚、相語計宣、斯事非二実忠師之謀一、余人都不レ得レ成。猶汝可レ造」と記されており、良弁の他に親王禅師（＝早良親王）も指示者として現れる。良弁の命を承けたのは、「寺内一事已上政」を統括するようになった良弁の目代として、実忠が活動したがゆえであり、そのため宝亀四年閏十一月に良弁が寂すると、(46)実忠は造寺の検校から離れることとなるのだろう（第十六条）。翌年以降、「親王禅師教」によって「寺主政」に携わり、三綱用物の確保に邁進することとなる（第十七条）。これに対して第二期では、「右常例備懸幡之綱、久経二年序一、朽脱絶損不レ用。由レ茲当二懸幡時一、夫等暇入、成事尤遅。依レ此法師実忠以二去延暦年中一、令レ造如レ件」（第六条）とある如く、実忠に対して指示を与える人物を検出することができない。指示者の記載が省略された可能性は否定できないが、第一期が目代という職掌と不可分であるならば、第二期はむしろ造寺司知事の職務として造作にあたったからと見るべきで、実忠はその職掌として自発的に造作を行なったものと考える。

関与の内実にも相違を見出せる。第一期においては、大仏殿副柱の造作に関与する以前に、「造寺司左大弁佐伯宿祢幷長上大工等申云、件副柱構立尤難。皆辞已畢」という状況が存在したとする第四条、東塔露盤の造作の前提に「諸工匠等申云、不レ得二構上一。皆悉辞退」という状況があったとする第七条、「大仏師従四位下国中連公麻呂等申云、此大仏御光不レ知二奉レ造方一。遂辞不レ造矣」という状況のもと、造大仏御光所に奉仕したと記す第二条など、実忠が携わった造作・修善は、いずれも造東大寺司が難を示した事業であった。これらの記載が、実忠の功績を強調する役割を担ったことには注意をせねばならないが、翻って考えれば、良弁が「寺内一事已上政」を統括した後も、造寺司が造作を行なうのが基本的な姿だったことは読み取っても構わないだろう。実忠が良弁の目代として担った造寺政とは、決して造寺事業全般だったわけではない。本来的には、縮小された封戸の管轄といった財政に関するものに過ぎなかったのではあるまいか（第一条）。

対して第二期では、「奉レ固二大仏御背所々破損一幷左方御手絶去事」（第五条）において、「勅使・僧綱・諸大寺三綱・老宿大法師等」が難を示した事柄を実忠が解決したと記す如く、実忠が関与する以前に勅使・僧綱など東大寺以外の者が携わったことを知る。「寺西大垣幷中大門南大垣固造事」（第九条）では、「専寺法師実忠加二検校一、造固如レ件」と記載されるが、専寺法師と見える点は、東大寺以外の者が造寺に関与する事例が頻繁に存在したことを示唆する。前述の如く雑事型は、臨時的・付加的な造作と考えるが、そうした事柄は本来的には造寺司知事の管轄外だったのではあるまいか。実忠二十九箇条からは若干時期が下るが、承和五年（八三八）になされた毘沙門天の修固においては、造司所がその修復を再三にわたって太政官へ申請し、その結果、「件損物早速修固」との太政官牒が発給され、ようやく寺家長上・助工・凡工が修復したという[47]。また、仁和五年（八八九）には、四天王像・東西両塔などが破損した際には、「所レ用々物、触レ類有レ数、非レ無二公損一」との理由に基づき、勅使が実検した後、公物を用いず、修理料封戸の残物を用いて修復させるとの勅が出された[48]。これらを勘案するに、第二期において大規模な修繕を要する場合には、造東大寺所が太政官へ申請し、太政官から勅使が派遣され、僧綱や諸大寺が造東大寺所と連携してあたるというあり方が一般的だったことを看取できる。造寺司知事としての実忠が担ったのは、あくまで日常的で軽微な修繕に過ぎなかったのだろう。

さて、この第一期と第二期の間に延暦八年三月の造東大寺司の停廃という事象が存在する。第一期と第二期の相違が、目代と造寺司知事といった実忠の地位・職務に起因するのであれば、この違いを造東大寺司の停廃といった組織再編と結び付けて捉えても問題はない。天平宝字四年以降、縮小されたとはいっても、造東大寺司は良弁に掌握された形で、東大寺における造営・修理の担当機関として機能した。造東大寺司の停廃は、そうした縮小された造営・修理事業を二分し、日常的で軽微なものは寺内組織として設置された造東大寺所に委ね、臨時的で大規模なものは、太政官や僧綱が担うという形態をもたらしたのである。これは、「はじめに」でも述べた如く官司機構から寺内組織への移行として捉え得るものであるが、同時に造東大寺司を管轄することによって寺内で完結していた東大寺の造作が、国家が直接関与するものへ変化したとも評価できるだろう。

おわりに

以上、雑駁な議論を行なってきたが、造寺の終了を核として天平宝字四年（七六〇）になされた組織再編が、東大寺における造寺・造仏のあり方を変化させたこと、その変革は良弁が「寺内一事已上政知」を命じられたことと不可分で、良弁はその後、造東大寺司の政務を掌握したこと、延暦八年（七八九）三月に造東大寺司が停廃されると、東大寺の修繕に対して国家が直接携わる形態が登場したこと、などを述べてきた。こうした機構的な変遷を踏まえて造東大寺司が停廃された要因を見るならば、造東大寺司を統括するような人物が存在しなくなったことにこそ、その直接的な理由を求めるべきと考える。

天平宝字四年以降、造寺事業そのものは縮小されたと思われるが、それでもなお造東大寺司は存続し、良弁の統括下に置かれた形で東大寺の造作・修繕に関わってきた。宝亀年間に入ると親王禅師と称された早良親王が指揮者として加わり、宝亀四年（七七三）閏十一月に良弁が入寂すると、造東大寺司を含む寺内政務は、早良に掌握されることとなったであろう。早良と造東大寺司との間に深い関わりが存在したことについては、夙に指摘され周知の事柄に属する。(49) しかし、その早良は藤原種継暗殺事件に際して、延暦四年九月に皇太子の地位を廃され、飲食を絶たれて薨去してしまうのであり、これによって造東大寺司を把握し、造営を指揮する人物が存在しなくなったことは推測に難くない。造東大寺司の停廃と造都事業といった先行研究の視座を排除するものではないが、東大寺にとってより大きかったのは、こうした寺内政務を統括すべき者が欠如したことと思われ、このことが造東大寺司を廃止して、国家が造営・修理を直接的に把握する形態を創出させた最大の要因であったと考える。

造東大寺司の停廃を機構の変遷から跡付けることを目的とした本稿の結論は上記の通りだが、論ずべくして論じ得なかった事柄も多い。先行研究では、三綱所と造東大寺司との関係変化から造東大寺司の停廃といった問題を考えてきたが、本稿では、そうした東大寺三綱の様相については全く論じることができなかった。また、造東大寺司の停廃をそれを指揮する人物の欠如という観点から理解するならば、当然ながら延暦二十年から二十二年の間に制度的に確立したとされる東大寺別当との関係を考察せねばならないが、(50) それについても明確な理解を得ることができていない。このように甚だ不十分な議論ではあるが、いずれも改めて論じることを期して、ひとまずは稿を閉じることとしたい。

註

（1）『続日本紀』延暦八年（七八九）三月戊午（十六日）条。

（2）岸俊男「東大寺をめぐる政治的動向——藤原仲麻呂と造東大寺司を中心に——」（『日本古代政治史研究』塙書房、一九六六年、初出一九五六年）。若井敏明は、造東大寺司の管轄下にある鋳所の所見から、造東大寺司の成立時期を天平十九年（七四七）十月以前と論じる。若井敏明「造東大寺司の成立について」（『続日本紀研究』二四三、一九八六年）。

（3）大河直躬「造東大寺所と修理所——平安時代の東大寺造営組織について——」（『建築史研究』三五、一九六四年）。

（4）浅香年木「平安期における寺院工房の展開——東大寺修理所の場合——」（『日本古代手工業史の研究』法政大学出版局、一九七一年、初出一九六三年）、田中嗣人「造東大寺司の沿革」（角田文衛編『新修国分寺の研究　第一巻東大寺と法華寺』吉川弘文館、一九八六年、初出一九七八年）。なお、新日本古典文学大系『続日本紀』五（岩波書店、一九九八年）の脚注（四二三頁）では、「寺院の長岡京への移転を認めなかったなどとともに、南都寺院に対する桓武朝の厳しい施策の一つといえよう」として、桓武朝の寺院政策に結び付けて説明する。

（5）松原弘宣「実忠和尚小論——東大寺権別当二十九ヶ条を中心にして——」（『続日本紀研究』一七七、一九七五年）、永村眞「東大寺別当・政所の成立」（『中世東大寺の組織と経営』塙書房、一九八九年、初出一九八四年ほか）。

（6）岸俊男「越前国東大寺領庄園の経営」（『日本古代政治史研究』塙書房、一九六六年、初出一九五二年）。

（7）「造東大寺司造仏注文」（続修四三〈『大日本古文書』四—四〇八頁〉）。

（8）正倉院文書に窺える良弁の宣については、吉川真司「奈良時代の宣」（『律令官僚制の研究』塙書房、一九九八年、初出一九八八年）参照。良弁の宣が内裏の意向による可能性については、栄原永遠男氏のご教示を受けた。

（9）続々修一八—三（裏）（『大日本古文書』四—三九七頁）及び続修別集四七（『大日本古文書』四—一九三頁）。『正倉院文書目録』や『正倉院文書影印集成』には接続の指摘はないが、両者が一行分を空けて接続することは、記載内容や字体などから見てほぼ間違いない。天平宝字二年（七五八）の御願経・知識経書写事業を詳細に検討した山本幸男も、この二つの文書を接続するものと認めて論を進めている。山本幸男『写経所文書の基礎的研究』（吉川弘文館、二〇〇二年、八九頁ほか）。

（10）渡辺晃宏は、造仏注文に見える造寺司と造仏司は、造東大寺司の中のセクションとして捉えるべきで、天平宝字年間での造寺司と造仏司の併存は認められないと理解する。渡辺晃宏「続造東大寺司の誕生——造物所・造仏司管見補遺――」(『続日本紀研究』二五五、一九八八年)。しかし、造東大寺司の中に造寺司と造仏司の二つのセクションがあったと解するのはやはり不自然で、竹内理三以来の通説通り、造寺司と造仏司とが併存していたと見るのが妥当だろう。竹内理三「造寺司の社会経済史的考察」(『日本上代寺院経済史の研究(著作集第二巻)』角川書店、一九九九年、初出一九三二年)、若井敏明前掲註(2)論文、山下有美『正倉院文書と写経所の研究』(吉川弘文館、一九九九年)ほか。

(11) 吉川真司は、天平十九年(七四七)九月の封一千戸の施入をもって、金光明寺から東大寺へ名称が変更されたと論じる。吉川真司「東大寺の古層――東大寺丸山西遺跡考――」(『南都仏教』七八、二〇〇〇年)。

(12)「金光明寺造物所告朔解案」(続々修三七―一〈『大日本古文書』九―三〇〇頁〉)。

(13)「金光明寺寺家牒」(続々修四〇―四〈『大日本古文書』九―三四二頁〉)。

(14) 若井敏明は、甲可寺造仏所と金光明寺造仏長官が発展して成立したのが造仏司であると論じたが、金光明寺における造仏組織が長官だけで機能していたとは考え難く、造仏長官の存在から造仏司の存在を見る方が自然と考える。若井敏明前掲註(2)論文。

(15)「経師等調度充帳」(続々修四四―一〇〈『大日本古文書』八―五七八頁〉)。

(16) 山下有美前掲註(10)書。

(17)『東大寺要録』縁起章第二。

(18) 吉川真司「大養徳国金光明寺――その金堂をめぐって――」(『論集　東大寺の歴史と教学』ザ・グレイトブッダ・シンポジウム論集第一号、東大寺、二〇〇三年)。

(19)『続日本紀』天平九年(七三七)八月甲子(二十三日)条。

(20)『続日本紀』天平九年(七三七)三月丁丑(三日)条。

(21)『続日本紀』天平十三年(七四一)三月乙巳(二十四日)条。

(22)『続日本紀』天平十五年(七四三)正月癸丑(十三日)条。

(23)『続日本紀』天平十七年(七四五)四月壬子(二十五日)条。なお、新日本古典文学大系『続日本紀』三(岩波書店、一九九二年、補注一六―七)では、この記事は成選叙位として考えるべきで、造仏関係者への叙位に限定することは無理であると注する。しかし、国君麻呂の加階幅は他の人々に比して大きく、たとえ成選叙位の一環だったとしても、ここに何らかの褒賞的意味合いを読み取ることは不可能ではない。

(24) 山下有美前掲註(10)書。

(25)「造寺司牒」(正集五〈『大日本古文書』四―五二五頁〉)。

(26)「造東大寺司解」(続修別集三二〈『大日本古文書』五―一九五頁〉)。

(27)『続日本紀』天平宝字五年(七六一)十月壬子朔条。若井敏明は天平宝字五年十月頃に造仏司は造寺司に組み入れられたと理解する。若井敏明「再び造東大寺司の成立について」(『続日本紀研究』二五〇、一九八七年)。

(28) 加藤優「良弁と東大寺別当制」(奈良国立文化財研究所創立三〇周年記念論文集刊行会編『文化財論叢』同朋舎出版、一九八三年)。

(29) 加藤優前掲註(28)論文。

(30)『続日本紀』天平勝宝八歳(七五六)六月甲辰(二十二日)条。

(31)「造東大寺司牒」(正集七〈『大日本古文書』四―一八〇頁〉)。

(32)『東大寺要録』雑事章第十之二、封戸水田章第八、『大日本古文書』四―四二六頁。

(33)『東大寺要録』封戸水田章第八。

(34) 大河直躬前掲註(3)論文など。

(35) 実忠二十九箇条第一条。

(36) 岸俊男は、官家功徳分の創出を藤原仲麻呂によるものと捉え、これが寺家との対立に繋がったと論じた。岸俊男『藤原仲麻呂』(吉川弘文館、一九六九年)。官家功徳分に関する最近の研究としては、清田美季「奈良・平安時代の寺院政策と天皇――檀越としての天皇と官家功徳分封物――」(『南都仏教』九六、二〇一一年)がある。

(37)『続日本紀』天平宝字三年(七五九)十一月戊寅(十六日)条。

(38)『続日本紀』天平宝字五年(七六一)正月丁未(二十一日)、十月壬戌(十一日)、甲子(十三日)条。

(39) 福山敏男「石山寺・保良宮と良弁」(『寺院建築の研究　中』中央公論美術出版、一九八二年、初出一九七三年)。

(40) 第十八条の「奉仕上座任事」は「合三度」とした上で、寺主の名で時期を表す。

(41) ただし、第二十六条の「近江国志賀山寺奉行功徳事」は造作ではなく私物の奉納であり、次の第二十七条から始まる「献上」の事書を持つ条文に近い。

(42)　松原弘宣前掲註(5)論文。

(43)　「東大寺三綱牒」（『平安遺文』一四号）、「東大寺家地相換券文」（『平安遺文』二五号）、「西行南第二倉公文下帳」（『大日本古文書』附五五頁）。

(44)　「東大寺家地相換券文」（『平安遺文』二五号）。なお、弘仁六年（八一五）四月二十五日の日付を有する実忠二十九箇条には、修理別当伝灯大法師実忠との署所が存在する。修理別当を「造寺司知事」の期間に含めるならば、「合十箇年」との記載から、「造寺司知事」奉仕の上限が大同元年（八〇六）となり、これは延暦二十三年（八〇四）六月に知事と見えることと齟齬をきたすため、修理別当は造寺司知事の期間に含まれないと推測される。

(45)　佐久間竜は、造東大寺司が停廃された後に造られた「造寺務所」について、「この「造寺務所」は、造東大寺司の事務を継承するものとして、延暦八年（七八九）より同十五年までの間に設置され、当然実忠は大きな影響力をもつにいたったと推定される」と述べるが、この期間に実忠が造寺に携わった明証は存在しない。佐久間竜「実忠」（『日本古代僧伝の研究』吉川弘文館、一九八三年、初出一九七五年）。

(46)　『続日本紀』宝亀四年（七七三）閏十一月甲子（二十四日）条。

(47)　『東大寺要録』雑事章十、修二固多聞天一事。

(48)　『東大寺要録』雑事章之余。なお、この勅が、『延喜式』巻二一、玄蕃寮の「凡東大寺四天王像幷東西両塔破損者、用二寺家例修理料封戸調庸雑物之内一、修理之」との規定に引き継がれる。

(49)　山田英雄「早良親王と東大寺」（『南都仏教』一二、一九六二年）。

(50)　成立期の東大寺別当に関しては、牛山佳幸「諸寺別当制の展開と解由制度」（『古代中世寺院組織の研究』吉川弘文館、一九九〇年、初出一九八二年）、永村眞前掲註(5)論文、平野博之「律師兼東大寺別当修哲をめぐって」（『日本歴史』四九九、一九八九年）、佐藤全敏「東大寺別当の成立」（『平安時代の天皇と官僚制』東京大学出版会、二〇〇八年、初出二〇〇三年）などが代表的な研究として挙げられる。

平安前期の東大寺修理造営体制と造寺使・造寺所

飯塚　聡

はじめに

東大寺の修理造営機関は、奈良朝の造東大寺司、平安朝の造東大寺所、そして修理所が知られている。これらについては古くから膨大な研究が積み重ねられており、特に建築史・美術史・手工業史など各分野で成果が上げられてきた。その多くは、造東大寺司においてはその成立過程、組織、工房・工匠、労働編制、寺院制度など、そして平安朝の造東大寺所や修理所については、東大寺の組織体制の変遷過程の中で、封戸制から荘園制へと変遷する経済基盤と連携させて検討されるなどが主である[1]。

一方、延暦八年（七八九）の造東大寺司廃止後については、後継機関の造東大寺所が日常的な修理や法会・儀式の際の施設整備を行う一方、修理規模が大きくなると、勅使、僧綱、諸大寺僧、技術官人らと東大寺が集議して方針を決定し、造東大寺所が施工した。そして特に大規模な修造に対しては、朝廷で造東大寺使（修理〈造〉東大寺大仏使、造東大寺講堂使）が編成され、その差配のもとで東大寺および造東大寺所が稼働して事業を遂行した。

筆者はかつてこの造寺使の成立について取り組んだことがあり、平安朝の造寺使は太政官における弁官を中心とした政務処理機構の一編成として成立したもので、俗別当制度と密接に関連したシステムであると考えている。斉衡の修理東大寺大仏使を経て、延喜の造東大寺講堂使に至り、東大寺に対し本格的な造寺使が編成されて以来、平安中期には火災を被った大安寺の再建で造大安寺使が、同じく興福寺に対し造興福寺使がそれぞれ編成されていく。造寺使の編成は、平安朝廷における諸大寺の大規模修造事業の常例となり、東大寺のそれは前例となった。そして平安末期に至り、造東大寺長官や造興福寺長官が常置の官となっていったことは周知のとおりである。近年は俗別当制度の研究も進み、また太政官政務と弁官の研究も深化されてきており、国家と寺院が修理造営という具体的な実務で結ばれる歴史事象として、今後更に議論を深めていくべきテーマと考えている。(2)

今回、その前例・基礎となった平安時代前半期の東大寺の大規模修造への対応経過および造寺使について、その後の成果も踏まえ、東大寺および造東大寺所ならびに関係諸大寺等の動向もあわせ、あらためて検討してみたい。

第一章　平安前期の修理造営事業

第一節　造東大寺所

延暦八年（七八九）造東大寺司廃止後、東大寺にはこれを受け継ぐ営繕機関として造東大寺所が置かれていたことが知られている。延暦十五年（七九六）に「造寺務所」が見え、(3)ここにかつて造東大寺司が管理した東市庄券が保管されていたこと、末尾には後に造東大寺所の幹部職員の呼称として頻出する知事が署名することから、造寺務所とは造東大寺所またはその一部のことであり、造東大寺司の後継機関と位置づけられている。(4)そして大同四年

（八〇九）には「造東大寺所」の呼称が確認されている[5]。また、弘仁六年（八一五）四月二十五日付修理別当実忠による「東大寺権別当実忠二十九ヶ条」[6]の第十九条目に「一、奉仕造寺司知事政事、合十箇年」とある[7]。註（5）や正倉院文書（大日古〈編年文書〉二五附録、五六頁）の記録には、延暦二十三年（八〇四）頃から大同二年頃にかけて知事実忠が散見され、この頃のことを伝えているものであろう。承和五年（八三八）以降は、「造東大寺所」のほか「造東大寺司所」「造寺所」「造司所」等の呼称が文書史料中に頻出する[8]。

以下、造東大寺所時代の造営修理事業についてたどってみたい。

第二節　九世紀前半の修理造営事業

1　九世紀初頭（延暦末〜大同・弘仁・天長年間）の大仏修理および伽藍修造と勅使・検校使派遣

（一）延暦・大同の大仏背面および左手修理（延暦十七年頃〜大同二年頃）

延暦十七年（七九八）頃から大同二年（八〇七）頃、造東大寺所により大仏の背面および左手の修理が行われた。大仏の修理内容は、その背面に木製彩色の山形を構築する事業であった[9]。「実忠二十九ヶ条」（『要録』巻七、二六五頁）によると、「勅使。僧綱。諸大寺三綱。老宿大法師等。倶集会」とあるように、勅使が派遣され、僧綱、諸大寺三綱、東大寺の老宿大法師が三年間対策を検討。実忠の行動前に三年間検討とあり、着手は延暦十七年前後であろう。なお同二十二年大仏修理に着手したとある。実忠の行動前に三年間検討とあり、着手は延暦十七年前後であろう。なおこの大仏修理には、平安京で東寺造営を担当していた造東寺司から仕丁十二名が大同二年頃まで東大寺に融通されたことが知られている[10]。

造東大寺司廃止後の今回のやや大がかりな修理に際し、勅使、僧綱、諸大寺三綱、東大寺の長老僧が集まり検討する体制がとられ、造東大寺所が施工した経過がうかがえる。

(二) 延暦二十年〜大同二年のその他修造事業

「実忠二十九ヶ条」によると、北大門造立(延暦二十年)、寺西大垣と中大門南大垣の築造(延暦二十三年〈八〇四年〉)、降雨で崩落した食堂前庭の修復および川の埋立(大同二年)が、実忠により行われたとある。

(三) 大同元年の東大寺検校使派遣

造東大寺所にて知事実忠らが伽藍修造に勤しむ中、大同元年(八〇六)に朝廷から東大寺に対し、吉備泉以下四名の官人からなる次の使節が派遣された[11]。

太政官牒　東大寺三綱
使南海道観察使従四位下守右大弁吉備朝臣泉
従五位上行玄蕃頭藤原朝臣千引
従五位下守大和守藤原朝臣永貞
外従五位下行造西寺次官兼木工少工秦宿禰都伎麻呂
牒、為検彼寺雑事、差件等人発遣、寺察此状、一事已上聴使検校、今以状牒、牒到准状以牒
大同元年七月十五日左大史正六位上勲八等滋野宿禰「船代」
参議北陸道観察使左大弁従四位上兼行春宮大夫左衛士督秋篠朝臣「安人」

四等官を多分に意識した官人構成[12]のこの使節を、大同元年の東大寺検校使と呼んでおく。

まず長官格の南海道観察使で右大弁の吉備泉はこの時准参議で、宝亀九年（七七八）〜延暦二年（七八三）まで造東大寺司長官を務めた人物である。[13] なお父親の吉備真備も、やはり天平宝字八年（七六四）から天平神護二年（七六六）、参議の時に造東大寺司長官を務めている。[14] 仏寺ならびに僧尼名籍を管理し僧綱を管下に置く玄蕃頭の藤原千引は、修造事業運営について僧綱に対し、あるいは僧綱を通じて東大寺はじめ諸大寺に指示する立場であろう。なお、東大寺に対し大仏修理の間に造東寺司から借りた仕丁を返すよう指示した大同二年六月二日付太政官牒（前掲註(10)）にて左少弁として官牒発給にも携わっており、寺院修理造営実務を担当し業務に通じていた人物であった可能性がある。大和守藤原永貞は、当該国大和国司として仕丁徴発等を管轄したものであろう。そして造西寺次官兼木工少工秦都伎麻呂は、官職名のとおり木工寮所属の技術官人として平安京の造西寺司次官を務める技術面の責任者である。以上四名、東大寺に影響力を有す経歴（吉備泉）、施策の執行（藤原千引・藤原永貞）、技術管理（秦都伎麻呂）の職務をそれぞれ帯びた人員である。当該使節の派遣目的は、官牒の文面に「彼寺（東大寺）雑事」を検校せんがためとあり、奈良朝の造寺司機能の一部を復活させたかのようなその官人構成から、東大寺の修理造営事業への指揮監督のためであることがうかがえる。また「一事已上」を検校せしめることをゆるすとあり、東大寺および造東大寺所はこの検校使の監督下に置かれたことになる。

検校の対象となる事業は、延暦末〜大同元年にかけての大仏修理を中心とした先掲（一）〜（三）の修理事業であろう。この検校使は、大仏修理を中心とする大規模修理事業に際し、延暦八年の造東大寺司廃止後、平安京の朝廷から東大寺に派遣された最初の臨時的修造管理組織である。[15]

以上、延暦末・大同初頭の足かけ九年前後に及んだやや大がかりな大仏修理を中心に多方面に及ぶ修理造営事業に際し、勅使、僧綱、諸大寺三綱、東大寺長老僧による検討体制がとられ、造東大寺所が修理を実施し、終期に検校使が派遣され一連の事業の指揮および管理監督がなされたことが確認できた。また、平安京の造東寺司・造西寺司からの技術的・人的支援が行われており、造東大寺司廃止後の東大寺修理体制の一端をうかがうことができた。

2　天長の大仏修理（「大仏後築山修固」事業）

大仏の損傷・傾きはその後も進行したようで、『要録』巻七所収（二七一～二七四頁）の天長四年四月十七日付太政官牒によると、天長三年（八二六）～同四年には延暦・大同の前例に従い、朝廷からの勅使・検使、僧綱・諸大寺僧・東大寺僧らによりたびたび検討され、天長四年四月に大仏背後に山を築いて固定することが決定された。[16]同官牒に記された朝廷からの使節、ならびに修理方法を意見具申した関係者を時系列で示すと次のとおりである。

①天長三年四月八日、勅使右大弁大伴国道等裁定し、大仏背後への築山を決定。

②天長四年、検使左大弁直世王、民部大輔笠梁麻呂、右兵衛権佐藤原豊主。天長四年二月二十九日奏状を引き、修理について二十七人の意見具申があったことを記す。人名が明らかなのは八名で、僧綱では大僧都勤操、前大僧都護命、律師泰演。技術官人は造東大寺所長上工三嶋嶋継。東大寺僧の平智、薬上、泰智。諸大寺僧は大安寺僧平法。

③天長四年三月二十九日奏上、勅使木工頭栄井王、皇后宮大夫藤原吉野、木工権助益田満足。

①の勅使大伴国道（伴国道）はこの時参議であり、弘仁十四年（八二三）延暦寺の官人俗別当の一員、天長二年には東寺・西寺の検校として見える人物である。[17]②の検使左大弁直世王は当時参議で、東寺講堂造営にも関与していた人物である。また天長七年（八三〇）には淳和天皇に薬師寺最勝会創始を奏言した人物である。[18]また二十七人が修理の意見具申を行った同年二月二十九日奏状のうち名が判明する八名のうち、大僧都勤操と前大僧都護命は南

都仏教界の重鎮であり、特に勤操は造東寺別当・造西寺別当を歴任した人物と伝えられ[19]、大寺造営に通じた人物と言える。長上工三嶋嶋継は、『要録』巻四（一〇一頁）に引く「日本感霊録」によれば東大寺で工匠として才能を開花させ、造寺所長上となったと伝えられている。また、東大寺僧のうち薬上は、延暦二十三年（八〇四）には造東大寺所知事であった[20]（大日古五五九）。③の天長四年三月二十九日の奏上では、木工寮長官と技術官人の長が意見具申している。木工権助益田満足とは、造東大寺司大工として大仏殿創建を主導した益田縄手の後継筋にあたる工匠と考えられている[21]。また、皇后宮大夫藤原吉野は淳和天皇の側近でこの時蔵人頭を務め、翌年参議に列し、後の天長十年（八三三）には延暦寺の俗別当として見える人物でもある[22]。

以上、天長の大仏背後築山修固事業には、朝廷の官僚貴族、中でも直世王は東寺造営その他仏教施策、大伴国道・藤原吉野は延暦寺俗別当を務めるなど、寺院・仏教政策に通じた人物を含むことが注目される。そして、木工寮、僧綱、東大寺僧、諸大寺僧、そして造東大寺所がそれぞれの立場で関わり、修理方針が検討され、施工されていったことがうかがわれる。しかし、淳和天皇の側近が勅使として派遣される重大事業にもかかわらず、この時「修理大仏使」に類する組織が編成されることはなかった。それは、延暦・大同時の実忠らによる大仏修理事業以来断続的に修理が進められていたこと、その際事業は造東大寺所が担当し、朝廷からは臨時に勅使・検校使の派遣などが行われており、天長の今時もその形に則ったものと考えられること、そして当時平安京では造東寺司・造西寺司が組織され東寺・西寺の造営が行われており[23]、造東大寺所を造東大寺司に格上げし、人員を割く余裕が無かったであろうことも推定したい。むしろ、かつて奈良朝の造東大寺司が法華寺や香山薬師寺ほかの他寺造営も担ったように、工匠や技術官人の往き来の記録から、平安朝初期には造東寺司・造西寺司が一部その役割を担い、修理造営の規模に応じて東大寺を支援していたと推定したい。

3　毘沙門天像修理（承和三年〜五年）（『要録』巻七、二七四頁）

小規模修理の例として、造東大寺所が承和三年（八三六）〜同五年に実施した大仏殿の多聞天（毘沙門天像）修理に触れたい。承和五年八月三日付「造東大寺司所記文案」（大日古二―二〇）によると、承和三年閏五月九日付太政官牒にて修理が指示され、寺家長上神氏勝、助工の鴨道往、三嶋首麿等六名、凡工二十余名が取り組み修理を遂げたこと、後世修理が必要となった際に工法の子細を伝えるため記し置いたとある。記文の末尾には、別当として円明、参議朝野鹿取、内竪高橋祖嗣、内竪石川真主、下段に知事五名（善基・弘琳・円皎・弁蓮・真智）が署名する。この記文の七カ月余り前の承和五年一月に僧安智を知事に補任した僧綱牒は、宛先が「造東大寺所別当知事」となっており（大日古九―三）、僧別当円明、官人俗別当の朝野鹿取以下三名は造東大寺所別当に該当する。(24)

第三節　修理使・造寺使の編成

1　斉衡・天安・貞観の大仏頭修理（九世紀後半／斉衡二年〜貞観三年）

（一）修理東大寺大仏司検校・修理東大寺大仏使

平安前期の東大寺を代表する大規模修理事業の一つであり、初めて朝廷において造寺使（修理〈造〉東大寺大仏使）が組織された大仏頭修理事業を概観する。

東大寺大仏は先述のとおり、延暦年間に本体に傾きが生じ、延暦末・大同に大仏背後に木製彩色の山形が据えられ、天長年間には大仏背後に築山補強が行われている。その数十年後、斉衡二年（八五五）五月の相次ぐ地震を経たのが影響したのか、ついに大仏頭が自ら落下する事態を迎えた。

斉衡二年五月二十三日、東大寺から朝廷に大仏頭落下が奏言された。同年六月七日、参議左大弁藤原氏宗が派遣され、大仏頭落下状況を見分。七月二日参議源多と清原滝雄が聖武天皇陵に事態を報告し修理を伝え、そして九月二十八日には文徳天皇に対し、修理東大寺大仏司検校真如（高岳親王）と大納言藤原良相が修理着手に向けた奏上を行った（以上『文徳実録』）。以後、貞観三年（八六一）三月十四日の大仏供養会（『要録』巻三、『三代実録』）に至るまで、足かけ七年にわたる大仏頭修理が行われた。

この事業では、「修理東大寺大仏司」および「修理（造）東大寺大仏使」と称す職名・官司名がうかがえる。「修理東大寺大仏司」は、先述の『文徳実録』の「修理東大寺大仏司検校真如」とあるのを初見とし、『三代実録』貞観二年四月八日条にも真如をして「修理大仏検校」と見える。しかし「修理東大寺大仏司」の具体的な内容・性格については不明である。まるで造東大寺所が格上げされて修理東大寺大仏司として再編成され、かつての造東大寺司のごとき修造官司が東大寺の現地に復活したかのような呼称である。しかしながら当該修理期間内（斉衡二年大仏頭落下〜貞観三年供養会）に現存する造寺所職員補任文書等を確認する限り、僧綱からの宛先は「東大寺別当三綱幷造寺所」または「東大寺別当三綱幷造司所」となっている。「造司所」は先述のように承和年間から時々表記されてきた呼称であり、今時の大修理に特有のものではない。ましてや修理東大寺大仏司（修理大仏司）宛てで造寺所知事らの任牒が発給された事例は無く、また管見する限り、同種の名義で太政官、他官司、僧綱、東大寺ほか諸大寺などとやりとりされた文書は見当たらない。当時、東大寺には別当がおり（済棟、真昶〈『東大寺別当次第』〉）、この大修理に際しても実務は従来どおり東大寺別当・三綱、造寺所専当・知事が分担している。

したがって修理東大寺大仏司は、「検校」という地位とともに、平城天皇のかつて皇太子であり東大寺に住す僧侶でもある真如という、特別な身分の人物に冠せられた特別の職名であったと考える。真如は、大仏頭修理事業を総裁する東大寺側の代表者の地位に置かれたのであろう。あるいは、東大寺現地における大仏修理体制を修理東大寺大仏司と総称し、検校として真如がこれを代表したという解釈ができるかもしれない。真如は、かつて奈良末の東大寺に住し親王禅師と称された早良親王の立場に近似している[25]。東大寺に居住し、内典外典への学識深く顕密の奥義にも通じ、更に技術面や作業工程にも理解が及び大仏修理の責任を任され工夫し早く仕上げるのに力を発揮したとの伝承もあり[26]、大仏修理の東大寺側の代表として適任者として伝えられている。

後に触れるが、貞観三年の開眼供養会から五十六年後に行われた延喜・延長・承平の講堂再建事業の際にも、別当の上位に検校が置かれている。検校真如は、大規模修理造営事業の際の寺家側の組織体制の先例となった。

一方、「修理東大寺大仏使」（造東大寺大仏使）は、朝廷で編成された修理事業管理運営組織である。長官は、大枝音人（斉衡三年正月～天安二年頃[27]）、菅原是善（斉衡三年三月から天安元年五月までの間に就任か[28]）、藤原家宗（天安二年四月十九日～貞観三年頃か[29]）の三名が判明している。このうち菅原是善の在任期間は不明であり、検討が必要である。以上、長官のほか、次官、判官、主典は不明であるが、技術官人としては「修理東大寺大仏木工」の斎部文山があり、『要録』巻二（八二～八三頁）に貞観三年三月の供養会の際に功により従五位下を賜った記録が見えるのみである。

修理大仏長官は、菅原是善以外の二名はいずれも弁官である。特に藤原家宗については、次に掲げる造寺所権専当に僧恵者を補任する太政官牒の発給に、修理大仏長官・右少弁として関わっており（大日古九九）、これは弁官としてかつ修理大仏長官としての職務を象徴する史料である。

太政官牒東大寺

伝灯住位僧恵者

右、右大臣（藤原良相）宣、件僧宜定造彼寺所権専当者、寺宜承知、依宣行之、但、不可充行彼所供養并従料、牒到准状、

故牒、

天安二年十二月廿五日左大史正六位上三善宿禰「清江」
修理東大寺大仏使長官従五位上守右少弁兼行中宮亮藤原（家宗）「朝臣」

朝廷を挙げてのこの大修理事業には、公卿も深く関与している。中でも大仏修理事業や大仏供養会施行に際し、特に顕著な活躍を見せたのは藤原良相である。特にここに掲げた造寺所人事（権専当補任）にかかる官牒や、大仏供養会準備等にかかる官符発給において上卿として関わり、修理大仏長官藤原家宗や前長官の大枝音人など弁官を指図し、事業の総元締めとなっていたと考えられる(30)。

藤原良相は、先述の斉衡二年九月二十八日に検校真如とともに修理方針を奏言して以来、このたびの大仏頭修理事業は、東大寺においては修理東大寺大仏司検校真如が、朝廷においては大納言そして右大臣の藤原良相が代表としてあったことがうかがわれる。

なお、修理に関する諸務遂行および大仏供養会の際の俗行事検校の一員として、弁官局の史では左大史三善清江が繰り返し登場している。すなわち、大納言・右大臣藤原良相、修理東大寺大仏使長官の左少弁大枝音人および右少弁藤原家宗、左大史三善清江の三名に象徴されるように、修理事業および大仏供養会の遂行に際しては、弁官を修理東大寺大仏長官に任じて主担当させるとともに、公卿・史も特定の官人による専当化の傾向が見られる。すなわち、大事業を円滑に遂行・運営するため、上卿・弁・史という太政官政務処理システムに則り、特定の公卿を責任者とし、担当弁官を修理大仏長官に任じて専当させ、また実務をあずかる史も特定の人物に担当させる傾向となった姿がうかがえる。

なお大仏頭修理事業期間内の俗別当は不明である。別当真昶（貞観元年〈八五九〉~同十二年〈八七〇〉、『東大寺別当次第』）の時代に、「別当中納言源朝臣、玄蕃寮助春庭宿禰」の名が見えるが、この期間の源姓の中納言は、貞観六年に中納言となった源融が相応しい[31]。ただし大仏開眼供養会の後のことであり、修理事業期間内の俗別当ではない。

（二）東大寺および造東大寺所

続いて東大寺現地での大仏修理への取り組みについて見てみたい。

修理東大寺大仏司検校真如が東大寺において初めて検校となり、東大寺側の大仏修理事業を代表し監督する立場であったと見なされる。

寺家別当『東大寺別当次第』によると済棟（斉衡二年〈八五五〉～天安二年〈八五八〉）と真昶（貞観元年〈八五九〉～同十二年〈八七〇〉）の二名が該当する。

①別当済棟　別当に補任された年に大仏頭が落下し、早速修理事業着手となった。任期中、天安元年（八五七）には俗別当とともに僧綱に要請し知事忠純を重任させるとともに、寺主転任が予定されていた知事慶恩については、前任寺主の任期が満了するまで知事を延任させている[33]。そして天安二年には造東大寺所の知事の上位に「権専当」が配された[34]。権専当は太政官牒での補任であり、僧綱牒で補任される知事とは格が異なる。以後、東大寺に対する僧綱からの文書の宛名は「東大寺別当三綱幷造寺所専当知事」となり、貞観三年（八六一）の大仏供養会の際には僧行事検校として検校真如、別当真昶らとともに権専当恵者が名を連ねており[35]、専当（権専当）は造寺所の代表者の地位にあることがわかる。太政官が直接人事を行う権専当に造東大寺所を代表させ、修理大仏事業の体制が強化された。

②別当真昶　かつて承和年間に少別当を務めたことがある[36]。別当在任は貞観元年～同十二年[37]（八七〇）。就任当初の四年間は大仏修理事業の後半期にあたり、別当済棟から事業を引き継ぐとともに、更に修理体制強化を図っている。造東大寺所においては権専当（専当）と知事に加え、貞観元年（八五九）に新たに権知事が設けられて安操が特任された[38]。この補任官牒によると、正員知事が欠員となった際に便補される役職であると注記されている。知事欠員時に直ちにこれを補う職と解釈できるとともに、貞観五年（八六三）の権知事峯澄の補任理由には、修理事業が多発し担当できる知事が少なく手に負えないため、寺が僧綱に要請したとあり[39]、知事四名の現体制に余る業務を補う職としての意味も有したと考えられる。また貞観二年には修理大仏事業に功績をあげた知事（令晋・令超）を重任させるため、真昶が僧綱にそれぞれ款状を提出して要請し実現させている[40]。このように、事業進捗のため別当真昶が僧綱に対し特定の知事の重任・延任を活発に求めていたことがわかる[41]。

2　延喜・延長・承平の東大寺講堂院再建事業（十世紀前半／延喜十七年～承平五年）

（一）造東大寺講堂使

斉衡～貞観の大仏修理から半世紀あまり後の延喜十七年（九一七）十二月一日に、講堂と三面僧坊で構成される講堂院が焼失した（『日本紀略』『扶桑略記』）。同月四日に朝廷に失火が奏せられ（『要録』巻七、二七五頁）、同日宇多法皇が馬で寺に赴き風誦を修せしめ調布五〇〇段を施し（『日本紀略』）、翌五日には東大寺俗別当の左少弁藤原当幹[42]が勅使として派遣され衆僧に綿一千屯を施した（『要録』巻七、二七五頁）。

延喜十八年三月以降、造東大寺講堂使官人が任ぜられ、講堂院復興事業が開始された。

更に延喜二十年十二月二十八日には造東大寺講堂検校観賢[43]と別当観宿らが、天平の大仏造立時ならびに斉衡の大仏修理時にならい、天下諸国諸人にひろく合力を求めるべく修理方針の奏上を行っている（『要録』巻一〇「講堂修理事」、三七五頁〜）。かつて斉衡二年に修理大仏検校真如が大納言藤原良相とともに奏上した例のごとく、大規模造営修理事業の際に東大寺には別当の上位に検校（造東大寺講堂検校）が特別に配置されたことがうかがえる。

講堂院復興事業のため延喜十八年に設置された造東大寺講堂使について、『要録』に掲げられた組織・人員は次のとおりである（『要録』巻七「講堂供養事」、二七五頁）。

長官　右少弁・平時望（三月二十八日任）
次官　前主水正・文室幸行（三月二十八日任）
判官　左少史・丈部有沢（三月二十八日任）、木工少允・菅野常生（六月二十日任）
主典　左京大属・阿刀平諸（三月二十八日任）、壬生時春（六月二十日任）
算師　依智泰（秦、筆者註）信臣（同年八月十五日任）

造東大寺講堂使は、四等官制をとり、長官には弁官（平時望）が任じ、判官は二名で左少史（丈部有沢）と木工少允（菅野常生）を任じて弁官局と技術官司への融通を利かせ、主典も二名配し、そして算師を置いて計量積算関係をまかせるなど、弁官局を軸に事業に関係する実務官僚を集結させた、朝廷における修理事業運営組織である。

なおその後の造講堂使官人については断片的に確認できるのみである。長官平時望は延喜二十一年に修理長官に遷任（『公卿補任』延長八年条、平時望尻付）するまでその任にあったが、後任者は不明である。また『貞信公記』には延長五年と承平元年に「造東大寺長官・主典」を任ずる記載があるが、具体的な人名は不明である。[44] 一方造講堂使官人の奉料に関する情報としては、延長七年に大和国の調庸銭正税穀等を造東大寺講堂使官人料に充てるとあり、同年以後大和国が負担したことがわかる（『要録』巻一〇「講堂修理事」、三七五頁）。

造東大寺講堂使は、講堂供養会および講堂諸仏開眼供養会が行われた承平五年（九三五）を経ても存続し、記録の上では承平六年十二月末に左少史檜前忠明が造講堂使判官として見える（大日古一四五）。これは、供養会は講堂および講堂諸仏について行われたものであり、講堂を取り巻く三面僧坊などの整備が一部まだ残されていたこと、また講堂供養の前年承平四年に西塔が焼亡しており[45]、大規模事業の継続が必要とされたためであろう。

東大寺文書の別当・三綱・知事の補任官牒に見られる造東大寺講堂使官人の肩書を有する人名には、判官として丈部有沢（左少史、右大史）、秦貞興（右大史）、物部本興（右大史）、坂上経行（右大史）、檜前忠明（左少史）が見え、『要録』での延喜十八年に任官した丈部有沢を含む五名がうかがえる。五名はいずれも弁官局の史でもあり、このうち坂上経行は別当寛救の重任官牒（承平三年九月二十八日付〈大日古二五〉）の発給に、他の四名はいずれも三綱ならびに造寺所知事の補任官牒の作成・発給に携わっている（本稿末尾の**表1・2**参照）。

（二）俗別当と造東大寺講堂使長官

さて、造東大寺講堂使長官の平時望についてであるが、『東大寺別当次第』第三十八代智鎧条によれば、俗別当歴名の位置に「造講堂長官右少弁正五位下平朝臣時望　同（延喜）十八年五月廿三日符」（年号筆者補足）とあり、また延喜二十一年正月三十日には修理大夫に遷任され（『公卿補任』延長八年条、平時望尻付）、これにより同年三月八日には俗別当が平時望から右少弁藤原元方に交替となった[46]（大日古一七五）。延喜十八年三月二十八日に造講堂長官に任じられた右少弁平時望は、同年五月二十三日に東大寺俗別当に任じ、弁官にして造東大寺講堂使長官、そして俗別当（弁別当）として講堂院再建事業を遂行した。造寺（造東大寺講堂）使長官と俗別当の兼帯例の初見である。平時望は、同二十一年に修理大夫に遷任するまで造講堂長官であったと考えられる。

表1・2に示したとおり、東大寺三綱および造寺所知事補任官牒発給手続きを見るに、貞観十三年以降の官牒では、公卿別当が中納言位上であればほぼ上卿として官符宣者となり、弁別当が発給責任者となるを通例とする。講堂復興に際し設置された造東大寺講堂使は、公卿（＝東大寺の公卿別当）、弁官（＝東大寺の弁別当および造東大寺講堂長官）、弁官局史（＝造東大寺講堂判官）の三者を東大寺講堂復興にかかる事案処理の主担当者として固定化させた組織であることを確認する。これは、上卿・弁・史の政務処理・官符発給のシステムに則った俗別当および造寺使の編成にほかならない。東大寺文書に伝えられた延喜十八年六月二十日付の造東大寺所知事泰慶を補任する次に掲げる太政官牒（大日古一三八）は、その典型例である。

太政官牒東大寺
　応補造寺所知事伝灯満位僧泰慶年卅六臈廿　花厳宗専寺
右、得彼寺解偁、前知事僧忠照秩満之替、以件泰慶、所請如件者、大納言正三位兼行右近衛大将皇太子傅藤原朝臣道明宣、依請者、寺宜承知、依宣行之、牒到准状、故牒
　延喜十八年六月廿日造講堂判官正六位上行左少史丈部宿禰「有沢」牒
造講堂長官右少弁正六位下平「朝臣」「時望」
「奉行同月廿九日白堂、　知事
別当律師「智愷」　知事「昌愷」
　知事「慧光」」

俗別当制度が上卿・弁・史のシステムのもとに再編成されたと言える貞観十三年以降、東大寺三綱と造東大寺所

勾当・知事等の補任に際しては、公卿別当が上卿として人事案件を主宰し、決定後、弁別当が弁官として太政官牒発給責任者となる形式が整えられた。延喜・延長・承平の造東大寺講堂使は、貞観の修理東大寺大仏使から更に進んで、史を造講堂使判官として組み込んだ組織体制としてできあがったものと言える。

(三) 東大寺および造東大寺所

造営事業に臨んだ東大寺および造東大寺所の記録等からうかがえる組織体制について確認する。

検校(造東大寺講堂検校) 先に触れたように、延喜十八年(九一八)観賢が造東大寺講堂検校となり(『東寺長者補任』)、同年朝廷で造東大寺講堂使長官平時望ほかが補任されるのに呼応し、斉衡の大仏修理同様の大事業遂行のための寺内体制が整えられたと言える。そして延喜二十年(九二〇)には造東大寺講堂検校として別当観宿とともに講堂再建の奏上を行っている(『要録』巻一〇「講堂修理事」、三七五頁~)。

別当(僧別当) 講堂院焼失から講堂供養までに限ると、別当は智愷、観宿、延僘、基遍、寛救の五代が相当する。

①別当智愷 延喜十二年(九一二)延維辞退により補任(同年正月二十一日付太政官牒〈大日古一九〉)、同十六年重任(同年二月二十八日付太政官牒〈大日古二〇〉)。翌十七年十二月一日講堂院焼亡(『日本紀略』『扶桑略記』)。

②別当観宿 延喜十九年智愷と交替し補任(同年十二月七日付太政官牒〈大日古二一〉)、延長二年まで務める(同年二月三十日付太政官牒〈大日古二二〉)。延喜二十年検校観賢とともに再建を奏上したほか、任期中に講堂院再建事業に追われる造寺所の体制強化に取り組んだ。まず延喜二十年、同九年以来停止されていた勾当を再置(同年十一月十五日付太政官牒〈大日古一三九〉)し、延喜二十二年(九二二)には昌泰三年(九〇〇)以来三人となっていた知事定員を四人に復し、更に任期終盤には少別当が再置されている。以下、各職を確認する。

［造東大寺所勾当］

勾当は、昌泰元年（八九八）に造東大寺所人員体制減を補うため上座長審に「造寺所雑務を兼行」せしめたことに始まる。[47]その後、延喜九年（九〇九）には、専当と勾当が併置されているが分掌が不分明であり、また経費が嵩むとして勾当が停止された。[48]そしてこのたび延喜二十年に再設置され、上座威儀師離世が補任された。補任官牒によると、再設置および補任の理由は「為済修理事、可被補任」とあり、講堂院再建事業への対応のためである。[49]このように勾当は三綱の首座である上座が兼務することが常例となっており、このことは昌泰元年の設置当初より、上司（政所、別当・三綱）と下司（造寺所）の関係を象徴する職であったと言える。

［造東大寺所知事］

知事は、造東大寺所の中心的な職員として、延暦年間の当初から配置されている職である。延喜二十二年九月二十三日付太政官牒（大日古一四一）によれば、「造寺知事元是四人」とあるように、本来知事は四人体制と認識されていた。現存する東大寺文書を確認する限り、延暦・承和の頃に知事五人を確認することもあるが、[50]承和十年代以降は四人の体制である。しかし前掲註（47）のとおり、昌泰元年に知事二人に減員されてしまい、同三年に一人増やして三人とした（『大日古』一三一）。そして延喜十七年の講堂院焼亡とその後の再建事業本格化に伴い、延暦二十二年、東大寺は朝廷に対し「今事多人少、動致闕怠」の理由により知事一人を増やし新たに会安を知事とし「造寺雑事」を務ましめんことを求めた。これが許可され旧来の知事四人体制が復活した（大日古一四一）。

［少別当］

少別当は、東大寺の僧別当・俗別当・三綱・造東大寺所知事の補任文書[51]において、別当の次席にて奉行署名する。一方、承和十二年（八四五）～同十四年にかけての政所で使用する物品を扱う文書に少別当真昶が三綱らとともに署名しており、少別当は政所に属していたことがわかる。[52]また、別当・少別当・三綱は僧俗別当および三綱と造寺所勾当・専当補任の文書に対し奉行署名するのに対し、少別当は別当・知事とともに造寺所知事補任文書にも奉行署名している。[53]

以上のことから「少別当」は、政所において別当を補佐し、そのもとで造東大寺所担当として東大寺の修理事業を監督する役職であると言える。かつて実忠が帯びた「修理別当」[54]、承和五年（八三八）の「造東大寺所別当」[55]の系譜を引く役職と考えられ、造東大寺所および同所の各種修造事業の管理や、造東大寺所に帰属する封戸・寺領の管理等の諸務を統括していたものと推定する。[56]

少別当の初見は、上記の承和十二年（八四五）～同十四年に見える真昶である（前掲註（52））。その後しばらく見られず、寛平六年（八九四）から昌泰元年（八九八）頃に僧綱出身でかつて権知事や三綱を歴任した峯澄が任じられた後、再度記録に見えなくなっていた。そしてここに別当観宿の任期終盤、延長元年（九二三）に再再度少別当が確認され、[57]この時までに再置された。この少別当は、延喜二十年（九二〇）に上座のまま勾当を兼務した威儀師離世[58]と見られ、少別当離世は延長六年まで（大日古二四）、少別当の職名は延長七年まで確認する。[59]

ところでこの時期、少別当の奉行署名がある造寺所知事補任官牒には勾当の職は見られない。例えば、離世が勾当であった延喜二十年十二月二日付で知事二名を補任する太政官牒（大日古一四〇）には別当律師の次席に勾当威儀師離世が署名するが、少別当就任後の延長元年閏四月二十日付知事泰慶を補任する太政官牒（大日古一四二）の奉行署名には別当律師に次いで少別当威儀師（離世）が続き、勾当の職名記載が無いまま知事四名が続く。これは、離世が上座として勾当を兼ねた後、少別当に昇任した際に、勾当経験者として造東大寺所を管理監督する役割も期待されたため、勾当を設置しなかったのではなかろうかと推測する。

③別当延僘　延長二年（九二四）、任期を終えた観宿に替わり補任（同年二月三十日付太政官牒〈大日古二―二一〉）。延僘は、観賢・観宿と同様に聖宝の弟子であり、延長三年には東寺長者、醍醐寺座主に補任されている[60]。また、延長四年には講堂本尊の千手観音ならびに脇侍虚空蔵および地蔵菩薩の諸仏が仏師五十人余を率いた大仏師会理阿闍梨によって造立され、功により会理は律師に任じられている[61]。会理もまた聖宝の弟子であり、宇多法皇より灌頂を受け、また「木仏絵像共究竟[62]」と称された仏像・仏画の技法をもって醍醐寺・東寺等の整備に携わってきた実績を有す。

④別当基遍　延長六年（九二八）、延僘に替わり補任されたが（同年二月九日付太政官牒〈大日古二―二三〉）、間もなく死去したため在任期間は四カ月で終わっている。

⑤別当寛救　延長六年（九二八）、前別当基遍の死去に替わり補任（同年六月十七日付太政官牒〈大日古二―二四〉）。承平三年（九三三）に重任し（同年九月二十八日付太政官牒〈大日古二―二五〉）、同六年十一月に別当明珍に交替した（同年十一月二十九日付太政官牒〈大日古二―二六〉）。寛救は、真言宗で東寺に属し、宇多法皇の弟子にあたる人物と伝える（『東大寺別当次第』）。別当の任初の頃は、観宿の整えた少別当と造寺所知事四人体制による造講堂事業の運営を継続していたが、承平元年以降は少別当が見えなくなっている[63]。なお、知事については東大寺文書において、延長末・承平初年から同五年前後と承平末・天慶初年から同五年前後にかけての造寺所知事補任文書が欠落がある。そのため、人数・人員ともに十分確認できないが、四名体制は続いていたものと推測する。なお別当重任の翌年、承平四年（九三四）十月十九日には東大寺西塔焼失の災禍を被っている（『日本紀略』）。

承平五年五月九日、講堂供養会および諸仏開眼供養会が行われ、別当寛救は権律師仁斅、従儀師玄延、そして左大史坂上経行（承平三年には造東大寺講堂判官として見え〈大日古二―二五〉、供養会の時もその任にあった可能性がある）とともに会行事として法会を奉行した（『要録』巻七「講堂供養事」、二七六頁）。

以上、五代の別当により遂行された造東大寺講堂事業は、検校観賢、別当観宿、別当延僘、次々別当寛救、そして会理ら、東寺・醍醐寺真言宗系勢力を中心とした東大寺検校・別当らの結びつきを前提に、並行する真言宗寺院である東寺・醍醐寺の伽藍整備と連携しながら遂行されたと言える。

第二章　俗別当制度と造寺使

第一節　天台・真言の俗別当制度

平安期の仏教政策の中で、寺院に対する官人俗別当制度の重要性と意義が、所京子、土屋恵、湯浅吉美、岡野浩二、下向井龍彦、佐藤全敏氏をはじめとする各氏の取組により具体的に明らかにされてきている[64]。俗別当は、寺院・僧尼の監督という側面もあったが、寺院と朝廷の仲介、寺院の意向を朝廷につなぐなど、寺院の活動を支える側面が明らかにされている。特に、延暦寺や東大寺などの初期の俗別当には蔵人・蔵人頭を歴任するなど天皇の側近であり重職者が任じられており、天皇の家政機関である「所」の別当との関連性が指摘されている。また、公卿・弁官によって構成される寺院俗別当は、上卿・弁・史による太政官の政務処理システムに基づき整えられてゆき、まず九世紀前半に天台・真言の平安新仏教の有力諸寺において、遅れて九世紀後半以降東大寺ほか南都諸寺において整備された。そして十世紀以降は『西宮記』に「補諸司諸寺所々別当事」とある文言に代表されるように、大臣・大中納言ほかの公卿と弁官という政府中枢の高官および実務官人を、諸司・諸寺・所々の検校・別当に充て補す「所充（所宛）」が開始され、特定の公卿・弁官らがそれぞれ特定の寺院を割り当てられ、朝廷における寺院毎の諸務を分担するシステムが整えられた[65]。

まず、延暦寺や東寺など天台・真言の新興寺院については、教団経営の安定をめざし上級官人を俗別当として招き入れ、天台宗では伽藍整備はじめ得度・受戒、諸国司からの堂舎修理料物の監督、真言宗各寺院では伽藍整備、阿闍梨や定額僧の補任などに携わった。いずれも公卿別当（特に大臣が就任した場合は検校と称された）・弁別当・史別当を構成員とし、太政官の官人が別当として特定寺院にかかる政務を処理するシステムが行われた。新興寺院にとり、太政官と直結することが伽藍および教団の維持繁栄に有益なことであったことを伝えている。

『東宝記』巻七東寺俗別当初例に所収の承和五年（八三八）九月に実恵が奏上した「請令東寺俗別当検校真言雑事」には、天台宗と真言寺院の俗別当の管掌する職務の様子が記されており、それによると、承和五年の頃までの真言寺院の東寺・神護寺・金剛峯寺の俗別当は、造寺の事をもっぱらにしていたことがうかがえる。一方、延暦寺（比叡山寺）では弘仁十四年（八二三）二月二十六日をもって俗別当が置かれ、寺および天台宗にかかわる「一事已上」の諸務を別当に申請することとなっており、治部省・玄蕃寮を経ずに俗別当が天台宗にかかわる諸政務を処理する仕組みができあがっていた。岡野浩二氏によると、この頃の天台宗にかかわる諸務とは、天台僧の得度・受戒の監督および事務、法会の講師等簡定ほか、朝廷から延暦寺への命令伝達と延暦寺から朝廷への僧正の仲介、などである。真言宗においてもこうした延暦寺の例にならい東寺俗別当が真言宗の諸務を検校せんことを求め、俗別当を通じて造寺のみならず得度・講読・修法等雑事の処理を執り行うこととなったことをこの史料は示している。

第二節　東大寺の俗別当制度

一方、東大寺の場合は延暦寺・東寺とは事情が異なる。東大寺はじめ南都諸大寺等は、大宝・養老令以来の太政官—治部省—玄蕃寮—僧綱—諸寺院という仏教行政システムに位置づけられており、九世紀においても朝廷と諸大寺間の指示・通達、連絡・調整等はこの中で処理されてきた。

九世紀以前の東大寺では、奈良時代から官人の「別当」が随所に見られ、修造事業や寺田・寺領の管理などの実務に携わってきた。承和五年（八三八）五月の毘沙門天修理における造東大寺所別当の「参議民部卿朝野鹿取、内竪高橋祖嗣・石川真主」（先述、第一章第二節3）、承和五年から九年にかけ寺使として寺田実録のため在地に下向した「別当石川真主」（大日古五三〇、五三九、五四〇、五七〇）など、三位・四位の公卿と五位・六位相当の諸司官人からなる別当がみとめられる。また、修理規模が大きな延暦—大同の大仏修理、天長の大仏背後築山修理の際には、僧綱、南都諸大寺の僧らが東大寺僧らとともに計画立案を行い、時に朝廷から官人が勅使、検校使として派遣されるなどし、事業の監督・監理がなされてきた。対象事業の規模によっては太政官の高官も含めた関係官人が、勅使その他として東大寺の諸業務を時に応じて「別当」していたと考えられよう。また、東大寺文書（東南院文書）によれば造東大寺所知事の補任は貞観十二年まで僧綱が補任する形式をとっており、僧綱が東大寺修理事業および造東大寺所人事に対し直接の影響力を有していた。なお一方で、俗別当から僧綱に対し知事の年限が通達されたり[66]、また知事の人選についてのはたらきかけも行われてもおり[67]、俗別当も僧綱および造東大寺所に対し一定の影響力を行使していたことがうかがえる。

『三代実録』貞観十二年（八七〇）十二月二十五日条において、諸寺別当と三綱の任期が定められ、解由制度が適用開始となった。ここに、秩限と解由を伴う別当長官・三綱任用制が確立を見、別当が三綱の上首にあり寺務統括者の責任を負い、伽藍の修造および維持管理という最重要任務の履行の徹底化を図ろうとする体制が整った[68]。

東大寺の俗別当制度もここに一つの画期を迎え、太政官の政務処理システムに則った公卿と弁官を別当とする制度が、貞観十三年（八七一）に成立する。すなわち、僧別当・俗別当・三綱は「太政官牒」によって補任され、東大寺文書（東南院文書）にはいずれも貞観十三年以降が残存する。一方、貞観年間からの任牒が残存する造東大寺所の知事・権知事については、承和年間から貞観十二年までは「僧綱牒」による補任であったのに対し、貞観十三年の「俗別当牒」を経て、貞観十四年以降は「太政官牒」による補任となった。それに伴い、知事補任にかかわる僧綱牒の宛名が「造東大寺所別当知事」（大日古九三）、「東大寺別当三綱幷造寺所」（同九四、九六、九七、一一〇）、「東大寺別当三綱幷造司」（同九八）、「東大寺別当三綱幷造寺所専当知事」（同一〇〇、一〇四、一〇五、一〇六、一〇七、一〇八、一一二）、「東大寺別当三綱幷造司知事」（同一〇二）、「東大寺別当三綱幷造司所」（同一〇二、一〇三、一〇九）とあり、宛先には別当・三綱と造寺所（専当・知事）おのおのを記し、そして文書の締め括りの文言も「寺所承知依件任用」とあり、「寺」（別当・三綱）と「所」（造寺所専当・知事）のそれぞれに対し承知を促す形式を原則としていたことがうかがえる。[69]それが太政官牒による補任がなされて以降は、「太政官牒東大寺」と宛名も東大寺に統一され、締め括りの文言も「寺宜承知依宣行之…」と、東大寺への指示に統一された。長官である別当に東大寺のすべての責任を集中させた形となったことが、こうした文書からもうかがえる次第である。

第三節　僧綱から造東大寺所への人材供給

僧綱は、貞観十三年以降造東大寺所知事補任に直接関与はしない形となった。しかしそれ以前は造寺所知事の人事に直接関与していたわけであり、また、もとより東大寺別当・三綱、造東大寺所知事等に僧綱出身者が多数補任されており、僧綱は東大寺政所および造寺所への重要な人材供給機関であったことに留意したい。

特に造東大寺所においては、斉衡・天安・貞観の大仏頭修理や延喜の講堂院再建前後など重要事業遂行時に造寺所の体制強化の一環として僧綱から知事・権知事に補任され、あるいは知事から僧綱を経、三綱または造寺所勾当、政所の少別当になる例がみとめられる。

まず斉衡・天安・貞観大仏頭修理事業前後に活動が見られる知事慶恩と権知事峯澄の二例を掲げてみたい。

知事慶恩は承和十二年（八四五）五月二十日付の知事承安を補任する僧綱牒にて従儀師（大日古九四）、その後知事となり天安元年（八五七）には寺主に転任が決定するも前任寺主の任期が切れるまで知事を延任されている（同年八月三日付僧綱牒〈大日古九八〉）。その後寺主を経て貞観十五年から寛平二年（八九〇）まで上座となった(70)。

貞観元年（八五九）十一月一日付の道叡知事重任・安操権知事補任の僧綱牒に従儀師として見える峯澄（大日古一〇〇）は、従儀師のまま貞観五年から同九年まで権知事を務め(71)、上座を経て(72)、寛平六年（八九四）前後には少別当として見える(73)。特に峯澄の権知事補任の僧綱牒（大日古一〇五）には寺からの求めによるその理由が、修理事項が多発し、遠方の険しい杣にも出かけるなど業務繁多で担当できる人材が少ないためとあり（修理之事、連月盛発、出入遼遠之険杣、経営往々之造作、因茲釐務多端、勾当少人）、僧綱に人材を求めている様子がうかがえる。

次に、延喜・延長・承平の講堂院再建事業の際に勾当威儀師として造東大寺所を運営した、先述の離世についてふり返ってみる。昌泰四年（九〇一）に造寺所知事に任じ(74)、その後、三綱を歴任するとともに威儀師も兼務し(75)、そして講堂院再建事業開始後の延喜二十年造寺所勾当に補任され(76)、勾当威儀師と名乗った。その後、離世は少別当となったことは先述のとおりである。勾当への補任は寺側の求めによるもので、前別当道義・戒撰任中に勾当が補せられた例により、修理を進捗させるための措置、との理由が記されている（大日古一三九）。

以上のように、大規模修理造営事業遂行に際し、主に寺からの要請により、僧綱から人員が供給され、しかるべき要職に就いた様子がうかがえるのである。

第四節　俗別当と東大寺

東大寺三綱と造東大寺所知事の補任に際し、貞観十三年以降の太政官牒の宣者（上卿）・弁・史と俗別当との関係を見てみる（**表1・2**参照）。まず貞観十三年（八七一）から昌泰元年（八九八）までの三綱補任官牒では、宣者（上卿）は九例中三例が公卿別当、弁官では九例中六例が弁別当（推定含む）。また、貞観十四年から昌泰元年までの知事補任官牒では、宣者（上卿）には十九例中四例が公卿別当、弁官では十九例中九例が弁別当である。一方これに続く昌泰三年（九〇〇）以降は、三綱補任官牒では天禄四年（九七三）まで残る中で宣者（上卿）は二十例中十八例が公卿別当、弁官は同じく十六例が弁別当。知事補任官牒では天元元年（九七八）まで残る中で宣者（上卿）は三十三例のうち二十八例が公卿別当、弁官は同じく二十五例が弁別当である。残存する補任官牒を見る限り、貞観十三年から昌泰元年までの三綱・知事の補任は公卿別当が上卿となる例は僅かであるが、弁別当は半数前後に関与し、次いで昌泰三年以降は三綱・知事の双方ともその補任官牒では宣者（上卿）・弁ともに公卿別当・弁別当がその殆どを担当する形が通例となっている。

以上、貞観十三年以降の東大寺別当・三綱・知事の人事は、太政官による補任権下にて執り行われることとなったが、このうち三綱と造寺所知事の補任官牒発給には次第に官人俗別当が関与を深めていくこととなった。すなわち、貞観十三年から寛平年間までは弁別当が半数余に関与し、その傾向が高まっていく。そして昌泰年間以降は、官牒発給に際し宣者となれる中納言以上の公卿別当が上卿として宣下し、弁官すなわち弁別当がそれを受けて官牒を発給する形式がほぼ慣例となっていったことがうかがえる。延暦寺および東寺等真言寺院と同様のシステムが、東大寺の三綱・知事の人事においてようやくここに定式化していくこととなった。

これまで見てきたように、東大寺俗別当は、造東大寺所別当として承和年間には毘沙門天修理を行い（承和五年）、また貞観十二年までの僧綱が知事を補任するシステム下においても、僧綱に対し造寺所知事の年限に関する指示をし（承和十三年）、また大仏頭修理事業中には知事の重任を僧別当とともに指示する（天安元年）など、僧綱および造東大寺所に対し影響力を行使してきた。更に貞観十二年十二月二十五日に諸寺別当三綱の任期が定められ解由制度が開始され（『三代実録』）、翌十三年にはそれまでの僧綱に替わり俗別当が東大寺政所に対し直接造東大寺所知事を補任する文書を発給した事例が一例残されている（同年十月三十日付「東大寺俗別当牒」〈大日古一一一〉）。

別当の参議南淵年名と右中弁藤原良近が署名するこの文書は、知事補任の理由が記され、それを関係機関である「衙」すなわち東大寺政所に対し指示し周知させている。記載内容については、従前の僧綱牒および後の太政官牒の記載と変わりは無いが、宣者である上卿の記載が無く、太政官牒の形式とは異なる。これは、朝廷での決定内容を俗別当が東大寺に通達する文書であったと考える。貞観十四年以後は造寺所知事補任の定式化した太政官牒が東大寺に対し発給されているが、貞観十三年のこの「俗別当牒」は俗別当の権限およびその役割を象徴する、過渡的な事例であろう。

おわりに

以上、造東大寺司廃止後の東大寺の修理造営の経過をたどってきた。規模に応じて朝廷や僧綱が関与し支援する一方、大仏頭修理や講堂院再建といった特に大規模な事業に際しては太政官政務処理機構に基づく修理使・造寺使が編成され、事業が遂行された。必要に応じて平安京の造東寺司・造西寺司からの支援をはじめ、造営官司・官工房の支援等が行われてきた。延喜～承平の造講堂事業に際しては、検校・別当を通じた東寺・醍醐寺の造営事業との連携があらためて注目されるところである。また寺院俗別当の役割も、朝廷からの指示伝達や相互の円滑な連絡調整のほか、必要に応じて関係官司、諸大寺等との円滑な調整・連携を図ることにあり、大規模修理事業に際し、その機能が発揮されたと考える。

九世紀末に至るまで、太政官政務処理機構に基づく俗別当体制が本格化しなかった東大寺ではあるが、貞観十二年（八七〇）に寺院別当制が整備され、太政官牒による三綱・造寺所知事等の補任形式が開始されるにあたっては、その十年前に行われた大仏頭修理という臨時の大規模修理事業が一つのきっかけとなったと考える。

斉衡二年（八五五）～貞観三年（八六一）に修理東大寺大仏使が組織され遂行された大仏頭修理事業の際に、天安二年（八五八）、造東大寺所の知事の上席に権専当を配し体制強化を図った際、太政官牒をもって権専当を補任した（大日古九九）。このことに象徴されるように、上卿―弁―史という太政官政務処理システムに基づき修理東大寺大仏使が編成され、修理遂行にかかわる人事、諸事務など、大仏開眼供養に至る足かけ六年間にわたり一連の事業が遂行されたことは、朝廷と東大寺双方にとり、天台・真言諸寺における俗別当制の有用性を認識させる大きな契機となっていったであろうと考える。

次いで、元慶八年（八八四）十一月十三日付僧綱牒で諸大寺の公卿別当が一斉補任されたことについても触れておきたい（『平安遺文』四五四七）。これは、東大寺・興福寺・法華寺・元興寺・新薬師寺・大安寺・延暦寺・薬師寺・唐招提寺・西大寺・秋篠寺・法隆寺・四天王寺の別当三綱に宛てた「定諸寺検校別当事」で、大臣・大中納言・参議十一名を計十三箇寺の公卿別当（秋篠寺のみ左大臣源融を検校とし、他は別当）に補任したものである。補任に際しては、左大臣源融が上卿となり発せられた太政官符による決定内容が、治部省・玄蕃寮を経て僧綱に示され、各寺へ発せられている。

ここでは天皇の代替わりに伴い発せられた寺院修造命令を契機に公卿別当が補任されており、こうしたことも、十世紀初頭の昌泰年間に東大寺において公卿別当・弁別当が官牒発給の上卿・弁として政務処理に携わる形が本格化する上でのきっかけの一つとなったであろうと考える。

この後、前章で触れたとおり延喜十七年からの東大寺講堂院再建に際しては、右少弁平時望をして造東大寺講堂使長官と東大寺俗別当（弁別当）の兼務が初めて確認され、また弁官局の史が造東大寺講堂使判官を兼ねる。ここに、俗別当が修理造営実務の責任者として明確に位置づけられるとともに、上卿―弁―史の太政官政務処理システム中で俗別当制度（上卿＝公卿別当、弁＝弁別当・造寺使長官）と造寺使制度（造東大寺講堂使長官＝弁官・弁別当、造東大寺講堂使判官＝史）が機能したことを確認する。

造寺使制度は、斉衡・天安・貞観の大仏頭修理の際に編成された修理東大寺大仏使に始まるが、この時は東大寺においては上卿・弁による俗別当制度はとられておらず、太政官として諸案件を担当（別当）する役割の人物が固定化される傾向にあった。その後、延喜・延長・承平の東大寺講堂院造営において俗別当制度と密接に関係しながら完成に至ったと言える。事業に際しては、太政官と寺との間の密な調整と、関係官司や他寺院との連携や支援が講じられたのは見てきたとおりである。

後代、諸大寺の大規模修理造営時の造寺使編成の際に、造東大寺講堂使がしばしば「延喜の例」などとして引き合いに出されることとなったゆえんである。(77)

註

(1) 大川直躬「造東大寺所と修理所――平安時代の東大寺造営組織について――」(『建築史研究』三五号、一九六四年)、浅香年木「平安期における寺院工房の展開――東大寺修理所の場合――」(『日本古代手工業史の研究』法政大学出版局、一九七一年)、清水善三「平安時代初期における工人組織についての一考察」(『南都仏教』一九号、一九六六年)、田中嗣人『日本古代仏師の研究』(吉川弘文館、一九八三年)、永村眞『中世東大寺の組織と経営』(塙書房、一九八九年)、新井孝重「中世成立期寺院修造構造の展開――平安時代の東大寺をめぐって――」(『獨協大学教養諸学研究』第二四巻、一九八九年)、ほか。

(2) 拙稿「平安前期東大寺修理造営と造寺使に関する覚え書」(『財団法人群馬県埋蔵文化財調査事業団研究紀要』六号、一九八九年)。なお安達直哉氏は院政期の造東大寺官を検討され(「院政下における東大寺の位置――修二会等の法会と造東大寺長官を通して――」〈『南都仏教』五二号、一九八四年〉)、また、岡野浩二氏も平安期の造寺官や造寺行事所等についての検討も進めている(「院政期における造東大寺官について」〈『古代文化』四一巻五号、一九八九年〉・「平安時代の造寺行事所」〈『古代』一一〇号、二〇〇一年。岡野浩二後掲註(64)書に収載〉)。あわせて参照されたい。

(3) 同年八月二日付東大寺三綱牒(『平安遺文』一四)。

(4) 大川直躬、浅香年木前掲註(1)論文ほか。

(5)「東大寺地相換記」(『大日本古文書』東大寺文書之二〈東南院文書之二〉五五九〈以下、大日古五五九と略記〉)。

(6) 以下「実忠二十九ヶ条」と略称。『東大寺要録』(国書刊行会、一九八二年。以下、『要録』と略記)所収。

(7)「造寺司」と記載されているが、既に造東大寺司廃止後十年余が経っており、奈良朝以来の呼び習わしが通称されていたか、後世の『要録』編纂時ないしは諸本書写の際に造寺所との区別が曖昧となったものであろう。
　なお、「実忠二十九ヶ条」の第一条目には「一、為故僧正良弁賢大法師目代、奉仕造寺司政事/合七箇年自天平宝字四年至于神護二年」とあり、天平宝字四年(七六〇)から天平神護二年(七六六)の七年間実忠が従事したこの「造寺司」は造東大寺司のことである。二十九ヶ条記載時に八十五歳の高齢で長く東大寺の諸業務に従事してきた実忠にとり、造東大寺司も造東大寺所も、機能が引き継がれた連続する組織ととらえていたことがうかがえる。

(8) 承和五年一月二十六日付僧綱牒(大日古九三)ほか。

（9）「実忠二十九ヶ条」での実忠の材木調達の記載、そして正倉院文書（大日古〈編年文書〉二五、附録）の年月日不詳の「双倉北雑物出納出入継文」の中の弘仁二年九月二十四日付と思われる文書に記された延暦二十四年十一月十五日の記録に、大仏の背後を固めた山形の彩色などのため臈蜜二十斤が造寺所に下されていることによる。また、弘仁二年九月二十五日付「東大寺使解（「弘仁二年九月二十五日資材勘録一巻」）」にも同年月日に同様の記載がある。

（10）『平安遺文』三二号。大同二年六月二日付太政官牒。平安京で東寺造営を担当する造東寺司から太政官に対し、大仏修理の間東大寺に仕丁を送ったが、修理が終わっても戻されていないとの訴えを受けて、太政官が東大寺に対し仕丁を東寺に戻すよう指示したもの。これにより、大仏修理はこの時までに終了していたことがうかがえる。

（11）大同元年七月十五日付太政官符（大日古二〇六）。

（12）正倉院文書に見える天平十八年（七四六）の金光明寺造営組織の官人構成（玄蕃頭市原王〈写経司長官〉、造仏長官国君麿、大養徳少掾佐伯今毛人、史生田辺真人〈大日古（編年文書）九、三〇〇〜三〇一頁〉）や、造東大寺司成立期の天平勝宝元年（七四九）の頃の官人構成に近似（造東大寺司知事市原王、大和国司佐伯今毛人〈大日古（編年文書）三、二二〇頁〉）するのも、臨時編成された使節として特徴が通じているものと推定する。

（13）『続日本紀』宝亀九年二月二十三日条、任。同延暦二年五月十五日条、石上家成と交替。

（14）『続日本紀』天平宝字八年一月二十一日条、任。天平神護二年一月八日条、中納言に転任。この時長官を離任したと推定される。

（15）この使節の性格について、所京子氏は東大寺俗別当制度の先駆的な存在として位置づけられ（「俗別当の成立」〈『平安朝「所・後院・俗別当」の研究』勉誠出版、二〇〇四年〈初出は一九八六年〉〉）、また湯浅吉美氏は造営修理の任務を主とし、見住僧尼監理のための官人派遣と俗別当との中間的形態とされる（「東大寺の俗別当について」『国史研究会年報』五号、一九八四年）。この使節は伽藍維持整備という俗別当の役割を帯びつつも、当時の修理造営の状況や官人構成から、修理事業の指揮管理監督を主目的とした使節である。また、修造にかかる各分野に目が行き渡るよう人選された官人構成であり、後世の公卿・弁官が兼務する俗別当が朝廷の上卿―弁―史の太政官政務処理システムに基づき担当寺院の諸務を処理した形とは異なり、奈良朝の造寺司を臨時的に復活させた組織に近い。一方、平安京から派遣された使節であり、次節でも触れるように『要録』には平安前期の東大寺修造にかかる様々な勅使・検使が散見される中で、この検校使は特に組織立った使節である。平安京郊外の鴨川・桂川の水害対策で組織された防河使などとともに、後の「修理使」「造寺使」の呼称を導く先例の一つとなったと考えている。

(16)　この太政官牒および大仏背後築山については伊藤延男氏の先行研究があり（「大仏背後の山」〈『奈良国立文化財研究所研究論集』一、一九七二年〉）参考にした。

(17)　『公卿補任』天長三年条大伴国道尻付。延暦寺俗別当は『天台座主記』（『続群書類従』第四輯下補任部一二）、『叡山大師伝』（『伝教大師全集・別巻』）より、時に右中弁。東寺・西寺検校は『東宝記』巻一「講堂」天長二年四月二十日条に「東西寺検校参議右大弁伴宿祢国道」とあるによる。

(18)　『東宝記』巻一、「講堂」条に「講堂勅使参議左大弁直世王営作畢云々」とあり、また造営開始にあたり天長二年四月二十日に講堂図面を定めた際の勅使も務めている。『公卿補任』天長四年条直世王尻付によるとこの時参議、左大弁、越前守。また、薬師寺最勝会の奏言については『日本紀略』天長七年九月十四日条、『今昔物語集』（『新訂増補国史大系』）巻一二第五による。

(19)　『性霊集』巻一〇（『性霊集補闕鈔』巻一〇）所収「故贈僧正勤操大徳影讃并序」。国会図書館デジタルコレクション『性霊集』巻一〇。中谷征充「空海漢詩文研究「故贈僧正勤操大徳影讃并序」考」（『高野山大学密教文化研究所紀要』第二六号、二〇一三年）。これによると、少僧都となり造東寺別当を兼任したとあり、勤操が少僧都となった弘仁十年（八一九）（『日本紀略』同年正月十四日条）のことと考えられる。また大僧都となった際に造西寺別当に転じたとある。大僧都になったのは天長三年（八二六）である（平林盛得・小池一行編『僧歴綜覧　増訂版』笠間書院、二〇〇八年）。勤操は翌年に西寺で七十四歳で没しており（『日本紀略』天長四年五月八日条、『元亨釈書』二）、最晩年に造西寺別当を務めたという。

(20)　なお伊藤延男氏が指摘するように、薬上・平智・泰智は、別当・三綱・知事らを多く輩出した東大寺唐禅院の師資次第（『要録』巻四、一一〇頁～）に連なる人物であり（前掲註（16）論文）、東大寺の実務を支えた人材である。

(21)　伊藤延男前掲註(16)論文。

(22)　官歴は『公卿補任』天長五年条藤原吉野項尻付による。延暦寺の俗別当は、天長十年三月～四月「僧円珍度牒」（『平安遺文』四四三一～四四三三）による。時に正三位権中納言。なお吉野の子息には、貞観十三年～同十七年にかけて弁官として東大寺俗別当（弁別当）を務めた藤原良近がいる（『尊卑分脈』二、五三九頁。大日古一一二～

一一六、一五九)。

(23) 平安京の東寺・西寺の造営は先に触れたようにそれぞれ造東寺司・造西寺司が組織され造営事業が行われていた。田中嗣人氏によれば、造東寺司・造西寺司は延暦十五年(七九六)頃から弘仁十四年(八二三)まで長官・次官等に官人が任じられた記録が残るが、同年東寺が空海に、西寺が守敏にそれぞれ下賜されて以降は僧の造寺別当のもとで各造寺所が造営を引き継いだ(田中嗣人前掲註(1)書第五章、一八二頁)。東寺は、天長元年(八二四)に空海が造東寺別当に任ぜられるとともに、造東寺所が初見される。西寺は史料が無く不明とのことである。なお、前掲註(19)で示したとおり、東寺においては空海・守敏の師匠筋にあたる勤操が、弘仁十年に少僧都になった際に造東寺別当を兼務し、天長三年大僧都となり造西寺別当に転じたとも言われている(『性霊集』巻一〇所収「故贈僧正勤操大徳影讃并序」)。これによれば、造東寺別当は勤操のあとを空海が引き継ぎ、造西寺別当は守敏のあとを勤操が引き継いだようにも見える。

(24) 『東大寺別当次第』(角田文衛編『新修国分寺の研究』第一巻、附録一、吉川弘文館、一九八六年。以下、『東大寺別当次第』と呼称)では承和五年当時の別当として、まず実敏と記しながらも脇に円明の名を記し、多聞天修理記に基づき承和五年の別当は円明であると訂正する文言を付す。『要録』巻五「別当章」でも円明としながらも「或日記」には実敏とあることを紹介し、毘沙門天像修理の時の別当は円明であり実敏の別当就任を否定している。『東大寺別当次第』『要録』ともに承和五年のこの記文案により寺別当を円明と判断しているようである。円明・朝野鹿取他が僧俗別当であり、造東大寺所別当も兼ねていたと見ることもできようが、それを証左する史料は無く厳密には不明である。寺家別当が別人(実敏か)であった可能性も全く無いとは言えない。今後の史料発見に期待したい。

(25) 山田英雄「早良親王と東大寺」(『南都仏教』一二号、一九六三年)。

(26) 『三代実録』元慶五年(八八一)の真如親王薨伝には「(略)名曰真如、住東大寺、親王機識明敏、学渉内外、聴受領悟、罕見其人、稟受三論宗義於律師道詮、稍通大義、又真言密教究竟秘奥(略)」。そして『要録』巻一〇真如親王事(三六九頁)には「又性有巧思、凡所制作皆出人意、甞東大寺大毘盧舎那仏像頭断堕地、朝廷召集工匠、経営鎔鋳、勅令親王検校取其処分、功夫早畢、親王有力焉」とある。

(27) 『公卿補任』貞観六年大枝音人尻付によれば、斉衡三年正月十一日に左少弁に任じられると同時に「修理東大寺大仏像（使カ。筆者注）長官」とある。また『弁官補任』には天安元年・二年条に「（修理東大寺大仏）長官」と見える。大枝音人は長官離任の後ではあるが、大仏修理が成り、大仏供養会の前後十日間の殺生禁断および供養会翌日に諸国国分二寺に斎会を設けることを命じた貞観三年正月二十一日付太政官符において、左中弁として発給に携わっている（『要録』巻三、七二頁）。

(28)『公卿補任』貞観十四年菅原是善尻付によれば、斉衡三年三月二日条（任左京大夫）と天安元年五月八日条（兼美作守）の記載に挟まれて「修理東大寺大仏使長官」とある。時に文章博士。また『尊卑分脈』にも年月日不詳ながら「修理東大寺　大仏長官」と記されている。長官在任中のことかどうかは不明であるが、彼は文章博士として大仏供養会の呪願文の起草者としても深く関わっている（『三代実録』貞観三年三月十四日条、『要録』巻三、七九〜八三頁）。

(29)『文徳実録』天安二年四月十九日条に藤原家宗を「造東大寺大仏長官」と為すとある。『三代実録』貞観二年四月二十九日条にも「修理東大寺大仏使長官」とある。時に右少弁。

(30)藤原良相は斉衡二年中に権大納言から大納言となったと推定され、天安元年に右大臣となっている（『公卿補任』斉衡二年〜同四年）。このたびの大仏修理事業における良相の事績は次のとおりである。

①斉衡二年九月二十八日　修理東大寺大仏司検校真如とともに修理方針を文徳天皇に奏言（『文徳実録』ほか）。

②造東大寺所権専当補任官牒発給にて上卿を務める（天安二年十二月二十五日付、前掲、大日古九九）。

この時の弁官・史は修理東大寺大仏使長官・右少弁藤原家宗と左大史三善清江。

③大仏供養会の準備に関与

（ア）　大仏修理成り供養会前後の殺生禁断等を命じた貞観三年正月二十一日付太政官符発給に際し上卿。

この時の弁官・史は、左中弁大枝音人と左大史三善清江（『要録』巻三、七二頁）。

（イ）　貞観三年三月十二〜十三日、大仏供養会に向け諸事務を指揮（『要録』巻三、八三頁）。

（ウ）　供養会での乱行禁制の定めに際し上卿（『要録』巻三、七四頁）。良相の奉勅宣を右少弁藤原家宗が伝宣。

④供養会の調度等を奉加（『要録』巻三、六五頁）。

⑤供養会に「俗行事検校」として列す（『要録』巻三、六一頁）。右少弁藤原家宗、左大史三善清江も列す。

(31)別当真昶は『東大寺別当次第』によると貞観元年（八五九）〜同十二年（八七〇）まで就任。なお、天平十二年から永久四年までの土地売買券文その他がまとめられた「山城国宇治郡家地等売買寄進券文」（大日古五六四）の中に、二カ所「別当中納言源朝臣、玄蕃寮助春庭宿祢」の記載がある（大日古五六四、東大寺文書之二の四〇五頁・四〇七頁）。それぞれ嘉祥二年（八四九）九月十日、仁寿二年（八五二）四月七日の文書に続いて別当真昶が署名し、判収する帳票の先に別当中納言以下が記される。しかし両日付とも真昶別当就任前のものであり、またそれぞれの文書との間には継目があり一続きではなく、別当中納言らは嘉祥・仁寿の頃の俗別当ではない。別当真昶在任中の中納言源朝臣とは、『公卿補任』によると源定・源弘（貞観元年。両名とも同年十二月大納言に転任）、源融（貞観六年～同十二年）の三名である。真昶別当就任年に離任した源定・源弘は対象外であろう。源融が最も相応しい。

(32) 天安元年六月七日付僧綱牒（大日古九七）。
(33) 天安元年八月三日付僧綱牒（大日古九八）。
(34) 天安二年十二月二十五日付太政官牒（大日古九九）。
(35) 『要録』巻三「供養東大寺盧舎那大仏記文」、六一頁。
(36) 承和十二年（八四五）～同十四年にかけて、政所で使用する古用帳の収納に少別当として三綱・小綱とともにあたっている（「東大寺古帳下行帳」〈大日古八二九〉）。
(37) 『東大寺別当次第』。任終の年の貞観十二年は、諸寺別当と三綱の任期が四年と定められ、解由制度が適用開始されている（『三代実録』貞観十二年十二月二十五日条）。新制度を契機に別当を退いたと考えられる。なお真昶は晩年の元慶三年（八七九）に再度別当に補任され（同年二月四日付太政官牒〈大日古九〉）復任したが、間もなく辞状を提出（同年二月十五日付東大寺別当真昶牒〈大日古一〇〉）し、翌年四月までに死去した（元慶四年四月九日付太政官牒〈大日古一一〉、真昶死闕の替わりに安軌を別当に補すとある）。
(38) 貞観元年十一月一日付僧綱牒（大日古一〇〇）。
(39) 貞観五年十一月一日付僧綱牒「寺牒偁、修理之事、連月盛発、出入遼遠之険杣、経営往々之造作、因茲鞅務多端、勾当少人、仍以件僧、請権知事者」（大日古一〇五）。
(40) 貞観二年正月五日付僧綱牒にて知事令晋重任に際し、「得彼寺別当大法師真昶欵状偁、件僧属於修理大仏之事、既有其労、褒賞人功、政之洪基、望請、延一任励物情者、仍重任如件」とあり（大日古一〇二）。また、知事令超重任に際しての貞観二年正月七日付僧綱牒（大日古一〇三）もほぼ同様である。

(41)　貞観三年の大仏開眼供養会以降ではあるが、貞観五〜六年にも親王・貴族から寺に対し特定の知事の重任や延任の要請が行われている。要請したのは仲野親王、源勤、藤原良縄である。藤原良相、藤原氏宗、大枝音人、藤原家宗、菅原是善ら大仏頭修理に関係する高官や俗別当源融らの同僚や一門が含まれている。例えば仲野親王は桓武天皇皇子で、式部卿や大　宰帥などを歴任し貞観九年に七十六歳で死去した貴族社会の長老の一人。藤原良縄は右大臣藤原良相の従兄弟で貞観六年当時参議。源勤は貞観六年当時東大寺の俗別当で参議の源融の弟で、貞観十二年には参議に列している（以上、『尊卑分脈』『公卿補任』より）。大事業の前後、様々な縁故を通じて知事が推挙され、重延任された様子がうかがわれる。

・貞観五年（八六三）知事道叡、仲野親王家よりの要請で一年延任（件僧殊有可相斉之由）。（大日古一〇四）

・貞観六年（八六四）知事令晋、源勤より延任要請（件僧相知有年、丁寧欲済）。（大日古一〇七）

・貞観六年（八六四）知事令超、藤原良縄より延任要請（来年可退、願欲優某〈其、筆者註〉身）。（大日古一〇七）

(42)　藤原当幹は延喜十年八月九日に俗別当（弁別当）に任ぜられている（大日古一七二、『東大寺別当次第』延惟条）。その後、延喜十八年五月二十三日に造講堂長官で右少弁の平時望が俗別当に任じられるまで（『東大寺別当次第』智鎧条）その任にあったと思われる。

(43)　『東寺長者補任』一律師観賢条によると、延喜十八年に東大寺検校に補すとある。講堂院焼亡の翌年のことであり、朝廷は早速復興事業体制の整備にとりかかったことがうかがえる。観賢は聖宝に見いだされ、東大寺に入り真雅（承和十四年〈八四七〉〜嘉祥三年〈八五〇〉に別当、『東大寺別当次第』）に学び出家・受戒し、寛平七年（八九五）東寺にて聖宝より灌頂を受け、昌泰三年（九〇〇）仁和寺別当、延喜六年（九〇六）東寺長者、同十二年法務を兼務、同十六年権大僧都となった。観賢は僧歴の初めより東大寺と深い縁を有し、僧綱および真言宗の重鎮となっており、鎮護国家ならびに東大寺講堂院再建の代表として期待されたのであろう。更に東大寺検校となった翌年の延喜十九年（九一九）九月十七日に醍醐寺座主、十九日に金剛峯寺検校となった。ともに伽藍整備が続けられていた両寺と東大寺講堂院再建事業との連携もうかがわせる人事である。観賢は延長三年（九二五）六月一日に死去しており（『大日本史料』第一編ノ五、以後、大日史一ノ五と略称）、その頃まで検校であったと推定する。なお延喜十九年には観宿が東大寺別当に就任している（同年十二月七日付太政官牒〈大日古二一〉）。観宿は観賢とともに東大寺で真雅に師事し、また同じく真言を聖宝に師事している。延喜二十年十二月二十八日の検校観賢、別当観宿による講堂院再建の奏上は、門流を一にする長老僧らにより執り行われている。その後観宿は延長三年に観賢の後を受け金剛峯寺座主（大日史一ノ五、延長三年六月十七日条）、そして東寺長者（大日史一ノ五、同年八月十日条）となっている。

(44)『貞信公記』延長五年六月四日条および承平元年閏五月五日条。ところで承平元年閏五月五日条について大日本古記録本『貞信公記』では造東大寺長官を藤原恒佐とする校訂注が記されている。恒佐はこの一月前の同年五月五日付で東大寺別当（俗別当）に任じられており（大日古一七七）、このことが大日本古記録本の校訂に影響した可能性がある。しかしこの時恒佐は相応しくない。恒佐は中納言であり公卿別当である。平時望の例のごとく弁官が任じられる造講堂長官として、中納言藤原恒佐は相応しくない。更に恒佐は承平七年正月二十二日に大納言から右大臣に昇任（『日本紀略』）したのをうけ、同年三月五日には検校（俗検校）にも任じられている（大日古一七八）。記録には見えないが、むしろこの時に弁別当であった右少弁源公忠（延長七年二月二十五日任〈大日古一七六〉）の方が造講堂長官候補としてより相応しい。

(45)『日本紀略』承平四年十月十九日条。「東大寺西塔幷廊、為神火被焼」。

(46) なお、造講堂長官もこの時に交替したものと思われ、弁別当すなわち造講堂使長官の例によるならば、藤原元方が長官を引き継ぐことになろうが、記録の上では確認できていない。
　ところで平時望は、同じく造営官司である修理職の長官として異動したが、『類聚符宣抄』第十「可賜上日人々・御願所」（『新訂増補国史大系』二七巻、二八八頁）に収載された二点の宣旨によると、修理職に所属する漆工檜前貞則が延長七年（九二九）に東大寺造仏所、承平元年（九三一）に醍醐寺造仏所にそれぞれ一定期間赴き、仕事に従事していたことが記されている。また『貞信公記』承平元年五月二十日条には、左大臣藤原忠平が弁官源公忠に対し木工寮に醍醐寺造営を行わせることを命じている。こうした事例から、修理職も国の造営官司として必要に応じてこれを分担し、工人の派遣等がなされる場合があったものと推定される。これらの事例は平時望修理長官補任の十年後のことでは　あるが、平時望は決して東大寺講堂事業から完全に離れたわけではなく、むしろ醍醐寺整備も視野に入れた人事であった可能性が高いと考える。東大寺検校（延喜十八年任）でありかつ醍醐寺座主

（延喜十九年任）でもあった観賢の意向がそこに反映されていた可能性もあると考える。

(47)　昌泰三年（九〇〇）九月一日付太政官牒（大日古一三二一）に引用される昌泰元年（八九八）閏十月一日の項によると、造寺所では知事が四人から二人に減員され、専当も停止されており、これを補うため上座長審に「造寺所雑務を兼行」せしめ、奉料は下司（造寺所）からは充当しないとした。これについては『要録』巻一〇「新記」（三七三頁）の延喜九年五月十六日条に引用する寺の申請文において、故別当道義の時に三綱一人を勾当職とし雑務を兼知せしめた、とあることに該当する。なお道義は昌泰元年から延喜五年まで別当の任にあった（昌泰元年八月八日付太政官牒〈大日古一六〉。延喜五年三月十七日付太政官牒〈大日古一七〉）。

(48)　『要録』巻一〇「新記」（三七三頁）延喜九年五月十六日条によると、その当時造寺所は専当一人、勾当一人、知事三人であったが、専当と勾当の併置は無駄であるため勾当を停止し、今後は専当一人とする旨の申請が寺よりなされ、減員となった。

(49)　延喜二十年十一月十五日付太政官牒（大日古一三九）。

(50)　延暦二十三年六月二十日付「東大寺地相換記」（大日古五五五九）。承和五年八月三日付「造東大寺司所記文案」（大日古二二〇）。

(51)　大日古七〜九二ならびに一五八〜二一六の内より。

(52)　「東大寺古帳下行帳」（大日古八二九）にて、三綱・小綱らとともに「昶」と署名。真昶はその後、貞観元年（八五九）〜同十二年（八七〇）（『東大寺別当次第』〈『要録』巻五「別当章」〉）および元慶三年（八七九）〜同四年（大日古九、一〇、一一）にかけて複数回別当に就任する。

(53)　例えば造寺所知事泰慶を補任する延長元年閏四月二十日付太政官牒（大日古一四二）や、知事泰宗・名澄を補任する延長二年八月二十日付太政官牒（大日古一四三）など。

(54)　大同四年（八〇九）「東大寺地相換記」（大日古五五五九）。

(55)　承和五年正月二十六日付知事安智補任の僧綱牒（大日古九三）。前述（第一章第二節3）。

(56)　なお、昌泰三年（九〇〇）九月一日付太政官牒（大日古一三二一）に引用する東大寺牒において、かつての造寺所組織は、専当一人・知事四人の計五人からなり、その上に「兼知執印上下両司別当一人」があり、合わせて六人が関与したことを説明している。永村眞氏によると「兼知執印上下両司別当一人」とは、「執印に加わる上下両司兼任の別当」であるとされ、これを少別当に相当させている。上下司別当を頂点とする上司・下司が機能を分掌し寺家の経営がなされている中で、寺家別当とともに少別当が上司下司それぞれの発給文書に署名し、また少別当となる人材は造寺所所司と三綱を歴任し、双方の首座である勾当および上座を経て就任していることが確認され、上司（政所）を本貫とする少別当は上司別当であり、両司の上に立ち、下司別当を兼務し、寺家別当のもとで実務を統括したと推定されている（永村眞「東大寺別当・政所の成立」〈永村眞前掲註(1)書所収〉）。

(57) 延長元年閏四月二十日付知事泰慶を補任する太政官牒の奉行署名に「少別当威儀師」（大日古一四二）。

(58) 延喜二十年十一月十五日付太政官牒（大日古一三九）。なお延長二年には「少別当威儀師離世」とある（大日古二二）。

(59) 延長七年「少別当大威儀師」とあり離世のことと推定したい（大日古一七六）。

(60) 大日史一ノ五、同年六月十七日条、七月二十七日条。『貞信公記』延長三年七月二十七日条ほか。大日史一ノ六、一二九頁〜。

(61) 『東大寺別当次第』（『要録』巻四「講堂」、一〇一頁）。これ以前にも会理は東大寺の仏像修理に携わっており、延喜七年から十年頃にかけて実施された東大寺の毘沙門天・提頭頼吒の両天王像の修理を行っている（『要録』巻一〇、三七四頁）。講堂院再建事業を中心に、この頃の東大寺は、会理を中心とする東寺工房の仏師の活躍が顕著である（清水善三前掲註(1)論文）。造講堂事業に際し東大寺には前掲註(46)でも触れたように、延長七年（九二九）には「東大寺造仏所」があったことが確認され（『類聚符宣抄』第一〇「可賜上日人々・御願所」）、会理らはここを拠点に造仏を行ったのであろう。

(62) 『東寺長者補任』一、律師会理条（大日史一ノ六、九五六頁〜）。

(63) 延長七年（九二九）二月二十五日付の右少弁源公忠俗別当補任の太政官牒（大日古一七六）には奉行署名者に「別当」に続いて「少別当大威儀師」が見えるが、承平元年（九三一）五月五日付の中納言藤原恒佐俗別当補任の太政官牒（大日古一七七）の奉行署名者には少別当は見えない。

(64) 所京子「俗別当の成立」（所京子前掲註(15)論文）。湯浅吉美「東寺における官人俗別当」（『史学』五三巻二・三号、一九八三年）・「延暦寺の俗別当について」（『国史研究会年報』四号、一九八三年）・「東大寺の俗別当について」（湯浅吉美前掲註(15)論文）。土屋恵「平安前期僧綱制の展開」（『史艸』二四号、一九八三年）、岡野浩二「寺院上卿制の研究」（『平安時代の国家と寺院』塙書房、二〇〇九年〈初出は一九八五年、一九八七年、一九八九年、一九九四年〉）、下向井龍彦「『水左記』にみる源俊房と薬師寺——太政官政務運営変質の一側面——」（古代学協会編『後期摂関時代史の研究』吉川弘文館、一九九〇年）、佐藤全敏「平安時代の寺院と俗別当」『平安時代の天皇と官僚制』（東京大学出版会、二〇〇八年）ほか。

(65) 所京子氏によると、所充（所宛）は、『貞信公記』（『大日本古記録』）延喜九年（九〇九）五月二十九日条「被定所雑色　並所々別当□《等カ》」とあるのが初見とされ、その成立は蔵人所別当が設置されてから以後のことで、延喜初年と推定されている（所京子前掲註(64)論文）。また岡野浩二氏は、東大寺においては昌泰二～三年頃に太政官政務処理システムに立脚した俗別当制が本格化したと推定し、所充の成立をその時点に求めている（岡野浩二前掲註(64)論文）。

(66) 承和十三年九月二十五日付僧綱牒（大日古九五）によると、知事年限を定める際に、俗別当左大弁源弘より造寺知事の年限を三綱に準じて四年とせよとする指示を寺別当が受け、それを僧綱に伝えて決定した経緯が記されている。

(67) 天安元年（八五七）六月七日付僧綱牒（大日古九七）によると、知事忠純の重任にあたっては、「彼寺道俗別当請」によることが記されている。時は斉衡・天安・貞観の大仏頭修理事業のさなかにあり、朝廷で修理東大寺大仏事業を推進する俗別当の意向が強くはたらいたものと推定する。この時の具体的な俗別当は不明であるが、修理大仏事業に関わった高官の中でも、実務の責任者である修理大仏使長官の大枝音人・藤原家宗は弁別当に相当する人物として、また修理大仏使長官との記録があり、また大仏供養願文を起草した文章博士菅原是善も別当の可能性がある。そして太政官の中で中心的に事にあたった大納言・右大臣藤原良相は公卿別当に相当する役割を果たしたと推定したい。

(68) 牛山佳幸「諸寺別当制の展開と解由制度」（『古代中世寺院組織の研究』吉川弘文館、一九九〇年〈初出は一九八二年〉）。

(69) このうち、二例については「寺宜承知」となっている（大日古一〇八、一〇九）。なお、知事の補任・重任等以外の、承和十三年（八四六）九月二十五日付の知事任期を定める俗別当源弘からの指示に基づく僧綱牒の宛先は「東大寺別当三綱」、締め括りには「寺宜承知」と記され（大日古九五）、大仏頭修理事業に際し造東大寺所の知事の上席として新規設置された権専当の補任は太政官牒によっており、宛先は「東大寺」、締め括りは「寺宜承知」である（大日古九九）。

(70) 補任・貞観十五年九月十六日付太政官牒（大日古六六）。延任・同十九年閏二月三日付太政官牒（大日古六八）。秩満・寛平二年（八九〇）閏九月二十二日付太政官牒（大日古七〇）。

(71) 補任・貞観五年十一月一日付僧綱牒（大日古一〇五）。秩満・貞観九年二月五日付僧綱牒（大日古一〇八）。寺主補任・元慶四年（八八〇）二月十四日付太政官牒（大日古六九）。

(72) 寛平二年（八九〇）閏九月二十二日付太政官牒にて上座を秩満交替（大日古七〇）。

(73) 寛平六年六月二十七日付別当済棟補任の太政官牒（大日古一五）に「小別当権威儀師」として奉行署名。なお、昌泰元年（八九八）八月八日付別当道義補任の太政官牒（大日古一六）には「小別当」とのみあり、その後延長元年（九二三）まで少別当の役職は見られなくなり（大日古一四二）、昌泰元年まで峯澄は少別当であったと推定する。

(74) 昌泰四年六月三日付太政官牒（大日古七四）。

(75) ある時期から都維那となり延喜五年四月二十八日付太政官牒で都維那から寺主に転任（大日古七五）。その後ある時期に権上座となり威儀師を兼ね、延喜十三年二月二十三日付太政官牒にて権上座から上座となる（大日古七八）。

(76) 延喜二十年十一月十五日付太政官牒（大日古一三九）。

(77) 岡野浩二氏も指摘するように（前掲註(64)論文）、後代の造寺使編成や補任文書について（『永昌記』天永元年〈一一一〇〉六月十五日条、「延喜以往皆有官牒」）、除目の先例として（『小右記』治安三年〈一〇二三〉六月二十三日条、「延喜以来造寺使除目在別紙」）、広く知識物を得る財源確保の策として（『民経記』文永元年〈一二六四〉三月二十九日条、「任造東大寺講堂時之例」）、あるいは資材調達の先例（「橘元実伊賀国玉滝杣施入状案」〈『平安遺文』二七一〉「延喜御代造東大寺講堂之時、被造運件杣木也」）など、多方面に及んでいる。

表1　東大寺三綱補任官牒の上卿・弁・史一覧

年月日（丸数字は閏月）	上卿（太字はその当時の公卿別当または検校在任者）	弁官（太字はその当時の弁別当在任者）	史（太字は造寺使判官）	東大寺三綱の補任職員 ＊（ ）は前任者。太字は造寺所職員歴任者。＊／以下は理由記載。無記載は任期満了（秩満）を示す。	文書番号
貞観13・⑧・29	大納言　**藤原基経**	右少弁　**藤原（良近カ）**	左少史　伴　貞宗	寺主・基蔵（信保）、都維那・長玄（乗継）	六四
14・2・10	大納言　藤原基経	右中弁　**藤原（良近）**	左少史　伴　貞宗	上座・基蔵（**承安**）、**長審**（基蔵／転任上座）	六五
15・9・16	右大臣　藤原基経	右中弁　**藤原（良近）**	右大史　伴　貞宗	上座・**慶恩**（基蔵／死欠）	六六
18・3・7	中納言　**南淵年名**	右少弁　**橘　広相**	左少史　印南野宗雄	寺主・長玄（**長審**）、都維那・**増宥**（長玄／転任寺主）	六七
19・②・3	大納言　**南淵年名**	右中弁　藤原（保則）	左大史　山口岑仁	上座・**慶恩**／延任	六八
元慶4・2・14	大納言　源　多	左少弁　巨勢（文雄）	左少史　山田時宗	寺主・**峯澄**（長玄）、都維那・情簡（**増宥**）	六九
寛平2・⑨・22	大納言　藤原良世	右中弁　**平　季長**	右少史　大原氏雄	上座・賢永（**慶恩**）、寺主・**応如**（**峯澄**）、都維那・賢澄（情簡）	七〇
6・8・14	大納言　源　能有	左中弁　**源　昇**	左大史　大原氏雄	上座・離辺（賢永）、寺主・**行安**（**応如**）、都維那・**神焉**（賢澄）	七一
昌泰元・10・5	大納言　**藤原時平**	右少弁　藤原枝良	左大史　阿刀春正	上座・**長審**（離辺）、寺主・賢永（**行安**）、都維那・会遺（**神焉**）	七二

出典『大日本古文書』（「東大寺文書之一」）

	3・9・1	左大臣 検校 **藤原時平**	左大弁 **紀長谷雄**	右少史 御船有方	上座・南秀（**長審**／死欠）	七三
	4・6・3	左大臣 検校 **藤原時平**	左大弁 **紀長谷雄**	左少史 阿保経覧	上座・**良惟**（南秀／病辞退）、寺主・義勢（賢永／遷任下野薬師寺講師）	七四
延喜	5・4・28	左大臣 検校 **藤原時平**	参議 左大弁 **紀長谷雄**	左大史 阿保経覧	上座・**行安**（**良惟**）、寺主・**離世**（義勢）、都惟那・慶賛（**離世**／転任寺主）	七五
	9・6・15	右大臣 源　光	参議 左大弁 紀長谷雄	右大史 物部門房	上座・慶賛（**行安**）、寺主・**峯皎**（**離世**）、都惟那・寛宙（慶賛）	七六
	12・12・15	権中納言 **藤原道明**	右少弁 **藤原当幹**	左少史 御船常方	上座・**会禄**（**峯皎**）、都惟那・観実（寛宙）	七七
	13・2・23	大納言 藤原忠平	左中弁 源　悦	左少史 御船常方	上座威儀師離世／寺の求め、権上座威儀師離世を正員に補す。	七八
	17・2・20	大納言 **藤原道明**	左少弁 **藤原当幹**	左少史 丈部有沢	都惟那・観紹（観実）	七九
	20・11・2	中納言 **藤原清貫**	右少弁 紀　淑光	**造東大寺講堂判官** 右大史 **丈部有沢**	上座・**離世**（恩勝／辞退）、寺主・元長（貞誉／辞退）、都惟那・寛豊（公叡／不上）	八〇
延長	2・10・1	大納言 **藤原清貫**	左少弁 **藤原元方**	**造東大寺講堂判官** 右大史 **秦　貞興**	寺主・昌儆（元長）	八一
	5・12・22	大納言 **藤原清貫**	左少弁 **藤原元方**	**造東大寺講堂判官** 左大史 **秦　貞興**	寺主・義儆／寺の求め。才操出類、治術勝人。（昌儆／死欠）	八二
	6・3・19	大納言 **藤原清貫**	左少弁 **藤原元方**	右大史 **物部本興**	上座・寛豊（**能印**）、都惟那・智仁（寛豊）	八三

	7・11・17	大納言　**藤原清貫**	右少弁　**源　公忠**	**造東大寺講堂判官** 右大史　**物部本興**	上座・**会安**（義倣／不仕）	八四
承平	6・12・25	大納言　**藤原恒佐**	権右中弁　源（某）	**造東大寺講堂判官** 左少史　**檜前忠明**	上座・**会安**（勧慶）、寺主・智仁（会安／転任上座）、都惟那・安愿（智仁／転任寺主）	八五
天慶	6・9・23	大納言　**藤原実頼**	右少弁　**菅原（在躬カ）**	左大史　尾張言鑒	上座・安愿（由教）、寺主・長巘（智仁）、都惟那・**観茂**（安愿／転任上座）	八六
康保	3・⑧・29	右大臣　**源　高明**	右中弁　**源　保光**	右大史　井原連扶	寺主・千官（宗忠／死欠）、都惟那・長興（**慶芸**／無故不上）	八七
	3・10・1	右大臣　**源　高明**	左中弁　**源　保光**	右大史　井原連扶	権寺主・千官（仁信／無故不上）	八八
安和	元・12・20	左大臣　**源　高明**	右大弁　**源　保光**	左少史　伴　保在	権寺主・**造司所専当慶篹**（千官／無故不上）	八九
	2・正・23	左大臣　**源　高明**	右大弁　**源　保光**	左少史　伴　保在	都惟那・余慶（長興／不仕）	九〇
天禄	3・3・16	右大臣　**藤原頼忠**	右大弁　**藤原為輔**	右大史　大春日良辰	権寺主・余慶（**慶篹**／不住・秩満）、都惟那・**幸秀**（余慶／転任権寺主）	九一
	4・3・19	右大臣　**藤原頼忠**	右大弁　**藤原為輔**	左大史　大春日良辰	権寺主・明慧／吏幹相備。（余慶／病辞退）	九二

※人名比定については筆者の推定によった部分がある。

表2　造東大寺所職員補任官牒の上卿・弁・史一覧

年月日（丸数字は閏月）	上卿（太字はその当時の公卿別当または検校在任者）	弁官（太字はその当時の弁別当在任者）	史（太字は造寺使判官）	造東大寺所の補任職員 *僧名のみは知事を指す。（　）は前任者。*／以下は理由記載。無記載は任期満了（秩満）を示す。	文書番号
天安2・12・25	右大臣　藤原良相	**修理東大寺大仏長官** 右少弁　藤原家宗	左大史　三善清江	権専当・恵者	九九
貞観14・6・21	大納言　源　融	右中弁　**藤原良近**	左少史　伴　貞宗	禎杲（長維）	一一三
14・7・21	大納言　源　融	右中弁　**藤原良近**	左少史　伴　貞宗	定可（禎道）、増宥（徳秀）	一一四
15・3・27	中納言　**南淵年名**	右中弁　**藤原良近**	右大史　伴　貞宗	寿操（唯心）	一一五
16・6・27	中納言　**南淵年名**	左中弁　**藤原良近**	左大史　伴　貞宗	峯靖（定可／辞退）	一一六
18・2・5	中納言　**南淵年名**	左少弁　**橘　広相**	右大史　清江貞直	済慶（禎杲）、命秋（増宥）	一一七
19・②・3	大納言　**南淵年名**	右中弁　藤原保則	左大史　山口岑仁	増吉（寿操）	一一八
元慶2・9・8	大納言　源　多	右少弁　**安倍清行**	右大史　印南野宗雄	叡玄（峯靖）	一一九
2・10・11	右大臣　藤原基経	右少弁　**安倍清行**	右大史　印南野宗雄	専当・増宥	一二〇
4・2・14	大納言　源　多	左少弁　巨勢文雄	左少史　山田時宗	行安（済慶）、神焉（命秋）	一二一
5・8・19	中納言　藤原冬緒	右中弁　巨勢文雄	右大史　家原高斉	命枢（増吉）	一二二
6・7・13	右大臣　源　多	左中弁　藤原千乗	右少史　丈部谷光兼	専当・峯檀（増宥）	一二三
仁和3・正・22	右大臣　源　多	左少弁　藤原佐世	右少史　春道新名	応如（命枢）、基永（神焉）	一二四
寛平2・5・27	大納言　藤原良世	右中弁　**平　季長**	左少史　善道宗道	専当・増宥（峯檀／遷任伊予国講師）	一二五

出典『大日本古文書』（「東大寺文書之一」）

	2・⑨・22	大納言　藤原良世	右中弁　**平　季長**	右少史　大原氏雄	朝宗（叡玄）、性可（行安）、正能（応如／転任寺主）	七〇
	2・10・7	大納言　藤原良世	右中弁　平　季長	右少史　大原氏雄	益良（基永／任従儀師）	一二六
	7・3・19	大納言　源　能有	右少弁　紀長谷雄	右少史　阿刀春正	智春（益良）、良基（朝宗）、基鏡（性可）、中寛（正能）	一二七
	7・6・28	大納言　源　能有	右少弁　紀長谷雄	左大史　善道宗道	専当・増宥／重任／別当済棟、その功績を讃え推薦。	一二八
	9・9・21	大納言　藤原時平	右少弁　藤原枝良	右大史　阿刀春正	太保（中寛／死欠）	一二九
昌泰	元・7・8	大納言　菅原道真	右少弁　藤原枝良	左大史　家原良居	遺世（基鏡／死欠）	一三〇
	3・9・1	左大臣　検校　**藤原時平**	左大弁　**紀長谷雄**	右少史　御船有方	良惟／造寺所雑事兼行の長審死去により知事一員追加（知事は計三員）	一三一
	4・6・3	左大臣　検校　**藤原時平**	左大弁　**紀長谷雄**	左少史　阿保経覧	離世（良惟／転任上座）	七四
延喜	元・10・28	左大臣　検校　**藤原時平**	左大弁　**紀長谷雄**	左大史　菅野（某）	峯皎（太保）	一三二
	5・12・26	左大臣　検校　**藤原時平**	参議　左大弁　**紀長谷雄**	右大史　麻田（某）	峯皎／延任	一三三
	6・12・16	左大臣　検校　**藤原時平**	参議　左大弁　**紀長谷雄**	左大史　阿保経覧	専当・太保／寺の求め。知事三名諸国差遣で不在等多忙のため、承前の例に基づき専当を復活し太保を推薦。	一三四
	7・12・22	左大臣　検校　**藤原時平**	参議　左大弁　**紀長谷雄**	左少史　伊福部邦弼	惟閑・常芸（会禄・泰如）	一三五

	9・6・15	右大臣　源　光	参議 左大弁　紀長谷雄	右大史　物部門房	泰蓮（峯皎／転任寺主）	七六
	10・6・25	権中納言　**紀長谷雄**	右中弁　藤原（某）	左大史　布瑠有幹	専当・太保／重任／寺の求め。公務無怠、恪勤有勇、東塔修理の功による。	一三六
	12・12・15	権中納言　**藤原道明**	右少弁　**藤原当幹**	左少史　御船常方	観紹（泰蓮）	七七
	14・7・8	中納言　**藤原道明**	左少弁　**藤原当幹**	右大史　御船常方	忠照（智春）	一三七
	17・2・20	大納言　**藤原道明**	左少弁　**藤原当幹**	左少史　丈部有沢	昌愷（観紹）	七九
	18・6・20	大納言　**藤原道明**	**造講堂長官** 右少弁　**平　時望**	**造講堂判官** 左少史　**丈部有沢**	泰慶（忠照）	一三八
	20・11・15	中納言　**藤原清貫**	右少弁　紀　淑光	**造東大寺講堂判官** 右大史　**丈部有沢**	勾当上座威儀師離世／寺の求め。前別当道義・戒撰の任中の例にならい上座を勾当に補し勾当を復活。	一三九
	20・12・2	中納言　**藤原清貫**	右少弁　紀　淑光	**造東大寺講堂判官** 右大史　**丈部有沢**	戒秀（昌愷）、明豊（能印／不上）	一四〇
	22・9・23	大納言　**藤原清貫**	右少弁　**藤原元方**	**造東大寺講堂判官** 右大史　秦　**貞興**	会安／寺の求め。作事多く知事三員では困難。知事を一員追加し、知事人員を旧に復し四員とする	一四一
延長	元・④・20	大納言　**藤原清貫**	左少弁　**藤原元方**	**造東大寺講堂判官** 右大史　秦　**貞興**	泰慶／重任／寺の求め。才操相兼。	一四二
	2・8・20	大納言　**藤原清貫**	左少弁　**藤原元方**	**造東大寺講堂判官** 右大史　秦　**貞興**	泰宗（戒秀）、名澄（明豊）	一四三

	3・8・20	大納言 **藤原清貫**	左少弁 **藤原元方**	**造講堂判官** 右大史 **秦 貞興**	寛与／寺の求め。才操相兼。（会安）	一四四
	6・3・19	大納言 **藤原清貫**	左少弁 **藤原元方**	右大史 物部本興	延朝・慧光（泰慶・泰宗）	八三
	7・11・17	大納言 **藤原清貫**	右少弁 **源 公忠**	**造東大寺講堂判官** 右大史 **物部本興**	眼高（会安／転任寺主）	八四
承平	6・12・29	大納言 **藤原恒佐**	権右中弁 源（某）	**造東大寺講堂判官** 左少史 **檜前忠明**	眼高／重任、泰宥（懐仙）、名澄（定慧）	一四五
天慶	6・10・11	中納言 藤原元方	右少弁 **菅原在躬**	左大史 尾張言鑒	延景（眼高）、広斅（泰宥）	一四六
	7・3・7	大納言 **藤原実頼**	右少弁 菅原（在躬カ）	左少史 滋善（某）	明智（名澄／死欠）、千在（玄救／死欠）	一四七
康保	3・⑧・29	右大臣 **源 高明**	右中弁 **源 保光**	右大史 井原連扶	専当・慶纂、承日（承日?）（千宗／転任寺主）、仁覃（賀算／無故不上）、聖済（忠信／無故不上）、延遠（円鑒／無故不上）	一四八
安和	2・⑤・5	左大臣 藤原師尹	右大弁 **源 保光**	左少史 伴 保在	円鏡（仁覃／不任）、幸秀（聖済不任）	一四九
	2・7・29	右大臣 藤原在衡	右大弁 **源 保光**	左少史 伴 保在	専当・承白（承日?）（慶纂／転任権寺主）、定春（承日／転任専当）	一五〇
天禄	元・12・30	権中納言 源 延光	左中弁 **藤原為輔**	右大史 秦 岑忠	勾当・観茂／寺の求め。吏幹頗堪。（千寅／死欠）	一五一
	3・10・27	右大臣 **藤原頼忠**	右大弁 **藤原為輔**	右大史 大春日良辰	千風（幸秀／転都維那）	一五二

	4・3・19	右大臣　**藤原頼忠**	右大弁　**藤原為輔**	左大史　大春日良辰	慶祚（円鏡）、永珍（定春）	一五三
天延	4・6・27	右大臣　**藤原頼忠**	権左中弁　菅原輔正	右少史　錦（某）	会親／寺の求め。常住伽藍、吏幹已備。（永珍）	一五四
貞元	元・12・1	右大臣　**藤原頼忠**	左少弁　平（某）	右大史　名草達茂	勾当・慶芸／寺の求め。吏幹相備。（観茂／任少別当）	一五五
	2・8・17	右大臣　**源　雅信**	権左中弁　**菅原輔正**	左少史　内蔵佐剛	専当・千風（従儀師承日〈承白?〉）、蓮峯（千風／転任専当）	一五六
天元	2・12・25	左大臣　**源　雅信**	左中弁　**菅原輔正**	右大史　内蔵佐剛	覚増（会親／無故不上）	一五七

※人名比定については筆者の推定によった部分がある。

第三部　平安・鎌倉期の東大寺

東大寺僧の伊勢神宮参詣
――その歴史的背景――

斎木涼子

はじめに

本論で取り上げるのは、文治二年（一一八六）に行われた、東大寺再建を祈願する東大寺僧六十名による伊勢集団参詣である。これについては、この参詣に加わった東大寺僧、慶俊が記した記録、『東大寺衆徒参詣伊勢大神宮記』によりその経緯を詳しく知ることが出来る。本来仏教を忌むべき伊勢への僧侶の公式集団参詣は、東大寺再建期に起こった注目すべき出来事として知られている。これは大勧進として東大寺再興を担っていた重源が、東大寺大仏殿再建の成功を祈って個人的に参詣した際に、願いを遂げたいのであれば天照大神の力を肥やせとの霊告を受けたことが発端であり、これに賛同した東大寺僧六十名による参詣と大般若経供養が実現した。

神道史・中世思想史の分野では、中世における習合思想・中世神話生成を考える上で注目すべき事例としてたびたび取り上げられ、後の伊勢神道や両部神道などへの影響が指摘される。(1)阿部泰郎氏は、(2)これが前代未聞の事件であり、東大寺毘盧舎那仏（大仏）と天照大神の本地垂迹説による融合を更に呼び起こす画期であったとしている。

また、この集団参詣が中世神道の縁起説のひとつとして流布し、新たな中世神話が生成したと評価する。

一方、歴史研究の分野においては、東大寺再建について主に政治史の立場から分析した上横手雅敬氏がこの参詣についても取り上げ、大般若経の寄進に関わった人々の考察や、この参詣が後白河法皇の強い意向によって実施されたこと、また参詣を主導した重源・東大寺別当弁暁らと法皇との関係を指摘している(3)。

神道史・思想史においては、この参詣が大きく取り上げられるものの、主にその後の思想展開の一つの契機、中世的神仏習合の画期的な出来事として取り上げられる傾向が多く、背景も含めたこの事例そのものの歴史的意義が論じられることは少ないように見受けられる。後白河法皇の関与については多くの研究者によって指摘されるものの、異例の僧侶集団による公式参詣が、なぜ二ヶ月という短期間でスムーズに実施されたのかという点、つまり参詣の歴史的背景に関する検討が不十分であると思われる。特に、伊勢神宮側の状況については、十分に考察されたとは言えない。本論では、以上の問題点に関し、先行研究の成果を踏まえた上で、当時の東大寺・伊勢神宮・朝廷が、伊勢と東大寺の関係に対しどのような認識を持っていたのかという点にも着目し、検討する。

第一章　東大寺創建と天照大神をめぐる言説

重源が、東大寺大仏殿再建を敢えて伊勢神宮に祈願した背景には、東大寺大仏を天照大神の本地とする、二者の習合思想があった。まずは、この東大寺僧参詣の前提となった、天照大神と東大寺大仏の関係について確認する。

この二者の関係を考える上で重要な史料は、『太神宮諸雑事記』と、『東大寺要録』所引「大神宮禰宜延平日記」（以下「延平日記」）である。まず『太神宮諸雑事記』（以下『諸雑事記』）は、伊勢内宮神官の荒木田氏によって編纂された伊勢神宮の記録で、十一世紀に一旦完成した後、承暦三年（一〇七九）に正文が焼失し、大治三年（一一二八）から仁安三年（一一六八）の間に現存本が成立したと考えられている。(4) この中に奈良時代、聖武天皇が伊勢神宮に東大寺建立を祈願したとの記載がある。

天平十四年壬午十一月三日、右大臣橘朝臣諸兄卿、参二入於伊勢太神宮一。其故波天皇御願寺可レ被二建立一之由、依二宣旨一所レ被二祈申一也。然勅使帰参之後、以二同十一月十一日夜中一令二示現一給布。天皇之御前仁玉女坐、即放二金色光一天宣、本朝和神国也。可下奉レ欽二仰神明一給上也。而日輪者大日如来也。本地者毘盧舎那仏也。衆生者悟レ之当レ帰二依仏法一止。御夢覚之後、御道心弥発給天、件御願寺事於始企給利倍。

天平十九年、九月太神宮御遷宮。即下野国金上分令レ進給利倍。

（中略）

天平廿一年己丑四月日、従二陸奥国一金進レ官、是奉レ為二公家重宝一也。仍以二同年七月二日一、改二天平勝宝元年己丑一、当二唐天宝八年一。件金出来之由、二所太神宮仁令レ申給利倍。即太神宮禰宜外従八位上神主首名、叙二外従五位下一。

天平十四年（七四二）十一月に橘諸兄が勅使として伊勢に参詣、東大寺建立を祈願して帰参した後、天皇の夢に輝く「玉女」が現れ、日輪は大日如来、本地は毘盧舎那仏と告げ、これにより東大寺に毘盧舎那仏（大仏）が造立されたことを示唆する内容である。玉女は美しい女性、仙女などを指す語であり、仏典にもしばしば登場する。(5) ここでは、金色の光を放つ玉女が、太陽である女神、天照大神をイメージした存在であると推定され、天照大神、日輪、大日如来、毘盧舎那仏が結ばれている。また天平二十一年（七四九）に陸奥国から金が産出したことも記載し、これにより禰宜らに叙位があったと記されている。これは後に示すように、大仏に利用する金の産出を伊勢に祈禱したことを意味していると考えられる。

一方、『東大寺要録』巻第一にもほぼ同じ内容が記載される。

類聚国史云、天平十年五月辛卯、使二右大臣正三位橘宿禰諸兄・神祇伯従四位下中臣朝臣名代・右少弁従五位下紀朝臣宇美・陰陽頭外従五位下高麦（夏）太一賫二神宝一奉二于伊勢大神宮一云々。

大神宮禰宜延平日記云、天平十四年十一月三日、右大臣正二位橘朝臣諸兄、為二勅使一参二入伊勢大神宮一。天皇御願寺可レ被二建立一之由所レ被レ祈也。爰件勅使帰参之後、同十一月十五日夜示現給布。帝皇御前玉女坐而放二金光一底宣久、当朝ハ神国ナリ。尤可下奉レ欽二仰神明一給上也。而日輪者大日如来也。本地者盧舎那仏也。衆生者悟二解此理一当レ帰二依仏法一云布止之。御夢覚給之後、弥堅固御道心発給、始企二件御願寺一給也。謂二東大寺一是也。已上証記文。

（中略）

伊勢大神宮禰宜延平日記云、天平十九年丁亥、九月廿九日、始而東大寺大仏盧舎那仏被レ奉二鋳鎔一未二成畢給一。而依レ無下可レ塗二件大仏一之金上、天皇御心不レ静。歎念御之間、蒙二示現一御須、告云、近江国栗太郡水海岸頭山脚有二勝地一、件地建二立伽藍一、而修二行如意輪法一者、必金宝者可二出来一也者。即御夢覚之後、件栗太郡勢多村下一勝地急建二立伽藍一、安二置如意輪観世音幷執金剛神像各一体一。石山寺是也。修二行件如意輪法一給之程、以二同年十二月一従二下野国一奏二聞金出来之由一也云々。天平勝宝元年、大神宮禰宜外従八位上神主首名被レ叙二外従五位外一。是依二黄金出来一也。已上記文。

井後政晏氏によれば、[6]『東大寺要録』が引く「延平日記」は、承暦三年（一〇七九）に焼失した『諸雑事記』正文の別本であり、『東大寺要録』編纂時にこれを入手して東大寺に関する項目を引用したと考えられる。現行の

『諸雑事記』は、正本が焼失した後に、荒木田家に伝わった案文をもとに更に抄出・修正を加えたもので、「延平日記」より後の成立と考えられている。

なお、諸兄の参詣と天皇への夢告についてはほぼ同文であるものの、その後の金産出に関する記載はやや異なっている。『続日本紀』によれば、天平二十一年（七四九）二月に陸奥からの黄金献上があり、この金産出に伴い四月に行われた関係者への叙位に、伊勢神宮関係者も名を連ねており、これが『諸雑事記』の記載に該当する。(7) しかし「延平日記」の引用は、天平十九年の金産出に関する独自の記載がある。このエピソードの大枠は『石山寺縁起』に見える石山寺建立の縁起と類似するが、天平十九年に下野国から金が産出したとする点が異なり、これを天平勝宝元年（天平二十一年）の叙位に結びつけている。「延平日記」原文に石山寺の縁起が記されていたとは考え難く、『東大寺要録』編纂時に石山寺の縁起を取り込んだ際、『諸雑事記』に見える天平十九年の下野国から伊勢への金進上の記事を誤解、混同したか、故意に結びつけたものと思われる。

すでに先行研究において言及されていることであるが、橘諸兄の参詣と東大寺建立にまつわる記事は、『続日本紀』には見出せない。ただ、諸兄は朝廷の使として伊勢に派遣された経験があり、天平十年（七三八）に、右大臣橘諸兄、神祇伯中臣朝臣名代、右少弁紀朝臣宇美、陰陽頭高麦太らが神宝を伊勢に奉ったとある（『続日本紀』同年五月辛卯条）。この神宝奉納については目的が不明であり、強いて言えば同年正月に阿倍内親王が皇太子となっていること（『続日本紀』同年正月辛卯条）が理由に挙げられるであろうか。

いずれにしても、橘諸兄の天平十四年の祈願は事実とは見なし難く、こうした東大寺大仏と天照大神の習合は、次に述べるように十一世紀頃に形成されたと考えられている。大仏と天照大神の習合思想が形成されて行く中で、聖武天皇周辺の人物のうち、実際に伊勢へ派遣された経験を持つ橘諸兄を当てはめた可能性が高い。

第二章　天照大神・大日如来・東大寺大仏の習合

『諸雑事記』『東大寺要録』では、天照大神と大日如来、東大寺大仏の習合思想が見られたが、この習合思想形成に大きな影響を与え、その基盤となったと考えられる著述が、十一世紀後半に登場していた。それが、康平三年（一〇六〇）成尊撰『真言付法纂要抄』に載る次の内容である。[8] 本書では真言密教の歴史などが概説され、その中で日本と密教の関係について独自の解釈がなされていた。

抑於㆓贍部州八万四千聚落之中㆒、唯陽谷内、盛㆓秘密教㆒。事見㆓上文㆒。昔威光菩薩〈摩利支天即大日化身也〉、常居㆓日宮㆒、除㆓阿修羅王難㆒。今遍照金剛鎮住㆓日域㆒、増㆓金輪聖王福㆒。神号天照尊、刹名大日本国乎。自然之理、立㆓自然名㆒。誠職㆓此之由㆒矣。是故南天鉄塔雖㆑迮、全包㆓法界心殿㆒。東乗陽谷雖㆑鄙、皆是大種姓人。明知、大日如来加持力之所㆑致也。豈凡愚所㆑識乎。今正仏日再曜、専仰㆓聖運㆒焉。

大日の化身金剛遍照（空海）が日域（日本）において金輪聖王（天皇）の福を増し、神号が「天照」で国名が「大日本国」であることは、自然の理、自然の名を立つとし、これらが大日如来の加持力の致す所であると述べている。これは「日（太陽）」のイメージを媒介に大日如来、日本、天照大神を結びつけ、日本において真言密教が興隆する必然性を指摘する理論である。この『真言付法纂要抄』の理論は、十二世紀以降、真言僧の間で盛んに言及・引用されていくことになる。[9] 例えば、醍醐寺勝覚が永久三年（一一一五）に撰述した『伝受記』では、天皇護持僧の所作などについて触れ、その中で日輪をベースに天照大神と三種の神器のひとつである内侍所神鏡、そして大日如来などを習合している。[10]

一方で、東大寺大仏を密教の大日如来とする認識も形成されていた。横内裕人氏によれば(11)、十世紀半ば以降、東大寺別当光智の頃から、東大寺では三論・華厳とともに真言密教との一体化を図る動きが見えていたが、十二世紀初頭には、大仏殿で大日悔過なる仏事が行われていたことが確認できる。これが大仏を本尊とする仏事であると考えられることから、この時点で「大仏（毘盧舎那仏）＝大日如来」とする認識があったことを指摘する。なお、後に重源によって再建された大仏殿内には、金剛界・胎蔵界の堂、両界堂が設置され、大仏を大日如来と見なし密教僧による両部之法が行われることになった(12)。

『諸雑事記』『東大寺要録』に見える天照大神・大日如来・大仏（毘盧舎那仏）の習合は、こうした言説を受容しながら形成されたと考えられる。なお、この習合思想は伊勢内宮・東大寺内だけでなく、伊勢周辺で撰述された初期の両部神道書においても確認出来る。『天照大神儀軌』（宝誌和尚伝）は、天照大神を毘盧遮那仏とした上で、その天照大神と眷属に対する念誦供養儀軌であるが、本書の相伝を記す「宝誌儀軌（天照大神儀軌）相伝事」によれば、園城寺僧が伝領していた本を、長寛二年（一一六四）都で書写したことがわかる(13)。また、本書とほぼ同じ書写伝来を持つ『中臣祓訓解』には(14)、

所聞食有レ請必致。有レ祈必応。故大日四種法身諸尊、排二開光明心殿一、妙観察智之月、照二内外十方之性一。頂二仏神命一、助二霊鬼一、蒙二加護一明、一如実相常住円照也。然則天照大神者、大日遍照尊、諸神最貴者也。尊無レ二、諸皆眷属仕者也。

直天津神廻二四洲一而照二下界一、国津神径二八洲一而守二国土一。此大慈大悲之誓願也。此衆生利益之方便也。

伊勢大神託曰、天平年中、行基菩薩為二聖武天皇勅使一、造二東大寺一事、祈誠申給。此時御告文也、実相真如之日輪、明二生死長夜之闇一、本有常住之月輪、

掃二无明煩悩之雲一日輪則天照皇大神、月輪則豊受皇大神、両部不二也。胎蔵界大日教令輪身不動。金剛界大日教令輪身降三世。

との記述があり、使者が行基であるという違いはあるものの、『諸雑事記』、『東大寺要録』「延平日記」と類似する記載が見られる。

以上のように、十二世紀初めまでに東大寺・伊勢内宮（荒木田氏）の間で橘諸兄参宮譚や、「天照大神＝大日如来＝毘盧舎那仏」習合説が共有され、早くも十二世紀中頃には神道書などにも取り込まれ、流布していたのである。

第三章　復興期の東大寺と集団参詣に至る経緯

こうした思想が受容されていたという背景をふまえた上で、十二世紀末の東大寺復興期、つまり東大寺僧集団参詣が実施された時期の状況を整理したい。

まず、重源は伊勢と東大寺の関係をどのように捉えていたのであろうか。『東大寺続要録』造仏篇に収録される、重源による養和元年（一一八二）の東大寺修造願文には、次のような文言が見られる。

東大寺勧進上人重源敬白

請㆘特蒙㆓十方檀那助成㆒、任㆓糸綸旨㆒終㆓土木功㆒、修㆓補仏像㆒営㆗作堂宇㆖状

右、当伽藍者、軼㆓雲雨於大半㆒、有㆓棟甍之竦擢㆒、仏法恢弘之精舎、神明保護之霊地也。原夫聖武天皇発㆓作治之叡願㆒、行基菩薩表㆓知識之懇誠㆒。加之天照太神出㆓両国之黄金㆒、採㆑之奉㆑塗㆓尊像㆒。（以下略）

奈良時代の東大寺建立に際し、天照大神の力により金が産出し、大仏に用いたと述べる。また同じく造仏篇では、東大寺再興について、「当寺再興之条、偏依㆓神感㆒、又以㆓人力㆒、天照太神頻示㆓霊託㆒、八幡大菩薩常呈㆓祥瑞㆒。」と述べている。「霊託」が具体的にどのような内容かは不明だが、少なくとも重源が『東大寺要録』や『諸雑事記』の記載内容をふまえていることがわかる。

また、文治元年（一一八五）には、重源が東大寺再建資材として伊勢神宮の杣木伐採を望んでいたことがわかる

（『玉葉』文治元年三月三十日条）。重源はやはり霊託があったと述べ、また明年に遷宮の材木伐採の儀が始まるので、今年のうちに材木を得ようとしている。こうしたことから、すでにこの時点で、重源は東大寺再建を祈願するため伊勢参詣を行っていた可能性があり、また神宮の事情にも通じていたことがうかがえる。重源が独自に交流を持ち、これがその後の集団参詣につながった可能性も考えられる。

続いて、改めて集団参詣に至る経緯を確認したい。以下、長くなるが『東大寺衆徒参詣伊勢大神宮記』（以下『参詣記』）の一部を引く[15]。本書は、本篇『参詣記』（B）の前に、書写の際など後に付け加えられたと考えられる別記事（A）が存在する。

（A）

東大寺聖人参宮之次、依レ有二夢想之告一、於二神宮一可レ令レ転二読-供-養大般若経一。率二六十口寺僧一、来廿六日可レ被レ遂二御願一。件宿所事、二宮相共可レ被二用意一者。依二院御気色一、執啓如レ件。

四月七日　右大弁藤原（行隆）在判

於二神宮一可レ被レ転二読-供-養経一事、院宣如レ此被二仰下一之旨、件宿所事、可レ被レ致二用意一之伏、如レ件。

四月十三日　神祇権少副在

内宮長殿

逐申二於雑事一者、各可二随身一也。只宿所并転読所、可レ被レ計二沙汰一也。東大寺勧進上人重源、当寺造営祈禱、於二大神宮一大般若経書写供養并転読間事三ケ度。

（中略）

（B）

東大寺衆徒参詣伊勢大神宮記

条々

一、参詣由来事

文治二年、歳次丙午仲春二月中旬之比、当寺勧進聖人重源俊乗房、為レ祈下申造二大仏殿一事上、参二詣大神宮一。偸於二瑞垣之辺一、通夜之間、同廿三日辛未夜、[a]大神示云、吾近年身疲力衰、難レ成二大事一。若欲レ遂二此願一、汝早可レ令レ肥二我身一云々。聖人夢覚二于松檽之嵐一、涙重二于蘿衣之露一。即還二向本寺一、被レ触二此状於衆中一之処、衆徒相議曰、神明威光増益、莫レ過二般若威力一。早新写二大般若経二部一、僧綱以下六十口僧徒頂二戴之一、参二詣彼宮一、於二内外二宮一、各一部遂二供養転読一、兼可レ被レ行二番論義一云々。衆議已就、万人服膺了。

一、参詣日時事

御示現以後、早速雖レ可レ有二参詣一、云二御経書写沙汰一、云二諸僧出立雑事一、彼是色々依レ有二其煩一、自然遅引。同年四月廿三日甲午進発、同廿六日癸酉可レ有二供養転読等一之由、為二長官右大弁行隆沙汰一、仰二陰陽寮一被二定下一了。

一、御経二部調儲間事

寺家別当大僧都雅宝以下、可レ然寺僧之中、或支二配料紙一、或相二撰能筆一、期日以前欲レ終二書功一之処、此事自然披露、緇素貴賤、各以随喜、為二結縁一、可レ調二営御経一之由、花夷競諍之間、寺家沙汰暫以猶預。爰入道大納言頼盛、奉二加一部六百軸料紙一黄紙朱軸、褾紙、打堺、併以被二調送一了。奉レ納二唐櫃六合一。於二書写一者、寺家営レ之。又聖人、分二此料紙一、南都北京、普以勧進之間、垂露之点不レ日終レ功。於二今一部一者、比丘尼邦綱卿女大夫三位、以下本所持之未二供養一経上

被レ施レ之。奉レ納二大唐櫃三合一。仍諸衆不レ営二部忽備。善縁和合誠以早速乎。
一、御幣幷神馬
於二御幣一者、聖人沙汰也。二宮各上紙十帖、木錦（綿）二段、神馬二疋一疋衆徒沙汰、一疋尊勝院僧都弁暁引レ之。
一、伝馬事
寺領大和・山城庄々、支二配六十疋・六十僧旅籠等料一、人別一疋賦レ之。進発之日、着二黒田庄一。於二黒田庄一、
当庄幷笠間・薦生等伊賀庄々、又催二出六十疋一。廿七日朝、賦分已了。件日、従二黒田庄一向二次宿一辺木造。自二
件宿一、迄レ至二神宮一、或触レ縁尋二伝馬一、或用二自馬一云々。
一、神宮経廻粮料事
別当大僧都以下、僧綱・已講、被レ訪レ之。都合、儲二卅石於神宮辺一云々。
一、神宮宿所事
此事、遂依レ及二叡聞一、為二長官右大弁（藤原行隆）奉行一、兼日被レ仰二下祭主神祇権大副（大中臣）能隆之許一云、東大寺僧徒、為
レ祈二申造寺御願一、撰二定六十僧一、参二詣当宮一、可レ奉レ供二養大般若経一。其間、二宮宿所事、早令レ加二用意一者、
依二院宣一、執達如レ件云々。祭主、任二院宣一、可レ令二相儲一之由、進二請文一了。
一、願文事
b事已及二天聴一、公家雖須レ仰二儒家一、於二大神宮一被レ行二仏事一之例、先蹤不分明云々。仍寺家私誂二蔵人右少
弁（藤原）親経朝臣一令レ草レ之。清書一通前頭弁（藤原）光雅朝臣、一通蔵人右（左）衛門権佐（藤原）親雅朝臣、各振レ筆書レ之。
（中略）

一、御経供養導師事

権少僧都弁暁勤レ之。c始雖レ為二聖人之勧進一、後及二法皇之恩請一。

院宣云、

d東大寺盧舎那仏者、聖武皇帝、勧二進天下之衆庶一、禱二請伊世大神宮一、所二建立一也。天平十五年堂宇草創、天平勝宝四年仏像開眼。綍絶二常篇一。斯寺之起、尽二国銅一而鋳二大像一、掄二環材一而構二崇閣一。四州之中無二其比類一、三界之外未レ聞二先規一。両主臨幸、万僧来集。法会之儀、経始云新、妙相端正、類二満月之相一、棟宇高峻、如二造天之工一。四海同浴二恵沢一、万姓普霑二法雨一。誠是功被二天地一、仁及二動植一者歟。而今仏像忽焚毀、堂舎為二煨燼一、驚遽之甚、何以喩レ此。須下因二古跡一、早修中営仏閣上。而世及二澆醨一、時極二彫弊一、逐二彼涼風之迹一、責二其旧日之功一者、縁レ木求レ魚、煎レ水作レ氷者歟。但非レ可二点(黙)止一、憖追二前蹤一、差二定行事官等一、尋二付知識上人重源一、相共営レ之。豈図去寿永二年、宋人出来、忽以鋳治。e文治元年、法皇臨幸、手自開眼、是非二神宮冥助一乎。雖レ為二大厦之構一、盍終二不日之功一哉。就中、彼上人重源、忽蒙二夢告一御願可二成就一之趣也。仍相二伴六十口之寺僧一、転二読大般若之妙典一。其例未二分明一、偏是任二聖人一、自レ君成已。何必温レ昔哉。以二是旨一可下令二啓白一給上者。依二　院宣一執啓如レ件。

文治二年四月廿二日長官右大弁行隆奉

謹上　尊勝院僧都御房

（以下略）

同文「参詣由来事」によれば、文治二年二月、伊勢において重源が大仏殿再建を祈願して参詣していた折、二十三日の夜に天照の夢告を受けた。その内容は傍線部aの示すとおり、近年「吾」、すなわち天照大神の身が疲れ、力が衰えているので、願いを叶えたければ我が身を肥えさせよというものであった。寺に戻った重源は衆徒と相談し、神の力を増加させるには大般若経が適しているということで、大般若経を内宮・外宮において各一部、転読・供養することが決まる。大般若経の内一部は後白河法皇と親密であった平頼盛が六百軸の料紙を提供し東大寺で書写され、もう一部は藤原成子の所持していたものが施入された[16]。

一方、この話は後白河法皇にも伝えられ、後白河は積極的な支援の姿勢を見せる。冒頭の二つの院宣が示すように、四月七日には、伊勢内宮・外宮に六十名の僧侶の宿所を用意するよう命じている。また、傍線部bが示すように、願文は当初朝廷が儒家に命じ作らせるつもりだったものの、先例が明らかでないという理由により、最終的に寺の願文となり、蔵人右少弁藤原親経に作文させている。

後白河法皇がどういった認識をもってこの参詣を支援したのか、という点を確認したいが、まず「御経供養導師事」には、導師を弁暁が勤めることについて、「後及法皇之恩請」（傍線部c）と記され、さらに後白河院宣が引かれている。ここでは、やはり聖武天皇の伊勢への祈願により東大寺大仏が建立されたという『東大寺要録』、『諸雑事記』の記載をふまえた文言が見られ（傍線部d）、また、前年後白河自身が行った開眼供養についても神宮の冥助があったと述べる（傍線部e）。そして集団参詣と大般若経転読について、先例がないものの重源に任せてこれを行うよう、弁暁に命じている。

上横手雅敬氏は、この参詣に後白河法皇の強い意向が働き、国家的事業の色彩を帯びていると述べる[17]。特に今回導師となった弁暁については、後白河の帰依を受け、急速な昇進を遂げた人物であることを指摘する。

しかし先に述べたように、当初予定していた後白河法皇の御願文は、やはり前例がないため寺家願文に変更された。『参詣記』に収録される供養表白には「具在㆓御願文㆒」という御願文が読まれることを前提とする文言があり、編集の際、実際読まれたものではなく、願文変更前に用意されていた表白の草稿を載せてしまった可能性が指摘されている[18]。実際、近年紹介された称名寺聖教中の弁暁の実際の表白では、後白河の御願文に関する文言はなく、こちらが伊勢で読み上げられたものと考えられている[19]。そして、御願文の代わりとして供養導師弁暁に院宣が下され、後白河の意向が弁暁に付託されるべく院宣に込められ披露された。

また、重源との交流や東大寺再興に関する記事を比較的よく載せている九条兼実の『玉葉』にも、この参詣に関する記述は見当たらない。後白河法皇個人の強い意向はあったものの、それが国家的事業、朝廷の公式な支援として行われることはなかったとするべきであろう。その理由としては、「其例未分明」であり、また僧侶の伊勢参詣を朝廷が明確に認めることへ抵抗があったことが挙げられる。

ただこの頃、伊勢への僧侶の個人的な参詣自体は行われていた。そもそも重源自身が個人的に祈願を行っていたこともそうであるが、この他にも、例えば『玉葉』には二つの事例が見出せる。九条兼実は、元暦二年（一一八五）三月、法華房という聖人から伊勢参籠中に夢想があったことを聞いたと記しているが、そのわずか五ヶ月後の日記で、後に興福寺別当となる大僧都雅縁が伊勢参詣した話について「甚以為ㇾ奇」と批判的な視線を向けている[20]。このよう一般の僧侶の私的参詣、信仰は特に問題視されないが、社会的地位を持つ高僧の参詣は批判されている。こうした点からも、国家鎮護の要である東大寺僧の公式参詣は、前例もなく抵抗が強かったことが推測される。こうした朝廷・貴族社会の認識を鑑み、本件は法皇を中心に処理され、公的な行事として認識されるには至らなかったと思われる。

一方、僧侶六十人を送り出した東大寺はこの参詣をどのように捉えていたかという点も重要である。『参詣記』によれば、参詣出発の一週間前にあたる四月十九日、手向山八幡宮で大般若経供養が行われたが、これは今まで東大寺再興の祈願を受けていた八幡神の「嫉妬」を考慮してのものであった。導師は伊勢大般若経供養と同じ弁暁が務めており、結縁に随喜した法華堂集の一人が六十名分の供米を用意している。そして、参詣に参加する六十名の僧侶の名を載せた箇所では、最後に「自余僧綱・已講、多以故障。今度不参之人、遺恨及二来世一歟」と記されている。これは、寺内にもこの伊勢参詣への関与を避ける者、傍観する者、あるいは反対する者がいたことを示していると思われる。八幡神の「嫉妬」を指摘する声も、東大寺の鎮守である八幡神を差し置いて、伊勢まで公式祈願に出向くことに対し、反感を持つ者がいたことを示している。『東大寺要録』において「天照大神＝大仏」説が受容されていても、東大寺僧が集団で公式参詣するという、現実における行動が受け入れられるとは限らないようである。

また、今回の参詣の発端となった重源は、参詣に同行していない。六十名に入らずとも、先導役・調整役として同行しても良さそうなものだが、これも東大寺内の批判が大きくなるのを避けるため、あくまで弁暁をリーダーとし、東大寺僧による行事として催行された可能性が考えられる。

第四章　伊勢内宮の歓迎

次に、この集団参詣を受け入れた伊勢神宮の状況を確認する。先に示したように、六十名の宿所を用意するよう命じる院宣が出されていたが、実際の待遇が『参詣記』の後半には詳しく記されている。まず、四月二十五日、外宮神官度会氏の管理する成覚寺に到着すると、この日は点在する宿で「窮屈」を感じながら休んでいる。翌日、一禰宜度会光忠の申し送りにより、常明寺に移動し、ここで大般若経供養を行った。この日、祭主からは「垸飯五具」が送られており、これを六十人で分配した。禰宜により白昼の参拝をとがめられたため、夜に瑞垣の辺りへ参ったとあるが、「暗々之間不ㇾ及二子細一、謹以退帰」とあり、ほとんど何も見えなかったようである。この日も禰宜光忠から「垸飯」が五具送られている。

翌二十七日は内宮に向かい、一禰宜荒木田成長に迎えられた。成長は昼間であるにもかかわらず、遠慮する東大寺僧らを数人ずつ宝前まで入れて参拝させている。『参詣記』には神殿等の描写があり、僧侶らが大変感激している様子が記される。その後、成長が建立した天覚寺に移動するが、『参詣記』はその寺の様子を細かく記述し、絶賛する。さらに、前日までとは異なり、寺内に宿所三棟を与えられ、また食事などが十分に用意されたことが強調される。

翌日は大般若経供養と番論義を行う予定だったが、雨天となったため船遊びと詠歌を楽しんだ。二十九日、大般若経供養の日には、成長は駿馬を二疋献じている。外宮での記述が簡潔であったのに対し、内宮に移動して以降の記録は詳細で、特に成長が毎日素晴らしい食事を用意し、整った宿所でもてなしてくれたことを絶賛する。ここには、外宮と内宮の対応の温度差がはっきりと示されている。

この手厚いもてなしを差配した荒木田成長について、従来詳しく考察されることは余りなかったが、この東大寺僧集団参詣が成功する上で、成長は鍵となる人物であったと思われる。成長は内宮四禰宜であった荒木田忠成の長男で、仁平三年（一一五三）父の譲りにより禰宜に補任され、その後四十一年間禰宜を務めた人物である。建久元年（一一九〇）の内宮遷宮の際の一禰宜でもあり、息子成良は『建久元年内宮遷宮記』を編纂した人物と考えられている。[21]十二世紀末から十三世紀初めにかけ、神道書や神宮関係編纂物が多く編纂されており、成長は内宮神官の教学面での中心にいたとされる。[22]

この成長は、伊勢神官には珍しく、古記録等に名前がしばしば確認される人物である。仁安三年（一一六八）、伊勢内宮の正殿以下諸殿舎が焼失した際、内宮禰宜が造営の先例を示す記文を朝廷に提出しているが、この時成長も五禰宜として上京している（『兵範記』仁安三年十二月二十五日、二十七日条）。養和元年（一一八一）には、「熊野山湛増之従類」が「伊雑宮」に乱入、御殿を鑽り破り神宝を犯用した際、一禰宜荒木田成長が沙汰して御体を内宮に移したという（『吾妻鏡』養和元年三月六日条）。また、この頃伊勢内外宮の神官が幕府関係者、源頼朝に接触しているが[23]、元暦元年（一一八四）に頼朝が伊勢に御厨を寄進した際も、成長が仲介していた（『吾妻鏡』元暦元年五月三日条）。

そして注目したいのが、寿永二年（一一八三）、祭主大中臣親俊の夢想に関する一連の事柄である。親俊は夢で、祖父の親定と父の親章から後白河院に御剣を献上するよう告げられた。すると同時、成長にも院に御剣を献上すべしという内容の夢想があったため、成長は宝殿から御剣を取り出しており、それが院に献上されたという（『吉記』寿永二年六月二十二日条）。これ以上の情報はないが、成長と後白河院の間に、何らかのつながりが生じた可能性も考えられる。

また、成長は位階上昇についてかなり強い願望を持っていたこともわかる。『玉葉』によれば、文治元年（一一八五）、成長が禁色の恩許と上階の宣下を願い出るも、九条兼実は「新儀」であるとして拒否し、「卑賤下劣之祠官」と強く批判している（文治元年九月十日条）。伊勢神宮の祭主・宮司・内外宮禰宜の補任記である『類聚大補任』[24]によれば、成長とは明記されないものの、養和元年（一一八一）の時点で内宮禰宜が三位を望んでいることがわかる。

三月六日院宣、左少弁藤行隆仰状云、祭主宮司二宮禰宜等可㆑賜㆓一階㆒事、右東国烏合輩、未㆑尽㆓禽殺㆒之間、士民之愁天憐無レ聊、神宮加レ力官軍増レ勢、不レ日令レ遂二追討一。即可レ備二叡聞一之由、為レ令二祈申一預二此勧賞一、不レ待二宣下一、且可レ被二下知一者、依二院宣一執達如レ件。重仰、極位之輩可レ譲二子息一者。随二同十六日祭主下文一、即祭主親隆、増二一階一正三位叙レ之。同日司府、大司祐成従五位上叙レ之。（中略）…内宮禰宜所二望三位一之間、直不二叙用一所、進二請文一之間、急速賞不二叙用一之条、無レ謂之由被二仰下一之間、追叙用。但一成長、二定良、三重章、四範宗、五忠満等、各依二極位一、当時不レ叙歟。九月日忠定、元雅所二叙用一一階也。

これが正四位上一禰宜成長の希望であった可能性はかなり高いであろう。『二所太神宮例文』[25]によれば、十二世紀初めに、やはり三位を望む声が神官から上がって以降、極位（正四位上）の神官に加階が行われる際は、それを他者に譲るよう、宣命等に明記されたとあるので、それでもなお三位を望んだ成長は、かなり位階に執着していたと考えられる。その後、文治五年（一一八九）には、成長の譲りなどによって、成良・成定という息子二人が昇進し、親子三人が禰宜に並ぶという事態も起こっている（『類聚大補任』文治五年）。

以上見てきたように、成長は朝廷や鎌倉幕府への働きかけを行っており、また位階上昇へ熱意を持っていたことがわかる。寿永二年の祭主の夢想に際しての行動も、実際には成長がいち早く情報を得て積極的に動き、評価を得ようとしたとも考えられる。こうしたことから、成長が自身の功績を示すため、後白河院が積極的に支援する東大寺僧の参詣を大々的に歓迎したことは確実であろう。実際、『参詣記』の巻末には、この成長の対応について「風聞」が院中に及び、「御感」があった旨の院宣が祭主大中臣能隆のもとに下っている。

ここで、東大寺僧参詣の問題に戻ると、やはり先例のない僧侶の公式な集団参詣に対し、外宮や祭主の対応はかなり受け身であり、また当時の社会背景を考えれば、それは当然の対応であろう。それに対し内宮の丁重な対応は、内宮天照大神こそが東大寺大仏＝大日如来との習合の当事者であったからという点に加え、一禰宜荒木田成長の積極性も、かなり重要な役割を果たしたものと考えられる。

おわりに

文治二年の東大寺僧集団参詣は、重源の信仰と後白河法皇の関心と支援、そして内宮神官荒木田成長の積極的受け入れによって成功を収めた事業である。参詣を発案した重源の思惑としては、伊勢神宮の天照大神と東大寺大仏が同体であることを改めて示し、東大寺が国家の宗廟たる伊勢神宮と同等の立場にあることを寺内・朝廷に示し、再建事業の伸展、盛り上がりを狙った可能性が考えられる。結局朝廷の公的行事とはされず、後白河の支援にとどまり、東大寺も寺を挙げての支援とはいかなかったようであるが、参詣後、伊勢と東大寺の関係には少なからず変化が見られる。

まず『参詣記』によると、建久四年（一一九三）、同六年にも、同様の集団参詣と大般若経供養が行われた。また、これ以降も東大寺と伊勢神宮に直接的な接触が続いた可能性がある。鎌倉時代、手向山八幡に奉納された大般若経、いわゆる東大寺八幡経の巻第四三〇（東京国立博物館所蔵）の奥書には、次のような記述がある。

南贍部提大日本国大和国東大寺鎮守八幡宮奉レ納大般若経一部之内、五百内第三・第六帙、依二比丘尼願主成阿弥陀仏勧進一、理阿弥陀仏生年六十七歳所レ奉二書写一也。

一、副奉レ納仏舎利六百粒、毎レ軸奉レ籠レ之。……（中略）

一、又奉レ副下施二入玄奘三蔵御筆跡二字一、但天照大神御衣切押上之矣。

都六百巻毎レ軸十六善神之種字并師子種字書写之焉。

先捧二書写一慧業者、大伽藍安穏、興二隆仏法一、広二作仏事一、利二益人天一、兼八幡大菩薩弥増二御法楽一奉レ副二威光一。…（中略）

寛喜元年歳次己丑六月辛未一日丁酉鬼宿土曜、理阿弥陀仏之（梵字）

ここから、大般若経に副えて天照大神の御衣なるものが八幡神に奉納されていたことが確認される。これが伊勢の神宝であるとすれば、かなり深い交流、及び両者の関係についての理解があったことになる。

また当時、朝廷からは公的行事とは見なされなかったものの、その後の社会において東大寺大仏と伊勢天照大神の結びつきが、より広く認識されるようになったのは確かである。例えば、天台座主慈円は書状の中で、

東大寺ニ候なる記文ニハ、大神宮、たまのおんなニ現して、東大寺つくらるへきよし、聖武天皇ニハ申上ておはしましたると候と承及候。

（『鎌倉遺文』三四一四号）

と述べ、『東大寺要録』に記載される「玉女」の夢告のエピソードに触れている。また、建久六年（一一九五）二月、翌月に迫った東大寺供養会のことを祈願するため、公卿勅使を伊勢に派遣することが議論された。

今日有二殿上議定一。是東大寺供養事、可レ被レ申二伊勢太神宮一哉否事也。議定之趣縦横云々。或仏事不レ被レ申神宮二云々。或天平被レ発二遣公卿勅使一之由、見二要録一。任二彼例一可二発遣一云々。（中略）…以二件等趣一、被二奏聞一処、猶可レ被二発遣一之由、勅定切了。天平右大臣諸兄為二勅使一云々。

仏事祈願のため伊勢に公卿勅使を派遣することは前例がなく、そもそも朝廷として仏事を伊勢に祈願すべきでない、との意見がある一方で、『東大寺要録』の大臣橘諸兄の参詣を前例として示す意見もあり、最終的に後鳥羽天皇の意向で公卿勅使派遣が決定している。(26) また、十三世紀後半には、真言密教僧である通海によって、伊勢神宮の歴史と神宮における仏教崇敬の意義を説く『太神宮参詣記』が撰述され、東大寺創建時の祈願と重源らによる参詣、

そして東大寺大仏と天照大神の習合が語られている。

　以上、繰り返しになるが、文治二年の東大寺僧集団参詣は、重源、後白河法皇、伊勢内宮神官の思惑が働いた事業であり、これが成功を収めたことにより、天照大神と東大寺大仏の習合思想が新たな段階を迎えたと評価することができるであろう。

註

（1）久保田収「重源の伊勢神宮参詣」（『神道史の研究』皇學館大學出版部、一九七三）、阿部泰郎「『東大寺衆徒参詣伊勢大神宮記』解題」（国文学研究資料館編『古文書集一』真福寺善本叢刊八、臨川書店、二〇〇〇）、同「伊勢に参る聖と王――『東大寺衆徒参詣伊勢大神宮記』をめぐりて――」（今谷明編『王権と神祇』思文閣出版、二〇〇二）、近本謙介「文治から建久へ――東大寺衆徒伊勢参詣と西行――」（『巡礼記研究』三、二〇〇六）、伊藤聡「文治二年東大寺衆徒伊勢参宮と尊勝院主弁暁」（『中世天照大神信仰の研究』法藏館、二〇一一）。
（2）註（1）阿部前掲論文「伊勢に参る聖と王――『東大寺衆徒参詣伊勢大神宮記』をめぐりて――」。
（3）上横手雅敬「重源ノート」（『権力と仏教の中世史――文化と政治的状況――』法藏館、二〇〇九）。
（4）井後政晏「「大神宮諸雑事記」諸本分類の再検討」（『神道史研究』三〇―一、一九八二）、同「太神宮諸雑事記の成立」（『神道史研究』三六―一、一九八八）。
（5）『十住心論』巻第十七戒報品第八、『華厳経』巻第五十六入法界品第三十四之十三ほか多数。また「玉女宝」は転輪聖王の七宝に挙げられる（前掲『十住心論』、『秘密曼荼羅十住心論』巻第二）。
（6）註（4）井後前掲論文「「大神宮諸雑事記」諸本分類の再検討」、「太神宮諸雑事記の成立」。
（7）『続日本紀』天平二十一年二月丁巳条、同年四月甲午朔条・戊戌条。
（8）大正新修大蔵経第七七巻、『大日本仏教全書』真言付法伝外七部。ただし、伊藤聡氏の指摘に従い、『御遺告勘註抄』等の引文と校合し、一部の字句を改める（伊藤聡「天照大神・大日如来同体説の形成」『中世天照大神信仰の研究』法藏館、二〇一一）。

(9) 斎木涼子「仏教的天皇像と神仏習合――仁寿殿観音像・即位灌頂――」(『ヒストリア』二一九、二〇一〇)。
(10) 『伝受記』随心院聖教、永久三年(一一一五)勝覚筆。「日輪即天照大神大神宮ナリ。々々々・内侍所・天照尊、同体異名也。天照尊者、日天子也。本地大日如来。」
(11) 横内裕人「南都と密教――東大寺盧舎那仏の変奏――」(『日本中世の仏教と東アジア』塙書房、二〇〇八〈初出二〇〇〇〉)。
(12) 藤井恵介「弘安七年東大寺大仏殿図について」(『密教建築空間論』中央公論美術出版、一九九八〈初出一九八九〉)。
(13) 岡田莊司「両部神道の成立期」(安津素彦博士古稀祝賀会編『神道思想史研究』安津素彦博士古稀祝賀会、一九八三)。
(14) 註(13)岡田前掲論文「両部神道の成立期」。
(15) 本論では、国文学研究資料館編『古文書集一』(真福寺善本叢刊八、臨川書店、二〇〇〇)に翻刻される「東大寺衆徒参詣伊勢大神宮記」に拠り、欠字部分を「文治二年神宮大般若経転読記」(『続群書類聚』巻第七四一)によって補う。
(16) 註(2)上横手前掲論文「重源ノート」。
(17) 註(2)上横手前掲論文「重源ノート」。
(18) 註(1)阿部前掲論文「『東大寺衆徒参詣伊勢大神宮記』解題」、註(1)伊藤前掲論文「文治二年東大寺衆徒伊勢参宮と尊勝院主弁暁」。
(19) 註(1)伊藤前掲論文「文治二年東大寺衆徒伊勢参宮と尊勝院主弁暁」。
(20) 『玉葉』元暦二年三月十七日条、同年八月八日条。
(21) 平泉隆房「伊勢神道の成立」(『中世伊勢神宮史の研究』吉川弘文館、二〇〇六)。
(22) 註(21)平泉前掲論文「伊勢神道の成立」。
(23) 平泉隆房「伊勢神道成立の背景」(『皇學館論叢』二一―四、一九八八)。同「『吾妻鏡』覚書(2)――伊勢神宮関係記事を中心として――」(『日本学研究』二、一九九九)。
(24) 『群書類従』補任部、『太神宮補任集成』下(神道大系神宮編五)。

(25)『群書類従』神祇部、『太神宮補任集成』上(神道大系神宮編四)。
(26) 谷知子「建久六年伊勢公卿勅使について——九条家と東大寺供養——」(『国語と国文学』七六—八、一九九九)。

伊賀国玉滝杣の成立と四至

熊谷隆之

はじめに

東大寺が伊賀国に有した二つの杣山、阿拝《あえ》郡の玉滝杣と名張郡の板蠅杣は、やがて中世荘園へと変貌する。本稿は、板蠅杣から展開した黒田荘に比して研究の乏しい玉滝杣の、これまで踏みこんだ分析のない四至に着目し、その確立過程を再検討するものである(1)。

玉滝杣の確立に際しては、旧来、三つの画期が注目されてきた。その第一は、天平二十年(七四八)十月以来の東大寺による墾田の集積。第二は、天徳二年(九五八)十一〜十二月、橘元実による玉滝杣の平時光への売却と、同杣内にあった橘氏墓所の東大寺への施入。第三は、天喜四年(一〇五六)閏三月、板蠅・玉滝杣と黒田荘、美濃国大井・茜部荘について、四至の牓示打ち、国使不入、臨時雑役の免除を命ずる官宣旨の獲得であった(2)。

【史料1】橘元実玉滝杣施入状案(3)

蔭子橘元実敬白

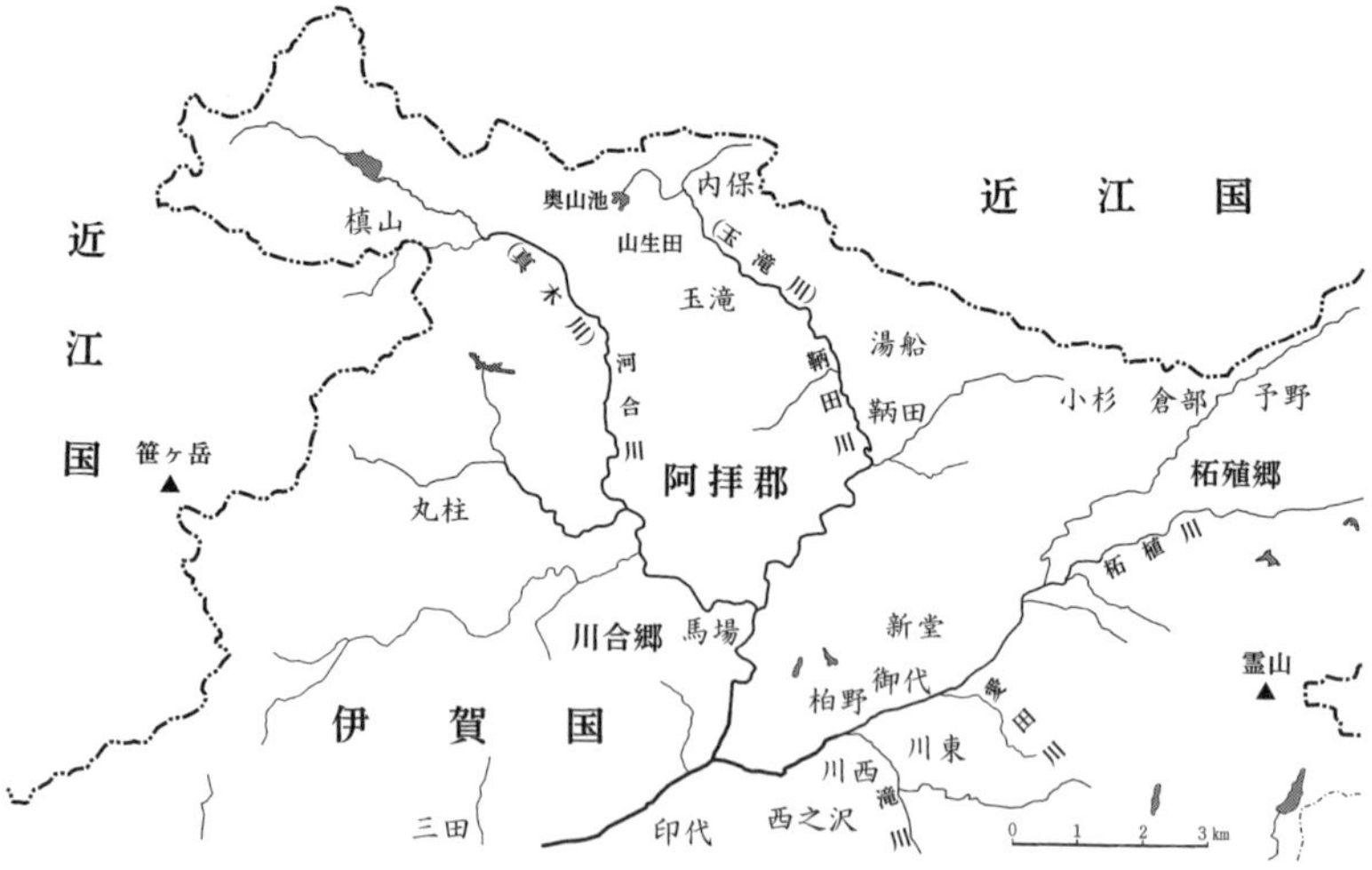

図1　伊賀国阿拝郡一帯

奉二施入一売三与平時光二玉滝杣内除留墓所杣事

四至東限玉滝川西峯　南限岡本西谷
　　西限真木川東峯　北限阿部〔閉〕川谷南

在二伊賀国阿拝郡一。

右、件杣元是元実等先祖之墓地也。累代子孫相伝守レ領、其来尚矣。経レ年之間、樹木生繁、自為二杣山一。爰延喜(九〇一〜)御代、造二東大寺講堂一之時、被レ造三運件杣木一也。当二於爾時一、元実注二先祖墓地之由一、〔愁申脱〕公家之日、天恩早降免除先畢。既省二庶人之競切一、全守二先祖之旧墳一。於レ是元実幷族類等、不レ久遭二於災禍一、各浮三浪他国一。定知下申妨二彼講堂料材木一之所上レ致也。適従二遠国一還向之日、尋二事案内一、東大寺・修理職・冷泉院・雲林院等料材木、各給二官符一、造三運件杣一。其官符云、件杣私人所領也。宮城修理之間、殊給二官符一令二造用一云云。無レ力愁三申私歎一之間、樹木漸切掃、墳墓作二露地一。其祟弥可レ有二元実幷子孫之身一。不レ若二永奉レ施三入伽藍一。令レ得二先祖菩提之道一、兼免二元実禍殃之祟一。仍施入如レ件。若後代之人破二此願一者、天神地祇四王護法見三罰其人一、現在遭二疾疫災横一、永断二子孫一、後生堕二三途苦処一、生無二仏在〔土カ〕一。若興隆之輩者、長攀福寿、令レ栄二末族一。元実本誓蓋以如レ此。敬白。

天徳二年（九五八）十二月十日　蔭子正六位上橘朝臣在判

蔭孫橘在判

蔭孫橘在判

（東大寺判納・郡判・国判略）

「玉滝杣」なる呼称の初見である。のち、この呼称のさす領域は拡大し、玉滝・内保・湯船・鞆田・槇山村（荘）を一括して、玉滝杣、玉滝荘、五箇荘、北杣、北伊賀とよばれることもあった。こうした呼称の多様さは、玉滝杣の内部構成の錯綜ぶりに起因する。以下、橘元実の段階の玉滝杣を《狭義の玉滝杣》、拡大後のそれを《広義の玉滝杣》とよぶ。

かかる複雑な内部構成をもつ《広義の玉滝杣》の確立過程を考察するにさきだち、まずは、天平二十年（七四八）十月以来の墾田と《狭義の玉滝杣》に関する「東南院文書」所収の一連の文書群を概観する。

第一章　墾田の集積

「東南院文書」は、もともと東大寺の上司《かみつかさ》倉（油倉）にあった印蔵に伝来し、明治五年（一八七二）、東大寺から皇室へと献納され、現在、正倉院に収蔵されている。

①「東大寺文書」一―一―二七―（2）

ⓐ天平二十年（七四八）十月二十七日、太政官符案[4]

②「東南院文書」三櫃一巻

ⓑ天平二十年（七四八）十一月十九日、小治田藤麻呂解

ⓒ天平勝宝三年（七五一）四月十二日、阿拝郡司解

ⓓ天平勝宝元年（七四九）十一月二十一日、柘殖郷司解

ⓔ天平宝字二年（七五八）十一月二十八日、伊賀国司解[5]

ⓐⓑは小治田藤麻呂が家と墾田約七町などを東大寺に、ⓒは車持牛麻呂が墾田四反あまりを東大寺に、ⓓは敢安麻呂が神田七反を元興寺三論衆に、ⓔは市原王が開田四反などを東大寺に、それぞれ売却した際の文書である。ⓓⓔは領域を四至で表記し、なかでもⓔの四至は、《広義の玉滝杣》のそれの一角をなす。

かたや、ⓑⓒは田地の所在を条里坪で示し、それらの田地はⓕにも記載がある。阿拝郡条里の比定によると、ⓑの田地は柘植《つげ》川北岸の新堂《しんどう》地区の北部にある神明神社東側の谷部と、柘植川南岸の川東《かわひがし》・川西《かわにし》地区の境を流れる滝川沿いに集中し、ⓒの田地は御代《みだい》地区の柘植川南岸部にあたる[6]。

③「東南院文書」三櫃二巻

ⓕ天平神護二年（七六六）十二月五日、伊賀国司解[7]

伊賀国司による阿拝・伊賀郡内の東大寺田の調査に際して作成されたもので、ⓑⓒにみえる田地のほか、それ以外の田地もふくめ、田地約二八町と地一二町を記載する。田地の立地は、いずれも条里坪表記である。田地の地目は、通分田、不空羂索菩薩御料田、律供分田の三種からなり、ⓑⓒの田地は通分田にふくまれる。残りの通分田と、不空羂索菩薩御料田、律供分田は、ⓕのみにみえる田地である。

ⓕのみにみえる田地がもっとも集中するのは、柘植川北岸の柏野地区の集落部とその北部の谷沿いで、全三種の

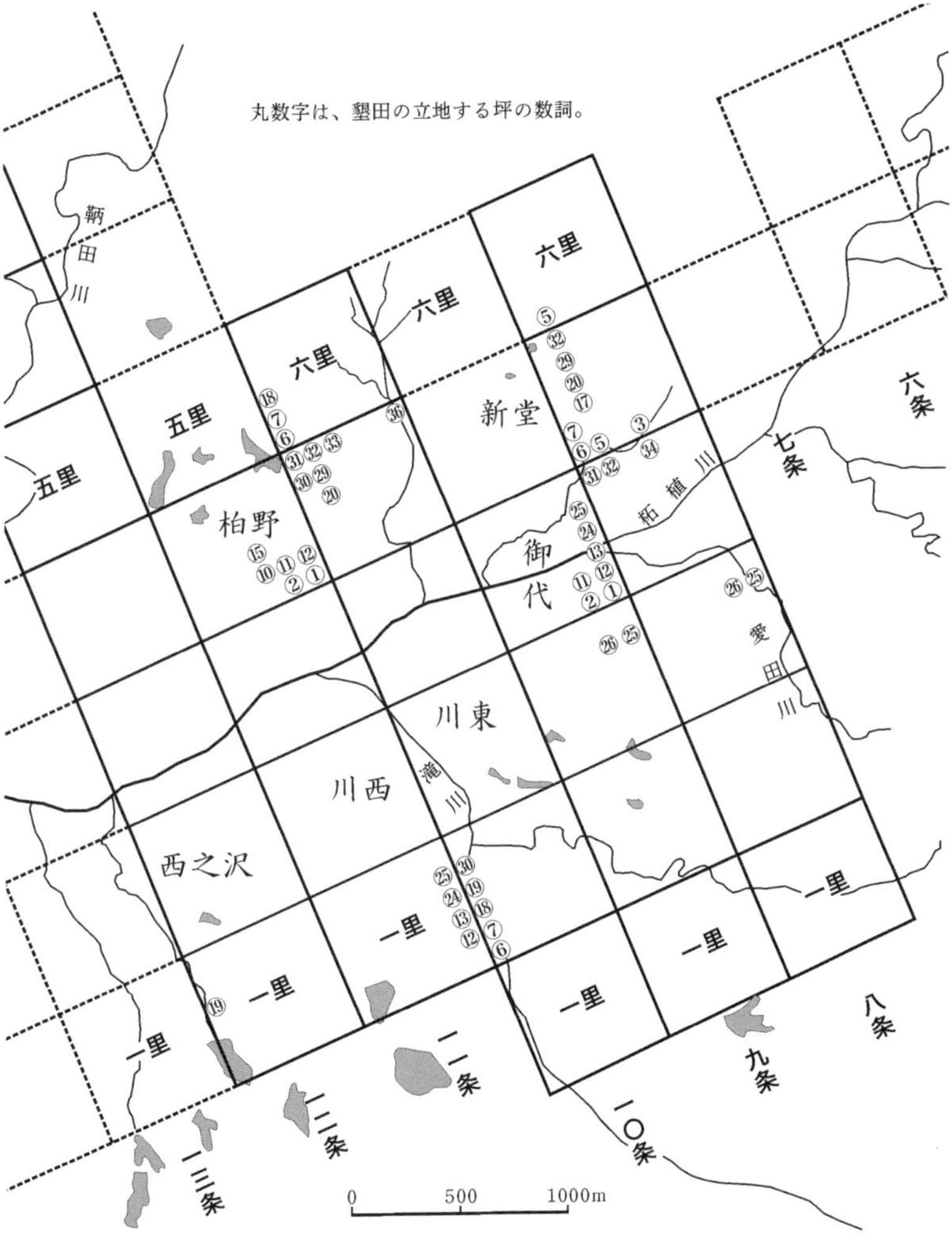

図２　伊賀国阿拝郡条里復元案

田地が立地する。加えて、不空羂索菩薩御料田が、ⓑにみえる新堂地区と滝川沿いの田地に隣接してみられるほか、柘植川南岸の支流愛田《えた》川の中流部や、馬場地区に立地する式内社陽夫多《やぶた》神社の北側にもみいだしうる。また、不空羂索菩薩御料田と律供分田が、印代《いじろ》・服部・三田《みた》地区のあたりにも点在する。

④「東南院文書」三櫃三巻

ⓖ貞観八年（八六六）八月三日、阿閉福子等連署施入状(8)

阿閉福子らが田地二反を東大寺に施入したものである。条里坪によると、当該田地は西之沢地区に立地した。そして、ⓘⓙⓚは、橘元実による墓所施入に際して発給されたものである。

⑤「東南院文書」三櫃四巻

ⓗ（大治元年〈一一二六〉）六月十日、藤原顕隆書状

ⓘ天徳三年（九五九）十二月二十六日、太政官牒

ⓙ天徳三年（九五九）十二月二十六日、太政官符案(9)

ⓚ天徳二年（九五八）十二月十日、橘元実玉滝杣施入状案（【史料1】）

第二章　施入された墓所

つぎに、やや長文にわたるが、院政期に、伊賀国司、平忠盛、東大寺の相論で作成された明法博士の勘状を引用する。この勘状は、鞆田・予野・槙山村それぞれに関する三ヶ条からなる。各条ごとに、当事者らが提出した公験を、現存せぬものもふくめて摘録しており、貴重な情報をふくむ。そのうちの注目すべき公験に、❶〜❻の数字を

付した。

【史料2】明法博士三善信貞等勘状案(10)

（端裏書略）

勘申

東大寺訴申、国司并越前守平朝臣忠盛押妨寺領伊賀国阿閉郡玉滝杣内字鞆田・予◯野・真木山参箇村理非事

一、川合郷内字鞆田村事

寺解云、（中略）。

寺家所レ進証文等

（八通略）

❶万寿二年（一〇二五）十月十六日杣司等本寺下文請文云、壱紙、被レ載レ応レ免二除権少別当威儀師仁満領湯船庄四至内田

畠地子勘徴一状

四至 東限小楹河 南限藤河
　　 西限高楹峯并二俣楹 北限国堺

寺家勘状云、鞆田村者、正在二件四至内一者。

（四通略）

「勘判」
方今勘二寺家公験一、古今証文皆以炳焉也。訴申之旨、非レ無二其謂一。

（一通略）

忠盛朝臣所レ進証文

寺家陳状云、（中略）者。

方今［勘判］陳状之旨、非レ無二其謂一。（中略）証拠之左右、可レ依二裁定之旨趣一矣。

一、栢殖郷内字予野村事

寺解云、（中略）者。

方今［勘判］引二検格条一、無レ有二相違一。

寺家所レ進証文等

（三通略）

❷

天平宝字二年（七五八）十一月廿八日国司六人部連佐婆麻呂立券云、

合地壱拾町　開田四段。畠九町六段。

限　東界朝宮谷　南界駅道
　　西南角藤原夫人地　北界山嶺

右、在二阿部［閉］郡栢殖郷一。此今為二東大寺家通分一買得已訖者。寺家勘状云、件東界朝宮谷者、予野東堺、賀茂岱東深谷也。南界駅道者、予野南堺伊勢路也。

（五通略）

❸

貞観十三年（八七一）八月廿五日大判官代阿閉望富売券云、

敷地壱処

四至　東限賀茂岱高峯　南限離岡幷伊勢大路
　　　西限予野西中山峯　北限鍋蔵山幷蔵部山

墾田拾参町七段百廿歩

荒野百廿町字予野原。

杣山伍佰町字賀茂峯。

阿部〔閉〕郡蔵部山里

糟糠墓東開発山田坪付

一切八段　二切六段　三切一町　四切八段　次切一町

糟糠墓北浦谷尻新開六段　艮角沢尻六段

次切尻一町　南谷尻五段百廿歩　四岡副山田一切一町　二切一町　三切八段　四切一町　南迫井戸田一町

次迫百八十歩　南山田谷迫山田一切八段　二切六段　三切五段　四切三段

（三通略）

方今〔勘判〕検二寺家公験一、古来証拠皆以明鏡也。寺領之由、可レ謂二顕然一也。

忠盛朝臣所レ進証文

（一通略）

寺家陳状云、（中略）者。

方今〔勘判〕在庁官人片々之訴、准二之憲条一、何無二裁断一哉。

一、川合郷内字真木山村事

寺解云、（中略）

寺家所レ進証文等

❹ 昌泰二年（八九九）十二月三日在地国郡証判状云、

庄家弐区在二伊賀国阿部〔閉〕郡川合郷一。

一処字玉滝庄

一処字内保庄

所領懇田壱拾町壱段参佰参拾陸歩

件庄家懇田之中、無レ有二公田幷他人点地一。因レ茲不三細注二申其坪付一之。

四至 限レ東高枌　限レ南黒谷
　　 限レ西真木川　限レ北国堺

国司菅原朝臣千乗与判。

❺

天禄四年(九七三)十月二日寺家堺二定四至一状云々、(衍)

橘元実天徳二年(九五八)十一月廿八日沽三与平時光一杣幷田地

四至 東限高枌峯　南限黒谷
　　 西限真木川　北限国堺峯

同元実同年十二月十日以二墓処杣一施三入寺家一状(『平安遺文』、コノ行、更ニ一字上ゲ)

四至 東限玉滝川西峯　南限岡本西谷
　　 西限真木川東峯　北限阿閉川谷南峯

❻

天永三年(一一一二)二月七日内蔵寮依二真木山住人等解状幷寺家公験一、停二止信楽杣相論一畢。

方今(「勘判」)雖レ有二寺家所レ進証文十三通一、寺領之条各有二所見一。就レ中昌泰二年国郡証判状、無レ有二公田幷他人

点地一。

国司解状云、(中略)者。

国司所レ進証文

永久五年(一一一七)作田内検帳一枚載二十一箇坪一。

方今「勘判」国司所レ進証文甚以髣髴。何立二一旦之法一、可レ乖二永代之例一哉。件杣者、本是勅施入、官省符之由、寺家所二言上一也。天平宝字官符省符・昌泰二年国司証判無二公田一之由也。・天徳・応和官符官牒等、皆以顕然也。

証拠之条、何過レ斯哉。

以前、（中略）者。

方今「勘判」東大寺領杣并山地荒野各有二公験一。元是為二杣山一令二開発一田畠、代代国司免除既畢。若守二格条一、不レ行二入勘一歟。元来為二寺領一者、不レ須二改易一之由、具二于格制一也。而至二于史生則元（上野）立券一者、注二載散在坪坪一、遂打二四至牓示一。雖レ似二紕繆一、定有二由緒一歟。有二本公験一者、可レ被レ対二決両方之理非一。於二券契不一レ慥者、可レ依二寺家証文一也。但新下二綸言一、被二検注一之地者、須レ仰二当時之裁定一。於二立券之外一者、不レ及二左右一歟。又国司之妨所レ拠不二分明一。仍勘申。

保安四年（一一二三）九月十二日　修理左宮城主典正六位上行明法博士兼左衛門志中原朝臣明兼

大蔵大輔兼大判事正五位下行明法博士但馬介三善朝臣信貞

まず、《狭義の玉滝杣》に関する❺に注目する。天徳二年（九五八）十一～十二月、橘元実が平時光に玉滝杣を売却し、橘氏墓所を東大寺に施入したことは、【史料1】から知られるとおりだが、平時光の買得分の四至を記すのは、現存史料では❺のみである。

平時光の素性は不明ながら、ときの東大寺別当光智を「左京人。平氏。」と記す史料もある。[11] 平時光は、東大寺の経営再建に奔走し、玉滝杣の東大寺領化に大きな働きを果たした光智の仮名、ないしは光智の近親者ではないかと憶測する。

つぎに、《狭義の玉滝杣》にさきだつ情報を残す❹を取りあげる。従来、❹に記す昌泰二年（八九九）の在地国郡証判状については、偽文書の疑いなど、否定的にとらえる意見も根強いが(12)、史実を伝える可能性が高い。

【史料3】大治元年（一一二六）六月十九日、玉滝杣文書尊勝院返納目録(13)

有㆓尊勝院㆒文書目録事
一通　昌泰二年（八九九）九月十四日紛失状
一通　同年十一月九日右京職移
一通　同年十二月三日在地立券
一通　天徳二年（九五八）十二月十日施入帳
　橘元真〔実〕
一通　天禄四年（九七三）十月二日四至注文
　復右〔左〕大将（藤原）頼忠書状。
一通　天永三年（一一一二）二月七日大〔内〕蔵頭（藤原顕隆）判行〔形〕
　加㆓消息㆒。
（二通略）
大治元年（一一二六）六月十九日注㆑之。
件文書等従㆓官申請㆒本院返置了。
玉滝杣法家勘文、在㆓官底㆒。
上座大法師（範縁）（花押）
五師大法師（定祐）（花押）

❹と【史料3】の冒頭三通から、玉滝・内保荘の公験紛失が、平安右京職へ上申され、右京職が伊賀国へ移を発給、伊賀国の命をうけて阿拝郡が公験を立券する、という手続きが復元できる。公験紛失を上申したのは、橘元実の父橘文懐にちがいない。

以上をふまえ、❹❺に登場する二種類の四至について検討を加えることで、《狭義の玉滝杣》をめぐる事実関係を整理する。

つとに早瀬保太郎は、「真木川」を槙山川とし、槙山地区の大部分は、杣にふくまれないと指摘した。[14] 一方、久保文武は、「玉滝川」を鞆田川の上流、「真木川」を奥山池から流れる小川に比定し、平時光の買得分は内保荘で内保地区の南部、橘元実の施入分は玉滝地区の山生田《やむだ》付近と推測する。[15] 他方、梅村喬は、「玉滝川」を鞆田川、「真木川」を河合川とし、平時光の買得分は、橘元実の施入分と重なるか、周辺に散在した可能性が高いと述べる。[16]

結局のところ、「玉滝川」が鞆田川の上流、「真木川」が河合川の上流をさす可能性が高いのを除けば、四至にみえる地名の逐一が、現地のどこにあたるのか、確定するのは難しい。だが、いずれの先学にも看過されてきた、あるひとつの問題が残る。平時光の買得分と橘元実の施入分、その四至の不自然さである。

平時光の買得分と橘元実の施入分の四至は、どう並べても接続しない。——そう、二つの四至は、接続するはずはない。何となれば、橘元実の施入分は、平時光の買得分の内部にふくみこまれるのだから。

かく考えると、諸事、整合的に理解できる。第一に、橘文懐の紛失分と平時光の買

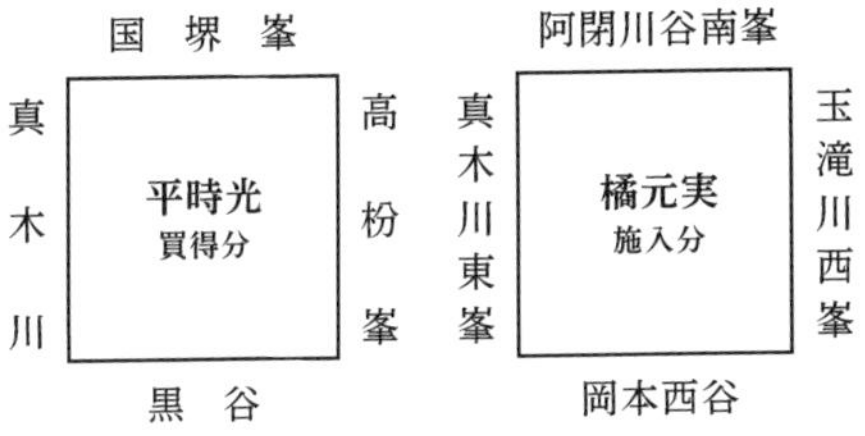

図3 《狭義の玉滝杣》の四至

得分、これらの四至は一致する。橘元実は、父橘文懐から玉滝・内保荘を伝領し、その大部分を平時光に売却したのである。

第二に、橘元実が田地と杣を平時光に沽却する一方で、手元に橘氏墓所を残し、東大寺へ施入した意味も明瞭となる。田地や杣は売却できても、その中核をなす先祖の墓地だけは、売るわけにはいかなかったのである。

第三に、橘氏墓所の立地である。墓所は、橘文懐から橘元実に伝領された所領の中核をなし、北と東西を「峯」が囲い、南は「谷」に臨む。まさしく、それは峯々を背に、谷を見下ろし南面する、橘氏古来の墓所なのであった。

第三章　広がりゆく四至

かくて成立した《狭義の玉滝杣》は、いくつかの相論を経て、《広義の玉滝杣》へと拡大する。

【史料4】東大寺所司解(17)

東大寺

請レ被下特蒙二天恩一、任二勅施入官省符文・度々宣旨国判幷法家勘状等一、遣二官使一如レ旧堺二四至一立二牓示一、停中止収公入勘及旁牢籠上、寺領伊賀国管黒田庄・玉滝杣子細愁状

黒田庄在二名張郡一。

四至　東限名張旧河　　南限斎王登大道
　　　西限小倉立薭小野　北限波多前高峯幷鏡滝

玉滝杣在二河邦〔阿拝〕郡一。

四至 東限賀茂岱朝宮谷　南限伊勢道藤河
　　 西限信楽杣　　　　北限近江国

副進二所文書案等

勅施入状一通 天平勝宝七年（七五五）。
　　　　　　 板蝿杣者黒田庄西山也。

官符一通 長元七年（一〇三四）。
　　　　 同杣。

宣旨一通 天喜元年（一〇五三）。
　　　　 黒田庄。

宣旨一通 同四年。
　　　　 板蝿・玉滝杣幷黒田庄。

法家勘文一通 保安四年（一一二三）。
　　　　　　 玉滝杣。

件勘状載二寺家公験廿九通一。理非子細分明也。依二文書繁一、不三各別副二進之一。

当任修造注文一通

右、（中略）望請　天恩。任レ旧被二裁定一者、以斧風不レ絶、奉レ祈二金輪久転一矣。仍勒レ状、謹解。

大治四年（一一二九）十一月廿一日　権都維那法師「覚仁」

（署判五名略）

別当権律師「定海」

《広義の玉滝杣》の四至の、初見かつ終見である。その根拠となったのは、副進文書の「法家勘文」、すなわち【史料2】に❶～❻として示した公験であった。

まず、❹❺は、橘文懐の玉滝・内保荘に由来する。この東隣に、❶の湯船荘が立地する。湯船荘は、橘文懐の娘で、橘元実の姉妹である橘貞子の手を経て、中満・仁満に伝領された(18)。湯船荘の西限「高榲《すぎ》峯」は、玉滝・内保荘の東限「高枌《そぎ》峯」と接続する。《広義の玉滝杣》の北限が、❹❺の「国堺峯」と❶の「国堺」をもとに、「近江国」とされたことはみやすい。

つぎに、《広義の玉滝杣》の西限「信楽杣」については、❻の槇山村をめぐる近江国信楽杣との相論の勝訴が、その根拠となった。【史料3】の六通目と、【史料5】の三通目は、それに際しての発給文書である。

【史料5】保安四年（一一二三）五月十四日、東大寺上座範縁文書請取状(19)

「(異筆)件文書等陸通、請返了。
　大治(一一二六)元年七月九日　僧暹快（花押）」

請文書等事
　合陸通
一通　本文書員伍枚。限㆓四至㆒也。
一通　寺領与㆓院領㆒限㆓四至㆒文員弐枚。
一通　内蔵頭(藤原顕隆)判〔形〕行文員弐枚。
一通　官符一紙応和(九六二)二年九月八日。
一通　元実施㆓入杣㆒帳員弐枚。
一通　修理職牒状員弐枚。
右、件文等、為㆓尊勝院領字真木山之沙汰㆒、所ㇾ請如ㇾ件。
保安(一一二三)四年五月十四日

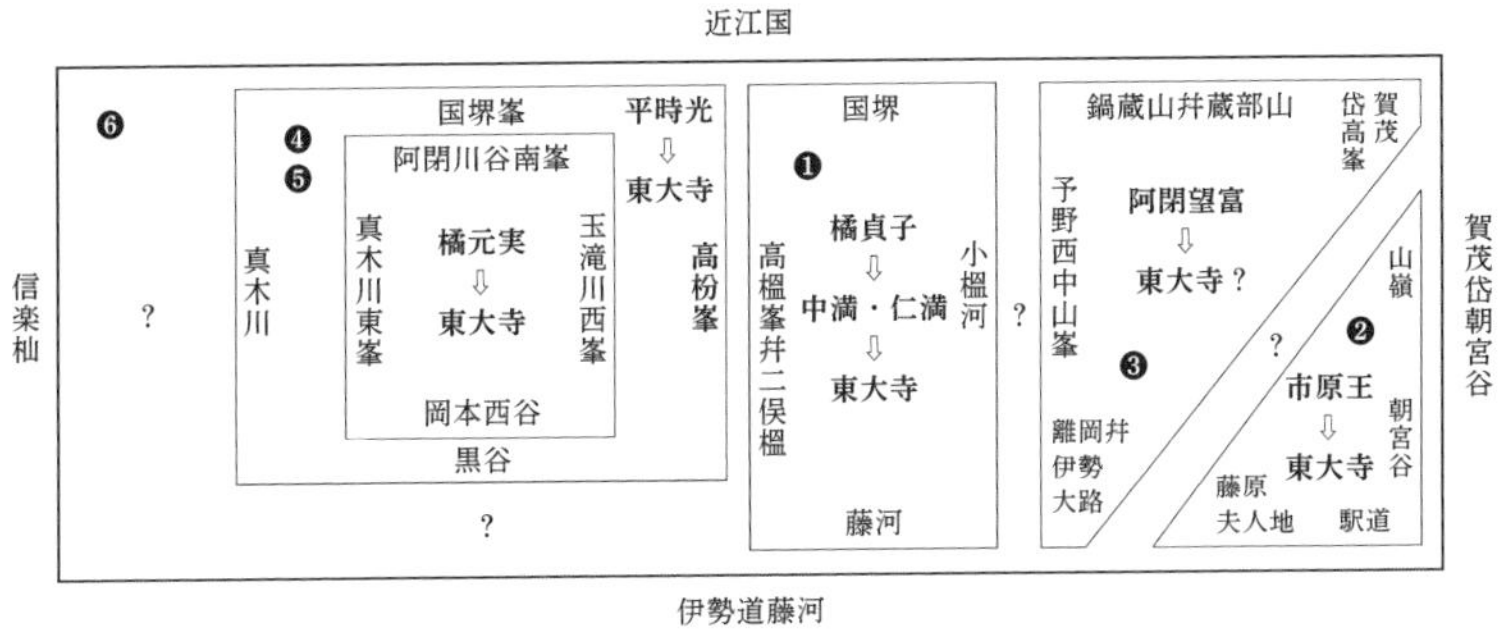

図4　《広義の玉滝杣》の四至

上座大法師（範縁）（花押）

さらに、《広義の玉滝杣》の東限「賀茂岱朝宮谷」が、❸の「賀茂岱」と❷の「朝宮谷」、《広義の玉滝杣》の南限「伊勢道藤河」が、❸の「伊勢大路」、❷の「駅道」、❶の「藤河」を根拠とすることは、❷の傍線部に明らかである。

しかしながら、❶❷❸には、少なからず問題が残る。❶❷❸の四至は、相互に接続しない。東大寺は、❶〜❻にみえる地名をもとに、《広義の玉滝杣》の四至を【史料4】で「創出」した、否、「捏造」したというほうが、妥当かもしれない。

とはいえ、この事例は、院政期の王家・摂関家領荘園の「立荘論」に引きつけて理解することもできる。王家・摂関家の領域型荘園では、立荘にさきだち、近臣が「尋二券契一」ねる行為、つまり立荘の根拠となる公験の収集・進上がおこなわれていた[20]。

これに対し、❸の阿閉望富売券については、偽文書の可能性が指摘され[21]、東大寺が実際に買得したものかも不明である。しかし、かかる券契を根拠に、《広義の玉滝杣》の四至が「創出」されていることは、寺社領荘園の領域化を考えるうえで興味深い。

最後に、玉滝杣の確立過程を年代順にたどり、整理する。

昌泰二年（八九九）九月、橘文懐は玉滝・内保荘の紛失状を右京職に提出。同年十一月、右京職は伊賀国に案件を移送し、同年十二月、国郡による立券がおこなわれた（❹・【史料3】）。橘文懐は玉滝・内保荘とは別に、湯船荘も所有していたとみられる。その後、橘文懐は玉滝・内保荘を息橘元実に、湯船荘を娘橘貞子に譲与する。

天徳二年（九五八）十一月、橘元実は玉滝・内保荘の杣と田地を平時光に売却し、同年十二月、手元に留保した橘氏墓地を東大寺に施入する（【史料1】・❺）。これにより、橘氏墓地は東大寺領となり、その施入状に記された「玉滝杣」は、のち玉滝杣が東大寺領化した重要な根拠となる。だが、それは《狭義の玉滝杣》の、ごく一部にすぎない。

天禄二年（九七一）五月、橘貞子は、橘元実の息橘輔弼の妨害に抗するため、湯船荘の立券をうける[22]。湯船荘は、この段階では東大寺領ではなく、立券案文の端書に「正文在二東南院一」とあるように、のちに東大寺東南院領になる。

天禄四年（九七三）十月、平時光の買得分と橘元実の施入分をもとに、四至の確定がおこなわれた（❺）。「寺領与二院領一限二四至一」（【史料5】）とあり、東大寺領と同寺尊勝院領の確定がおこなわれたものとみられる。それに際しては、ときの右大臣兼左大将藤原頼忠の口入もあったらしい（【史料3】）。

のち尊勝院には、「一巻六通。天徳二年（九五八）玉滝庄売買券相二加天禄三年（九七二）券一。」が伝来していた[23]。これが、天徳二年十一月に平時光が玉滝杣を買得して以来の連券をさすとすれば、天禄三年に尊勝院がそれを買いもどし、天禄四年に橘元実の施入分とあわせ、尊勝院領化した可能性が浮上する。

万寿二年（一〇二五）八月、仁満が橘貞子・中満から伝領した湯船荘の地子を東大寺から免除される（❶など[24]）。湯船荘は、この段階でも東大寺領ではなく、やはり一連の案文の端書には「正文在二東南院一」とみえる。橘貞子の立券案文には「以二永承肆年（一〇四九）十一月廿九日一、一男紀毘観御処分已了。」とある。[25] 東南院領化を示すのかもしれない。

天喜四年（一〇五六）閏三月、東大寺は、板蝿・玉滝杣と黒田荘、美濃国大井・茜部荘について、四至の牓示打ち、国使不入、臨時雑役の免除を命ずる官宣旨を獲得した。[26] 下って天永三年（一一一二）二月、東大寺は、近江国信楽杣との相論で内蔵寮の裁許を蒙る（❻・【史料3・5】）。

さらに、大治四年（一一二九）十一月、東大寺は黒田荘と玉滝杣の四至の牓示立てを朝廷に申請する（【史料4】）。そのなかに記される玉滝杣の四至こそは、《広義の玉滝杣》の四至の、初見かつ終見であり、これが東大寺による「捏造」とでもよぶべきものであったことについては、先般、述べたとおりである。

おわりに

玉滝杣の確立に際しては、旧来、三つの画期が注目されてきた。その第一は、天平二十年（七四八）十月以来の東大寺による墾田の集積。第二は、天徳二年（九五八）十一～十二月、橘元実による玉滝杣の平時光への売却と、橘氏墓所の東大寺への施入。第三は、天喜四年（一〇五六）閏三月、官宣旨の獲得である。それぞれの評価には、いささかの修正が必要となる。

第一に、墾田の集積。東大寺は、墾田を玉滝杣が「天平勅施入」たる根拠とする。だが、墾田は《広義の玉滝杣》の四至外にも展開し、《狭義の玉滝杣》との関係も看取しえない。東大寺が《広義の玉滝杣》の四至に援用した、四至をもつ墾田も同様である。

第二に、玉滝杣の施入。東大寺は、施入をもって玉滝杣の成立と主張するにいたる。しかし、施入文は「玉滝杣」と記す初見史料にすぎない。施入されたのは、橘氏墓所のみであり、《狭義の玉滝杣》のごく一部にとどまる。

第三に、官宣旨の獲得。官宣旨をえたのち、近江国信楽杣との相論に勝ち、明法博士の勘状を経て、《広義の玉滝杣》の四至は、ようやく確たるかたちであらわれる。官宣旨の段階の四至は、《広義の玉滝杣》のそれよりも、かなり狭小なものであった。

つまるところ、これら三つを画期として重んずる既往の理解は、のちに東大寺が築きあげた虚構に、あろうことか、欺かれた結果といわざるをえないのである。

ところで、院政期の王家・摂関家領荘園をめぐる「立荘論」は、もはや共通認識として定着しつつある。領域型荘園という明確な像をもつ王家・摂関家領荘園は、豊富な現存史料と研究蓄積をもつ寺社領荘園にかわり、中世荘園の典型とみなされるにいたった。寺社領荘園は、中世荘園一般のなかで、どのように位置づけなおされるべきか。

すでに知られるように、たとえば、鎮西における王家領荘園は、先行する摂関家・寺社領荘園の存在に制約されつつ立荘され(27)、紀伊国の紀ノ川流域や近江国高島郡における領域型荘園の立荘は、周辺の寺社領荘園の領域化を促進した(28)。王家・摂関家領荘園の立荘と並行して、寺社領荘園の領域化をつうじた二次的確立が、摂関後期以降、急速に進む。いうなれば、寺社領荘園の中世荘園化である。

政治状況や国家財政の転換とともに、荘園の新立や再編がおこなわれ、そのひとつの有効な方策として領域化が図られる。王家・摂関家・寺社領荘園をふくめた、多くの中世荘園に通底するであろう確立の方向性が、ここには示されている。

黒田荘の場合、官宣旨の獲得は、同荘が法的・制度的に確立する重要な画期となった(29)。実際、黒田本荘の四至の大枠は、これにより確定する。黒田荘は、官宣旨を確固たる足がかりとして、新荘と出作田をふくめた大荘園に成長する。

玉滝杣でも、官宣旨の獲得は、中世荘園として確立するための重要な転機となった。だが、そこにいたる経緯と爾後の帰趨は、黒田荘のそれとは大いに異なる。玉滝杣の荘園としてのまとまりは、まもなく希薄化する。多様な呼称をもつゆえんである。

かくて同じ東大寺領で、同じく杣山を起源にもつ黒田荘と玉滝杣は、いわば二卵性双生児であった。中世荘園への成長に際して設定された四至、その内部の実と虚こそが、両者の明と暗を分けたのである。

もとより、中世荘園化の指標は、領域化に尽きるわけでない。封戸の便補、官物や雑役の免除など、収取に関する問題は、当然、分析の範疇に入れる必要がある。だが、本稿では、あくまで荘園の現地そのものに即し、領域化の過程を描くことをめざした。収取の問題を、あえて捨象したのは、そのためである。

「立荘論」をこえた、つぎなる地平をめざすべく、開発史にかかわる環境史、荘園史にとどまらぬ地域史などの視角も取り入れつつ、いまいちど荘園の現地やその周辺をめぐる実態的な把握に努めながら、荘園公領制や中世荘園制について、引き続き再検討を積み重ねていく必要があろう。

註

（1） おもに玉滝杣を取りあげた先学の論考を記す。中村直勝「伊賀国玉滝荘」（『中村直勝著作集　第四巻　荘園の研究』淡交社、一九七八年。初出一九三九年）。赤松俊秀「杣工と荘園——伊賀国玉滝・黒田荘——」（『古代中世社会経済史研究　赤松俊秀著作集　第三巻』法藏館、二〇一二年。初出一九六三年）。早瀬保太郎『伊賀史概説　上巻』（日光印刷、一九七三年）。久保文武『伊賀史叢考』（同朋舎、一九八六年）。梅村喬「伊賀国玉滝杣の経営をめぐって」（同編『古代王権と交流　第四巻　伊勢湾と古代の東海』名著出版、一九九六年）。守田逸人「東大寺領玉滝荘の成立過程と地方支配」（同『日本中世社会成立史論』校倉書房、二〇一〇年。初出一九九七～二〇〇二年）。なお、本稿は、熊谷隆之「東大寺領の誕生」「荘園の展開と天喜事件」（『伊賀市史　第一巻　通史編　古代中世』古代第五章第二節・第六章第二節、［三重県］伊賀市、二〇一一年）の叙述と重複する部分もあるが、逐一ことわらない。

（2）「東南院文書」七帙七巻、天喜四年閏三月二十六日、官宣旨案（『平安遺文』三巻七八七号）。なお、以下の史料は、『大日本古文書』、『伊賀市史　第四巻　資料編　古代中世』（［三重県］伊賀市、二〇〇八年）、『三重県史　資料編　古代・中世（下）』（三重県、二〇一五年）にも収録されている。

（3）「東南院文書」三櫃四巻、天徳二年十二月十日、橘元実玉滝杣施入状案（『平安遺文』一巻二七一号）。

（4）「東大寺文書」一―一―二一七―（2）、天平二十年十月二十七日、太政官符案（『寧楽遺文』中巻六四九頁に「内閣文庫」所収の案文）。

（5）「東南院文書」三櫃一巻、天平二十年十一月十九日、小治田藤麻呂解（『寧楽遺文』中巻六四九～六五〇頁）。「東南院文書」三櫃一巻、天平勝宝三年四月十二日、阿拝郡司解（『寧楽遺文』中巻六五一頁）。「東南院文書」三櫃一巻、天平勝宝元年十一月二十一日、柘殖郷司解（『寧楽遺文』中巻六五〇～六五一頁）。「東南院文書」三櫃一巻、天平宝字二年十一月二十八日、伊賀国司解（『寧楽遺文』中巻六五一～六五二頁）。

（6）阿拝郡条里は、福永正三「柘殖郷条里とその復原」（『伊賀町史』第二章第三節、［三重県阿山郡］伊賀町役場、一九七九年）による。条は東から西、里は南から北へ数え進み、坪並は南東角から西へ数え進む千鳥式である。八～一〇条の二里と、一一条以西の一里の里界線が東西に接続し、坪単位のずれはない。

（7）「東南院文書」三櫃二巻、天平神護二年十二月五日、伊賀国司解（『寧楽遺文』中巻六五二～六五五頁）。

（8）「東南院文書」三櫃三巻、貞観八年八月三日、阿閉福子等連署施入状（『平安遺文』一巻一四八号）。

（9）「東南院文書」三櫃四巻、（大治元年）六月十日、藤原顕隆書状（『平安遺文』一〇巻四九七九号）。「東南院文書」三櫃四巻、天徳三年十二月二十六日、太政官牒（『平安遺文』一巻二七三号）。「東南院文書」三櫃四巻、天徳三年十二月二十六日、太政官符案（『平安遺文』一巻二七二号）。

（10）「東大寺文書」第三回採訪六、保安四年九月十二日、明法博士三善信貞等勘状案（『平安遺文』五巻一九九八号）。

（11）『東大寺別当次第』四五・伝燈大法師光智の項（角田文衛編『新修　国分寺の研究　第一巻　東大寺と法華寺』

吉川弘文館、一九八六年）。光智の事跡については、永村眞「東大寺別当・政所の成立」（同『中世東大寺の組織と経営』塙書房、一九八九年。初出一九八四年）。
(12) 梅村喬「伊賀国玉滝杣の経営をめぐって」（前掲）。守田逸人「東大寺領玉滝荘の成立過程と地方支配」（前掲）。
(13) 「東大寺文書」九二巻、大治元年六月十九日、玉滝杣文書尊勝院返納目録（『平安遺文』五巻二〇七八号）。
(14) 早瀬保太郎『伊賀史概説　上巻』（前掲）。
(15) 久保文武『伊賀史叢考』（前掲）。
(16) 梅村喬「伊賀国玉滝杣の経営をめぐって」（前掲）。
(17) 「平岡定海氏所蔵文書」大治四年十一月二十一日、東大寺所司解（『平安遺文』九巻四六九三号）。
(18) 「東南院文書」三櫃九巻、天禄二年五月二十二日、阿拝郡司解案（『平安遺文』二巻三〇四号）。「東南院文書」三櫃九巻、万寿二年五月十四日、威儀師仁満解案（『平安遺文』二巻四九九号）。「東南院文書」三櫃九巻、万寿二年八月十四日、東大寺政所下文案（『平安遺文』二巻五〇〇号）。「東南院文書」三櫃九巻、万寿二年十月十六日、玉滝杣司解案（『平安遺文』二巻五〇一号）。
(19) 「東大寺文書」六巻、保安四年五月十四日、東大寺上座範縁文書請取状（『平安遺文』五巻一九九〇号）。
(20) 川端新「院政初期の立荘形態――寄進と立荘の間――」（同『荘園制成立史の研究』思文閣出版、二〇〇〇年。初出一九九六年）。
(21) 戸田芳実「領主的土地所有の先駆形態」（同『日本領主制成立史の研究』岩波書店、一九六七年）。
(22) 「東南院文書」三櫃九巻、天禄二年五月二十二日、阿拝郡司解案（前掲）。
(23) 「東大寺文書」一―一―一〇八、年月日未詳、伊賀国黒田荘・玉滝荘文書目録（『平安遺文』八巻四〇〇二号）。
(24) 「東南院文書」三櫃九巻、万寿二年五月十四日、威儀師仁満解案（前掲）。「東南院文書」三櫃九巻、万寿二年八月十四日、東大寺政所下文案（前掲）。「東南院文書」三櫃九巻、万寿二年十月十六日、玉滝杣司解案（前掲）。
(25) 「東南院文書」三櫃九巻、天禄二年五月二十二日、阿拝郡司解案（前掲）。
(26) 「東南院文書」七帙七巻、天喜四年閏三月二十六日、官宣旨案（前掲）。
(27) 工藤敬一「九州における荘園公領制の成立と内乱」（同『荘園公領制の成立と内乱』思文閣出版、一九九二年。初出一九七七年）。

(28)　小山靖憲「紀伊国における荘園制の形成」（同『中世寺社と荘園制』塙書房、一九九八年。初出一九七八年）。熊谷隆之「清水山城下の荘園――高島荘と広瀬荘――」（『高島市文化財調査報告書第4集　清水山城館跡現況調査報告書　I――清水山城館跡周辺現況調査――』〔滋賀県〕高島市教育委員会、二〇〇六年）。
(29)　正木有美「東大寺領伊賀国黒田荘の「成立」」（『日本史研究』五五六号、二〇〇八年）。

東大寺の封物収納における返抄と下文

佐藤泰弘

はじめに

封戸は国家的給付の制度であり、指定された戸の租・調庸などが封主たる貴族・寺社に納められた。東大寺には天平十九年（七四七）九月に一〇〇〇戸が寄せられ、天平勝宝二年（七五〇）二月までに五〇〇〇戸に増やされた(1)。五十戸を一郷とすると五〇〇〇戸は一〇〇郷になり、その規模は筑前一国に相当する。天平宝字四年（七六〇）、光明皇太后の崩御とともに、五〇〇〇戸の封戸の用途が定められた。二〇〇〇戸が供養三宝幷常住僧分つまり僧侶・法会の経費、一〇〇〇戸が営造修理塔寺精舎分つまり伽藍の修理費用、残る二〇〇〇戸は官家修業諸仏事分つまり天皇の行う仏事の費用とされた(2)。その後、修理料・供養料のうち三〇〇戸が新薬師寺に割き宛てられた(3)。さらに弘仁三年（八一二）には「官家功徳封物」二〇〇〇戸が造東西二寺司へ移管された(4)。その結果、東大寺の封戸は表1に示す二七〇〇戸になった。当初の五〇〇〇戸からすると大幅に減っているが、それでも巨大な額であった。封物の管理は造東大寺司が担当しており、東大寺の造営が成るとともに三綱が関わるようになった。延暦八年に

表1　東大寺封戸の所在国

上司分

国	戸数
伊賀	100
駿河	100
近江	150
美濃	100
下野	250
若狭	50
越中	150
越後	200
丹後	50
播磨	50
紀伊	50
阿波	100
讃岐	150
伊予	200
土佐	100

下司分

国	戸数
駿河	50
上総	150
上野	350
丹波	150
美作	100
周防	100

造東大寺司が廃止されると、修理担当部門として五名の知事からなる造東大寺所（造寺所）が置かれたが、封物管理は主に三綱が引き継いだと考えられる。(5) その後、延暦二十年（八〇一）から二十二年の間に東大寺別当が確立し、別当は天皇に直属して三綱と造寺所を統制した。そして弘仁年間に別当は東大寺の長官としての性格を持つようになった。(6) 封戸は、別当・三綱から構成される政所（上司）が供養料の一八〇〇戸を、別当と知事（後に専当が加わる）からなる造寺所（下司）が修理料の九〇〇戸を、それぞれ管理した。

封戸は税制との関係が深い。租・調庸などの税制は十世紀後期・末期に大きく再編され、従来の税目を一括した官物が成立する。それにともない封物は、民部省の勘会において名目的に租・調庸などの税目を残しつつ、実質的には官物が充てられるようになった。

また十世紀後半になると別当のもとで寺院組織が改編され、造寺所の封物管理権が政所に吸収された。さらに三綱を中心とした公文所が寺院財政の実務を担当するようになり、専当・知事は公文所の下級構成員として寺務を分担するようになった。(7) 造寺所の役割は修理所へと引き継がれた。

十一世紀の封物収納については、大石直正・勝山清次両氏の詳細な研究がある。(8) それによると、東大寺は催牒

（督促状）や仮納返抄（仮の受領証）を発行し、それを持った寺使が国司から封物を受け取った。封物は少額に分けて納められ、その受け取り方も一様ではなかった。寺使は、国司が京の周辺に設けた納所で受け取ることもあれば、国に下向して受け取ることもあった。また寺使となった人物も多様であり、東大寺僧のほか、別当房の関係者、寺外の俗人などが封物の受け取りに当たった。寺使は封物を受け取ると、請文（受取状）とともに催牒や仮納返抄も国側に渡した。

封物の授受が色々な場で行われることから、納めた封物の総額を確定するため、国の雑掌は寺使の請文や催牒・仮納返抄を取りまとめて勘文を作成し、東大寺に提出して監査を受けた。国の勘文は毎年作られることもあれば、受領の任期に合わせて複数年度を取りまとめることもあった。東大寺は監査の結果、必要な額の封物が納められていれば、封物収納の完了を証する惣返抄を国側に与えた。

このように封物の授受には種々の文書が用いられた。その中でも仮納返抄は特殊な用いられた方をした。例えばある人物が東大寺に物品を納めて仮納返抄を受け取り、仮納返抄を用いて国から受け取る封物を納入品の対価に充てた。つまり仮納返抄は一種の手形としての機能を持ち、東大寺による支払い手段として用いられたのである[9]。信用取引であるために紛議が発生することもあった。十一世紀中頃、封物の授受に関係した人物の一人に信濃前司がおり、この人物への支払いに関する興味深い史料が福島正樹氏によって紹介されている[10]。また井上正夫氏が信用取引の観点から封物授受に用いられた返抄の性格について論じている[11]。

基本的な事柄は福島氏が検討を加えている。福島氏によると、僧念慶は東大寺別当覚源の使者として近江国封物一五〇石の徴収を請け負っており、信濃前司は近江国の側で封物の弁済を請け負っていた。信濃前司は念慶に八丈絹・六丈布などを納めて請文を取得し、その請文を近江国に提示して納入分の対価を回収することを予定していた。

ところが信濃前司は近江国との間で問題が起こったため、国から対価を得ることができなくなった。そこで念慶請文を東大寺側に提示し、対価として周防国宛の仮納返抄などを取得した。

これに対し井上氏は、念慶が近江国から封物を受け取って請文を国側に渡していたとする。そして信濃前司は、所持する布と引き替えに東大寺の仮納返抄を取得するため、念慶の請文を近江国から借り、その請文を保証として東大寺と交渉し、周防国宛の仮納返抄などを取得したと論じる。

しかし井上説には、信濃前司が近江国から念慶請文を借りること、東大寺が近江封物の納入額にもとづき周防国宛の返抄を発給することなど、不自然な点がある。福島説の方が無理のない理解であると考えられるが、信濃前司が近江国と請負関係にあるとする点は、すでに井上氏も指摘するとおり、疑念が残る。両氏の検討により明らかにされた部分も多いが、史料解釈には検討の余地が残されている。そこで本稿では一連の史料について再検討を加えようと思う。

第一章　請文・書状・勘文

念慶・信濃前司が関係する七通の史料は福島氏によって詳細に検討されている。しかし文書の翻刻や解釈については意見が異なる部分があるため、改めて基礎的な考察を加えたい。まず以下に七通を示す(12)。

A　謹辞　　　　　　　　　　「案」

請准絹佰疋代雑物事

八丈絹参疋　代米肆拾伍斛、疋別十五石。
六丈手作布陸拾端　代絹四十五石疋、准米四十五石、疋別一段二丈。
鴨頭草参帖　代十疋、准米拾斛、疋別十五枚。
右、東大寺御封米百石代、本斗九合定、所請如件。
天喜三年十月十四日　　使僧念慶
「已上百卅五石」

B
（端裏）「信乃□布請文」
「案」
謹辞
請紅花伍斤事　代米拾斛　充斤別二石
右、東大寺近江国御封米之代、為別当大僧都　御使、所請如件。但本斗者。
天喜三年十月十九日　使僧（念慶）（花押）

C
「案文」
請預
手作六丈布参拾参端肆尋事
代絹弐拾伍疋　所当米弐拾伍斛　疋別一石定
右、東大寺近江国御封米百五十石之内、先下之残、為別当大僧都御房御使、所請如件。

天喜三年十二月二日

使僧
大法師念慶

史料A・B・Cは天喜三年（一〇五五）に念慶が東大寺別当覚源の使として近江国の封物を受け取ったことを示す受取状の案である。この案は、史料Bに花押が見えるように、文書を受け取った側が作ったものではなく、文書を発給した側が正文の控えとして作ったものである。[13]これらは念慶の手許に置いておかれたものである。

請文の日付は十月十四日・同月十九日・十二月二日である。史料Cによると念慶は近江国封米一五〇石を受け取ることになっており、「先に下すの残り」と記されていることから、この二十五石で受け取りが完了したと考えられる。ただし史料Aが一〇〇石、史料Bが十石、史料Cが二十五石であり、合計一三五石にしかならない。十五石分の請文が欠落している。

D　「（端裏）□防返抄成了」「上　永入寺御房侍　僧戒禅状」

「（袖）周防成返抄給了　載百三十五石
返抄成日去年十二月廿三日」

請　案内事

右、須自於参仕可執申也。異乱仮相障儀候者、不参仕御房御前に、可致言上。信乃前司被申候返抄、周防・土左《ママ》両国之間、可成給由被申。早々可成給者也。謹言。

「□喜四年」三月廿八日　僧戒禅状

史料Dは天喜四年三月二十八日に戒禅が永入寺に宛てた書状であり、信濃前司が周防国宛もしくは土佐国宛の返抄を求めていることを伝えている(14)。この返抄は仮納返抄である。袖書によると、一三五石分の額面を持った、天喜三年十二月二十三日付けの周防国宛の返抄が発給されたことが分かる。東大寺は周防返抄によって一三五石を信濃前司に支払ったのである(15)。

E　給預

仮納壱枚　東大寺周防国天喜三年料内、載米佰参拾伍斛之。

右、先日所進物代佰伍拾斛之内、且所給預也。但付弁済所、追可言上事由之状、如件。

天喜四年三月廿九日　　　　紀（花押）

史料Eは三月二十九日付けで、紀某が一三五石の周防国宛の仮納返抄を受け取った際の請文である。この周防返抄は日付・内容から史料Dの袖書に記されたものであると考えられる。この紀某が信濃前司である可能性が高い(16)。信濃前司は一五〇石相当の物品を東大寺側に納め、その対価を請求した。しかし返抄の額面は一三五石しかなく、十五石が不足していた。「且は（ひとまず）」という文字には、支払いが完了していないことが表されている。また「ただし弁済所に付し、追て事の由を言上すべし」との但し書きを付けている(17)。紀某は返抄を周防国の弁済所に提示して支払いを求め、後ほど事情を言上すると書いている(18)。

F　(端裏)「信乃前司布沙汰文」

進上

信乃前司請文目録幷消息等

右進上如件。抑物残他国に可成給由云々。早々可申成給者也。以此消息旨、吉々令申給耳。謹言。

三月二十九日　僧戒禅状

謹々上　伊勢入寺御房□

史料Fは三月二十九日に戒禅が伊勢入寺に宛てた書状であり、信濃前司の「請文目録」と「消息」を届けたものである。この「消息」が史料Eに記されていた、「追て事の由を言上」することに当たるものであろう。信濃前司は「物の残り」つまり未払いとなった十五石を他国の封物で支払うよう、「請文目録」を添えて、戒禅に督促してきたのである。[19]「請文目録」は納入実績を示すために東大寺側の受取状を一覧する資料であろう。戒禅は伊勢入寺に「この消息をもって、よくよく申さしめ給ふのみ」と、信濃前司の要求が叶うように働きかけることを求めている。つまり口入を依頼しているのである。

この伊勢入寺宛の戒禅書状は上所に「謹々上」と記し、封紙を付けた丁寧なものであった。その封紙の紙背には次のような文書が記されている。

G　(紙背・封紙上書)「謹々上　伊勢入寺御房まいる　僧戒禅状」

「案文」

勘申「牢籠八丈絹一疋幷後請鴨頭草移一帖等代十八石三斗、以近江天喜四年御封、被成御下文□了。同年十一月廿三日。勘加一石七斗、百五十五石定」。　↓追記①

度々領納色々雑物事

八丈絹二疋　代米卅石、疋別十五石、卅疋代

六丈手作布六十端　代四十五石、以四丈二段充一疋定

鴨頭草移三帖　代十石　疋別十五枚定

已上天喜三年十月十四日請

但如被□《催》進《者》、八帖□《絹》三疋也。勘《検》納記、既件絹如十月十一日御解文□疋也。而二疋領納、三疋返進之由、所記置也。依有相違、召問彼請使、沙汰一定之後、直《代》物可令奉之状、如件。「上件絹、依使請文明白給其代了。」　↓追記②

紅花五斤　代米十石　斤別二石　十疋代　同年十月十九日請

六丈手作布廿段　代米十五石　十五疋代　同年十一月六日請

六丈手作布卌三段二丈　代米廿五石　廿五疋代　同年十二月二日請

都合百卌五石

右《去年検納雑物》勘進如件。

天喜四年三月廿九日　僧

史料Gは僧某が作った勘文の土代つまり下書きが案とされたものであり、同筆で二つの追記が加えられている。

この作成者については後に検討したい。

この勘文は、天喜三年十月十四日・同月十九日・十一月六日・十二月二日の四回にわたって受け取った雑物を掲出し、総額が一三五石であることを勘申したものである。勘文に見える十月十九日、十二月二日の二回分は史料B・Cに一致している。十月十四日の分も、八丈絹の納入額を除いて史料Aに合致している。したがってこの勘文は念慶が受け取った雑物について勘申したものであることが分かる。

一方、勘文が示す総額一三五石が信濃前司に与えられた周防返抄の額に一致すること、八丈絹一疋の差額が信濃前司への未払い額に一致することから、信濃前司の請求について勘申していることが分かる。また勘文案が戒禅書状と同じ日のうちに、書状の封紙に書かれており、東大寺側は迅速に対応したのである。

以上のように、念慶の受け取った料物について、信濃前司が支払いを請求しているのであるから、念慶に物品を納めた人物は信濃前司であることが判明する。そのことを踏まえ、改めて勘文を見てみよう。

この勘文は信濃前司に対する一三五石の支払いが妥当であることを示すとともに、食い違いの原因が十月十四日に進納された八丈絹の数量にあることを明らかにしている。まず、「催し進さるる如くんば八丈絹、三疋なり」と、信濃前司が八丈絹三疋の対価を請求していることを記す。ついで「納記」つまり収納日記を調べて、十月十一日の解文により進上された八丈絹のうち二疋を納め三疋を返却したと記録されていることを示す[20]。勘文が掲出した「八丈絹二疋　代米卅石」は納記にもとづくものであった。納められた額が二疋か三疋かで食い違いがある。そこで「彼請使」つまり念慶を召喚して調査したうえで、不足した物品を納めさせるという方針を示している[21]。勘申者は納記を手許に置いているが、納入の現場は知らなかったのである。

では八丈絹一疋は実際に納められていたのであろうか。勘文の追記②には「上件絹、依使請文明白給其代了」と記されている。東大寺側は念慶の請文を確認し、進納の事実が明白になったので対価を支払うことにした[22]。信濃前司の主張を認めたのである。この時に確認された「使請文」が念慶の請文案（史料A～C）であろう。勘文が作られた時、勘文の作成者の手許には納記があるだけで請文案は無く、念慶を召し問うて調査した際に請文案が念慶から提出されたのであろう[23]。なお信濃前司が提出した「請文目録」は信濃前司の所持する念慶請文の正文を目録にしたものであり、勘文が「如被催進者八帖絹三疋也」と記しているのは、この「請文目録」によるものと考えられる。

また追記①によると、問題となっていた八丈絹一疋に、後から納められた鴨頭草移一帖の代三石三斗[24]を合わせた十八石三斗を、近江国の天喜四年分の封物によって支払う旨の下文が、十一月二十三日に発給された。一石七斗が積み増され、信濃前司への支払い総額は一五五石分となった[25]。すでに一三五石分が支払われているので、下文の額面は二十石であったと考えられる。

第二章　返抄と下文

第一節　源頼房の封物徴収

史料Gの追記①に「以近江天喜四年御封、被成御下文□了」と記されているように、東大寺は信濃前司への支払いに充てるため、天喜四年の近江御封の「御下文」を発給した。東大寺が封物を支払いに充てる際は、仮納返抄を発給するのが一般的である。この「御下文」とは何だろうか。仮納返抄の別称なのであろうか。それとも、東大寺が封物授受のために返抄ではなく下文を発給しているのだろうか。

東大寺が封物の授受に際して下文を発給したことが分かる明確な事例を求めると、前加賀守源頼房が東大寺別当覚源に送った二通の書状を見いだすことができた。

頼房は源頼親の子息である。頼親は三度にわたり大和守を務めたが、永承五年（一〇五〇）に興福寺と対立して土佐に配流され、同時に頼房も隠岐に流された。しかし頼親は東大寺とは良好な関係にあり、頼房も東大寺に関わって経済活動を展開した(26)。

天喜四年（一〇五六）三月、頼房は伊予国の御封一〇〇石を東大寺から預かって米・絹を進上し、同年十二月には播磨国の御封米返抄一〇〇石分を取得してその代わりに絹を進上している(27)。播磨の返抄は仮納返抄であり、伊予の場合も仮納返抄を預かったのであろう。これを頼房から見れば物品を進上することで封物徴収権を買い取ったことになり、東大寺から見れば頼房から得た物品の対価として封物徴収権を与えたことになる。

しかし封物徴収は滞ることが稀ではなかった。天喜四年三月、頼房はある国から封物を受け取ることができず、改めて東大寺から播磨の返抄を取得した。その際、頼房は近江の封物による支払いを希望することを仄めかしており、後に播磨の返抄を返却している(28)。おそらく頼房は近江の封物での支払いへと変更したのであろう。「御下文」が見える別当宛の書状は近江での封物徴収に関するものである。その二通を次に示す(29)。

H

謹上　啓

一、返上野洲郡　御下文事　「返納了。仍周防当年返抄六十石令改成、給了（花押）」

右、件米度々雖遣催、申無為術之由、合夕不弁申。仍所令返上也。猶被改下周防国返抄給者、伏所仰也。縦雖不如数、先随候可成下給者也。於残者、可然国々各少々可成下給者也。頻以令　上啓事、恐惶々々。

一、返上白米下符一枚　載十三石、　御寺稲返抄案一枚事

右、成別稲利給。於米方者返上。先令沙汰稲方之後、可令上　啓案内也。但御寺返抄案文難令立用候。為承
　案内、返上之。
以前条事、言上如件。
「天喜四年」壬三月十八日　前加賀守源（頼房）（草名）上
進上　東大寺別当（覚源）　御室小舎人所

I

跪　上啓
　東大寺　御封野洲郡御下文百五十石事
　周防国返抄六十石　請給了
　申請残九十石　支配
　　犬上西郡十石「去年料」「依仰　下文成了。四月二日（花押）」＊花押はHに同じ
　　八十石当年料　讃岐
右、任申請、国々色目被成下給者、伏所仰也。於去年料者、令究済之由、依各申所令上　啓也。依件事、度々
令上　啓、恐惶々々。毎事過今明、将以参啓、頼房誠恐謹言。
「天喜四年」閏三月廿八日　前加賀守源（草名）上
進上　東大寺別当　御室小舎人所

史料Hの最初の一ツ書によると、源頼房は「野洲郡　御下文」を用いて米の弁済を催促したが、全く支払われな

かった。この「御下文」は、史料Ⅰの事書では「東大寺　御封野洲郡御下文」と記されている。野洲郡は近江国野洲郡であり、野洲郡の官物から封物を徴収するための下文であった。頼房は野洲郡下文を返上し、その代わりに、支払い可能な額を周防国返抄で得て、残りは適切な国に宛てるように求めたのである。

一ツ書の追記は東大寺側で書き加えたものであり、下文を返納したこと、当年の周防封物で六十石の仮納返抄を作成したことを記す。東大寺側は頼房の要求に応じたが、周防返抄で支払ったのは六十石にとどまった。

この頼房書状では、追記も合わせて、返抄と下文が明瞭に書き分けられている。下文は返抄の異称ではなく、確かに下文が用いられているのである。

史料Ⅰは頼房が一五〇石の受け取り先を割り振ったものである。周防返抄が六十石であり、残り九十石のうち十石を近江国犬上西郡に宛て、八十石は天喜四年の讃岐の封物としている。頼房が「周防国返抄六十石　請給了」と書いたことは、史料Hの追記を踏まえている。(30)

犬上西郡の項には細字で異筆の追記が二つある。「去年料」との追記は、書状に「於去年料者、令究済之由、依各申所令上　啓也」と書かれていることに関係しているのではなかろうか。去年料での支払いが難しいと言われたので別当に上申したという経緯によると、支払いに難色を示したのは東大寺の担当者であろう。しかし別当側で去年料での支払いを指示したため、「去年料」と追記されたと考えられる。

もう一つの追記は「仰せ」によって「犬上西郡十石」について四月二日に「下文」を発給したことを示している。「仰せ」の主体は、この書状が東大寺別当に宛てられていることから、覚源であると考えられる。この下文は別当の仰せを受けて出されているのである。現在知られている東大寺の発給文書に照らすならば、東大寺別当の仰せをうけて発給される文書は公文所下文である。(31)封物を受け取るために、公文所下文が発給されているのだ。「野洲郡御下文」も同様に公文所下文であろう。またそれを頼房が「御下文」と呼んでいるのは、寺家の発給文書というよりも、別当の仰せによる下文であるからではなかろうか。

「野洲郡御下文」は野洲郡において封物を受け取るためのものである。また頼房の求めに応じて東大寺は「犬上西郡」を指定した下文を発給している。これらの公文所下文は郡と関連づけられている。それは下文の事実書において封物を受け取る郡を指定したとも考えられる。しかし「周防国返抄」が周防国宛の仮納返抄であるように、「野洲郡御下文」は野洲郡宛であると考えるのが妥当であろう。

以上のことから、史料Gに見える「御下文」は、別当の仰せをうけた公文所下文であり、近江国のいずれかの郡に宛てて封米二十石の下行を命じたものと考えることができる。

野洲郡下文では封米の受け取りができなかったように、東大寺が下文を発しても郡が応じるとは限らない。しかし東大寺が公文所下文によって郡に対し封米の下行を命じていることは興味深い。東大寺公文所が郡に宛てて下文を発給することは、九・十世紀の権門が告書・帖を発して郡司を指揮したことや[32]、十二世紀に興福寺の公文所下文が大和国の郡郷に宛てられたことに通底する[33]。公験文書でも勘会用公文でもないために残されていないが、このような東大寺公文所下文は一般的に用いられていたのであろうか。また国から封物を受け取る立場にある東大寺が、なぜ封物の下行を命じることができるのだろうか。節を改め、さらに検討したい。

第二節　寺使請文に見える下文

天喜年間に東大寺が封物を徴収するために公文所下文を発給していることが明らかになると、公文所下文を用いて封物を受け取った寺使請文のあることが想起される。それは次に示す三通の近江封米の請文である[34]。

J

冊□

謹辞　　　　延仲出

請申米拾弐斛事

正米十石、斗欠二石　斗別二升

右、依正月廿□日公文所下文、東大寺去「　　」（年御封仮カ）収五十石内、所請如件。以解。

「甲西結合」天喜五年二月十一日　使（花押）

K

（端裏）「下符」　　（裏）「典膳兼成労」

請解　申請東太（ママ）寺去年御封内、仮収一枚代米事

合弐拾斛事

右、正月廿八日公文所御下文旨、所請如件。以解。

『伊香』　天喜六年正月廿九日　　使僧「延高」

L

（裏）「紀外記大夫御目代良誉労」

謹辞　「了」　「四年二月廿九日下文」

請米拾弐斛事

正米十石　斗欠二石　斗別二升

右、東大寺康平二年御封代仮収一枚代、依二月廿九日公文所御下文、所請如件。

「栗頭」　康平四年三月八日　使良峯守成

史料Jは欠落があるが、天喜四年（一〇五六）の仮納返抄により封物を受け取るため、天喜五年正月二十日「公文所下文」が用いられている。史料Kは天喜五年の仮納返抄による封物の受け取りにおいて、天喜六年正月二十八日「公文所御下文」が用いられている。史料Lは康平二年（一〇五九）の仮納返抄について康平四年二月二十九日の「公文所御下文」が用いられている。史料K・Lの袖書に「下符」「四年二月廿九日下文」と見られるように、公文所下文は「下符」つまり「下行の符」と呼ばれることや、あるいは単に「下文」と称されることもあった。

改めて研究史を振り返ると、公文所下文が封物徴収に用いられていたことは、すでに久野修義氏と永村眞氏が指摘している。久野氏は「一一世紀中葉、近江国で封物徴収の際、公文所下文が出されていたのを知ることができるが、……封物寺納を命じる「催牒」や「切符」の如き性格のものではないか」と論じた[35]。永村氏は「封物寺納を求める在国雑掌への働きかけには、「公文所」から直接発給される「公文所下文」が用いられたことが知られる」と述べている[36]。

これに対し私は、公文所下文が近江国公文所の発給文書であると論じたことがある。封物の受け取りには「国下符」「下符」と呼ばれる国司の発給する下行切符が用いられることがあり、公文所下文も「下符」と呼ばれているため、国の公文所の発給文書と考えたのである[37]。「公文所御下文」という敬称は東大寺に向けられているとも思われた。しかし封物の下行を指示する文書としては、国の発給文書が相応しいと判断した。ところが前節での検討によるならば、寺使請文に見える公文所下文は東大寺公文所の下文と考えるべきであろう。

また請文に追記された「甲西」「伊香」「栗頭」は甲西郡・伊香郡・栗東郡である。甲西郡や栗東郡は郡郷制の改編を経た郡名であり、先の犬上西郡も同様であるが、官物の進未沙汰が行われる単位である[38]。寺使は各郡に下向し、仮納返抄を渡して封物を受け取ったと考えられる。しかし仮納返抄は国宛であり、封物を受け取る場所が記されていない。郡に対する下行の指示は、公文所下文に記されていたはずである。つまり、公文所下文は郡に宛てて封物の下行を指示する文書であったと考えられる。

東大寺の「公文所下文」が見える文書はこの三例である。しかし近江国で封米を受け取った寺使請文は他にもあり、公文所下文とは明記されていないものの、その可能性が高いものも見られる[39]。公文所下文による封物の徴収は、決して稀な事例ではないと考えて良いだろう。ただし公文所下文の使用が見えるのは近江国に限られている。源頼房は周防・播磨の封物を取得するために仮納返抄を得ているが、下文には全く言及していない。一方、近江国では返抄に言及することなく、下文を問題にしている。また寺使請文など封戸関係文書においても、近江の他には公文所下文は見えない。したがって公文所下文は近江国における封物徴収において、限定的に用いられたものと考えられる。

また寺使請文では、公文所下文が仮納返抄を補うように併用されていた。しかし源頼房の事例では、近江の封物を徴収するために下文の発給が記されているのみであり、仮納返抄の発給には言及がなかった。また信濃前司への支払いにおいても下文の発給が記されるのみであった。頼房や信濃前司の場合も記録されていないだけで返抄が発給されていたと考えることはできるだろう。しかし下文だけでも封物を受け取ることができたのではなかろうか。

公文所下文の事例には旧年の封物徴収が目立っている。史料J・K・Lは前年・前々年の仮納返抄によって封物を徴収している。史料Iは「去年料」であり、史料Hの野洲郡も閏三月という時期を考えると旧年分であった可能性が高い。一方、史料Gは天喜四年の御封を徴収するため同年十一月二十三日に下文が発給されており、これは当年の徴収である。しかし、このように公文所下文の発給に旧年分の徴収が多いのは、偶然であろうか。旧年分の徴収ということは、言い換えれば未進分の徴収である。これに関して奈良時代の封租徴収が想起される[40]。近江国では八世紀に造石山院所が封租の未進を督促するため、郡司に宛てた牒を発している。その前提として造東大寺司が近江国符を得て封租の進上を命じており、造石山院所が独自に封租の進納を命じたわけではない。しかし造石山院所は単なる催促ではなく、進納場所の変更も指示している。この造石山院所の事例を参考にすれば、公文所下文は旧年度分つまり未進分を徴収するために用いられ、それが史料Gのように当年分の徴収にまで拡張されたとは考えられないであろうか。

第三章　公文所と封物収納

前章では信濃前司への支払いを理解するため、下文について考察した。それは公文所の活動に深く関わるものであった。東大寺の公文所は十世紀末期に現れ、別当のもと寺院経営の実務を支える機関として「封物収納・出挙管理や寺領公験の保管を始めとする幅広い範囲」で活動した[41]。公文所の活動実態については、さらに付け加えることができる。そこで本章では、検討してきた諸史料をもとに公文所について検討してみたい。

まず念慶・戒禅・永入寺・伊勢入寺について改めて検討しておきたい[42]。念慶・戒禅と永入寺・伊勢入寺とでは立場が異なっている。

念慶は東大寺別当覚源の使者として封物収納に当たっている。念慶の徴収したものは、東大寺ではなく別当房に納められたと考えられる。念慶が収納に当たった一五〇石の封物は別当の得分であったのではなかろうか。念慶は近江封物一五〇石での支払いを約束して、信濃前司から八丈絹などを取得した。しかし近江封物を支払いに充てることが決まっていたわけではなかった。

戒禅は永承六年（一〇五一）に東大寺別当覚源の房別当として見える。[43]天喜年間においても覚源に近い存在であったのであろう。戒禅は信濃前司の請求を東大寺側に取り次いでおり、別当覚源の側に立って信濃前司と東大寺との仲介をしている。信濃前司が念慶ではなく戒禅に仲介を求めていることから、念慶は別当の使者として活動しているだけであり、信濃前司から物品を調達したのは戒禅であったと考えられる。

ついで、永入寺・伊勢入寺の役割を確認しておきたい。永入寺は、戒禅から仮納返抄の発給を依頼され応じているように（史料D）、仮納返抄の発給を担当している。また戒禅が永入寺に送った書状は、宛所が記されておらず、端裏に「上　永入寺御房侍」と上所が書かれた簡略なものである。永入寺は戒禅と同等もしくは下位の身分であったと考えられる。

伊勢入寺は、戒禅の書状が丁重であることから、永入寺よりも上位の僧であろう。書状の封紙に勘文案が記されていることから、伊勢入寺が戒禅の求めに応じ、信濃前司の進納実績を調べるよう動いたことは間違いない。では史料Gの勘文を書いたのは伊勢入寺であろうか。勘文が納記にもとづき勘申していることに注意したい。納記は仮納返抄の額面を決める根拠であり、返抄発給の担当者が管理している文書であろう。勘文は戒禅の書状を受けて即座に作られており、納記を保管していた人物つまり返抄発給の担当者が勘申している可能性が高い。また勘文の追記には追加で進納された額を示し、下文の発給についても記されている。これらの内容から、勘申したのは実務を担当している永入寺であったと考えられる。伊勢入寺は永入寺に勘申を命じ、戒禅の書状と信濃前司の請文目録・消息を封紙のまま一括して渡したのであろう。永入寺は清書した勘文の正文を伊勢入寺に送り、下書きを案文として手許に置いたと考えられる。永入寺宛・伊勢入寺宛という宛所の異なる書状が一緒に残されているのも、そのためであろう。

永入寺は、仮納返抄や下文の発給、納入額の勘申など封物収納の管理業務を担当しており、公文所の僧であったことは間違いないだろう。また伊勢入寺も、同じく公文所に所属していたのではなかろうか。戒禅が伊勢入寺に口入を求めたのは、永入寺の上役であったからであろう。信濃前司の要求に対し、永入寺は支払いの見直しに消極的であったか、もしくは判断する権限を持っていなかったのではなかろうか。

この永入寺・伊勢入寺が誰であるのかを特定するのは、容易ではない。伊勢入寺について福島氏は大法師明源を候補に挙げている。明源は覚源の房行事を務め、東大寺の五師にもなった三論宗の僧である[44]。その可能性は高いと思われるが、さらに検討が必要であろう。少なくとも明らかなことは、伊勢入寺・永入寺が公文所の僧として活動していることである。

公文所の僧は、源頼房の書状にも見える。二通の書状に見える追記の花押は同一人物のものである。また「御下文」が公文所下文であることから、この追記者は公文所の構成員であると考えられる。頼房書状は別当のもとに届けられた後、別当の仰せを添えて公文所に送られ、そこで具体的な対応が行われた。この追記者は返却された下文を受け取り、周防返抄の発給に関わり（H）、仰せをうけて新たな下文を作成した（I）。この追記者が下文・返抄という封物授受に関する文書を管理していることが分かる。また返抄は「令改成、給了」、下文は「成了」であることは、追記者の文書作成への関与を示している[45]。

頼房書状に花押を加えた僧、永入寺、伊勢入寺はともに実名が未詳である。そこで具体的に公文所で活動している僧について紹介しておきたい。

天喜年間における封物の勘会には、都維那法師善算が繰り返し見える。善算は天喜三年（一〇五五）・四年・五年の若狭国封物や、天喜四年・五年近江国封物の勘合・勘申を担当している[46]。また善算は天喜五年八月日東大寺仮納返抄にも署判しており、返抄発給にも携わっていたと考えられる[47]。公文所の業務に応じて、三綱のなかでは分担が決まっていたのであろう。

ただし公文所の構成員は三綱だけではない。長保二年（一〇〇〇）の公文所勘文の作成者は大堂達明円である[48]。この明円は後に知事大法師になっている。明円は大堂達・知事を通じ、上座威儀師英鳳のもとで大仏供白米や十師供米の収納を担当し、寺使として伊賀国の封米を受け取っている。明円は米穎などを扱う専門家であったと考えられる。また英鳳は大威儀師となって上座を退いた後も、白米などの収納を担当している。英鳳もまた財務に通じた専門家であったのだろう[49]。この英鳳と明円の組み合わせは、三綱と下位の僧とが一組になって実務を担当する姿を示している。そのように考えるならば、永入寺と伊勢入寺は一組になって、公文所において返抄や下文の発給を担当していたのではなかろうか。

おわりに

信濃前司の封物授受については、次のような経緯が復元できる。

東大寺別当覚源房の房官（別当）戒禅は信濃前司から八丈絹・鴨頭草移などを入手し、近江国封物一五〇石を支払いに充てようと考えた。そこで念慶を別当房使として信濃前司から物品を受け取った。信濃前司は、八丈絹・六丈布・鴨頭草移・紅花など一五〇石相当の物品を四回にわたって、解文を添えて念慶に納めた。念慶は受け取りの際に検品を行い、解文の日付、受納した品目・数量・代米、請文の日付などを記した納記を作成した。そして請文を信濃前司に渡し案を手許に残した。信濃前司は納めた物品の対価を戒禅を介して請求し、近江ではなく土佐か周防の封物を充てることを求めた。東大寺の公文所の永入寺は納記にもとづいて一三五石の周防返抄を支払いに充てた。信濃前司は戒禅に残額の支払いを求め、戒禅は伊勢入寺に口入を求めた。伊勢入寺は永入寺に指示して勘文を作らせた。永入寺は差額の十五石について念慶を召喚したが、念慶の請文案によって納入済であることが判明した。しかし、その間に信濃前司は三石三斗に相当する鴨頭草移を納めていた。そこで東大寺は二十石分の近江封物で対価を支払うことにし、公文所下文を発給した。こうして信濃前司への支払いは最初の物品受け取りから一年ほどで終わった。

この経緯を簡単に言えば、信濃前司は東大寺側に物品を納め、その対価を後払いで受け取っているのである。東大寺が取得した物品の対価に封物を充てるために仮納返抄を発給することは稀ではない。東大寺と信濃前司との関係は、そのような一般的な取引ではなかろうか。ただし一つだけ問題が残るのは、念慶請文に総額一五〇石の「近江国封物米代」と記されていることである。しかしこれは念慶が物品を受け取るに際し、支払いの原資として近江の封米一五〇石を予定していることを示すにすぎなかったのではなかろうか。実際の物品の流れと支払い手段である返抄の動きを見る限り、このように解釈することがもっとも無理がないと思われる。

今回検討したような具体的な事例から、東大寺における文書の作成・管理・保管について、さらに検討することも必要であろう。また近江国で封物を徴収するため、東大寺の公文所が郡に宛てた下文を発給していたことも明らかになった。これは九世紀から続く権門の活動の延長線上にあると考えられるが、近江国に限られた現象であり、諸国に一般化できるとは思われない。史料Hによると大和国では「白米下符」が用いられており、大和国における済物の徴収については封物とは別に検討すべきであろう[50]。このような東大寺の日常的な活動は、十一世紀における権門と地域社会の関係を考えるうえで貴重な事例を提供している。その他にも検討すべき論点は多々あるが、今後の課題としたい。

註

（1）東大寺封戸が成立する経緯は必ずしも明瞭ではない。天平十九年九月二十六日勅旨（『東大寺要録』巻第八）は金光明寺に食封一〇〇〇戸を宛てて、「其収停期更待　後勅」とする。『続日本紀』天平勝宝元年（七四九）十二月丁亥（二十七日）条は天皇・太上天皇・皇后が東大寺に行幸して封四〇〇〇戸を施入した。『続日本紀』天平勝宝二年二月壬午（二十三日）条は大倭金光明寺に封三五〇〇戸を増して従来のものに加えて五〇〇〇戸とする。『東大寺要録』巻第六（天平勝宝二年二月二十二日、天平宝字四年七月二十三日勅）も参照。また東大寺の封戸の変遷については、竹内理三『日本上代寺院経済史の研究』（『竹内理三著作集　第二巻』角川書店、一九九九年。発表は一九三四年）を参照。

（2）天平宝字四年七月二十三日勅（『東大寺要録』巻第六）。これ以前、天平勝宝四年（七五二）十月二十五日の造東大寺司牒により、封戸のうち一〇〇〇戸が「寺家雑用料、永配件封」とされた（『東大寺要録』巻第六）。造東大寺司が封戸の一部について用途を定め、その管理を東大寺の三綱に委ねたと考えられる。

（3）修理料一〇〇〇戸と供養料二〇〇〇戸は、九世紀末までにそれぞれ九〇〇戸と一八〇〇戸に減っている。減少した修理料一〇〇戸と供養料二〇〇戸は、『山槐記』治承四年（一一八〇）十二月二十八日条に「三百戸、新薬師寺。依同寺供僧分渡也」とあることから、新薬師寺に割き取られたことがわかる。ただし三〇〇戸が当初から供僧分であったわけではない。延暦十二年（七九三）三月十一日僧綱牒により修理料一〇〇〇戸のうち一〇〇戸を、東大寺・新薬師寺の三綱の管理のもと、新薬師寺の修理料に充てることになった（『東大寺要録』巻第六）。延暦十二年に新薬師寺に宛てられたのは修理料一〇〇戸であった。当初は修理料・供養料に分けられていたと考えられ、仏供・僧供など寺家の日常に必要な経費であるため、同じ頃に充てられた可能性があるだろう。

（4）官家功徳分二〇〇〇戸は、宝亀十一年（七八〇）十二月十日の官符により東大寺の別庫に収納して東大寺の三綱と造東大寺司と諸司（民部省等）が出納に携わることになり、延暦十四年（七九五）六月十一日官符により官庫に納めて民部省などが出納を担当することになり、さらに大同三年（八〇八）三月二十六日官符によって東大寺の別庫に収納し、大和国司・僧綱・三綱が出納し、それを民部省に報告することになった（大同三年三月二十六日官符、『類聚三代格』巻八。『東大寺要録』巻第六）。その後、弘仁三年（八一二）に「官家功徳封物、停収東大寺、収造東西二寺諸司。出納充用之色、一依前例」とあり、官家功徳分は東大寺を離れた（『日本後紀』弘仁三年十月癸丑条）。

（5）延暦十二年、新薬師寺の修理料に充てることになった封戸は東大寺の三綱が新薬師寺の三綱とともに管理に当たっている（『東大寺要録』巻第六）。

（6）平安時代初期における東大寺別当の性格については、佐藤全敏「東大寺別当の成立」（『平安時代の天皇と官僚制』東京大学出版会、二〇〇八年。発表は二〇〇三年）による。また永村眞『中世東大寺の組織と経営』（塙書房、一九八九年）も参照。

（7）佐藤泰弘「東大寺の組織と財政」（『日本中世の黎明』京都大学学術出版会、二〇〇一年。発表は一九九七年）。

（8）大石直正「平安時代後期の徴税機構と荘園制」（『東北学院大学論集』歴史学・地理学一、一九七〇年）、勝山清次「平安時代後期の封戸制」（『中世年貢制成立史の研究』塙書房、一九九五年。発表は一九七八年）。

（9）勝山「平安時代後期の封戸制」（前掲）、佐藤泰弘「徴税制度の再編」「国家財政・徴税と商業」（『日本中世の黎明』〈前掲〉。発表は一九九〇年・一九九三年）。

（10）福島正樹「僧戒禅書状とその周辺」（『信濃』四〇-六、一九八八年）。

（11）井上正夫「一一世紀の日本における送金為替手形の問題について」（『東洋文化研究所紀要』一五五、二〇〇九年）。

（12）七通の文書は以下のとおりである。

A　天喜三年十月十四日東大寺使僧念慶請文案（東大寺四-八二『平安遺文』七三三）
B　天喜三年十月十九日東大寺使僧念慶請文案（東南院二-一『平安遺文』七三五）
C　天喜三年十二月二日東大寺使僧念慶請文案（東南院二-一『平安遺文』七四九）

D　天喜四年三月二十八日僧戒禅書状（東大寺図書館一-二五-二八一）
E　天喜四年三月二十九日紀某請文（東南院二-一『平安遺文』七八四）
F　三月二十九日僧戒禅書状（東大寺図書館三-一二-八六）
G　天喜四年三月二十九日僧某雑物勘進状案（東大寺一-二五-一八八『平安遺文』七八五）

(13)　正文と案文が同時に作成されたことは福島氏も論じている（福島「僧戒禅書状とその周辺」〈前掲〉註20）。ただし福島氏は念慶請文が為替として用いられたと考えているので、案文の作成を為替的な機能を持つ文書の管理として理解している。しかしこれは東大寺調庸返抄案などにも見られる文書管理の通例である。

(14)　福島氏は史料Dの「御房御前」を東大寺別当覚源と解釈している。しかしこの書状は戒禅から永入寺に宛てたものであり、この「御房」は永入寺と理解するのが自然である。

(15)　返抄の日付が前年になっていることに注意しておきたい。仮納返抄は作成の日付と発給の日付が異なる場合がある。

(16)　福島氏は紀某を信濃前司に近い人物としているが、文面から見る限り信濃前司その人ではないかと考えられる。なお署判は「紀（花押）」と読まれているが、「紀」は崩し方が著しく、「紀」と読んでよいか検討の余地がある。

(17)　この一節を『平安遺文』および福島氏は「但付弁済所進、可言上事由」と翻刻しているが、本文のように訂正した。

(18)　福島氏はこの「弁済所」を念慶と解釈しているが、周防国弁済所と解釈するのが自然である。また「事由」とは、福島氏も論じるように弁済所に付したことを指しているとも考えられるが、一五〇石のうち一三五石しか受け取っていないことを指しているのではなかろうか。

(19)　福島氏は「信濃前司目録」に史料A・B・Cの念慶請文案が添えられていたと考えている（福島「僧戒禅書状とその周辺」〈前掲〉註11）。しかし「目録」とのみ書かれていることから、念慶請文は提出されていないと考えるのが妥当である。

(20)　この「納記」は十月十四日の項に見えるだけであるが、他の三回分も同様に納記にもとづいて勘申しているのであろう。念慶が記録した収納日記が封物を支払うため東大寺に提出されたと考えられる。なお納記を東大寺に注進した事例として、天喜三年十二月十四日権寺主慶秀若狭国封物絹布注進状（『平安遺文』七五二）がある。

（21）この勘文および追記について、福島氏は未納分を念慶に納めさせると解釈している。しかしこの勘文は信濃前司による納入を問題にしている。念慶が召し問われているのは、信濃前司が納めた物品の数量を確認するためである。なお勘文の「既件絹如十月十一日御解文□疋也」の欠損部分は、「二疋領納、三疋返進之由、所記置也」との文章からすると、「既件絹如十月十一日御解文五疋也」と補うことができるだろう。

（22）信濃前司が納入した（つまり念慶が受け取った）八丈絹の数量をめぐり相論になっていることから、福島氏は史料Fの端裏書に「信乃前司布沙汰文」とあることについて疑念を呈している。そのうえで信濃前司が納めた物品を「手作布」で代表させて端裏書が書かれたと解釈している（福島「僧戒禅書状とその周辺」〈前掲〉註17）。なお史料Bの端裏にも「信乃□布請文」と見えている。一方、井上氏は「布沙汰文」であることを重視し、信濃前司の布をめぐる出来事であるという論を展開している（井上「一一世紀の日本における送金為替手形の問題について」〈前掲〉一五〇頁）。福島氏が指摘するように、この端裏書は問題であるが、福島氏の理解で良いのではないかと考える。

（23）史料Bの袖に「已上百卅五石」と記されているのは、東大寺が最初に支払った一三五石のことではなく、東大寺に提出された史料A・B・Cの請文案を合わせた額である。十一月六日分の請文案は東大寺に提出されなかったと考えられる。

（24）史料Aによると鴨頭草移は三帖で十石なので、一帖は約三石三斗になる。信濃前司は十五石分を進納していないと考えて、鴨頭草移を追加したのであろう。進納は信濃前司の郎等が担当したと考えられるので、進納時の検品によって納められた額について納記と請文が食い違った場合は、信濃前司が確認するのは難しかったのかもしれない。

（25）一石七斗分の物品が納入されていたのであれば、「勘加」とは書かず、品目が記されるはずである。東大寺側の監査が間違っていたために支払いが遅延したこと、鴨頭草移を追加で納めさせたことについて、東大寺側が補償したのではなかろうか。

（26）源頼親については、朧谷寿「大和守源頼親伝」（『古代学』一七―二、一九七〇年）・『清和源氏』（教育社、一九八四年）を参照。

（27）天喜四年二月十八日源頼房書状（東南院文書二―一『平安遺文』七六二）、十二月十二日源頼房書状（近藤圭造所蔵文書『平安遺文』八二五）。

(28) 三月二日源頼房書状（東大寺文書『平安遺文』七六五）。

(29) Hは天喜四年閏三月十八日前加賀守源頼房啓状（百巻本六『平安遺文』七八六）、Iは天喜四年閏三月二十八日前加賀守源頼房書状（東南院二―一『平安遺文』七九一）。

(30) 『平安遺文』は「請給了」「支配」「讃岐」を異筆とするが、本文と同筆である。

(31) 永村『中世東大寺の組織と経営』（前掲）第二節六「東大寺公文所の成立」を参照。

(32) 川端新「荘園制的文書体系の成立まで」（『荘園制成立史の研究』思文閣出版、二〇〇〇年。発表は一九九八年）。

(33) 例えば長寛二年（一一六四）七月二十八日興福寺公文所下文案（陽明文庫本『兵範記』仁安二年秋巻紙背文書『平安遺文』三三九三）は大和国宇智郡司刀祢等に宛てている。

(34) Jは天喜五年二月十一日東大寺封米請文（東京大学所蔵文書『平安遺文』八五二）、Kは天喜六年正月二十九日東大寺封代米請文（書陵部所蔵文書『平安遺文』八八四）、Lは康平四年三月八日東大寺封米請文（東南院一―二『平安遺文』九六六）。なお寺使請文が東大寺文書に残っているのは、封物納入を確認するための勘文に添えて、国雑掌が封物受け取りに用いられた文書類を東大寺に提出したからである。

(35) 久野修義「中世寺院成立に関する一考察」（『日本中世の寺院と社会』塙書房、一九九九年。発表は一九七八年）一一九頁。

(36) 永村『中世東大寺の組織と経営』（前掲）一二五頁。なお永村氏は「別当の決裁を承け、その伝達・執行という機能を果す寺家「公文所」の存在」が天喜四年に見えることを論じている（永村『中世東大寺の組織と経営』前掲、一二一頁）。その論拠は玉井荘下司田堵等解（『平安遺文』八一二）であり、年月日未詳であるが、『平安遺文』が天喜四年に懸けて掲出している。この文書は裏書に「下公文所／任先例可下知　□覚」とある。この部分を『大日本古文書　東大寺文書之二十』では「下公文所／任先例可下知状、如件」と読み、「コノ文書、永久五年ノモノカ」としている（一二五六号文書）。しかし京都大学文学部古文書室架蔵の影写本によると、自署が弱いものの、「下公文所／任先例可下知　勝覚」と読むことができる。勝覚は長治二年（一一〇五）から永久五年（一一一七）、天治二年（一一二五）から大治三年（一一二八）と二度にわたって東大寺別当を務めており、最初の任期が永久年間と考えられる文書の内容と一致する。したがって『平安遺文』八一二号文書は永久年間のものであり、天喜年間に東大寺の公文所が別当の命を受けて執行したことを示す論拠とはならない。

(37) 佐藤泰弘「国家財政・徴税と商業」(前掲)。「国下符」は天喜五年十一月二十三日東大寺政所若狭国封物勘文案(『平安遺文』八六九)に見える。

(38) 佐藤泰弘「受領の支配と在地社会」(『岩波講座日本歴史 古代五』岩波書店、二〇一五年)。

(39) この三通と同様に近江国で封物の徴収に当たった寺使の請文が、他にも十三通残されている。合わせて十六通を本稿末尾の**表2**に示した。一通は催牒を用いたもの(No.3)、十二例は仮納返抄を用いたものであり、明記されない三例(No.2・14・16)も仮納返抄による徴収であろう。多くのものに「下文」「下符」「符」の使用が見える。No.7には「御下文」が見え、No.16には史料L(No.15)と同日付の「四年二月廿九日下文」という注記が見られる。この二例は公文所下文である可能性が高い。その他の下文・下符にも公文所下文が含まれているのではなかろうか。

(40) 天平宝字六年四月八日近江国符案(坂田郡司宛)、同年四月十一日造東大寺司牒案(坂田郡司宛)、同年五月一日近江国符案(愛智・坂田・高嶋郡司宛)、同年五月四日東大寺司作石山院所牒案(愛智郡司宛)、同年五月十六日造東大寺石山院所牒案(愛智郡司宛)など(『大日本古文書』編年文書一五、一八八〜二〇六頁)。舘野和己「東大寺領北陸庄園の稲穀輸送」(『日本古代の交通と社会』塙書房、一九九八年。発表は一九八一年)を参照。

(41) 永村『中世東大寺の組織と経営』(前掲)一二三頁。なお久野「中世寺院成立に関する一考察」(前掲)も参照。

(42) 福島「僧戒禅書状とその周辺」(前掲)により基本的考察が加えられており、本稿もそれに依拠している。

(43) 永承六年三月八日醍醐僧都覚源房牒案(『平安遺文』六八九)。

(44) 福島「僧戒禅書状とその周辺」(前掲)五五九・五六〇頁。なお福島氏は「入寺」が東寺定額僧であるとしている。しかし入寺は寺家の住僧を意味しており、東寺定額僧に限るものではない。例えば、天喜二年に東大寺の都維那師従儀師伝灯法師位浄秀(『平安遺文』七一七)は、天喜三年に御星供料を受け取っている浄秀入寺(『平安遺文』九〇〇)であろう。保延五年の東大寺大仏殿権堂司増賀(『平安遺文』二四一三)は保安二年に見える増賀入寺(『平安遺文』一九一九・一六六六・一六六七)と同一人物ではなかろうか。

(45) 史料G追記①において「被成御下文□了」と記されていることから、下文の作成はこの追記者よりも上位の人物により行われたと考えられる。永入寺は下文の発給に関与していたが、下文は上位者の判断で発給されたと考えられる。

(46) 天喜三・四年若狭国封物勘文(『平安遺文』八八〇)、天喜五年十一月二十三日東大寺政所若狭国封物勘文案

（『平安遺文』八六九）、天喜四・五年近江国封物勘文（『平安遺文』九二〇）。

(47) 天喜五年八月日東大寺仮納返抄（『平安遺文』八六二）。

(48) 長保二年十一月三日東大寺公文所勘文（『平安遺文』四〇二）。

(49) 佐藤泰弘「東大寺の組織と財政」（前掲）。

(50) 大和国に東大寺の封戸は存在しないが、国司が東大寺に納める種々の済物があった。史料Hの二つめの一ツ書は、そのうちの修理料利稲と大仏供白米の徴収権を、封物と同じように頼房が取得したものである。「別に利稲を成し給へ。米方においては返上す」とは、十三石の白米下符に替えて、別に利稲の徴収権を要求している。また利稲返抄の案文を得ていたが、それでは徴収できなかったので返却している。返抄案では徴収できないのは当然のことであり、東大寺が誤って案を渡したのではなかろうか。なお永承七年（一〇五二）大田犬丸負田結解（『平安遺文』六九七）には「東大寺白米三石・黒米二石・利稲三百束永承七年二月十二日御下符」とある。白米下符や「御下符」は国の発給文書ではなく、「御下文」と同じく東大寺の発給文書ではなかろうか。

表２　東大寺使の封米請文

	年月日	封物の額	場所	使者	請文の費目 ＊対応する文書	年度	文書本文 「袖書」	典拠
1	天喜３.12. -	正米15石	池原（池原杣）	能勢	当年仮収１枚代 ＊天喜３.11.19仮収〈746〉15石	当	（なし）＊公文所	755
2	天喜４.２.３	［　］40石	比擬庄	但波菊式	御封内	旧	［　］符（下符か）	759
3	天喜４.２.13	米300石	安南 奉方	守部是武	御符内 ＊天喜３.11.１催牒〈737〉500石	旧	下文 「請牒五百石内」	761
4	天喜４.３.２	正米10石	栗南	智兼	去年御封代の内 ＊天喜３.11.17仮収〈741〉	旧	下符	764
5	天喜４.４.17	米200石	日野牧	神成則	当年御封之代内 ＊天喜４.３.７仮収〈766〉200石	旧	四月十二日符	794
6	天喜４.６.23	正米［　］	首頭（首頭荘）	桜井安光	［　　　］封代 ＊天喜３.11.17仮収〈742〉５石か	旧	（なし）	802
7	天喜４.６.23	米□石８升	安良（安良荘）	藤井□行	去年御封米仮□（仮収）	旧	御下文	803
8	天喜５.２.10	正米10石	蔵垣（蔵垣荘）	橘重依	当年仮収50石の内	当	（なし）	851
9	天喜５.２.11	正米10石	甲西	（花押）	去年仮収50石の内	旧	正月廿□日公文所下文	852
10	天喜６.１.29	正米18石	為元朝臣	秦末武	仮収１枚の内 ＊天喜５.10.21仮収〈910〉18石	旧	（なし）	883
11	天喜６.１.29	20石	伊香	延高	去年仮収１枚代米 ＊天喜４.12.28仮収〈910〉20石	旧	正月廿八日公文所御下文 「下符」	884
12	康平３.７.13	正米50石	—	嶋久清	御封内 ＊康平２.10.23仮収〈937〉100石	旧	「三年六月廿五日下文」	959
13	康平３.７.25	正米50石	—	安部守延	御封米100石内 ＊康平２.10.23仮収〈937〉100石	旧	（なし）	960
14	康平３.12.25	米110石	井西	藤井武信	康平２年料	旧	今月十三日下符 「三年十二月十三日下文」	963
15	康平４.３.８	正米10石	栗頭	良峯守成	康平２年仮収１枚代	旧	二月廿九日公文所御下文 「四年二月廿九日下文」	966
16	康平４.３.10	米30石	東保	菅乃延恒	御封米	—	「四年二月廿九日下文」	967

（注）請文の費目欄には、＊を付して対応する文書を示し、『平安遺文』の文書番号を〈　〉内に示した。年度欄は、当年・旧年の区別を示した。文書本文欄には、下行に関わる文書の表記を示し、袖書に見える文書名を「　」内に示した。典拠欄には『平安遺文』の文書番号を示した。

東大寺の寺域空間にみる中世
——東大寺別所その後——

久野修義

はじめに

東大寺はその創建以来長くわが国の代表的寺院であり続けてきたが、多くの関心がよせられるのはやはり成立時の古代といえるだろう。しかしながら、いうまでもなく東大寺には長い歴史があり、それを反映して境内地には多様な時代相をうかがわせるものが実に濃密に存在している。境内にいながら各時代の歴史が体感できるのは、東大寺の大きな魅力なのである。中世の東大寺を考えることは、このような累積する時代の層の一つ一つを丹念に解析する作業の一環にほかならず、当然ながら前後の時代との比較や相違も問題となるだろう。

かかる観点からすると、厖大な蓄積のある東大寺史研究のなかで、注目すべき成果として吉川真司「東大寺の古層——東大寺丸山西遺跡考——(1)」をあげることができる。吉川氏は、東大寺の成立過程を再検討するなかで、複数の山林寺院を統合・包摂しながら、大仏殿を中心とする平地伽藍へと展開する様子を具体的に明らかにした。ここには歴史的変遷を境内地の空間構成から読み解き、その重層性を腑分けして探究する方法の有効性が示されている。

とりわけ上院地区から東方山地部分について、東大寺草創以前の「古層」の存在を明らかにしたこと、山地伽藍から平地伽藍への転換ということの歴史的意味を明確にしたことは大きな成果であった。中世の東大寺を考える場合でも、吉川論文が示したような分析方法、すなわち境内地空間の性格を複合的にとらえ、そこに重層的な時間の変遷を探るということは、きわめて重要だと思う。

空間的に東大寺境内地の古代から中世への変容を描き出す作業はまだ十分ではなく、わずかに思い浮かぶのが、三面僧房から子院へという僧侶の生活拠点の変化である。東大寺に限らず、中世寺院では僧侶の生活空間が共同長屋形式の三面僧房から、個々の僧房が独立性を高めていくことが大きな特徴であると早くから指摘されてきた。そのうち有力なものは院家や門跡というかたちをとる。(2)東大寺内においては、平安時代に東南院・尊勝院という二大有力院家が登場することや空海ゆかりの真言院（南院）の展開などが注目されてきた。また三面僧房の子院化という指摘(3)なども大切な仕事であった。このほか、境内地というわけではないが、十二世紀にはその周辺に寺辺郷が登場してくることも重視されている。

一方、空間史的な観点から注目すべきは伊藤毅氏の中世都市に関する立論(4)である。伊藤氏はその空間類型として「境内」「町」を析出し、それらが示す特徴から中世都市の本質を見出している。そして「境内系」は、「町系」と異なり中核が存在し、それを核にした同心円状の集合を示す。また、結界による閉鎖系という性格も指摘されていて示唆に富む。

東大寺の場合は、大仏殿を中核とする「境内系」に分類されることになるのだろうが、ただ中核と周辺のあり方を大仏中心の同心円構造と簡単に結論づけていいか、という問題はなお残る。中世東大寺は、もう少し多様な空間形態をとり、宗教的核も各所に点在していたのではないか、との感触をもつからである。しかしこのことを全面的に論ずるためには、東大寺境内における空間的変容を跡づける作業をまだまだ積み重ねていかねばならないだろう。本稿はその一つの試みとして、大仏殿の東側台地、すなわち鐘楼岡を中心にした「場＝トポス」に着目しながら、東大寺の空間変容の歴史を考える一助としたい。

第一章　鐘楼岡の諸堂舎

鐘楼岡と称されている台地上には、現在、圧倒的な存在感と偉容をほこる国宝大鐘楼のほか、念仏堂（国重文）・俊乗堂・行基堂の諸堂舎が所在する。この台地から北側へ坂道を下ると大湯屋（国重文）に行き当たり、そして東方は二月堂や法華堂が立地する上院地区へ連なっている。大仏殿に近接するが、「猫段」と呼ばれる石段を登ったこの一郭は、大仏殿院とは異なった独特の雰囲気を帯びている。鎌倉初期、東大寺再建に活躍した俊乗房重源が寺内に設定した東大寺別所がこのあたりに想定され、そんな由緒も少なからず関係しているのであろう。

台地の名前の由来となった鐘楼であるが、なかにある大鐘は奈良時代以来のものとされ、建物の位置も、当初からほぼこの場所にあったと考えられている。しかしながら、ほかの堂舎はずいぶんと変遷を重ねている。

現俊乗堂には、鎌倉期肖像彫刻の傑作重源上人坐像が安置されているが、この建物は宝永元年＝元禄十七年（一七〇四）に重源五百年遠忌を機に、大仏殿再建の余材を活用して建立されたものである。それ以前はこの場所には浄土堂が位置した。十七世紀前半の「東大寺寺中寺外惣絵図」(5)では礎石と基壇のみが描かれ、この絵図作成当時、建造物は存在していなかった。永禄十年（一五六七）の三好・松永の闘乱の際に焼失し(6)、そのまま再建されなかったのであろう。

次に「念仏堂」は三間×三間の寄棟造で本尊は地蔵菩薩。その胎内銘から嘉禎三年（一二三七）造像であることが知られ[7]、現存堂もこの頃の建立と考えられる。「東大寺寺中寺外惣絵図」では念仏堂という名称ではなく「地蔵堂　東西四間七尺南北五間二尺」となっている。一方、紛らわしいことに、先述の浄土堂が中世では念仏堂とも称されていたので、この点注意を要する[8]。

「行基堂」は台地の東北隅にある小さな宝形造の建造物。もとはここに重源上人坐像が安置され、それにちなんで「御影堂」とも称されていたようである。宝永元年に重源上人坐像が俊乗堂の完成を機にそちらに移されたあと、行基菩薩坐像（享保十三年〈一七二八〉仏師椿井賢慶作）が安置されて現在に至っている。

以上、簡単にみただけであるが、現在の景観は明らかに江戸時代以降のものである[9]。

堂舎の変容は著しく、しかも浄土や念仏、地蔵など同系統の類似した名称が時期によって変化しているために、考察を加える際に混乱を招きかねない。そこで、まず近世の地誌や絵画資料類をもとに現在の所在場所を基準にして、その場の変遷を一覧できるようまとめてみた（**表1**）。それによって鐘楼以外の堂舎の立地場所がどのように変化したか、きわめて単純化して結論づければ、次のようにまとめられる。

浄土堂→俊乗堂、俊乗堂→行基堂、地蔵堂→念仏堂

そしてその大きな画期は、公慶上人による江戸期の東大寺再興時に求められ、この時、現状に近いかたちとなった。こころみに天保十五年（一八四四）「和州奈良之図（国土地理院古地図コレクション）[10]」における東大寺境内の様子をみると、大仏殿、二月堂を中心とする上院地区、手向山八幡とならんで、この一郭が東大寺境内のなかでも確かな存在感をもって描き出されていることが確認できる。

公慶上人がこの地の整備に力を注いだのは、ここが重源による東大寺大仏再建ゆかりの場所＝東大寺別所であっ

たことによるのだろう。では、この公慶上人の時代に至るまで、この場所は寺域内においていったいどのような性格の場だったのだろうか。このことを考えることで、冒頭に述べた東大寺空間史という課題への手がかりとしたい。(11)

表1　江戸時代における鐘楼岡の堂舎変遷表

現況／資料名	鐘楼	俊乗堂（宝永元〈一七〇四〉造立）	行基堂	念仏堂	備考					出典
寺中寺外惣絵図（寛永十九〈一六四二〉～正保五〈一六四八〉）	「鐘楼四間四面」	「浄土堂」（礎石・基壇のみ）十間半四面	「俊乗堂一丈一尺四面」	「地蔵堂（東西四間七尺／南北五間二尺）」	浄土堂跡東の石塔　藤本権頭旧跡（四重石塔）　阿波民部重義（五重石塔）	浄土堂跡西の宝篋印塔　源頼朝公（宝篋印塔）　源義朝公（宝篋印塔）	俊乗石廟（五輪塔）			奈良国立博物館図録『東大寺公慶上人』
南都名所集（延宝三〈一六七五〉）	「鐘楼」	「浄土堂の古跡」（鐘楼の北の方）	「春乗坊の御影堂」（笠・杖・見台）	「念仏堂」（本尊地蔵菩薩）	浄土堂古跡の説明「この辺に重能石塔、義朝公・頼朝公・春乗坊の石塔あり。北に藤本権守がしるしもあり」					日本名所風俗図会九（二三六～二三七頁）
和州旧跡幽考（延宝九〈一六八一〉序）	「鐘楼」	「浄土堂の古跡」（念仏堂の北）	「俊乗坊重源上人遺像堂」（「杖・ぼくり・笠など当堂にあり」）	「念仏堂」（本尊地蔵、重源位牌）	浄土堂古跡の説明「ここに源義朝公頼朝公俊乗坊ならびに重能などの石塔あり、当代奈良後藤代代の墓所あり」					『続々群書類従』八
南都名所記（元禄期）	「大仏つりかね」		「しゅんせう坊御ゑい堂」	「念仏堂」（本尊地蔵、よなきの地蔵）						日本名所風俗図会九（二一三～二一四頁）

東大寺諸伽藍略録（元禄十〈一六九七〉頃）		「浄土堂今断絶」	「俊乗堂一丈一尺二寸四面在礼堂**俊乗上人座像**木軀自作、或陳和卿作と云」	「念仏堂」（本尊地蔵、俊乗作 摂津渡部藤本権正が大仏結縁参詣、建立、脇士閻魔＝安阿弥作）	俊乗堂前に石塔五基 五重石塔 念仏堂願主藤本権守 九重石塔 浄土堂願主阿波民部重能 宝篋印塔二基 源義朝公幷頼朝公 五輪塔 俊乗房重源上人	『東大寺叢書 一』（一〇〇頁）
和州南都図（宝永六〈一七〇九〉二月）	「かね」	（記載なし）	「春乗御影堂」	「地蔵堂」		岡山大学附属図書館池田家文庫T九―九
大仏開眼供養図（屏風）	鐘楼	（金箔の雲に覆われ描写無し）	俊乗堂（カ）宝形造＋向拝、前ニ拝殿らしき物が附属	地蔵堂（カ）寄棟、扉開き僧俗各一名が礼拝す	右上、鐘楼岡左下、勧進所左上、廿五所山が際立つ	奈良国立博物館図録『東大寺公慶上人』（七六頁）
大仏殿落慶供養図（屏風）	鐘楼	俊乗堂（カ）附属建物も描く	俊乗堂（カ）宝形造＋向拝、拝殿はなし	地蔵堂（カ）寄棟、扉開く		奈良国立博物館図録『東大寺公慶上人』（一一六頁）
東大寺境内絵図（享保年間〈一七一六～一七三六〉）	「鐘楼四間四方」	「俊乗堂、自**作像**、東西五間南北五間半、宝永元年龍松院上人造立」＋「集会所」（柿葺）	「俊乗古堂所持之具納之」	「念仏堂本尊地蔵 俊乗作、東西四間七尺南北五間、龍松院上人修復」		奈良国立博物館図録『東大寺公慶上人』（一二六頁）
奈良町絵図（享保二十	「鐘楼堂」	「俊乗堂」	（建物あり。名称	「念仏堂」		天理図書館旧保井文庫

〈一七三五〉～元文三〈一七三八〉）			記載せず）							
大和名所図会（寛政三〈一七九一〉）	「鐘楼」	「俊乗堂」（堂内に杖・木履・笠、堂前に名木の糸桜）	（記載無いが挿絵にはあり〈二〇頁〉）	「念仏堂」（本尊地蔵菩薩、胎内地蔵尊＝夜泣き地蔵）						日本名所風俗図会九（一三頁）
和州奈良之図（天保十五〈一八四四〉）	「つりかね」	「御ゑい堂」	「行基菩薩御ゑい堂」	「念仏堂」						国土地理院古地図コレクション

第二章　重源時代の東大寺別所

先学の研究でほぼ明らかになっていることではあるが、あらためて『南無阿弥陀仏作善集』(12)や「建久八年六月十五日重源譲状」(13)の該当部分によって東大寺別所の構成を確認しておく。

東大寺別所
浄土堂一宇奉安置丈六十躰、之内一躰六条殿尼御前、自余九躰相具御堂、自阿波国奉渡之(14)
金銅五輪塔一基奉納御舎利三粒　聖武天皇御所持舎利、今二粒東寺・西龍寺
奉安置一切経二部一部唐本、　鐘一口、
湯屋一宇在常湯一口　印仏一面一千余躰
（『南無阿弥陀仏作善集』）

東大寺鐘楼岡浄土堂一宇方六間瓦葺
　安置丈六菩薩十躰
　一切経二部唐本、日本本
　仏舎利
鐘楼谷別所
　三間湯屋一宇鉄常湯船一口
　食堂一宇五間二面、瓦葺
　安置等身皆金色救世観音像一躰
　供所屋一宇七間三面、板葺
木津木屋敷
　二階九間二面倉一宇
　五間二面雑舎一宇
（「建久八年六月十五日重源譲状」）

別所は、鐘楼岡と鐘楼谷からなり、中心的な堂舎として瓦葺方六間の浄土堂があったことがわかる。浄土堂には本尊として十体の丈六阿弥陀如来像が安置されていた。阿弥陀如来が九体ではなく十体というのは特異だが、ここに南宋仏教の要素をみる見解もあり、(15)来迎阿弥陀が坐像形式から立像のそれに変化する画期が、重源―快慶による作例に求められることとあわせて、(16)重源と南宋新知識との関係を示唆するものだろう。一切経二部のうち一部は「唐本」であったことも見逃せない。金銅五輪塔には仏舎利が奉納され、このうち一粒は聖武天皇所持のものだという。鐘楼谷には湯屋・食堂・供所屋が備わっていた。加えて寺外の木津には木屋敷も付属していた。

これらの施設什物からうかがえる信仰のあり方は、来迎成仏を願う阿弥陀浄土信仰であり、舎利の効能を崇拝する舎利信仰といえよう。東大寺再建にあたって、人々を結集させるのに阿弥陀信仰と舎利信仰が大きな役割を果たしたことは周知に属すが、さらに別所には一切経が唐本も含めて二セット備わっていることも注意される。そして湯屋の存在は湯施行による温室功徳が行われていたことを物語る。[17]

重源が東大寺再建にあたって企図した仏法再興は幅広いもので、その内実は建久八年重源が含阿弥陀仏こと東南院院主定範にあてた譲状に示す諸仏事の構想からもうかがえる。すなわち重源がここであげている主要な仏事相節は次のようなものであった。

大仏殿両界供養法　壇供・供僧十二口料　二三四石　→（「真言十二口の浄侶」）
大仏殿最勝王経　仏供・講衆三十口料　三五二石　→（「顕宗三十人の碩徳」）
大仏殿不断供花禅衆二〇〇口料　三六〇石　→（「浄行の輩を選んで不断供花の衆」）
（（　）内は「東大寺造立供養記」〈『群書類従』二四、四〇七頁〉上の表現）
鎮守八幡宮二季御八講用途料　一二〇石　鎮守八幡宮
戒壇院毎年受戒勤行用途　六十石　戒壇院
東大寺浄土堂仏聖・不断念仏衆二十四口料　二〇〇石　浄土堂
渡部浄土堂仏聖・念仏衆　一〇〇石　渡部浄土堂
大仏殿幷供花常燈諸堂燈油用途料　一〇〇石　供花常燈料

このうちの冒頭三種の仏事については、重源はすでに朝廷に奏状を提出し、「始置顕密二宗供僧」き、寺領の地利を僧供料に充てるべく官宣旨まで獲得していた。[18] 横内裕人氏は、そこに顕密を統合した新たな仏法の姿を読み取っているが[19]、ここでは、重源が大仏殿・鎮守八幡宮・戒壇院とならべて浄土堂も重要視していることに注目したい。大仏殿における顕密学侶と不断供花禅衆の供料とともに、浄土堂念仏衆のための用途が相当量、想定されている。用途料の数値からみても浄土堂念仏衆が重源による仏法再興のなかで占める位置は決して小さくない。しかしながら、こちらは先述の官宣旨では全く言及されておらず、王法護持のためのものとは一線を画する性格のものであったと思われる。

そこで浄土堂の宗教的性格や建立の経緯が問題となるが、これについては五味文彦氏が詳細に論じている[20]。ここではあらためて次の一文に注目したい。

> 抑当寺浄土堂者、元是阿波国所建立也、願主彼国住人字阿波民部大夫重能也、但仏像等未終其功也、重能者清盛入道郎従、当寺焼失之乖将也、為逆乱之長故、遂被誅戮畢、為救彼等之罪根、此堂宇所建鐘堂崗也、安九躰之丈六、勧万人之念仏也、其仏未終其功、上人今加種々荘厳、令遂供養畢、
>
> （「東大寺造立供養記」〈『群書類従』二四、四〇六頁〉傍線は引用者。以下同じ）

浄土堂の特徴として、傍線を施した二点に注目したい。一つは、源平内乱を経た戦後処理という一面、すなわち平家方の敵将や逆賊の菩提を弔うということ、そしてもう一つは万人に念仏を勧めるという浄土信仰の広がりを意図していることである。

前者に関しては、『南無阿弥陀仏作善集』に列挙された多様な作善行為のなかにも、「決定シテ可被切頸人申免事十人」との記載がある。その片鱗はたとえば『延慶本平家物語』第六末「土佐守宗実死給事」の逸話にうかがえる。大炊御門経宗の養子となっていた平重盛末子の宗実は、関わりを恐れた経宗によって追い出されてしまうが、重源のもとで出家。重源は彼を油倉に住まわせて頼朝に命乞いをし、その許しを得た。しかしその後伊賀平氏の反乱事

件の余波をうけて、彼は鎌倉に召還され、その途中で死去したという。このほかにも重源の弟子で正治元年（一一九九）伊勢神宮摂社小朝熊神社の神鏡盗難事件を起こした定阿弥陀仏（倉阿弥陀仏とも）は、平氏家人貞能法師の子であった。[21] 重源周辺にはどうやら政治犯を収容する場が形成されていたようである。

このような重源の姿勢は、東大寺の姿勢とは異なっていた。そのことを示唆するのが、平重衡遺品の金銅具を大仏鋳造に奉加した際、爐が破裂して拒否されたという次の逸話である。

又重衡卿後室彼遺物之中、以金銅具奉加之、即以其金銅欲鋳加之処、爐亦破裂、銅湯多流出、遂於彼奉加金銅具、不相交而只如本、仍見聞之客、罪業之至、弾指垂憐　（「東大寺造立供養記」〈『群書類従』二四、四〇一頁〉）

同内容のことは『東大寺続要録』造仏篇も記しており、南都焼き討ちの責任者たる彼の罪業はあまりに深重であったため「如来之慈悲」にも洩れたのだとしている。

三位中将重衡者。当寺焼失之大将也。遂元暦二年六月廿二日。被渡南都被斬首畢。彼妻室重衡所持物内。以金銅具令奉‐加之。上人垂慈愍。以彼銀銅等欲奉鋳‐加大像之処。爐忽令破烈。即於彼金銅之類不変本質。皆以流出。深重之罪業尚漏如來慈悲歟。　（『東大寺続要録』造仏篇一五頁）

注目すべきは、傍線部にあるように後室の願いが「（重源）上人垂慈愍」ていったんは聞き届けられたというくだりである。平重衡の遺物に対する重源と東大寺との認識の差が垣間見えるものといえよう。

次に第二点目の万人に広く浄土信仰を勧めたことについては、重源が各地で行った迎講の存在が想起される。摂津渡部別所では建久八年（一一九七）、播磨別所でも正治元年（一一九九）には浄土堂を中心施設として迎講が行われていた。迎講の大きな特色は、なんといっても貴賤を問わず多くの人々に見られることを想定したいわば「劇場型」儀礼ということだろう。すなわち浄土堂も当初から貴賤僧俗の多くの人々に参詣されることを念頭に置いた施設だといえるだろう。

舎利についても重源は諸人披露を意図し鼓吹していた(22)。彼自らの信心ぶりも、信濃国善光寺に参籠中に金色仏舎利を賜って呑んだとの夢想を記した『南無阿弥陀仏作善集』などからうかがえる(23)。

このほかにも東大寺別所には一切経が備わり、仏法の学びを可能とする施設でもあった。重源の仏法興隆構想は、新たな南宋仏教の要素を交えつつ、仏法再生と多くの人々の救済が強く意識されていた(24)。

そして、見逃せないのは、重源はみずからの活動成果に対して、東大寺別当三綱が関与することを拒否し、東南院を拠点として別相伝させようとしていたことである。重源譲状の記載によれば、もともと重源は東南院院主勝賢に譲るつもりであったのだが、彼が重源に先立って死去したために、次の東南院院主定範にあてたという。いずれも聖宝の流れを汲む醍醐寺系密教の系統である。重源譲状では以下のように記載されている。

是偏依奉量尊師聖宝之遺跡、一向付東南一院之進止、然者雖経代々、院家知行之人相承之、可被致其沙汰、敢莫分渡余所他門、又莫懸惣寺別当所司三綱之進止、是則可為向後陵遅之因縁故也、

東大寺惣寺の寺僧等と重源との間に存在した思惑のズレについては、すでに永村眞氏が注目したところで、近年では小原嘉記氏の研究もありよく知られるようになっているが(25)、これらを念頭に置くと、重源が没すると東大寺別所をめぐる状況は大きく変容せざるを得ないだろうことは容易に推測される。

第三章　重源死後の変容

重源が死去した後の勧進所の状況を物語るものとして、建永元年（一二〇六）十月六日の後鳥羽上皇院宣がある。

これは重源没後における勧進所財産の処理に関するもので、寺中所々堂舎敷地等については勧進所の沙汰が認可されたものの、この文書全体は東大寺と勧進所との間にただならぬ緊張があったことを示すものであった(26)。前章で述べたように重源と東大寺の立場に違いがあった以上、勧進所も重源という中核を失うと大きく変容せざるを得ない。重源譲状に示されたような仏法再興構想もそのまま継続されることはなかった(27)。そして、本稿の関心からいえば、浄土堂ははたしてどうなったかである。

正安元年（一二九九）執行上座法眼が書写した『東大寺年中行事』（ヤ／二／二二〇）は、法会遂行の実務のために執行所が所持したもので、鎌倉期における東大寺の主要仏事が概観できるきわめて貴重な史料である。そのなかに、浄土堂は次のように登場する。

六月五日　浄土堂八講被行之
乃米五升　御仏供料　年預小綱請之　油一合　御明料　御油庄役
一石六斗　請僧八人供料口別二斗宛

六月五日という日付からみて、これは重源忌日における八講法要だと思われる(28)。『東大寺年中行事』のなかで浄土堂が登場するのはこの一箇所だけで、その記載もごく簡単である。仏供料は年預小綱が受け取っており、彼がこの仏事を司ったのであろう。供料が準備され請僧も参加しているが、その人数も八人とさほど多くはない。『東大寺年中行事』に記載され執行所によって年中行事に含められてはいるが、寺務や五師三綱が直接関与することもない小規模な法会である。建久八年の重源譲状で二〇〇石が浄土堂にあてられていたのを思えば、その落差は著しい。ちなみに重源が設定した特徴的な仏事であった迎講の類は『東大寺年中行事』には見出せない。

位置づけは明らかに低下したものの、東大寺において重源にちなむ信仰は包含されていた。浄土堂など鐘楼岡一帯はその核として、独自な展開をみせていったのであろう。東大寺別所＝勧進所としては弱体縮小化する一方で、広く貴賤を対象とした浄土信仰や舎利信仰は維持され、重源や重源ゆかりの聖遺物信仰に類するものが次第に前面にでてくるようである。

これに関して参考になるのが建武四年（一三三七）以前に成立した「東大寺縁起絵詞」である[29]。全二十巻一七〇段からなり、本文中の最下限年時は弘安九年（一二八六）で、十三、四世紀における東大寺の自己認識がうかがえる格好の素材といえる。東大寺創建、鎌倉期再建はもとより、二月堂縁起や鑑真・空海の事績、そして戒壇院・東南院などの諸院家の由緒やさまざまな奇瑞・霊験譚が含まれている。その末尾近く各種の霊験を述べるあたりで、浄土堂は三箇所にわたって登場している（一六二段、一六六段、一七〇段）。

まず一六二段は「浄土堂仏舎利」についてである。本願安置仏舎利のうち再建大仏の御身に籠めた残りは、七重塔再建後にそこに納める予定であったが、「諸人に拝見」させ利益を弘めるべく舎利が分布し、そしてそのうち二粒が浄土堂に安置されたという。それは今に至るまで「神変」を顕しているという。

一六八段は仁和寺の鳴瀧住僧顕俊の地獄蘇生譚である。彼は建久八年十二月八日辰刻に病死するが、同日酉刻に蘇生すると同朋の輩に琰魔王宮での経験を語る。三悪道に趣く定めであったが、十一年間の念仏一万遍勤仕に免じて、今後「大和国成道寺」で百万遍唱えれば人天に生まれることができるといわれたという。顕俊が成道寺の場所を尋ねたところ、次のような答えがかえってきた。

大仏殿ノ東ナル浄土堂是也、彼所ハ日本国九品往生ノ間ニハ下品下生ノ地也、

浄土信仰による九品往生のなかで、もっとも下位とみなされ、五逆十悪の不善の者や三宝破壊の造悪人らが往生するのが下品下生であるが、東大寺大仏殿の東にある浄土堂こそが、その場であるというのである。

そして三つ目の一七〇段は、「東大寺縁起絵詞」最末尾にあたるが、大仏自体に関わる奇蹟譚である。大仏拝礼によって失明が治癒した北京僧のことや、安房国舎人男のように大仏参詣しても黒山にしか見えなかった不思議を語る。後者の男はそれを哀しみ書写山に参籠祈請し、ついで東大寺浄土堂に参籠して夢告を得、ようやく大仏を見ることができたが、それは丈六仏としてであった。このほか、大蛇が口を開いているとしか見えなかった若狭の老女の話が続き、「凡雖詣仏殿、不奉拝之類其数限ナシ」と縁起は結んでいる。(30) この段は大仏参詣を主題としたものだが、浄土堂が庶人が参籠し夢告を得る場であったことが確認できる。

以上の説話からは、舎利信仰の拠点、そして浄土信仰の場、参籠の場としての浄土堂の姿がうかがえる。そして浄土信仰について注目すべきは、この場が九品往生のうちの下品下生の地とされたことである。前章でも指摘したが、南都焼き討ちの仏敵平家方も救済しようとする重源の姿勢が、罪業深重の極悪人をも救済する下品下生往生の地浄土堂という格好でその展開した姿をみせているといえよう。下品下生の地であることや、大仏が見えても丈六仏でしかないこと、これらを勘案すると、浄土堂は霊験あらたかな信仰の場とはいえ、それはおもに庶民対象のそれであり、学侶や寺僧らの仏教よりもいささか劣位に位置づけられていたのではないかと思われる。

一六二段・一六六段の舎利（＝宝珠）信仰や下品下生往生・地獄蘇生譚は、中世末に至るまで継続していた。そのことをよく示すのが永禄十一年（一五六八）の念仏堂勧進状である。前年の三好・松永の戦乱による東大寺被災後の再建活動の一環であるが、ここでいう念仏堂は内容からみても明らかに浄土堂のことをさし、(31) そこで語る由緒は巧まずして中世末段階における浄土堂の性格についての総括的説明となっている。

勧進沙門某敬白

請特蒙貴賤上下助成、遂東大寺念仏堂建立状夫以東大寺ノ念仏堂者、扶桑朝之九品下品下生之地也、堂舎ハ阿波民部重能建立也、本尊者、熊野本地八葉九尊也、依奉寄附于俊乗上人、引移于当所、被安置之伽藍也云々、加之天皇御相伝之髻中宝珠末代安当堂、日々参詣道俗男女拝之、結縁莫大ニシテ亦無量也、将又建久八年十二月八日酉時、自炎魔王宮被送寺号、可号成道寺、是則下品下生也云々、其外蘇生之族、於当堂唱念仏、可往生之由、焰魔王之勅定也云々、則上人掛札ニ分明ニ有之訖、寄時瑞相非一也、従爾以降、晨鐘夕梵之響、通手向山ノ嶺、昼夜法燈之光、浮佐保河之水、依之、普天之下、率土之上、有情非情悉蒙順益、都鄙遠近皆成悉地、爰近般蝸牛之角上争権威、石火之光中論雌雄、及大殿之炎上刻、当堂同回禄訖、看此聞彼、紅涙満袂、抑当所下品下生トハ者、弥陀如来四十八願之根本、五劫思惟大悲超世之本願也、殊更時成五濁之末、世到澆季之折、善人ハ少悪人ハ者多、昨ハ者焼堂塔、破聖教、今ハ者殺主害父兄、故十悪五逆之罪人等一息之絶断、入無間大城之猛火、可経無量劫、臨終知識之教化、依一念称名生極楽世界之花台、可受永劫楽、只是当堂本尊弥陀如来ノ大悲也、若爾者右自月卿雲客下到田夫野叟、同心和合親疎合力、捧一粒一銭奉加、励懇志、云本尊云堂宇、速疾之成就所令欣慕也、蘿勝ハ因松杉昇数丈之梢、蚊虻ハ付鳥翅挙雲路之高、若爾者現ニハ者保椿葉八千之寿福、当ニハ者坐極楽浄土之花台、仍勧進之状如件、

永禄拾一年卯月　日　　勧進沙門某敬白

東大寺念仏堂之勧進帳　　金蔵院之造作

右之本、戒壇院経蔵有之、新禅院重慶写之、依為所持写之畢、(32)

本尊が阿弥陀十体ではなく熊野本地八葉九尊となってはいるが、下品下生の地であることや阿波民部大夫重能による堂舎建立と重源が寄附を受けて当所に移したこと、また道俗男女が結縁参詣し天皇相伝の宝珠を拝しているこ

と、などが文中にみえる。そして、建久八年十二月八日炎魔宮からの成道寺寺号の件など、「東大寺縁起絵詞」一六六段の内容と一致する。さらに加えて、このことは「上人掛札」に分明であるとあって、上人、すなわち俊乗房重源の掛札があったと述べている。建久八年というのは重源譲状作成の年であるが、夏には東大寺大湯屋の鉄湯船が造られ、また渡辺別所での迎講がはじまった年でもあった[33]。建久八年は東大寺別所の歴史において記憶されるべき年だったと思われる。

中世末段階においても、浄土堂の由緒にとって重源の存在は大きかったわけだが、このいわば「重源信仰」とでもいうべきものに関してもう少しみておこう。

まず注意したいのが重源の臨終場所である。これは東大寺浄土堂だとする史料がある[34]。そのほかには「東大寺刻(穀)屋」[35]とするものや、「新別所」[36]、また単に「東大寺ニテ入滅」[37]とするものもある。

同時代史料では確認できず彼の臨終の場が浄土堂だとは断言しがたいが、東大寺寺域内で遷化したと想定することは可能だろう。十七世紀前半の「東大寺寺中寺外物絵図」に「俊乗石廟」なる五輪塔が浄土堂の西側に描かれているのもこの意味で見逃せない[38]。そして浄土堂はもとより穀屋もまた「俊乗上人寺院ノ地」とされる重源ゆかりの場所であった。これらは重源によって設定された、寺中「別所」とでもいうべき特殊な場であり、それゆえに寺域内において終焉を迎えることも可能であったのではなかろうか。

加えて注目すべきは穀屋臨終説の記述にみえる「重源臨終仏」なるものの存在である。

東大寺刻(穀)屋記説、俊乗房元久二年乙丑六月五日、於刻(穀)屋寂す。年八十六と云々、然者生年は保安元庚子出生也、法然上人には年十三の年老也、依古の説、東大寺再興の物(造)、文治元年、重源六十六、建久六年、同七十六、元久二年寂、八十六、於東大寺。今新蔵屋阿弥陀、則重源臨終仏是也云々[39]、

この文末にある新造屋阿弥陀＝重源臨終仏については、次のような史料が東大寺に伝わっている。

新造屋阿弥陀安置由来

三尺阿弥陀金泥仏

建仁二年造始、同三年仏舎利・心経・仏菩薩種子真言等、奉籠于仏身云々、

俊乗上人為縁投所有珍財、法眼安阿弥陀仏令造之、施主法橋上人位寛顕

供養導師解脱上人

建保四年二月天、寛顕臨終之時、彼阿弥陀仏五色糸取手、念仏数十遍唱之、正念閉眼云々、自建仁二年至建保四年合十四年也、

此本尊、先師律師可安置高野山道場由、雖令遺言、彼道場焼失之間、暫渡中門堂畢、

仁治四年正月廿八日二月十六日改元寛元　当寺修理目代兼観世音寺別当大法師瞻寛

自建保四年至仁治四年合廿八年、瞻寛者寛顕之孫云々、

寛顕在世間、善根注文幷臨終之躰、弟子勝寛注置一巻在之、

奉籠御仏中、仏舎利等目録一巻在之、

享禄二年丑初秋之比、為学侶中対中門堂種々被申談、被乞請、八月十二日安置新造屋訖、自仁治四年至享禄二年合二百八十七年(40)

重源と安阿弥陀仏（＝快慶）コンビになる三尺阿弥陀如来像で、重源が珍財を投じ施主は寛顕。そして供養導師は解脱貞慶が勤めている(41)。建保四年（一二一六）寛顕は臨終に際して五色の糸を手にとって念仏を数十遍唱え正念閉眼とあり、この仏像は法橋上人寛顕の臨終仏であった。そしてその様子は寛顕在世中の善根注文とともに弟子勝寛

によってとりまとめられていた(42)。東大寺内において寺僧の臨終行儀が公開される場があり、その舞台として東大寺別所がありえたことを思わせる。この阿弥陀立像が、現俊乗堂安置の重源臨終仏といわれている快慶作のそれだとする蓋然性はきわめて高い(43)。

次に重源に対する信仰であるが、鎌倉後期に重源信仰が存在したことは『元亨釈書』重源伝末尾に記されている虎関師錬の実見談からも明らかである。

源没、置遺像于寺、予遊東大寺、衆人聚一所、予怪而往、古履旧杖、人争頂戴、予問故、対者曰「源上人之遺具也、詣寺者、必先捧戴摩捋」、予熟見其杖履、光瑩如也、蓋把玩之為也、是以知源之遺愛矣耳、

引用文の「遺像」は、現在、俊乗堂にある鎌倉期肖像彫刻の傑作重源上人坐像をさすのだろう。『元亨釈書』は没後の作だとしているが、その生彩ある表現から生前の寿像だとの意見も根強い。そして同書は、東大寺に詣でた人々が重源ゆかりの遺物古履や旧杖を押し戴き、それに触れようとしていた様子を語っている。これらの品々はその手擦れのために光沢を帯びていたという。「古履」のほうは確認できないが、「旧杖」は、諸国勧進に際して用いた「自然木杖」として現存し、このほかにも重源ゆかりの「勧進柄杓」「脇息」などが「寺中宝物」とされていた(44)。これら重源ゆかりの品々は彼への崇拝からくる聖遺物信仰の如きものの存在を思わせる。

では重源坐像やこれらの品々はどこに安置されていたか。再度、前掲の**表1**を参照してまとめておこう(45)。

重源坐像については、これが現俊乗堂に安置されたのは、宝永元年（一七〇四）浄土堂旧地に俊乗堂が建立された際のことで、それ以前、俊乗堂は現在の行基堂の場所にあって一丈一尺四面の小規模な祠にすぎなかった。公慶上人は重源五百年遠忌を機に、この狭小建物を大仏殿余材と衆人の助力を得て、方五間にして場所も現位置に改め造立したのである（『公慶上人年譜』）。重源上人坐像は、一貫して俊乗堂に安置されたもようで、それゆえ俊乗堂は

ときには「御影堂」(南都名所集、和州南都図、和州奈良之図)、「俊乗坊重源上人遺像堂」(『和州旧跡幽考』)とも称されていた。この堂内に重源ゆかりの「笠・杖・見台」(南都名所集)、もしくは「杖・ぼくり・笠」(『和州旧跡幽考』、大和名所図会)などが納められていたことも見てとれる(46)。

そして、この小祠は「方一丈一尺四面」の宝形造と考えられ、その具体的な姿は有名な「東大寺縁起」の大仏開眼会を描く一幅にうかがえる。

「東大寺縁起」は二幅からなり、一幅は山水を描き、その間々に良弁、行基、光明皇后などにちなむさまざまな逸話を描き込んだ絵伝となっており、もう一幅が大仏開眼会の様子を描いている。その成立年代は南北朝末〜室町初期(『奈良六大寺大観　東大寺三』岩波書店、一九七二年)とも鎌倉時代末〜南北朝時代(東大寺ミュージアム編『国宝・東大寺金堂鎮壇具のすべて』二〇一三年)ともいわれるが、おおむね十四世紀のものとみておきたい。画中には鯖売りの翁が大仏殿院内部に描かれる一方、中門南側には警固にあたる甲冑姿の武士が見え、東塔院西塔院が完備するなど、特定時代の状況を忠実に描いたものとはいえず、当時の東大寺にとっての理念的なあるべき姿が表現されている。

ここに描かれた堂舎配置を見ると、当然のことながら東西塔と大仏殿院がひときわ目立ち中核を占めている。大仏殿内には聖武天皇らしき姿も見え、その前には八角燈籠や行道僧たち、鯖売りの翁などの姿も見え、開眼会の賑わいぶりを伝えている(**図1**・**図2**参照)。

図1最上部は緑豊かな山稜が配され、麓には二月堂・法華堂・八幡社が描かれる。大仏殿が南面していることを思えば、これらは実際の方位とは異なるが、寺域を守る鎮守や、寺僧等の山林修行場、また東大寺の草創起源に関わる由緒ある場として、大仏の後景や基層に控えているとの認識がこのような表現となっているのだろう。

図２　東大寺縁起（鐘楼岡付近）

図１　東大寺縁起▶

その下段には、講堂・僧房をはさんで、向かって左に戒壇院らしき建物が、そして右側には堂舎三宇が見える。鐘楼があることからも明らかなように、この部分こそ鐘楼岡にほかならない。鐘楼のほかに、重源坐像と同様の所作をした僧形像を納めた小堂、そして宝形造の建物の屋根部分が見えている。これらの建物は、「俊乗堂、鐘楼、念仏堂」とか「俊乗堂、阿弥陀堂、鐘楼」と解読されている[47]。ちなみに堀池春峰『東大寺史へのいざない』（昭和堂、二〇〇四年）口絵写真の解説は「大仏殿では武士が警固する中、開眼会が行われている。上方には重源像を安置した浄土堂や鐘楼、手向山八幡宮、法華堂、二月堂が描き込まれている」と説明している。鐘楼以外の二棟の建物、一つは宝形造の屋根のみが描かれ、もう一つは重源像らしきものを安置するが、これらは「念仏堂と俊乗堂」とか「阿弥陀堂と俊乗堂」と解され、ときには前者を「浄土堂」とも説明されているわけで、いささか複雑な状況となっている。

結論的にいえば、重源像らしき像を安置するのが「御影堂（俊乗堂）」で、屋根だけ見える宝形造の建物は「浄土堂」であろう。前者が方一丈余りの小堂であることはすでにみたし、浄土堂が宝形造であったことは「寺中寺外物絵図」が記すところであり、建久八年重源譲状にも「浄土堂一宇方六間瓦葺」とあった(48)。

すなわち鐘楼岡には、宝形造の浄土堂、重源肖像とゆかりの品々を納める俊乗堂（御影堂）、そして鐘楼が確かな存在感をもって、大仏殿院の東方に描き込まれているのである。浄土堂や御影堂がこのように「東大寺縁起」のなかに描かれるような状況は、さきにみた「東大寺縁起絵詞」をはじめとする鎌倉期の東大寺における信仰状況ときわめてよく整合する。浄土堂は、浄土信仰・舎利信仰の拠点であり、俊乗堂（御影堂）は重源を祖師とする信仰、遺像・遺物崇拝の場であった。虎関師錬が『元亨釈書』に記していた参詣の賑わいは、まさしくこの鐘楼岡界隈でのことだったのだろう。「東大寺縁起」はその頃の状況を描き出していたのである。

東大寺別所は勧進所の拠点としてよりも、浄土堂と俊乗堂、そして付近にある重源石廟などを核とした貴賤男女を問わぬ参詣場となっていた。そして、その浄土信仰は九品浄土の最下層の下品下生往生を導く場という特徴をもっていた。「東大寺縁起」が表現する寺域は、大仏殿院のみでない東大寺における信仰の核の存在を伝えるもので、まことに貴重な資料だといえる。

おわりに――貴賤による東大寺参詣から

中世後期の状況については、たとえば室町期成立という「諸寺縁起集　菅家本」東大寺の項には次のような記載

がある。(49)

浄土堂号東大寺別所

東向三間四面堂、号念仏堂、安五智如来等也、在仏舎利十六粒、毎日午剋奉出之、令拝見甲乙人也、（以下略）

浄土堂＝東大寺別所＝念仏堂(50)で、毎日午の刻には仏舎利を出して甲乙人に拝見させるとあって、鎌倉期以来の庶民信仰の性格を引きついでいることがわかる。そこで甲乙人ならぬ貴顕の東大寺参詣の場合に注目してみると、たとえば将軍足利義満は明徳二年（一三九一）南都に赴いた時、次のような行程をとっていた。

大仏殿→浄土堂、鐘楼（鐘を撞く）→法華堂（執金剛神開帳）→二月堂（香水と法螺貝拝見）→戒壇院(51)

義満は鐘楼岡で鐘を撞き、浄土堂にも立ち寄っている。ただしそこで何をしたかは記載がないため不明である。しかし、寛正六年（一四六五）の足利義政の場合、

大仏→浄土堂→法華堂執金剛神→二月堂→鐘楼（鐘を撞く）→戒壇院

とほぼ同じような場所を訪ね、浄土堂では「舎利御拝見」していたこと(52)がわかる。時代が降った天文二十二年（一五五三）、三条西公条は、吉野詣の途中東大寺に参詣し、弘法大師建立の十輪院や興福寺諸堂に結縁した後、「東大寺大仏殿を始め、八幡に参り、舎利堂舎利頂戴し、二月堂に参り、知足院に参る(53)」。

わずかな事例にすぎぬが、いずれも東大寺参詣には大仏殿のみならず寺域内諸堂が含まれており、鐘楼岡もそのコースに入っていることがわかる。東大寺寺域内には複数の信仰拠点＝霊処が存在し、かつそれらは貴賤の間に周知されていた。「東大寺縁起絵詞」一三七段によると、そうした寺内「規模ノ霊処」は、治承四年十二月の大難を逃れた「大伽藍建立御祈ノ所根本ノ法花堂幷ニ生身観音安置ノ二月堂、本願天皇ノ御宝物納メヲカレタル正倉院、天照大神影向ノ竈殿已下ノ官蔵、当寺ノ内規模ノ霊処」と表現している。これら霊処は、平安末の焼失を遁れると

いう奇端を示し、そして鎌倉期に東大寺再建が進むなかで、浄土堂のような新しい霊処が加わってくる。これらの霊処は東大寺新別当が就任儀礼として行う拝堂の場所とも若干異なっていることから、[54]寺僧の教学世界とはその位相を異にする信仰を基盤に形成されたことを思わせるものがある。

中世東大寺は、一方で王法仏法相依論に代表される鎮護国家機能が常に重要であったが、他方で「衆生済度」ということも不可欠としていた。これらの要素は古代から引き継がれ、中世になってもそれらは重なり合ったまま展開していく。中世寺院は仏教教学のオーソドキシーとともに民衆信仰の要素を併存・重層させていたといえる。寺域内に存在する複数霊地は、その複雑性を具現したものにほかならない。これらの霊地は「二月堂縁起」や「法華堂執金剛神絵巻」などのように、独自の縁起も備えるようになる。

中世東大寺は大仏殿という中心伽藍を中核にしながら、その周縁部に新たな霊地＝信仰の核を拠点として形成しており、全体として複数の宗教的核をもつ分節構造をなしていたといえるだろう。そして東大寺別所、鐘楼岡は寺域内に出現した新たな信仰空間であった。ここを拠点とする宗教活動は、寺僧らの教学活動・法会遂行とは別に新たな性格を東大寺にもたらす橋頭堡のような役割も果たしていた。かかる意味において、鐘楼岡の一帯は、東大寺における中世を空間的に表現するものだったといえよう。

註

（1）『南都仏教』七八号、二〇〇〇年。またこれに先立つ「東大寺山堺四至図」（金田章裕・石上英一・鎌田元一・栄原永遠男編『日本古代荘園図』東京大学出版会、一九九六年）も重要な成果である。

（2）永村眞『中世東大寺の組織と経営』（塙書房、一九八九年）。古くは竹内理三「平安朝時代に於ける寺院組織」（仏誕二千五百年記念学会編『仏教学の諸問題』岩波書店、一九三五年）が堂舎構成に着目してその類型分けを試み論じている。最近では高橋慎一朗「中世寺院における僧坊の展開」（小野正敏・五味文彦・萩原三雄編『中世寺院　暴力と景観』高志書院、二〇〇七年）が中世を通じて禅宗・律宗寺院も見渡しながら独立僧坊化、その小寺院化や、中世後期には大規模群化する様子などを概観している。また建築史から山岸常人『中世寺院の僧団・法会・文書』第Ⅰ部第三章「中世寺院の僧房と僧団」（東京大学出版会、二〇〇四年）も重要文献である。

（3）永島福太郎「僧坊の子院化――東大寺三面僧坊を中心として――」（『ヒストリア』二三号、一九五八年）。

（4）伊藤毅『都市の空間史』（吉川弘文館、二〇〇三年）。

（5）新禅院・真言院などの焼失・再興年時などをもとに寛永十九年（一六四二）～正保五年（一六四八）頃と推定されている（奈良国立博物館図録『東大寺公慶上人――江戸時代の大仏復興と奈良――』、二〇〇五年など）。

（6）永禄十年十月十日松永弾正方は、三手で大仏殿に夜討をかけ、西廻廊に火を付けた。寺中老若は懸命に消火にあたるが「西風頻吹、猛火懸本堂、**大仏浄土堂中門堂唐禅院**迄一時炎上」（『二月堂修中練行衆日記』）。一方、『多門院日記』は「**穀屋ヨリ法花堂**へ火付、ソレヨリ大仏ノ廻廊へ次第ニ火付テ、丑尅ニ大仏殿忽焼了、（略）**念仏堂・塔（唐）禅院・四聖坊・安楽坊・深井坊**同日焼了」とある。ここで「念仏堂」とあるのは浄土堂をさす。

（7）胎内銘については、奥健夫「鎌倉中期の東大寺と仏師」（『論集　鎌倉期の東大寺復興――重源上人とその周辺――』ザ・グレイトブッダ・シンポジウム論集第五号、東大寺、二〇〇七年）。

（8）註(6)参照。福田東亜「東大寺別所の一考察」（『南都仏教』二三号、一九六九年）。建仁元年という鎌倉期の早い頃から、すでに「念仏堂」「阿弥陀堂」とも表現されている（『鎌倉遺文』一一九一・一一九六号）。

（9）『公慶上人年譜聚英』東大寺、一九五四年。近年では『南都仏教』八八号（二〇〇六年）「玉井家蔵「大仏殿再建記」解説および史料翻刻」第二回の坂東俊彦の解説や奈良国立博物館図録『東大寺公慶上人』（二〇〇五年）が参考になる。

（10）http://kochizu.gsi.go.jp/HistoricalMap/

（11）専論として福田東亜前掲論文があるほか、以下の論考に学ぶところが多かった。永村眞前掲書、横内裕人「日本中世の仏教と東アジア」（塙書房、二〇〇八年）、小原嘉記「〈重源遺産〉その後――初期勧進所と東大寺――」（『日本史研究』五六六号、二〇〇九年）。

（12）東京大学史料編纂所編『平安鎌倉記録典籍集』（東京大学史料編纂所影印叢書二、八木書店、二〇〇七年）。

(13) 黒田俊雄編『寺院法』(集英社、二〇一五年)。
(14) 五味文彦氏は、六条殿をはじめ多彩な東大寺浄土堂をめぐる人々を描き出し、中央と地方の文化の連関をさまざま指摘している(『院政期社会の研究』第三部第二章「東大寺浄土堂の背景」山川出版社、一九八四年)。また、京都一念寺の定印阿弥陀如来坐像は、このうちの一体に相当する可能性がいわれており、勧進所校倉から見つかった阿弥陀仏手二個も浄土堂遺品という。奈良国立博物館図録『大勧進重源――東大寺の鎌倉復興と新たな美の創出――』二〇〇六年、一七頁、一四二頁、二四〇頁。
(15) 横内裕人前掲書五七二頁。
(16) 河原由雄『日本の美術二七二　浄土図』(至文堂、一九八九年)。
(17) 伊藤聡「重源と宝珠」(『仏教文学』二六号、二〇〇二年)、奈良国立博物館図録『大勧進重源』など。
(18) 「建久七年二月七日官宣旨案」(兵庫県立博物館所蔵)『三重県史　資料編　古代・中世(下)』(三重県、二〇一五年)二〇五頁。
(19) 横内裕人前掲書「特論　重源にみる社会変動期の政治と仏教」。
(20) 五味文彦前掲論文。
(21) 『大日本史料』五―五、八五一頁〜。
(22) たとえば「東大寺縁起絵詞」一六二段にうかがえる。この点、後述。
(23) このほかにも、九条兼実に語った天台山阿育王山での奇瑞が知られている(『玉葉』寿永二年一月二十四日条)。『元亨釈書』重源伝でも触れているが、『南無阿弥陀仏作善集』にはなぜかこの事実は記されないで、阿育王寺舎利殿建立のことが記されている。
(24) 東大寺別所の性格として本稿では十分に触れられなかったが、重源は譲状のなかで、浄土堂領は陳和卿によってよせられたとの由緒を語っている。また現地蔵堂の本尊は、胎内銘から慶派仏師によって勧進所のために造像されたもので、慶派一門の菩提を願ってのことという内容が読み取られている(奥健夫前掲論文)。東大寺別所が勧進所技術者らにとっての拠点であったことも間違いないところである。
(25) 永村眞前掲書。小原嘉記前掲論文。
(26) 小原嘉記前掲論文。

(27) 重源譲状に示された構想の歴史的位置づけに関する近年の研究として大山喬平『日本中世のムラと神々』第一章五「俊乗房重源の宗教的経済活動」(岩波書店、二〇一二年)がある。
(28) 南北朝~室町前期のものと推定される「楞伽院年中行事」でも六月五日に「俊乗上人御忌日御供幷勤行等在之、御供非人下行」とある(永村前掲書、六九八頁)。さらに『大乗院寺社雑事記』明応七年(一四九八)六月五日には「一、重源上人忌日　於念仏堂在之云々、土御門院建永元年六月五日入滅也、及二百九十三年畢」と長く行われていた。念仏堂とあるのは浄土堂のことと考えられる。
(29) 小山正文・小島恵昭・渡邉信和「『東大寺縁起絵詞』の研究」(『同朋学園仏教文化研究所紀要』九号、一九八七年)は建武四年成立とするが、稲葉伸道氏・鳥居和之氏は真福寺本「東大寺記録」の解題で、同書の成立期(文保元年から元応二年)から建武四年の間と推定している(『真福寺善本叢刊八　古文書集二』臨川書店、二〇〇〇年)。
(30) 『東大寺叢書二』には、「東大寺大仏殿参詣人不拝見事少々記之」として十七例が記載されており、年紀のわかる範囲で嘉慶二年(一三八八)~文亀三年(一五〇三)。地域的には奥州から安芸国まで幅広く及んでいる。「東大寺縁起絵詞」の記載とあわせて考えると、南北朝頃から大仏殿参拝という信仰のかたちが広範な地域の諸階層へ普及していたことを思わせる。
(31) 前掲註(6)。
(32) 『東大寺叢書二』「諸集」(一九七頁~一九八頁)。
(33) 「湯船銘文」、『東大寺造立供養記』、『南無阿弥陀仏作善集』など。
(34) 『源平盛衰記』巻二十五、『浄土寺開祖伝』(東大史料謄写本データベース)。
(35) 「四箇大寺古今伝記拾用要新書」所引「東大寺刻屋記」『東大寺叢書二』二九五頁。なお刻屋(穀屋)については永村眞前掲書三九三頁~。
(36) 『高野春秋編年輯録』。
(37) 「東大寺縁起絵詞」第十九巻一六一段。
(38) 浄土堂周辺には、このほかに浄土堂願主阿波民部重能・念仏堂願主藤本権守の石塔、源頼朝・義朝の宝篋印塔も集まっていた。
(39) 註(35)に同じ。

(40)『東大寺叢書二』「諸集」、東大寺聖教類一一三架三七九号。なお永村眞「「南都仏教」再考」（『論集　鎌倉期の東大寺復興――重源上人とその周辺――』ザ・グレイトブッダ・シンポジウム論集第五号、東大寺、二〇〇七年、一二三頁）が東大寺学僧の浄土信仰を具体的に示すものとして注目している。

(41) 重源と貞慶の連携した活動は、このほかにもみえ、両者の親密性はその思想を考える上で重要であろう。東大寺再建に関する連携にとどまらず、両者が互いを生身の観音、釈迦とみなしたとの説話なども興味深い（「東大寺縁起絵詞」一六一段、『源平盛衰記』など）。

(42) 勝寛は貞応二年三論宗僧として維摩会研学竪義を務め、その後、修理目代、律師となった（『鎌遺』五七三一・五九二九）。

(43)「臨終之躰」の公開性が寺内でどうだったか、寺域における「ケガレ観」の問題と関わって、考察すべき課題である。

(44)「自然木杖」は奈良国立博物館図録『大勧進重源』八六頁に写真が掲載されている。「寺中宝物」は『東大寺諸伽藍略録』による。

(45)「鉦鼓」については貞享四年時点で、公慶上人が大仏勧進のために戒壇院経蔵から拝借しようとしたことがわかる（『公慶上人年譜聚英』）。

(46)「東大寺境内絵図」（享保頃）のみが「俊乗堂」に自作像、また現行基堂にあたる堂舎が「俊乗古堂」としてここに「所持之具納之」としている。宝永元年に俊乗堂新築後、しばらくは重源ゆかりの遺品と坐像が別々に納められていたのであろうか。

(47) ここで例示したのは前者が大隅和雄編『朝日百科　日本の歴史別冊　歴史を読みなおす5　大仏と鬼』（朝日新聞社、一九九四年）、後者は『国宝・東大寺金堂鎮壇具のすべて』梶谷亮治解説、二〇一三年。

(48) ちなみに播磨別所浄土寺の場合、浄土堂・薬師堂は方三間宝形造で柱間が非常に大きくなっている。

(49)『七大寺巡礼私記』をもとに室町期に成立したという。藤田経世編『校刊美術史料』寺院篇上（中央公論美術出版、一九七二年）によった。

(50)「東向三間四面堂」とあるが、建久八年重源譲状では方六間で、また方位も「寺中寺外物絵図」の南向とは異なっている。これらの差異をどう評価するかは、今後の課題としたい。

(51)『二月堂修中練行衆日記』。
(52)「東大寺雑集録」巻二(『東大寺叢書一』一七二頁)。
(53)「吉野詣記」。
(54)『東大寺続要録』拝堂篇によると、拝堂の場所は「大仏殿、八幡、食堂、竈神殿、上司庁」である。

(図1・2はいずれも奈良国立博物館提供〈撮影 森村欣司〉)

東大寺の記録類と『東大寺要録』

横内裕人

はじめに――東大寺史に関わる典籍史料

本稿では東大寺史に関わる典籍を類聚し、それらの中での『東大寺要録』の位置を考えてみたい。東大寺に関わる典籍類の内、単行のものとして伝来する諸史料をリスト化し（本稿末尾の**別表**）、試みに下記のように分類してみた。

A縁起・寺誌（寺家・院家・鎮守社・本尊等）
B次第・別記（法会・供養等）
C日記（法会・巡礼記・寺家・僧団）
D伝記（僧伝・行状記）
E年代記（別当・院主）
F目録（資財・聖教・宝物等）

G年中行事（寺家・院家）

Hその他（過去帳など）

まず縁起・寺誌として、寺家をはじめ院家・鎮守社・堂舎本尊等の様々なレベルの寺院の構成体の歴史をある一定の意図のもとに叙述編纂した史書がある（A）。寺家レベルでは、平安時代院政期の『東大寺要録』、鎌倉時代の『東大寺続要録』・『東大寺記録』・『東大寺縁起絵詞』、室町時代の『寺辺之記』・『諸集』、江戸時代の『東大寺雑集録』などが代表的である。院家のものとしては、『大仏殿略縁起修理状』・『戒壇院縁起』・『東南院務次第』・『東大寺尊勝院記』・『八幡大菩薩幷心経感応抄』・『東大寺八幡験記』などが中世に遡るものである。編纂史料としては、『東大寺別当次第』（東大寺薬師院記録）といった別当毎に編年された事件簿がある。

Aの史書の素材になったのが、日常的に生み出される一次史料群である。まずは、『円融院御受戒記』・『東大寺御受戒記』・『太上法皇御受戒記』・『俊乗房重源伊勢参詣記』など供養会の開催に際して作成される次第・別記等（B）、また『二月堂修中練行衆日記』などの法会日記や『法華堂要録』・『東大寺両堂日記』・『東大寺年中行事記』といった寺内諸集団の日次記がある（C）。

鎌倉時代には『円照上人行状』・『西迎上人行状』の行状記が生まれ、江戸時代には『三論祖師伝』といった複数の僧侶の伝記が集成されている（D）。

類例は少ないが、別当毎の記録を詳細に書きとどめた年代記として『東大寺別当次第』（平岡定海所蔵）が編まれている（E）。

また『東南院御前聖教目録』・『東大寺勅封蔵目録記』などの資財・聖教の目録類（F）、鎌倉時代後期に成立した『東大寺年中行事』など寺家における年中行事記（G）、『二月堂上院過去帳』や『南無阿弥陀仏作善集』等

（H）も広い意味で東大寺に関わる記録類といえる。

第一章　寺誌としての『東大寺要録』

第一節　『東大寺要録』の位置

以上の確認された東大寺関係の記録類の中で、『東大寺要録』（以下、『要録』）の位置づけを考えてみたい。前述の作業により明らかなように、『要録』は寺家を対象にした単行の史書の嚆矢である。総合的な歴史意識のもとで、東大寺に関わる様々な史料を類聚し、かつ十章に亘って整然と分類した形で編纂した寺誌といえる。

他寺においても『要録』に類する寺誌が編纂されている。同じ南都の興福寺には院政期成立の『興福寺流記』があり、延暦寺には鎌倉時代成立の『叡岳要記』などがあり、東寺においては南北朝時代の杲宝の撰になる『東宝記』がある。『東宝記』は「仏法僧」により立項され整序されたものとなっている。『東宝記』に較べると『要録』は、寺誌の形態としては内容構成に混然としたところがあるが、総合的な寺誌という意味では、大変早い時期の成立になる。

『要録』に似た内容構成を持つ『醍醐雑事記』は、文治二年（一一八六）までに撰述された醍醐寺の寺誌である。本書の序文(1)によれば撰者は、前従儀師慶延という寺家の三綱・所司に当たる寺主で、冒頭に「序曰、吾寺素無流記」といい、本書の編纂の意図を語っている。後述するが、『要録』の序文にも流記の亡失が原因で旧記の類聚を行ったと述べている。慶延は「予、八代の長史に仕え、一寺の巨細を知る」とあるように、歴代別当に仕える所司の家に生まれ、寺の歴史を聞き知る立場から、「兼て亦た往時を聞き、故老を訪ない」、記録や故老からの聞書きを交えて本書を撰述した。本書は、「他見に及ぶこと莫れ」と公開せず、自分の門徒だけが伝えていくべき書と位置づけている。人に聞かれたらこれを開き示すのみとして、巻軸の貸与は禁じている。秘密を原則にし、複写・紛失を恐れて他出を厳禁するものの、一定の基準のもとに公共の情報として使用する類の資料であった(2)。『醍醐雑事記』のこのような性格は、『要録』の撰述動機や利用方法を考える上でも示唆を与えるものである。

以上を踏まえながら、『要録』撰述の目的とその背景について検討してみたい。

第二節　『東大寺要録』撰述の動機

『要録』の序文によると、本書は嘉承元年（一一〇六）七月に撰述された(3)。

考察の手がかりとして、『要録』の各章に記された撰者の手になる前文あるいは後文に注目したい。これらの文章は、対句を凝らした美文で、当該の巻の内容と撰述の意図に触れており、そこから『要録』全体の撰述動機を読み取ることができる。

具体的には、巻第一の序文、巻第四「諸院章」の前文、巻第四「諸会章」第五の前文、「諸宗章」の前文、巻第六「封戸水田章」の後文、同巻第六「末寺章」の後文が残されている。

序は以下の文で締めくくられる。

然而年紀漸謝、伽藍荒蕪、星霜推遷、流記紛失、嗟乎哀哉、仏法詘替、聖跡将絶焉、爰少僧、目視伽藍、耳聴耆談、聊拾旧記、粗勒寺要、遂編集成十巻、名東大寺要録、其有所不載、幸見者補之、于時嘉承元年孟秋、存斯略記耳、

嘉承元年に成立した『要録』は、伽藍荒廃と流記の紛失による仏法の風化を恐れ、伽藍の現状、古老からの聞き

取り、そして寺家にまつわる文献をもとに、「寺要」すなわち東大寺にとっての枢要な事柄を編纂したものであった。

注目したいのは、十二世紀初頭には東大寺の流記が失われていたという事実である。

堀池春峰氏は、十世紀までの「諸寺社縁起資財帳」を列挙しているが、(4)東大寺に関しては、天平勝宝八年（七五六）の「東大寺縁起並流記資財帳」・宝亀七年（七七六）の「東大寺資財帳」が存在していたらしい。奈良時代には資材帳が作成され、寺の縁起創建・変遷の沿革、安置仏像・聖教・仏具類、寺院地、伽藍、封戸・荘地が記録されていた。

だが九世紀以降、資材帳が更新されなくなり、かつ縁起の内容が分化していく。旧来の財産目録等を省略した略本が出現し、一般化する。略本は霊験の強調で信仰を喚起する縁起として利用され、十一世紀以降には、略本の縁起が類聚され縁起集が成立する一方、伝説的な内容や偽作を伴う寺史（高野山・四天王寺御手印縁起、観心寺縁起、園城寺縁起等）、すなわち中世的縁起が成立するとされる。(5)

東大寺の場合、八世紀に作成された縁起流記資財帳の類は、年月を経るに従い亡失したものか、『要録』・『諸寺縁起集』・『七大寺巡礼私記』等に引用された佚文として残るのみであった。(6)すなわち十二世紀初頭の段階で、東大寺の寺僧は寺家草創以来の歴史を公的文書によって確かめることができなかったのである。これが『要録』序文のいう「星霜推遷、流記紛失」の状況であった。

では、『要録』は、どのような史料をもとに撰述されたのか。堀池氏は、『要録』に引用された史料を捜索され、五つに分類された。

まずは、正史およびそれに準ずる史料として『続日本紀』『日本後紀』以下の公的な記録。二番目として、寺社関係記録である寺誌・縁起。三番目には、『延暦僧録』など東大寺に関わる人物の伝記や説話集。四番目には、文書・経典奥書・碑文。東大寺印蔵文書の利用が特筆され、『要録』撰者は印蔵文書を利用することが可能であったと類推できる。最後に、日記・耆老の伝。文書史料のみに頼らない、寺僧の口伝である。例えば、「或日記」「古老伝」「古老相伝」「古人談」「寺僧僧伝」「私云」などが散見する。撰者の同時代人の声を編纂に取り入れた点は、『醍醐雑事記』が「訪故老」って情報収集した点と共通しており、新古の情報を取り混ぜて、十二世紀初頭の東大寺像を描こうとする撰者の意図が知られる。

公的記録を失いつつも、広く諸書の史料を利用して、東大寺の新たな歴史書を撰述しようとした意図は、一体奈辺にあったのか。

堀池春峰氏は、康和二年（一一〇〇）から三年の間、東大寺別当の任にあたった永観に注目した。すなわち永観の別当在任中に『要録』編纂が計画され、嘉承元年（一一〇六）七月、次代の別当勝覚の治世に完成したと推測している。

永観は東南院三論宗の学侶で、その別当時代には正倉院勅封蔵・東塔・食堂登廊・廻廊・楽門など東大寺の伽藍の修造が進められ、一方、茜部・猪名庄を百口学生供に施入し、法花会の布施を増資するなど東大寺学侶の経済基盤を支援した。永観の前代に当たる別当経範は、仁和寺を本寺とする他寺僧で、着任の当初より大衆と対立した。経範の時代には、大衆が経範による三十五箇条の不法を朝廷に訴えるなど寺内は混乱し、「経範の不治・寺家破壊に依り」、朝廷の選抜によって永観が別当に指名された。

堀池氏は当時の東大寺が置かれた情勢を前提に「永観の別当時代における伽藍の修理や学問の振興が、ともすれば衰退する当時の寺勢に対して、心ある寺僧をして慨歎せしめ、その成果が十章十巻の要録となって上梓されたものと思われる。」と述べた。永観別当期は東大寺再建の画期であり、爾後の東大寺の進むべき方向を示す指針として『要録』が撰述されたという説である。

また久野修義氏は東大寺の中世的変貌を視野に入れて、『要録』成立の背景に触れている。(7) 久野氏は堀池説に関説しながら、『要録』が撰述されたこの時期、東大寺が本願聖武を強調することで荘園再建・寺内組織の再編成を進める中で銅板勅書の偽作、一万町の水田の勅施入などの主張による中世的な所領支配を積極的に推進しており、その本願聖武主義は『要録』序文の基調となっているという。

久野氏が示す『要録』序文のみならず、他の章の地の文にも本願聖武が繰り返し登場している。確かに『要録』は本願聖武を強調する歴史観のもとに書かれているのである。

地の文における本願聖武の所説を記すと、『要録』序文は「感神皇帝御願。天下第一大伽藍也。」・「施入　水田一万町。」(勅施入)・「於是皇帝菩薩。為誡後代邪悪之輩。立誓願言。」(聖武誓願)、諸院章は「自非本願聖皇之力。」、諸会章は「大哉聖皇之計矣。貴乎本願之搆矣。」(第五)、諸宗章は「然則　本願皇帝深発大願。」、封戸水田章は「或御筆勅書庄。」・「不憚聖皇勅誓。」などが見える。

久野氏は、本願聖武の強調を〈寺―天下〉同調史観と名付け、寺運と天下の衰勢が連動するというような史観を示すという(『要録』巻第六「封戸水田章」第八、勅書銅板裏銘文、「以代々国主為我寺檀越。若我寺興復天下興復。若我寺衰弊天下衰弊。」)。また、久野氏によれば『要録』の基調に流れる〈寺―天下〉同調史観は、新たに京都に建立された国王の氏寺法勝寺を意識し、東大寺もそれに倣おうとしたものであり、さらに本願聖武の強調は、十二世紀末葉における四聖、すなわち、聖武、菩提僊那、良弁、行基の四人の聖が護寺にあたるという新しい歴史観の登場を促したという。こうした荘園支配の根拠となる思想の形成と『要録』の歴史観は響き合っていたのである。

第三節　永観と『東大寺要録』

東大寺が古代から中世に転換を遂げる時期に撰述された『要録』は、中世東大寺の歴史を記す寺誌であった。おそらく堀池氏の推定通り、『要録』撰述の契機となったのは、別当永観の理想の寺院統治があっただろう。だが意外なことに、『要録』の撰述と永観が直接に結びつく史料は見当たらない。以下に掲げるのは、『要録』が撰述された嘉承元年七月を挟んで出された二通の東大寺文書であるが、ここに永観との関連を推測させる記述がある。

（ア）嘉承元年四月日東大寺伝灯大法師等解（未成巻一〇—三〇四、『平安遺文』未収）　赤袈裟

（イ）嘉承元年八月五日官宣旨（成巻文書、『平安遺文』一六六二）　修造・荘園

（ア）は「赤袈裟」の事件に関連するものである。東大寺の堂達が綱所役人と同様の赤袈裟を着用するのを興福寺の「悪僧等」が横妨してきたため、これを停止されたいと朝廷に訴えた訴状である。赤袈裟着用をめぐる東大寺と興福寺の相論は著名で、永観の別当時代、康和三年にも東大寺華厳会での東大寺三綱の赤袈裟着用をめぐって一悶着があった。その後、長治二年（一一〇五）三月の大極殿千僧御読経において東大寺堂達が着用する赤袈裟を興福寺僧が「利刀」で「切散」らす事件が勃発したため、この訴状を提出したのである。

本文冒頭では「寺家者聖王之御願神功之所構也、代代国主専為檀那」とあり、久野氏のいう通り聖武御願が強調されている。「代代国主専為檀那」の文言は、『要録』「封戸水田章」引用の銅板勅書の裏銘の一部にあたる。聖武の御願を強調したあと、「延喜天皇（醍醐天皇）殊凝祈請敬崇寺家誓願窃通孫胤相続也」と続け、全て勅定により、綱所の例に準じて「寺家式」を決定していると述べる。

ここでは東大寺の別院観世音寺で赤袈裟が認められている例、また前述の康和三年華厳会の例を出し赤袈裟公認

の証拠としつつ、承暦二年（一〇七八）の宮中御斎会で興福寺別当が勅許なしに中綱に赤袈裟を着用させたのに事後的に承認された例を挙げている。注目したいのは、「寺《東大寺》家者非私人建立、是即救世観音後身聖武天皇建立三代聖霊御願日域第一伽藍也」と述べる部分である。つまり、東大寺は私人の建立ではなく、救世観音の後身たる聖武天皇が建てた三代聖霊の御願であって日域第一の伽藍だと主張しているのである。

聖武を救世観音の後進とする説は十二世紀末に見られるというが、[8] すでに十二世紀初頭に確認できるのだ。これに呼応する東大寺の主張の根幹となる部分が、『要録』「要録巻第二　延喜章第二」の「私云」に引用されている。すなわち「私云、彼聖徳太子者救世観音変身、思禅師念比丘之後身也、聖武天皇者聖徳太子之後身、救世観音之垂跡也」とある。寺解と『要録』双方に見いだされる聖武の観音後身説は、東大寺の中世化を彩る新しい言説として東大寺寺僧に共有されていたことが確認できる。

『要録』は「私云」という口伝をも収集した点に、中世的寺誌としての特徴があらわれていると前述したが、こうした言説が寺院の権門間相論での主張にも利用されうるソースになっている点も強調しておきたい。この他にも寺解と『要録』に共通する表現が散見する。[9]

また（イ）嘉承元年八月五日付の官宣旨は、二つの部分からなり、その一つが「応令官使徴納諸国封戸、宛堂舎修造料事」とあるように、堂舎修造料の封戸収入を確実に徴収するべく東大寺側が働きかけたことに対する朝廷側の返答になる。この解状は、六月二十日に提出されており、『要録』完成の前月にあたる。その解状もやはり「寺家者、聖武皇帝之所立、仏法興隆之張本也、輪奥広満露地云々」と本願聖武を強調する。続けて「本願聖霊施入状」が挙げられ、前述の聖武の誓願、「以代代国王為我寺檀越、若我寺興複天下興複云々」の勅書銅板の裏銘の一文が出てくる。これもまた『要録』と対応する表現である。

官宣旨のもう一つの主張は荘園に関するもので、ここでもやはり「如本願聖霊勅施入文」が引用されている。注目したいのは、「因茲前別当永観注摂津国猪名庄、如本図可被免立之由」、「遣実検使勘勒子細之処、四至内併可為寺領之由、官使幷在庁官人等相共依実言上先畢」と永観の事績を先例として挙げている点である。これは（ア）にも共通していえることで、『要録』撰述当時の東大寺寺僧の胸臆にある、永観の別当時代を理想的に回顧する心情が吐露されている。これは『要録』にも共通すると見て良い。

本章冒頭で触れた『醍醐雑事記』は、前従儀師慶延という三綱・所司が編述したものであった。ここから推測するにこの『要録』も、実際に庶務を行う三綱層が作ったのではないだろうか。（ア）嘉承元年四月の寺解は「東大寺大法師等」が差出となっているが、実際には日下と次行に見える維那師すなわち三綱が作っている。彼らは、永観時代における寺領回復・伽藍整備・寺格上昇の先例を念頭に置きつつ、東大寺全体の台頭を図ろうという歴史意識の中で『要録』を編纂したのではなかろうか。

第二章　公験としての『東大寺要録』

前章では『要録』に見る新しい歴史認識は、正史や記録のみならず、「古老伝」や霊験といった言説を総合して作られていたこと、『要録』の撰者は、東大寺の生き残りを懸けて朝廷や権門との訴訟を行った東大寺僧と同じ目線に立っていたことを指摘した。最後に『要録』が、その後どのように東大寺僧に利用されたのかを確認し、『要録』の歴史的意義について触れたい。

『要録』が利用されたことがわかる最古の史料は、承安五年（一一七五）五月日東大寺寺領文書未返納注文（『平安遺文』三六九〇）に「一、寺家要録二巻召上之後、未被返事」と見えるものである。東大寺前別当顕恵が任中に東大寺印蔵から召し上げた文書に含まれている。これら顕恵に召し上げられた「寺領証文」はいずれも荘園をめぐる相論の証拠として印蔵から取り出されたものである。『要録』が寺家の公蔵たる印蔵に保管され、相論の証拠文書として利用されていたことが知られる。

さらに、安元元年（一一七五）八月七日東大寺寺領文書返納注文（『平安遺文』三七〇〇）に「一、寺家要録一巻第六巻」と記載される。この注文は、前述の顕恵に召し上げられた東大寺文書が返還された際に作成されたもので、「第六巻」の「一巻」のみが返却されていることがわかる。この第六巻は「封戸水田章　末寺章」に該当し、顕恵が召し上げた「寺領証拠」と内容が一致する。[10] 顕恵が召し上げた『要録』は二巻であったが、この時返却されたのは一巻のみで、残る一巻の行方は明らかではない。

鎌倉時代においては、尊勝院宗性が『春華秋月抄草』（第二十四）に「要録云」として、『要録』諸院章（僧正堂）の一節を引用するほか[11]、聖守が『東大寺続要録』でも参看する（「諸院章」西南院）など、東大寺の学僧らが繙く寺誌として利用されていたことがわかる。

加えて興味深いのは、鎌倉時代においても訴訟の証拠文書に利用されている点である。例えば、弘安徳政に際して東大寺が寺領回復のために作成した注進状の中に「右、要録所見之分也」と、東大寺の封戸の記述が引用されている[12]。

また鎌倉時代末期、東大寺が醍醐寺と本末論争を展開したことが知られているが、その相論史料の中で、東大寺は「且当寺要録第六有末寺一章」と訴訟文書の作成に『要録』を利用している[13]。

相論の中で醍醐寺は「次要録者誰所記乎、比興也、是二」と『要録』の作者が不明瞭であるなどと批判を加える[14]。

これに対して、東大寺側は以下のように反駁している。

次本尊道具事、捧元海僧都私状、備支証之条如何、対他設難之時者、於官符尚嫌、有乞状、望自求証之日者、捧私状正以為所拠、自他之偏頗、是已顕然、雅意用捨、誰敢之哉、元海不経宗長者、不昇僧極官、依為一寺之耆宿、示置後昆之存知許也、当寺所捧之要録、彼此等同之所見也、彼者只載安置宗書籍之者、此者**正録勘定寺本末之章**、彼状書籍、可為実証者、此録本末争又諍申哉、勿論次第也、是八、

東大寺の主張は、①醍醐寺の根拠は「元海僧都私状」に過ぎず、「支証」となり得ない、②東大寺が根拠としている『要録』は「正録勘定」したものだという。つまり東大寺僧は、『要録』を勘録を経た寺の正史と考え公的に認知された公験と認識していたのである。

おわりに

『要録』は中世東大寺の出発に際して新しい歴史意識のもとで撰述された東大寺史であり、院政期・鎌倉時代の東大寺僧が印蔵中の公験として寺院運営の際に積極的に利用していることを確認した。東大寺に関わる記録類の中でも、訴訟においても一定度の公的性が認知されたものとして重要な史料的価値を有する編纂物なのであった。

今後の課題について付言するならば、『要録』が依拠した情報源を解明する必要がある。前述のように中世的寺誌としての『要録』の価値は、多種多様な史料を類聚編纂した点にあった。それらの史料を撰者がどのように入手していたのか、院政期の寺院における知識集積の具体像を明らかにする中で、寺誌としての『要録』の意義づけをさらに検討していきたい。

註

（1）参考までに、『醍醐雑事記』序文を掲出する。「員外寺主前従儀師慶延撰／序曰、吾寺素無流記、向後又以可無焉、予仕八代之長史、知一寺之巨細、兼亦聞往時、訪故老、有要記、之号曰醍醐雑事記、但莫及他見、予門徒独伝矣、此記中、若有要而人尋問者開示其事、不惜巻軸、齢至質徒惜点止焉、是故集雑事等、勒六十三巻、云爾」。

（2）永村眞「寺院史料の生成と機能」（『中世寺院史料論』吉川弘文館、二〇〇〇年）。

（3）安藤更生「東大寺要録撰述年代の研究」（『奈良美術研究』校倉書房、一九六二年。初出一九六一年）・「東大寺要録」の醍醐寺本とその筆者に就いて」（同上、初出一九二九年）、堀池春峰「東大寺要録編纂について」（『南都仏教史の研究』上〈東大寺篇〉、法藏館、一九八〇年）らの先行研究により、『要録』の成立は、以下のように推定されている。

まず巻第一の序文の末尾に「于時嘉承元年孟秋　存斯略記耳」と記されていることから、オリジナルの『東大寺要録』が嘉承元年（一一〇六）七月に撰述された。この段階では、序文に続けて「今開要録、略有十章」と記され、本願章一　縁起章二　供養章三　諸院章四付神社　諸会章五付相折　諸宗章六　別当章七付和上　封庄章八　末寺章九　雑事章十

の構成が掲げられている。この配列は現状の『要録』とは異なっているが、当初の配列であろうと推測される。

次に、巻十（雑事章余）巻末にある「長承三年（一一三四）八月十日　東大寺僧観厳集」という奥書から、長承三年の段階で一旦増補された。この増補は比較的纏まった分量であったため、当初の十章十巻という章立てが崩され、いくつかの章が纏められて一巻になった。さらに、保延四年（一一三八）以降、鎌倉時代に到るまで数度の追補がなされた。

（4）堀池前掲「東大寺要録編纂について」。

（5）赤松俊秀「南北朝内乱と未来記について」（『鎌倉仏教の研究』平楽寺書店、一九五七年）・「高野山御手印縁起について」（『魚澄先生古稀記念国史学論叢』魚澄先生古稀記念会、一九五九年）、中野玄三「社寺縁起絵論」（『日本仏教絵画研究』法藏館、一九八二年）。

（6）「縁起文」（『要録』縁起章第二・護国寺本『諸寺縁起集』）、「本寺縁起文」「縁起云」「本寺流記」「流記云」（『七大寺巡礼私記』）、「大仏殿碑文」（『要録』・『巡礼私記』等）などと見える。

（7）久野修義「中世東大寺と聖武天皇」（『日本中世の寺院と社会』塙書房、一九九九年、初出一九九一年）。
（8）久野前掲「中世東大寺と聖武天皇」。
（9）「諸宗並窓大小兼学」という常套句や、聖武天皇の「御起請文」の引用など。
（10）堀池前掲論文。また「巻」という員数表記から、原『要録』が巻子本であったことが類推できる。
（11）平岡定海『東大寺宗性上人之研究並史料』上（臨川書店、復刻版一九八八年）、三七四頁。
（12）弘安八年八月日東大寺注進状案（『鎌倉遺文』一五六五九）など。この史料全体の性格については、遠藤基郎「史料紹介「筒井寛秀氏所蔵文書」所収の弘安徳政関連文書」（『南都仏教』七六号、一九九九年）を参照。
（13）（正和四年）東大寺注進状（『鎌倉遺文』二五七〇七）。
（14）（正和四年）東大寺注進状（『鎌倉遺文』二五七〇八）。

別表　東大寺関係の典籍史料

	史料名	主な古写本	刊本	内容
古代				
寺誌（東大寺）	東大寺要録	醍醐寺・仁治三年寛乗写・二巻、東大寺・文明十七年写・十冊（本坊六三）	『続々群書類従』第十一宗教部、筒井英俊校訂『東大寺要録』（国書刊行会、一九七一年。全国書房、一九四四年）	
寺誌（東大寺）	七大寺巡礼私記	法隆寺・鎌倉後期写・一冊	藤田経世編『校刊美術史料』寺院編上巻（中央公論美術出版、一九七二年）・『奈良文化財研究所史料』（二二）	
寺誌（東大寺）	七大寺日記	奈良国立博物館（観智院本）・建長七年写・一帖	藤田経世編『校刊美術史料』寺院編上巻	
記録	円融院御受戒記	東大寺・永治二年覚仁写・一帖（薬二／二〇七）	『群書類従』第二十四釈家部	
記録	東大寺御受戒記	龍門文庫・保元四年興然写・一帖	石田実洋「阪本龍門文庫所蔵『東大寺御受戒記』」（『戒律文化』第二号、二〇〇三年）	
中世				
寺誌（別当）	東大寺別当次第	東大寺・南北朝写（祐成手択）・一冊（薬二／一九〇）	堀池春峰「東大寺別当次第」（角田文衛編『新修国分寺の研究　第一巻　東大寺と法華寺』吉川弘文館、一九八六年）、『大日本仏教全書』東大寺叢書一、『群書類従』補任部	

寺誌（東大寺）	東大寺続要録	東大寺・文明年間写・九冊（本坊六四）ほか	『続々群書類従』第十一宗教部、筒井寛秀監修『東大寺続要録』（国書刊行会、二〇一三年）	
寺誌（東大寺）	諸寺縁起集	醍醐寺・建永二年弁豪写・十八帖	藤田経世編『校刊美術史料』寺院編上巻	
寺誌（東大寺）	建久御巡礼記	久原文庫・鎌倉前期写・一巻、前田育徳会・鎌倉後期写・一冊、ほか	藤田経世編『校刊美術史料』寺院編上巻	
寺誌（東大寺）	諸寺縁起集（護国寺本）	護国寺・康永四年清□写・一冊	藤田経世編『校刊美術史料』寺院編上巻、『大日本仏教全書』寺誌叢書二	
寺誌（東大寺）	諸寺縁起集（菅家本）	東京国立博物館・室町写・一冊	藤田経世編『校刊美術史料』寺院編上巻、『大日本仏教全書』寺誌叢書二、『続々群書類従』第十一宗教部（南都七大寺巡礼記上）	
寺誌（東大寺）	寺辺之記	東大寺・室町後期寅清写・一冊（薬二／一五八）、東京国立博物館（旧菅家）・室町後期寅清写・一冊	藤田経世編『校刊美術史料』寺院編下巻（中央公論美術出版、一九七六年）	天文二十一年～慶長八年間書
寺誌（東大寺）	東大寺記録	真福寺・鎌倉後期写・一巻	『真福寺善本叢刊八　古文書集一』（臨川書店、二〇〇〇年）、『続群書類従』釈家部第二十七輯上	
寺誌（東大寺）	東大寺縁起絵詞	龍松院・永享三年延営写（建武四年玄龍識語・応永九年兼俊書写本奥書ほか）・二冊、東大寺・室町後期写（建武四年玄龍識語・応永九年兼俊書写本	小山正文・小島恵昭・渡邉信和「『東大寺縁起絵詞』の研究」（『同朋学園仏教文化研究所紀要』第九号、一九八七年）	

		奥書・応永二十四年識語ほか）・一巻（一一三／四一一）		
寺誌（東大寺）	諸集		『大日本仏教全書』東大寺叢書二	
寺誌（大仏殿）	大仏殿略縁起修理状	東大寺・天文頃写・一巻（本坊五七）		
寺誌（大仏殿）	大仏不見記	東大寺・室町写・一巻（本坊五六）		
寺誌（戒壇院）	南都東大寺戒壇院略縁起	東大寺・享保十八年写・一冊	『大日本仏教全書』東大寺叢書二	
寺誌（戒壇院）	戒壇院縁起	東大寺・永正十五年宗芸写・一巻（一〇四／八〇六）		
寺誌（真言院）	真言院再興上表・真言院再興略記	東大寺・鎌倉聖守写・一巻（一〇四／八〇一）	堀池春峰「東大寺真言院再興奏状・同再興略記に就いて」（『大和文化研究』六—一一、一九六一年）	
寺誌（東南院）	東南院務次第	東大寺・延応二年宗性跋・一巻	『大日本仏教全書』東大寺叢書二	
寺誌（尊勝院）	東大寺尊勝院記追加	東大寺・江戸写・一冊（一一三—三三六—一）	『大日本仏教全書』東大寺叢書二	
寺誌（尊勝院）	東大寺尊勝院記附録	東大寺・江戸写・一冊（一一三—三三六—二）	『大日本仏教全書』東大寺叢書二	
寺誌（八幡社）	東大寺八幡験記	東寺観智院・鎌倉写	『続群書類従』第三輯上神祇部、千本英史「聖然と東大寺八幡験記」（『験記文学の研究』勉誠出版、一九九九年）	
寺誌（八幡社）	東大寺八幡縁起絵巻	東大寺・室町後期写・二巻（本坊一一三）		

寺誌（八幡社）	八幡大菩薩御託宣記	東大寺・享保八年書写（建治四・弘安五本奥書）・一帖（一一三／三七八）		
日記（正倉院）	三蔵開封日記	東大寺・天正二年浄実写・一冊（一四一／四五三）		
日記（正倉院）	正倉院開封記	東大寺・永享元年写・一巻		
日記（その他）	東大寺絵所日記	上司延武・江戸・一帖	『続々群書類従』第五記録部	天文四年～元亀三年
日記（二月堂）	二月堂修中練行衆日記	東大寺・鎌倉～江戸・一六七点（一四一／四六八Ａほか）	元興寺文化財研究所編『東大寺二月堂修二会の研究』（中央公論美術出版、一九七九年）	
日記（法華堂）	法華堂要録	東大寺・室町写・一冊（薬二／一七四）	『続々群書類従』第五記録部	長禄三年～文明十五年
日記（両堂）	東大寺両堂日記	東大寺・宝珠院・一冊（影写本一八一／一八四）		
僧伝	円照上人行状	東大寺・鎌倉後期凝然自筆本・三巻（一〇三／九六）	『続々群書類従』第三史伝部、東大寺教学部編『東大寺円照上人行状』（影印・翻刻・解説、東大寺図書館、一九七七年）	
僧伝	西迎上人行状	東大寺・正徳三年宗覚写（一〇四／八六六）	新藤晋海編『凝然大徳事績梗概』（東大寺教学部、一九七一年）	
年代記	東大寺別当次第	平岡家・鎌倉写・一冊	遠藤基郎「平岡定海氏所蔵「東大寺別当次第」について」（『東京大学史料編	

			纂所研究紀要』一三、二〇〇三年）	
記録	俊乗房重源伊勢参詣記	真福寺・鎌倉写・一巻	『真福寺善本叢刊八　古文書集一』、『大日本仏教全書』東大寺叢書二	
記録	俊乗上人奉納大般若伊勢神宮記	東大寺・延宝四年写・一帖（一一三／三七二）	『大日本仏教全書』東大寺叢書二	
記録	東大寺造立供養記		『大日本仏教全書』東大寺叢書一、『群書類従』釈家部二四	
記録	太上法皇御受戒記	東大寺・鎌倉宗性写・一帖（一一三／一一〇）	平岡定海『東大寺宗性上人之研究並史料』下（臨川書店、一九八八年）	文永六年後嵯峨院受戒
記録	東大寺八幡手掻会記		『続群書類従』神祇部第三編上	文明十四年元奥書・貞享元年書写奥書
目録	戒壇院凝然所述書目	東大寺・明和三年崇憲写（明応五・天正七・明暦元・宝永八本奥書）・一冊（一一三／三九五）	新藤晋海編『凝然大徳事績梗概』	
目録	東大寺勅封蔵目録記	東大寺・弘安十一年写・二巻（一〇四／八〇二）	橋本義彦「『東大寺勅封蔵目録記』雑考」（『正倉院文書研究』九、二〇〇三年）、『続々群書類従』第十六雑部	
年中行事記	東大寺年中行事	東大寺・南北朝写・一冊（薬二／二二〇）		

その他	二月堂上院過去帳	東大寺・南北朝以降書継・一巻（本坊五四）	元興寺文化財研究所編『東大寺二月堂修二会の研究』	
近世				
寺誌（別当）	東大寺別当譜	東大寺・明和五年成杲写・一冊（一一三／三七四）		
寺誌（東大寺）	東大寺雑集録	東大寺・江戸中期写・十冊（薬二／一五二）ほか	『大日本仏教全書』東大寺叢書一	
寺誌（東大寺）	東大寺縁起下	東大寺・享保十一年写・一帖（一一三／三六八）		
寺誌（東大寺）	東大寺諸伽藍略録	東大寺・江戸写・一巻	『大日本仏教全書』東大寺叢書一	
寺誌（東大寺）	東大寺諸伽藍書付	東大寺・江戸写・一巻（一〇四／八二二）		
寺誌（東大寺）	四箇大寺古今伝記		『大日本仏教全書』東大寺叢書二	
寺誌（東南院）	東南院務譜	東大寺・明和五年成杲写・一冊（一一三／四〇九）		
寺誌（尊勝院）	東大寺尊勝院院主次第	東大寺・寛延元年実祐写・一冊（→仏教全書の底本かどうか不明）	『大日本仏教全書』東大寺叢書二（元禄壬申年道恕識語、明和三年崇憲書写）	
寺誌（大仏殿）	大仏殿再興発願以来諸興隆略記	東大寺・元文二年庸訓写・一冊		
寺誌（大仏殿）	大仏殿再興記	玉井義輝・江戸・二帖		

日記（東大寺）	東大寺年中行事記	東大寺・江戸・一六七冊		
日記（二月堂）	二月堂修中堂方日記	東大寺・江戸		
僧伝	東大寺明匠姓氏系譜	東大寺・明和三年英憲写・一冊		
僧伝（三論）	三論祖師伝集	東大寺・天和元年隆□写・三巻（一〇四／一〇一）	『大日本仏教全書』伝記叢書	
僧伝（龍松院）	龍松院公盛・公俊・庸訓代代諸興隆略記	東大寺・元文二年庸訓写・一冊		

鎌倉後期の東大寺大勧進をめぐる騒乱事件

小原嘉記

はじめに

本稿は鎌倉後期に起きた東大寺大勧進職をめぐる幾つかの騒乱事件を題材にして、それらが発生した背景や歴史的意義について考察することにしたい。具体的に取り上げるのは、別表にも示した周防国庁放火事件、聡遍・円瑜および心源の改替・還補問題である。

これらの事件は既に先行研究(1)でも取り上げられており、その点で比較的よく知られた出来事ということができる。一般に造営料国に関する文書群は寺外の存在である大勧進の許に保管されたため、鎌倉中期までの東大寺文書の中には大勧進関係の文書は殆ど残っていないのが実情である。ところが十三世紀末頃から如上の事件を含む周防国関係史料が俄かに東大寺文書に伝存するようになるのである。これは端的にいうと、惣寺が大勧進の改補や周防国の経営に直接的に介入する姿勢を強めた状況に起因している。鎌倉後期の大勧進職をめぐる混乱の背景を考える場合には、こうした惣寺の強い干渉がどのような意図に基づくものであったのかを明確にする必要がある。

別表　鎌倉後期の大勧進

大勧進	住寺・住院	年	事項
聖然	東大寺新禅院	弘安五年（一二八二）	補任〔吏務〕
円乗	京都栖霞寺	正応二年（一二八九） 正応四年	補任（十二月）〔鎌一七五〇五〕 **国庁放火事件**（十二月）
忍性	鎌倉極楽寺	永仁元年（一二九三）	補任〔吏務〕
心恵	鎌倉覚薗寺	永仁六年 正安年間	補任ヵ **正安の国衙興行**〔鎌二三九二四・二四六一二〕
聡遍	鎌倉理智光院	嘉元四年（一三〇六） 徳治三年（一三〇八）	補任（五月）〔吏務〕 **大勧進職改替要求**〔鎌二二九九四〕
聖然	東大寺新禅院	徳治三年	再任（九月）〔吏務〕
円瑜	京都戒光寺	延慶三年（一三一〇）	補任（三月）〔吏務〕 **大勧進職停任と改替要求**（十二月）〔鎌二四一四二・未五―五二〕
円乗	京都栖霞寺	延慶四年	再任（四月）〔鎌二四二八四〕 **大勧進職改替要求**〔鎌二四一七〇〕
心源	京都円通寺	応長元年（一三一一） 正和元年（一三一二） 正和二年 文保元年（一三一七）	補任（閏六月）〔吏務〕 **大勧進・目代と在庁官人の対立**（五月）〔吏務〕 **在庁官人が目代に従わないことを起請**〔鎌二四八二〇〕 **在庁のサボタージュ続く**〔鎌二六〇九三〕

		文保二年	心源いったん辞任するも重ねて補任〔未四—一七九〕
		文保三年	**大内重弘による大勧進改替工作**〔鎌二六九一〇〕 **惣寺による心源の還任要求**（二月）〔未三—三—二九〕
知義	京都 三聖寺	元応元年（一三一九）	補任（十二月）〔吏務〕
順忍	鎌倉 極楽寺	元亨二年（一三二二）	補任（十一月）〔吏務〕
俊海	鎌倉 極楽寺	嘉暦元年（一三二六）	補任（十二月）〔吏務〕
円観	京都 法勝寺	元弘三年（一三三三）	補任（十月）〔吏務〕
俊才	東大寺 戒壇院	建武三年（一三三六）	補任（六月）〔吏務〕

〔 〕は出典。吏務：周防国吏務代々過現名帳　鎌：鎌倉遺文　未：東大寺未成巻文書

これに関連してもう一つ注意したいのは、鎌倉後期になると東大寺大勧進としていわゆる〈住京黒衣の禅律僧〉や〈関東止住名誉の律僧〉が任じられるようになる点である。鎌倉期の東大寺大勧進を総論的に論じた永村眞氏は、南北朝期以降に大勧進職が東大寺戒壇院に固定化することと対比して、鎌倉期には種々の属性をもった大勧進が交互に現れていることに着目し、これを試行錯誤の中で大勧進職に求められる条件が次第に明確化する過程であったと評価した（2）。

しかし鎌倉期の一五〇年もの期間を過渡期のごとく位置付けてしまうのは、やはり問題である。当然のことなが

ら鎌倉後期にはこの時期に固有の問題があったはずで、そうした事柄との関連性の中で大勧進や国衙領経営の問題を考えていかなければ、歴史分析としては不十分といわざるを得ないだろう。本稿ではそうした点を踏まえて、鎌倉後期に〈住京黒衣の禅律僧〉や〈関東止住名誉の律僧〉が登場することの意味を歴史的に跡付け、当該期の大勧進に求められた資質が何であったのかを論じていくことにしたい。

第一章　国庁放火事件と円乗

正応四年（一二九一）十二月、周防国の国庁が放火により焼失するという不穏な事件が発生した。間もなく実行犯グループは捕まり、この出来事が大勧進への返り咲きを図る聖然一派の謀略であることが判明した。翌春に行われた惣寺集会では事件関係者の処罰をめぐって紛糾し、聖然派と目された聖尊・明寛等と、見任の大勧進円乗を支持する大行事玄寛・寛僘・寛久等の間で寺僧同士の対立はエスカレートしていき、ついには「当勧進引級之族、…忽抜大刀[3]」という乱闘騒ぎにまで発展した。

ではこうした前大勧進聖然と見任の円乗の反目が生じる原因と背景には一体何があったのだろうか。ここで二つの造営注文に注目したい。一つは東大寺成巻文書の中にあるよく知られた次の史料である。

【注文A】東大寺修理・新造注進状案（『鎌倉遺文』一六八五八号）

注進　造東大寺修理新造等事

合従弘安五年十一月廿九日迄正応元年十二月　已上七ヶ年

一修理分

『弘安五年』竈神殿　『五年十二月、六年正月』大湯屋
『六年』三昧堂　『六年』鎮守八幡宮経所

（中略）

右、自去弘安五年十一月、迄于正応元年十二月所々造営等、大概注進之、但此外細々小修理等、不能勘録之状如件、

正応二年正月十八日　造東大寺大行事
油倉沙汰人沙門聖爾

注文Aには弘安五年（一二八二）から正応元年までの間に新造・修理された建物・施設や、使用した材木や瓦・檜皮・釘等などの総量が書き上げられている。弘安五年は聖然が大勧進に就任した年なので、この文書は彼の任中の実績を書き上げたものと理解できる。一見すると鎌倉後期においても大勧進が活発に作事を行っていたようにもみえるが、しかし実のところ注文Aは極めて強い政治的な意味合いをもって作成されたものなのである。それはこれより約一ヶ月前に作られた別の注文をみることで明白になる。

【注文B】東大寺造営注進状案（東大寺龍松院文書(4)）

注進　当大勧進七个年間致造営分

一八幡宮後廻廊代百二十石
一拝屋代八十石
一八幡談義屋代百四十石
已上三百五十石

此外瓦用途致沙汰分

東室大房瓦　大講堂廊瓦　西室小子房瓦

已上用途七百余貫

都合米三百五十石・銭七百余貫也、

毎年自両国運送之分四百余石歟、然者七个年分三千余石、其内三分之二私用之条顕然也、

正応元年十二月廿一日　注之[5]

鎌倉後期の造営料国からの収入が分かる非常に興味深い史料であるが、これによると「当大勧進」の聖然は就任してから七年の間に僅かの作事しか営まず、周防・肥前の両国から送られてくる正税の三分の二を私用に充てていたとされている。注文Bが聖然の不治を訴える内容であるのは明らかだろう。この点を踏まえると、先にみた注文Aはこの注文Bの告発に対して聖然側が自らの正当性を主張するために作った弁明の文書であったといえる。

では、この争いはその後どうなったかというと、正応二年十二月に円乗が新たな大勧進職に補任された結果からみれば、聖然側の主張は朝廷によって退けられたものと思われる。聖然にしてみればこの改替は非常に不本意であったろうから、その不満は水面下でくすぶり続け、ついには国庁放火事件を引き起こすに至ったのだと考えられる。

ところで聖然を告発した注文Bの作成者はそもそも何者なのだろうか。文書の内容をみると造営用途の収支状況や過去の営作活動の把握など、作事の実務や内部事情にかなり通じていた様子が窺える。実はそのような立場にいた者として思い当たる人物が一人いる。大行事玄寛である。大行事とは鎌倉中期以降に現れた役職で、寺内に常住しない大勧進に代わって勧進所を統括する役割を担うようになっていた[6]。注文Bの作成主体としては相応しいとい

えよう。少々深読みかもしれないが、注文Aで大行事が署名していないのも、大勧進と大行事が反目していた当時の状況をリアルに示しているとみれば理解しやすい。実際に玄寛は国庁放火事件の際には円乗側に与しており、聖然一派の陳述の中では、「円乗上人、相語大行事玄寛出謀書、掠補当職」[7]とも言及されている。そこにみえる「謀書」の一つが注文Bであった可能性も十分に考えられるが、いずれにしても聖然から円乗への大勧進交替劇を裏で操っていた張本人が玄寛である蓋然性は極めて高いのである。

それにしても大行事玄寛はどうして見任の聖然を見限り、円乗と手を組む選択をしたのだろうか。前稿では、造営料国の利権=「公私得分」の獲得をめぐって寺僧集団の分裂が顕在化し、各寺僧グループが自らに都合の良い者を大勧進職に推す動きを活発化させたために、寺僧間の対立は高まり、実力行使を伴う闘乱事件にまで発展したことを論じた[8]。玄寛の行動の背景にこうした寺僧等の動きをみることはもちろん可能なのだが、ここではそれとは別の観点から玄寛の真意を探ってみたい。

玄寛は円乗が大勧進であった正応五年に食堂造営に向けた杣実検のために周防国に下向していた。これは彼が東大寺の伽藍復興に並々ならぬ意欲を有していたことを示しているが、実は十三世紀末期の東大寺では久方ぶりの大規模造営計画が持ち上がっていた。一つは聖然の時に始められた西塔再建で、もう一つは円乗によって着手されたと思われる食堂造営である。いずれも七堂伽藍を構成する寺院の中枢施設であり、その復興は寺家の念願だったはずである。おそらくこの計画の中心にいたのが玄寛だったのだろう。となると、彼が円乗を選んだのは、聖然が大勧進では莫大な費用のかかる造営事業を進めるのは困難だと判断したことが大きいのではなかろうか。聖然の時に「大勧進事始西塔」[9]とはみえているものの、一向に作事が進まぬ状況に業を煮やした玄寛が、集金能力のある勧進僧に白羽の矢を立てたというのが事の真相であったと思われる。

聖然の後任となった宝緒上人円乗は、「周防国吏務代々過現名帳」に「栖河寺長老山城」とあり、嵯峨栖霞寺の住持であったことが知られる。栖霞寺は周知の通り源融の別荘を彼の死後に寺院化したもので、中世にはその中の一堂であった釈迦堂（清凉寺）がメインになっていたことは有名な話である。この地では弘安二年に律僧の導御によって融通大念仏会が始行され、多くの勧進聖・念仏聖が集う場になっていた[10]。円乗はそうした環境の中にいた遁世僧であり、玄寛はその勧進聖としてのネットワークに注目したのだろう。

大勧進円乗に期待されたのは西塔および食堂の再建であった。その実現のために彼がどのような行動をとっていたのかを確認しよう。

抑円乗上人仮仏法之威、号食堂之料、忝申下　綸旨於諸国、偏乍取銭貨於棟別、全失造営之儀、偏為賄賂之媒[11]、

これは国庁放火事件後の寺内対立の中で聖然派の聖尊が出した申状の一部分である。円乗を非難する文脈にはなっているが、彼が綸旨を申し下して諸国から棟別銭を徴収していた事実が判明する。これは造営料国を主要な財源としていたこれまでの歴代大勧進には見られない新たな用途調達方法といえる。また別の聖尊申状[12]をみると、

周防材木者、於淀河尻令沽却、西塔料木者、悉切用余事、

とあり、円乗が周防産材木を大々的に売り払っていたことが述べられている。これも聖尊のためにする批判のバイアスを取り払って解釈すると、西塔の建設において当面は必要ではない分の材木を売却して造営資金を捻出していたと理解することが可能である。つまり円乗は棟別銭や材木販売によって西塔・食堂の再建資金を確保しようとしており、玄寛が期待したのもまさにその集金能力にあったと思われるのである。

この時期にかような資金調達に長けた勧進僧が必要とされた背景には、造営料国からの収入の減少といった事態が考えられる。特に東大寺が重視した周防国国衙領では十三世紀後半頃から正税の一部が寺僧の「公私得分」に充

てられるようになり、造営・修造に使える用途が相対的に乏しくなっていた上に、モンゴル襲来によって長門警固番役等の重い負担を抱えた地頭御家人による未進・対捍も激しくなっていた。たとえば弘安七年の東大寺三綱等注進状案の周防国の注記には、[13]

同為造国之処、為地頭・名主等、本所年貢減失了、其上代々前々勧進等、割分国領等、号土居・門田充行之間、造寺料闕乏、尤可被改付于国方者哉、又地頭等号請所、不従于国衙之所務、同尤可被停止者也、

とみえ、国衙領経営の困難な様相が窺えると思う。

以上の状況を踏まえて円乗が登場した意味をまとめ直すと次のようになろう。七堂伽藍のうちいまだ再建ならぬ西塔・食堂の造営を実現するためには、造営料国を主な財政基盤とする従来型の大勧進では不可能であり、それ以外の収入で再建事業に対処できる人材が必要になっていた。そこで求められたのが優れた勧進能力を有する〈住京黒衣の禅律僧〉であった。ここに至って大勧進に求められる資質は大きく変化したといえると思う。

ただ、棟別銭などは一時的な収入源であって所詮は弥縫策に過ぎない。造営組織にとって安定的な財政運営を行うためには、やはり国衙領の立て直しこそが不可欠であったことは間違いなかろう。十四世紀初頭には「国衙興行事、非関東僧者、所難遵行也」[14]といわれているが、実際に円乗の後に忍性（極楽寺）・心恵（覚薗寺）と鎌倉の律僧が立て続けに大勧進職に任じられた。大勧進に求められる属性は勧進能力から、幕府とのコネクションを利用して国衙興行を行える〈関東止住名誉の律僧〉へとスライドしたのである。

第二章　改補・還補をめぐる騒乱

第一節　惣寺による改替要求

十四世紀前半には大勧進職の解任等をめぐって惣寺がこれまでにない形で介入を強めるようになった。その代表的な三つの事例を整理してみておこう。

■聡遍　嘉元四年（一三〇六）五月に補任。彼は鎌倉の「関東門跡」理智光院長老で、いわゆる〈関東止住名誉の律僧〉に分類できるが、しかし東大寺での評判は芳しくない。徳治三年（一三〇八）四月には衆徒等が聡遍代官を寺内から追放しており[15]、さらに同六月の年預五師宗算書状では「而当大勧進補其職後、雖及三ヶ年、依不遂一事之修営」といわれている[16]。そして同九月に聡遍は解任されてしまい、聖然が大勧進に再任されることになった。ちなみに聡遍離職後の延慶四年（一三一一）二月日東大寺衆徒等申状案[17]における歴代大勧進の評価をみると、忍性・心恵の「関東僧」はその治績が称賛されているのに対し、聡遍は言及すらされていない。彼に対する不信の大きさが知られよう。

惣寺による聡遍の解任要求は、彼が営作活動を行わないことを表向きの理由としている。しかし就任から実質二年弱の短期間で具体的な成果を求めるというのも少々酷な話ではある。同じく「関東僧」でありながら忍性・心恵と聡遍との間で評価を分かつものは、前二者が実際に周防国国衙領の立て直しに取り組んだのに対し、後者の聡遍はおそらくそれほど熱心ではなかったという点に求められるのではなかろうか。惣寺は「公私得分」の安定的確保を保証してくれる大勧進を求めていたものと考えられる。

■円瑜　延慶三年三月に補任。京都の戒光寺長老で、いわゆる〈住京黒衣の禅律僧〉に分類できる。円瑜の改替問題については既に先行研究[18]でも触れられているが、必要な限りでその経過をまとめておきたい。

惣寺から朝廷に円瑜の解任要求が出されたのは延慶三年十二月である。就任から一年も経ずに不治と認定する惣寺の姿勢はあまりに性急であり、聡遍の時と同様に造営実績よりも国衙興行を重視するスタンスが背景にあったものと思われる。注目すべきは、周防国に対する年預所下文で「為寺門依有不治之子細、令停廃所職了[19]」と述べている点である。当然ながら惣寺に大勧進職の進退権があるわけではないし、国主ではない惣寺が周防国衙に命令を下達する権限を有しているわけでもない。そのためか惣寺は「東大寺年預所下」と書き出すイレギュラーな形の年預所下文を用いて数度にわたり周防国在庁官人等に指示を与えている。いずれにしてもこれまでにない強硬姿勢による介入といえる。

円瑜からするとこれは東大寺側の不当な国務妨害であり、それに対抗すべく延慶四年正月には公武政権から改めて大勧進職と国務継続の保証を得ている[20]。しかし惣寺側の執拗な解任要求は続き、ついに同四月に円瑜は大勧進を辞退した。これで惣寺の愁訴も収束するかにみえたが、朝廷が円瑜の後任として「不宜」の円乗を任命したことで、「弥増寺門之愁欝」という状況になった[21]。結局、円乗の補任もすぐに取り消され、応長元年（一三一一）閏六月に心源が大勧進職に就くことになった。

■心源　山城国円通寺長老であった禅僧。彼については国主である大勧進と在庁の大内介の対立という図式で先行研究でも触れられている[22]。大内氏の位置付けについては次節で触れるとして、彼の任中の出来事を一瞥しておきたい。

大勧進就任から約一年後の正和元年（一三一二）五月、目代承元と在庁官人等の対立が勃発し（「周防国吏務代々過現名帳」)、翌年三月十一日には「不可従承元政務」として在庁官人等四十一名が連署した起請文が作成されている。[23] こうした状況は以後も改善された様子はなく、文保元年(一三一七)に至っても在庁等のサボタージュは続いていた。先行研究が指摘するように、それを裏で操っていたのが大内介であった。

一方、惣寺の彼に対する評価は頗る高い。「当大勧進随分致国衙之再興」[24] とあるように、国衙興行への積極姿勢[25] がその主たる要因であるが、そのほかにも心源は惣寺の指示に従って周防国正税二十石を法華・中門両堂に寄進するなど[26]、寺家には従順なスタンスを保っていた。大内重弘と結託した実玄等の寺僧の策動により心源がいったん辞職することもあったが、惣寺は全面的に心源を支持して還補に導き[27]、反心源の動きをみせる寺僧を排除するとともに寺内の統制を強めていった。[28] こうした惣寺の強力なバックアップもあったが、度重なる混乱と打ち続く妨害工作に嫌気がさしたのか、心源は元応元年(一三一九)十二月には職を辞退し、三聖寺長老の知義が新たな大勧進に補任された。

第二節　大内氏の介入

以上の三件の大勧進職をめぐる騒擾のキーポイントは国衙興行であった。それに消極的な聡遍・円瑜は惣寺によって排斥され、積極的な心源は惣寺には支持されていたが大内氏や在庁官人との間に深刻な対立を生み出していた。国衙興行の実相は次章でみることにし、ここでは大内氏の動向と位置付けを明確にしておきたい。

大内氏が大勧進職をめぐる混乱に直接に関与した事例としてよく知られているのは、心源の解任工作のケースである。しかし大内氏はこれ以前にも大勧進職をめぐる問題に関わっていた形跡がある。それは円瑜が惣寺と争っていた時期のことである。

延慶四年三月に惣寺は周防国在庁官人に宛てて年預所下文を発給し、「於令引汲前司之目代・庁奉行等之輩者、定有後悔歟」のごとく円瑜の指示に従わないよう命じていた。[29] この下文には「○《前司之凶類凶族》於諸郷保令売買之由、有其聞」ともみえ、円瑜の国領売買が東大寺によって非法行為として問題視されていた様子が窺える。確かにこれは国衙興行とは正反対のベクトルであったといえよう。また同じくこの下文の中では「江入道幷杣人等、背寺家之下知、致種々之悪行云々、所行之企、太不可然」ということも述べられている。ここで非難の対象になっている江入道とは何者であろうか。この点については、延慶四年正月二十八日付の大内介宛の年預五師実玄書状土代[30]から窺い知ることができる。

而在广等依引汲悪党歟、不致厳蜜之沙汰之間、猶縦横广中、致種々之悪行、寺家之使者所点置之年貢以下之雑物等、悉盗取之、大内村《佐波令》之内運渡于江入道之住宅云々、…抑又江入道之■《在》所、既○《為》御管領之地之上、為在广之惣官、尤可被加厳禁之処、任尫弱之在广等、不及其御沙汰之条、以外之次第候、

ここでは在庁官人が円瑜代官等（東大寺側からみれば「悪党」）と結託し、惣寺の使者が点定した正税を盗み取って江入道の住宅に運び隠すことが指弾されている。注意されるのは江入道の在所が大内氏の「御管領之地」に所在した点である。下文の別の個所では、「於彼江入道者、為御進止■所領住《土》民○《之上者、》於其身者、○《速被》召誡之」ともいわれている。円瑜一派と結ぶ江入道と大内氏の関係性が浮上してこよう。

東大寺側は江入道のことを「土民」と呼んでいるが、おそらく単なる百姓ではあるまい。大江氏は平安末期には周防国の有力在庁として所見し、かなり時期は下るものの宝徳二年（一四五〇）の在庁官人等証判状案[31]には「案主所代佐波大江資直」とみえている。鎌倉期の大内氏が案主所職を知行していたこと[32]を勘案すると、案主所代という肩書はかつて大江氏が六波羅評定衆として在京する大内氏の代官的な役割を果たしていたことに淵源するものであった可能

性も十分に考えられると思う。いずれにしろ大内氏と江入道の間には少なからず接点があったといえるだろう。江入道の行動を黙認していた大内氏は、表向きはともかくも大勧進職をめぐる混乱の中で間違いなく円瑜支持派であったとみてよい。

　大内氏が円瑜一派に加担する背景には、国領売買にみられるように国衙興行を政策的に推進しようとしない円瑜の姿勢が大内氏の利害とも一致していた点が大きいだろう。それとは逆に心源の時には「大内介重弘為妨国務之興行、於寺者、現問籠合戦之珍事、於国者、致放火追捕之悪行」[33]のごとく、大々的に大勧進改替工作を展開していた。このような動きは〈知行国主と在庁官人の対立〉という構図で一般的には捉えられ、国主を凌ぐ国内支配権を固めていく大内氏権力の発展の一段階として理解されることが多かったように思われる。しかし鎌倉末期における大内氏の属性を在庁官人の立場に求めるのは適切ではない。先行研究でも考慮されなかったわけではないが、やはり六波羅評定衆という幕府要人としてのポジションを軸にして大内氏を取り巻く社会関係を考えなければならない。

　たとえば前掲の年預五師実玄書状土代では、大内重弘に対して「御管領之地」や「御進止■《土》住民」と非常に丁重な言い回しがされている。これは東大寺よりも格下の身分である一介の在庁官人に対して用いるような表現ではない。惣寺は幕府要人として大内氏に接しているのである。確かに心源が大勧進の時の衆徒等申状では「在庁重弘」という表現がみえるが[34]、あくまでもこれは大内氏が東大寺に従うべき存在だということを訴訟の中で殊更に強調するために用いられた呼称であって、大内氏の行動を批判する文脈で出てきた言い方に過ぎない。

　大内重弘は文保元年以前に所領確保のために幕府に提訴し[35]、その一環として在庁等を扇動して反心源の動きをみせていた。その時に幕府に注進したと思われる「大内介知行所領」という注文の案文[36]が東大寺文書の中に伝存しているが、従来はこれを有力在庁の所領一覧リストとして扱ってきた。しかしこの訴訟は〈本所と御家人の対立〉というところに本質をみるべきである。国衙興行を推進する心源は〈国衙領＝本所領〉の論理をもって地頭御家人の介入の排除を目指す一方、大内氏は自らの権益がある諸荘園・諸郷保を〈御家人領＝武家領〉と性格付けて確保することを目論んでいたと考えられる。つまり大内氏は国衙領から自身の知行分を武家領として引き離すために訴訟をしており、それ故に大勧進・惣寺と根本的に対立する状況に立ち至っていたのである。こうした大内氏の姿勢からはもはや在庁官人としての属性を窺うことは難しいと思う。

この点をさらに補足しておこう。まず注目したいのは正和二年三月十日在庁官人等起請文[37]の中に多々良氏の位署がないことである。これは十四世紀前半段階で大内氏が在庁集団から隔絶した存在形態にあったことを示唆している。また正中二年（一三二五）十二月二十六日留守所下文案[38]の位署部分をみると、

正中二年歳次乙丑十二月廿六日

散位土師宿祢在判
散位中原宿祢在判
散位土師宿祢在判
散位佐波宿祢在判

権介
権介
目代在判

となっている。ここでは大内氏の肩書である「権介」は記されているものの、署判はおろか「多々良宿祢」の記載すら欠落させた状態になっている。大内氏の足場は既に国衙にはなかったとみてよかろう。当該期の大内氏は幕府要人たる有力御家人というところを立脚点にして周防国内での権力基盤を固めていったと見通すべきである。

第三章　国衙領の再編――国衙興行の実相

ここでは惣寺が大勧進に期待した国衙興行が実際にどのような形で行われていったのかを考えようと思うが、その前に次の史料をみておきたい。

被院宣偁、東大寺領周防国々衙重任者、殊国司土居敷幷家司也、早任先例、守護役・段銭等諸公事被免除之由、院宣如此、仍執達如件、

建武三年六月九日　　散位高階公忠

戒壇院長老[39]

少々問題のある文書ではあるが[40]、傍線部にみえるような語句は、たとえば暦応四年（一三四一）八月二十八日周防国雑掌定尊・牟礼令地頭代平茂平和与状案[41]に「次朱雀以西国庁祗候人幷重任家司在家人等草木採用之通路、地頭同不可成其妨矣」として確認でき、南北朝初期の状況を反映した文言とみて大過ない。

ただ、それにしても「周防国々衙重任者、殊国司土居敷幷家司也」とは一体何を示しているのだろうか。この点に関して、石井進氏が国衙領における大規模名の一例として重任名について論じている[42]。石井氏の理解をまとめると次のようになる。

①重任名は国司が保有する大規模名（所領）である。

②土居敷はイエ支配の対象となる私領を含み、必ずしも現実の屋敷地そのものではない。

③「重任家司」は国司の家司が領有した国府近傍の重任名の一部と考えられる。

石井氏が指摘する①は重要な論点であるが、ただ氏は重任名を若狭国今富名や安芸国久武名と同様のものとして扱っている。しかし今富名・久武名は有力在庁名に由来するものであって、①とは次元が全く異なる。国衙領の大規模名という一点のみでこれらを同等視するのは乱暴な議論といわざるを得ない[43]。むしろ①で問われるべきは、〈国司の名〉という特異な所領が存在することの意味でなければならないだろう。また②③は一般論や印象論的な解釈の域を出ておらず、①の意味と合わせて考えていく必要がある。

まず重任名について基本的な点を確認しておこう。年紀の分かる確実な初見は元徳三年（一三三一）の周防国法花寺領注文[44]で、「吉祥御願下符以下事」という項目の書生役として列挙された諸郷保の一つに「同（吉木本郡）重任五斗二升五合」とみえる。同名の確実な成立時期は判然としないが、少なくとも鎌倉後期になって初めて現れた名である点には注意すべきである。というのも、十三世紀末から十四世紀初め頃の周防国では、忍性・心恵や心源等の大勧進によって断続的に国衙興行が行われており、そうした国衙領の再編と〈国司の名〉の出現との間に何らかの関連性を予測することも可能だからである。

そこで国衙興行の具体相をみていきたいが、特に大内氏との間で大きな対立を引き起こした心源による国衙領の再編に注目しようと思う。心源は心恵が大勧進の時に幕府から下された「正安十三箇条関東下知正文」を携えて訴訟を起こしており[45]、より徹底した国衙興行を目指していたと考えられる。ちなみに正安の関東下知状の内容は不明ではあるが、基本的には行勇の時に朝廷から下された貞永元年（一二三二）八月十二日官宣旨[46]の内容を踏まえたものであったとみて間違いない。特にこの官宣旨の条文のうち、

（第三条）「応同停止国中諸寺・諸社等任自由地頭押領事」

（第七条）「応同停止諸郡郷書生・公文・田所等為地頭進止事」

の二箇条が国衙興行に際しては重要なものとなった。官宣旨では、国内諸寺社は「可為国司進退」とされ、諸郡郷書生・公文・田所等についても「可為宰吏進止」と命じられている。こうした内容を改めて追認した正安の関東下知状を根拠にして、心源は国衙領における公文等の所職や寺社を国司＝大勧進の直接的な進止分として確保し、地頭御家人の排除を狙った強気の姿勢を貫いていったものと思われる。

　国内寺社である阿弥陀寺に関しては、正和五年（一三一六）二月九日目代承元寄進状によって牟礼令内の下地が同寺に寄進されている。正和元年に起こった大勧進と在庁官人の対立の和解を意図した措置と思われるが、ここで注目したいのは寄進の数年前に心源が牟礼令に関する訴訟を起こしていたことである。その経過は、

　国中諸寺社事、守貞永宣旨・御施行幷正安御下知状等、可沙汰付于国衙之旨、正和二年七月廿日・同三年九月十六日被成関東御教書、去年八月長州使節被沙汰付訖、(47)

とある通りで、実際に正和四年七月に牟礼令地頭代によって「牟礼令公文名幷諸寺社・同免田畠等下地」の打渡状が作成されたことが確認できる(48)。大勧進が貞永宣旨・正安下知状を武器に公文名と諸寺社（敷地および所領田畠）の回収を図っていた様子が窺える。

　この点は別の事例からも確認できる。与田保では公文職の知行を主張する地頭藤原光朝が国衙との相論の中で次のように陳弁している。

　国衙雑掌対与田保公文職、所被奇捐(棄)以貞永　宣旨幷御施行、可被打渡国中公文職之由申之、結句任雅意、可被打渡与田保公文職之旨、掠□□(申之)、被申入御使伊藤左衛門四郎頼兼 奈古中務丞業資之条、不可説次第也、(49)

　ここでも国衙雑掌が長門探題ルート(50)を使って強力に国衙興行を行っていたことが分かるが、注目すべきはそれが波線部に明らかなように与田保や牟礼令のみではなく、国衙領の公文職全般の問題であったという点である。与田

保地頭は同陳状において、

如国御所(衙)給正和三年九月十九日御教書者、当国防州大前村公文職幷国中国衙之地諸郷保公文職事也、

と述べ、与田保は「国衙之地」に含まれる諸郷保ではないので公文職の打ち渡しの対象範囲外であると抗弁している。いずれにしても国衙領一般において心源は公文職（公文名）の接収を実行に移していたのである。また国内寺社の問題に関しても同陳状には、

一当保寺社可被沙汰付由、国衙雑掌掠申無謂事

右、於当保寺社者、自往昔以来全以国衙之綺無之、…依何事□□正和四年始天国衙雑掌可沙汰付之由、可被掠申之哉、

とみえ、国衙領内の諸寺社一般を所領として大勧進の直接的な領有下におこうとする動きが、公文職の確保と同時並行で行われていたことが知られる。

以上のごとく心源によって行われた国衙興行の中身とは、具体的には諸郷保の公文名および寺社を大勧進＝国主が直接進止する所領へとまとめ直す作業であったといえる(51)。これは地頭御家人の押領・対捍による国衙領の退転という趨勢の中で、彼等の介入を排除した直接支配の可能な所領を最低限確保しようとする意図に発するものであり、客観的には国衙領の縮小再編という形にはなるものの、結果として国主の直轄領が創出される契機になったと評価し得る。そしてこうした十四世紀における国衙領再編は、いわゆる〈国衙一円進止之地〉の形成(52)という一般的動向の一つとして理解することが可能だろう。

さて、ここまで述べてきたことを踏まえた上で、改めて重任名や「重任家司」について考えてみよう。諸郷保の公文名および寺社が十四世紀以後の周防国国衙領の中核であったことは、戦国期の周防国衙領田数等注文(53)の記載か

らも明らかであるが、ただそれらが重任名そのものを構成したというわけではなかった。同注文では「重任」が諸郷保の公文名・寺社とは別に一つの単位所領として掲出されているからである。その部分には「為国司土居敷、散在于諸郷保」という注が付されているが、この記載は諸郷保に「国司土居敷」という名目の私領が散在していたと石井氏のごとく解釈するよりも、重任名の主体はあくまでも国府の「国司土居敷」であり、それ以外に同名に含まれる田畠が諸郷保にも若干散在していたと理解した方が、他の史料[54]の記載状況からみても適当といえる。重任名は国主が進退する〈国衙一円進止之地〉のうち、基本的には国府に主要部分がある特殊な所領であったとみるのがよい。

では重任名の由来は何に求められようか。先に触れた暦応四年の国衙雑掌・牟礼令地頭代の和与状では国庁祇候人と「重任家司」の在家人に対して「草木採用之通路」が保証されていた。単純に解釈すれば「重任家司」は雑人等の在家が立ち並ぶ街区であったとみなすことができる。おそらく国衙は膝下の在家住人から地子を徴収するなどの権益をもっていたのだろう。つまり「家司」は国司の従者を意味するのではなく、国庁近傍の特定の街区の呼称と考えられるのである。その場合なぜ「家司」なのかというと、在家の立ち並ぶ区画がもともと国衙の「所」＝官司の敷地に由来する場所であったためと捉えるのが整合的である。「家」「司」は本来的には官舎を示す語句で、「所」の敷地（その内にある在家）とそれに付随する所領を含めたものを「家司」と指称し、大勧進による国衙領再編の一環として国主に接収されていったのだと考えられる。それらは国衙の関係施設・敷地ということもあり、広い意味での「国司土居敷」＝重任名の範疇に収まるものといえると思う。

それでは諸郷保に散在する重任名はどのように考えられようか。その内実について私見を述べておきたい。円瑜と惣寺が対立していた延慶四年（一三一一）正月、惣寺は「周防国運上年貢・材木幷駅家田所当米等」を円瑜一党に奪われないようにするため公人等を兵庫に派遣し、[55]同二月にも公人等に寺僧の「公私得分」と「正税幷駅家田運上物」の確保を指示した。[56]ここで注目したいのは十四世紀前半の東大寺への済物として正税の他に駅家田所当米が含まれていたことである。たとえば鎌倉中期の与田保で加徴の収取をめぐって地頭と公文の間にトラブルが起こった際、定田畠から加徴を取ろうとする地頭は、

於定田畠者、雖為国司奉免之地、可被加徴之処、天神田五反・惣社宮田四反・同社三反・御館講田二反・野寺一町・一宮一町五反・駅家一町令除之、源尊出□□□条、無其理云々、[57]

と述べ、「国司奉免之地」＝給免田を加徴の対象から除こうとする公文源尊の主張を難じた。両者の主張はともかくも、駅家田は国衙給免田の一つとして確認できるのである。その駅家田の所当が鎌倉後期には東大寺の得分になっているということは、要するに給免田の一部分が国主の直轄領に吸収され、その所当が正税と同質化していたことを意味している。諸郷保にある給免田の一部が重任名に組み込まれた可能性を想定することができよう。

特に駅家田については、近年紹介された史料[58]に「当国富田上令駅家司宗重・清□等」とみえている。この当時に官舎が実際にあったかどうかは別として、国衙が管理する部署（役所）として駅家があったことは間違いなく、その位置付けも実質的には「所」と大差なかったはずである。「駅家司」などの表現はまさに「重任家司」を髣髴とさせるものであり、「所」の敷地とそれに付随した所領がまとまって重任名を構成したとする本稿の理解を傍証するものとみることもできよう。

以上の知見をまとめると、重任名は国府にある国庁・「所」の敷地＝「国司土居敷」を主体とし、各部署の業務運営のために諸郷保に設定されていた給免田もその構成要素として〈国司の名〉に束ねられたと結論付けることができる。大勧進＝国主は諸郷保の公文職・寺社を接収したり、国衙内の部署に由来する重任名＝〈国司の名〉を創出

したりして、十四世紀前半に自らが直接に進退する〈国衙一円進止之地〉を形成していったのである。

おわりに

本稿では鎌倉後期の東大寺大勧進職をめぐる騒乱事件の中から、大勧進に求められる資質がどのように変化したのかを論じた。その知見をまとめると次のようになる。

まず弘安から正応年間には東大寺で西塔・食堂の造営が企図されていたが、造営料国の収入が悪化する状況下において、東大寺にとって差し迫って必要だったのは集金能力に長けた〈住京黒衣の禅律僧〉を大勧進に登用することであった。しかしこうした用途調達法はあくまで一過性のものに過ぎず、長期的に見通すならば、既に寺内財源・寺僧得分として一定の重要性を有していた造営料国の収益を回復させることが重要な課題であった。そこで幕府とのパイプを利用して国衙領の立て直しが行える〈関東止住名誉の律僧〉が求められることになったのである。

しかし強力な国衙興行は地頭御家人や在庁勢力との摩擦を生み出すことにもなった。〈関東止住名誉の律僧〉による国衙領立て直し政策を継承した心源は、国主の直轄領となる〈国衙一円進止之地〉の形成を進めたことで、大内氏等との間に深刻な対立を引き起こす結果となった。ただ、心源の国衙領再編によって作られた枠組み――諸郷保公文名・寺社および重任名――は、中世後期にも大勧進が支配する国衙領の基本単位として存続しており、十四世紀前半は周防国の国衙領支配における大きな画期であったと評価できる。

以上が本稿で明らかにした内容であるが、触れるべくして十分に論及できなかった問題も多い。特に鎌倉後期の大勧進については、彼等が止住した禅院・律院の性格やその人脈についても多面的に考察する余地が残されているように思う。また南北朝期以降の展開についてもいまだ不明な点は多い。あわせて今後の課題としたい。

註

（1）松岡久人「鎌倉末期周防国衙領支配の動向と大内氏」（『大内氏の研究』清文堂、二〇一一年）、藤本進「鎌倉末期周防国衙の一動向」（『国史論集Ⅰ』読史会、一九五九年）。
（2）永村眞「東大寺大勧進職の機能と性格」（『中世東大寺の組織と経営』塙書房、一九八九年）。
（3）正応五年五月日聖尊等申状（東大寺宝庫文書、『鎌倉遺文』一七九〇一号）。
（4）東京大学史料編纂所架蔵写真帳『東大寺文書（筒井寛秀氏）』。
（5）この注文の奥には、さらに続けて円照の時の造営実績が書き上げられており、聖然の不治を印象付けようとする細工が施されている。
（6）永村眞「東大寺勧進所の創設と諸活動」（前掲著書収載）。
（7）前掲註（3）文書。
（8）拙稿「東大寺大勧進円照の歴史的位置」（『史林』第九三巻五号、二〇一〇年）。
（9）正応二年二月二十五日東大寺年預櫃文書勘渡帳（東大寺文書、『鎌倉遺文』一六八九七号）。
（10）細川涼一「法金剛院導御の宗教活動」（『中世の律宗寺院と民衆』吉川弘文館、一九八七年）。
（11）正応五年五月日聖尊等重申状（東大寺文書、『鎌倉遺文』一七九〇〇号）。
（12）前掲註（3）文書。
（13）弘安七年十一月日東大寺三綱等注進状案（遠藤基郎「「筒井寛秀氏所蔵文書」所収の弘安徳政関連文書」『南都仏教』七六号、一九九九年）。
（14）延慶四年二月日東大寺衆徒等申状案（東大寺文書、『鎌倉遺文』二三九二四号）。
（15）（徳治三年ヵ）四月十五日後宇多上皇院宣（東南院文書、『鎌倉遺文』二二九三九号）。
（16）（徳治三年）六月十八日東大寺年預五師宗算書状（春日神社文書、『鎌倉遺文』二二九九四号）。
（17）前掲註（14）文書。

(18) 前掲註(1)松岡論文、渡邊浩史「悪党大勧進円瑜」(悪党研究会編『悪党の中世』岩田書院、一九九八年)。
(19) 延慶三年十二月十五日東大寺年預所下文案(東大寺文書、『鎌倉遺文』二四一四二号)。
(20) 延慶四年正月日東大寺年預所下文案・(延慶四年)東大寺年預五師実玄書状土代(東大寺文書、『鎌倉遺文』二四一九四・二四二九五号)。
(21) (延慶四年)四月十八日東大寺年預五師実専書状案・(延慶四年)五月九日東大寺年預五師実専書状案(東大寺文書、『鎌倉遺文』二四二八四・二四一七〇号)。
(22) 前掲註(1)松岡論文。
(23) 正和二年三月十日周防国在庁官人等起請文案(周防阿弥陀寺文書、『鎌倉遺文』二四八二〇号)。
(24) (正和五年正月二十八日)東大寺先達講衆申状案(東大寺文書、『鎌倉遺文』二五七二九号)。
(25) 心源はいわゆる〈住京黒衣の禅律僧〉に分類されるが、円乗の属性とはかなり異なっている。関東の律僧ではない彼がいかにして幕府とパイプをもち、強力に国衙興行を進めることができたのかという点については、別稿で論じる予定である。
(26) 正和四年九月二十三日東大寺大勧進心源寄進状案・正和四年九月日東大寺五師・三綱等寄進状案(法華堂文書、『鎌倉遺文』二五六二一・二五六二二号)。
(27) 年月日未詳東大寺衆徒等申状案(東大寺未成巻文書四―一七九)。
(28) 文保二年十二月二十六日東大寺衆徒等起請文(東大寺成巻文書、『鎌倉遺文』二六九一〇号)、(文保三年二月)東大寺衆徒・学侶等起請文・元応元年十一月十三日僧寛禅起請文(東大寺未成巻文書三―三―二九、同三―三―一〇九・一一〇)。
(29) 延慶四年三月日東大寺年預所下文案(東大寺文書、『鎌倉遺文』補一九〇七号)。
(30) (延慶四年)正月二十八日東大寺年預五師実玄書状案(東大寺未成巻文書二―五二、『山口県史　通史編　中世』付録CD東大寺文書九六号)。
(31) 宝徳二年十二月十三日浜湯屋定文写(『防府市史　史料Ⅰ』「防長寺社証文」所収文書一号)。
(32) 年未詳大内介知行所領注文案(東大寺未成巻文書一―二四―一二一、『山口県史　通史編　中世』付録CD東大寺文書五一三号)。

(33) 文保二年十二月二十六日東大寺衆徒等起請文（前掲註(28)文書）。
(34) 前掲註(27)文書。
(35) （文保元年）二月十日了慶・助真書状（東大寺文書、『鎌倉遺文』二六〇九三号）。
(36) 前掲註(32)文書。
(37) 前掲註(23)文書。
(38) 『山口県史　史料編　中世2』周防国分寺文書一二号。
(39) 建武三年六月九日光厳上皇院宣写（「防長風土注進案」所収得富文書、『南北朝遺文　中国四国編』三七二号）。
(40) 問題点を挙げると、まず奉者が何者なのか不明であること、建武三年の時点で「守護役・段銭等」の語句がみえること、そしてそれについて院が免除を命じる形になっている点などである。
(41) 『南北朝遺文　中国四国編』（周防阿弥陀寺文書、一一〇四号）。
(42) 石井進「中世国衙領支配の構造」（石井進著作集第四巻『鎌倉幕府と北条氏』岩波書店、二〇〇四年）。
(43) 実際に石井氏の議論の核である〈幕府・守護による国衙機能吸収〉や守護領の論点と重任名の問題は全く嚙み合っていないといわざるを得ない。
(44) 元徳三年八月二十七日周防国法花寺領注文（『山口県史　史料編　中世2』周防国分寺文書一〇号）。なお、灯心文庫所蔵「五教章下巻纂釈」紙背文書の中に、周防国衙から大勧進の所に進上されたと思われる諸注文を列挙した文書目録の断簡があり、「一通　重任分公文・書生注之」とみえる。この文書目録は年未詳であるため、今回は検討対象から除いたが、年代は十三世紀末に遡る可能性もある。こうした点も含めて重任名の成立時期については後考を期したい。
(45) （正和元年）六月十一日大勧進心源請文（東南院文書、『鎌倉遺文』二四六一二号）。
(46) 東大寺大勧進文書集一三号（『南都仏教』九一号、二〇〇八年）。
(47) 正和五年二月九日目代承元寄進状（周防阿弥陀寺文書、『鎌倉遺文』二五七三九号）。
(48) 正和四年七月日牟礼令公文名等打渡状案（周防阿弥陀寺文書、『鎌倉遺文』二五五八二号）。
(49) 正和五年五月日与田保地頭藤原光朝陳状案（『山口県史　通史編　中世』付録CD東大寺文書一〇七号）。ちなみに史料引用部分では「貞永宣旨」は「奇捐」されたとしてその無効が主張されているが、これは長年にわたって公文職相論が繰り広げられてきた与田保の個別的な問題であって、「貞永宣旨」の効力が一般的に棄破されていたというような話ではない。

(50) 藤井崇「鎌倉期「長門探題」と地域公権」（『日本歴史』六八九号、二〇〇五年）。

(51) 十三世紀後半までは在庁官人の得分として諸郷保書生職・公文職が宛行われていた（『防府市史　史料Ⅰ』上司家文書六〜一七号）。それを国主が接収するとなると在庁との間に必然的に大きな対立を引き起こすことになっただろう。

(52) 拙稿「西国国衙における在庁官人制の解体」（『史林』第八九巻二号、二〇〇六年）、同「南北朝期の尾張国衙と「国衙一円進止之地」」（『日本史研究』五三九号、二〇〇七年）。

(53) 『山口県史　通史編　中世』付録CD東大寺文書五〇五号。

(54) 周防国衙諸郷保図田注文（『山口県史　通史編　中世』付録CD東大寺文書三五〇号）。

(55) 延慶四年正月二十六日東大寺年預所下文案（東大寺文書、『鎌倉遺文』二四一七六号）。

(56) 延慶四年二月九日東大寺年預所下文案（東大寺文書、『鎌倉遺文』二四二〇六号）。

(57) 建長元年七月二十日関東下知状案（狩野亨吉氏蒐集文書、『鎌倉遺文』七〇九二号）。

(58) 鈴木勝也「周防国富田上令平野駅家田文書案」（『古文書研究』七六号、二〇一三年）。

近世における東大寺寺内組織と『東大寺要録』

坂東俊彦

はじめに

現在、東大寺では文明十七年（一四八五）書写の奥書を有する『東大寺要録』（以下基本的に要録と省略）・十冊（編入された巻第二を含む）と『東大寺続要録』（以下基本的に続要録と省略）・九冊、合計十九冊を一括して一口の漆塗りの木箱に入れて所蔵している。保管箱はかぶせ蓋の箱で鍵（錠前）がかけられる構造となっている（現在では鍵は失われている）。

蓋の上面中央に「本要録」、「続要録」、下端左右に「碩学中」、「東大寺」との墨書がある。また箱の底裏にも墨書があり、「本続要録之箱」、「元禄八乙亥霜月日新調之」、「学問料公物納所」、「権少僧都晋賢」、「惣読師」、「権律師隆慶」と書かれている。さらに要録、続要録の表紙には各冊とも右下に「八幡宮新造屋」との識語があり、要録に編入された巻第二と続要録「寺領章」を除き、表紙見返し中央には「東大寺学侶公物」との墨書も見られる。

要録や続要録は安藤更生氏、堀池春峰氏をはじめとして、その成立や編纂の背景、筆者などについての研究がおこなわれているが、[1] とりわけ近世以降、現在に至る要録、続要録そのものの管理や活用、伝来の過程などについてはあまり知られていない。

そこで本稿では要録、続要録に書かれた識語や保存箱の墨書などを手がかりとして、近世東大寺における要録、続要録の管理や古記録の資料としての要録、続要録、あるいはその書写本の利用状況など、要録、続要録を取り巻く状況を概観する。

第一章　要録、続要録と近世の年預所、年預五師

第一節　年預所と年預五師

まず、保存箱の各墨書名について僧名や肩書、場所、組織などから判明することを具体的にみていく。

保存箱の製作に関わる底裏の墨書にある晋賢の名は、近世の年預所の記録「東大寺年中行事記」[2] の筆者（年預所の代表者・年預五師）として元禄期には、元禄三年（一六九〇）～四年にかけて、同じく元禄十一年～十二年にかけて見える。また鎌倉復興期の重源上人からの由緒があり、近世には東大寺運営の重要な財源の一つであった周防国国衙領の管理組織である西国沙汰所の代表者に元禄二年と元禄七年にその名が見える。「上生院代々日記」にも上生院五代としてその名が見える。同じく隆慶については元禄二年～三年、同七年～八年、同十二年～十三年にかけて年預五師に尊光院としてその名が見え、元禄元年には西国沙汰所の代表者にその名が見える。また近世には主に京都の門跡から補任され、東大寺外に居住していた東大寺別当の後見人で東大寺内の学侶の僧侶が就任した出世後見の役職の元禄六年分に名が見える。[3]

年預所、年預五師について、中世では永村眞氏の詳細な研究があるが(4)、近世においてもその役割は受け継がれており、「年中行事記」には東大寺の実質的代表者集団として寺内の運営や幕府の奈良奉行所や朱印地である櫟本村や寺中の村方役人との交渉などにあたっていることが書き記されている。

納所の一つと考えられる「学問料公物納所」であるが、近世の納所については遠藤基郎氏が解明を試みられているように(5)、法会ごとにその都度、臨時に設けられる場合などがあり、近世を通しての全体像はいまだ不明な点が多く残されているものの、保存箱に書かれている学問料、公物については、近世に幕府から認められていた朱印地に関する延宝六年（一六七八）二月十九日に年預五師から奈良奉行に提出された「東大寺知行書上」が手がかりとなる(6)。

豊臣秀吉からの由緒がある櫟本村二〇〇〇石の朱印地の内訳の後に次のような文言がある。

一、当年預五師宝厳院ニ而候、外ニ役者六人
　相添、年中之諸式相捌申候
一、寺中境内弐百拾余従　権現様
　御朱印以頂戴仕候
　　右之内
一、百石者　　学問料
一、百拾石者　公物并東南院殿屋敷尊勝院屋敷

江戸将軍・初代家康から認められた雑司村、水門村、油倉村、野田村の寺中四ヶ村の朱印地の中に学問料と公物の項目が見え、学問料公物納所はそれを差配する機関であろう。

また隆慶の肩書である「物読師」については、寺中四ヶ村からの書状の宛先に年預所役人、別宗読師とともにその役職名に見え、寺からの伝達や村方からの要望などに対応していた様子がうかがえる。(7)近世の年預所は代表者である年預五師と役者六人から構成されていたことは「東大寺知行書上」に書かれているが、物読師は別宗読師とともに、六人いる年預所の役者の一つの役職名であり、近世東大寺の運営の実務の一翼を担っていたであろう。元禄八年二月に年預五師の任期を終えた隆慶が物読師の役に就き、学問料公物納所の担当であった晋賢とともにその年の十一月に現在に伝わる保存箱を製作したとみることができる。ただし元禄八年の保存箱製作が以前の箱が破損したために代替として製作したのか、元来なかったものを新作したのかは不明である。

なお、かぶせ蓋の上書にあるもう一つの墨書「碩学中」については、現在知られている近世文書中には使用例が少なく、現状では詳細は不明と言わざるを得ないが、(8)その言葉から学問僧（学侶）に関わる組織であることは推測できる。

要録巻第六にある文明十七年の書写奥書には学侶、年預の言葉が見られることからも、要録は中世から学侶、年預所の管理下に置かれていたことを表すものであり、近世においても引き続いて学侶、年預所の管理下にあったのである。

第二節　物読師の職務

近世において要録、続要録は年預所の管理の下、年預所の役人の一人である物読師が関わりを持っていたことがおぼろげながら見えてきた。本節では東大寺内に残された要録、続要録の書写本から近世における物読師の役割を具体的に見ていく。

中世以来、三綱・執行の職にあった薬師院に伝来した「薬師院記録」の中に近世前期の書写とみられる「東大寺本要録略記」乾・坤の二冊と「東大寺続要録略記幷続要録十」の三冊がある。

「本要略記」との表題がつく本要録略記の内容は、乾巻が前から順に要録巻一・本願章（序から光明皇后の部分まで）、続要録供養篇・末、同供養篇・本、同造仏篇、同諸院篇（東南院、唐禅院など）、要録巻八・雑事章二（山陵の項）、要録巻三・供養章之余、要録巻四・諸院章・諸会章のそれぞれの部分、坤巻が前から要録巻五・諸宗章、別当章、要録巻六・末寺章、要録巻七・雑事章（実忠二十九箇条の項）、要録巻八・雑事章（銘文、縁起、願文）、要録巻九・雑事章三（受戒部分）のそれぞれの部分が抜き書きされている。

「続要略記」と表題される二冊についても続要録からの部分抜き書きで、乾巻が続要録・造仏篇（大外記中原師尚勘状、官宣旨、木作始日時勘文、大仏修補日時勘文、重源上人勧進状、御光造作～四天王像造作まで）、続要録供養篇本・末（前後錯簡あり）、続要録・諸院篇（真言院、西南院）、続要録・仏法篇の抜き書きである。坤巻が続要録・諸会篇、続要録・拝堂篇（出仕僧や式次第などは省略）、続要録・宝蔵篇（宝物目録や一部図面を省略）の抜き書きである。

本要録略記、続要録略記とも抜き書きされている箇所は文が途中で途切れて、文意が通じないまま次の項目が書き始められている場合や文の錯簡もあり、書写した部分の選択に何らかの意図、目的があるものではなく無作為に記事を抜書きしている感がある。続要録十については続要録十・宝蔵篇を正倉の平面図といった図版をも含めほぼすべてを忠実に書写したものである。

さてこれら薬師院伝来本の五冊について、書写の取捨選択や校訂状況といった詳細な内容検討は別の機会に譲ることとするが、本要録略記、乾坤二冊と続要録略記、乾坤二冊の合計四冊は同筆のものであるとみえる。「本要録略記」坤巻の表紙には、保存箱の墨書に見られる「権律師隆慶」の名が書かれている。他の三冊については表紙に隆慶の墨書が見られないが、坤巻の隆慶の墨書と同位置に「薬師院蔵書」の押紙が貼られている。四冊が同筆とみられることから、これらは隆慶の手になるものと考えられる。なお隆慶とは異筆である「東大寺続要録十」の奥書には次のような一文がある（傍線筆者、以下同じ）。

此一冊者、東大寺要録廿巻之内、宝蔵篇也
雖為学侶公物之本、於于今者惣続師一人
支配之秘本也。法印英性四聖坊遷化之後
物続師違乱之事有之、半当四聖坊晋性
預之内、令応望書写訖。古来之作法為知後
代子孫已而

延宝五年丁巳年閏十二月廿一日
東大寺執行
上座法眼和尚位実宣

書写本の続要録十については、この奥書によると他の四冊と違い薬師院の実宣が筆者であることが判明する。その他にも要録・続要録は学侶公物であり、惣読師一人が支配、管理する秘本であったことも判明する。学侶の公物であるといえど、年預五師を含めた年預所の七人のうちで一人、惣読師のみが管理する秘本とされていたことがわかり、保存には鍵のついた箱が用いられたことも当然の仕様であろう。

続要録第十巻、宝蔵篇が薬師院実宣によって書写された延宝五年（一六七七）当時の惣読師の名を示す史料は見いだせていないが、隆慶が元禄七年に年預五師を、翌八年に惣読師の役を務めたことを考えれば、延宝四年の年預五師であった英性が、翌五年に惣読師を務めていた可能性は高い。「年中行事記」延宝五年十一月条に「一、霜月八日右四聖坊病死ニ付為御断源哲下之」との記事がある。(9) 英性は物読師の任期途中に遷化し、英性の住持していた四聖坊の遺弟である晋性が一時的に要録、続要録を管理することとなったとみることができる。

四聖坊は正倉院の開封時には宝物点検の会所となることから、晋性が要録・続要録を立場上扱えるようになったこの年に、正倉院の守護、管理も兼職していた執行職の薬師院とともに後代のため、とりわけ正倉院の宝物に関すること、過去の開封の先例などの古記録である続要録の宝蔵篇を書写したものと思われる。なお余談ではあるが、晋性はその後、元禄六年(一六九三)の正倉院開封時には年預五師を務め、「年中行事記」中に正倉院開封に関する多くの記録を残し、四聖坊の坊侶としても正倉院宝物や開封に関するさまざまな記録を残している。(10)

要録・続要録は少なくとも近世前期からは物読師の「一人支配之秘本」として伝えられたため、その管理者たる物読師の裁量によって閲覧、書写することができたものと思われる。本要録略記、続要録略記は隆慶の手になる書写であり、隆慶が要録、続要録を閲覧、書写できる物読師の役であったのは、保存箱に名前が記される元禄八年の他、年預五師を務めた寛文十一年(一六七一)前後と思われる。隆慶が物読師の役を務めていた年に要録、続要録を閲覧、本要録略記、続要録略記にまとめたのであろう。その後、何らかの理由により薬師院の手に渡り、薬師院の蔵書として伝えられてきたものと思われる。

さて、近世において物読師の役名が使用されている例は先に挙げた新修文書聖教中に見られるものの他に、談義法要の着到状にわずかに見られる他、(11)「年中行事記」中や官牒を書写した際の奥書にも見られる。

宝暦十二年(一七六二)一月二十三日に、芝辻村から出火した火災の類焼によって東大寺寺中も東南院や戒壇院、新禅院などが焼失する大火があった。「年中行事記」中に焼失した院を奉行所に届け出た際の書き上げが記録されている。その中で正倉院の北西にあった尊光院の項には次のように書かれている。

一、尊光院　持仏堂客殿玄関居間台所土蔵等焼失
　但、本尊五劫思惟弥陀焼失　東寺相承仏舎利火中紛失
　惣読師付書籍古書共又　後奈良院宸翰講堂三面
　僧坊再興之綸旨預候処焼失　又尊光院付三論宗古
　　書論草等数多焼失不残可惜

尊光院の堂舎は他の多くの子院と同様、この火災で焼失した。尊光院本尊の五劫思惟阿弥陀像も焼け、仏舎利も失われた。さらに惣読師付の書籍、古書類も焼失したことが挙げられている。[12] 要録、続要録の他にも惣読師が管理すべき書籍、古書があり、書目は判明しないが、惣読師の手元に置いておく古文書や書籍、古書も存在していたことがうかがえる。火災が起きた当時の惣読師の名を断定する史料は現在、見いだせていないが、尊光院に惣読師付の書籍、古書が置かれているため、宝暦十一年二月から火災直後の宝暦十二年二月二十五日までが任期の惣読師は尊光院、すなわち時の住侶・懐賢であった可能性が高い。なお懐賢は火災があった前年の宝暦十一年十二月二十六日に死去している。[13]

また「東大寺三綱官牒写」（薬師院文書第一―一九二号）に次のような書写奥書がある。

　右官符廿九員、先代納宝蔵者也
当家書留旧書紛失之間、此度又
別ニ一臈惣読師大僧都公祥法印
従御蔵借覧ニ付、予モ又々借写
畢

執行上座法眼実祐

安永二年五月　写功畢

物読師の公祥が安永二年（一七七三）五月に「御蔵」で保管している官牒を借覧した際に薬師院の実祐も合わせて書写をしたとしている。書写された官符（牒）の一部は現在、国宝に指定されている東大寺文書第十部の中にある文書に当たり、いわゆる印蔵文書として伝えられてきた古文書に含まれており、「御蔵」とは印蔵を指すのであろう。なお印蔵は正徳四年（一七一四）七月には油倉村の創建時からの原位置から現在地の東南院（本坊）庭上に移築されている。

記録、古文書に見られる物読師の三つの事例を見てきた。物読師は印蔵の古文書を自らの判断で借覧でき、秘本である要録、続要録を書写することが可能であった。要録、続要録をはじめとする多くの書籍、古書あるいは印蔵に保管されてきた最重要の古文書をも含めた、東大寺のさまざまな史料を一部は手元に置くなどして一手に管轄していたのである。

宝暦十一年二月二十五日から死去するまで物読師であった可能性が高い懐賢は享保六年（一七二一）～宝暦八年（一七五八）の間に年預五師を十五回務め、西国沙汰所も十三回、出世後見も複数回務めている。安永二年に物読師の肩書を持つ公祥は龍松院の住侶で宝暦二年（一七五二）～天明元年（一七八一）にかけて年預五師を四回、西国沙汰所を十一回務め、安永三年（一七七四）に別当が未補任となったために翌年一月にはその代理者である「東大寺院室住侶」に就任している(14)。

現在までに物読師の名前が判明する隆慶、英性、懐賢、公祥はそれぞれ物読師の肩書を持つまでに年預五師や西国沙汰所、出世後見など年預所でも重要な役職を複数回務めている。物読師に就任した年齢が英性は六十五歳、懐賢は七十二歳、公祥は六十二歳である。年預所の中でも多くの経験を積んだ長老格の者が物読師となり、要録、続要録はじめ、重要古文書、書籍、古書を管理していたのである[15]。

第三節　要録・続要録の零本

さて、現在、東大寺図書館が管理している蔵書の中には先に見た薬師院本の他にも要録、続要録の書写本がいくつか見られる。元禄六年（一六九三）に戒壇院の重慶亮然が書写したとの記載がある続要録・造仏篇（以下造仏篇写本）、明和四年（一七六七）、成呆の書写奥書がある続要録・諸院篇（以下諸院篇写本）が確認できる。また奥書がなく、書写年代が判明しないものの、近世中期の書写とみられる要録巻五から巻十の書写本（東大寺貴重書一一三部〈雑部〉三七五号　以下雑部本）もある[16]。

造仏篇写本は表紙題簽に「東大寺続要録　造仏篇」とあり、題簽紙枠外の茶地表紙に「一」と墨書があり、この系統の書写本は複数存在していたものと思われる。見返しには「東大寺新禅院経蔵」の墨印と「東大寺北林院蔵書」の朱印がある。造仏篇と名付けられてはいるものの、その内容は冒頭に目次が書かれており、続要録の造仏篇、供養篇、諸院篇、諸会篇、仏法篇、拝堂篇、宝蔵篇が抜き書きされていることがわかる。

薬師院本と比較すると「続要略記」の乾巻と同等の内容である。薬師院本で見られる書写に際して文章の切れ目があいまいになった部分では改行し、項を起こして新たに一つ書きにしているなどの違いが見える。さらに重源上人勧進状の部分では「別当法務大僧正大和尚位」に続いて「私考此時寺務大僧正禎喜歟」との書き込みや建仁三年（一二〇三）十一月の東大寺供養式の項では「後鳥羽院御宇」や「諸式如建久ノ供養」などの書き込みがあり、原本を書写するばかりではなく、校訂的なものを書き加えている。

書写に関する識語は三十五丁目裏に「元禄六年九月六日於戒壇院書写畢／重慶亮然」の墨書と「重慶」、「亮然」の朱方印が捺されている。同じ朱方印二顆が巻末にも捺されている。

重慶亮然については、宝永元年（一七〇四）四月十一日の「下行米請取状」の差出に三ヶ院年預として戒壇院亮然として名が記されている。(17) 正徳五年（一七一五）十二月の「銀寄進状」には戒壇院長老重慶と記している。奥書などに書写原本の言及はないが、内容からみて隆慶が書写した薬師院本・本要略記を戒壇院に借り出して書写したと思われる。

諸院篇写本については、渋引きの表紙紙であり、装丁は造仏篇写本と異にしている。後補とみられる表紙の題簽には「東大寺続要録」とあるのみで巻次を示すような数字も見られない。すなわち造仏篇写本と諸院篇写本は別系統のものである。諸院篇写本は内題に「東大寺続要録　諸院篇」とあり、書き出しは「諸院篇」の東南院部分である。諸院篇東南院条の中ほどにある「東南院々主次第」は書かれていない。これに続くのは「東大寺東南院門跡領当知行目録」〈原本は薬師院文書第一―一一〇号か〉など続要録には記載のない東南院の造営料所に関する文書（一部は「官宣旨案」〈東大寺文書第十部二〇号〉が原本とみられる）が書写されている。さらに慶長七年（一六〇二）の「東大寺東南院勧学門徒等牒」、慶長十一年六月五日付の「円光寺元法・豊光寺正光連署状」の二通の文書、「東大寺東南院譜系」、初代聖宝から三十二代俊海〈天和二年〈一六八二〉に遷化〉までの「東南院院主次第」、最後は近世には東南院院主、すなわち東大寺別当と兼帯が多かった随心院門跡の初代空海から二十六代俊海までの次第を書き上げている。書名に東大寺続要録諸院篇とあるものの東南院に関わる事項を書き上げてまとめているものである。この奥書には次のように書かれている。

此一冊　別当勧修寺宮御文庫之御本

令拝借、誂淳識房智縁、書写了
　明和四年三月十五日
　　大僧都成杲記之

続要録諸院篇の書名があるものの続要録を書写原本としたものではなく、勧修寺の蔵書本を書写していることが判明する。(18)

成杲は北林院の住侶で宝暦五年（一七五五）、七年、九年、十一年、十三年、明和二年（一七六五）、三年、五年、七年と年預五師を務めている。すなわち宝暦から明和年間にかけて年預所内で何らかの役を連続して務めていたとみられる。明和四年二月末からは寺外の寺務別当との連絡役である出世後見を務めていたようで、この年の「年中行事記」には「惣代」として頻繁に上京していることが記録されている。(19)本書の内容的にも、また随心院御文庫に所蔵される慶長十一年六月五日付の円光寺元利等の書状など東大寺の伝来ではない文書も書写されていることからも勧修寺宮御文庫の蔵書を成杲が上京した折に借用し、書写したものと考えられる。

では成杲が書写した勧修寺本「続要録諸院篇」はいかにして成立したのであろうか。薬師院文書中に「東大寺東南院記」と題されるものがある。全十八紙からなる未表具巻子で端裏書に「東大寺東南院之事」とあって、東南院に関するさまざまな記録、文書が書き上げてある。五紙目から十紙目の紙背には「続要録諸院篇」と題して、諸院篇の東南院の項目をすべて書写している。本書の書写年代について奥書等はなく、不明と言わざるを得ない。歴代の東南院院主の事績の書き上げで、俊海の項が東南院を兼帯したことで書き終わっており、「東大寺東南院記」の成立は、俊海が東大寺別当に補された寛文四年（一六六四）頃とみられる。勧修寺本「続要録諸院篇」（成杲書写本）には「東大寺東南院記」の紙背にある続要録・東南院の項目を含めて、事項のほぼすべてが記載されている。

勧修寺本の俊海の項を見ると天和二年（一六八二）に遷化したことも記しており、「東大寺東南院記」を参照して勧修寺本が作成されたとみるべきであろう。

勧修寺本「続要録・諸院篇」を成杲が書写した日よりも後日になるが、「年中行事記」明和四年七月十四日条には「薬師院記録御寺務宮御覧ニ付上京」との記載もあり、勧修寺宮が東南院関係のみではなく、東大寺に関するさまざまな史料、記録の閲覧、収集を常日頃からおこなっていた様子がうかがえる。「秘本」である要録や続要録も「寺務宮御覧」の対象となったことは想像に難くない。

また「年中行事記」の元文二年九月二十三日条には「廿三日龍松院ゟ使僧後藤玄順入来、其趣意、当春従　別当宮被　仰出候公慶以来建立興隆略記出来故、竟日如法院山科参上之刻、差上候。同一巻、年預所江も出置候様ニト仰ニ付、為殊遺候由也。落手之旨及返答、且此旨衆中へも令披露候」とある。これは現在、勧修寺のみにしか所蔵が確認できていない「大仏殿再興発願以来諸興隆略記」と「龍松院公盛・公俊・庸訓代々諸興隆略記」の二冊を指すもので、公慶から四代にわたりおこなわれた東大寺の近世歴代勧進職の復興の事績をまとめたものである。二部作成されたうちの一部は年預所（東大寺）で保管されていたことが記されている。

元禄期以降たびたび東大寺別当を兼帯した勧修寺宮の要請によって、この時代に古代から近世までも含めた「東大寺史」が再集成、再編纂されていった様子がうかがえる。実際、成杲は明和五年には「東南院務譜」や「東大寺別当統譜」をまとめている[20]。

雑部本は要録の巻五から巻十を省略なく書写したものである。三冊に分冊されているが、巻五と巻六、巻七と巻八、巻九と巻十をそれぞれ一冊としている。なお巻一から巻四の書写本は現在、東大寺図書館で管理している蔵書の中には見当たらない。要録と比べて雑部本には巻五の巻末にある朱字の「未交之重可終其功也判」や巻五、巻七、巻八の巻末にある「一交了」の墨書などはない。東大寺貴重書一一三部〈雑部〉には「要録」の他に「東大寺別当統譜」や「東南院務譜」など成杲が書写に関わった写本があり、雑部本も勧修寺蔵書本を成杲が書写した可能性が高い(21)。また雑部にある「東大寺雑録」（一から四の四分冊であるが、三は現在所在不明）のうち一、二は勧修寺本「続要録諸院篇」を二冊に分冊したものである。一には成杲が勧修寺から借用して書写した勧修寺本「続要録諸院篇・東南院」から「円光寺元法・豊光寺正光連署状」まで、二には「東大寺東南院譜系」から巻末の「随心院門跡次第」までを書写している。先に見た成杲の奥書には勧修寺本は一冊ということが書かれており、成杲書写本を二冊に分けて書写したものと思われる。

ちなみに四は公文所からの三綱、執行の補任に関する近世文書を書写したものである。

その他、要録から抜き書きしたものには前節で見た「東大寺東南院記」のように、要録や続要録を援用し、新たな記録を作成していたことをうかがわせるものが数は少ないながら東大寺に遺されている。

「東大寺八幡宮神社記幷御祭礼記」は表紙の識語や奥書から当時、年預五師であった見性院光賢が享保十二年（一七二七）八月二十八日に「後覧のため」に書写した、現在の手向山八幡宮関係の記録である。光賢が東大寺（手向山）八幡宮の神主・紀（上司）延親が正徳五年（一七一五）の冬にまとめた「東大寺八幡宮神社記」と享保十一年五月にまとめた「八幡宮祭礼転害会」を併せて書写、光賢が新たに東大寺文書中の転害会関係のものを加え、一冊したものとみられる。この中で延親が書いた「東大寺八幡宮神社記」の奥書には次のように記されている。

右、継故延貞朝臣遺志、書之。古本神社記
為本、重以、日本紀古事記続日本紀文徳実
録神皇正統記東鑑東大寺要録八幡宮

駿記最要抄同駿記天文社伝神主延満
日記御幸記御造宮記改暦雑事記鶴
岡勘文王駒八幡宮縁起大倭社注進状
高良社伝記等、令校合者也。尚後学等糺
之
正徳五年歳次乙未中冬日
神主従四位上修理権亮紀朝臣延親
令右此一巻、置神人番所者也

「東大寺八幡宮神社記」は、延親が延貞の遺志を継いで、創建、由来や祭神、末社といった八幡宮に関する記録を作成、さまざまな古記録を見ながら校合をおこない、間違いを正したものである。校合のために参照した古記録は日本書紀、古事記、続日本紀や文徳実録、神皇正統記、東鑑などで、要録も参照とした古記録の一つとして挙げている。

要録の中には八幡宮に関する記述が数多く見られるため、「東大寺八幡宮神社記」中の記述の校合に要録を利用することは十分に理解できる。ただ、延親が「東大寺八幡宮神社記」を作成した正徳五年にはすでに見てきたように要録、続要録は惣読師一人の管理する秘本となっていた。要録を八幡宮の神主がどのようにして見ることができたのか、あるいは比較的安易に見ることができたであろう隆慶の書写した「本要略記」を参照したのか、奥書などには言及がないために判然としない(22)。

いずれにせよ、近世中期には東大寺内において要録、続要録は日本書紀や続日本紀、東鑑などの古記録と並ぶものとの認識があり、記録の校合に使用されたものと思われる。

第二章　要録・続要録の収蔵場所

第一節　近世前期の収蔵場所の変遷

要録を抜き書きした記録は東大寺文書中にも見受けられる。「両院記」との文書名がある未成巻の八紙からなる続紙で、室町中期の書写とみられる。内容は続要録諸院篇の新院（亀山院庁置文以下の文は除く）、真言院（真言院敷地事まで柱虹梁の運び込み日時など諸堂建築に関わる記録以降の文を除く）、唐禅院中の仏舎利出現の部分を抜き書きしている。抜き書きの最後には「続要録諸院篇在之」との記述がある。続要録諸院篇中の真言院と新院（新禅院）の二院（両院）についての記述であるとみえるが、鑑真和上が最初に居住した唐禅院跡から出現した仏舎利の記述もある。文末二行には少し字体を小さくして東南院の項の冒頭も一行ほど書きかけているが、記述の多くは鎌倉時代の中道上人・聖守に関わる院や事項の抜き書きをしてまとめたものとみることができる。しかし奥書など書写の経緯を示す文言は一切書かれておらず書写者や書写年、作成の意図、目的などは判然としない。ところで本文冒頭の首題「当院事」の下には「経蔵要録中書出」との書き込みがある。この書き込みによれば、要録が経蔵にあったことを示している。経蔵は東大寺にとって重要な古文書を収蔵していた油倉の印蔵と同一の蔵を指しているものと思われる。

要録の収蔵場所について、「両院記」のように明確に書かれている記録は中世、近世を通してあまり多くはない。「年中行事記」の延宝九年（一六八一）六月十七日条には近世前期の時点では油倉の印蔵に収蔵されていたことが記録されている。

一、水戸宰相様ゟ当寺油倉ニ納ル記録等御写成度旨、随身院御門跡江御頼被成候ニ付御門跡ゟ上生院宝厳院尊光院江御書参候。故ニ廿日廿一日両日於年預所、寺中老若之会合虫払有之、其内水戸様御用之記録取出畢

水戸様江御写被成候覚

一、太政官符　一、陰陽寮勘文　一、奴婢帳
一、弁官下文　一、観世音寺資財帳　一、願文
一、綸旨　一、口宣案　一、僧綱牒
一、寺務状　一、国解　一、東大寺要録

右十二色之内少ツ、抜書

水戸宰相、徳川光圀の修史事業の一環で史料探訪、書写の依頼があり、東大寺が伝えてきた代表的な古文書、記録類十二点を寺側で抜き書きをしている。太政官符や奴婢帳、口宣案などとともに要録を取り出しており、要録は油倉の印蔵に所蔵されているのである(23)。

「両院記」が書写された室町中期頃の要録の収蔵場所を示す史料は見いだせていないが、近世前期の収蔵、保管状況を見る限り、古文書類と同様の扱いで油倉に収蔵されていたものと思われる。

「年中行事記」元禄九年（一六九六）九月十七日条には「一、同（九月）十七日　油倉南之蔵、諸道具悉令改校、移シ八幡宮宝蔵、以目録両倉奉行へ相渡畢」との記事があり、建物自体が老朽化したためか、収蔵品のすべてが八幡宮宝蔵に移されている。目録も作成され、倉奉行に提出されている。この時に倉奉行へどのような目録が提出さ

れたのか、その内容や存在などについては現在確認できておらず、詳細は不明である。

八幡宮宝蔵は元禄九年の八月に正倉院の西側、地蔵院の南にあった庫蔵の校倉造の蔵の内の一棟を移築したもので[24]、宝暦年間頃にはこの宝蔵は新造屋印蔵と呼ばれ、油倉にあった印蔵と同様に重要古文書を収蔵する蔵として認識されていたようである。前章で見た宝暦十二年に起きた町場からの出火による東大寺内諸建物の類焼状況を奉行所に届け出た文書の中で、焼失せずに「安全」であった建物について八幡宮の建物では大宮、若宮、楼門、御廊、拝殿二宇、神楽所、御経蔵、新造屋参籠所、印蔵、護摩堂の諸建物が挙げられている。これに続いて「尤新造屋印蔵之儀者、住侶諸役人致守護候天平勝宝已来之古文書等安全ニ御座候」と古文書類も無事であったことを報告している。ここで新造屋印蔵との名称を使用している。油倉南倉から移された収蔵品の中には天平勝宝以来の古文書類もあり、延宝九年の「年中行事記」の記事からみても古文書類の中に要録や続要録も含まれていたものと思われる。なお収蔵品から印蔵の名称を用いていることから油倉南倉が印蔵と呼ばれていたこともわかる。

なお現在の要録、続要録の表紙は後補表紙であるが、その右下には外題と同筆で「八幡宮新造屋」との識語がある。これが所蔵場所を示したものと考えると、油倉印蔵の収蔵品が新造屋印蔵へ移される元禄九年以降に破損などの理由によって表紙が改められたものとみることができるであろう[25]。

要録の表紙に書かれた八幡宮新造屋については、「公慶上人年譜」に「一、新造ノ屋ハ、在リ二八幡ノ社前ニ一、僧侶執行シ、法事ヲ及フ所、宿直之屋也」とある。新造屋も寛永に焼失、長らく仮屋であったが、公慶が宝永二年一月から再建に着手している。新造屋は僧侶の修行の場であり、夏安居での参籠や諸法要をする場であった。新修文書聖教中には新造屋での法会の請定などがあり、大仏殿の廻廊ができるまで大仏殿修正会がおこなわれ、最勝王経転読や八幡宮新造屋勧学講といった定例化した講問もおこなわれていた[26]。

第二節　新造屋の蔵

新造屋での僧侶の修行、安居の場として状況を表す史料は少ないが、蓮乗院性空が夏安居中に書写した本朝高僧伝抜書には次のような奥書を記している。

于時
享保二丁酉季六月九日八幡宮安居参籠之間、御経蔵
以本朝高僧伝第十六十七十八幷第六十巻六十二巻之中
右諸師之伝抜書之只於禅爾実相門人伝私取要略
書訖余師伝者更無一点之異失者也
東大寺蓮乗院第八世雑花門人本性空
籠命十七
夏臘　八（花押）

本朝高僧伝から新禅院・戒壇院両院の先徳の事績を抜き書きしたものであるが、奥書を見る限り八幡宮には御経蔵があり、夏安居で新造屋に参籠した際、向学のために経蔵の経巻、聖教類を借用できたようである。先に見た宝暦十二年の焼失を免れた際の書き上げにも八幡宮に印蔵とは別に御経蔵の名も挙げられており、新造屋には少なくとも印蔵と御経蔵の二つの蔵が存在していた。御経蔵の収蔵品については、「新造屋経蔵新答方続蔵書籍目録」があり、御経蔵の収蔵書目を知ることができる。目録には十二門論疏、金剛頂義決、華厳孔目章、最勝王経疏、法華経義記、大乗言論など四十一点が挙げられている[27]。

さて、享保年間から宝暦年間にかけて新造屋周辺で蔵の存在が確認できるのは、「東大寺境内絵図」（近世中期、大仏殿再建以降の時期の景観）に新造屋敷地の東側に描かれた一棟のみである。(28) この蔵には宝蔵との書き込みがあって八幡宮宝蔵、すなわち油倉印蔵の収蔵品が移された新造屋印蔵であり、新造屋あるいは八幡宮周辺にはこの他の蔵は描かれておらず、御経蔵の所在地は不明と言わざるを得ない。

ところで時代は下るが嘉永四年（一八五一）九月に蔵の点検をおこなった際、表題に「新造屋東西蔵諸道具目録」とある横帳の目録が残されている（本稿末尾の参考史料）。

目録の内容は、冒頭に「二階方目録」とあり（西蔵方との文字はないが後半に東蔵方とあり、前半は西蔵方であろう）、聖武天皇宸筆と伝えられた「大方等大集菩薩念仏三昧経」、光明皇后筆と伝えられた「陀羅尼集経」、良弁自筆と伝えられた「顕無辺仏土功徳経」などが書かれている。六項目目に「一、本要録続要録　一箬」とあり、一箱に入れられた要録、続要録があることが記されている。他には「古文章正元年中櫃」、「正倉院古文書唐櫃」といった文書類の他、(29)「振鼓」や「五獅子如意」（写と古の註がある）、「散手貴徳」の面といった工芸品も記されている。西蔵方の下蔵には「皇仁帝面」、「陵王面」、「天平革」の他、「施入五千戸封」、「右大将家御書案文」、「義持寄附状幷別当光経副状」といった古文書類なども書かれている。東蔵方は二階には「二月堂大双紙」や「防州国衛手櫃」の他、「年預方日記」、「市本絵図」など年預所に関係する文書や記録が、下蔵には「伎楽面」、「金華籠」、「水瓶角盥」といった諸道具類が見られる。

この「新造屋蔵」というのは目録の内容から新造屋印蔵を指すもので、現在の法華堂経庫のことである。法華堂経庫は現在地へ移築時に南面する形となり、内部は奥側（北側）に、桁行（東西）方向に床面積の半分ほどの大棚を設けている。一層目の床板は棚下部が二重張となっている。すなわち大棚を二階の床面とし、目録でいう二階、下蔵の二層（二階）構造となっている。(30) 絵図面等には八幡宮新造屋周辺に一棟のみしか見られず、目録の西蔵、東蔵それぞれに印蔵文書に当たるものが書き上げられており、西蔵、東蔵とは内部での棚の西側、東側のことを示しているとみられる。

第三節　近代の要録、続要録

要録、続要録は延宝九年の時点で油倉印蔵に保管され、その後、印蔵収蔵品の移動にともない、移築された八幡宮宝蔵、新造屋印蔵へと保管場所を変えた。その後も近世末期の嘉永四年の時点においても「八幡宮新造屋」の印蔵に保管されていたのである。(31)

では幕府瓦解、神仏判別令の公布、廃仏毀釈の風潮の中、また上地令による東大寺の寺院運営が危機的な状態なった時、新造屋印蔵の品々はどのようになったのであろう。

明治四年（一八七一）の古器旧物保存方の布告によって、翌五年八月には正倉院宝物をはじめ京都、奈良の古社寺調査、いわゆる壬申検査がおこなわれ、東大寺でも同じ八月に所蔵品の調査をおこなった。その調査目録を奈良県庁に提出している。東大寺にはその控が残されている。表紙には、朱字で「申八月正倉院御開封宝物検査之上更ニ此度宝物目録仕立ニ相成候ニ付右目録写一冊県庁ヱ差上候事同時一山宝物夫々取集メニ相成東南院宝庫ヱ合併入蔵目録差出候事」とあって、正倉院の開封、宝物調査をきっかけに東大寺でも寺内宝物を東南院宝庫へ集めて点検、目録を作成した。県庁へ提出した以外にも同じ明治五年八月に「新造屋文画目録」と名付けられた新造屋蔵の目録を作成している。(32)

「東南院宝庫目録」には、正倉院文書や皇室に献納される東南院文書に当たる古文書六箱や嘉永四年の新造屋目録に良弁自筆とある「功徳経」や聖武天皇の宸筆と伝えられていた「大方等念仏三昧経」などの経巻類、「義持寄（附）進状幷別当光経副状」、「尊氏公義持公義政公幷畠山御書」といった古文書の他、「皇仁帝面」、「陵王面」、「天平革」などの工芸品も書き上げられている。新造屋の目録にはやはり西蔵、東蔵別に書き上げられているが、「右大将家御書案文」や「二月堂過去帳」（「東大寺上院修中過去帳」）、「華厳五祖像」、「新華厳経合論」などが挙げられており、いずれも嘉永四年の新造屋目録にもその名が見える。しかしながら東南院、新造屋、いずれの目録にも要録、続要録の名前は挙げられてはいない。寺内の他の蔵に移されていたのか、あえて目録に書き上げなかったかは判然としない。近世以来の「秘本」としての意識のもとに明治〝新政府〟への提出、公表はしなかったのかもしれない。なお「新造屋文画目録」には「古文書」、「古書類」といった特定の資料名称が書かれていないものがいくつか書き上げられており、明治五年の時点では要録、続要録は新造屋の蔵に留め置かれていた可能性もある。

現在、要録、続要録は「二月堂過去帳」などと同じ、東南院（本坊）宝庫に収蔵されていたことを示す「本坊書蹟」の番号が付けられており、新造屋に留め置かれていたものも、明治五年八月以降に東南院宝庫へと移動されたものと思われる。明治六年十月に東大寺で塔頭の統廃合、屋敷替えがおこなわれており、新造屋の敷地、建物類は観音院が引き継ぎ、名称を変えている。新造屋が塔頭である観音院となったことを契機として東南院宝庫へと収蔵場所の移動、統合がされたのであろうと思われる。

おわりに

本稿では、要録、続要録の保存箱に記された役職・物読師を手がかりにして、近世の東大寺の寺内組織と要録、続要録の管理や活用について、諸本の奥書や年預所の記録「年中行事記」の記事を中心に見てきた。その結果、少なくとも近世においては、要録、続要録は惣読師が一人のみで支配、管理をする「秘本」とされ、印蔵文書に含まれる一部の重要な古文書、記録類をも惣読師付として惣読師の管理下に置かれた。惣読師は東大寺運営の責任者集団である年預所内の役者の中で年預五師を複数回経験した長老格の者が年番で就任する役職であった。要録、続要録は近代まで惣読師一人の差配によるものであるために借覧も制限されており、惣読師が関わって書写された書写本をもとに多くの書写本が作られている。

要録・続要録は、古代中世を通じて大切に保管されてきた権利関係の文書が多い印蔵文書と同じ印蔵に収蔵されて伝えられてきたが、近世中期に油倉印蔵の老朽化にともなって印蔵文書は新造屋の東にある八幡宮宝庫に移動されている。要録、続要録の表紙識語に「八幡宮新造屋」と書かれる由来となったのである。

明治に入り、行政側へ提出した目録や油倉印蔵の系譜をひく新造屋の蔵の目録にも要録、続要録の名は見えなくなった。その理由や経緯を記す史料がなく不明としか言いようがない。近世を通じて「秘本」として伝えられてきたとの意識のもと、上地令をおこなった明治〝新政府〟への目録提出、公表はしなかったのかもしれない。

今回、書写本について要録、続要録の表題があるもの、奥書に要録の言葉があるものを手がかりにしたため、東大寺の歴史に関する古書類の内容までは要録、続要録との比較、検討はできなかった。また近世史料を使用したものの、まだ調査途中である厖大な数の東大寺の近世・近代史料の中では今回、対象とした史料はごくごくわずかなものである。惣読師の役割についても数年に限った断片的なものとなっている。東大寺での日々の出来事を記録した年預所の「年中行事記」の記事をさらに読み込むことによって、惣読師の詳細な役割や変遷が見えてくるであろう。近世東大寺の寺院組織の解明も含め、今後の課題としたい。

註

（1）安藤更生「東大寺要録撰述年代の研究」、同「東大寺要録の醍醐寺本とその筆者に就いて」（『奈良美術研究』、校倉書房、一九六二年）、堀池春峰「東大寺要録編纂について」（『南都仏教史の研究』上、法藏館、一九八〇年）、稲葉伸道「中世東大寺における記録と歴史の編纂――『東大寺続要録』について――」（『統合テクスト科学研究』一―二、名古屋大学大学院文学研究科、二〇〇三年）。

（2）現在、年預五師の手による記録は数年の欠年はあるものの、寛文七年（九月始まり）から明治六年頃まであり、「東大寺年中行事記録」、「東大寺年中行事日記」、「東大寺年中行事略記」などの名称もある。本稿では、特に断りがない限りは「年中行事記」の呼称を用いる。

（3）近世の年預五師の任期は二月二十六日から翌年二月二十五日までの年番である。西国沙汰所の任期は藩主である毛利氏の都合によっても変わるが基本的に七月から翌年の六月までである。なお、近世における西国沙汰所の組織や活動、年預所との関係は拙稿「近世東大寺復興活動の一側面――西国沙汰所を中心に――」（『論集　近世の奈良東大寺』ザ・グレイトブッダ・シンポジウム論集第四号、東大寺、二〇〇六年）を参照のこと。

（4）永村眞「寺内僧団の形成と年預五師」（『中世東大寺の組織と経営』第一章第五節、塙書房、一九八九年）。

（5）遠藤基郎「近世東大寺の組織に関する試論」（『東大寺所蔵聖教文書の調査研究』〈平成十三年～平成十六年度科学研究費補助金研究成果報告書〉、二〇〇五年）。

（6）前掲（5）書で本文書をもとに遠藤氏が内訳の詳細な表をつくられている。なお本文書の端裏書には「如此相認延宝六年戊午二月十九日ニ豊前殿へ差上畢」とあって、延宝六年当時、奈良奉行であった溝口豊前守信勝に対して、近世の東大寺の朱印地や組織の概要を書き上げて提出したものであると思われる。

（7）東大寺新修文書聖教中に村方から惣読師・別宗読師・年預所役人宛の書状が数多く見られる（東大寺新修文書聖教一七・〇二函七八号、七九号など）。

（8）室町後期に書写されたとみられる「雑々聞書」（東大寺新修文書第二七函一二号）の近世の後補表紙上書に普一国師・志玉などの名を挙げ「当寺花厳之碩学之宗也」と書かれている例があるのみである。

（9）「年中行事記」延宝五年八月分の記事中「八月晦日四聖坊英性江府下向子細者今度御老中大久保加賀守殿寺社奉行板倉石見守殿御役目ニ付為御祝儀兼而者八幡宮造営訴訟ニ付下向畢」とあり、江戸在府中に死去している。

(10)「年中行事記」の記録とは別に「東大寺正倉院御宝物目録」（一四一部四五二号）や「正倉院御開封之記」（一四一部四六六号）といった開封全般の記録から「三倉御開封ニ付御用物御入用之覚」と（一四一部四六五号）いった開封に関わる諸費用の会計に関するものまで残している。

(11) 寛文十年三月十一日付、般若心経疏談義着到（東大寺文書第三部九―二六九号）に相模法印大僧都、寛文十年三月十一日付、春季談義着到　華厳方（東大寺文書第三部九―四五三号）に英性法印権大僧都の肩書が惣読師である。なお相模法印とは四聖坊・英性のことである（「二月堂練行衆日記　両堂記」第六〈一四一B部六号などで判明する〉）。

(12) 尊光院の五劫思惟阿弥陀像についての記載は他になく来歴等、詳細は不明である。この書き上げには東大寺中の十六ヶ院で何らかの建物が焼失し、多くのものが失なわれたことが書かれている。

(13) 四月堂に安置されている権僧正懐賢の位牌の裏書きによる。

(14)「東大寺年中行事記」安永四年一月二十五日条に公祥を「東大寺院室住侶」とする旨を京都勧修寺の別当坊官に対し届け出ていることが書かれている。

(15) 明暦三年（一六五七）の「二月堂修中練行衆日記」に大導師を初めて務めた英性の書き込みに四十六歳とあり、延宝五年には六十五歳となる。また公祥は前註の坊官への届け出の中に六十四歳とある。

(16) 書写本の他、影写本として「東大寺本要録」乾・坤、「東大寺続要録」上・下がある。影写原本は稲垣延清氏による次のような書写奥書があったことが影写されている。

本要録乾巻（本奥書）「元禄六年霜月廿九日於東大寺戒壇院書／写畢　重慶亮然」、（書写奥書）「右新禅院重慶長老以御自筆本之本従／北林院成宥御房令拝借書写之畢／文化九壬申年初秋／稲垣延清」

本要録坤巻（本奥書）「元禄六年極月十九日東大寺戒壇院書写畢／重慶亮然」、（書写奥書）「右新禅院重慶長老以御自筆本之本／従北林院成宥御房令拝借書写之畢／文化九壬申年初秋／稲垣延清／春秋三十一」

続要録上巻、本奥書、書写奥書共なし

続要録下巻（本奥書）「元禄六年九月六日於東大寺戒壇院書／写筆」、（書写奥書）「右新禅院重慶長老以御自筆本之本／従北林院成宥御房令拝借書写之畢／文化九壬申年初秋／稲垣延清／春秋三十一《ママ》」

これらの奥書から影写本の原本は、筒井英俊校訂の『東大寺要録』の凡例で稲垣円清氏所蔵本としているものとみられる。影写原本は確認できていないが、筒井氏の凡例に書かれている稲垣円（ママ）清氏蔵の「東大寺本要録」乾・坤の内容構成は本稿でいう薬師院本の「本要略録」乾・坤に類似しており、隆慶の書写本を戒壇院重慶長老、すなわち亮然が書写、それを北林院成宥が書写したものが稲垣延清氏蔵の「東大寺本要録」乾・坤の書写原本となっていると思われる。

(17)　三ヶ院は「知行書上」に書かれるように新禅院、戒壇院、知足院の律宗系の三院を指すことが基本であるが、各院とも断絶する時期もあり、新禅院と由緒が深い真言院が新禅院を兼帯し三ヶ院に名を連ねている場合もある。あるいは戒壇院末に新禅院、真言院とも入り、戒壇院と知足院のみを三ヶ院としている場合もある。なお、真言院は観音院とともに幕府から惣寺とは別に単独で朱印地を認められており、「知行書上」にはその名は見えない（拙稿「近世東大寺真言院の一側面――性善和尚関係史料の紹介――」〈『平成二十一年度～平成二十五年度科学研究費補助金基盤研究（B）「南都における廃仏毀釈後の資料動態に関する調査研究」研究成果報告書第二冊　研究代表者吉川聡〔独立行政法人国立文化財機構奈良文化財研究所〕成果報告書　東大寺図書館蔵新修東大寺文書聖教調査報告書第四六函～第七七函』、二〇一四年〉を参照のこと）。

(18)　平成十二年の東大寺図書館よる勧修寺所蔵の東大寺関係の文書調査目録によると「東大寺要録第一」及び「東大寺続要録拝堂篇」が勧修寺にも所蔵されていることが確認できるが、書写年や記載内容の確認、写本の系統など詳細な検討はできていない。

(19)　明和四年三月二十八日、五月十六日、六月二十一日に「御寺務宮依御召北林院上京」との記事がある。

(20)　「東大寺別当統譜」は成立以後も近世末まで別当の事績が書き加えられている。明治以降も百九十四世・寛聖までの名前が書き込まれている。

(21)　応永十五年十一月の東大寺の記録を抜書した「東大寺薬師院実済記」（一一三部三七三号）の書写本奥書には「此一冊勧修寺宮御本書写写本証本実済自草殊勝也畢」、書写奥書に「右滋野井中納言公麗卿自筆御本写也／明和五年三月廿四日大僧都成杲」とあり、書写原本は勧修寺本であることがわかる。

(22)　現在手向山八幡宮にも書写年代は不明ながらも続要録宝蔵篇の書写本を所蔵されている。

(23)　印蔵に所蔵されていた文書については、堀池春峰「印蔵と東大寺文書の伝来」（『南都仏教史の研究』上、法藏館、一九八〇年）を参照のこと。

（24）八幡宮一帯は寛永十九年（一六四二）十一月の町場からの火事によって焼失し、新造屋東側に仮御殿が南面して建てられている。仮御殿の配置図は、貞享五年四月の大仏殿釿始式の記録「大仏殿釿始千僧供養私記」に描かれている。八幡宮の本殿は元禄四年（一六九一）に公慶によって再建されたが、仮御殿の跡地に庫蔵から蔵が八幡宮の宝蔵として移築されたようで、蔵の移築は八幡宮再建の一環であったようである。

八幡宮の再建は奈良時代創建時の大仏鋳造に八幡神が助力したことを鑑み、東大寺として大仏修復、大仏殿の再建に先立ち、八幡宮の再建を願い、「（炎上）翌年ゟ御造営之訴訟、年々寺社奉行江申上候」というように寺僧が毎年のように江戸に下向し、幕府に八幡宮再建を訴えていた。

「公慶上人年譜」元禄四年条に「八幡者大仏殿鎮護之神也。今無大殿シテ先ッ神祠構フ」とある。

（25）現在の保存箱が元禄八年十一月に製作されているが、これは、翌年の移動を見越したものと考えられる。

（26）新造屋のことは西洋子「新造屋について」（『正倉院文書整理過程の研究』、吉川弘文館、二〇〇二年）も参照のこと。

（27）新修文書五五・〇三函七三号。横切紙一紙の表裏に書き上げられている。虫損が著しく綴じ穴の確認はできなかったが、「新造屋書籍目録」と書かれた袋があり、複数紙の帳面であった可能性がある。

（28）現在、八幡宮楼門跡南に手向山八幡宮宝庫があるが、これは傷みが激しくなり、安永九年（一七八〇）に解体されていた油倉の北倉を、大破に及びやはり解体されていた八幡宮宝庫の代わりに、八幡宮神主の要望によって移築されたものである。移築が始まるのは文化九年（一八一二）であり、「東大寺境内絵図」には、その地に建物は描かれていない。「年中行事記」文化九年五月七日条に「一、七日上司安芸守御届之趣、八幡宮宝蔵建組申度旨ニ付、右場所際ニ材木小屋建被申度」とある。なお、近世前期の景観を描いた「東大寺中寺外惣絵図并山林」にも同位置には「安居屋」ある。「惣絵図」描画姿勢からいえば、建物等は近世以前に失われていた。

（29）「正倉院古文書唐櫃」は天保四年の正倉院開封の際に穂井田忠友によって整理された正倉院文書「正集」である。

（30）『重要文化財東大寺法華堂経庫修理工事報告書』（奈良県文化財保存事務所、一九六四年）を参照のこと。

（31）倉奉行による新造屋蔵の調査よりも前、寛政四年（一七九二）の幕府（松平定信）の命による柴野栗山の山城大和古社寺宝物調査がおこなわれ「寺社宝物展閲目録」にまとめられた。そこには東大寺は十二月一日から三日に調査があり、収蔵場所は明示されていないが「諸国封戸牒状」、「越前国桑原庄券」などとともに要録、続要録も次のように書き上げられている。「一、東大寺要録十巻嘉承長承之比寺僧観厳著」、「一、同続要録九巻作者未詳」（『続々群書類従』一六、一九〇九年、国書刊行会）。

なお「年中行事記」には柴野栗山の調査のための来寺や対応の記録といったものは書かれていない。

（32）「東南院宝庫目録」は、前掲註（23）の堀池論文において「明治五年八月の東南院宝庫目録」とあるものと同一のものと思われるが、同時に「新造屋文画目録」も作成されており、明治五年八月の時点で新造屋印蔵の収蔵品すべてが東南院宝庫へ移されてはいない。

参考史料

新造屋東西蔵諸道具目録（一四三部五一六号）

（表紙）

「嘉永四辛亥歳九月改之

新造屋東西蔵諸道具目録

倉奉行」

二階方目録

天 一、開山僧正御衣　二具一答

地 一、同御袈裟坐具　一答

玄 陀羅尼集経　光明皇后御筆十巻

一、大方等大集菩薩念仏三昧経

聖武天皇御筆十巻　一答

黄 一、正倉院古文書唐櫃 別目録入櫃　一口

宇 一、本要録続要録　一答

洪 一、古文書正元年中櫃　一答

宙 一、御屏風余リ古功（切カ）　一答

荒 一、青塗沈金唐櫃 古文章入　一口

日 一、法華会記録　一答

月 一、開山御道具櫃　一口

金泥華厳経　一答

功徳経　御自筆　一巻

柄香炉　一

御硯　一口

華厳供印 御自刻　一口

御鏡　一面

功徳経々釈　一巻

右櫃ニ入

盈 一、五獅子如意写　一答

昃 一、若狭国紫石硯　一答

辰 一、散手貴徳面　二面一答

宿 一、奚婁　一口

列 一、振鼓　一口

長 一、袈裟答　一答

寒一、青磁花瓶　一口

暑一、散手貴徳甲　一答

来一、荷太鼓　二口　一答

往一、勝尾寺以空上寄進物仏画　一答

秋一、皆朱椀十人前　談義坊　一答

収一、柳葉　一口

冬一、四方輿　御簾八釣　鎰十六　紐十六筋　一答

蔵一、金紙金泥法華経　六答

閏一、鴨之毛屏風写　二口

余一、五獅子如意古　一答

成一、同黒塗櫃　一口

歳一、以空上人吽字　一軸

律一、嘉祥浄影　二軸　一答

呂一、十六善神　一軸

調一、華厳五祖影　五軸　一答

陽一、以空上人　書画梵字三服　一答

雲一、銀歓喜天　安政六年正月龍松院へ貸渡　一答

騰一、最勝王経　一答

一、古唐櫃蓋無　古雑書　一口

致一、以空上人伽羅記　一軸

一、桐ノカラ箱　二ツ

以上

外ニ

御朱印櫃　三口

下蔵目録

両一、朱塗唐櫃

皇仁帝面　四面　一答

陵王面　新古　二荅
納曽利面　新古二荅　一荅
同　古二面　一荅
二月堂縁起　一荅
執金剛神縁起　一荅
法華会縁起　一荅
末寺方文書　一荅
「衆議所有之」（別筆・後筆）正倉院古記　六巻　一荅
華厳経伝記　一荅
（別筆）「金堂名文」
・二月堂過去帳　一荅
天平革　一枚　一荅
櫟本村四ヶ村水帳　一荅
古文書　一荅
右大将家御書案文　一巻
（別筆）「酒人内親王御震翰」
尊氏公義持公

義政公幷畠山　御書五通合一巻
（別筆）「右者菊之持会筥有之」
文章　一巻
（別筆）「正倉院宝物　一荅
別当大政官　一荅　一　笛吹地蔵」
（付箋）「右一箱入」　右唐櫃入
施入五千戸封　四巻　一荅
証菩提院地蔵縁起
酒人内親王御筆

尊氏公書翰
勧修寺宮兼学記録
義持寄附状幷別当
光経副状
右一荅ニ入
金堂銘文　一荅
笛吹地蔵掛板　一枚

右唐櫃ニ入
露
一、白木長持
二月堂観音蓮花　一枚
焼　伽　羅　一包
右一答ニ入
古文章　一答
西国方書記　一答
赤間石御硯　一口
正倉院御宝物図七巻　一答
別当職大政官符　一答
以空上人寄附
両界曼タラ板木一枚一答
古絵図写　三答　一口
明和四
年預方用書　一袋
栂尾山方諸記
都合五袋
同　本末一件
明和二
年預方用書　一袋

同三
同　〃
元文五
九折山放火政道記　一袋
右長持ニ入　雑々諸記枚十
結　一白木長持　雑記入
為　一、絵屏風　一箱
霜　一、鴨毛屏風　一箱
金　一、古切屏風　一答
生　一、長持　一棹
鹿　一、柄香炉　六握　一箱
水　一、盧甲修多羅　一筋　一答
玉　一、紫甲シュタラ二筋一答
出　一、黄紅修多羅　二筋　一答
崑　一、盧甲四具　紫甲二具一答
岡　一、露長持ニ入
勧修寺宮御寄附衲衣一答
釼　一、長絹　一答
号　一、八藤指貫　一具
巨　一、布衣　二具

闕一、同　二
珠一、同　一
弥一、同　二
夜一、同　二
光一、打敷　一答
果一、中童子大童子装束二具宛
珍一、篝焼装束　六具　一答
李一、覧筥　一口
柰一、短冊筥　一口
識一、蹈掛　一答
師一、舞楽装束　平四具　納曽利一具　簞笥
火一、同　平四具　陵王一具　簞笥
帝一、風折帽子　枚十二　五答
鳥一、老掛冠　二　二答
袈裟装束類簞笥
法服

幕長持ニ入
右修復中ニ付追而吟味
以上

東蔵方
二階目録

菜一、年預方日記　外ニ寛延二冊　寛政十二冊
安永二冊
重一、同　寛永一冊寛文二冊
芥一、同　貞享三冊元禄十六
宝永六冊
正徳五冊
四欠
薑一、同　寛保二冊延享四冊

宝暦九冊　六欠
海　一、同　天明二冊享和二冊
明和六冊文化四冊
鹹　一、同　文政一冊
河　一、同　享保廿一冊
元文六冊
淡　一、総寺記録　一答
麟　一、山論記并野上社石荒神
社造立記　一答
潜　一、法華会記録　一答
羽　一、御八講御諷経
之記録　一答
翔　一、諸絵図　一答
宦　一、同　一答
人　一、市本絵図　一答
皇　一、御開封記録唐櫃　一口
始　一、同書類　一答

制　一、二月堂大双紙　一答
文　一、防州国衙手櫃　一口
字　一、二月堂差帳　一櫃
乃　一、角盥　一口
服　一、牛玉陀ラニ定木　一口
衣　一、浄土三部妙典　一巻
裳　一、胴金紋片答　棒共　一口
推　一、同　一
位　一、同　一
譲　一、雑記　一答
一、古面　六面
一、カラ箱　一

以上

同下蔵目録

国　一、古絵図　二答　一答
有　一、糸鞋　一答

虞 一、振鼓　一答
陶 一、鐘鼓　一答
唐 一、高杯　一口
予 一、馬盥　水瓶添　一口
民 一、伎楽面　一答
伐 一、三鼓　一口
罪 一、一鼓　一口
周 一、糸鞋　一答
発 一、金華籠　十五
殷 一、同　十四
湯 一、茶弁当　棒共　一荷
坐 一、片答紫錺紐二筋　枝袋紐一　一答
朝 一、千部箱　一口
問 一、奚婁　一口
道 一、高杯　二口一答
垂 一、長持雑書　一棹
拱 一、同　一棹

一、白桐　紋附　長持
一、水瓶角盥　一口
一、袈裟筥　一口
一、舞楽鉾　三本
一、幕串　四本
一、駄荷　四ツ
一、白木紋附　引出付　長持
一、一切経　一部
平 一、古唐櫃　雑書　一口
章 一、新華厳経合論　一部

以上

※原本は折紙横帳（大福帳）で一段組だが、紙幅の関係で二段組とした。

第四部　正倉院文書と東大寺

紫香楽宮における写経の再検討

栄原永遠男

はじめに

天平十六、十七年に紫香楽宮[1]で行われた写経[2]については、偏った側面のみの断片的な史料しか残っていないため、そこに記された事象の背後にある全体像を理解することはむずかしい。本稿では、関係史料の詳細な検討を行って、その一部なりとも解き明かすことをめざしたい。

本稿を始めるにあたって、あらかじめ用語の整理を行っておきたい。まず写経所と称するのは、皇后宮職・造東大寺司系統の写経所のことである。本稿が対象とする天平十六、十七年の段階では、金光明寺造物所の管下にあった。

次に「紫香楽宮写経」という語の意味するところに注意しておきたい。従来この点は十分に検討されないまま、あいまいに使用されてきたために、一部に混乱を招いた。本稿では、写経所が紫香楽宮で担当した写経以外にも、紫香楽宮側で独自に行った写経があったと考えるので、これらを区別する必要があると考える。これまで使われてきた「紫香楽宮写経」という用語では、この両者を区別することができない。そこで本稿では、写経所の経師らが紫香楽宮で従事した写経を「A写経」、紫香楽宮側独自の写経を「B写経」と呼んで区別し、この両者を合わせた全体を「全紫香楽宮写経」と称することとする。

これらの写経にかかわる関係史料は、(a)〜(i)の九点である[3]（後述する川原論文の記号を踏襲する）。

(a)〈間写手実〉「経師等行事手実帳」続々修一九ノ四(1)〜(5)（八ノ四三七〜四四七・三行目）＋
〈同〉「呉原生人写疏手実」正集三三②裏（二四ノ二六六）＋
〈同〉「経師等行事手実帳」続々修一九ノ四(6)〜(10)（八ノ四四七・四行目〜四五〇）

(b)「雑書充装潢帳」続々修二八ノ六（八ノ三〇四〜三一〇）

(c)(イ)〈写経所解（案）〉「写経所解」正集一三③(3)裏（二ノ三四八〜三四九）＋
(ロ)〈同〉「写疏所解」正集一七②裏（二ノ三五五〜三五七・一行目）＋正集一七①裏のうち（二ノ三五七・二〜七行目）
(ハ)〈写疏所解（案）〉「写経所解」「写疏所解」正集一七①裏のうち（二ノ三五七・八〜十二行目）＋続々修一三ノ五①（八ノ五二五〜五二六）＋
(ニ)〈写経所解（案）〉「写経所解」正集一三③(2)（二ノ四三六〜四三八）

(d)「写疏料紙等納充注文」続々修三七ノ九（八ノ四五九〜四六一）

(e)「〈律論疏集伝等本収納幷返送帳〉」正集三三①(2)裏（八ノ一八五〜一八八・十一行目）＋
〈同〉「経疏本等収納幷返送帳」正集三三⑤裏（二四ノ二五八）＋
「〈同〉」正集三三①(1)裏（八ノ一八八・十二行目〜一九三）＋

〈同〉「写疏論集納受帳」正集二一⑩裏（九ノ三六五～三六七）＋
〈同〉「経疏出納帳」続修八⑧裏（三ノ一六一～一六三）＋
〈同〉「一切経散帳」正集一⑪裏（一〇ノ五五三～五五四）
(f)「納櫃本経検定并出入帳」（関係個所のみ）続々修一五ノ三①、④（二四ノ一七二、一八〇）
(g)「写書所間写経疏目録」続々修一二ノ五（一二ノ二九三～二九八）
(h)〈得考舎人等考内行事注文〉「得考舎人等考内行事文」続修別集四八④裏（二四ノ二八四～二八五）＋
〈同〉「同」続々修二三ノ五⑬（二四ノ二八五～二八六・二行目）＋
〈同〉「同」続々修二三ノ五⑬裏（二四ノ二八六・三行目～二八七）＋
続修別集四八④（未収）
(i)〈写疏料筆墨充帳〉「写疏料筆墨紙充帳」続修三三⑨裏（八ノ二七三・二～五行目）＋
〈同〉「写経料筆墨充帳」続々修三一ノ五④（八ノ四八・一～五行目）＋
〈同〉「写疏料筆墨紙充帳」続修三三⑤裏（八ノ二七四～五）＋
〈同〉「写経料筆墨充帳」続々修三一ノ五⑥（八ノ四八～四九）＋
〈同〉「写疏料筆墨紙充帳」続修三三④裏（八ノ二七五～二七六）＋
正集二⑪裏（未収）＋
〈同〉「経師充筆墨帳」続修一二①裏（九ノ五一～五四）＋
〈同〉「後経所筆墨充帳」正集一四④⑵裏（二四ノ三五六～三五七）＋
〈同〉「写経料筆墨充帳」続々修三一ノ五⑨（八ノ五〇～五一）

〈同〉「写疏料筆墨紙充帳」続修三三⑦裏（八ノ二七三〜二七四）＋
〈同〉「写経料筆墨充帳」続々修三二ノ五⑤（八ノ四八・六〜八行目）＋
〈同〉「写疏料筆墨紙充帳」続修三三⑥裏（八ノ二七四）＋
※〈同〉「同」続修三三⑧裏（八ノ二七三・六〜九行目）＋
〈同〉「写経料筆墨充帳」続々修三二ノ五②（八ノ四七・四〜七行目）＋
※〈同〉「写疏料筆墨紙充帳」続修三三②裏（八ノ二七六〜二七七）＋
※〈同〉「写経料筆墨充帳」続々修三二ノ五③（八ノ四七・八〜十一行目）＋
〈同〉「写疏料筆墨紙充帳」続修三三③裏（八ノ二七六）＋
〈同〉「同」続修三三⑩裏（八ノ二七二〜二七三）＋
※〈同〉「同」続修三四②裏（八ノ二七七〜二七八）＋
〈同〉「同」正集三一①裏（八ノ二七九〜二八三）＋
〈同〉「同」続修三三⑫裏（八ノ二七二・四〜五行目）
〈同〉「写経料筆墨充帳」続々修三二ノ五⑩（八ノ五一〜五二）＋
※〈同〉「充経師等写疏筆墨帳」正集三二①(1)裏（二四ノ四二四）＋
〈同〉「経師充筆墨帳」正集三④裏（九ノ四七七〜四七八）＋
〈同〉日名子文書(1)裏（拾遺五〇裏）＋
〈同〉「写経充筆墨帳」続修七①裏（三ノ二六〇、一五二）＋
〈同〉続修七①（豊前国仲津郡丁里戸籍Y断簡背面〈文面未詳〉）＋

〈同〉「写経充筆墨帳」続修八⑥裏（三ノ一五三）＋
〈同〉「経師筆墨充帳」続々修三ノ五⑱(1)（一一ノ二五〇・七～十行目）、同(2)（一一ノ二五一）、同⑲（一一ノ二五一～二五二）　〈※は「甲加宮」の追記のある断簡〉

この写経事業については、これまで肥後和男・福山敏男・井上薫・渡辺晃宏・川原秀夫の各氏の研究がある。[4] 前四者は、行論の中で部分的に言及しているものであるが、重要な指摘を含んでいる場合があり、本稿でも必要に応じて言及する。

肥後は(c)(ロ)、(d)、(e)、(g)、(i)などの史料を紹介しながら、天平十六年ごろに多くの経論疏が甲加宮に移されるとともに、写官一切経所の全部か一部の写経生も甲加宮に遷り、そこで写経に従事したこと、それは聖武天皇が信楽を去るまで続いた、と述べている。しかし、それらは提示史料の詳しい分析によるものとは言い難く、感覚的な指摘にとどまっている。福山は、「甲加宮に於ける写経」として(a)、(c)(ロ)、(d)、(e)、(g)の史料を示し、金光明寺写経所から経師らが出張して写したものとする。井上は、福山論文に対して、写経（疏）所が甲加に移ったのでないことを再三述べているが、福山は写経所が甲加に移ったとは述べていない。また(a)の手実に対する追記について、甲加宮のために平城で書写が行われたことをいうものとし、また(h)をあげて、これらには「於甲加宮」と記されていないから甲加宮のための写経が平城で行われたことを物語る、とするが、いずれも疑問である。

次に渡辺は、(a)、(c)(ロ)をあげて、経師らは写疏所における書写の合間に紫香楽宮に赴いて書写に従事したこと、校生が紫香楽宮に赴いたことを確認できる史料はないこと、(d)により二十枚継ぎの写経用紙が紫香楽宮に送られており、(b)によって書写後の装幀は平城の金光明寺写経所で行われたから、装潢は紫香楽宮に派遣されなかったらしいこと、天平十六年の写経は、間写と同一範疇で捉えられているので、光明皇后の意志にもとづくとみて大過ないこと、(f)、(g)、(h)から紫香楽宮で書写されたのは十八巻だけでないこと、紫香楽宮における写経は天平十六年八月以降も継続しており、(i)から天平十七年正月ごろまでは継続した可能性があること、など多くの点を指摘した。

これらをうけた川原の研究は、本格的にこの写経事業に取り組んだ最初の専論である。関係史料のていねいな分析から写経の実態をおさえ、それを政治過程の中に位置づけている。優れた研究として現在の到達点となっており、本稿でも学ぶところが多い。しかし、平成五年（一九九三）の発表からすでに二十年以上も経過している。この間、正倉院文書の研究は急速に進展し、写経事業や写経所また写経所文書に関する認識も深まっている。これらを踏まえて、現段階で関係史料を再検討し、この写経全体について明らかにする必要がある。

まず川原説の大枠を紹介する。個々の史料の理解については、のちに個別に検討する。川原は紫香楽宮写経を三期に分けて理解する。第一期は、天平十六年（七四四）上半期（二月～七月）で、開始期とする。写経は天平十六年二月二十四日の聖武天皇の紫香楽宮行幸のころから始められた。同年四月以前に紫香楽宮に写経所の出張所が設けられ、写経所の案主がこれを管轄した。このことを、紫香楽宮の仏都としての整備の一環と理解している。

第二期は、天平十六年下半期（八月～十二月）で、拡大期とする。この時期に、写経所とは組織としての関係を持たない独自の写経機関が紫香楽宮に設置された。これにより本格的な写経体制が整備され、写経事業が拡大し、写経所に経巻を貸し出せるほど経巻が整備された。これらは聖武天皇が企図したもので、甲賀寺のための一切経の整備を目的としていた。造都・造仏が順調に進めば、一切経の写経が開始されていた可能性もあった。しかし、天平十六年十二月、造都が優先され、写経は一時中断した、とする。

第三期は、天平十七年上半期（一月～五月）で、中断・廃止期とする。同年二月五日以前に筆墨を写経所に移しているが、これは写経の中断が長期化するとの予測からである。そして、同五月には紫香楽宮廃都にともなって写経も廃止されたとする。

以上の川原説は、前述のように現時点で最もまとまった研究として高く評価すべきであるが、考え直すべき点もあるように思う。以下では、川原説のいくつかの論点について検討していきたい。

なお、川原の三期区分については、この区切りが(c)にもとづいている点に注意する必要がある。これは写経所における時期区分である。この区分が「B写経」やそれを含む「全紫香楽宮写経」にも適用できるかどうか、川原は検討していない。これについては別個に考える必要がある。

第一章　写経所による紫香楽宮関係の写経（「A写経」）

第一節　経紙と本経の移送

(d)は経紙や端継紙、公文用紙などの写経所への納入と出充を記録した帳簿である。これによると、写経所は天平十六年四月十九日に疏料として播磨国紙九八五〇枚を収納し、その日のうちに二〇〇〇枚（薗部広公）、五月二日に三〇〇〇枚（秦大床）、九月八日に四八五〇枚（薗部広公）の三回に分けてカッコ内の装潢に支給した。このうち薗部広公に対する二〇〇〇枚に関する記載は次のようである。

且充二千枚受広公、収継紙八十二巻 進甲可宮十八巻

このうち「収継紙八十二巻　進甲可宮十八巻」は、薗部広公が二〇〇〇枚を継いで一〇〇巻とし、そのうち十八巻を甲可宮に進め、残り八十二巻を写経所が収納したことを意味する。継を写経所で行って甲可宮に送ったのである。(5)しかし、これは白紙の巻物であり、これだけでは本経がなければ写経はできない。そこで、五月十六日条に、

十六枚支出したうちの六枚について、

六枚甲可宮進上雑疏裹料

とあることが注意される。これは、包紙六枚を甲可宮に送ったことを示すが、問題は、それが包んだ「雑疏」がいかなるものかである。

包紙とともに「雑疏」も甲可宮に送られたとすると、「雑疏」は写経所に存在したものであることになる。これに対して包紙だけが送られたとすると、「雑疏」は紫香楽宮にあるものである。後者の場合、写経所は紙を送る時点で事前に甲可宮側で包むものが「雑疏」であることを知っていたことになるが、それはやや不自然である。また包紙をわずか六枚だけ送ることも落ちつかない。

以上から、前者の可能性が高いと考える。そうすると、この包紙に包まれていた「雑疏」こそが紫香楽宮で行われた「A写経」十八巻の本経だったのではなかろうか。これによると、紫香楽宮へは、十八巻の本経と、継とおそらくは打・界をほどこされた経紙が送られたことになる。それにともなって、後述するように、経師も移動した。

第二節　「阿刀息人手実」の性格

(c)は、写経所[6]が上級官庁である金光明寺造物所に対して、それぞれの期間内に写した経律論疏とその用紙数とを、一切経（五月一日経）と外写（間写）に分けて報告した四通の文書の案である（(イ)〜(ニ)とする）。それぞれの対象期間と、文書の日付は次のとおりである。

(イ)天平十五年五月一日〜同年十二月十七日　　天平十五年十二月二十九日

(ロ)天平十六年閏正月十四日〜同年七月二十三日　　天平十六年七月二十五日

(ハ)天平十六年八月一日～同年十二月十六日　天平十六年十二月二十四日
(ニ)天平十七年正月十四日～同年四月三十日　天平十七年五月十一日

この四通は、史料目録によると、相互に接続することが確かめられる。しかし、(イ)の右端には表裏にハガシトリ痕があるが、これに接続するものの存在は知られていない。また(ニ)の左端の裏はハガシトリ痕不明であるという。したがって、(イ)～(ニ)の四通のみでまとめられていた時期があった可能性がある。

この推定が妥当とすると、報告対象期間の始まりが天平十五年五月一日であることが注目される。この日は、五月一日経の写経対象が、従来の『開元釈教録』の「入蔵録」所載の経典から論疏集伝に拡大されるという方針転換がなされた時である。(イ)～(ニ)に五月一日経としてあがっている経典は、基本的に論疏集伝ばかりであるので、(イ)～(ニ)は、この方針転換に従って進められた一切経の写経と、これに並行して写された間写分を合わせた報告文書である。

このうち(ロ)には、まず①宮一切経（五月一日経）の九十五巻とその用紙二八二五枚、②間写一〇六巻とその用紙三一四五枚があげられ、②はさらに③八十八巻二七一五枚と④甲加宮で写された十八巻とその用紙合計四三〇張に分けて、その経巻名とそれぞれの用紙数が記されている。

これに対応する手実が(a)〈間写手実〉「経師等行事手実帳」である。これは、端裏に「天平十六□（年カ）」（未収）とあるように、②間写のうち写経所で行われた天平十六年二月～七月分の手実を、ほぼ日付順に貼り継いだものである。しかし、後述のように、大鳥祖足と阿閇葦人の二人の手実だけは同年十二月のもので、二月分と三月分の間に貼り継がれていて時期的に離れている。

これらの手実のうち、大鳥祖足・杖部子虫・志紀久比万呂・漢浄万呂の四人の手実には、④に関する情報が追記されており、さらに「阿刀息人手実」が貼り込まれている。川原はこの追記の内容を、天平十六年上半期中に提出された紫香楽宮で行われた写経の手実内容を記したもので、その正用を合計しなおしたとする。そして、紫香楽宮で行われた写経と間写との二種類の手実が作成されたことから、両者の書写が異なった場所で行われた可能性を指摘した。川原が、紫香楽宮で行われた写経の手実が写経所に来ていたと考えた根拠は「阿刀息人手実」の理解にある。その内容は、

　阿刀息人写論疏七巻
　旧起信論一巻用卄六　　今起信論二巻上巻用十六 下巻用十四
　起信論疏一巻下用卄四　　起信論記一巻卅二　　肇論疏一巻中卌
　瑜珈聊簡一巻十二張　　合正用紙百六十四張
　右、並写甲加宮者、
　　　　　　十六年七月十七日

のように④の経巻のみであるので、これを紫香楽宮で行われた写経の手実そのものと理解し、それが写経所に送られて来て(a)に貼り込まれたと考えたのである。

しかし、これは紫香楽宮で作成されたものではない。「余馬養写疏手実」[7]（続々修一九ノ四裏、二四ノ二七〇～二七一）の背面に書かれているので、写経所で作られたものなのである。また「阿刀息人手実」には経巻名と正用のみがあげられ、正規の手実なら当然記されるべき空・破・反上の記載がない。これは、(a)の他の手実にはすべてこれらや残紙数が記されているの[8]に比べて異例である。このことは、紫香楽宮で作成された手実そのものが写経所に来ていたとするならば不審である。

「阿刀息人手実」は、おそらく「A写経」にかかわった経師名、担当した経巻名、正用数だけを記した「注文」のようなものにもとづいて、手実の体裁に合わせて写経所が作成した手実様文書であろう。その理由は、川原が指摘するように、阿刀息人が写経所で間写に従事していなかったためにその間写手実がなく、他の四人のように紫香楽宮での写経分を間写手実に追記できなかったためである。「阿刀息人手実」の他の四人の追記にも空・破・反上は記されていない。「阿刀息人手実」を作成するのに用いたのと同じ「注文」にもとづいて追記されたとみるのが妥当である。「阿刀息人手実」が作られ、他の追記がなされたのは、「注文」が写経所に届いたあとのことである。その時期は、「大鳥祖足手実」の日付の理解とかかわるので、次節であらためて検討したい。

以上からすると、「A写経」の手実そのものは紫香楽宮側で作成され、この写経を統轄する事務主体に提出されたかも知れないが、それが写経所に送られてきたとは考えにくい。送られてきたのは、上記のような「注文」であったと考える。

このことから、第一に、川原のように、「阿刀息人手実」を紫香楽宮で行われた写経の手実そのものとし、これと間写手実の二種類の手実が作成されたことを根拠に、両者が異なった場所で行われた可能性を考えることはできない。しかし、第二に「注文」が送られてきたことから、異なった場所で写経が行われていたと言うことはできる。そして第三に、紫香楽宮には「注文」を作成した事務組織が存在した可能性がある。写経所の経師たちは、この事務組織が運営する写経事業に参加し、その施設で写経に従事したのであろう。

第三節　「大鳥祖足手実」の追記の時期

次に問題としたいのは、(a)〈間写手実〉「経師等行事手実帳」に見える「大鳥祖足手実」の日付である。

そこで、まず史料を提示しておく（合点、異筆省略）。

大島祖足奉写唯識論一部十巻　受紙二百卅張 六十三　山辺千足用五張反上十二枚
祖足破五張空二不用二
第一用十六 空一　第二用十九 空一　第三用廾　第四用廾一　第五用廾一
第六用廾一 破二　第七用廾 破二　第八用廾三　第九用廾一　第十用十九 不用二破一
花厳経疏第一用卌一張 廾四枚写祖足 十七写子虫 二　第五巻用卌二 十七写祖 十写牛甘　十六写広万呂
合見用紙二百卌張反上五張

已上写此間

花厳経伝記五巻用黄紙 已上写 甲加宮者 五十七張　十二月廾日

合定正用二百九十九張

（紙継目）

阿閇葦人写四分律鈔第一巻
合受紙六十四張　現用六十四枚
六年十二月廿一日

川原は、この「十二月廾日」という日付を、紫香楽宮で行われた写経分を「追記」した日付と理解した。このこと、後述する(b)の間写の充装潢帳の「加入甲加宮遺書十三巻用三百七十三張」という行間書込みとを結びつけて、大島祖足が担当した五巻の書写は十二月まで遅れ、(c)(ロ)の七月までに装潢に充てられなかったとした。また、行間書込みについて大日古が「遺」とする文字はマイクロフィルムで確認すると「遺」であるとし[9]、これらの経巻は紫香楽宮に「遺」されていたものであると推測できる、とした。

しかし、この日付部分をよく観察すると、「花厳経伝記五巻」の次の細字双行「用黄紙五十七張／已上写甲加宮者」は「十二月廾日」を避けるように両側に開いて書かれている。このことは、先に日付があり、その後に細字双行が書かれたことを示している。写真からは墨色の微妙な違いまでは判別できないが、両者は一連のものではない。

そこで、「大鳥祖足手実」の日付という観点から考えてみたい。(a)の手実帳の全三十一通[10]の手実のうち、日付がないのは「葛野安万呂手実」と「山部花手実」の二通だけである。この二通は、その前の「氏名未詳写経手実」とともに一紙（第七紙）に書かれている（八ノ四四〇～四四一）。「氏名未詳写経手実」には日付があるが、後ろ二通には日付がない。しかし、その二通目（第七紙末尾）の「山部花手実」には受紙数や正用・空・破・反上などの記載がなく、左端に墨痕が残っている[11]。この点から、末尾部分が切りとられたことがわかる。葛野安万呂と山部花の二人分まとめて、この切断部分に日付が書かれていたのであろう。この推定によると、すべての手実に日付があるというしごく当然のこととなる。仮にこの切りとられた部分に日付がなかったとしても、一紙一人で書かれた手実はすべて日付を持っている。「大鳥祖足手実」も一紙に書かれている。川原のように、「十二月廾日」を「追記」の日付とすると、一紙に書かれた手実では、この「大鳥祖足手実」のみに日付がないことになってしまう。右記の文字の配置からみても、この日付は「大鳥祖足手実」の日付であり、「追記」については、他の「追記」と同様に日付が記されていないとみるべきである。

そこで次には、「大鳥祖足手実」も含めて、「追記」の情報がいつのものかが問題となる。

(a)の手実帳には、前述のように、天平十六年二月～七月の手実がほぼ日付順に配列されている。しかし「阿閇葦人手実」は十二月二十一日付であって、他と離れている。いま「大鳥祖足手実」が十二月二十日のものであることが明らかとなったので、(a)では、あい並ぶこの二つの手実のみが十二月という異例の日付をもっていることになる。では、十二月二十日ないし二十一日とは、いかなる日付なのであろうか。

「大鳥祖足手実」にあげられているのは、「追記」以外では、唯識論一部十巻と花厳経疏第一巻・第五巻である。これだけではどの唯識論か特定できないが、間紙充帳の「大鳥祖足手実」（八ノ一九九）と比較すると、経師や張数の一致から間写の成唯識論であることがわかる。また「阿閇葦人手実」には四分律鈔第一巻があがっているが、六十四張という紙数から、やはり間写のそれであることが判明する。(12)

ここで(c)(ロ)の間写の項を見ると「成唯識論一部十巻用紙二百一張」「四分律抄第一巻用紙六十四枚」とある。これこそ大鳥祖足と阿閇葦人が写したものに相違ない。ところが(c)(ロ)によると、両者は天平十六年閏正月十四日から同年七月二十三日までの間に写された間写八十八巻に含まれているのである。そこで問題を整理すると、大鳥祖足と阿閇葦人は、天平十六年七月二十三日以前に写した経巻を、同年十二月二十日、二十一日の手実で報告していることになる。実際の書写の時期と、それを報告する手実の日付にずれがあるのである。

以上によって「大鳥祖足手実」の「十二月廿日」がこの手実の日付であることがますます明らかになった。そうすると、「追記」はこの日付を避けて書かれているので、十二月二十日以後に記入されたことになる。(c)(ロ)の日付である天平十六年七月二十五日の時点では、紫香楽宮で写された経巻名とその巻数、用紙数まではわかっていたので、(13)(c)(ロ)を作成することは可能であった。そこに列挙された経巻は、七月二十三日以前に写されたのである。しかし、経師の手実に「追記」をするためには、どの経巻を誰が写したのかという情報が必要である。各経巻の担当経師に関する情報が、経巻名と用紙数、その担当経師を記した「注文」として写経所に伝えられたのは、十二月二十日以後であった。「追記」はそれ以後に行われた。

第四節　(b)の行間書込みの意味

(b)は、冒頭一行目に「雑書充装潢等帳」、右軸の題籤に「間書充装横帳」とあって、装丁して成巻するために間写の経巻を装潢に充てた記録の帳簿である。その十九行目の行間書込みが問題である。

雑書充装潢等帳　天平十五年八月
八月九日法花玄三巻第一 第五 第四用紙合百五十張　破八枚受秦大床 充酒主
十月十日充起信論疏二巻用紙八十一張黄紙 空一　毗尼律三巻用白紙二百卅三張
已上二書用紙三百十四張空一　受薗部広公　充酒主
十一月卅日充梵網経疏二巻用七十八枚　受秦大床　充人成
十六年三月九日充理趣経十六巻　用紙三百廿六枚之中六枚破料
天平十六年四月五日充
(合点)法花玄二巻第四九　用紙百廿枚
(合点)毗尼律三巻欠中巻 且充上下　用紙百七十二枚
受薗部広公　充人成　知石村
十二日充九巻七巻十一面経 二巻仏頂経　用紙百一枚之中四枚空破料
六月
十一日充成唯識論一部十巻　用紙二百一張　空用二張　破五空用二破五
右依令旨写　受能登忍人　充酒主

15 廿七日充花厳経疏第一帙十巻用紙四百卅七枚外空一破二第二帙十巻用紙四百卅一張

16 受薗部広公　充辛国人成　阿刀

17 七月十日 法花経一部八巻　用百七十四張　受薗部広公　充酒主

且充第一帙第四三七二九十

18 廾一日充花厳経疏一部廾巻　用八百五十一張　用空四枚　破一

第二帙第五七九十

19 従天平十六年三月九日迄七月廾一日合空用七張加入甲加宮遺書十三巻用三百七十三張(14)

20 右八十三巻用紙二千五百十一張料物給七月　検酒主　人成

21 「申送已訖」

十九行目の行間書込みの上半分は、六〜十八行目の合計(15)が二十行目の八十三巻用紙二五一一張であることを示すための書込みである。二十行目だけでは、これがどの範囲の合計かわからず、冒頭以下の全合計と誤解されるおそれがある。また六行目の行間書込みも加えられていることを示す必要がある。このために書き込まれたものである。

次に下半分の書込みについて検討する。(c)(ロ)〈写疏所解（案）〉「写疏所解」によると、天平十六年閏正月十四日から七月二十三日の期間に甲加宮で写されたのは十八巻四三〇枚で、その経巻名と内訳が記されている。その経巻は(a)「経師等行事手実帳」の大鳥祖足・丈部子虫・志紀久比万呂・漢浄万呂の四人の手実の「追記」と「阿刀息人手実」にすべて見えている。

これらの経巻と「加入甲加宮遺書十三巻用三百七十三張」との差は五巻五十七張である。これについて川原は、この差が花厳経伝記五巻五十七張にあたることを指摘し、この分の書写が天平十六年十二月まで遅れたため、紫香楽宮にできた写経所で成巻され、「遺書」の記載は十三巻が紫香楽宮に残されていたことを示す、と考えた。

この考えは、前半の花厳経伝記についての指摘はそのとおりであるが、後半は賛成できない。川原の意見は「大鳥祖足手実」に対する追記を天平十六年十二月二十日のものと理解するところからきている。しかし、この日付は前述のように「大鳥祖足手実」の日付であり、(c)(ロ)では、花厳経伝記五巻五十七張は七月二十三日以前に写されたと報告されている。これらからみて、花厳経伝記の書写は天平十六年七月二十三日ごろ以前に終わっており、十二月まで遅れたとすることはできない。

とすると、行間書込みの「遺書」は「A写経」全十八巻のうち花厳経伝記五巻の遺りという意味で、その十三巻を、装潢の作業分に「加入」したという意味に解することができる。そうすると、花厳経伝記五巻はこれより先に加入されていたと考えられる。

しかし、十九行目の行間書込みの個所より前の部分には、五巻分を加入したとする記載は見えない。そこで、(b)が開始される天平十五年八月九日以前にすでに加入されていたから(b)には見えないとする理解もありうるが、おそらくそれは無理であろう。なぜなら、前述したように、十八巻の「A写経」は、本経である「雑疏」が紫香楽宮に送られた天平十六年五月十六日以後でないと写すことはできなかったはずであるから、(b)が開始される天平十五年八月九日以前に花厳経伝記五巻分の五十七紙を加入することは不可能であるからである。天平十六年五月十六日以降、残る十三巻が加入された七月二十一日以前の間に、花厳経伝記五巻五十七張が加入されたが、(b)にはその記載がない、と考えるほかない。

川原も、これが(b)に見えないことを指摘し、この分の書写が天平十六年下半期にずれこんだため、紫香楽宮にできた写経所の案主が処理し、写経所が布施支給・帳簿管理を行う必要がないために「追記」されなかった、とした。しかし、この分の書写は、上述のように天平十六年五月十六日から、十三巻が加入された七月二十一日までの間に行われたので、川原の(b)に見えない理由の説明には無理がある。

むしろ川原が、写経所の装潢合計枚数に紫香楽宮写経の十三巻分を加えているだけで、装潢生に充てた記載になっていない、と指摘していることが注目される。たしかに薗部広公や秦大床などの装潢に充てられていないので、装丁成巻のための「加入」とは考えにくい。ここでは、成巻の終わった経典の巻数を把握するための書込みとみておきたい。

第五節　古筆墨の回収と再支給

次に(i)「〈写疏料筆墨充帳〉」は、筆や墨の支給とその返上に関する長大な記録であるが、そのうち九人の経師に対する支給の一部について「甲加宮者」という注記がある[16]。この注記のある筆墨の支給について、川原は次のように指摘している。

①紫香楽宮における写経が中断されたため、その筆墨を写経所に一時的に引き上げたと推測できる。②そのため、それと写経所が保有している筆墨とを区別するために注記した。③これらの筆墨は写経所の管轄のものではなく、④いずれ紫香楽宮で再利用される可能性があるから、紫香楽宮のものを借用した旨を注記した。⑤紫香楽宮写経の中断は天平十七年正月には行われた紫香楽宮遷都と関係があり、(c)からみて天平十六年十二月に一時中断され、当初から長引くと考えられていた。⑥(i)の貸し出し注記から、中断は三月二十四日までは続いたが、五月の紫香楽宮廃都によって廃止に変わった。以上が、川原がその論文の本文で指摘している点であるが、さらに注48において、⑦中断ではなく縮小で、中断期間も写経がなされていた可能性があり、天平十七年八月の大仏造像再開まで写経が細々と継続していたと考える余地は残されている、とも述べている。

表1　（ⅰ）写疏料筆墨充帳に見える甲加宮の筆墨

経師	支　給		返　却	
錦部大名	2月8日	古筆1墨頭	2月16日	古筆墨頭
高市老人	2月9日	古筆1墨1/3	2月17日	古筆墨2/4
忍海広次	3月9日	古筆1墨三分		
漢浄万呂	3月24日	古筆1墨1/4		墨頭
志紀久比万呂	2月5日	筆1墨2/3		
既母辛白万呂	2月17日	古筆1墨半	8月10日	古筆1
安曇広万呂	2月18日	古筆1墨半		墨頭
〃			7月20日	古筆1
古能善	3月9日	古筆1墨1/4	3月24日	墨頭
山部花	2月16日	古筆1墨頭1	2月25日	墨頭
〃	2月25日	（墨頭）1/3		

以上の川原の考えは、現存史料を整合的に解釈しようとして導き出されたものであるが、しかし別の考え方もできるのではないか。まず③④で、これらの筆墨を写経所の管轄ではなく紫香楽宮から借用したものとする点には賛成できない。**表1**は、支給と返上を整理したものである。

このうち墨に注目すると、支給の「半」から返却の「墨頭」への変化は（安曇広万呂）、「墨頭」というのがどのような状態かはっきりしないものの、「半（半分）」よりは減っているとみられる[17]。また、墨を支給したのに返却が記されていない場合は使い切ったためであろう。筆の場合は消費の状況はわからないが、返却されていない場合は、写経に耐えられない状態になってしまったために、写経所へは筆としては返却されなかったと考えられる。

このように、写経所では筆墨を消費しているのである。この筆墨が写経所の管轄ではなく紫香楽宮から借用したものとすると、紙一枚に至るまで所属関係を厳密に区別する写経所にあっては、消費分の弁償という問題が当然生じるであろう。また仮に、もとの管轄主から譲渡されたのであれば、それはもはや写経所の筆墨なのであるから、「甲加宮者」の注記は必要ないことになる。したがって、「甲加宮者」の注記のある筆墨を写経所の管轄ではないとは言えない。また紫香楽宮からの借用とは考えられず、紫香楽宮での再利用の可能性はない。

私は、これら筆墨はもともと写経所のものであり、「甲加宮者」という注記は、筆や墨が古筆となったり使いさしになった場所または契機を示したものであると考える。**表2**は、(i)全体から古筆墨の支給の事例をすべて拾い出し、日付順に並べたものである。返却の記載がある場合は、それも併記した。

古筆墨の支給とは、過去に新筆や墨一挺（新墨）を経師らに支給し、ある程度使われた後に回収されたものを再支給（再利用）することをさす。この**表2**によると、古筆墨の支給は、天平十六年から天平勝宝三年まで見られるが、一年中まんべんなく支給されるのではなく、ある程度時期的な偏りがあることがわかる。天平十六年は八月〜九月、天平十七年は二月〜三月、そして天平十八年は二月〜五月に集中している。これは、筆墨の回収がまとめて行われたことと関係があると思われる。「甲加宮者」の注記は天平十七年二月〜三月のみに見える。

そこで天平十七年に注目すると、「甲加宮者」の注記のあるものとないものが混在している。注記のないものに注目すると、筆については「古筆」とあるだけで区別できないが、墨は既母辛建万呂に墨一挺すなわち新墨が支給されている以外は、三分の二、三分の一、四分の一、墨頭が支給されており、「甲加宮者」の注記のあるものとなんら変わらない。支給時期もすべて二月〜三月の間に収まっている。この点からみて、注記のないものは注記のあるものと同様に考えてよいと判断したい。

古筆墨の支給全体を見ると、天平十八年の場合は返却の記載が全くないのに対して、天平十六年、十七年については、それがあることが注意される。これは、天平十八年については墨は「墨頭」で支給されていることがほとん

表2 （i）における古筆墨の支給

経師・装潢名	支給				返却		
	年月日	筆	墨	注記	年月日	筆	墨
大石広万呂	(天平16年) 8月11日	古筆1					
古乎万呂	天平16年9月21日	古筆1	墨半		24日	筆	墨
林浄道	天平16年9月26日	古筆1	墨1/3				
角恵万呂	天平16年9月30日	古筆1	墨1		(天平17年) 3月24日		墨頭
弓削佐比止	天平16年11月24日	古筆1	墨2/3		天平17年2月5日	古筆1	
葛野安万呂	天平16年12月8日	古筆1	墨1/3				
志紀久比万呂	天平17年2月5日	筆1	墨2/3	甲加宮			
錦部大名	天平17年2月8日	古筆1	墨頭	甲加宮	天平17年2月16日	古筆	墨頭
高市老人	天平17年2月9日	古筆1	墨1/3	甲加宮	天平17年2月17日	古筆	墨2/4
山部花	天平17年2月16日	古筆1	墨頭1	甲加宮	天平17年2月25日		墨頭
既母辛白万呂	天平17年2月17日	古筆1	墨半	甲加宮	(天平17年) 8月10日	古筆1	
既母辛建万呂	天平17年2月17日	古筆1	墨1				
安曇広万呂	天平17年2月18日	古筆1	墨半	甲加宮			墨頭
安曇広万呂				甲加宮	(天平17年) 7月20日	古筆1	
忍海新次	天平17年2月23日	古筆1	墨2/3				
山部花	天平17年2月25日		(墨)1/3	甲加宮			
達沙牛甘	(天平17年) 3月1日	古筆1	墨2/3		(天平17年) 7月18日	古筆1	
忍海広次	天平17年3月9日	古筆1	墨3分	甲加宮			
古能善	天平17年3月9日	古筆1	墨1/4	甲加宮	天平17年3月24日		墨頭
雀部嶋足	天平17年3月13日	古筆1	墨1/3				
己知蟻石	天平17年3月22日	古筆1	墨頭			(古筆)1	
漢浄万呂	天平17年3月24日	古筆1	墨1/4	甲加宮	天平17年(4月13日)		墨頭
王広万呂	天平17年3月28日	古筆1	墨1/4		天平17年8月10日	古筆1	
山部花	天平17年4月15日	古筆1			天平17年7月19日	古筆1	
丹比道成	天平18年2月17日	古筆1	墨半				
日置蓑万呂	天平18年2月20日	古筆1	墨1				
茨田兄万呂	天平18年3月12日	筆1	古墨頭1				
倭人足	天平18年3月12日	古筆1	墨頭1				
爪工家万呂	天平18年3月12日	古筆1	墨頭1				
万昆多智	天平18年3月18日	古筆1	墨頭1				
秦在礒	天平18年3月23日	古筆1	小墨頭1				
茨田兄万呂	天平18年4月27日	古筆1					
評宅足	天平18年3月24日	古筆1	墨頭1				
装潢玉屋公万呂	天平18年5月12日	古筆1	墨頭1				
装潢阿刀弟人	天平18年5月22日	古筆1					
大田広嶋	天平18年8月28日	古筆1	墨頭1				
秦家主	天平18年8月28日	古筆1	墨頭1				
田辺秋上	天平18年12月3日	古筆2					
子部多夜須	天平19年10月27日	古筆1	墨半				
忍坂友依	勝宝2年9月29日	古筆1	墨頭1				
身人部荒角	勝宝3年6月9日	古筆	墨端				

どであることと関係する。筆の状態についてはわからないが、墨からみて筆もかなり使い古されたものであったのであろう。そのため、墨は使い尽くされ、筆も使用に耐えなくなり、三度目の利用は行われなかったことを示す。これに対して天平十六年、十七年のものはまだ使える状態で回収されたことになる。その理由としては、経師たちが割り当てられた分の写経を終えた場合や、写経事業自体が終わったか中断された場合などが考えられる。

この点を天平十七年の甲加宮にかかわる古筆墨について考えると、写経所における支給が、天平十七年二月五日以降であることに注意する必要がある。紫香楽宮からこれらの筆墨が戻ってきたのが何時なのかは正確にはわからないが、(c)(ニ)によると、写経所の天平十七年の活動開始は正月十四日で、二月五日の約二十日前であり、時間差がある。これによれば、写経所の活動開始を契機として戻ってきたのではなかろう。そこで二月五日より少し前ごろに、ある事情によって戻ってきたとみるのが自然である。

支給の時期が二月〜三月に集中するものの、やや時間幅があるのは、写経所の事務局に保管されていたものが、各経師たちの仕事の進み具合に合わせて、順次支給されていったことを示す。そうすると、古筆墨は二月五日の少し前に一斉に回収されて写経所に運んでこられたと推定される。そうであるとすると、川原が指摘するように、そのころ「A写経」が停止したことをうかがわせる。右に「ある事情」としたのはこのことである。回収された古筆墨はまだ使用可能であるので、もし「A写経」が続けられていたとすると、それによって費消されたはずであり、回収されることはなかったであろうからである。ここで注意したいのは、この時停止したのは写経所がかかわった「A写経」であることである。その停止は「B写経」の動向とは別であることを指摘しておきたい。[18]

第六節　(h)の「甲加宮写経」の追記の検討

表3　(h)〈得考舎人等考内行事注文〉の張数

		本数	写校疏	甲加宮写経	追記数	備考
舎人	辛佐土万呂		84	84		
	高市老人	66	66	227	293	
諸司人	忍海広次	70	70	529	599	題書458巻758
	古乎万呂	7	7	122	129	
校生	紀少鯖万呂	486	486	3325	3811	
	主村五百国	1569				参甲加宮４度
	阿刀酒主	3325			3745	甲加、遣使７度

つぎに、(h)〈得考舎人等考内行事注文〉「得考舎人等考内行事文」について検討したい。これは、冒頭に「得考舎人等考内行事」とあるように、舎人等の考の期間内における行事を列挙したものである。きわめて難解な史料であるが、川原が詳細に検討しており、参考になる。

川原によると、この史料は、天平十六年もしくは天平十六、十七年度の考中行事を作成するための台帳の案文で、まず本数（訂正前の写紙数）として天平十六年八月一日から天平十七年四月三十日までの写紙数合計を記し、それに考課の年度である天平十七年七月末までの三か月分の数字を追記したものであるが、それだけでは数字をうまく説明できない部分がある。また、甲加宮という追記は天平十六年下半期の分を追加したものである。しかし、独自の計算が行われているらしく、理解できない数字が多い、という。

川原が、甲加宮の追記を天平十六年下半期の分とする理由は、同年上半期に紫香楽宮で写経をしていない経師に追記されていること、天平十七年上半期には写経されていないこと、である。これらの点については、おおむね妥当である。

紫香楽宮関係の追記を見ると、本数の右横に追記数を書き、本数の下に二行割で「写疏」「校疏」と「甲加宮写経」の張数を記している。この両者の張数合計は、**表3**の「追記数」に合致する。その場合「写疏」「校疏」の張数と本数は同じであるので、本数に「甲加宮写経」の張数をプラスした数が追記数になる。すなわち「甲加宮写経」の分を本数に追加しているのである。これによれば、「甲加宮写経」の分が追加訂正されたのは、本数が確定したとされる天平十七年四月以降のことであることになる。

では、追加分の「甲加宮写経」が行われた時期は何時か。ここで注意されるのが、(i)の古筆墨支給の検討から、「A写経」が天平十七年二月五日の少し前ごろに停止したと推定したことである。これによれば、本数が確定した天平十七年四月末の時点で、すでに追加分の「甲加宮写経」は終了していたことになる。本数を確定した時に「甲加宮写経」の分を計算に入れていなかったが、その後その分を加えることになり、追加訂正されたのである。

第二章　紫香楽宮側の写経（「B写経」）

前章では、「全紫香楽宮写経」のうち、写経所が関係した「A写経」について検討した。本章では、紫香楽宮側で行われた「B写経」を取り上げたい。

第一節　経巻の貸借

(e)「〈律論疏集伝等本収納幷返送帳〉」は、五月一日経が天平十五年五月から、書写の対象を疏にまで拡大したことにともなって、基本的には写経所が経巻を借り入れ、その返却を記録した帳簿である。しかし、経巻の貸し出しを行った場合、それも記録している。紫香楽宮については、①~④の四項目が見られる。

①五月

十日納花厳経疏一部廾巻並白紙、皆无軸緒表紙、但一巻漆軸、納明櫃一合 法蔵師選者

右、従信楽宮給出、使舎人茨田久治万呂　受酒主

②七月

反来
十二日納盂蘭瓫経四巻二巻宮一切経内、黄麻紙及表、紫檀軸、斑綺緒 一巻山階寺、黄紙及表、斑綺緒、木会軸 一巻黄紙黄表、漆軸、綺、辛国堂　納黒林樻一合象牙足着金塗釘

右、借進甲加宮　茨田少進宣　使上丁宇万呂

判進膳令史

十六日返送盂蘭瓫経四巻不来■納黒林樻一合

右、依先奉請員、収納如件、使宇万呂　受人成

③八月

十日納十一面神呪心経義疏一巻白紙及表、㓣軸、无綺緒　並合写一巻

「以十六年八月廿九日付平摂師高向太万呂　進納甲加宮　人成」

右、従信楽宮給出、使阿刀酒主　受人成　判進膳令史

④卅日(十月)納新翻薬師経四巻二巻宮一切経内、黄紙及表、无緒　着赤木軸 書 二巻外、黄紙及表、紫緒　黒林軸　納㓣小樻一合

「十六年十二月一日返納已訖、受人成」
黄麻紙二百枚　納明樻一合

右、依　甲加宮宣、奉請本経幷紙等如件、使凡海百足

判進膳令史　田辺足万呂　人成

このうち①の花厳経疏については、(c)(ロ)の宮一切経（五月一日経）内に、

花厳経疏一部卅巻　法蔵師撰
　　　　　　用紙一千五十七枚

とあるものの本経が対応すると思われる。間写にも「花厳疏二部冊巻　用白紙一千七百十九枚」とあるが、わざわざ「法蔵師撰」と注記しているところからみて、五月一日経の方が妥当である。つまり紫香楽宮から送られてきた経巻が、五月一日経の本経とされたのである。

それでは、写経所における五月一日経の花厳経疏の写経はいかなる状況であったのであろうか。これについて**表4**を作成した。これは、常疏の花厳経疏（法蔵撰）について、充本帳（〈常本充帳〉「一切経論疏本充帳」続修三三⑬(1)裏、八ノ四三三）、充紙帳（「写疏充紙帳」続々修三五ノ四、八ノ四一九～四二七）、校帳（〈常疏校帳〉「写疏論集常校帳」続々修二六ノ三、八ノ三七九）、充装潢帳（「〈常疏充装潢等帳〉」続々修二八ノ五、八ノ三三八～三三九）という基本帳簿の該当部分を対比させたものである。これによると、経師への充本の時期はわからないが、充紙の時期がわかる。天平十六年閏正月十四日から二月十九日の期間に充紙され、正用数が記されているから、多くはこの間に写経が行われたとみてよい。

充本帳では第二帙の方が先にあげられ、冒頭に「天平十六年閏正月十四日始充花厳疏十巻第二帙　法蔵師」と薄い墨で書かれ、同じ薄い墨色で巻数と割り当て経師名が書かれているので、写経は第二帙から先に始められたらしい。その理由は、第一帙は第四、第五の二巻が欠けていたからではないか[19]。校帳には「自天平十六年四月五日至于七月十八日校紙等事」、充装潢帳には「天平十六年四月五日充常疏」とあるので、天平十六年四月五日から校正と装丁作業が始まったが、その時点ではこの二巻は欠けたままであった。この二巻については充紙は行われているもののの、本経が欠けているため写経できなかったのである。

ところが、(c)(ロ)によると、天平十六年閏正月十四日から七月二十三日までの常写の花厳経疏は二十巻で用紙一〇

表4　常疏の花厳経疏（法蔵撰）の写経の状況

充本帳（常本充帳8ノ433）				充紙帳（写疏充紙帳8ノ419～427）		校帳	充装潢帳
帙	巻	経師名	用紙（張）	支給期間（月日）	正用数	（常疏校帳8ノ379）	（常疏充装潢等帳8ノ338～339）
第1帙	1	既母辛建万呂	55→53	2月6日～19日	53	第1帙（且校8巻、遺第4、5巻） 2校844	第1帙（欠第4、5巻、且充8巻） 用紙422
	2	志紀久比万呂 →大石広万呂	28→58	閏1月28日～2月7日	58		
	3	山部花	55	閏1月14日～24日	113→128		
	寺　4	志紀久比万呂	71	閏1月14日～2月6日	140, 200		
	寺　5	既母辛白万呂	55	閏1月23日～2月4日	55		
	6	雀部嶋足	64	閏1月15日～2月14日	114		
	7	葛野安万呂	58	閏1月14日～2月13日	107		
	8	建部広足	56	閏1月28日～2月1日	85		
	9	漢浄万呂	40	閏1月23日～2月10日	65		
	10	達沙牛甘	38	閏1月14日～23日	82		
			計548→422				
第2帙	11	阿刀息人	48	閏1月18日～2月8日	104	第2帙10巻 2校932→1018	第2帙（欠　第1巻、且　充9巻） 用紙461
	12	丈部子虫	49	閏1月18日～27日	49		
	13	達沙牛甘	44	閏1月14日～23日	82		
	14	山部花	58	閏1月14日～24日	113→128		
	15	高市老人	56	閏1月18日～2月9日	89		
	16	葛野安万呂	49	閏1月14日～2月13日	107		
	17	志紀久比万呂	59	閏1月14日～2月6日	140, 200		
	18	雀部嶋足	65	閏1月15日～2月14日	114		
	19	志紀久比万呂	42	閏1月14日～2月6日	140, 200		
	20	丸部石敷	39	閏1月14日～15日	39		
			計509				

五七枚としている。一〇五七枚とは、第一帙第四、五巻を含んだ数である。したがって、この二巻の本経は、四月五日時点では欠けていて写経されていなかったが、七月二十三日までの間に写されたことになる。

そこで、右にあげた(e)の①が注意される。五月十日に紫香楽宮から法蔵撰の花厳経疏二十巻が送られてきている。私は、写経所が本経として入手していた別の花厳経疏に欠けていた第一帙第四、五巻は、これを本経として写されたと考える。写経所が紫香楽宮から花厳経疏を借りたのはこのためであった。①の使者の舎人茨田久治万呂は、たまたま紫香楽宮にいて、奈良に帰るついでに花厳経疏を運んだのではなく、まさに借用のために紫香楽宮に派遣された使者であった。

次に、充装潢帳によると、四月五日に装丁にまわされた時、第二帙第一巻（第十一巻）が欠けており、計九巻がまわされたとある。校帳では校紙数が九三二張から一〇一八張に訂正されている。訂正後の一〇一八張は全十巻分の紙数であり、もとの九三二張は第十一巻を欠いた数である。したがって、校正にまわされた時には第十一巻は欠けていたのであり、四月五日以降、(c)(ロ)の区切である七月二十三日までの間に校正されたことになる。この点は、写経についても同じである。この第十一巻の写経を担当したのが、実は(a)の手実で問題となった阿刀息人なのである。そうすると、彼はこの間もしくはそれ以前に、紫香楽宮へ行っていた可能性が浮かび上がる。

では、この間に彼が紫香楽宮に行くことは可能であったか。彼を含めた五人について、常写・間写で紙筆墨がいつ支給されたのかを〈常疏紙充帳〉〈間紙充帳〉〈写疏料筆墨充帳〉によっておさえると、阿刀息人は四月五日～五月十七日、五月二十七日～七月十一日の間は、常写・間写とも紙筆墨を受けていないことが判明する。したがって彼は、このいずれの期間でも写経所を離れることは可能であったはずである。彼が(a)〈間写手実〉「経師等行事手実帳」の紫香楽宮写経関係の五人の経師のうち、一人だけ七月十七日付の手実を作成していることに注意すると、後者の可能性が高いと判断される。他の四人についても、天平十六年閏正月から七月までの間に、一か月程度写経所を離れることは可能であった。

次に(e)③の十一面神呪心経義疏について検討する。この経巻は、(c)(ハ)には、「一切経内」に見える用紙二十四枚のものと、同じく「外」のうちの用紙二十八枚（黄紙）のものの両方が見える。①の花厳経疏の場合を参照すると、前者の可能性が高く、やはり五月一日経の本経とされたのであろう。これは、八月二十九日に返却されている。その使者の高向太万呂はここにしか見えないので、おそらく紫香楽宮側の人物であろう。写経所に来ていてその帰りに返却を託したと思われる。

以上によると、天平十六年五月から八月ごろ、紫香楽宮は写経所も持っていない①③のような経巻を保持していたことになる。このことは、どのように考えられるであろうか。

まず注目したいのは①法蔵撰の花厳経疏である。紫香楽宮では、これを写経所に送った天平十六年五月十日以前に、どこかから借りてきたはずである。疏であるからその借り出しの目的は、花厳経研究・花厳経講読のための参考文献として必要であった可能性がある。その場合、使用は長期間にわたるであろうから、写経した可能性は高い。①が写経所に送られた天平十六年五月ごろには、他にも起信論関係その他の花厳経関係の経巻が写されているので、それと一連のことであろう。いずれであれ、紫香楽宮ではどこかから花厳経疏を借り出して、それを本経にして写経した可能性が高いと考えられる。[20]

もしこの推定が成り立つとすると、(a)の五人の経師が紫香楽宮で写した経巻の中に法蔵撰の花厳経疏は含まれていないことに注目しなければならない。紫香楽宮では、彼らの写経（それは(c)(ロ)の紫香楽宮写経分と一致する）とは別に写経が行われていたことを意味するからである。(a)や(c)(ロ)に見える写経は、写経所が関与した限りでの「A写経」であって、紫香楽宮ではそれ以外にも「B写経」が行われていたが、それは写経所文書には姿を見せない。たまたま①の貸し出しが行われたため、その一端を知ることができたのである。③の十一面神呪心経義疏については、手がかりがないが、①を参考にするならば、これも紫香楽宮で写経が行われた可能性を考えておきたい。

次に、写経所からの貸し出しの場合であるが、これも②と④の二例ある[21]。

②の盂蘭瓫経は、川原も指摘するように、盂蘭盆会に使用するために紫香楽宮に送られ、それが済むとすぐに返却されてきている。④については、新翻薬師経四巻と黄麻紙二〇〇枚を「甲加宮宣」によって送ったが[22]、経巻は「本経」とされている。したがって、紫香楽宮における写経事業で本経として利用され、十二月一日に返却されてきた。川原は、(g)の新翻薬師経五十巻の本経とするが、その可能性は高い。

以上、(e)に見える経巻の貸借について検討したが、①の借用は、写経所の確保していた花厳経疏の第一帙第四、五巻が欠けていたので、それを補充するために行われたものであった。また阿刀息人はじめ五人の経師は、紫香楽宮に移動して写経に従事しうる時間的余裕があった。紫香楽宮は花厳経疏をどこかから借りてきて写した可能性が高い。これが成り立つとすると、紫香楽宮では「A写経」とは別に写経が行われていたことになる。

第二節　(g)「写書所間写経疏目録」の「甲可宮所奉写経」の性格

(g)「写書所間写経疏目録」は、端裏書に「間経目録」とあるので、写経所が保管している間経律論疏の目録である。そのうちの十種三一九巻の経典は、「於甲可宮所奉写者」すなわち紫香楽宮で写されたものとして上げられている（以下「甲可宮所奉写経」）。

法華経五部卌巻欠第三

最勝王経九部九十巻欠第一七八
薬師経九十八巻　新羂薬師五十巻
千手経二巻
六門陀羅尼経十巻
高王観世音経十巻
無常経十巻
心経十巻
金剛般若経三巻
右、於甲可宮所写奉者、

(g)そのものについては、川原が、共にあげられている間経の書写年代等から、「天平勝宝四年六月以降で、四年をあまりすぎない時期に作成された」としているが、妥当である。したがって、「甲可宮所奉写経」は、その時点で写経所に存在したのである。この時紫香楽宮はすでに機能していないので、どこかの時点で紫香楽宮から写経所に移されたとみられる。

しかし、(g)の作成年代と、そこに列挙されている経巻が写された時期とは、別問題である。川原は、ここに見える紫香楽宮で写された経典類は、天平十六年下半期の書写分であるとしている。その根拠は、①(c)(ロ)に見える天平十六年度上半期の写経分が記載されていないので、それ以後のものであると推測されること、②紫香楽宮で本経として用いられた新翻薬師経が天平十六年十二月に写経所に返却されていること、③天平十七年には紫香楽宮写経は行われなかったこと、の三点である。

表5　(g) の推定所用張数

経典名	部巻数	正用数	所用張数	備考
法華経	5部40巻欠第3	153〜185／部	765〜925	1巻分欠
最勝王経	9部90巻欠第1・7・8	149〜197／部	1341〜1746	3巻分欠
薬師経	98巻	12〜13／巻	1176〜1274	
新翻薬師経	50巻	18.5／巻	925	
千手経	2巻	16〜19、12／巻	32〜38、24	
六門陀羅尼経	10巻	1／巻※	10	
高王観世音経	10巻	1／巻	10	
無常経	10巻	3／巻※	30	
心経	10巻	1／巻	10	
金剛般若経	3巻	11〜15／巻	33〜45	
計			4332〜5013、4324〜4999	

※は写経所文書から正用数を知ることができないので、『開元釈教録』の張数によった。

これによれば川原は、「甲可宮所奉写経」を写経所が関係した「A写経」と考えていることになるが、果たしてそれは妥当であろうか。

そこで、(g)では「甲可宮に於いて写し奉る所ぞ[23]」と尊敬表現が用いられていることに注意したい。これまで検討してきた史料では、紫香楽宮における写経について、(a)「写甲加宮者」、(c)(ロ)「写於甲加宮」、(h)「甲加宮写経」のように、尊敬表現を用いることはない。これは、写経所が自らの経師らによって写した分であるから、尊敬表現を用いないのは当然である。ところが「甲可宮所奉写経」に対して尊敬表現を用いるのは、これらの経典が、写経所とは別の尊敬表現を用いるべき組織によって写されたものであるからではなかろうか。

この点をさらに確かめるために、「甲可宮所奉写経」と(h)とを比較したい。**表5**は、写経所文書から知られる各経巻の部または巻ごとの正用数の最多数と最少数を示し、それに部巻数を掛けて推定所用張数を算出したものである。欠けている巻があり、また、正用数の開きが大きい場合もあり、さらに千手経については、候補となる経典を特定するまでには至らないなど、いくつかの不確定要素があるので、「甲可宮所奉写経」の所用張数を確定することは難しい。しかし、概数として四千数百張と見積もって、大きくはずれることはないであろう。

これに対して(h)には「甲加宮写経」と書かれた追記がなされている。前述のように川原は、これを天平十六年度あるいは天平十六年度と同十七年度の考中行事を作成するための追記とし「A写経」と認識している。この追記による張数は、経師では辛佐土万呂八四張、高市老人二二七張、忍海広次五二九張、古乎万呂一二二張の合計九六二張、校生は紀少鯖万呂三三二五張、阿刀酒主三七四五張(24)の合計七〇七〇張である（二校であるから三五三五張）。

この(h)追記の写経張数は、「甲可宮所奉写経」の推定所用張数の四千数百張にははるかに足りない。すなわち、(h)追記の写経では、「甲可宮所奉写経」をすべて写すことはとうていできないのである。この差を説明するには、一つは、(h)追記に見える経師以外にも多くの経師が写経所から紫香楽宮に派遣されていたが、その史料が全く欠落してしまったとするか、もう一つは、写経所にかかわる写経とは別の写経が紫香楽宮で行われたと考えるかである。前者の場合、(h)にそれらの経師についての追記がないのは不自然である。また、四～五倍に及ぶ量の写経に関する史料が完全に欠落してしまうことも不自然である。これらからすると、後者の可能性が大きいと考える。

「甲可宮所奉写経」の中に新翻薬師経五十巻が含まれていることは重要である。川原はこれを(e)④の、新翻薬師経四巻を本経として紫香楽宮に貸し出したという記載と結びつけ、これが天平十六年十二月一日に帰ってきていることから、紫香楽宮での写経はそれ以前に終わっていたこと、すなわち「甲可宮所奉写経」が天平十六年下半期の紫香楽宮における写経であることの根拠とした（前述の根拠②）。

このことは、たしかに新翻薬師経については妥当である。しかしそれを、(g)の紫香楽宮で行われた写経の全体にまで拡げることには慎重である必要がある。先に(e)①にもとづいて、天平十六年閏正月一四日から同七月二十三日迄の間に、紫香楽宮では(c)(ロ)に見える「A写経」以外にも写経が行われていた可能性を想定した。これによると、(c)(ロ)の写経分が記載されていないことをもって、「甲可宮所奉写経」がすべてそれ以後の写経であると推測することと（川原の根拠①）はできなくなる。紫香楽宮では(c)(ロ)の経巻以外にも写経が行われており、その一部が(g)にあげられている可能性があるからである。

以上によると、(g)の「甲可宮所奉写経」は、写経所の経師らによる「A写経」ではなく、紫香楽宮で独自に行われた「B写経」である可能性が高いと考えられることとなる。

おわりに

以上、きわめて入り組んだ行論を続けてきたが、紫香楽宮における写経をめぐる複雑な関係を解きほぐすために必要な手続きであったと考える。本稿で述べてきたことを整理すると、次のようになる。

(1)　天平十六年五月十六日に、写経所から紫香楽宮に六枚の紙に包まれた雑疏が送られたと考えられる。この雑疏が、紫香楽宮で行われた「A写経」十八巻の本経である。

(2)　写経所は、紫香楽宮から送られてきた「注文」によって、(a)間写手実に間写の一部である「A写経」に関する数値を追記して、間写経全体についての布施計算の史料として整備した。その一環として、(a)に貼り込まれた「阿刀息人手実」が、写経所側で手実に似せて作成された。これによれば、紫香楽宮には「注文」を作成した事務組織が存在した可能性がある。

(3) 写経所が派遣した経師らは、紫香楽宮側の事務組織が運営する写経施設の一画で写経に従事したと推定される。また写経所の事務組織の一部が紫香楽宮に移動した形跡はない。つまり写経所の出張所というものはない。紫香楽宮に派遣された経師たちは、手実を作成してその事務組織に提出し、その事務組織がそれにもとづいて写経所宛ての「注文」を作成した。

(4) (a)の「大鳥祖足手実」の「十二月廿日」という日付は、この手実の日付であり、「追記」が行われた日付ではない。「追記」は「注文」にもとづいて、天平十六年十二月二十日以後に行われた。

(5) (b)十九行目の行間書き込みは、装潢が成巻した経典の巻数を把握するために、先に加えられた花厳経伝五巻の遺り十三巻を加えたことを記したものである。

(6) (i)の「甲加宮者」などの注記がされている筆墨は写経所のものであり、それを使った場所・契機を示すための注記である。これらの筆墨は、天平十七年二月五日のすこし前に一斉に回収されたとみられるので、そのころ「A写経」は停止したとみられる。

(7) (h)は、天平十六年八月一日から同十七年四月三十日までの写紙・校紙数合計に、五月一日から七月三十日までの分と「甲加宮写経」分を追加したものである。

(8) (e)によると、写経所は紫香楽宮から、花厳経疏と十一面神呪心経義疏を、五月一日経の本経として借りた。前者は、写経所が入手していた別の花厳経疏の欠巻を補うためであった。したがって、紫香楽宮は、写経所が持っていない経典を保持していた。紫香楽宮では、それを本経として「B写経」が行われた可能性がある。

(9) 写経所から紫香楽宮に、本経として新翻薬師経を送っているので、紫香楽宮では独自の「B写経」が行われた。

示す。
⑽　⒢の「甲可宮所奉写経」の写紙数は、⒣からうかがえる紫香楽宮における「A写経」の写紙数よりもかなり多い。このことは、「甲可宮所奉写経」が、紫香楽宮で独自に行われた「B写経」である可能性が高いことを示す。

以上から、われわれは、紫香楽宮では、写経所による「A写経」とは別に「B写経」が行われていたことを察知することができるのではないか。「全紫香楽宮写経」は、この別の「B写経」と写経所による「A写経」とからなっていた。規模としては「B写経」のほうが大きく、写経所による「A写経」は、それを補助する程度のものであったであろう。

「全紫香楽宮写経」を進めた主体に関する手がかりは全くなく、われわれは紫香楽宮における「A写経」に関する史料から、いわば影絵のようにその存在を推測するしかない。しかし、現在までの写経組織に関する研究により、写経所以外にも多くの公的・私的な写経組織が存在していたことが明らかとなってきた。その中でもっとも重要なものは内裏系統の写経所である。

「全紫香楽宮写経」の全体像は明らかでなく、わずかに⒢にその一端がとどめられているに過ぎない。しかし、紫香楽宮で行われたことを重視すれば、聖武天皇の意志が関係しているとみるべきであろう。そうすると、「全紫香楽宮写経」を運営した組織は、内裏系統の写経所そのものかその出張所であったのではないか。内裏系統の写経所もしくはその出張所が進めた「全紫香楽宮写経」に皇后宮職系統の写経所が協力したのであり、その部分が「A写経」であった。写経所文書に現れるのは、この部分のみなのである。

註

(1) 関係史料には甲加(可)宮と表記されることがほとんどであるが、研究史的には紫香楽宮と表記されてきたので、本稿もこれに従う。

(2) この写経は「甲加宮に於ける写経」(福山敏男)、「紫香楽宮における写経」(渡辺晃宏)などと称されてきたが、川原秀夫は「紫香楽宮写経」と名づけた。

(3) 使用する史料については、以下の通りとする。『大日本古文書(編年)』は大日古と略す。その巻ページは、たとえば二四ノ二四八のように記す。「 」は大日古による史料名、〈 〉は東京大学史料編纂所編『正倉院文書目録』(以下、史料目録)による史料名である。両者が同じ場合は「〈 〉」であらわす。

(4) 肥後和男『紫香楽宮阯の研究』(滋賀県史蹟調査報告第四冊、滋賀県保勝会、一九三一年十月)、福山敏男「奈良朝に於ける写経所に関する研究」(『史学雑誌』四三ノ一二、一九三二年十二月、のち福山敏男著作集二『寺院建築の研究 中』中央公論美術出版、一九八二年十月、に再録)、井上薫「奈良朝写経所の一考察」(伊東多三郎編『国民生活史研究』4生活と宗教、吉川弘文館、一九六〇年十月、のち『日本古代の政治と宗教』吉川弘文館、一九六一年七月、に再録)、渡辺晃宏「金光明寺写経所の研究——写経機構の変遷を中心に——」(『史学雑誌』九六ノ八、一九八七年八月)、川原秀夫「紫香楽宮写経に関する一考察」(『正倉院文書研究』一、一九九三年十一月)。

(5) 打・界については不明であるが、写経所で行ったとみておきたい。

(6) (c)では(イ)(ハ)(ニ)は「写経所」の解、(ロ)は「写疏所」の解である。両者では、担当者が阿刀酒主・辛国人成と同じであり、写経事業も継続しているので、同じ組織と判断して、写経所で代表させる。ただし、(イ)の下書きとみられる「写疏所解」(続々修二七ノ四裏、二四ノ二四八~二四九)がある。

(7) 文面に大きく「合」とあり、墨圏線で抹消されている。

(8) 正用・見用を記すのみの場合もあるが、受紙数と同じなので、空・破・反上はなかったためである。

(9) この点は、すでに前掲註(4)渡辺論文で示されている。

(10) 現在は分離している「呉原生人写疏手実」(二四ノ二六六)は、もと第十九紙と第二十紙の間に位置していたと推定される。これをあわせれば全三十一通となる。

(11) 左側につづく第八紙(八ノ四四一)は手実ではない。これ以前に理趣経十六巻の写経に関する手実がそろっているので、その総まとめとして全体の正用数、空破数を記し、校生に充てることを記した注文である。
(12)〈間本充帳〉「経疏本紙充帳」(二四ノ二七二)。
(13)天平十六年五月十六日に、雑疏裹料の紙六枚を紫香楽宮に送ったとき、雑疏も一緒に送ったと考えられるので、写経所は経巻名、巻数、用紙数は把握できた。
(14)大日古では「空用七張」が十九、二十行目のいずれに付くか不明瞭であるが、写真によると十九行目に付くものである。この「空用七張」は、十三行目「空用二張」、十五行目「外空一」、十八行目「空用四枚」の合計である。
(15)ただし八行目の法華玄(賛)二巻、九行目の毗尼律三巻は間写ではなく一切経であるので合計には入れない。合点はこのことを意味している。
(16)志紀久比万呂についてだけ「甲加宮筆墨者」とある。
(17)高市老人の場合、充てられたのは墨三分の一だが、返上は墨四分の二となっていて、返却分の方が増えている。充てられた方が三分の二か、返上分が四分の一かの書きあやまりの可能性がある。いずれの場合であっても、充てられた分より返上分の方が減ることとなる。
(18)川原は、停止(川原にあっては中断)の時期をさらに天平十六年十二月までさかのぼらせるが、その根拠ははっきりしない。
(19)この二巻については「寺」の追記がある。大日古は第三巻にも「寺」とあって抹消されたとするが、そのような追記はない。この追記は元暁撰花厳疏にも見えるが(八ノ四二九、この場合も二巻欠けていて二個所に追記がある)、今のところ意味不明。
(20)写経所に送られた経巻は紫香楽宮が借り出したそのものを転送したか、あるいは紫香楽宮側で写したものかのいずれかであろう。
(21)②④についてはf「納権本経検定幷出入帳」に関連史料がある。
(22)天平十六年十月三十日「造物所解」(続修三〇⑮、二四ノ二七六)は、④にみえる「甲加宮宣」をうけて、金光明寺造物所が出した送状の正文である。
(23)「於甲可宮所奉写者」の「者」については、桑原祐子「正倉院文書における文末の「者」」(栄原永遠男編『正倉院文書の歴史学・国語学的研究――解移牒案を読み解く――』和泉書院、二〇一六年六月)参照。

（24）阿刀酒主の紫香楽宮の校正張数は、追記後の数とすると三七四五張、もとの数字と追記後の数字との差とすると四二〇張となる。ここでは多い方の数で検討する。

正倉院文書にみえる櫃

渡部陽子

はじめに

東大寺の正倉院宝庫に伝わった正倉院文書には、奈良時代の写経所で行われた写経事業において使用された、さまざまな物品が記載されている。(1) 律令国家の官司のひとつである造東大寺司の管下におかれた写経所には、事務を統括する案主、実際に写経を行う経師・装潢・校生、雑役を行う仕丁などの人々がおり、写経事業に関する予算案・決算案・出納帳などの帳簿群に記載されたさまざまな物品を使って活動していたのである。

これらの物品が写経所でどのように運用されていたのかを明らかにすることによって、写経所がどのように運営されていたのか、ひいては、写経所という組織がどのように機能していたのかを解明することができると考える。写経された経典は、帙に包まれ櫃などに入れられて奉請されることが多い。私はこれまで、紙や文具類、帙、浄衣などに焦点をあてて研究を進めてきた。(2) 今回は、「櫃」を取り上げてみたい。

櫃に関する先行研究は関根真隆氏のものが中心であり、正倉院宝物の櫃と正倉院文書の記載をもとに、櫃そのものの形態に焦点をあてていた。[3] 正倉院宝物の櫃については、櫃の形式、寸法、製作技法、塗、金具等について詳細に検討している。[4] 現在の正倉院では『正倉院御物目録』の名称にしたがって、奈良時代の櫃を一括「古櫃」と称している。関根氏によると、正倉院にはいわゆる天平古櫃は一六六合あり、そのうち調査したものは一六五合である。四脚形式の櫃「唐櫃」は一一二合（白木五一、赤漆塗六〇、薄墨塗様一）、横桟（手懸桟）形式の櫃「和（倭）櫃」は四五合、箱櫃は八合である。[5] 奈良時代の文献で「倭櫃」という記載がみえるのは、「法隆寺伽藍縁起幷流記資財帳」（二ノ六二一）[6] のみであり、併記された内容からみると厨房用具かと思われる。「唐櫃」も「和櫃」「倭櫃」も正倉院文書中には全くみられず、名称は再考する必要がある。関根氏は、脚のつく櫃もつかない櫃も辛櫃と言った可能性と、正倉院文書中には多いのに宝物中には比定できるもののない明櫃が横桟形式の櫃である可能性を指摘する。第六五回『正倉院展』（二〇一三年）の出品目録によると、奈良時代には、四脚・六脚をつけた唐櫃と、手懸用の横桟を設ける和櫃もともに「辛櫃」と表記され、特に区別はされなかったとしている。年輪年代測定法の調査結果によると、正倉院宝物の四脚形式の櫃も横桟形式の櫃も、七世紀後半から八世紀前半の材を使って製作されており、このふたつの形式の違いで時期差はないようである。[7] また、奈良時代の「古櫃」が井戸枠に転用されて出土した例もある。[8]

このような現物を対象とする研究では、これらの櫃が実際にどのように使われていたかを明らかにするのは難しい。平城京跡などから出土した木簡にも、「辛櫃」や「明櫃」の記載がみえるものがあるが、断片的な情報であるため、その具体的な機能を知るには限界がある。ある物品について、納入・支給・返却などの一連の記録をたどることができるのが正倉院文書なのである。

しかし先行研究では、正倉院文書の多くが写経事業を行う写経所の一次史料であるにもかかわらず、櫃を写経事業と関係させて考える視点が欠けている。奈良時代の写経所において、写経事業が行われるなかで、実際に櫃がどのように機能し、使用されていたのかを具体的に考える必要があろう。本論文では、写経事業において、どのような櫃が誰にどうやって使用されたのか、経典がどのように荘厳されて奉請され、保管されたのか、正倉院文書を中心に検討してみたい。

第一章　正倉院文書にみえる櫃関係の記載

第一節　正倉院文書にみえる櫃の形態

天平二十年（七四八）から行われた千部法華経の写経事業において、写経所に納入された物品が記録された「千部法華経料紙緒軸帙納帳」[9]に「辛櫃三合　折櫃一合　明櫃二合　小櫃一合　千部料」（天平二十一年〈七四九〉正月二十七日、一〇ノ一〇）とあるように、正倉院文書にみえる主な櫃の種類としては、辛櫃、明櫃、折櫃などがある（**表1**）。小櫃も正倉院文書に散見されるが、入れられたものの量は他の櫃よりも少ないため、小型の櫃という意味と考えられる。ただし小櫃が、辛櫃や明櫃などどの形式の櫃の小型のものかはわからない。また正倉院文書には「櫃」とのみ表記されるものも散見され、こちらも辛櫃や明櫃の具体的な表記を省略したものであると考えられる。

それでは、正倉院文書にみえる櫃やハコ類、厨子についての記載を種類別に抽出し、整理したものを以下に示す。

1　辛櫃・韓櫃

宝亀三年（七七二）に奉写先一切経司から奉写一切経所が受け取った物品を書上げた文書がいくつかあるが、そ

表1　正倉院文書にみえる櫃の形態

		辛櫃・韓櫃	明櫃	折櫃
本体	漆塗	あり	見えず	見えず
	白木	あり	白木のみ?	白木のみ?
足		あり	見えず	見えず
机		あり「榻足机」等	あり「足別机」	見えず
鎖子		あり	見えず	見えず
覆		あり	見えず	見えず
敷布		あり	あり	見えず
布綱		あり　熟麻細縄もあり	見えず	見えず
サイズ		大・小	大・中・小	長
容量（平均）	経巻	約二二四巻／一合	約三十八・四巻／一合	
			約十四・八巻／小明櫃一合	
	紙	約四六八七張／一合	約一一六〇張／一合	
値段（平均）		約一五八文	約二十八文／一合	約十三文
			約十七文／小明櫃一合	
用途		経典、紙、物品など	経典、紙、物品など	食雑器

のなかに「辛櫃一百六合卌五合漆塗　六十一合白木」（六ノ三八五）と書かれたものと、「韓櫃六十一《一百六》合十八《卌五》合漆塗卌三《六十一》合白木」（一九ノ二四六）と書かれたものがあり、両者は同じものを示している。したがって、辛櫃と韓櫃は同じ櫃を指し、カラヒツとよむことは明らかである。後世には「唐櫃」の表記が多くなるようだが、正倉院文書では辛櫃・韓櫃の表記しかみえない(10)。

種類としては、白木辛櫃、漆塗辛櫃、絵辛櫃などがみえる。その形状は、「着足」とあるものも多く、また「居机」として榻足机、経机、白木机などに載せる場合もある。「納漆塗辛櫃一合別居漆塗榻足机敷三副帛裕帳」（一三ノ二一一）によると、漆塗の辛櫃を載せる榻足机も漆塗である。

正倉院文書ではないが「法隆寺縁起資財帳」では、足のある櫃を机の上に載せていることがわかる（四ノ五一二）。辛櫃に「無足」という記載はないため、「辛櫃」とあるものは、「着足」という注記がない場合でも全て足がある可能性がある。付属するものは、敷布（櫃内に敷く場合あり〈一七ノ二六〉）、覆、封、鎖子、匙などである。後述する他の櫃と違い、辛櫃が鍵つきであり覆がある点からしても、より貴重な品を入れるための櫃であろう。また、辛櫃を輸送するためには布綱、熟麻細縄、枌が使われる。

辛櫃に納められたのは、紙、経典、綿・軸・経帙・薬物などの物品である。正倉院文書中に辛櫃の価格例は少なく、市場に広く流通していたというよりは、中央木工寮などの官製か、延喜主計式にみるような諸国貢進によって入手していた可能性が高い。

2　明櫃

明櫃は、延喜式では「アカヒツ」「アカキ」とよまれている。薗田香融氏は、これを「アケビツ」とし、摂津国豊島郡大明郷の地名は、特産品の「大明櫃」に因む命名ではないかとしている[11]。

正倉院文書にみえる種類としては、大明櫃、中明櫃、小明櫃がある。天平宝字六～七年（七六二～七六三）に行われた二部大般若経の写経事業では、「売料綿幷用度銭下帳」に「十五文小明（櫃脱ヵ）一合直」「卅文明櫃一合直」「六十文中明櫃二合直別卅文」（一六ノ八二、八五、八七）とあり、値段が違うのは大きさが違うためであると考えられる。

明櫃には漆塗の記載がないので、全て白木かと思われる。関根氏は、削った木を赤木ということから、塗櫃に対し白木造のものが明櫃かと推測している。明櫃には「着足」の表記が全くなく、本体には足のつかない形状ではないかと考えられる。経典を入れる場合のみ、足別机と敷布がつく場合がある。鎖子・覆などが付属することはない。

明櫃に納められたのは、食器、食料、紙、経典などである。価格例が多く、一般的に製作・販売するルートがあったと考えられる。献物帳、資財帳、倉の出入帳の類には、明櫃は一例のみしかみえない（小幡を納めた小明櫃

〈一六ノ五八四〉）。明櫃は辛櫃と比べると、豪華な荘厳や長期的な保存には向かない容器ではないかと考えられる。

3　折櫃

折櫃は、延喜式では「ヲリヒツ」とされる。木を折って作るので「折」櫃とされたのであろうか。種類としては、長折櫃、白折櫃などがみえ、漆塗の記載がないので、全て白木と考えられる。足つき、机つきの記載はない。本体には足がなく、机の上に載せる形式でもないことがわかる。敷布・鎖子・覆などの付属品もない。

折櫃に納められたのは、食料、食雑器であり、写経所で、経師などに一人～二人に一合支給する箱膳のようなものと関根氏は推測する。正倉院文書のなかには、櫃工（一六ノ一九九）や筥陶司（五ノ一〇四）によって製作されたことがみえる。

4　その他

その他、正倉院文書や献物帳などにみえる櫃類は以下のとおりである。小櫃には書巻、経典、雑海藻などを納入し、細櫃には杖刀などを、六角・八角小櫃には礼服御冠などを納めている。材質や絵画による櫃としては、黒柿、赤檀、浅香、絵黒柿（檜材等に黒柿材文様を描くもの）、染小画櫃、絵櫃、絵辛櫃などの名称がみえる。筥・函・箱などのハコ類には、経典や鏡などを納入する。ただし、ハコに納める経典は五十巻くらいまでであり、二〇〇巻程度を納めることの多い辛櫃に比べて、小形の容器であることがわかる。

また、厨子にも経典を納めることもあるが、正倉院文書にはあまりみられない。厨子は絵を描いたりする豪華なものであり、厨子所が製作する場合があった（三ノ五七二、一三ノ一〇九）。聖武天皇の宸筆雑集や光明皇后の御書杜家立成・楽毅論などを納めた厨子について、『東大寺要録』巻七雑事章第十には「厨子一口赤漆文欟木古様作金銅作鉸具。紫地両面褥三枚帛裏 黒紫綾覆口緋綾裏」とあるが、「東大寺献物帳」（国家珍宝帳）の対応する部分には波線部はみえない（四ノ一二三）。正倉院宝物の赤漆文欟木御厨子（北倉二）は、二枚の棚板で三段に仕切っているので、『東大寺要録』の記載により、各段に一枚ずつ褥を敷き、その上に宝物の入った箱を並べていたことが推測できる。

第二節　正倉院文書における櫃の記載

納櫃目録などによると、経典は櫃などに入れて保管していたことがわかる。一切経など大量のものは、第一櫃や、甲櫃などと番号をつけて整理する。写経した経典を奉請する場合の史料には、経典の経紙や表紙の種類、軸、帙などの情報は書かれていることが多いが、経典を納めた櫃については書かれていない場合も多い。これが、そもそも櫃に収納していないからなのか、櫃に納めていても注記する必要がないと判断されたからなのか、判別できない。

写経事業の最初に作られる用度申請には、櫃が記載されない場合が多い。管見の限り、正倉院文書のなかで写経事業の用度申請と考えられる文書は三十一例あるが、そのなかで辛（韓）櫃がみえるのは、天平宝字四～五年（七六〇～七六一）の忌日御斎会一切経と天平宝字六～七年（七六二～七六三）の二部大般若経の写経事業の用度申請のみである（一五ノ六三～六九、一六ノ五九～六八）。経典数が多ければ多いほど、移動や収納のために何らかの容器が必要となるはずであるが、奉請時に使用される櫃が用度申請に計上されたのは二例のみなのである。経典の装丁に関する物品で用度申請にみえるのは、軸・緒・帙であるが、軸が二十例、緒が二十一例、帙が十五例であるのに比べて、櫃の記載例は極端に少ない。奉請用、移動用の櫃は、写経事業の途中で経紙などとともに写経所に納入されるか、経典奉請の送状に記載されるだけである。

経典の奉請に使われる櫃に関しては、用度申請を作成する写経所側が櫃の種類や数を推測できるようなものではなかったため、もしくはそもそも写経所側が把握すべき情報ではなかったため、用度として申請されなかったのかもしれない。つまり、用度申請される物品は、写経所で写経を行うために使用される物品であり、奉請する時にのみ使われる櫃は、写経の作業には直接必要のないものである。櫃のなかでも、写経所で使用されると考えられる小明櫃は三例、折櫃は二例、用度申請にみえる。先述の忌日御斎会一切経と二部大般若経、そして天平宝字八年（七六四）の道鏡宣の大般若経一部六〇〇巻の写経事業の用度申請（一六ノ五〇五～五一四）である。[12]これらの用度申請では、他の写経事業の用度申請に比べて、櫃類以外の物品も多く申請されており、予算の潤沢な大規模な写経事業といえる。経典とともに奉請されるものを除き、紙筆墨以外の文具や食雑器は返却の事例がほとんどみられないため、いちど写経所に納入されたものはその後も使い続けられたと考えられる。

櫃がどこで製作されたかは、正倉院文書には記載がみえない。折櫃については、櫃工が製作したようであるが、それ以外の櫃については不明である。また、櫃に画師が絵を描く場合があり、天平勝宝九歳（七五七）四月食口には画師四人が「絵国分最勝王経櫃」として計上され（四ノ二二九）、画師上楯万呂の行事報告には「絵経櫃」とある（天平宝字六年〈七六二〉七月二十五日、一五ノ二三三）。「奉写灌頂経料銭用帳」では、「櫃塗料荏油直充作物所」として、銭八十文が下されており、櫃を塗るのに荏油を使うこと、その作業を「作物所」で行ったことがわかる（天平宝字七年〈七六三〉正月十一日、一六ノ二二）。[13]天平宝字年間には「東大寺作物所」が散見され、写経所と銭や米などのやり取りがある。東大寺や写経所の周辺で櫃の製作に関わっていた機関としては「作物所」が考えられるが、作物所の史料のなかで櫃に関する記載はこの史料しか残っていないため、この十二灌頂経の写経事業の時にのみ、最後の仕上げの部分だけ作業した可能性もある。基本的には、櫃は外部から納入されたのであろう。

小結

以上のように、正倉院文書には、辛櫃、明櫃、折櫃などの櫃がみえる。正倉院文書の大半を占めるのは写経所文書であり、写経事業に関する文書や帳簿が中心となるため、写経事業で使われる物品が記載される。たとえば紙ならばその種類や枚数、納入・支給・返却・使用なども細かく記されるが、経典などの奉請や収納に使われる辛櫃や明櫃、食雑器として使われる折櫃についてはあまり詳しく記されない。櫃の形態が詳細に記録されないのは、写経事業そのものに深く関わる物品でないため、そして当時の人々にとってはその名称を示せば形態がある程度予測できたためと考えられる。第二章では、写経事業のなかで、具体的にどのように櫃が使われるか考えてみたい。

第二章　写経事業に使われる櫃

第一節　写経所で使われる櫃

【史料一】「軸返上幷残紙帳」（続々修三七ノ三第二紙、一〇ノ四四五）

付箋「辛櫃散」

櫃散

三合千部所　一合受爪工五百足　一合充秦東人

二合治田石万呂所　四合返案主曹所

二合花厳経納

【史料一】の部分には年月日がないが、前後の記載が天平勝宝元年（七四九）七月・八月の文書なので、その前後の時期の記載であると考えられる。「千部所」とは、千部法華経の写経に関する写経所内の部署であろう。花厳経を納める辛櫃もあり、経典ごと、写経事業ごとに案主が管理していたのであろう。

【史料二】には案主曹所に返却された櫃もみえる。また別の史料では、案主所の櫃が納入されたり、返却された浄衣を案主曹司櫃内に納める場合もあった（八ノ五八〇）。紙・軸・浄衣・布・刀子などの写経用具を保管する公文櫃（一四ノ二四三〜二四四）もあり、写経所において、案主が管理していたと推測される。

「常疏写納幷櫃乗次第帳」（天平十九年〈七四七〉三月七日、九ノ三四三〜三四八）は、櫃ごとにその内容を記した、いわゆる「櫃記」というものである。前欠史料であるが、「借本第三櫃」「間本借置第六櫃」「間新写納第七櫃」には、多くの経典が納められており、天平十九年七月に返却したなどの追記がみられるので、作成後もリストとして活用されたことがわかる。また、「公文第五櫃」には紙や筆墨などの他に、三十一種類の「公文」類が納められている。「常疏充装潢文」「常疏校文」「間紙充文」「間本充文」「間布施文」など、その名称は内題や題籤軸に記される通常の帳簿名とはすこし異なるものの、写経事業の遂行において案主が差配して記入する帳簿類の主要なものがそろっているようである。

「検定経幷雑物等帳」（天平勝宝元年〈七四九〉八月十九日検定、一一ノ四二〜四九）には、端裏書に「疏所櫃納」とあり、写疏所にある経典などをいくつかの櫃に納めたものを、案主他田水主らがチェックして書き上げた文書が貼り継がれている。一切経音義二部十巻（一部唐本、一部今写）など、先述の「常疏写納幷櫃乗次第帳」の経典と重複する記載もあるため、二年半経過しても移動されずに櫃に保管されたままのものもあった。「依間仰給奉写経納櫃」には天平二十一年料の多心経七六八巻をはじめとする写経中の間経類、二つの「雑経納櫃」にはさまざまな経典が一時的に保管されている。(14) たとえば、「田辺小黒私経」との注記がある海龍王経四巻・千手経一巻については、天平勝宝二年(七五〇)二月十一日に奉請したことが追記されており、これも作成後リストとして活用された。そして「多心経遺紙納櫃」には心経料や宮一切経料の経紙などを、「間経遺紙納櫃」には最勝王経の残紙などを、「雑物納櫃」には厨子覆や軸などを納めている。また、辛櫃三十三合の内訳として、二十五合大小乗経幷雑経雑物等納、(15) 二合高屋古令史私物納、一合装潢紙納、二合公文納、二合校書納、一合空(今自甲所来経所納)としており、明櫃二合(自甲所来経納)も記されている。

これらの「櫃記」によると、写経所には内容別に整理された櫃があり、同時にいくつもの写経事業が進行するなかで、写経している途中の経典やその本経、他所から借りた経典、写経事業に関係する物品類や帳簿類などを櫃に納めて案主が管理していたことがわかる。これらの櫃に納められた経典を奉請・返却・貸し出ししたり、保管した写経料の残紙を後に便用したりする場合には、「櫃記」に追記して現状を把握していたのである。

また、【史料二】にみえる爪工五百足・秦東人・治田石万呂は装潢である。「装潢紙納」の辛櫃(二一ノ四七)、装潢等に充てられた大明櫃(六ノ三七六)という史料もある。装潢には一度に大量の紙や経典が割り当てられるため、作業中のものを納めるために、装潢一人ひとりの櫃も必要だったと考えられる。「校書納」の辛櫃(二一ノ四七)、校生櫃(二五ノ七)もあり、校生の櫃には校正作業中の経典を納めたと考えられる。

第二節　経師の櫃――小明櫃

正倉院文書のなかで明櫃と記載されたものは、ただ「明櫃」とあるものが最も多いが、「大明櫃」「中明櫃」が数例あり、「小明櫃」も散見される。たとえば、六字咒王経五十巻を内裏に奉請するにあたって、小明櫃一合と足別机一前が申請された（天平勝宝三年〈七五一〉五月一日、一一ノ五二八）。五十巻といっても、装潢春日虫万呂の手実で「端切経五十巻用紙百五十張」（一二ノ一七四）とあり、一巻三張という非常に短い経典であるため、小形の櫃でも納入できたのであろう。小明櫃は、このように書き上げた経典を納入することもあるが、用途を記載されたもののなかには、写経をする経師一人ひとりに充てられたものがある。以下、写経事業ごとに、経師一人ひとりに充てられた櫃について検討する。

1　忌日御斎会一切経

【史料一二】「奉写忌日御斎会一切経所解案」（続々修一〇ノ七第四紙～第一紙裏、一五ノ六三～六九）

　奉写忌日　御斎会一切経所解　申請用度物事
合応奉写大小乗経律論及賢聖集伝壱仟壱拾伍部伍仟
　　弐伯漆拾壱巻（麁経五千一百十六巻／注経一百五十五巻）肆伯玖拾玖帙
　（中略）
一貫六百八十文小明櫃一百卌合直（合別十二文／納経料可充経師別一合）
（中略）
帙肆伯玖拾玖枚（六十枚別長二尺二寸／五十九枚別長一尺四寸）　三百八十枚別長一尺八寸
（中略）

辛《韓》櫃参拾合 別著鎖納収経料
浄衣弐伯弐拾壱具 一百冊具経師料 十具装潢料 廿具校生料 十二具雑使料 四具膳部料 卅五具駆使丁料
（後略）

【史料二】は、天平宝字四～五年（七六〇～七六一）に行われた忌日御斎会一切経の用度申請（後欠文書のため年月日不明）である。ここで申請された物品のなかに、小明櫃一四〇合分の銭一貫六八〇文（一合あたり十二文）がみえ、「納経料可充経師別一合」と注記されている。浄衣も経師一四〇人分が申請されているので、この一切経の写経に従事する経師の数は一四〇人であることがわかる[16]。したがって、小明櫃は経師一人ひとりに一合ずつ支給される予定であり、その用途は経を納入することである。それとは別に、用度申請では韓櫃三十合（納収経料）が五二七一巻分の奉請用の櫃として計上されており、経典の奉請用の韓櫃と、経師一人ひとりに支給される小明櫃とは別のものであることは明らかである。

この写経事業では充紙帳も充本帳も残っていないが、通常の場合、大勢の経師が分担して写経するにあたって、経師は担当する経典の本経と書き写すための経紙を支給され、数日かけて写経を行う。一度に数巻分がまとめて支給される場合もあり、毎日作業が終わるたびに書きかけの経を案主に返却するわけではなかろう。貴重な本経や経紙を粗末に扱うわけにはいかず、各経師が手元で保管するための容器が必要であると考えられる。そこで、写経の作業中に、各経師が担当の経を保管するのに小明櫃が使われたと推測できる。

2　石山寺大般若経一部六〇〇巻

石山寺大般若経の写経事業でも、小明櫃十五合（経納）などが請求され（一五ノ一四二）、小櫃十二合が納入された（五ノ一〇三）。ここでは小明櫃と小櫃は同じものを示すと考えられる。それとは別に、経典の奉請用には辛櫃二合が用意されている（一五ノ二五〇）。「石山院大般若経充本帳」（五ノ一〇七〜一一〇）によると、最大で天平宝字六年（七六二）十月には経師十二人が写経していたことがわかり、小明櫃は経師一人に一合として相違あるまい。

3　二部大般若経

［奉写二部大般若経用度解（案）］（天平宝字六年〈七六二〉十二月十六日、一六ノ五九〜六八）では、用途は書かれていないが小明櫃四十合が申請されており、経師四十人が計上されているので、経師一人ひとりに支給されたと考えられる。この用度申請には辛櫃六合もみえ、こちらが奉請用であろう。用残報告（一六ノ三七六〜三八二）では、白木辛櫃六合（敷布・白木榻足机）に納められ奉請されたことがわかる。明櫃十八合（大小）もあげられており、用度申請どおりの数の小明櫃は納入されなかったようである。

4　御願大般若経一部六〇〇巻

御願大般若経一部六〇〇巻の用度申請［造東寺司解（案）］（天平宝字八年〈七六四〉七月二九日、一六ノ五〇五〜五一四）には、奉請用の櫃はみえず、小明櫃三十合が申請されており、経師三十人と合致する。内裏への奉請時には、北正倉の漆辛櫃に納められた（一六ノ五五二）。

5　宝亀年間の一切経

先一部一切経では、「奉写一切経所解（案）」（宝亀二年〈七七一〉正月〜三月告朔案、六ノ一五五）に小明櫃二十一合を「充経師廿一人料」とする。「奉写一切経所解（案）」（宝亀二年閏三月〜五月告朔案）では小明櫃二十五合（六ノ一七四）を用いるとし、後半の「買物」の内訳のなかに明櫃二十五合をあげて「経師廿五人料人別一合」としている（六ノ一九四）。更一部一切経でも、「奉写一切経所告朔案」（宝亀四年〈七七三〉七月、二一ノ五〇八）に小明櫃一合が「充経師一人」とある。随時補充しながら、経師に充てていたことがわかる。

小結

その他にも、前後欠史料で経典名や年月日が不明ながらも、その内容から用度申請の一部と考えられる「奉写一切経所解」（二八ノ五八七〜五八九）の残存部分には、小明櫃三十合がみえ、経師三十人という人数と合致する。小明櫃は、完成した経典を入れる場合もあるが、ここにあげた小明櫃は、写経された経典を全て納めて奉請する時の櫃ではなく、各経師の作業用の容器である。写経所では、小明櫃を経師一人ひとりに支給し、各自が割り当てられた本経と写経した経典などの用具を収納するのに使用したのではなかろうか。用度申請、物品の収納記録などにみえる小明櫃も、「経納」と用途が書かれていなくても、経師に支給された可能性があるのではないか。ただし小明櫃は、紙や筆墨のように、個人名をあげて、経師それぞれに対して支給したり返却したりした記録がない。あくまで、経師という役割の作業者の人数分が準備されたのである。それはすなわち、経師個人が所有したものではなく、写経所に備え付けられていた物品であると考えられる。

写経所での作業を考えると、机や座具はそれぞれに必要であろうし、経師には硯などが、装潢には刀子や砥石などが必要であると推測される。これらの物品は小明櫃と同様に、用度申請や写経所への納入記録はみえるが数少なく、個人的な支給・返却記録は見当たらない。紙・筆・墨は個人あてに支給され、作業後に余った分は全て返却され、詳細な帳簿も作られるが、机や小明櫃などは、写経所に備え付けられていたため、特定の個人に支給する記録がないのではなかろうか。これらの物品は全ての写経事業にみえるわけではないので、写経事業ごとに支給されるのではなく、規模の大きな写経事業や新たな場所での写経事業など、写経所の運営が開始・再開・拡大される時などに申請・納入され、適宜不足分を補充しつつ、使い続けられたと考えられる。

このように写経所では、経典や紙などの写経事業に必要な物品・帳簿類を納めた櫃を案主が管理し、写経所に備え付けられた経師の小明櫃、装潢や校生の櫃など、用途や役割ごとに櫃が使い分けられていたのである。

第三章　正倉院文書からみる経の荘厳・奉請と櫃

つぎに、経の荘厳や奉請にあたって櫃がどのように使われているかを考えてみたい。

1　如法経十二部二三〇巻（花厳経二部、法華経八部、最勝王経二部）

【史料三】「自所々請来経帳」（続々修一五ノ八第一紙　一二ノ二八七～二八八）

如法経

合壱拾弐部弐伯参拾巻黄紙及表檉軸紫緒䈥䉛帙紅深染裏紫縁並紵者

花厳経二部 一部六十六巻
一部八十巻

法華経八部六十四巻
最勝王経二部廿巻
荘厳物合十七種
墟三具並彩色　A
蓋三覆並表紫裏緋別副二条　B
経覆六条三条表紫裏紅　三条紅　C
敷布六条並紅　D
経櫃三合並塗黒漆　E
覆明櫃三口　F
小幡十旒並紅　G
以前、以天平勝宝四年五月十五日、依弥努宮奉請如前
天平勝宝四年五月十六日主典従七位上阿刀連

（以下略）

【史料三】は、如法経十二部一三〇巻（花厳経二部、法華経八部、最勝王経二部）が、豪華な荘厳を施され、弥努宮から写経所に送られたものである。如法経とは、一定の規則に従って写された経典のことを言う。この一セットの如法経の装丁は、本紙と表紙は黄紙、榿軸と紫緒がつけられ、紵製の濃紅色に染めた裏地と紫色の縁取りの「簌籭帙」に包まれていた。帙が何枚あるかは記されていないのでわからないが、正倉院文書にみえる他の事例をみると、

およそ一帙に十巻前後が包まれることが多い。したがって、帙の枚数は、旧花厳経が六もしくは七枚、新花厳経が八枚、法華経が一部八巻で一帙として八枚、最勝王経が二枚となり、合計で二十四～二十五枚程度である可能性が高い。

その荘厳物[17]について、栄原永遠男氏は以下のように推測している。[18]如法経十二部二三〇巻は六組に分けられ、そのそれぞれは紅色のD「敷布」の上に置かれ、三組は紅色の、残り三組は表が紫色で裏が紅色のC「経覆」で覆われた。これらは彩色を施したA「墟」三具に二組ずつ納められた。この「墟」が「筥」の音通で同義とすると、Aが身でBが蓋のセットの容器である。このA「墟」は、表が紫色、裏が緋色のB「蓋」で覆われ、二条の紐で縛られた。こうしてできた三組の「墟」と「蓋」は、それぞれ黒漆塗のE「経櫃」三合に入れられ、F「覆明櫃」三口で覆われた。これらのまわりに紅色のG「小幡」が十旒立てられていた。

これら「荘厳物」の理解は、基本的に栄原氏の推測のとおりであると思われる。二三〇巻をどのように六組に分けたかは不明であるが、単純に六等分すると三十八～三十九巻となる。さきほど、帙の枚数を二十四～二十五枚程度と推定したが、六条のD「敷布」の上に置かれるのは、それぞれ四帙前後となろうか。また、F「覆明櫃」というものが、「明櫃」の覆いとすると、この「明櫃」とは、黒漆塗であるE「経櫃」と同じものを示すことになる。もしそのとおりであれば、管見の限り、正倉院文書のなかで、明櫃が漆塗であることがわかる唯一の例である。

2　灌頂経十二部一四四巻

灌頂経十二部一四四巻、いわゆる「十二灌頂経」の写経事業は、天平宝字六年（七六二）十一月二十一日の法勤尼の宣によって始まった。法勤とは法均、すなわち孝謙側近の和気広虫であり、この写経事業は、孝謙の意志が働

いたものだと推測される。(19)

「十二灌頂経用度文（案）」（一六ノ一一四～一一七＋一一四～一一六）には、帙と櫃に関する記述はない。「奉写灌頂経料銭用帳」によると、先述のとおり天平宝字七年（七六三）正月十一日に「櫃塗料荏油直」として銭八十文を作物所に充てており、十七日には彩帙十二枚を買うため銭三貫五十文（一枚三〇〇文、十一枚別二五〇文）を下している（一六ノ二一）。灌頂経の書写は天平宝字六年中に終了したと考えられる。帙や櫃など、最後に荘厳を整えるものは、写経事業の最終段階に至って準備が進められたようである。

【史料四】「奉写二部大般若経解移牒案」（続別六⑧―〈接続カ〉―続修二〇㉑裏、五ノ三八三～三八四＋一六ノ三二六）

東大寺
合机十二前各高二尺五寸 長二尺六寸 広一尺五寸
覆十二条各長四尺二寸 自机二端各垂六寸 広三尺一寸五分 自机二辺各垂三寸
右灌頂経応坐机幷覆尺寸如件
天平宝字七年正月廿六日安都

【史料五】「奉写二部大般若経解移牒案」（続修四七巻⑧裏、一六ノ三八二～三八三）(20)

東大寺
灌頂経十二部黄紙及表胡粉《綺緒》塗樫軸葛形繡帙浅緑綾裏錦縁紫綾緒 黄楊籤 納漆小櫃居白木榻足机覆幷敷洗布
今奉請八部

寺家奉留四部

右依今月十二日宣奉請如件

於内裏使主典安都宿禰

天平宝字七年五月十三日安都

この灌頂経は、内裏へ八部、興福寺・元興寺・香山薬師寺・東大寺へ各一部奉請された（一六ノ三八二～三八四）。

【史料四】は、東大寺写経所から、机と覆の詳細な寸法を報告したものである。管見の限り正倉院文書において、写経中の経典を安置する机等について、写経所側が寸法を把握している唯一の例である。【史料五】によると、経紙と表紙は黄紙、胡粉塗樫軸という珍しい軸をつけ、浅緑綾裏、錦縁の葛形繡帙には、紫綾緒、黄楊籤をつけた。この一部十二巻を漆小櫃に納め、洗布を敷いた白木榻足机に載せて、覆をかけた。漆小櫃を置いたのが【史料四】の机であり、漆小櫃には荏油が塗られたことが推測される。

3　忌日御斎会一切経五三三〇巻

【史料六】［奉写一切経所解移牒案］（続々修三ノ四⑤(3)、一五ノ五二一～五三三）

奉写一切経所解　申請物事

合奉写大小乗経律論賢聖集別生偽疑幷目録外経惣五

千三百卅巻四百九十五帙

可納漆韓櫃廿四合（十九）備筥形幷担竿（廿）（枌）

三合櫃別二百巻廿帙

五合櫃別二百卅巻
帛袷帳廿四条敷櫃料各長一丈五尺三幅
洗布八端綱幷着担〔杤〕竿料櫃別一丈四尺
名香三斤八両 八両焼料　四両香水料 二斤十二両薫経料
浄衣六十二具衫袴布帯頤懸襪菲者
卌八具持櫃夫卌八人料
二具持香輿夫二人料
二具持香水夫二人料
一具焼香舎人一人料
一具灑香水舎人一人料
八具担夫長舎人八人料
以前所奉写一切経従東大寺奉請嶋院応
用雑物所請如前謹解
天平宝字五年四月廿四日
外従五位下行大外記兼坤宮少疏池原公　造東大寺司主典正八位上安都宿禰

これは、忌日御斎会一切経の奉請時に使用するものを申請する史料である。四月二十二日付けで類似の内容のものが三通残っているため（一五ノ六一～六二、一五ノ六〇～六一、一五ノ五九～六〇）、行列の編成について試行錯誤した結果、【史料六】の内容に決着したと考えられる。【史料二】の用度申請では韓櫃三十合の予定であったが、二十四合に変更し、詳細が決定された。この韓櫃二十四合には、櫃ごとに平均二二〇〜二三〇巻の経典を納めたと考えられ、帛袷帳を敷き、洗布の綱で朸をくくりつけて運搬する。持櫃夫が四十八人であることから、櫃一合につき二人、つまり櫃の前後に一人ずつ配置されて朸を担ぐのであろう。香を焼香、香水、薫経に使い、櫃を担いだり、香輿を持ったりする人々は全て浄衣を着用するという、経典を奉請する際の行列の様子が垣間見える貴重な例である。

小　結

では、経典が写経され奉請される流れを考えてみよう。まず発願者により写経の指示が出され、浄衣を着用した経師・装潢・校生等によって写経所で写経が行われる。本経、紙・筆・墨、食料など、必要な物品が写経所に納入され、帙の製作は造帙所に依頼される。写経の完成した経典を奉請するにあたっては、忌日御斎会一切経のように特別な行列を仕立てる場合もあった。経典の荘厳としては、経本体に表紙・緒・軸がつけられ、経を包む帙には緒・籤がつき、それが櫃に入れられ、櫃をすえる机、覆、敷布なども付属した。その櫃の輸送手段として朸、布綱を使用し、また香も一緒に納める場合（四ノ五一二など）もあった。儀式の一環として奉請する際には、香を焚いたり香水をまいたりしながら、浄衣を着用した人々が経典を納めた櫃を運んだのである。

このようにして奉請された経典は、荘厳を整えて安置され、法会などで使用されたと考えられる。経典を保管するにあたっては、付属物もあわせて管理された。それをまた新たな写経事業の本経として別の場所に移動して使用する場合もあったのである。

おわりに

奈良時代の写経事業において、櫃とは、作業中の収納用具であり、運搬用具であり、保管用具でもあった。櫃は基本的に写経所とは別の部署で製作・準備されるものであり、なかなかその実態をつかむことは難しい。ただ、正倉院文書を丹念に読み込むことで、写経事業の作業の場である写経所で、櫃がどのように使われているのかを垣間見ることができたと思われる。正倉院文書でいうところの辛櫃と明櫃が、現存する正倉院宝物の櫃のどの型式にあたるのか、結局確定することはできず今後の課題であるが、豪華な荘厳を整えた特別な経典は、美しい漆塗の櫃に納められて机の上に安置され、経師らの作業用に日々使われたものは簡素な白木の櫃が多いであろうことは推測できる。写経所では、写経の作業段階でさまざまな櫃が使い分けられており、経紙などを納める辛櫃・明櫃、各経師が手元にある本経・書写中の経を入れた小明櫃、案主や装潢など部署ごとに置かれた櫃、食器などを入れる折櫃などがあった。櫃には、経典の奉請や荘厳に使われる儀式的な役割のあるものと、写経所で日常使われる作業的な役割のあるものがあったのである。

そして、写経所で使用される物品には、写経事業ごとに納入・返却されるものと、写経所に備え付けのものとがあったと考えられる。写経事業ごとに使われるのは、写経用の紙・筆・墨、帙、奉請用の櫃や、作業期間に消費される食品などであり、これらは発願主から現品や銭で納入され、写経事業終了後には用残報告がなされた。写経所に備え付けのものは、机や座具、硯・刀子などの文具類、そして整理・一時保管のための小明櫃や装潢の櫃などであり、これらは基本的に、不足分を補いつつ長期間使用されたと思われる。また案主のもとには、帳簿類や奉請していない経典、さまざまな物品類を保管した櫃が置かれていた。

仁王経疏一部五巻の用度申請では、経紙（見写料・表紙料・儲料）と凡紙、菟毛筆と墨を買うための銭のみを申請している（天平宝字七年〈七六三〉四月十七日、一六ノ三七五〜三七六）。写経事業において、最低限の必要物品は紙・筆・墨ということであり、裏返せば、この三種類さえ準備すれば、写経の作業を支障なく行うことのできる設備が写経所には整っていたということになる。経師は、案主からそれぞれに割り当てられた本経、経紙、筆墨を受け取り、準備された座席に着いて作業を行う。この座席には机や座具、硯や小明櫃などが常備されている。書写が終了すれば、この経師は経典や残った紙筆墨を返却する。そしてまた別の経師が、別の写経事業の書写を担当し、この座席に着いて作業をするのである。写経所とは、とても効率的に組織された作業場であるといえよう。

以上、推測を重ねたが、写経所で用いられた物品のありかたや、写経事業に携わる人々の動き、写経所の機能が少しみえてきたのではなかろうか。

註

（1）奈良時代に国家的な写経事業を行った機関は、内裏系統の写経機関と、正倉院文書の大半を占める写経所文書が残る皇后宮職系統の写経機関がある。組織も名称もさまざまな変遷をたどるが、本論文では、史料に名称が明記された場合以外は、便宜的に「写経所」で統一する。

（2）渡部陽子「正倉院文書における「荒紙」「悪紙」」（栄原永遠男編『日本古代の王権と社会』塙書房、二〇一〇年）、同「「下纏」と「式」「敷」」（『正倉院文書研究』一二、二〇一一年）、同「正倉院文書にみえる帙」（『正倉院文書研究』一三、二〇一三年）、同「正倉院文書にみえる浄衣」（栄原永遠男編『正倉院文書の歴史学・国語学的研究――解移牒案を読み解く――』和泉書院、二〇一六年）。

（3）関根真隆「正倉院古櫃考」（正倉院事務所編『正倉院の木工』日本経済新聞社、一九七八年）、同「正倉院の辛櫃

について」（木村法光編『正倉院宝物にみる家具・調度』紫紅社、一九九二年）、同「奈良時代の厨房用具」（『奈良朝食生活の研究』吉川弘文館、一九六九年）。以下、関根氏の見解はこれらの論文による。

また小泉和子氏・鶉山まり氏も、櫃について分析を加えた。（小泉和子「中国・朝鮮の古代家具と正倉院家具」〈木村法光編『正倉院宝物にみる家具・調度』紫紅社、一九九二年〉、鶉山まり「櫃――その系譜と展開――」〈『古事』天理大学考古学研究室紀要第二冊、一九九八年〉）。

（4）鎖子は四脚形式の櫃、ことに赤漆塗のものにつくことが多い。これは、上等の櫃には必然的に、より大切な品物が収納される場合が多いことを示す。また、正倉院に残る赤漆塗・金銅鋲の櫃は、献物帳関係のものが伝来した可能性があると関根氏は指摘する。

（5）「唐櫃」は、本体の箱形の身の両長側に脚が各二本ずつ計四本取り付けられたものである。蓋・身が赤漆塗のもの（脚は黒漆塗）と、白木のもの（脚も白木）の二種類に大別でき、どちらも蓋・身の稜角に黒漆を塗る蔭切が施されている。「和（倭）櫃」も、身の両長側に各一本の横桟（手懸桟）を打ちつけたもので、蔭切が施されているが、それ以外は全てが白木造である。箱櫃というのは、脚も横桟もない、まわりに何もつかないものであるが、奈良時代の名称ではなく昨今の付名である。これは後世に脚や横桟が失われた可能性もあるので注意を要する。

『正倉院宝物』一・四・六・七・九・十（宮内庁蔵版、正倉院事務所編、毎日新聞社、一九九四～一九九七年）によって寸法が確認できる櫃のうち、「唐櫃」と「和櫃」の寸法を平均してみると、おおよそ「唐櫃」は縦七一、横一〇九、高五二センチメートル、「和櫃」は縦七三、横一一二、高四九センチメートルとなり、大きな差はみられないため、四脚形式の櫃と横桟形式の櫃には、法量の差異はないと考えられる。明確な違いは、「唐櫃」には白木と漆塗のものがあるのに対し、「和櫃」は全て白木であることだけである。

（6）『大日本古文書（編年）』二巻六一一頁。以下、『大日古』、二ノ六一一と略す。

（7）光谷拓実「年輪年代法による正倉院宝物木工品の調査」（『正倉院紀要』第二三号、二〇〇一年）。ただし、全ての面に脚がつく形式の櫃の材は十二世紀のものが確認されるので、この形式は製作年代が下ると考えられる（中倉二〇二古櫃第一〇八号、南倉七四古櫃第一七四号）。また、古櫃蔭切の塗膜構造にみられるさまざまなタイプは、古櫃の製作地の違いや製作年代の違いに関係すると考えられる（成瀬正和「古櫃の漆塗膜構造調査」〈『正倉院紀要』第二四号、二〇〇二年〉）。

（8）奈良県武蔵遺跡から出土した奈良時代の木枠井戸には、杉材の「古櫃」が転用されている。六五〇年創建とされる野中寺の東方地区にある、大阪府野々上遺跡から検出された井戸の底にも「古櫃」が転用されていた。どちらも脚はなく、長側面に手懸桟が残っており各稜角の四周には蘒切が施されている（北條朝彦「遺跡出土の「古櫃」と正倉院の「古櫃」」〈西洋子・石上英一編『正倉院文書論集』青史出版、二〇〇五年〉）。平城京左京五条四坊一六坪（奈良市大森町）の宅地で見つかった八世紀の井戸には、四脚形式の痕跡の残る辛櫃が井戸枠として転用されていた（「平城京の小規模宅地と辛櫃を再利用した井戸」〈奈良市埋蔵文化財調査センター速報展示資料No.四三、二〇〇一年〉）。長岡京跡左京二条四坊の井戸内で発見された白木の櫃は、脚や横桟を持たず、長側面に鎖子を取り付けた痕跡が見られる。野島永氏は、これを九世紀後葉前後における「白木箱櫃形式」とした（野島永「長岡京出土の古櫃について」〈『京都府埋蔵文化財情報』第六七号、一九九八年〉）。

（9）本論文において「　」で示す史料名は『大日古』のもの、［　］で示すのは東京大学史料編纂所編『正倉院文書目録』のものである。

（10）関根氏は、辛（韓）櫃とは、その名称から古代半島加羅地方より文物のひとつとして日本に将来されたと考えている。ただし、この形態が半島で完成されたものか、あるいは中国方面に淵源があり、それが半島にもたらされたものか明らかにしえないという。風通しの良い四脚形式は湿潤な南方風土を背景とする発想のようであり、横桟形式は北方乾燥地帯系的な背景のものではないかと推測している。

（11）薗田香融「畿内の調」〈有坂隆道先生古稀記念『日本文化史論集』同朋舎出版、一九九一年〉。

（12）忌日御斎会一切経の用度申請には折櫃がみえないが、この史料は後欠史料なので、欠落部分に折櫃が記載されていた可能性もある。

（13）正倉院宝物の漆櫃第二号密陀絵龍虎形（南倉一六八）は、表面に黒漆を塗り白色顔料で文様を描き、その上に油を塗っているので、この荏油もそのように使われたのかもしれない。

（14）ふたつめは『大日古』は「又雑経納経第二者」とするが、写真を確認すると「又雑経納櫃第二者」である。

（15）『大日古』には「大小乗経幷雑幷雑物等納」とあるが、写真を確認し訂正する。

（16）『大日古』一五ノ六七には、浄衣二二一具の内訳として、経師料は「一百卌具」とあるが、写真を確認すると「一百冊具」である。

(17) 十七種とあるが、墟、蓋、経覆、敷布、経櫃、覆明櫃、小幡を示すとすると七種類である。

(18) 栄原永遠男「正倉院文書からみた珎努宮・和泉宮」(『大手前比較文化学会会報』第一二号、二〇一一年)。

(19) 「十二灌頂経用度文(案)」には「十月廿一日宣」とあるが(一六ノ一六)、他のふたつの史料には「十一月廿一日宣」(一六ノ五五、一六ノ一七四)とみえる。用度申請も十一月二十二日付けであり、宣が出てすぐに用度が申請されたと考えるほうが妥当であるため、宣の日付も十一月二十一日が正しいと考えられる。十二灌頂経の写経事業については、栄原永遠男「奉写大般若経所の写経事業と財政」(『奈良時代写経史研究』塙書房、二〇〇三年)、山本幸男「天平宝字六年~八年の御願経書写」(『写経所文書の基礎的研究』吉川弘文館、二〇〇二年)など。

(20) 『大日古』には「灌頂経十二巻」「白木猫足机」とあるが、写真を確認するとそれぞれ「灌頂経十二部」「白木榻足机」である。

正倉院文書からみた僧良弁の実像

濱道孝尚

はじめに

僧良弁は奈良時代に活躍した東大寺僧として著名な人物である。正史によれば、良弁は宝亀四年（七七三）閏十一月二十四日に入滅した。[1] 周知の通り『続日本紀』における良弁の伝は極めて簡略なものであり、その生年についても詳らかでないが、『東大寺要録』によれば遷化の際に八十五歳とされ、よって持統天皇三年（六八九）の生まれとなる。良弁は豊かな学識と卓越した経営手腕を以て、草創期の東大寺の発展に尽力したとされ、今なお寺の内外で篤い信仰を集める存在である。また、『東大寺要録』に東大寺初代別当への補任が記されている、古代東大寺史における重要人物でもあるため、多くの碩学によりその歴史的実像の論及が試みられてきた。

歴史学は主に二つの方向から良弁の実像を明らかにしようとしてきた。一つは、伝記的研究である。現在に伝わる良弁の伝記には多分に、後代による理想化された姿が含まれているが、そのような伝説的要素を排し、その生涯が実証的に考察されてきた。[2] 二つ目は、東大寺の成立や、当時の仏教の展開を論じるなかで、良弁の果たした役割に言及したものである。それらは伝記研究とは異なり、必ずしも良弁を直接の研究対象にしたものではないが、いずれも当代の仏教界、および東大寺史における良弁の果たした役割の大きさを指摘している。(3) これらの貴重な先学の成果により、良弁についてはほぼ論じ尽くされたかのような観を呈している。

しかし、従来の研究にも問題がないわけではない。従来の研究は、良弁の卓越性を強調するあまり、古代東大寺の体制が「良弁を頂点にしていること」をあまりに所与の前提としてきたきらいがある。良弁が当該時期に突出した僧であったことに異論はない。しかし、その権力基盤や、東大寺における位置づけについては今なお論考の余地が残されていると考える。

従来の研究史の問題点は、残された史料の性格に起因している。現存する良弁関係史料を概観すれば、以下のように大別することができる。①『続日本紀』の関連記事、②『東大寺要録』にみえる良弁関係の記述、③仏教関係の後代の編纂史料にみえる関係記述、④正倉院文書の記述である。これらの史料は良弁を理解するにあたり、それぞれ難点を抱えている。①は信頼のおける史料であるが、良弁については甚だ簡素な記述しか残っておらず、②・③は詳細な内容を含むが、良弁没後に編纂された史料であるため、後代の人間の良弁観が含まれている恐れがある。そして、④は極めて具体的な内容を持つ一級の同時代史料であるが、その多くが帳簿のなかの記載の一部であるため、甚だ断片的な記述となっている。

従来の研究、特に伝記的研究は、簡略な①の記述の間を埋めるため、②・③の史料を中心とした考察にならざるを得ず、④の史料群は補助的に用いられるのみで、十分には位置づけられてこなかった。その結果、入滅後の比較的早い段階で理想化されたと考えられる良弁像を、無批判に歴史的実像として内包することになっていると考える。

本稿の目的は、古代東大寺史において重要な僧である良弁の実像を再検討することである。本稿では、近年の精緻な正倉院文書研究の成果を踏まえ、④の正倉院文書にみえる良弁関連史料を分析の中心にすえる。特に、東大寺における良弁の具体的な活動、他の東大寺僧たちとの関係を考察することを通じて、当該時期の東大寺における良弁を位置づけてみたい。正倉院文書以外の史料との整合性については、その考察を踏まえた後に考えてみたいと思う。

第一章　東大寺における良弁の地位

第一節　正倉院文書における良弁

良弁について、先行研究は次のように理解してきた。(4)堀池春峰氏は、東大寺の発展は良弁の政治的手腕と当代の教学面における実践に拠るものとした。堀池氏は、良弁が東大寺の前身である金鐘寺山房の僧侶に選ばれていたと推測し、華厳経講説にその才能を発揮し、天平十五年（七四三）段階には三綱上座の地位を占め、良弁を中心として金光明寺が運営されていたと論じた。(5)また、加藤優氏は、『東大寺要録』別当次第の冒頭部分について、史料的に信用できないと述べながら、初代別当とされる良弁は東大寺僧で最初に僧綱に補任されたことなどから、寺内での地位は他僧の追随を許さないほど屹立したものであり、三綱を超えた東大寺を代表する存在であったと論じた。(6)また、永村眞氏は、良弁が草創期東大寺において寺務統轄（三綱所指揮）、造寺主導（造寺所指揮）、教学振興の機能を果たしていたと論じた。(7)以上のように、先行研究で良弁は、東大寺において寺の頂点に立ち、寺を主導する僧侶であったとされている。

本節ではまず、正倉院文書における良弁の呼称に注目して、良弁の地位について考えてみたい。正倉院文書における良弁の初見は、天平十三年（七四一）七月二十三日の「一切経納櫃帳」にみえる「良弁師」という記述である（「一切経納櫃帳」七ノ四九四、以下断りのない限り『大日本古文書』の巻数と頁数を示す）。「師」という記述より、そのときすでに凡僧とは区別される地位を得ていたことになる。[8] 最後にみえるのは、天平宝字八年（七六四）十月のことで、「僧正進守賢大法師」とみえる。

良弁は「師」のほかに「大徳」とも称されており、その初見は天平十五年三月二十三日に良弁大徳宣により、平摂に律類を貸出した際のものである（「納櫃本経検定幷出入帳」二四ノ一九五）。また、後に述べるように「上坐大徳」とみえる記述も良弁を指すと考えられている。また、天平勝宝三年（七五一）四月末より「少僧都」、同八年五月末より「大僧都」、そして天平宝字八年九月中旬より「僧正」と呼ばれるようになる。

良弁に対する呼称は、三種類に分類することができる。一つ目は東大寺外での公的な呼称で、「僧正」などのような僧綱の呼称を以て称するものである。二つ目は東大寺内の公的な制度に関わる呼称で、三綱などの寺内組織の役職を以て称されるものであり、「上坐大徳」がそれに当たるとされている。三つ目は僧侶に対する一般的な呼称で、「師」や「大徳」というようなものである。

良弁が正倉院文書に現れる期間、特にその初期の活動については、現存する正倉院文書の史料年代との兼ね合いに注意することが必要であるが、ひとまず史料群における良弁関係資料を整理・大別すると次のようになる。

（ア）写経所における経巻の出納に関わるもの
（イ）写経所における写経事業に関わるもの
（ウ）写経以外の東大寺・造東大寺司・上院の運営などに関わるもの

（エ）その他

これについて少し補足しておく。（ア）は、様々な理由によって写経所内（本稿では皇后宮職系統写経所を指す）で書写するために、または僧侶の研究のため、あるいは外部機関の要請に基づき、経巻類を出納することに関わっていたことを示す史料である。（イ）は、（ア）と重複する部分もあるが、写経所で行われた大小様々な写経事業に関わるもので、特に常写以外の写経事業との関わりを示す史料である。（エ）は（ア）・（イ）・（ウ）のいずれにも属さないもので、東大寺の倉から物品を出納する際に署名している史料などがそれに当たる。

正倉院文書からうかがえる良弁の活動は、（ア）が最も事例が多く、以下、（イ）・（ウ）と続いていく。各事例を年代別にみると、天平勝宝八歳までは（ア）・（イ）の史料のみが確認され、以後は（ウ）に分類される、石山寺造営に関わる様々な活動が造石山院解移牒案で確認されるようになる。（ア）・（イ）の史料が多いのは、正倉院文書が写経所文書であることを考えれば当然ではあるが、一方で後述のように三綱僧であったことが確実である安寛・平栄らとは異なり、東大寺の経営・寺務に直接関わるような史料がうかがえないことが注意をひく。

従来の研究においては、良弁は東大寺を代表する、後代の別当の如き存在であると考えられてきたが、上述のような史料への現れ方に対してどのように整合性を考えればよいだろうか。

第二節　良弁と三綱

まず、良弁と東大寺三綱との関係について考えてみたい。従来の研究では、良弁が東大寺で主導的立場にあった根拠の一つとして、良弁が三綱に任じられていたという事実が挙げられている。古代の三綱については鷺森浩幸氏が『僧尼令』の関連条文の検討より、三綱は僧尼統制という観点からは、寺院に属する僧尼の寺院内での行動を管轄領域とする、統制機構の最末端を占める監督・申告期間として位置づけられるとした(9)。一方で、永村氏は東大寺の経営組織の中世への展開を論じるにあたり、八世紀後半の東大寺においては「三綱所」こそが、寺家経営の拠点たる事務組織であったと述べている(10)。したがって、研究史的にも、また当該時期の三綱の機能に鑑みたうえでも、良弁と三綱との関係をおさえておく必要がある。

従来、良弁が三綱の一員であったとする論拠は、堀池春峰氏が、正倉院文書の天平十五年にみえる「上坐大徳」を良弁と理解してきたことによる。氏は、そのことを前提として、当時の金光明寺が良弁を中心に運営されていたとし、以後の研究は氏の考えを踏襲してきた。しかし、正倉院文書全体を確認したとき、良弁が三綱に就任したことを確実に示す史料は、件の「上坐大徳」以外には一点もなく、のみならず寺内における役職を明確に示す史料もまた件の一例しかない。したがって、この「上坐大徳」が良弁であるかどうかは、良弁の寺内での位置づけを考えるうえで重要な点であり、改めて確認すべきと考える。問題の史料は以下の通りである。

【史料一】（二四ノ一七八～一九九）

「四月一日且納赤万呂」

廿三日出二奉仏蔵経四巻　浴像功徳経一巻一 並上坐大徳宣出奉
受平摂師

【史料一】によれば、天平十五年三月二十三日、「上坐大徳宣」により、写経所より平摂師へと経典が貸し出されたことが分かる。この記述は、「納櫃本経検定并出入帳」（続々修一六、二四ノ一六三～二〇〇）という帳簿の一部にみえるものである。この帳簿は写経所に保管された櫃ごと（第三〜一二櫃）に経典の出納を記録した帳簿である。また、前欠部の第一〜三櫃に類似した史料が「本経疏奉請帳」（続々修一五ノ二、一一ノ九〜一六）として収載されている。この帳簿の構造と、史料での経典の出納関係を整理したものが**表1**である。『大日本古文書』は櫃の順番と、年時をもとにそのまま並べているが、これらの接続関係は現段階では不明で、白い紙を途中に挟んで複数の断簡に分かれている。重複する櫃の記載もあることから、これらは『大日古』の復元のように一連の帳簿であったと断定するには材料が不足しており、現時点では個別に櫃ごとの経典の出納記録として書かれたものであったと考えておくのが妥当であると考える。

今問題としている「上坐大徳」の記述は第六櫃の部分にみえるが、別の断簡の第一一櫃の部分では同日の三月二十三日の記述があり、「良弁大徳」による平摂師宛ての律の出納がみえる。どちらも宛ては平摂と共通しており、「上坐大徳」と「良弁大徳」が同一人物のようにも思われる。また、次節で述べるように写経所文書において「大徳」という呼称は、良弁に付される例が多いのも確かである。しかし、「上坐大徳」のみえる同じ断簡（続々一五ノ三、第九紙目）の同年四月二日条に、「良弁大徳」と記されている箇所がある。しがたって、この断簡のなかでは「上坐大徳」と「良弁大徳」とが書き分けられていることになる。さらに言えば、同一断簡内における「上坐大徳」の記述には、良弁大徳にはみられない「出奉」という敬意表現もみられる。これらのことから、「上坐大徳」と「良弁大徳」は本当に同一人物であるのかという疑問の余地が生じる。

さらに、正倉院文書のなかで三綱そのものの記述について検討してみると、件の天平十五年の「上坐大徳」を除くと、次に東大寺三綱について記述がみえるのは、天平勝宝二年五月九日に「上座安寛」とみえるまで待たなくてはならない（「奴婢買進印書送文」、三ノ三九一〜三九二）。しかし、良弁自体はその七年の間史料にみえ続けている。

表1 「納櫃本経検定幷出入帳」の経典出納記録

			経典	出納の宣	出納先	年時			断簡
1	四櫃	出	大般涅恒経六巻	良弁大徳宣	受平摂師	天平十五	五	二十七	(第一一紙と第一二紙の間にも白い紙)続々一五―二第一二紙～一四紙 ※第一四紙と第一五紙の間に白い紙
2		(なし)	顕無辺仏土功徳経一巻	安定尼公宣	奉請久尓宮	不明(七月二十三日以降カ)			
3		請	宝星陀羅尼経一帙(十巻)	(記載なし)	請中納言宅	天平十五	九	二十三	
4		出	涅槃経四十一巻	(記載なし)	(写経所?)為本奉請	天平十五	九	二十七	
5		出	花厳経八十巻	(記載なし)	借請出家所	天平十五	十二	?	
6		(なし)	旧華厳経一部六十巻	少尼公宣	奉請宮中	天平十六	十二	四	
7		(なし)	新華厳経一部八十巻	少尼公宣	奉請宮中	天平十六	十二	二十五	
8		出	涅槃経二十巻(第十二帙)	良弁大徳宣	出家人試所令奉請	天平十七	七	十八	
9		出	注法花経七巻	(記載なし)	(写経所?)為用本借請	天平十七	八	八	
10		(なし)	八十花厳一部	大倭国少掾佐伯宿祢宣	奉請韓国寺忠教師所	天平二十	五	二十五	
11		(なし)	正法華経一部十巻	良弁大徳宣	奉請為本	天平二十	七	十一	
12		(なし)	宝星陀羅尼経一部(十巻)	次官佐伯宿祢宣	奉請内裏	天平二十	九	二十一	
13		(なし)	八十花厳一部八十巻(皇后宮之一切経内者)	阿刀史生宣	奉請大徳之所	天平勝宝元	八	二十八	
14		(なし)	涅槃経二巻十巻	(記載なし)	暫間為本、爪工家万呂奉請	天平勝宝元	九	九	
15		(なし)	華厳脩慈分一巻	安宿宮宣	奉請中山寺	天平勝宝元	十一	三	
16		(なし)	普曜経八巻	平摂師牒	奉請即平摂師所	天平勝宝二	二	十四	

17	第四櫃	出	維摩詰経一部三巻	長官王宣	（市原王）専為披読奉出	天平二十	八	二十九	続々一五—二 第一五紙
18		出	顕無辺仏土功徳経一巻	造寺次官宣	為本経奉請春宮大夫石川朝臣宅	天平二十	十	七	
19	五櫃	出	无量義経一巻	良弁大徳宣	受光道師	天平十五	三	二十三	続々一五—三 ①第一紙〜第三紙 ※第一紙と第三紙の間に白い紙
20		出	大灌頂経一帙（十二巻）	良弁大徳宣	令請大宅命婦所	天平十五	四	二	
21		出	无量義経一・免腋経一・老母経一・老母六英経一・放鉢経一・文殊師利問提経一・無垢賢女経一・腹中女聴経一・転女身経一	安定尼公宣	奉請久尓宮	天平十五	七	二十三	
22		（なし）	未曽有経・甚希有経・謗仏経・大乗百福相経	（記載なし）	（久尓宮？）	天平十五	？	？	
23		請	九色鹿経一巻	（記載なし）	請中納言宅	天平十五	九	二十三	
24		出	観无量寿経一巻	（記載なし）	（写経所？）為写奉請	天平十五	十一	二十八	
25		出	法花経八巻・最勝王経十巻	（記載なし）	出家所	天平十五	十二	？	
26		出	不必定入定入印経一巻・无量門微密持経一巻	市原宮宣	（記載なし）	天平十六	二	二	
27		出	解深蜜経五巻	（記載なし）	請呉原生人	天平十六	六	二	
28		出	観无量寿経一巻	（記載なし）	請法花寺	天平十六	六	八	
29		出	新翻薬師二巻	（記載なし）	奉請甲可宮本経	天平十六	十	三十	
30		出	盂蘭盆経一巻	平摂師宣	令奉請（平摂師所）	天平十七	七	十一	
31		出	灌頂経第十二巻	田辺史生状	（記載なし）	天平十七	十	二十七	

32	奉出	海龍王経四巻	田辺史生状	（記載なし）	天平十七	十一	二十三	
33	（なし）	陀羅尼集経第二巻	大僧都宣	奉請安寛師	天平二十	二	十九	
34	（なし）	大灌頂経一部（十二巻）	慈訓師牒	令請（慈訓師所）	なし			
35	（なし）	浴像功徳経一巻	良弁大徳宣	（記載なし）	天平二十	三	二十四	
36	出	維摩詰経二巻・注維摩詰経六巻	大尼公宣	奉請内裏	天平十九	四	十一	② 続々一五―三 第四～八紙 ※『正倉院文書目録』によれば、この断簡の前に、「一切経散幷奉請帳」（正集三五①裏、二四ノ四〇七～四〇九）が接続する。※第八紙と第九紙の間に白い紙
37	出	陀羅尼集経一部十二巻	佐味命婦宣	奉請内裏	天平二十	三	一	
38	出	不空羂索神呪心経一巻	良弁大徳宣	奉請於寺	天平二十	八	四	
39		（返納の記録）			天平二十	九		
40	出	大仏頂尊勝陀羅尼経（※義浄三蔵訳と仏陀波利訳各二巻ずつ）	次官佐伯宿祢宣	奉請内裏	天平二十	九	二十二	
41	（なし）	如来蔵経一巻	良弁大徳宣	奉請（記載なし）	天平二十	十	二十一	
42	出	温室経一巻	良弁大徳宣	奉請（寺家？）	天平二十	十	二十八	
43	（なし）	千手経一巻	（記載なし）	奉請安宿宮	天平二十	十一	十二	
44	出	浴像功徳経一巻・灌仏経一巻	良弁大徳宣	奉請（寺家？）	天平二十一	二	九	
45	（なし）	解深密経五巻	造寺次官佐伯宿祢宣	奉請内裏	天平感宝元	五	二十七	
46	（なし）	不空羂索神呪心経一部三巻・不空羂索呪心経一巻	良弁大徳宣	奉請智憬師所	天平感宝元	閏五	七	
47	（なし）	如来蔵経一巻	（記載なし）	奉請平摂師	天平感宝元	閏五	三	
48	出	如意輪陀羅尼経一巻	小野朝臣宣	（記載なし）	天平十五	三	十四	

49	六櫃	出奉	仏蔵経四巻・浴像功徳経一巻・灌仏経一巻	上坐大徳	受平摂師	天平十五	三	二十三
50		出	虚空蔵経一巻	良弁大徳宣	令請大宅命婦所	天平十五	四	二
51		出	了本生死経・報恩奉盆経・一向出生菩薩経・温室経・菩薩行五十縁身経・除恐災患経・施灯功徳経	安定尼公宣	奉請久尓宮	天平十五	七	二十三
								続々一五―三 第九紙 ※第九紙と第一〇紙の間に白い紙
52	六櫃	出	七倶胝仏母心准提陀羅尼一巻・七倶胝仏母准泥大明陀羅一巻	良弁大徳宣	奉請久尓宮	天平十五	十二	十三
53		出	摩訶摩耶経一巻	（記載なし）	為本請辛国所	天平十六	閏一	二
54		出	不思議功徳諸仏諸所護念経二巻	市原宮宣	（記載なし）	天平十六	二	二
55		出	浴像功徳経一巻	（記載なし）	請聖輪師所	天平十六	三	十八
56		借出	十一面観世音神呪経一巻	（記載なし）	為本経借出下政所	天平十六	四	九
57		出	盂蘭盆経一巻	茨田少進宣	奉請甲可宮	天平十六	七	十二
58		出	金剛三昧経二巻	（記載なし）	借奉請飛鳥部宮	天平十六	八	二十一
59		（なし）	梵網経二巻	（記載なし）	借奉請写経堂	天平十八	四	十七
60		出	随求即徳大自在陀羅尼神呪経一巻	（記載なし）	奉請内裏	天平十八	十二	四
61		出	摩尼羅亶経一巻	良弁師宣	奉請内裏	天平十九	一	十五
62		（なし）	梵網経二巻	（記載なし）	良弁大徳御所	天平十九	六	？
63		（なし）	優婆塞五戒威儀経一巻	（記載なし）	奉請善李師所	天平十九	六	二十三
64		（なし）	大方広仏報恩経第七巻	良弁大徳宣	奉請即寺	天平十九	十	二十一
								続々一五―三 第一〇～一四紙 ※第一四紙と第一五紙の間に白い紙

65		（なし）	六門陀羅尼経一巻	良弁大徳宣	奉請即大徳之所	天平十九	十	二十五	
66		出	大乗造像功徳経二巻	良弁大徳宣	奉請元興寺諦集師所	天平十九	十二	五	
67		（なし）	優婆塞戒経一部十巻	史生阿刀酒主状	奉請忠基師所	天平二十一	三	十三	
68		（なし）	文殊師利問経一部二巻	長官宮宣	奉請於西宮	天平感宝元	五	二十一	
69		（なし）	密厳経三巻	田辺判官宣	奉請平摂師所	天平感宝元	六	十五	
70		（なし）	七仏所説神呪経四巻・受持七仏名号所生功徳経一巻	佐伯次官宣	奉請（記載なし）	天平勝宝元	七	二十三	
71		（なし）	不増不減経一巻	安宿王宣	奉請中山寺	天平勝宝元	十一	三	
72		（なし）	右遶仏塔功徳経一巻	此寺三綱牒	奉請羂索堂	天平勝宝二	二	二十一	
73		出	観仏三昧経一部（十巻）	教輪師宣	奉請上寺	天平勝宝二	三	二十九	
74		（なし）	菩薩瓔珞本業経二巻（上下）	（記載なし）	奉請教輪師室	天平勝宝二	五	二	
75		（なし）	花厳経一部（新訳者八十巻）	大徳宣	奉請此寺家	天平勝宝二	八	三十	
76	第六櫃		（経典の目録）			?	?	?	続々一五—三 第一五紙 ※第一五紙と第一六紙の間に白い紙
77	八櫃		「合納大乗経三百七十六巻帙卅七枚」との記載のみ			天平十四	十	十二	続々一五—三 第一六紙 ※第一六紙と第一七紙の間に白い紙
78		出	智度論一〇〇巻・瑜伽論二十巻	（記載なし）	擬僧試所	?	?	?	

79	八櫃	出	論二十五巻	久尓宮宣	奉請（久尓宮）	（天平十五）	七	二十三	続々一五―三 第一七紙
80	八櫃	（なし）	法花論二巻・宝髻経論一巻	（記載なし）	請中納言宅	（天平十五）	九	二十三	続々一五―三 第一七紙
81	八櫃	出	瑜伽論菩薩地二帙	（記載なし）	奉請甲可宮	（天平十五）	九	二十七	続々一五―三 第一七紙
82	八櫃	出	論二十巻	（記載なし）	請中納言宅	（天平十五）	十	五	続々一五―三 第一七紙
83	八櫃	出	智度論一〇〇巻・瑜伽論八十巻	（記載なし）	（擬僧試所？）	（天平十五）	十二	二十一	続々一五―三 第一七紙
84	八櫃	出	廻浄論一巻・縁生論一巻・十二因縁論一巻・台輸盧迦論一巻・大乗百法明門論一巻・百字論一巻・解捲論一巻・掌中論一巻・取因仮設論一巻・観惣相論頌一巻・止観門論頌一巻・手杖論一巻・六門教受習定論一巻・大乗法界无差別論一巻・破外道小乗四宗論一巻・破外道小乗涅槃論一巻	良弁大徳宣	奉請弘明師所	天平十九	六	八	続々一五―三 第一七紙
85	八櫃	出	仏名経一帙（十六巻）	阿刀酒主宣	令奉請、為先一切経本経者	天平十九	六	二十	続々一五―三 第一七紙
86	第八櫃		（別生経の目録）	（記載なし）	為先一切経之本、奉請	天平十九	七	五	続々一五―三 第一八紙
87	第八櫃	出	大菩薩蔵経二十巻・菩薩見実三昧経十四巻	（記載なし）	為一切経之本奉請	天平十九	八	十八	続々一五―三 第一八紙
88	第八櫃	出	三无性論二巻	慈訓師状	奉請（慈訓師所）	天平二十	二	三十	続々一五―三 第一八～一七 紙裏 ※第一八紙と
89	第八櫃	出	仏性論一部三巻（法宝師造）	宮宣	奉請平摂師所	天平二十	五	四	続々一五―三 第一八～一七 紙裏 ※第一八紙と
90	第八櫃	出	因明正理門論一巻	日置直伊奈波宣	奉請僧都所	天平二十	五	二十五	続々一五―三 第一八～一七 紙裏 ※第一八紙と
91	第八櫃	出	摂大乗論二部	（記載なし）	（記載なし）	天平二十	七	二	続々一五―三 第一八～一七 紙裏 ※第一八紙と

92		出	因明正理門論一巻・因明入正理論一巻	長官宮宣	奉請即其宮	天平二十	十一	三	第一九紙の間に白い紙
93		出	雑集論一部十六巻	良弁大徳宣	奉請教輪師	天平感宝元	四	十九	
94		（なし）	唯識論一巻（菩提流支訳）・成唯識宝生論五巻・三无性論二巻・観所縁々論一巻	田辺判官宣	奉請平摂師所	天平感宝元	六	十五	
95		（なし）	中辺分別論二巻	良弁大徳宣	奉請教輪師	天平感宝元	六	二十四	
96		（なし）	起信論一部（一部二巻・実叉難陀）	（記載なし）	奉請史生阿刀酒主所	天平勝宝元	七	二十八	
97		（なし）	般若灯論一部十五巻・摂大乗論釈論九巻・十住毘婆娑論十四巻	阿倍判官宣	奉請式部卿殿	天平勝宝元	八	四	
98		出	四分律五十巻・五分律二十巻・僧祇律三十巻・善見律十八巻・十誦律六十巻	良弁大徳宣	受平摂師	天平十五	三	二十三	続々一五―三第一九紙
99		出	根本雑事四十巻	良弁大徳宣	受平摂師	天平十五	五	二十七	
100	一櫃	出	経律・毘母経八巻・薩婆多毘尼毘婆沙八巻・舎利弗問経一巻・五分律一部（三十巻）	（記載なし）	受安寛師	天平十六	一	十九	
101		出	四分律五十巻	（記載なし）	受安寛師	天平十六	閏一	八	
102		出	僧祇律第一帙第一巻	（記載なし）	受安寛師	天平十六	二	二	
103		出	四分律五十巻	良弁大徳宣	奉請小尼公御所	天平十七	六	二十六	
104		出	摩訶僧祇律三帙（三十巻）	安寛師宣	借奉請興福寺僧隆尊師所	天平十八	四	三	

105		出	五分律二十巻	安寛師宣	借奉請（安寛師所）	天平十八	四	二十二	続々一五―三 第一九紙裏 ※第一九紙と第二〇紙の間に白い紙
106	一一櫃		（合一三〇巻　帙十三巻の目録）			（天平十八年六月二日納カ）			続々一五―三 第二〇紙 ※第二〇紙と第二一紙の間に白い紙
107	一一櫃		（経典の目録）			（天平二十年二月五日納）			続々一五―三 第二一紙 ※第二一紙と第二二紙の間に白い紙
108	一二櫃	出	成実論十六巻	大徳宣	奉請憬寵師	天平勝宝二	七	七	続々一五―三 第二二紙 ※第二二紙の後に白い紙

表2　正倉院文書における天平十五年前後の良弁の呼称

年月日				史料	大日古
天平十三	七	二十三	薬王蔵薬経一巻を「良弁師所」から、写経所が借り受ける	一切経納櫃帳	七ノ四九四
天平十四	九	二十八	仏地経一巻を「良弁師所」に写経所が請求する	一切経納櫃帳	七ノ四九四
天平十五	三	二十三	仏蔵経・浴像功徳経を「上坐大徳宣」によって平摂師に貸し出す	納櫃本経検定并出入帳	二四ノ一七八
	三	二十三	律類を「良弁大徳宣」により平摂師に貸し出す	納櫃本経検定并出入帳	二四ノ一九五
	四	二	大灌頂経（一帙十二巻）を「良弁大徳宣」によって大宅命婦所に奉請する	納櫃本経検定并出入帳	二四ノ一七一
	十二	十三	七倶胝仏母心准提陀羅尼経を「良弁大徳宣」により、久尓宮少尼所へ奉請する	納櫃本経検定并出入帳	二四ノ一七九
天平十六	三	九	理趣経を「良弁大徳宣」によって、岡寺での講読のために写させる	間本充帳	八ノ三六五

それにも関わらず、良弁は一貫して「師」か「大徳」という呼称で呼ばれており、「良弁上座」というように三綱の呼称を以て呼ばれることは一度もない（**表2**）。さらに付け加えるならば、この「三綱名＋大徳」という呼称は、正倉院文書のなかでこの一例しかみられない特殊なものである。

以上のように史料を検討してみると、「上坐大徳」を良弁と即断するには、史料的に不確実であるという結論となる。そしてそれはつまり、天平十五年時点で良弁が上座であったという事実、ひいては良弁が三綱に就任していたことを示す確実な史料が存在しないことになる。もちろん、「上坐大徳」が良弁であると認めなかったとしても、そのことは必ずしも良弁の三綱就任を否定する材料にはならないとの反論もあろう。良弁が正倉院文書に登場する天平十三年以前に三綱に就任し、その地位から退いていた可能性もあるからである。しかし、いずれにしても正倉院文書から良弁の三綱就任を確実視することはできないという事実は、改めて確認されるべきであると考える。

第三節　大徳について

では次に、良弁に付される「大徳」という呼称について検討してみたい。良弁は前述のように天平十五年三月に「良弁大徳」とみえて以来（「納櫃本経検定幷出入帳」二四ノ一九五）、天平勝宝三年四月の少僧都補任までの八年間、「師」ないし「大徳」と称されている。この「大徳」という呼称は、辞書的には高僧に対する尊称・敬称とされるが、それは単なる美称であり、なんら呼称される者の寺内での地位を反映しないものであったのだろうか。以下、正倉院文書における用例を確認してみよう。

まず基本的なことであるが、「大徳」は他称であって自称ではない。天平勝宝三年の「造東寺司牒」（続別六③、三ノ五一〇〜五一一）は、造東大寺司が令旨によって五月一日経の写書を進める際、入手できなかった経典を宣教（金光明寺僧）のもとから借り出すために送った依頼状である。この状の書き出しは、「造東寺司牒　宣教大徳房下」となっており、造東大寺司から「大徳」と呼びかけられている。それに応えた宣教の状（「僧宣教疏本目録」、続々修一二ノ九、一二ノ八）には、状の末尾に日付とともに「僧宣教」と記されている。このことから、「大徳」は他称であり、自称するものではなかったことが確認される。このほか、天平勝宝年間には同様に造東大寺司から各寺に向けて五月一日経の底本として経典の貸借を願い出す状の案文が残されているが、それらの状においてもまた相手を「大徳」と呼んでいる。以上から「大徳」は他者からの僧に対する敬称の一種であったと言える。

また、次に他の呼称との組み合わせを検討してみたい。「大徳」は先にみた「上坐大徳」のように三綱と併称される記述はみられるが、僧綱の職名との併称はみられない。したがって、大徳は寺内の序列とは並存できても、僧綱という寺外の公的な制度の呼称とは並存できない性質のものであったと言える。

表3　正倉院文書にみえる大徳

僧侶	所属寺院
良弁	金光明寺・東大寺
宣教	金光明寺
教輪	東大寺
智憬	東大寺
平摂	元興寺
暁仁	元興寺
慈訓	興福寺
玄印	（不詳）
審詳	大安寺
敬俊※	大安寺
法宣	大安寺
玄智	大安寺
永金	（不詳）
玄機	観世音寺
弘曜	薬師寺
業行	外嶋院？

※慶俊と同一人物か

では、「大徳」が単に一般的な敬称であったかといえばそうではない。すでに指摘されていることであるが、「大徳」は一部の限られた僧侶に対する呼称であった[11]。管見では正倉院文書における「大徳」の事例は一五五例を数えるが、そのうち名が判明する者はわずか十六名のみである（表3）。「大徳」と称される僧侶が、正倉院文書のなかに数多くみえる僧のなかでもごく一部の者であったということが改めて確認される。ことに、金光明寺・東大寺の範囲で言うと、安寛や平栄といった相当に地位が高かったと考えられる僧（後述）に対しても、「大徳」と称した例が見当たらない。このことは、「大徳」と呼ばれる側の特質、あるいは呼ぶ側の意識のなかに、単なる僧侶への敬称にとどまらない何らかの条件が存在したことを示唆している。

それでは、一体どのような僧が「大徳」なのであろうか。正倉院文書の用例にもどると、一五五例のうち六十五例が「良弁大徳」、二十二例が良弁以外の僧侶（「平摂大徳」など）、六十八例が「大徳」とのみみえるものである。単なる「大徳」としてみられるもののうち九例は、他史料より良弁を指すことが確かめられ、また他にも状況的に良弁である可能性の高い事例が存在する。したがって、写経所文書のなかで「大徳」といえば良弁を指す場合が多いことになる。安寛が「大徳」と呼ばれていない点は不審であるが、全体的に教学面に優れた学僧的な僧侶に付される傾向が見受けられる。

さらに、寺内には同時期に複数の「大徳」が存在したようである。東大寺とその前身寺院である金光明寺で大徳とみえるのは、良弁や前述の宣教（二四ノ五一〇）のほか、教輪・智憬（後述）らが挙げられる。宣教は天平十五年正月から天平勝宝五年二月頃までの間史料で確認できる。良弁を大徳と記した史料のなかで、年代の下限が明確なものは天平勝宝三年四月十六日（「経疏出納帳」三ノ五四七）であるが、宣教は良弁が少僧都に補任された直後に初めて大徳と称されている。大徳は寺内で限られた僧侶のみに用いられていた呼称であったが、宣教のそれが良弁と入れ替わりであるのかは不明である。後述のように教輪・智憬がともに同時期に「大徳」と呼ばれているので、良弁と宣教も同様であった可能性がある。

以上、大徳について総合すると以下のようになる。

・「大徳」は僧侶に対する敬称ではあるが、一部の限られた僧侶にしか用いられない。
・「大徳」という呼称は僧綱などの寺外での公的な呼称とは並存しない。
・学問に優れた僧侶に対して用いられる傾向が強い。

さらに不確かながら付け加えるならば、正倉院文書の史料的性格を考慮したとき、「大徳」という呼称には、呼びかける側の親疎の情が反映されていた可能性がある。例えるならば、「某先生」というような性質の呼称である。安寛が「大徳」と呼ばれていない点などはその観点から説明できるかもしれない。すなわち、正倉院文書は写経所文書であり、そこで良弁が多く「大徳」と称されているのは、写経所の官人たちにとって良弁の存在が心理的に近い存在であったからとも考えられる。次章で論じるように、良弁・智憬・教輪は東大寺内で明らかに一つのグループを成していたが、彼らがみな「大徳」と呼ばれている点も、そのような側面から理解できるかもしれない。

以上、本章で述べたことをまとめる。

・従来、「上坐大徳」は良弁であると理解されてきたが史料的に確証がない。したがって現存の史料からは良弁の三綱就任を確実視することはできない。

・「大徳」と呼ばれる良弁は、写経所の人びとの認識のなかでは心理的に近い存在であったらしい。

したがって、本稿では天平十五年の段階で良弁が三綱として東大寺を取りまとめていたというような考え方をひとまず留保したい。そして、その認識を出発点として、以下正倉院文書にみえる良弁を検討してみたいと思う。

第二章　東大寺僧内における良弁

第一節　東大寺僧集団における階層性

本章では良弁を中心として、東大寺僧間の人間関係について考察を加え、東大寺における良弁の位置づけを検討する。**表4**は史料上で良弁と何らかの接点が確認される僧尼をまとめたものである。絶対数の少なさから比較が困難な部分もあるが、史料で確認される良弁と東大寺僧との関わりには親疎の程度が看取され、それは寺内の人的関係を考察する一助となると考える。

まず初めに、良弁の弟子であったと考えられる僧侶たちに注目してみたい。僧侶の師弟関係について、『唐律疏義』は「師」を「謂於二観寺之内一親承二経教一、令レ為二師主一者」と解釈している。この解釈は奈良時代の日本についても、法脈を通じた教授関係という観点においては同様であったと考えてよいと思われるが、日々の生活のなかでの具体的様相については明らかにしてくれない。そこで、本節では良弁の使としてみえる僧侶について注目してみたい。

　これは良弁に限ったことではないが、僧侶や沙弥のなかにはある特定の僧の使として多く登場する者が存在する。そのような僧たちの関係には様々なパターンがあったと想定されるが、次の審詳と善戒の事例はその内実の一端をうかがわせるものである。天平十六年八月、審詳大徳所より写経所へと貸し出された経論が審詳のもとに返却される際、その使となった善戒師について「使御弟子」と注記がなされている（八ノ一九二）。つまり、審詳の弟子である善戒が、写経所と審詳所の間で雑使の役割を担っていたことになる。奈良時代における僧侶の師弟関係の具体的

表4　正倉院文書において良弁と接点の確認される僧尼

	僧侶	回数	所属寺院
1	仙寂	7	東大寺
2	教輪	5	東大寺
3	玄愷	5	東大寺
4	智憬	5	東大寺
5	泰敏	4	東大寺
6	平摂	4	元興寺
7	仙隆	3	東大寺
8	慈訓	3	興福寺
9	教演	2	東大寺カ
10	弘明	2	（不詳）
11	玄澄	2	（不詳）
12	小尼公	2	（内裏・久尓宮）
13	道鏡	2	東大寺
14	安寛	1	東大寺
15	花頌	1	金光明寺
16	貴安	1	東大寺
17	鏡勝	1	東大寺カ
18	光道	1	（不詳）
19	実忠	1	東大寺
20	寂雲	1	東大寺
21	勝貴	1	東大寺
22	仁憬	1	（不詳）
23	泰明	1	東大寺
24	貞軫	1	東大寺カ
25	諦集	1	元興寺
26	牒寵	1	東大寺
27	珍宅	1	東大寺
28	平栄	1	東大寺
29	法貴	1	東大寺カ
30	瑯慧※	1	東大寺カ

※朗慧と同一人物か
表では単に大徳とみえる僧との事例は省いている。

な内実は不明な点が多いが、このような雑使的な役割にみられる人間関係は、師弟関係の一端を示すものであり、当時の寺内社会において一般的に存在したものであったと考えられる。

雑使としての僧に注目したとき、良弁の身辺にも同様の立場の僧がみられる。**表4**で良弁との接点が多い僧である仙寂、泰敏、仙隆はその典型的な例である。泰敏は天平勝宝元年～三年の期間にみえる東大寺僧で、良弁宣により、仙寂・教輪・智憬らへ経典を奉請する使として登場する。おそらく良弁に近侍した僧の一人であったと推測される。仙寂は従来の研究ではあまり言及されることのない僧であるが、天平二十年～天平勝宝六年の期間にみえ、現存の関連史料のすべてが良弁および「大徳」と近しい関わりがある。彼は良弁宣により多くの論疏類を借り出しており、良弁との接点の多さから良弁と親しく、また経典の受け取りについて多く「自受」と記されていることなどから、写経所によく出入りしていた僧であったと考えられる。彼が借り出している論疏類が多岐におよぶことや、天平勝宝六年の造寺司宛ての大脩多羅衆牒では少学頭僧として証本として用いるために論疏の借り出しを依頼していることなどから、相当の学識を持つ僧侶であったことがうかがえる（三ノ六四五、六四九）。彼の史料上の初見は良弁大徳宣により、『法花摂釈』四巻を香山寺に奉請する使としてみえるものであるが（九ノ三八二）、彼は早くから良弁宣による経典の奉請先としても登場している。仙寂への経典の奉請が単に良弁の使としてのものなのか、本人の利用のためかは判然としないところもあるが、後の経歴からおそらく後者であろうと推測する。以上より、仙寂・智憬・教輪・泰敏らが良弁を頂点とする集団を構成していたものと理解される。

仙寂については他にも興味深い点を指摘することができる。彼は初見時には良弁の使であったが、天平勝宝元年には良弁宣による経典の奉請を、使泰敏より受けとる立場となっている。すなわち、小間使いのような立場から徐々にその地位を上昇させていったことがうかがえる。このような事例は他にも確認される。すでに山下有美氏によって指摘されているが、良弁に近い存在であった教輪・智憬らにも泰敏と同様に雑使的僧であった時期が存在していた。智憬は史料の上では最も早く良弁との接点が確認される僧侶であるが、史料上初見の天平十四年に沙弥として良弁への経の奉請の使として現れる（七ノ四九四）。教輪についても天平二十年までは同様の状況が確認される（二四ノ一七六）。その後、両者とも仙寂と同様に後に経典の奉請先としてみえるようになり、智憬は天平十九年、教輪は天平勝宝元年頃から、使としてではなく「大徳宣」による経典類の奉請先として現れるようになる。さらに天平勝宝二年頃からは教輪・智憬へ経典類を奉請する使として、沙弥訓善が史料に登場し始める。

これらの事例からは、ある僧の雑使としてみられた僧が、その能力に応じて、あるいは師僧の引きによって地位を向上させていったものと理解される。すでに指摘されているように、天平勝宝三年頃には教輪・智憬は羂索堂にいることが確認されるが（九ノ六〇七）[12]、このことから寺内での地位の上昇とともに、坊や居所が独立していく状況が想定される。そして、寺内の僧侶の間には階層差を含む一定の人的まとまりが確認され、また地位の向上によって集団の構成が再編されていく様子をうかがうことができる。

第二節　良弁の弟子たちの検討

次に、従来良弁の弟子と考えられてきた安寛、そして当該時期の東大寺の寺務に深く関わっていた平栄を取り上げ、良弁との関係について考察してみたいと思う。良弁・安寛・平栄の関係については牧伸行氏の専論が存在し、次のように論じている。安寛は教学に優れた僧侶であり、他方平栄は安寛と対照的に寺家の運営に関して才能を発揮した僧であった。平栄は良弁の意向に従い、良弁が事務組織を離れた後の東大寺運営に当たった。さらに氏は、寺内での教学面の安寛、運営面の平栄という役割分担を指摘したうえで、二人は良弁のそれぞれの面を受け継いだ後継者であると位置づけている。[13]牧氏の提示する、東大寺内での僧侶間の職掌分担およびその継承という視点は、卓見である。しかし、筆者と意見を異にする点もあるため、以下考察を加えてみたい。

1　安寛

安寛は『三国仏法伝通縁起』によれば良弁の弟子とされ、先行研究においても同様に理解されてきた。律への造詣が深く、看病禅師として内道場に奉仕していたともされる。[14]正倉院文書の史料からは、律宗の大学頭への補任や（一二ノ一七八）、多くの疏類などを写経所に貸し出している状況、または天平末年には律類を私的に書写したことなどが確認され、[15]先行研究における教学面での評価は妥当であると考える。また、安寛にはそのような学僧としての姿や王権との関わりのほか、天平勝宝二年五月には三綱上座とみえ、平栄とともに奴婢の買得の文書に署名するなど（三ノ四六〇）、寺務への関与も確認される。以上から、安寛は卓越した学僧であり、また王権との関係も深く、さらに三綱にも選出される東大寺内で重きを得た僧であったと言えるだろう。

しかし、従来の良弁と安寛との関係の理解には疑問を感じざるを得ない。同時代史料である正倉院文書で確認される良弁と安寛の接点は、管見の限り一例のみで天平勝宝五年正月に一切経内の『不空羂索神呪心経』二巻が、良弁の宣によって安寛師所へ奉請された記述のみである（四ノ九一）。両者の師弟関係を示す早い史料は「東大寺別当次第」所引の「天応元年師資序」に「天応元年師資序云、良弁資安寛律師・標瓊律師・鏡忍律師」とみえるもので、『三国仏法伝通縁起』もこの記述を踏襲したものである。なお、安寛が一次史料で最後にみえるのは天平宝字六年（七六二）十二月十四日のことであり、おそらくほどなくして没したものと推定される。天応元年（七八一）の時点でも没後かなりの時間が経過していることになる。

安寛自体は史料に早い段階から登場している。その初見は天平十五年十二月であり、安寛のもとより『六巻抄』三巻分が、五月一切経の本経に用いられるために写経所へと貸し出されている（八ノ一八八）。ここで注意すべきことは、正倉院文書にみられる安寛の多様な活動は、前節の智憬ら僧侶たちの活動とは異なり、当初から良弁を介したものではなかったという点である。例えば、天平十八年四月には安寛師宣により、『摩訶僧祇律』が興福寺僧隆尊師所へと奉請されている（二四ノ一九六）。この事実はすでにこの段階で、安寛が自身の宣によって経典を写経所から借り出し、他所へと奉請することが可能であったことを示している。

また、安寛は天平十七年には『四分律羯磨』の私願経の書写も依頼しており、そこからも早い段階から写経所との間に独自のコネクションを有していたことがうかがえる（二四ノ二七五）。安寛の私願経の史料としては次のようなものも存在する。

【史料二】「僧安寛請紙及経師状」（続々修四〇ノ四裏、九ノ二一四）

　請㆓紙弐拾枚㆒
　経師一口　紙廿枚　「且九日充㆓疏黄紙廿張㆒　知志斐万呂」（異筆）
　　右、為㆓四分律欠処写続㆒、仍注㆓
　　状㆒請㆓処分㆒如㆑件、
　　　　天平十八年六月八日安寛
「令持黄紙、其手相似人令参　余馬甘所　真人」

この史料は安寛がこれ以前に書写を進めていた『四分律』について、未だ書写の完了していない部分を写すために、写経所に経師一人と料紙二十張を求めた際の書状である。状の奥には写経所の事務官である真人（田辺）が、筆跡の似ている人間に紙を持たせて参らせよと命じた旨が追記されている。追記部分にみえる「余馬甘」は、真人の差配した経師であったのだろう。そして、さらに真人の指示を受け、紙の支出を管理していた志斐万呂が常疏のための用紙の便用することについて「知」と書き込んでいる。【史料二】にみえる『四分律』は安寛が自分で料紙を負担していないため、前述の天平十七年の私願経とは別件のものであったと考えられる。この事例からも、安寛がこの頃すでに独自の裁量で写経所に様々な依頼や命令をすることができる立場であったという事実が知られる。

さらに、前述のように安寛は看病禅師として活躍していたことが先学により指摘されている。天平勝宝五年九月に、「為大御多末尓将誦、所請如前」として『如意陀羅尼経』を請うている史料は、そのような活動を示すものとされている（一三ノ四〇）。しかし、安寛の看病禅師としての活動はもっと早い時期に遡るのではないかと考える。第一章でも取り上げた「納櫃本経検定并出入帳」のなかには次のような条がある（二四ノ一七三〜一七四）。

【史料三】

陀羅尼集経第二巻　「廿一日納」

右、依二大僧頭宣一、奉二請安寛師一、

天平廿年二月十九日　知丸部嶋守

この条は天平二十年に大僧都宣（行達）により、『陀羅尼集経』第二巻を安寛師に奉請したことを記録している。

この僧綱による『陀羅尼集経』の奉請も天平勝宝五年の『如意陀羅尼経』と同様に、天皇のための読誦のために奉請されたのではないかと推測する。したがって、彼の看病禅師としての活動は、少なくとも天平末年には認められるものと考える。また、このときの彼への経典の奉請は僧綱を通じたものであり、良弁を通じたものではなかったことも留意される。

以上より、安寛は正倉院文書に登場する段階ではすでに、寺の内外において相応の地位を築いており、また良弁とは別個の独立した地位と裁量権を保持していたと考えられる。この点について、仮に安寛の年齢が智憬・教輪らと比べて相当に上であったとし、良弁と安寛はやはり師弟関係にあったが史料に現れるのは独立後の様相であるので接点が少ないのだという反論もあり得るだろう。しかし、少なくとも正倉院文書の範囲では、良弁との上下関係を明確に確認することはできず、それは第一節で言及した僧たちとは状況が異なるものであるということは強調しておきたい。

その点に関して興味深いのは、安寛が東大寺で突出した僧であったにも関わらず、前述のように「大徳」と称される史料が存在しないことである。このことは智憬や教輪が「大徳」とされることとは好対照である。以上のように、正倉院文書にみえる安寛の関連史料を検討した結果、良弁との師弟関係は確認されず、また良弁を中心とする集団にも帰属していたとは考えることはできない。

2 平栄

次に平栄について考えてみたいと思う。平栄は天平十五年〜神護景雲四年の間に確認できる東大寺僧であり、勝宝三年頃から寺主とみえ、三綱の一員になっている。同八歳には「佐官兼上座法師」(四ノ一八二、二〇六など)とみえる。ほかに、「知事僧」（三ノ六四三など）、「寺家野占寺使」（五ノ五四三）などともみえ、一貫して寺務に従事する姿がうかがえる。安寛と同様に東大寺に重きをなした僧の一人と考えられるが、同じく大徳と称される史料はない。

平栄については関連史料から、彼が実務能力に優れた僧であったことがうかがえる。しかし、一方で教学面でも見逃せない部分がある。天平十五年には、写経所が平栄師のもとより『花厳経疏』第二帙十巻（元の持ち主は審詳）を借り請けている（八ノ一八八）が、この点は山本幸男氏によって指摘されており、氏によれば平栄は天平十五年から同十六年の短期間ではあったが、華厳学との関わりがあった僧侶であり、華厳関係の章疏について平摂らと同様に強いこだわりを持ち、慈訓を中心に平摂、さらに沙弥標瓊らが関与する華厳経研究の集まりのメンバーだったとされている。(16) さらに、天平勝宝年間には多数の経疏、開元録が平栄のもとに奉請されており、これらが業務上のものなのか当人の研究に関わるものであったかは判然としないが、いずれにしても教学面においてまったく資質がなかったわけではなかったと考える。したがって、平栄にも学僧としての資質が認められ、寺務に才能を発揮することになったのは結果の話であると考える。

ともあれ、平栄も東大寺において重要な僧であったことが認められるが、良弁との接点は安寛と同様にほぼみられない。唯一の関わりを示す史料は、天平勝宝七年二月に佐官僧として牒を発し、良弁私願の華厳経に軸をつけることを命じたものであるが（一三ノ一五）、これは事務方として写経事業の遂行を指示したものであり、良弁との特別な関係を示すものとは言えない。

以上に鑑みるに、正倉院文書では従来の研究で良弁の弟子とされてきた安寛も平栄も、ことさらに良弁との深い関係を確認することができなかった。前述の通り、牧氏は安寛と平栄は良弁の教学と寺院経営という二つの側面をそれぞれ受け継いだとするが、正倉院文書からは安寛と良弁には明確な接点が見出せず、また平栄に学僧としての資質がなかったとも言えない。そして三綱の一員となる安寛にも寺務に関わる資質がなかったともまた言えないだろう。さらに、教学面では言えば、明らかに安寛よりも智憬・教輪のほうが良弁に近しい存在であり、特に智憬については東大寺内での教学面をリードしていたことが先学によって指摘されている。つまり、牧氏の考えは「教学と寺務にすぐれた良弁が存在した」という前提をもとに、それを同時代の史料上に顕著な二人の僧侶に単に振り分けたに過ぎない。

さらに東大寺僧と良弁の関係という点で指摘するのであれば、三綱のメンバーとの関係も興味深い状況がみられる。良弁には安寛・平栄のみならず、後に三綱のメンバーとなり寺務を主導することになる僧侶たちとも、接点がほとんどみられないのである。[17] 例外として、珍宅・寂雲・玄愷がいる。このうち、珍宅については、大脩多羅衆が倶舎宗の講覆師のため論疏を請求した際の使となっており、良弁は造東大寺司の官人とともに出納許可の署名を加えている（三ノ六四九）。したがって、これは良弁との特別な関係を示す史料ではない。寂雲は天平二十年に良弁大徳宣によって弘明師のもとに経典を奉請する使となっているが、これも一例のみでこれだけでは特に密接な関係とは言えない。

そんななかで、唯一の例外は玄愷である。彼の略歴を示せば、以下の通りである。史料上の初見は天平勝宝三年八月で、次官佐伯宿祢の宣により、法性宗所の承教のもとへ経典を奉請する使としてみえる（三ノ五五三）。法性宗の僧侶であり、[18] 神護景雲四年五月に寺主とみえ三綱の末席に連なったことが分かる（四ノ一九七）。

良弁との接点がうかがえるのは五つの史料である。まず、天平勝宝四年八月に、少僧都良弁の宣によって、経論を法性宗所に奉請する使となっており（一〇ノ三一七）、同年十二月末にも同様の史料がみえる（四ノ九〇）。また、天平宝字八年に良弁の判許によって経録を貸し出されたことが分かる（一六ノ五五七、一六ノ四六二）。さらに、神護景雲四年五月、東大寺から造寺司に屏風を様（見本）として貸し出す際、他の三綱のメンバーとともに寺主として署名を加えており、そこに良弁の署名も加えられている（四ノ一九七）。

　これらの史料について最後の屏風の出納に際した署名については、寺全体で署名しているなかに三綱として現れているものであり、良弁との密接な関係を示すものではない。また法性宗関連の史料も、玄愷は法性宗の使僧としてみえているのであり、良弁と特別の関係があったと考える必要はないのではないかと考える。では天平宝字八年の史料はどうであろうか検討してみよう。

【史料四】「造東大寺司請経文案」（続々修一七ノ四、一六ノ四六一～四六二）

造東寺司
　開皇三宝実録十五巻之中欠第五巻　見十四巻
　右卅一巻、見令奉請、
検諸罪福経　百宝三昧経　仏宝三昧経
惟日三昧経　无言三昧経　月電三昧経
阿和三昧経　三宝録卅巻
　右八部経、無其名目録、
以前、①依㆓今月廿六日宣㆒、見奉請録幷無㆓於目録㆒経如㆑件、②然集
神州三宝感通録三巻者、依㆓大僧都判許㆒、今請㆓玄愷師㆒、今間

其師無レ有二寺家一、不レ得レ乞出来一、即今追令二奉請一、令レ具レ状如レ前、

天平宝字八年八月廿九日判官弥努連

領上馬養

この史料は造東大寺司より御執経所に『開皇三宝実録』を奉請した際の送り状である。また状によれば経録に名前のみられない経典について調査し、申送りをしている（①部）。本稿で問題になるのは続く②の部分である。そこでは、これより先に御執経所は『然集神州三宝感通録』も請求していたのだが、当該経録が良弁の判許によって玄愷に貸し出されており、写経所にないことを報告している。また、別の史料より、同時期に『開元釈経録』同様に良弁の判許によって玄愷に貸し出されていたことも分かる（一六ノ五五六〜五五七）。

以上の事実から、玄愷と良弁との間に、先の智憬や教輪のような関係性が見出せるであろうか。これだけでは判然としない部分があるが、他の史料との整合性を考えるに、やはり玄愷は良弁とは法性宗の関わりのなかで現れているのであり、良弁と特別の関係があったと考える必要はないのではないかと考える。第三章で述べるように、良弁は経典を管理するツカサとして現れているものと理解する。したがって、玄愷についても安寛や平栄と同様に特別の接点があったわけではないことになる。つまり、良弁と後に三綱のメンバーになるような僧侶の間には特別な接点を見出せないことになる。

以上、良弁と東大寺僧の関係について本章で述べたことをまとめる。

・東大寺僧内には階層性が認められ、階層差を含む僧侶同士が一定のまとまりを形成していたと考えられる。僧

侶の地位の上昇に伴い、グループが再生産される状況が想定できる。

・安寛・平栄は従来考えられているのとは異なり、良弁の弟子であるという史料的確証はない。また、良弁と安寛との関係に現れるように、寺内での上位僧にはそれぞれ独立した裁量権が認められており、また、独自に外部との関係性を有していたものと考えられる。

・良弁と接点の多い仙寂・教輪・智憬らはいずれも学僧としての性格が強い。逆に、三綱など寺務と関わりの深い僧侶との接点は薄い。

本章の考察の結果、指摘したいことは、東大寺内では一定の人的まとまりが存在し、そしてそれは寺内での職掌の分担とも重なっていたのではないかということである。本稿で明らかにした範囲で言えば、「大徳」と称され教学を主とする良弁・智憬たちのようなグループと、三綱に連なるような、どちらかというと事務的な性格の強い平栄のような僧侶たちのグループの存在が想定される。ここで想起されるのは、本郷真紹氏による僧綱の研究である。本郷氏は僧綱の人事の変遷を論じるなかで、道鏡失脚以前の僧綱の人員には、（一）綱務を直接執行した、行政官としての性格が強い僧綱、（二）仏教行政に関する顧問としての性格が強い僧綱、の二区分があると論じた(19)。本稿の考察の結果に照らし合わせれば、このような人員の区分は寺内にも存在し、いわば職掌の分担という状況がみられたのではないかと考える。そして、正倉院文書で確認される限りでは、良弁のグループは（二）の性格の強い僧侶の集団であり、三綱に連なる僧侶たちとは区別されていたのではないかと考えられる。

第三章　正倉院文書にみえる良弁の活動

最後に、正倉院文書にみえる良弁の活動について検討してみたい。第一章で述べた通り、正倉院文書にみえる良弁の活動は経典の出納に関わるものが圧倒的に多い。良弁は写経所および造東大寺司と密接な関わりを持つ僧侶であったと言えるだろう。他方で、良弁がそのほかの寺務に関わったことを明示する史料は乏しい。それでは東大寺内における良弁の地位・立場はどのようなものであったのか。以下具体的活動により考察してみたい。

第一節　良弁と寺院組織

まず、良弁の活動および東大寺における役割を俯瞰するために、良弁がどのような寺院組織に属していたのか史料で確認してみたい。

【史料五】（「寺堂司牒」、正集七①（1）、三ノ一二九）

寺堂司謹牒　奉請書事
温室経一巻　最勝王経疏一部恵沼師者
因明論疏□□（破損）
右、為本写所請如レ前、望乞審二
察此旨一□□処分、以レ状謹牒、

天平廿年十月廿八日　僧「教輪」
僧「良弁」　僧「智憬」
「□自余不請」

本文書は東大寺内の寺堂司という組織が、本経とするために写経所に経巻を請求した文書である。山下有美氏によれば、文書に署名している良弁・教輪・智憬の三名は、寺堂司の構成員であり、堂官とともに羂索堂のツカサであり、写経や経典の所蔵管理に従事していた。このようなツカサは他寺にもみられる一般的なものであったという[20]。このことは、第一章で述べた正倉院文書にみえる良弁関連史料の傾向とも矛盾するものではない。したがって、天平年間においては、良弁は主として写経や経典の管理に関わる活動に従事していたものと考える。

ところで、『東大寺要録』では、良弁は天平勝宝四年三月十四日に東大寺別当になったと記されている[21]。この頃の活動の一端を示すものとして次のような史料がある（「奉請文」、正集七①(2)、三ノ五二六）。

【史料六】

寺牒　造寺司政所
奉㆓請成実論幷章疏㆒事
論弐拾肆巻　章弐拾参巻　疏拾陸巻鏡法師
右、依㆔応㆑講㆓件書㆒、付㆓僧寵牒㆒奉
請如㆑前、今以㆑状牒、

天平勝宝三年九月十八日維那僧「賢融」
大学頭法師「光暁」
少学頭僧「憬寵」
都維那
寺主向庄
「少僧都　良弁」
「依レ旨行レ之」
「次官佐伯宿祢今毛人　判官上毛野真人」（異筆）

この史料は東大寺から造寺司政所に送られた牒で、講読のための論疏を請求したもので、それに対して良弁・佐伯今毛人・上毛野真人が自署を加え、論疏の出納を許可している。良弁の他の二名は造東大寺司の責任者である。このことから良弁がこの時期、造東大寺司の業務と関わりを持つようになったことが知られる。遡って同年七月には、同じ「奉請文」のなかに少僧都宣により、『弥勒経』一部三巻が「即奉二請御室一」されている史料がある。この史料なども、この頃には良弁が造東大寺司と近い関係にあったことをうかがわせる。しかし、他方、この時期の活動は従来の教学面に関わる範囲を出るものではなく、具体的に造寺を指示した史料は見当たらない。

天平宝字六年（七六二）から史料で上院の存在が確認されるようになり、石山寺造営を差配する良弁が確認されるようになる。石山寺造営における良弁の活動については福山敏男氏の研究に詳しいが[22]、関連史料の一例を示せば次のようなものがある。

【史料七】「上院務所牒」（続別七⑬、五ノ一三二〜一三三）

上院務所牒　石山院務所

祖布弐拾段　木工浄衣料者　本古弐束

右件物、附二舎人秦足人一送如レ前、以牒、

一　可二速造一物事　菩薩堂僧坊等

右被二大僧都宣一称、不レ入レ座前、火急可二造作

畢一者、依二宣旨一牒、

天平宝字六年三月二日僧実忠

史料の上院務所牒は実忠によって発せられたもので、二つ目の条によれば、「座に入らざる前」（良弁が石山に訪れる前の意味か）に菩薩堂・僧坊などの造営を速やかに進めることを良弁が命じていたことが分かる。このように、この頃になると良弁が造寺事業について具体的に指示を出すようになり、上院において石山寺造営事業に対して指導的地位にあったことが確認される。しかし、このような具体的な造寺事業への関与は、天平勝宝八歳まではみられないものである。

第二節　良弁と写経事業

良弁の写経事業に関する関与は、史料で良弁が確認できる期間中、一貫してみられる活動である。良弁が何らかの形で関与した写経事業は二十七例を数える（**表5**）。このうち、いくつかの特徴的な事業について考察してみたい。

表5　良弁が関わった写経事業

		年時	書写経典	宣	史料および該当箇所	概要
1	間	天平十六	理趣経十六巻	良弁大徳宣・令旨	間写書料紙収納帳　八ノ三五八 間紙充帳（天平十五年五月）　八ノ三九五～四一六 間校帳　八ノ二〇〇 間本充帳　八ノ三六五～三六六 写疏所解（案）　二ノ三五五～三五七	・天平十六年三月一日に料紙が納入され、九日までには完了。 ・岡寺での読経のための写経事業であり、書写した経典も同寺に奉請。
2	私	天平十八	仁王経一部		写経所解（案）　九ノ一三八～一三九	・天平十八年三月十六日付の「写経所解」（三番写経の史料）の奥に「右為良弁大徳私奉写経料物如前（従寺来）」と注記される。
3	間	天平十八～十九	法花経二部十六巻（薗田No.80）	市原王宣	間紙納帳　九ノ六五 写疏所解（案）　九ノ一三七～一三八 間紙検定幷便用帳　九ノ三七二	・天平十八年二月から料紙納入のことがみえる。天平十九年五月までには完了。おそらく十八年の春には完了しているか。 ・料紙は宮一切経の紙（疏所）を使用。布施料は寺が負担している。 ・「為良弁大徳奉写」、「良弁大徳所願之経也」と記される。 ・布施申請解案料の奥に良弁私経（二番写経）の仁王経一部の布施に関する注記あり。「為良弁大徳奉写用宮一切経内紙、但布施自寺来」。 ・『東大寺要録』巻一本願章第一の三月十六日条に関連記事がみえる（本文参照）。
4	間	天平十九	理趣経七巻（薗田No.92）	良弁大徳宣	間紙納帳　九ノ六八 間校帳　八ノ二一〇 間紙検定幷便用帳　九ノ三七四 能登忍人解　二ノ六七八	・天平十九年四月に料紙が納入され、五月末までには完了。 ・料紙が宮から充てられた「為奉　天皇」のための写経事業。
5	間	天平十九～	六十華厳経二十一部一	良弁師宣	観世音経華厳経幷千部法華経校帳　九ノ四六六～四七一	・天平十九年八月二十五日の宣により開始。 ・「間紙検定幷便用帳」（九ノ三七五～三七

			二六〇巻（薗田No.98）		六十華厳経校帳　九ノ四七八〜四八五 六十華厳幷観世音経間写手実帳（他田水主写経手実）　九ノ五八五 廿部花厳経充装潢幷複校帳　九ノ六一七〜六一八ℓ2、一〇ノ一一一〜一一四 間紙納帳　九ノ四五〇〜四五一、一二ノ二二二〜二二三、三ノ四八四〜四八五 廿部六十華厳経充本帳　二四ノ四二五〜四四二 廿部六十華厳経充本帳　六ノ六二七〜六二八、六ノ六二五〜六二七 廿部六十華厳経料紙充装潢帳　九ノ四七三〜四七四ℓ3 廿部六十華厳経料紙充装潢帳・廿部六十華厳経充紙帳　三ノ一六三〜一六八ℓ4、二五ノ二五九〜二六〇、三ノ一六八ℓ5〜ℓ12、九ノ六四二、二四ノ二二〇、三ノ一六八ℓ3〜一七〇ℓ7、二四ノ二二一、三ノ一七〇ℓ8〜一七三、二四ノ四七一・三ノ一七四〜一七五 廿部六十華厳経料上紙注文　九ノ四七五〜四七六 廿部六十華厳経本受度注文　二四ノ四四八〜四四九 後写一切経装潢所染充帳　一〇ノ二七四〜二七五 廿一部華厳経装潢等手実　二四ノ四五四〜四五六、一〇ノ二〇九ℓ8〜二一三、三ノ七五〜七六、一〇ノ二一四 写書所解案　二五ノ四三〜四四 後廿部六十花厳経充紙筆墨帳　一二ノ二二六〜二三一 後廿部六十花厳経装潢等帳　一二ノ二二三〜二二六ℓ5、一二ノ三五四、一二ノ三五五、一二ノ三七六〜三七七 経師伊蘇志内麻呂手実　一二ノ二六七 後廿部六十花厳経可奉写充本帳　一二ノ二三一〜二三六 後廿部六十花厳経校帳　一二ノ二三六〜二三八 東大寺写経所解（案）　九ノ六三二〜六三五、二ノ七二一〜七二四、二ノ七二六〜七二八、九ノ六三五〜六三六 東大寺写一切経所解（案）　一〇ノ四五六〜四五八、二四ノ五二三〜五二四	六）、「写経疏間紙充装潢帳」（九ノ五一六）も関係史料の可能性が高い。 ・この社虚事業については、渡辺晃宏「廿部六十花厳経書写と大仏開眼会」（皆川完一編『古代中世史料学研究』上巻、吉川弘文館、一九九八年）で詳しく論じられている。

					六十華厳経廿一部幷観世音経千巻手実　九ノ五三六～五八四 廿一部華厳経経師手実　一〇ノ一九九～二〇五ℓ8、一〇ノ二三八～二三九ℓ10、一〇ノ二〇七ℓ8～二〇八ℓ5、一〇ノ二〇五ℓ9～二〇六ℓ5、一〇ノ二四〇ℓ1～二四五ℓ8、三ノ六三～六四、一〇ノ二四五ℓ9～二五九 余馬養手実　一〇ノ二〇八ℓ6～二〇九ℓ1 先装潢所請紙文　一〇ノ二〇九ℓ2～ℓ5 間写経師等手実　一〇ノ一六二ℓ8～一六八ℓ10	
6	間	天平二十	理趣経一巻（薗田No.109）	良弁大徳宣	間紙納帳　一〇ノ二六九 経師布施申請帳案　一〇ノ五九二ℓ8～五九七ℓ1 造東寺司解（案）　三ノ四七一～四七五 造東寺司解（案）　三ノ四七八～四八三 経師布施申請帳案　一〇ノ五八八～五九二ℓ7 経師布施申請帳案　一〇ノ六〇二～六〇四ℓ2 経師布施申請帳案　一〇ノ六〇九ℓ3～六一二 造東大寺司解（案）　一〇ノ六一一～六一四 間紙検定幷便用帳　九ノ三七九	・天平二十年十月五日の良弁大徳宣により開始。年内には完了か。 ・表紙には先一切経料の黄紙を使用。
7	間	天平二十	十一面経十一巻（薗田No.111）	良弁師宣	経師布施申請帳案　一〇ノ五九二ℓ8～五九七ℓ1 写一切経紙検定帳　九ノ三七九 間紙納帳　一〇ノ二七〇 造東寺司解（案）　三ノ四七一～四七五 経師布施申請帳案　一〇ノ六〇四ℓ3～六〇九ℓ2 造東寺司解　三ノ四七八～四八三 造東寺司解案　一一ノ四七七～四八二 経師布施申請帳案　一〇ノ五九七ℓ2～六〇一 経師布施申請帳案　一〇ノ六〇二～六〇四ℓ2 経師布施申請帳案　一〇ノ六〇九ℓ3～六一二 経師布施申請帳案　一〇ノ五八八～五九二ℓ7 経師布施申請帳案　一〇ノ六一二～六一四	・天平二十年十一月二十九日の良弁宣により開始。年内には完了か。
8	間	天平二十	右遶仏塔功徳経二巻・浴像功徳経	良弁師・良弁大徳宣	間紙納帳　一〇ノ二七〇 経師布施申請帳案　一〇ノ五九二ℓ8～五九七ℓ1 間紙検定幷便用帳　九ノ三七九	・天平二十年十一月三十日の良弁大徳宣によって開始。 ・天平感宝元年五月一日に本経の一部を返

			二巻・温室経二巻・盂蘭盆経二巻（薗田No.112）		造東寺司解（案）　造東寺司解　三ノ四七一～四七五 経師布施申請帳案　一〇ノ六〇四ℓ3～六〇九ℓ2 経師布施申請帳案　一〇ノ五九七ℓ2～六〇一 造東寺司解案　一一ノ四七七～四八二 経師布施申請帳案　一〇ノ五八八～五九二ℓ7 造東寺司解（案）　造東寺司解　三ノ四七八～四八三 経師布施申請帳案　一〇ノ六〇二～六〇四ℓ2 経師布施申請帳案　一〇／六〇九ℓ3～六一二 造東大寺司解（案）　一〇ノ六一一～六一四 経本出納帳（僧良弁宣及国君麻呂宣経本奉請注文）　一〇ノ六二七	還か。 ・料紙は先一切経料を使用。
9	間	天平勝宝元	法華経一部八巻（薗田No.115）	良弁師宣	経師布施申請帳案　一〇ノ五九二ℓ8～五九七ℓ1 間紙充帳（天平十七年五月二十五日）　一〇ノ五五五 間紙検定并便用帳　九ノ三八〇 経疏間校帳　一一ノ一六～一七 造東寺司解（案）　三ノ四七一～四七五 造東寺司解案　一一ノ四七七～四八二 経師布施申請帳案　一〇ノ五九七ℓ2～六〇一、一〇ノ六〇四ℓ3～六〇九ℓ2 経師布施申請帳案　一〇ノ六〇二～六〇四ℓ2 経師布施申請帳案　一〇ノ六〇九ℓ3～六一二 造東寺司解　三ノ四七八～四八三	・天平二十一年三月二十日の良弁宣によって開始され、同月中に書写が終了。 ・料紙は宮一切経の残紙を使用。
10	間	天平勝宝元	摩訶摩耶経一巻・浄飯王経一巻（薗田No.116）	良弁大徳宣	経本出納帳（僧良弁宣及国君麻呂宣経本奉請注文）　一〇ノ六二七 間紙検定并便用帳　九ノ三七八 間紙充帳　一〇ノ五五五 経疏間校帳　一一ノ一七	・天平勝宝元年（天平感宝元年）五月頃には完了。 ・料紙は寺政所から支給され、表紙は五月一日経の残紙を使用。 ・用いられた本経は『摩訶摩耶経』が「後一切経内」、『浄飯王経』が「宮一切経内」。
11	間	天平勝宝元	大恵度経疏六巻（薗田No.121）		造東寺司解案　一一ノ四三九～四四七 経疏間校帳　一一ノ一八 造東寺司解（断簡）　一二ノ四四八～四四九 東大寺写一切経所解（案）　三ノ三一二～三一八	・天平勝宝元年七月二十八日の良弁宣によって開始。 ・天平勝宝元年八月十三日に校の報告がされており、八月中には終了。

					東大寺写一切経所解案　一一ノ七〇～七一	
12	間	天平勝宝元	大品経疏（吉蔵）一部十巻（薗田No.122）	大徳宣	請処々疏本帳　一一ノ四一～四二 装潢受紙墨軸等帳　一一ノ一五七 造東寺司解案　一一ノ四三九～四四七 写疏注文　二四ノ六〇三 造東寺司解（断簡）　一一ノ四四八～四四九 写書所経幷疏惣帳　一一ノ三四六 写書所解案　一一ノ三七四～三七六 疏本充経師校生帳　一一ノ九〇	・勝宝元年八月十九日の大徳宣により開始され、二年七月中に終了したか。 ・料紙は大徳所から納入された白紙か。 ・天平勝宝二年七月二十一日の時点で、未だ写経所にある。
13	間	天平勝宝元	涅槃経義記（法宝）一部十五巻（薗田No.123）	大徳宣	請処々疏本帳　一一ノ四一～四二 写書所経幷疏惣帳　一一ノ三四七 造東寺司解案　一一ノ四三九～四四七 写疏注文　二四ノ六〇三 造東寺司解（断簡）　一一ノ四四八～四四九 写書所解（案）　三ノ四二三～四二五 写書所解案　一一ノ三七六～三七九 疏本充経師校生帳　一一ノ九一～九二	・勝宝元年九月九日の大徳宣により開始され、二年七月中に終了したか。
14	間	天平勝宝元	華厳経疏（恵苑）一部二十四巻（薗田No.124）	大徳宣？	請処々疏本帳　一一ノ四一～四二 写書所解（案）　三ノ四一九～四二二 写書所解案　一一ノ三八〇 疏本充経師校生帳　一一ノ九二～九三 造東寺司解案　一一ノ四三九～四四七 写疏注文　二四ノ六〇三 造東寺司解（断簡）　一一ノ四四八～四四九 写書所経幷疏惣帳　一一ノ三四六	・勝宝元年九月十二日宣により開始され、二年七月中に終了したか。 ・完成後法華寺へ奉請か。 ※12～14番写経（薗田No.122・123・124）は一連の写経事業の可能性もある。
15	間	天平勝宝三	六字呪王経五十巻（薗田No.141）	良弁大徳宣・良弁師宣	間写経本納返帳　九ノ六〇四 装潢受紙墨軸等帳　一一ノ一六一 造東大寺司啓案　一一ノ五四八 装潢春日虫麻呂手実　一二ノ一七四 写経所（？）充紙帳（断簡）　一二ノ五四九	・本経は勝宝三年四月四日に、大徳宣により法華寺より奉請されている。 ・四月六日に料紙納入のことがみえ、二十一日頃には事業完了か。 ・料紙は二十年料心経を使用。
16	？	天平勝宝	摩利支天経	良弁大徳宣	一切経散帳　一一ノ二二五	・写経である傍証なし。

		三？	一巻		一切経散帳案　一一ノ三五七 本経疏奉請帳　一一ノ一三 経本出納帳（納経及佐保殿等経本奉請注文）　一〇ノ六二九～六三〇	・五月一日経の一部であり、勝宝二年四月十六日に佐保宅へと奉請されている。
17	？	天平勝宝三？	陀羅尼集経一部十二巻	良弁大徳宣	経本出納帳（納経及佐保殿等経本奉請注文）　一〇ノ六三〇	・写経である傍証なし。 ・「奉請於書堂」とあり。
18	？	天平勝宝三？	称揚諸仏功徳経一部（三巻）	良弁大徳宣	経本出納帳（納経及佐保殿等経本奉請注文）　一〇ノ六三〇	・写経である傍証なし。 ・「返送了」とあり。
19	私	天平勝宝三	法花経一部・无量義経一巻		装潢受紙墨軸等帳　一一ノ一六〇 写経奉請注文　一一ノ四九九～五〇〇	・「大徳私」と注記される。 ・勝宝三年二月十九日～三月九日の間に書写完了か。 ・寺政所から充てられた紫紙を料紙とし、同じく寺政所から充てられた銀墨を使用。 ・勝宝三年三月十三日に、百部法華経（薗田No.128）の一部と、无量義経（薗田No.135）とともに奉請される。
20	私	天平勝宝三	梵網経三巻・勝鬘経三巻		装潢受紙墨軸等帳　一一ノ一六二	・勝宝三年五月九日～十三日の間に書写完了か。 ・料紙には寺政所から充てられた色紙、表紙には紫紙を使用。 ・「少僧頭私経者」と注記される。
21	間	天平勝宝四	仏頂尊勝陀羅尼経二巻（薗田No.144）	少僧都宣	装潢受紙墨軸等帳　一一ノ一六六 写書所食口案（勝宝四年正月食口）　三ノ五六〇～五六一	・料紙は内裏から支給された縹紙と黄紙。 ・勝宝四年正月一日にはほぼ完成し、三日に黒葛筥に納められて内裏に奉請される。
22	間	天平勝宝四～	法華経四品（薬王・普門・安楽行・寿量品）一巻・三十二相一	小僧都良弁宣	経紙出納帳　三ノ五九五 経紙幷軸緒納帳　一二ノ三三四 写経料紙用残帳　一三ノ二三、一三ノ二四、一三ノ二四～二五、一三ノ二七 装潢紙納充帳　一二ノ一六六、一二ノ一六八、一二ノ一七二	・勝宝四年八月～九月頃に写経が開始。六年七月時点でも書写は継続されている。 ・料紙は内裏から充てられた金敷色紙であったが、後に不足分を補うため、様々な写経事業の色紙の残部が充てられる。 ・安楽行品と如来寿量品、薬王品と普門品

			巻 （薗田No.153）		写経疏間紙充装潢帳　九ノ五一九、九ノ五二一、九ノ五二四、九ノ五二六 敷金銀塵雑色紙用残注文　一三ノ三〇～三三 応写法華経品目録　一二ノ二〇七 外嶋院来牒継文　四ノ四四 写書所食口案（勝宝五年二月食口）　一二ノ三九七～三九九 『正倉院文書拾遺』14番文書　未収	がそれぞれ複巻とされる。
23	私	天平勝宝六～七	華厳経二部？（一〇八巻？）		経紙出納帳　三ノ六〇五 写経疏間紙充装潢帳　九ノ五二七 造東寺司紙筆墨軸等充帳　一三ノ一五	・勝宝六年四月十四日に、一九〇〇張が少僧都所に納入されている。 ・勝宝七年二月十日に造東大寺司が写経所案主に軸に絵を描いて着けるように指示をしており、それからほどなくして完成したか。
24	間	天平宝字二	金剛般若経一〇〇〇巻 （薗田No.189）	少僧都宣	経師筆墨直充帳　一三ノ二三八～二四〇 造東大寺司牒案幷写千巻経所解案　一三ノ二四一 写千巻経所銭幷衣紙等下充帳　一三ノ二五七～二六六、一三ノ三七一～三七三 造東大寺司牒案幷写千巻経所解案　一三ノ二四二 造東大寺司移案　一三ノ三三四 造東大寺司移案　一三ノ三三四～三三五 東大寺写経所写経幷衾等奉請帳　一三ノ三八一～三八五 金剛般若経書生等文上帳　一三ノ四六三～四六九 東大寺写経所食口帳（天平宝字二年七月食口）　一〇ノ三四〇～三四六 東市庄解　四ノ二八六 東寺写経所解幷牒案　一三ノ四八一 中島写経所牒　一三ノ四八四 造東大寺司写経所公文案帳　四ノ二八九～二九〇 東寺写経所解（案）　四ノ三〇一～三〇二 造東寺司解案　一四ノ二八～二九 造東寺司解案　一四ノ二九～四五	・天平宝字二年六月十九日に開始され、同年十一月末には事業が終了。 ・この写経事業については、山本幸男『写経所文書の基礎的研究』（吉川弘文館、二〇〇二年）に詳しい。

	25	
	間	
	天平宝字二	
	千手千眼経一〇〇〇巻・新羂索経十部二八〇巻・薬師経一二〇巻 （薗田No.190）	
	少僧都宣	
	興福寺三綱牒　一三ノ四八二〜四八四 紫微内相宣　四ノ二七四 千手千眼并新羂索薬師経経師等筆墨直充帳　一三ノ三五七〜三六一 千手千眼并新羂索薬師経用度帳　一三ノ三六二〜三六三 造東大寺司解案　一三ノ三七三〜三八〇 造東大寺司解案　一三ノ三八〇〜三八一 千手千眼并新羂索薬師経料筆墨直銭下充帳　一三ノ三六四〜三七一、一三ノ二六七〜二八三 写経所自市買来雑物等納帳　一三ノ三八五〜三八六 千手千眼并新羂索薬師経等充本帳　一三ノ四一五〜四一八 東大寺写経所写経并衾等奉請帳　一三ノ三八二〜三八四 造東大寺司写経所公文案帳　一三ノ四七六、一三ノ四七七、一三ノ四八五ℓ7〜ℓ12 東寺写経所解并牒案　一三ノ四八〇〜四八一 山階寺（興福寺）三綱牒　一三ノ四八二 東寺写経所経師召文　一三ノ四八七〜四八八 東寺写経所召文（案）　一三ノ四九〇〜四九一 写千巻経所食物用帳　二五ノ二三二〜二三三、一三ノ四七三〜四七五、一三ノ四七〇〜四七三、一四ノ一一三 香山薬師寺三綱牒　四ノ三一三〜三一四 東寺写経所解（案）　四ノ三〇一〜三一一 造東寺司解案　一四ノ一九〜四五	山階寺三綱牒　四ノ三一二〜三一三 堂官検受文　四ノ三四三 東寺写経所解案　一四ノ二四七〜二四八 造東寺司写経目録案　一四ノ二五七〜二五八 大隅君足雑紙検納文　一四ノ二六〇〜二六一 東寺写経所解案　一四ノ二四八〜二五二 綺下充帳　一四ノ二六
	・天平宝字二年七月四日に宮より料紙が納入され、五日より写経が始まる。同年十一月末には事業が終了。 ・この写経事業については、山本幸男『写経所文書の基礎的研究』（吉川弘文館、二〇〇二年）に詳しい。	

	26
	間
	天平宝字六
	二部般若経 一二〇〇巻 （薗田No.203）
	少僧都宣
奉写経所布施奉請文　一四ノ六〇 奉写経所庸綿等沽却銭用注文　一四ノ六二～六三 東寺写経所解　四ノ三二〇～三二一 僧綱牒　一四ノ一七八～一七九 東寺写経所牒　四ノ三二五 奉写先経料銭散注文　一四ノ二四一～二四二 大般若経并先後経料銭用帳　一四ノ二三七 東寺写経所解案　一四ノ二四七～二四八 造東寺司写経目録案　一四ノ二五七～二五八 大隅君足雑紙検納文　一四ノ二六〇～二六一 島院勘経所牒　一四ノ二六五 東寺写経所解案　一四ノ二四八～二五二 東大寺写経所解　一三ノ三六三 千手千眼并新羂索薬師経書上帳　一三ノ三八七～四一 四 綺下充帳　一四ノ二六 造東寺司解案　一四ノ二八～二九 奉写経所経師校生布施注文　一四ノ六一 経所雑物見注文　一四ノ一九九～二〇〇	米売価銭用帳　第二枇　五ノ二六六～二七〇 奉写二部大般若経用度解（案）　一六ノ五九～六八 造東寺司佐官安都雄足状　一六ノ六八～六九 安都雄足解　一六ノ六九～七〇 奉写二部大般若経料収納帳　五ノ三〇六～三〇八 奉写二部大般若経銭用帳　一六ノ九一～一〇四 奉写二部大般若経雑物納帳　五ノ三〇〇～三〇六、一 六ノ一二一ℓ2～一二九 奉写二部大般若経解移牒案　一六ノ一〇七 奉写仁王経疏経師等解文　一六ノ四二九～四三一 奉写二部大般若経装潢紙充帳　一六ノ一三七～一三八 奉写二部大般若経料（？）雑　一六ノ一二九ℓ7～一三 〇 奉写二部大般若経等本充帳　一六ノ一六四～一七〇 東大寺奉写大般若経所解（案）　一六ノ三七六～三八
	・天平宝字六年十二月十六日用度案が作成 され、同七年四月末には事業が終了か。

27	間	天平宝字七	法華経二部（薗田No.205）	大僧都宣	二 写経銭用注文　一六ノ一〇四～一〇五 奉写経所解（案）　五ノ三八八～三九五 奉写二部大般若経装潢紙充帳　一六ノ一三九 奉写梵網経并四分律充本帳　一六ノ三六二 奉写二部法花経料雑物納帳　一六ノ三三六～三三九 卌巻経充本帳　五ノ四五一	・「内裏の宣により、写し奉る」とも史料に現れる。綺は内裏より納入されている。 ・宝字七年七月十八日に、大僧都宣により佐官御所に奉請。

まず、**表52**『仁王経』一部、3法華経二部十六巻（薗田No.80[23]）の書写に注目する。天平十八年三月十六日付の「写経所解」（続々修四一ノ四、九ノ一三七～一三九）は3の布施申請解案であるが、この写経事業は「良弁大徳所レ願之経也」と記されている。また、布施申請解案の奥には、2の同年三月十八日の『仁王経』の布施についても追記されており、その写経については「為二良弁大徳一奉レ写」と記され、「行弁私」と注記されている。「行弁」は良弁の誤記であろう。これらの記述から二つの写経事業が良弁の発願であったことが確認される。

この二つの写経事業は良弁の発願であることが明記されているが、その性格は完全に良弁の私的なものであったとは言えない。なぜなら、通常の私願経の料物が発願者自身の負担であったと考えられるのに対して、件の写経事業の布施は寺から支給され、また法華経の料紙には堂一切経の紙が借用されている（註(15)論文）。したがって、これら写経事業が半ば公的な性格を帯びたものであったことが確認できる。

さらに、この二つの写経事業については別の史料でも関連史料が確認される。まず、2の『仁王経』については、仁王会司が設置されており（二四ノ三一八）、『続紀』の天平十八年三月十五日条に『仁王経』の講説のことが記されている。時期的にみて、良弁の写経事業との関連が想定される。なお、この十五日の『仁王経』の講説は、『続紀』によれば「為レ令二皇基永固、宝胤長承、天下安寧、黎元利益一」と、国家のためのものであることが明言されており、また大赦を伴う大規模なものであった。

また、3『法華経』については、『東大寺要録』巻一本願章第一の三月十六日条に、「良弁僧正、於二羂索院一奉二為大雄大聖天皇、孝謙皇帝、仁聖皇后一、奏二聞公家一、諸寺聴衆相共集会、始行二法花会一」とみえ、また巻四諸会章に所収の「法花会縁起」にも同様の記述がみえる。『要録』によれば、天平十八年に良弁が羂索院で聖武天皇・光明皇后・孝謙天皇のために法華会を催し、毎年恒例の法会となるに至った旨が記されている。この『要録』にみえる良弁による法華会創始説について、堀池氏によれば後代の付託であると論じている。(24) しかし、東大寺年中行事として定着する法華会の濫觴であるかは別として、正倉院文書により天平十八年に公的な性格を帯びた良弁発願の『法華経』の書写が行われ、法華会が行われたこと自体は注目しておきたい。

以上より、これらの二つの写経事業はいずれも国家の仏教政策と深く関わるものであり、良弁と王権との深い関係をうかがわせるものである。

良弁が関係した写経事業には、同様に王権との関わりを持ったものがほかにも存在する。次に1・4の『理趣経』の書写を取り上げたい。4の天平十九年の『理趣経』七巻の写経事業(薗田No.92)の料紙には、宮から送られた黄紙が用いられ、さらに「為二奉 天皇一」とも記されるように天皇のための写経事業であったことが分かる(九ノ六八)。遡って、1番の『理趣経』十六巻の書写は天平十六年三月一日に料紙が納入され(八ノ二〇〇)、九日には書写が完了している(八ノ三五八)。本写経事業は良弁大徳宣によって開始されているが、それは令旨を受けたものであり、さらに、この『理趣経』が岡寺での転読のために写経されたものであったことも記されている(25)

4の『理趣経』の転読の場所となっている岡寺は、『扶桑略記』によれば義淵を創始者とする寺院である。(26) 義淵は良弁の師ともされる人物であり、岡寺と良弁の縁は浅からぬものがあったと推測される。のみならず、同寺は天武皇子草壁の死後に、彼の宮であった嶋宮の宮域内に建立されたと考えられている寺院であり、さらに天平期には光明の皇后宮職の管理下にあったと推定されている。[27]つまり、岡寺は草壁皇統に連なり、光明を皇后とする聖武天皇にとっても非常に縁深い寺であった。したがって、①についても令旨を受けたものであったことから、④と同様に天皇のための写経であった可能性が高いと考える。そして、それらの写経事業を仲介した良弁が王権と密接な関わりを持っていたことが改めて確認される。

21『仏頂尊勝陀羅尼経』二巻（薗田No.144）も同様で、経典は書写の完了後に黒葛筥に納められて内裏に奉請されている。陀羅尼であること、また正月という時期から推測するに、おそらく内裏の内道場における年始の仏事に関わるものであったのだろう。良弁は後年に看病禅師としての功により少僧都に補任されているが、[28]そのような王権に奉仕する姿はこれらの写経事業からも認められるだろう。また、14『華厳経疏』一部二十四巻（薗田No.124）、15『六字呪王経』五十巻（薗田No.141）は、法華寺との関係を示している。以上のような内裏や光明との関係は、先の**表1**で良弁によって出納された経典類の奉請先に、学僧たちだけでなく、内裏の関係者を多く含んでいることからも首肯できる。

以上より、良弁の関わる写経事業は早くより王権と密接な関係があったことが認められる。

次に良弁の私願経について触れておきたい。19『法華経』一部・『无量義経』一巻の書写は、天平勝宝三年二月十九日～三月九日の間に書写が完了したもので、料紙には寺政所から充てられた紫紙と銀墨が用いられた（一一ノ一六〇）。20『梵網経』三巻・『勝鬘経』三巻は天平勝宝三年五月九日～十三日の間に書写されたと考えられ、料紙は寺政所から充てられた色紙、表紙には紫紙が使用されている（一一ノ一六二）。23『華厳経』（巻数不明）は天平勝宝七年二月十日に、造東大寺司より写経所案主に軸に絵を描いて経典に着けるように指示がなされている（一三ノ一五)。これら良弁の私願経について言えるのは非常に豪華な装丁の写経であるという事実である。一般的に写経所における「私書」の書写が、写経所の常間の写経業務の合間に使いさしの筆墨で書写されたことを考えれば、相当格別な扱いと言える[(29)]。このことは、写経所と良弁との密接な関係によるものと言えるだろう。

以上、良弁の関わった写経事業からは王権との、また写経所との深い関係がうかがえる。さらに言えば、このような良弁の活動には、国家的な仏教を主導するブレーンとしての役割や、また後年に看病禅師として称揚されるような性格が認められると考える。

・良弁は史料に現れる全時期を通じて写経事業に関与しており、その性格は王権と深い関わりがあった。また正倉院文書の範囲で言えば、天平後期の段階で国家的仏事への関与が認められる。
・天平勝宝三年頃から、造東大寺司に関わり始め、天平宝字頃には上院務所を代表する立場になった。

おわりに

以上、大変粗雑な考察に終始してしまったが、本稿の考察を踏まえて古代東大寺における良弁を再評価してみたいと思う。正倉院文書にみえる限りにおいては、良弁は教学振興に深く関わった僧であり、その意味で傑出した僧侶であったと考えられる。また、内裏との関係も早くより深いものがあった。しかし、一方で、寺内の三綱の実務に関わったことは認められず、また三綱のメンバーとなっていくような僧侶との接点も薄いものであった。天平勝宝三年頃に造東大寺司に関わるようになったが、具体的な教学振興に関わる以上の活動は認められなかった。良弁が造寺への具体的な指示が確認できるのは、天平宝字年間に入る頃からである。

本稿での考察の結果から導き出されるのは、良弁の権力基盤は従来考えられてきたように東大寺草創期から確立したものであったというよりは、段階を経て強化されていったのではないかということである。その梃子となったのは、彼の学問への深い造詣と、その才覚によって開かれた王権との関係なのであり、それらを基盤として徐々に地位を向上させ、最終的に石山院の造寺事業に采配を振るようになったものと考える。すなわち、後代の良弁観はいわば完成された権威の最終段階をそれより前段階に遡及させ過ぎている面があると考える。さらに推測を逞しくするならば、良弁の地位の基盤は、むしろ東大寺内ではなく、東大寺外との関係性のなかにあったのではないか。それは王権との密な関係であり、そのことや造寺事業は、後の東大寺にとってエポックメイキングな要素として認識されるに至ったため、『東大寺要録』のなかに初代別当云々と記されるような歴史認識が成立するに至ったのではないだろうか。それは『東大寺要録』が語りたい歴史ではあるが、実際の良弁史および古代東大寺史とはいささか異なるものであったのではないかと考える。

なお、松本信道氏は『続紀』の良弁伝が極めて疎略であることの理由として、『続紀』の編纂時点（延暦期）における国家の良弁に対する関心の薄さを指摘している(30)。傾聴すべき指摘であると考えるが、ではなぜ続く天長年間に編纂される『華厳一条開心論』や、承和年間の成立とみられる「東大寺桜会縁起」などにおいて、良弁の事績が強調されるようになるのか。つまり、平安初期の東大寺における良弁はどのように認識され、またその背景には東大寺のいかなる状況が存したかということについてはまったく検討することができなかった。それらは今後の課題として、この拙論を擱筆したい。

註

(1) 『続日本紀』宝亀四年閏十一月甲子条
(2) 筒井英俊「良弁僧正と漆部氏」(『南都仏教』一号、一九五四年十一月)、岸俊男「良弁伝の一齣」(『南都仏教』四三・四四号、一九八〇年九月)など。
(3) 東大寺別当の成立・展開に関わる研究としては、加藤優「良弁と東大寺別当制」(奈良国立文化財研究所創立三十周年記念論文集『文化財論叢』同朋舎出版、一九八三年)、堀池春峰「華厳経講説より見た良弁と審詳」「金鐘寺私考」(『南都仏教史の研究』上〈東大寺篇〉法藏館、一九八〇年)、永村眞「東大寺別当・政所の成立」(『中世東大寺の組織と経営』塙書房、一九八九年)などがある。また、僧綱の展開に関わる研究としては、鷺森浩幸「奈良時代の僧綱の展開――官司機構との関係における――」(『日本史研究』二九四号、一九八七年二月)、橋本政良「古代寺院運営における三綱の役割とその選任について」(『ヒストリア』九五号、一九八二年六月)、本郷真紹「宝亀年間に於ける僧綱の変容」(『律令国家仏教の研究』法藏館、二〇〇五年、初出『史林』六八―二、一九八五年)、また建築史からは福山敏男氏の論考などが挙げられる。
(4) 佐久間竜『日本古代僧伝の研究』(吉川弘文館、一九八三年)、加藤前掲論文
(5) 堀池前掲論文「金鐘寺私考」
(6) 加藤前掲論文
(7) 永村前掲論文
(8) 師位僧については、根本誠二「奈良時代の師僧」(速水侑編『論集日本仏教史』第二巻、雄山閣出版、一九八六年)。なお、正倉院文書においては「僧」という文字を抹消し、「師」という言葉に書き直した事例が存在し、その点からも「師」と称される僧侶とその他の僧侶との間には地位の差があったと考えられる。
(9) 鷺森浩幸「僧尼令における三綱」(『南都仏教』六三号、一九八九年十二月)
(10) 永村前掲論文
(11) 佐久間竜「一官僧の思想――賢璟伝考――」(日本宗教史研究会編『日本宗教史研究』三、法藏館、一九六九年)
(12) 山下有美「東大寺の花厳衆と六宗――古代寺院社会試論――」(『正倉院文書研究』八号、二〇〇二年十一月)
(13) 牧伸行「東大寺僧安寛と平栄」(『日本古代の僧侶と寺院』法藏館、二〇一一年)

(14)　佐久間前掲書
(15)　拙稿「写経所における「私書」の書写――奈良朝官人社会に関する小論――」(『正倉院文書研究』一三号、二〇一三年十一月)
(16)　山本幸男「『華厳経』講説を支えた学僧たち――正倉院文書からみた天平十六年の様相――」(『奈良朝仏教史攷』法藏館、二〇一五年、初出『南都仏教』八七号、二〇〇六年)
(17)　東大寺三綱のメンバーとなった僧侶としては、例えば良弁の入滅前の範囲では広寂、法正、聞崇、仙主、等貴、承天、恵瑶、慚教、性泰、寂雲、命耀、珍宅、玄愷、都有、満植らがいる。
(18)　「僧智憬章疏本奉請啓」(続々修四六ノ九、一三ノ三六～三九)
(19)　本郷前掲論文、同様の区分を、鷺森氏も取り入れている。
(20)　山下前掲論文
(21)　「奉請文」の接続は以下の通り。続々修四二ノ五⑧(1)裏、一一ノ五五六～五五七、続別九②、三ノ五一五、五五八、続修四五⑥、三ノ五二四、続別一〇①、三ノ五二二、同七⑧、三ノ五二二～五二三、続々修三ノ三①(5)裏、一二ノ四一、同三ノ三①(4)裏、一二ノ四一、同三ノ三①(3)裏、一二ノ四二、正集七①(2)、三ノ五二六、同三ノ三①(2)裏、一二ノ一六三～一六四、同三ノ三①①(1)、一二ノ一六四～一六五、続別五①、三ノ五二七、続々修三ノ一〇②(7)裏、一二ノ一七七～一七八、同三ノ一〇②(6)裏、一二ノ一七八～一七九、続々修三ノ一〇②(5)裏、一二ノ二〇二。
(22)　福山敏男「石山寺・保良宮と良弁」(『南都仏教』三一号、一九七三年十二月)
(23)　本稿における「薗田No.」という記述の番号は、薗田香融「南都仏教における救済の論理――間写経の研究――」(日本宗教史研究会『日本宗教史研究』四、法藏館、一九七四年)にまとめられている間写経一覧表の番号に対応している。
(24)　堀池前掲論文「金鐘寺私考」
(25)　問題の『理趣経』の書写は「間写充帳」のなかにみえる。該当箇所の帳簿の記述は、「経者為奉読岡寺、依良弁大徳宣所写如件」であるが、最終的な記述に至るまで何度も修正が加えられている。まず「依良弁大徳宣…」と書かれたのち、「良弁大徳」が「良弁師」に改められた。次に帳簿の記者は良弁師宣が令旨を受けて発せられた事実を書く必要に気づき、右側に「令旨所写如件」と書くべきところを、「令史所写如件」と書いてしまったと考えられる。そして、「但所奉請者岡寺者」について右側に「経者為奉読岡寺所奉写件経件如」と書いたが、さらに右側に「依良弁大徳宣所写如件」と追記した。その結果最終的に「経者為奉読岡寺依良弁大徳宣所写如件」という記述になったと考える。

(26) 『扶桑略記』大宝三年三月乙酉日条
(27) 仁藤敦史「嶋宮の伝領過程」(『古代王権と都城』吉川弘文館、一九九八年、初出、立教大学古代史研究会『古代史研究』五号、一九八六年)
(28) 『続紀』天平勝宝八歳五月丁丑条
(29) 拙稿前掲論文
(30) 松本信道「『東大寺要録』良弁伝について」(『駒澤史学』二九号、一九八二年三月)

行基・和泉・東大寺
――山林修行と神仏習合を中心に――

古市　晃

はじめに

行基の布教活動が当初、王権から弾圧を受け、その後容認されるに至った経緯と背景については、多くの研究が蓄積されている。容認後の行基とその集団が大仏造立に協力したこともよく知られるところである。行基が東大寺と関係を持つに至った機縁として、『続日本紀』や行基の伝記類が強調するのは聖武天皇との関係であり、先行研究でもこの点に触れたものが多い。しかし大仏造立は聖武の意図によるものであり、王権側の行基への関心を示してはいるが、行基自身が東大寺に関与すべき主体的な要因かどうかはわからない。行基がなぜ東大寺に積極的に関わることになったのか、行基自身の活動と思想に即して考えてみる必要があるように思われる。

その際に留意すべきなのが、行基と和泉との関係である。和泉は行基生誕の地であるに留まらず、平城京での行基の拠点、右京三条三坊の菅原の地には土師氏をはじめ、和泉に縁を持つ人々の集住していたことが指摘されるように(1)、和泉における仏教をめぐる環境が、行基の活動と思想を深く規定していた可能性がある(2)。そこで小稿では、この点を踏まえた上で、行基と東大寺の関係について改めて検討を行いたい。とりわけ重要な意味を持つことになるのは、山林修行と神仏習合という二つの事象であろう。

第一章　和泉における山林修行と神仏習合

第一節　和泉における山林修行

古代仏教において山林修行が平地での修行と共に重要な位置を占めていたことが、文献史学、考古学双方の研究により指摘されている。[3]『日本書紀』及び『日本霊異記』の仏教受容に関わる一連の記事の中には和泉を舞台とするものがあり、そこには山林修行との関連で理解すべき情報が含まれている。『日本書紀』には、欽明天皇十四年（五五三）、河内国から和泉郡の茅渟海で梵音が聞こえたことの報告があり、溝辺直を派遣して調査させたところ、クスノキを得たので、画工に命じて仏像二体を作らせた。それが吉野寺の放光の樟像であるという記事がみえる（五月戊辰朔条）。

敏達紀には、蘇我馬子が鹿深臣と佐伯連がそれぞれ百済より将来した仏像二体を祭るため、鞍部村主司馬達等と池辺直氷田を四方に遣わして修行者を求めたところ、播磨で高麗恵便という還俗者を得て司馬達等の娘らが得度し、氷田と達等が衣食を供養して、馬子の邸宅の東方に仏殿を造営したという記事がある（同十三年〈五八四〉是歳条）。さらに、斎会を挙行した際に達等の斎食に仏舎利が出現するという奇瑞が生じ、馬子と氷田、達等は深く仏法を信じるに至ったという記述が続く。

欽明期にみえる溝辺直が池辺直の誤りであること、[4]記事の骨格が吉野寺に伝わった仏像の縁起から『日本書紀』

に採録されたものであることは、夙に指摘されているとおりであろう。[5]敏達紀の方は、達等の奇瑞が詳細に記されていることから、鞍作氏の記録から採られたことが指摘されている。[6]これらの記事はそれぞれ性格を異にしているといえるのであるが、共通してみえるのが池辺直氷田の名である。いずれも伝承的性格の強い記事であり、すべてが事実の反映とは思えない。しかしそのことは、吉野寺の仏像の起源と播磨における還俗僧の獲得に氷田が関わっていたことまでも否定するものではない。

『新撰姓氏録』和泉国諸蕃には池辺直がみえ、「坂上大宿禰同祖、阿智王之後也」と記されており、和泉を拠点とすると共に、坂上宿禰と同族関係にある渡来人であることが述べられている。坂上宿禰が蘇我氏と特に関係の深い東漢氏系の氏族であることは、広く認められているところであろう。つまり池辺直が蘇我氏の影響下にある渡来系氏族の一員として仏教受容に一定の役割を果たした可能性の高いことが、まず指摘できる。その上で、吉野寺が蘇我氏との関係を強く有する寺院であったことが推定される。

吉野寺の創建年代については、文保二年(一三一八)成立の醍醐寺本『聖徳太子伝』に、推古天皇三年(五九五)に渡来した恵慈・恵聡が[7]比蘇寺で夏安居を行ったとあることから、その創建を推古天皇三年以前とする説が、堀池春峰によって提起されている。[8]翌推古天皇四年に飛鳥寺の造営が終了した際、恵慈・恵聡は共に飛鳥寺に止住したことが記されることからすれば(『日本書紀』同年十一月条)、彼らが吉野寺に居した可能性は排除できない。上原真人は古代仏教において山林に造営された寺院が平地に置かれた寺院と共に修行の場として一体的に機能していたことを指摘したが、[9]恵慈らの移動は両寺が一体の関係にあったことを示していよう。後年の事件であるが、蘇我氏の血を引く古人大兄王は、乙巳の変に際して即位の要請を断り、出家して吉野へ入ったとされる(『日本書紀』皇極天皇四年〈六四五〉六月庚戌条)。古人大兄の吉野入りは、吉野寺の存在と密接に結びついていたと考えるが、このことからすれば、蘇我氏は飛鳥寺のみならず、吉野寺の造営も主導した可能性が高い。つまり蘇我氏の影響下にあった池辺氏が吉野寺の仏像に関する伝承を有していることは、合理的に解釈できるのである。

　なお『日本霊異記』は、氷田に関する同じ伝承を載せ、彼のもたらした霊木により制作された仏像が「豊浦堂」に安置されたとする（上巻、信二敬三宝一得二現報一縁　第五）。この説話全体は大部屋栖野古の伝ともいうべき性格を有しており、『日本書紀』などの諸史料から採られた記事が屋栖野古にひきつけて潤色されていることに注意を要する。しかし説話の構成上、ことさらに豊浦を強調する必要があるようには思われず、氷田が関わる仏像の安置場所についての異伝が存在したことを認める必要がある。その場合、豊浦が蘇我蝦夷の別称であり、蘇我系王族の一員である推古天皇（額田部女王）が小墾田宮遷居の前に居していたのが豊浦宮であったことなどから、豊浦が蘇我氏と格別に関係の深い地域であることが注目されるべきであろう。仏像の安置場所についての諸伝は、いずれも蘇我氏と池辺氏の密接な結びつきに基づいて形成されたものであることが示されているからである。

　以上の理解は、氷田が馬子の指示により、還俗僧を播磨に得たという敏達紀の記事の信頼性を高めるものと考える。この還俗僧は、高麗恵便の名からすれば、高句麗に所縁を持つ渡来人の一人と考えられるが、播磨に多数の渡来系集団が居住していたことは、文献史料、考古資料の双方から認められることである。仏教受容をめぐっても、播磨が先進地域であったことは、七世紀前半の創建と考えられる寺院の存在などから確実である。さらに、『播磨国風土記』の伝承を通じて、播磨に和泉を拠点とする氏族が多く居住していたことが窺える。播磨と和泉は大阪湾及び湾岸の水陸交通によって活発な交流を行っており、氷田による恵便の獲得はその一環として理解できる点を重視したい。

　これらのことは、和泉における池辺直の活動が、六世紀後半という初期の仏教受容において重要な位置を占めていたことを示している。そこで改めて検討の対象となるのが、氷田に関わる仏像の安置場所をめぐる諸伝である。吉野が飛鳥寺と対をなす山林修行の地であることはすでに述べた。和泉に目を転じるならば、後世の史料ではあるが、池辺氏の拠点がまさに山林修行の地に存在したことを示すものがある。それは正暦二年（九九一）に延暦寺の僧、覚超自筆の「修善講式」で、その末尾には「願主、当郷近江権大掾池辺兄雄第二男、延暦寺僧覚□〔超カ〕」と記される。[10]これを伝えた池辺家は大阪府和泉市の槙尾山麓、横山を拠点としており、近くには著名な山林寺院である槙尾寺が所在する。このことは、池辺氏の拠点が横山に限定されることを意味しないが、少なくとも池辺氏がその拠点、摂津において山林修行に深く関わっていたことを示す。

和泉の地における山林修行は、奈良時代にも広く行われていたことが確実である。槙尾寺境内からは八世紀末頃の土器が採集されているが[11]、文献史料では、『日本霊異記』にみえる茅渟（血渟）山寺が槙尾寺にあたる可能性が指摘されている。[12]聖武天皇の世に、和泉郡の血渟山寺にあった吉祥天女像に信濃から来た優婆塞が愛欲を生じ、天女のような美貌の女を得ることを願ったところ、吉祥天が夢に通交する奇瑞を現したというものである（中巻、生二愛欲一恋二吉祥天女像一感応示二奇表一縁　第十三）。『日本霊異記』にはさらに、和泉郡内の珍努上山寺に安置していた聖観音像が火災に際してみずから仏殿から出た奇瑞を記す（中巻、観音木像不レ焼二火難一示二威神力一縁　第三十七）。聖武朝に、和泉において山林修行の地が存在したことが確認できる。またそこで恭敬されていた仏像にも注目したい。吉祥天、観世音菩薩は、悔過において恭敬の対象となる尊像だからである。

悔過はみずからが犯した罪業を仏に懺悔し利益を願う儀礼であるが、古代の悔過が多く山林修行の場において修されたことについては、すでに指摘がある。[13]悔過の語は史料上、飛鳥時代にはみえるが[14]、吉祥天や十一面観世音菩薩といった特定の尊像を対象とした悔過が盛行するのは、八世紀半ば以降とされる。『日本霊異記』の茅渟山寺の事例からすれば、和泉においても聖武朝の段階で、吉祥天、観世音菩薩を対象とする悔過が行われていたと考えてよいであろう。長岡龍作は、観世音菩薩が盧舎那如来、最勝王経と共に天平年間以降、国家事業に登場し、人々の罪を監視し裁く存在として位置づけられていたことを指摘している(15)。吉祥悔過が奈良時代後半に行われていたことはよく知られるところであるが(16)、茅渟山寺の事例について、谷口耕生が、東大寺二月堂修二会の十一面悔過など、奈良時代の悔過法要が六時の行法として行われることと、茅渟山寺の優婆塞が六時ごとに願いを行ったことの共通性を指摘し、これが吉祥悔過に相当すること、山中の浄処で浄行僧によって担われたことを明らかにしていること(17)は興味深い。仏教受容とほぼ同時に山林修行の地が開かれた和泉のような先進地域において、悔過が早期に修されていた可能性を示しているからである。

第二節　いわゆる道行知識経をめぐって

和泉における山林修行に関連する史料として注目されてきたのが、道行知識経と通称される大般若経の存在である。これは三重県伊賀市の常楽寺に伝えられた大般若経に含まれるものであるが、奥書にみえる氏族名や巻五〇奥の別筆に、正元二年（一二六〇）二月、和泉郡の坂本郷桑原村で校正されたことが記されていることから、本来、和泉で制作・保存されたと考えられている(18)。巻五〇、九一、一八七の奥書に、それぞれ願主として沙弥道行の名がみえる。巻五〇には、「奉為神風仙大神　願主沙弥道行　書写山君薩比等」とあり、巻一八七には「願主沙弥道行　書写師沙弥聞曜　沙弥尼間道　沙弥尼徳鈴　婆沙弥尼徳緒　山国人　山三宅麻呂　県主富継古　山泉古」とある。もっとも豊かな情報を持つ巻九一には、後にみる願文と、天平宝字二年（七五八）十一月の年紀、及び「奉為伊勢大神　願主沙弥道行　書写優婆塞円智」と記される。

これらの奥書の年代について、かつては本文と共に奈良時代と考えられてきた。ただし巻九一の奥書は本文とは異なり、料紙も異なるため、近年では平安後期の書写とみられるに至っている[19]。つまり奥書の内容をただちに古代の実態を反映したものと考えることはできないのであるが、一方でことさらな潤色の痕跡が窺えないことも重視すべきであって、その記載内容は基本的には古代のものを踏襲していると考えられる。ここでは願主道行が巻五〇では神風仙大神、巻九一では伊勢大神のために経典書写を主導したことが記されている。一連の書写事業であるから、神風仙大神と伊勢大神は一応は同一の実態であると考えておく。栄原永遠男は、和泉に隣接する河内国丹比郡に伊勢信仰を実践する中臣系氏族から、天平十八年（七四六）以前に写経事業に従事する人物が現れることを指摘する[20]。これを前提とするならば、八世紀中頃の和泉においても、伊勢を信仰する集団の中に仏事が入り込んでいることは不自然ではない。これまでにも論じられてきたように[21]、道行知識経は和泉における神仏習合の存在を示しているのである。

巻九一の奥書には、書写の契機と目的について、大略以下のように述べる[22]。天平勝宝九年（天平宝字元年。七五七）六月三十日、沙弥道行が先哲の貞節を慕い、大聖の遺風に従おうとして、里を出て山に入って修行していたところ、突然落雷にあい、恐懼して神社の安穏、朝廷の無事、人民の安寧のために大般若経六〇〇巻の書写を願ったところ、雷鳴は終息したので、知識の人々を誘い、その名を後題の外に記して将来に伝える、と。さらに、諸天神社が般若の威光によって早く大聖の品に登ること、天朝聖主の天長地久、二親眷属の万福、来世の極楽往生、及び一切衆生も同様であることを願って願文は終わる。

写経事業の目的として君主及び肉親、一切衆生の長久や万福が願われていることは、古代日本が受容した中国及び朝鮮半島諸国の仏教と共通する様態といえる。ここではまず、道行の修行の場が「出二里隣一、遠入二山岳一」と記されていることに注目したい。道行の経歴は不明であるが、この写経の契機となったのは山林修行の地においてであった。奥書は具体的な地名を記さない。しかしこの写経事業に、山氏の参加していることが注目される。巻五〇には経典を書写したのが山君薩比等とあり、巻一八七には山国人、山三宅麻呂、山泉古という三名がみえる。これらの人物はおそらく知識と思われるが、この経典に関わった人物は、沙弥や優婆塞を除けば、氏姓が判明するのは山氏の他は県主富継古のみであることからすれば、山氏の密接な関与は否定できないと思われる。

『倭名抄』には、和泉郡に山氏との関係が推測される山直郷があり、『日本霊異記』には山直里を舞台とする、殺生を常とする中男が他人にはみえない業火によって焼け死ぬ因果応報譚が描かれる（中巻、常鳥卵煮食以現得二悪死報一縁　第十）。道行の山林修行の地が和泉郡山直郷であった可能性は高いであろう。[23]

注目されるのは、仏僧である道行が、神社の安穏のために誓願を発していることである。さらに、諸天神社が大聖の品に登るとあるのは、諸天及び神社が現在の状態から大聖に至る階梯を上昇してゆくことを意味する。したがって、これは一種の神身離脱の状態に入ることを示したものと思われる。このことは、道行の和泉、おそらくは山直郷における山林修行が、神仏習合との密接な関係の中で行われたものであることを示している。先に、茅渟山寺などにおける吉祥天、観世音菩薩などの信仰が悔過と結びつくものであった可能性を述べたが、神身離脱について、これを神による悔過と捉えた上川通夫の見解が参考となる。[24]先にみた悔過の事例をも参照するならば、およそ聖武朝の段階で、和泉地域では悔過の一種としての神身離脱を具体的な内容とする山林修行が行われていたことが想定できるからである。

山林修行を行うに至った契機として、道行は「慕二先哲之貞節一、遵二大聖之遺風一」と述べている。この先哲・大聖を行基とみる説が、かねて提起されている。[25]和泉を拠点として活動する道行にとって、行基が先達として身近な存在であった可能性はもちろんあるだろう。しかしこうした一般論を超えたところで行基の影響を見出すことは可能なのであろうか。章を改めてこの点を検討したい。

第二章　行基と神仏習合

第一節　和泉における山林修行

和泉のみならず、行基の活動全般を検討する上で、近年の大野寺土塔（大阪府堺市）の調査は重要な意義を有している。(26)小稿の関心に関わる限りで述べれば、神亀四年（七二七）と記された軒丸瓦の出土によって、大野寺の造立を同年とする(27)『行基年譜』のいわゆる「年代記」の記述が裏付けられたことと、発掘調査にともなって人名を記した、いわゆる人名瓦が多く出土したことによって、瓦の生産から流通、貢進に至るまでの過程と、人名が刻字される段階との関係がより明確に論じられるようになったことである。

まず、「年代記」に記載された行基の活動とその時期については、これまで確認することができなかったが、大野寺の造立年代が一致したことにより、一定の信頼できる史料に基づく部分のあることが確認された。このことは、行基の活動を検討する際の定点になり得るものと考える。

次に、人名瓦の理解についてては、それが示す知識編成の自発性を重視してきた通説に対し、律令行政機構に規定された半ば強制的な性格を有していたことを指摘する見解が提出され、(28)評価が分かれている。また知識に参加した人々の範囲を畿内中枢部一円に求める通説に対し、大野寺が所在する和泉郡周辺に限定する見解が新たに提出されている。(29)小稿ではこの点に立ち入らないが、仮に土塔の造立に直接参加した人々が近隣を中心としたものであるとしても、古代氏族の同族関係の強固さを前提とするならば、行基との関係は直接的な関係の範囲を超えて広く畿内の広域に及ぶものであったと考える。この点を確認した上で、和泉における行基の活動の内、山林修行に関わるものと神仏習合に関わるものについて検討を行いたい。

行基の活動が山林修行と深く結びついていたことについては、多くの指摘がある。行基の活動について、『行基年譜』は巻首を欠くため、その前半生に関する年代記的記述は失われている。しかし三十七歳の条に「菩薩、従二少年一至二卅七歳一、棲二息山林一云々、如レ是等之間、或修行、或安居」とあり、平地での安居と山林での修行を交互に実践していた状況が述べられる。

山林修行については、『行基菩薩伝』に、行基が二十四歳で授戒した際の戒師を「高宮寺徳光禅師」とすることからも裏付けられる。徳光の名は他の確実な史料にはみえないが、高宮寺は『日本霊異記』にみえる大和国葛上郡所在の高宮山寺にあてる見解がある他（上巻、聖徳皇太子示二異表一縁　第四）、河内国讃良郡高宮郷所在の高宮廃寺も山林寺院にふさわしい生駒山系西麓の地に立地していることから、いずれかが該当するものと思われる。行基が早い段階から山林修行を実践していたことは確実であろう。

なお行基の生年はその墓誌である「大僧上舎利瓶記」に「近江大津朝、戊辰歳」とあり、『続日本紀』の天平勝宝元年（七四九）の逝去記事に「薨時、年八十」と記されること（二月丁酉条）から算出される生年と一致することから、天智天皇七年（六六八）に求められる。『行基年譜』が記す三十七歳とは、したがって慶雲元年（七〇四）年を指すことになる。これは翌慶雲二年、行基が母のために後の平城京右京にあたる地に佐紀堂を造立するまで、山林修行が継続的に行われていたことを示したものと思われる。

ただし『行基年譜』の記述は、慶雲二年以降、行基と山林修行の関係が疎遠になったことを示しているわけではない。『行基年譜』に、同じ慶雲二年に造立されたとされる大須恵院は、和泉国大鳥郡大村里大村山に位置したと記されていることから、山林修行の場としての性格をも有していたことが明らかである。(30) また母の逝去後、和銅三年(七一〇)から五年まで居したとされる生馬草野仙房も山間に所在したものと思われる。行基の山林修行は、慶雲二年以降も継続していたと考えるのが妥当であろう。

『行基年譜』は、慶雲三年(七〇六)、文武天皇の勅命により、蜂田寺と四十九院の修理料の杣として、和泉郡横山郷内の横山を施入したとし、七月四日、犬上王、津守宿禰得麻呂、出雲国勝らを派遣して四至を点定したことを記す。この記事について関連史料を博捜した新川登亀男は、犬上王は当時、治部卿であったことを推定し、陵墓が多く存在し、寺院による山沢の占有が問題となっていた和泉国(当時は河内国の一部)に勅使が派遣され、四至が点定された可能性は否定できないことを指摘する。さらにこの推定を補強するものとして、津守宿禰得麻呂と出雲国勝が『行基菩薩縁起図絵詞』に得丸と国勝として登場し、津守氏が摂津に、出雲氏が和泉に分布することから、二人が和泉に関係の深い人物であったことを述べる。(31)

新川が推定するような山沢占有に対応する政策が慶雲年間に取られたかどうかについては、なお検討を要しよう。この記述は、それ自体としては蜂田寺による杣山としての横山の領有の主張を反映したものであるから、かならずしも歴史的実態とはいえない部分がある。横山郷の名がみえるようになるのも平安期以降で、奈良時代にさかのぼる郷名かどうかは、明らかではない。しかし新川も指摘するように、横山の名が『住吉大社神代記』(以下、『神代記』)において住吉社領として主張されており、この点で横山に関わって住吉社に奉斎する津守氏がみえるのは不自然ではないことが注目される。『神代記』の成立は平安初期とされるが、(32) その社領をめぐる主張は古く遡る部分があり、(33)『神代記』に蜂田寺の別号である華林(34)の名がみえることからも、奈良時代に住吉社と蜂田寺の間で所領をめぐる対立関係が存在したことが反映されていると考えるのが妥当であろう。

なお行基の母、古爾比売は大鳥郡の蜂田首虎身の子であり（「大僧上舎利瓶記」）、蜂田寺は行基と密接な関係にあった。行基が実際に蜂田の地と深く関わっていたことは、『行基年譜』中のいわゆる「天平十三年記」に、行基の開削と述べる池十五箇所の一つ、茨城池が大鳥郡蜂田郷に所在したとされることからも明らかといえる。

以上、行基はその活動の当初から山林修行を実践しており、そのことは慶雲二年以降も変わらなかったこと、和泉では、大須恵院の造立や、蜂田寺の杣としての横山の開発に関係していたことなどを確認してきた。杣の開発が開発のみに留まったのではなく、一定の宗教活動が付随したことは強く推測されるところであろう。このように、行基が和泉における山林修行と密接に関わっていたことは確実と考える。したがって「道行知識経」にみえる、山林修行の地における神仏習合の要素と行基が密接に結びつく可能性もまた、きわめて高いといえるであろう。

第二節　『大鳥太神宮幷神鳳寺縁起帳』にみる神仏習合と行基

行基と神仏習合の関係を考える上で注目されてきたのが、『大鳥太神宮幷神鳳寺縁起帳』（以下、『縁起帳』）と呼ばれる史料である。『行基年譜』はその冒頭を失っているが、森明彦、新川登亀男により、欠失部分を補うのが『縁起帳』であることが明らかにされた[35]。

『行基年譜』の現存冒頭部分は、行基らが野田村の大歳松の下で「大神」のために知識を率いて功徳を修めることを述べたことに始まるが、『縁起帳』によって以下のように補正できる。すなわち、大宝年間、（大鳥）社の南に大鳥連首斎（麿か）・津守宿禰伊良豆米古の夫妻があり、伊良豆米古は母、常世古の夫、納（網か）曳坂本臣利金が無量の重罪を犯していることを悲しみ、宅を堂として昼夜誓願していたところ、大神は大鳥連百嶋を召して仏名の称讃を止めるよう告げた。そこで百嶋は野田村・榎本村に夫妻と刀禰を集めて神の宣告を伝えたが、伊良豆米古は死命を惜しまず、止める意志のないことを答えた。夜に入り、（大神は）再び百嶋を召し、夫婦の仏事をみて智識に加わることを告げたので、夜が明けた後、同じ所（野田村・榎本村の意か）に諸人を集め、神の宣告を伝えたところ、諸人は欣悦した。それからほどなくして（以上、『縁起帳』[36]）、行基と願勝・利鏡らの僧が野田村の大歳松の下に集まり、刀禰らに智識を率いて大神のために功徳を修めることを告げた。利鏡は七仏薬師像を画いたが、障子にあるのがそれである。百嶋の家の南に仮に家屋を建て、その仏画を納めた。後に、和銅元年（七〇八）十月頃、（大鳥）首麻呂の家を祓い清めて寺院とし、仏画を移した。今、西の仏堂にあるのがそれであり、大鳥神宮寺つまり神鳳寺がこの寺である（以上、『行基年譜』[37]）。

野田村と榎本村は、大鳥社の所在する地にあたる。『縁起帳』には、これに続いて、慶雲三年に派遣された奉幣使が、大鳥社における神仏の混在をみて大鳥連床嶋らの罪を問うが許されたこと、和銅元年には大鳥連一族の宅を寺堂に修造したこと、床嶋が生前に誓願した塔の造営がその死後、天平十二年に完成したことなどが記される。

一連の記述は、書名が示すように大鳥神宮寺（神鳳寺）の縁起であり、神宮寺造立に至る過程の要素として、大鳥連首麿・津守宿禰伊良豆米古夫妻の仏事、大鳥大神の仏事への参加、行基らによる仏事が述べられている。新川は、これらの素材が神仏の混在を述べたグループと大鳥の寺堂に祭られる仏画などの縁起を述べたグループに分けられるとして重視する。個々の用語の潤色の可能性など、なお検討すべき課題はあるが、新川の指摘は基本的に妥当といえる。

和泉国大鳥郡を拠点とする大鳥氏、和泉郡坂本郷を拠点とする坂本氏、摂津国住吉郡の津守氏らの登場人物は、少なくとも八世紀前半の段階で、摂津南部から和泉における氏族と神仏関係をめぐって厳しい対立状況が生じていたことを示している。この点を踏まえた上で、当面、重視したいのは、これらの記述が行基らの行動を強調することを目的としていない点で、行基の事績を検討する史料として特段の潤色を想定しなくてもよいことである。ただしこのような神仏習合的な現象が慶雲・和銅年間に生じていたかどうかが問題となる。従来知られる事例では、越前気比神が仏道に帰依することを願い、それに応じて神宮寺が建立されたのが霊亀元年（七一五）とされるもの[38]、若狭国比古神の帰依が養老年中（七一七〜七二四）とされるもの[39]が早い段階の事例である。現存する史料からは、神仏習合の事例が本格的に増加するのは、天平宝字七年（七六三）とされる多度神宮寺の事例などから、奈良時代後半以降とされるので、以上の事例の評価も容易ではない。ただし吉田一彦によって、神の身を脱して三宝に帰依する神身離脱については中国の経典に事例がみられることが指摘され、これによって日本が導入した仏教にも当初から神仏習合の思想が内包されていたことが明らかになっている[40]。そうであれば、八世紀前半に遡るこれらの事例も不自然ではないことになるが、この点については一般論として論じるのではなく、個々の事例に則した検討が必要となろう。先にみた、上川通夫による神身離脱を神の悔過とする見解は、気比神、また近江国多賀神の事例[41]を、罪を自覚した神が懺悔して仏徒となる行為として捉えることによっている。上川はそれを大乗戒思想に基づく悔過として、官人と官僧による地域社会への仏教の導入と指摘している[42]。

大鳥社の場合に注目すべきなのは、大鳥氏と津守氏が、それぞれ大鳥神社と住吉神社という、当該地域を代表する神社に奉斎する氏族である点である。つまりこれらの氏族が仏事に参加することは、神社を通じての地域支配秩序に深刻な影響を与える可能性があったと考えるべきであろう。

この点について、大野寺土塔からは、それぞれ「大鳥連津虫女」「津守御杖」と記された瓦が出土しており、両氏が少なくとも神亀年間には大野寺の仏事に参加していたことが確認できる点を重視したい[43]。このことは、『縁起帳』の記載に一定の裏付けを与えるからである。また同時に、両氏が行基の主導する仏事に参加していたことを示すものでもある。

行基についてはさらに、『行基年譜』に、天平六年（七三四）、六十七歳の時、呉坂院を造立したことがみえる。その所在については、「摂津国住吉郡御津」と記す。これには「私、住吉ノ社大海神ノ北ニ南向ノ小寺云々」という傍注が付されている。傍注は住吉社の境内に所在する大海社の北にあった小寺院を呉坂院に比定するものであるが、その当否は不明とせざるを得ない。しかし本文に記された住吉郡御津は『万葉集』などから住吉社近辺を指すと思われるから、呉坂院の造立自体は後年のこととはいえ、行基は住吉及び住吉社と密接な関係にあったことが明らかである。

伊良豆米古らの行った仏事は、網曳の名称から漁労に携わっていたと考えられる坂本臣利金の罪業を、仏名の称讃によって償おうとするものであった。彼女らが当初、具体的にどのような仏を信仰の対象としていたのかについて、『縁起帳』は記さない。しかし仏名の称讃により罪業の消滅を願う仏事とは、悔過の一種である称名悔過に相当すると考えてよいのではなかろうか。さらに、伊良豆米古らの仏事を知り、知識に加わることを告げた大鳥大神の行為とは、神身離脱にあたることも指摘できる。ここでもまた、悔過と神身離脱の密接な関係を確認できるのである。

以上の検討が妥当であれば、八世紀前半の和泉において神仏習合が進展していたこと、またそれが行基と彼が率いる集団によって主導されたことを指摘できる。中央政府により彼らが指弾されるのは、養老七年（七二三）のことである（『続日本紀』同年四月壬辰条）。彼らによって進められた神仏習合は国家的性格を帯びたものというよりは、より地域色の濃厚なものであったといえる。仏教受容の先進地域である和泉では、渡来系氏族の分布も多く、その当初から山林修行など、神仏習合に親和的な修行が実践されてきた。改めて神仏習合を検討する場合、このような、官僧・官寺の主導による導入とは異なる、地域社会から生起する形態も想定しておく必要があるだろう。

第三章　東大寺における神仏習合と行基

第一節　従来の研究成果と近年の動向

神仏習合を地域社会との関係で検討する視点は、実は東大寺における神仏習合の展開をめぐって、和田萃が論じてきたことであった[44]。和田は東大寺に神仏習合の思想が導入された時期として、養老四年（七二〇）の隼人の乱の討伐（『扶桑略記』同年九月条）、天平十二年（七四〇）の藤原広嗣の乱の平定を契機として中央との関係を強めた豊後国宇佐八幡宮が、天平勝宝元年（七四九）に平城京に入り、大仏造立に影響を与えたことを挙げている。宇佐で神仏習合が発達したことの背景として、豊後に渡来系氏族が濃密に分布することから、仏教と基層信仰が早い段階で習合した可能性を指摘する。この点について、和田が直接の契機として重視するのは天平十三年（七四一）閏三月、八幡神宮に金字最勝王経・法華経各一部、度者十人を施入し、三重塔一区を造立したとする『続日本紀』の記事であるが（同年同月甲戌条）、この措置自体は、前月に出された国分寺造立の詔で、仏事興隆と共に前年来、天下神宮を増飾したことに言及があり、かつ国分寺造立に際しては、最勝王経・法華経の写経と七重塔の造立が命じられていることからすれば、中央からの指示によるものと考えるのが妥当であろう。

しかし和田は同時に、宇佐八幡神に奉斎する宇佐氏、辛島氏の拠点にそれぞれ虚空蔵寺、法鏡寺が造営されるのが七世紀後半に遡ること、それが統合されて八幡宮の境内に弥勒神宮寺の造営されるのが神亀二年（七二五）であること（「宇佐八幡宮弥勒寺建立縁起」）なども指摘している。宇佐における神仏習合が早い段階に遡るものであったことが確認できる。

大仏造立の意図が華厳世界の教主たる盧舎那仏を中心とする華厳一乗世界の現出にあり、それを律令体制を外護する宗教イデオロギー装置と評する大平聡の指摘に従えば(45)、大仏造立が契機となり、地域社会で生じていた神仏習合の動向を中央政府が導入することによって、神と仏の秩序が新たに構築されたことを認める必要があるだろう。このことを前提とするならば、東大寺における神仏習合は大仏造立を契機として受容されたことになる。

第二節　天地院創建伝承をめぐって

しかし東大寺における神仏習合をめぐっては、他に検討すべき要素もあると考える。さしあたり、神仏習合の前提となり得る山林修行の問題について検討したい。近年、東大寺成立史についての研究が大きく進展しているが、とりわけ東大寺の東の山中に複数の山林寺院が所在し、それらのいくつかが東大寺の前身寺院として位置づけられる可能性のあることが明らかにされつつある。従来、文献史料や絵画資料によって、金鐘寺や福寿寺、天地院、香山堂などの寺名が知られていたが、二月堂北の丸山西側斜面で古代寺院跡とみられる丸山西遺跡が確認されたことなどから、吉川真司は成立当初の東大寺に包摂される寺院と堂宇の大半が山林寺院としての性格を有していたことを指摘している(46)。これを前提とするならば、山林寺院を主な舞台とする悔過などの行法が、成立当初の東大寺において修されていた可能性は高いものとなるであろう。東大寺の山林寺院としての性格を色濃く示す二月堂の修二会が十一面悔過として「十一面神呪心経」に基づいて行われるものであり、そこで修される達陀などの儀式が古密教的要素に彩られたものであることは、広く知られるところである。東大寺が平城京東辺の山林寺院の修法を色濃く継承していることは確実といってよい。

注目されるのは、そうした山林寺院の一つである天地院について、その創建を行基とする伝承の存在することである。『東大寺要録』巻四、諸院章第四には、天地院を載せ、その「縁起文」に「文殊化身行基菩薩」の建立であることを記す(47)。脱文、誤写があるらしく、文意の通じ難いところもあるが、まず行基の来歴について本薬師寺の僧で、未年に十五歳で出家したこと、堂舎四十九箇所を建立し、末世の衆生のために薬木を植えたことが記される。天地院については大和国八箇寺の第二であること、添上郡の「諸山根」に適地を求め、和銅元年（七〇八）二月、「御笠山安部氏社之北高山半中」に伽藍を造営したこと、翌二年三月に落成の供養を行ったこと、僧十人を大安寺、薬師寺、元興寺、法隆寺から請したことなどを記す。さらに行基がこの山の麓に東大寺の造営されることを予見したことが記される。『東大寺要録』の天地院の記載はさらに、天喜元年（一〇五三）九月の堂舎の焼亡、貞観十八年（八七六）三月の田園の施入、延暦十七年（七九八）以来の法華八講の由来、昌泰年間（八九八〜九〇一）、僧延義が法華八講の講師を務めた際、文殊菩薩の化身が現れた奇瑞、創建についての異伝（「或日記」）、良弁から実忠に始まる師資相承の次第（「天地院師資次第」）が記される。

これに検討を加えた吉田靖雄は、行基創建を説く縁起に関して、行基の所属を本薬師寺とする記載が他にみえないこと、出家の年を未年とするのは、午年とする「大僧正舎利瓶記」と齟齬すること、行基が千手経などの密教経典を使用するようになるのが神亀年間を遡ることはなく、和銅は早すぎることなどを挙げて否定する。その上で、天地院の創設を平安初期とし、行基が天平十年（七三八）頃から密教修行者としての性格を備えるようになったことから、創建者として記されるようになったと主張する(48)。

しかし天地院の創建時期については、考古学による発掘調査成果を尊重する必要がある。二月堂北方の丸山山頂部付近に比定される天地院跡からは、一九九〇・九一年度に行われた調査によって、三間×三間の檜皮葺の塔跡が検出された他、六二八二Bb型式[49]の軒丸瓦や繊細な文様を線刻した須恵器短頸壺などの土器類が出土している[50]。この内、六二八二Bb型式の軒丸瓦が天平十二年（七四〇）以前の恭仁遷都直前の時期に制作されたと考えられていること、土器の年代観の中心が八世紀第2四半期に求められることが注目される。土器にはさらに七世紀第4四半期に遡るものもあることからすれば、天地院の創建が少なくとも八世紀前半以前であることは認められる必要があろう。したがって天地院の創建を行基とする縁起文の記述自体は、その年代に限っていえば不自然ではないことになる。行基の所属や出家年についての不正確な記述は問題であるが、行基が薬師寺に所属していたことはその墓誌を写した「大僧正舎利瓶記」にみえており、薬師寺との関係の中で記されたことを示すのであろうし、何より天地院と行基の関係を否定する論拠とはならない。また行基と密教との関連について、吉田が千手経を取り上げるのは、天地院に千手堂が存在したことを前提としている。しかしそのことは、創建時の天地院に千手堂が存在したことを示すものではない。

行基と密教の関係を検討する際に考慮すべきなのは、むしろこれまでに述べてきたような山林修行や悔過との密接な関係なのではなかろうか。くり返し述べるならば、『行基年譜』の「年代記」には、行基が大須恵院を造立したのは慶雲二年（七〇五）、生馬草野仙房は和銅三年（七一〇）とされる。和銅元年かどうかは不明とせざるを得ないが、八世紀第2四半期までの間に、行基が天地院に深く関わる存在となっていたことは否定できないと考える[51]。このことは、東大寺成立前夜の平城京近郊における山林修行の様態に、行基を通じて和泉のありようが影響を与えた可能性を示唆する。

よく知られるように、天平二年（七三〇）、京に近い左側の山原に数千から一万もの人々を集めて妖言をなし、人々を惑わすことを禁じる詔が出されており（『続日本紀』同年九月庚辰条）、明言されてはいないが、その主体として行基とその集団をあてるのが通説である。天地院の所在する丸山は平城左京東側に位置しているから、岩戸晶子が指摘するように、(52)天地院をこの時期の行基の拠点と考えることは妥当であろう。

行基が東大寺における神仏習合に具体的にどのような影響を与えたのか、直接言及した史料は存在しない。しかしこれまでに述べたような山林修行への影響、また知識による仏事への参加を通じての神事に奉斎する氏族への影響を考慮するならば、神仏習合のみが影響を及ぼさなかったと考えるのは困難なのではなかろうか。このように理解する上で、大仏造立が知識に基づく仏事であることが強調されていること（『続日本紀』天平十五年十月辛巳条）、大野寺土塔の造立が知識によるものであること、さらに津守宿禰伊良豆米古ら夫妻の仏名を称賛する誓願を受けた大鳥大神が知識に加わらんことを告げたことが、一連の知識による仏事への参加として理解できることを重視したい。いうまでもなく、知識に基づく大仏造立は、聖武自身によって天平十二年の知識寺行幸を契機とすることが述べられているのだが（『続日本紀』天平勝宝元年〈七四九〉十二月丁亥条）、そのことは実際の知識に対する理解が知識寺のみに限定されることを示すものではなかろう。神仏習合をめぐる契機は、東大寺においても多様であった可能性を指摘しておきたい。

おわりに

小稿では、まず欽明紀にみえる池辺直氷田の伝承を通じて、和泉地域における仏教受容がきわめて早く、かつ悔過などの山林修行の場としても機能していたこと、道行知識経の検討から、和泉の山林修行が神仏習合とも密接に結びついていたことを指摘した。

和泉を拠点とした行基もまたこの点において例外ではなく、活動の当初から山林修行を実践しており、悔過を通じて神祇祭祀にあたる氏族の仏事への参加を促していたこと、こうした動向を神仏習合として捉え得ることを述べた。さらに、『東大寺要録』に記された天地院の行基創建伝承をめぐって、発掘調査成果との関係から成立する可能性が高いことを指摘し、そこを拠点として行われた山林修行や神仏習合などに関わる行基の諸活動が、大仏造立など東大寺にも一定の影響を及ぼした可能性について触れた。王権と仏教という政治史上、また仏教史上の課題についても、地域史的視点を積極的に取り入れることで新たな論点を得られることが確認できたかと思う。

ただし行基の神仏習合の思想が東大寺に与えた影響については、憶測に留まる部分も多い。今後も検討を進めたい。また和泉地域の仏教についても、地域の独自性を述べるのみでは不充分であり、中央からの影響についても検討すべき点が存在する。[53]これについても今後の課題としたい。

註

（1）勝浦令子「行基の活動における民衆参加の特質――都市住民と女性の参加をめぐって――」（『日本古代の僧尼と社会』吉川弘文館、二〇〇〇年、初出一九八二年）。

（2）行基と和泉の関係をめぐっては、拙稿「行基と和泉」（和泉市史編さん委員会編『和泉市の考古・古代・中世』二〇一三年）で検討したことがある。小稿の論旨と一部重複する部分があることをお断りしておきたい。

（3）薗田香融「古代における山林修行とその意義――特に自然智宗をめぐって――」（『平安仏教の研究』法藏館、一九八一年、初出一九五七年）、上原真人「古代の平地寺院と山林寺院」（『仏教芸術』二六五、二〇〇二年）他。

（4）平子鐸嶺「仏師池辺直氷田」（『史学雑誌』一五―八、一九〇四年）。

（5）福山敏男「比蘇寺（現光寺）」『奈良朝寺院の研究』増訂版（綜芸舍、一九七八年、初版一九四八年）。

（6）福山敏男前掲「比蘇寺（現光寺）」。
（7）『日本書紀』推古天皇三年五月丁卯条に「高麗僧恵慈帰化。則皇太子師之。」とある。
（8）堀池春峰「比蘇寺私考」（『南都仏教史の研究　下　諸寺篇』法藏館、一九八二年、初出一九五四年）。
（9）上原真人前掲「古代の平地寺院と山林寺院」。
（10）赤松俊秀「藤原時代浄土教と覚超」（古代学協会編『摂関時代史の研究』吉川弘文館、一九六五年）。
（11）山下有美「「茅渟の山寺」と横山」（和泉市史編さん委員会編『和泉市の歴史一　地域叙述編　横山と槙尾山の歴史』二〇〇五年）。
（12）山下有美前掲「「茅渟の山寺」と横山」。
（13）悔過については当面、佐藤道子『悔過会と芸能』（法藏館、二〇〇二年）、長岡龍作「悔過と仏像」（『鹿園雑集』八、二〇〇六年）などを参照。
（14）『日本書紀』皇極天皇元年（六四二）七月戊寅条に、蘇我蝦夷の指示により、寺々で大乗経典を転読し、悔過を行って雨を祈ったことがみえる。
（15）長岡龍作前掲「悔過と仏像」。
（16）前川明久「道鏡と吉祥天悔過」（『続日本紀研究』一五〇、一九七〇年）。
（17）谷口耕生「奈良時代の悔過会と造像」（奈良国立博物館編『特別展　古密教――日本密教の胎動――目録』二〇〇五年）。
（18）奈良国立博物館編『奈良朝写経』（東京美術、一九八三年）、田中卓「イセ神宮寺の創建」（曽根正人編『論集奈良仏教』四、雄山閣出版、一九九五年、初出一九五七年）。
（19）稲城信子「神仏習合資料としての大般若経」（『日本中世の経典と勧進』塙書房、二〇〇五年、初出一九八九年）。
（20）栄原永遠男「行基と中臣系氏族――伊勢信仰と仏教――」（野田嶺志編『地域のなかの古代史』岩田書院、二〇〇八年）。
（21）田中卓前掲「イセ神宮寺の創建」。
（22）原文は以下のとおり。

天平勝宝九年六月卅日、沙弥道行、慕㆓先哲之貞節㆒、遵㆓大聖之遺風㆒、捨㆓忘俗塵㆒、賤㆓於蟬蛻㆒、不㆑愛㆓身命㆒、軽二於鴻毛一。独出二里隣一、遠入二山岳一、収二穢累之逸予一、巻二淫放之散心一、儼然閑居、帰二依三宝一。是時也、山頭雲起、谷中雷鳴。四方相驚、激撃硫礚。手足無二レ知所レ惜、生命亦難レ可レ存。余念、何過当レ遭二天罰一。則願曰、区々下愚、失レ魂畏レ死。況乎国家之愛生乎。仰願、為二神社安穏、電雷無レ駭、朝庭無レ事、人民寧之一、敬欲レ奉レ写二大般若経六百巻一。如レ此誓畢、雷電輟響。道行忽蒙二威力一、纔得二本心一。以為、連河能仁、設二波若之宝筏一、双樹正覚、開二菩提之禅林一、誰不レ渡二愛河一者、乗二彼宝船一。歩二迷路一者、休二此芳林一者也。道行、無レ智有レ欲、無レ徳有レ貧。非レ頼二善友之勢一、何成二広大之功一。是以、普誘二知々識々人等一、共和二善哉一、敬奉レ写也。注二其名字一着二後題外一、不朽之因、長伝二将来一。伏願、諸大神社、被二波若之威光一、早登二大聖之品一。次願、天朝聖主、此寿二南山一、天長地久。次願、一二親眷属、万福日新、千慶月来、百年之後、辞世之夕、遊二神率天一、昇二弥勒之香台一、棲二想極楽一、践二観音之花座一。一切含霊、亦猶如レ是、傍及二千界一、共登二波若一。

なお釈読に際しては、遠藤慶太「古写経識語の神仏――天平宝字二年道行知識経の識語をめぐって――」、竹本晃「古写経研究の可能性――道行知識経について――」（共に『九州史学』一五一、二〇〇八年）を参照した。

(23) 竹本晃は、経巻が時代の経過と共に各地を移動することを前提として、山公（君）や県主が和泉のみならず大和や近江にも分布することなどから、道行知識経の作成地として、和泉よりも大和、近江の方がふさわしいとする（前掲「古写経研究の可能性」）。しかし竹本も指摘するように、山君、山直、県主の各氏族が和泉で確認できること、巻五〇の別筆により、正元二年（一二六〇）に和泉国和泉郡の坂本郷桑原村で校合したことが確認できる点は、やはり重視すべきと考える。

(24) 上川通夫「神身離脱と悔過儀礼」（『論集　カミとほとけ――宗教文化とその歴史的基盤――』ザ・グレイトブッダ・シンポジウム論集第三号、東大寺、二〇〇五年）。

(25) 田中卓前掲「イセ神宮寺の創建」。

(26) 堺市立埋蔵文化財センター編『史跡土塔――文字瓦聚成――』（堺市教育委員会、二〇〇四年）。

(27) 『行基年譜』の該当部分には「(行基)行年六十歳〈丁卯〉、聖武天皇四年〈神亀五年〉」とあり、行年六十歳とすると神亀六年＝天平元年（七二九）となるが、丁卯は聖武即位四年にあたる神亀四年（七二七）となり、それぞれ齟齬が生じる。ここでは当面、丁卯と聖武即位四年が一致する点を重視し、神亀四年と解しておきたい。

(28) 古尾谷知浩「文字瓦と知識」（『文献史料・物質資料と古代史研究』塙書房、二〇一〇年、初出二〇〇七年）。

(29) 吉川真司『天皇の歴史二　聖武天皇と仏都平城京』講談社、二〇一一年。

(30) 大須恵院については、その立地から須恵器生産工人への布教を第一義的と捉える見解もあるが、山林修行の地としての性格はそれと対立するものではないだろう。

(31) 新川登亀男「『行基年譜』と内閣文庫蔵『大鳥太神宮幷神鳳寺縁起帳』――行基集団登場の基盤によせて――」（『社会的結合としての行基集団に関する基礎的研究』一九九九年、科研報告書）。

(32) 坂本太郎「『住吉大社神代記』について」（『坂本太郎著作集四　風土記と万葉集』吉川弘文館、一九八八年、初出一九七二年）。

(33) 河内南部の社領をめぐって、住吉社と大和側、葛城の勢力との対立があったことについては拙稿「住吉信仰の古層」（続日本紀研究会編『続日本紀と古代社会』塙書房、二〇一四年）で述べた。

(34) 「行基菩薩行状絵伝」にみえる。

(35) 森明彦「『行基年譜』に関する二つの問題」（有坂隆道先生古稀記念会編『日本文化史論集』同朋舎出版、一九九一年）。新川登亀男前掲『社会的結合としての行基集団に関する基礎的研究』。

(36) 原文は以下のとおり。

至㆓大宝年中㆒、社南辺有㆓夫妻二人㆒、夫大鳥連首斎、即此里人、妻摂津国住吉郡津守宿禰伊良豆米古、爰伊良豆米古語㆑夫云、吾母同姓常世古、嫁㆓納曳坂本臣利金㆒、作㆓無量重罪㆒、定知㆓没悪趣㆒歟、乞㆓同宿屋㆒掃清為㆑堂、昼夜誓願、太神召㆓大鳥連百嶋㆒宣吉、首磨妻在㆓我前側㆒、不㆑欲㆑聞之、仏名日夜称讃、早禁止之、即百嶋聚㆓刀禰幷夫妻二人于野田榎本村㆒、其告㆓神辞㆒、即伊良豆米古変㆓此辞㆒、以竄㆓和堂㆒、円益弥誓願云、死命不㆑惜、死而不㆑止、又半夜持、喚㆓百嶋㆒告㆑命、見㆓夫婦之所㆑為、遂可㆑果了、我入㆓智識㆒、其明後、同処、又聚㆓諸人㆒、具披㆓神辞㆒、受即欣悦、未㆑経㆑幾刻、

(37) 原文は以下のとおり。

行基師、願勝師、利鏡師等、野田村大歳松樹下至集、語㆓諸刀禰㆒云、率㆓知識㆒為㆓大神㆒修㆓功徳㆒、以㆓利鏡師㆒為㆓画師㆒造㆓七仏薬師像㆒、在㆓障子㆒也、百島家南作㆓借屋㆒、造㆓件仏㆒而収㆑宿大神故内云云、後和銅元年戊申十月比、専掃㆓清首麻呂家㆒終成㆓寺院㆒、遷㆓彼仏像㆒、今在㆓西仏堂㆒是也、今大鳥神宮寺神鳳寺是也、文武天皇諱軽、天武天皇孫、草壁皇子第二子也、又天津足、母元明天皇諱阿閉皇女、天智第四女也、即㆓位大化三年㆒、丁酉、

治二天下一十一年、丁未、六月十五日天皇崩、年廿五、十一月丙午火二葬先皇安古山陵一、持統天皇崩二同年一也、

(38)『藤氏家伝』下、「武智麻呂伝」。

(39)『類聚国史』一八〇、天長六年(八二九)三月乙未条。

(40)吉田一彦「多度神宮寺と神仏習合——中国の神仏習合思想の受容をめぐって——」(梅村喬編『古代王権と交流四　伊勢湾と古代の東海』名著出版、一九九六年)。

(41)『日本霊異記』下巻、依レ妨二修行人一得二猴身一縁　第二十四。

(42)上川通夫前掲「神身離脱と悔過儀礼」。

(43)堺市教育委員会前掲『史跡土塔——文字瓦聚成——』。なお文字瓦の年代については同書に近藤康司による製作技法に基づく詳細な分析がなされており(「土塔出土文字瓦の考古学的考察」)、それによれば、ここで示した文字瓦は創建時とされるⅠ—1類に分類される(同書「文字瓦一覧表」五、七頁)。

(44)和田萃「大仏造立と神仏習合」(『日本古代の儀礼と祭祀・信仰』中、塙書房、一九九五年、初出一九八八年)。

(45)大平聡「天平期の国家と王権」(『歴史学研究』五九九、一九八九年)。

(46)吉川真司「東大寺の古層——東大寺丸山西遺跡考——」(『南都仏教』七八、二〇〇〇年)。

(47)縁起に相当する原文は以下のとおり。

縁起文云、是文珠化身行基菩薩建立也

和泉国大鳥郡生。行基法師〔本薬師〕、未年出家、十五歳。年来之間学、滅後受二一尊法一為二行者一。年四十一。為二十方施主一、建二立諸国堂舎四十九箇所一。幷殖二薬木一為二末世衆生一也。於二大和国一造二八箇寺一第二。添上郡求二諸山根一、於二御笠山安部氏社之北高山半中一、始造二和銅元年二月十日戊寅、山峯一伽藍一。即天地院、名法蓮寺。同二年三月十五日辛卯、供養。請僧十人。導師経淵法師〔大安寺〕。咒願行聖法師〔薬師寺〕。唄善儀法師〔元興寺〕。散花円理法師〔薬師寺〕。六人〔法隆　大安　元興　薬師〕僧固世也。今加我山三笠伽藍共二鎮守明神一弘興二仏法一大紹出。此山本皇大之仏法相来集興見。其故顕所也。並犯見所事者定不二成仏正覚一矣。被レ興レ顕者生二弥勒出世一成二仏塵草木身一。仍行基為二法界衆生一。誓二仏身願一敬白。

後段には文意の通じ難いところがあるが、縁起の取意文とみられる『東大寺要録』巻二、縁起章第二には、「天地院縁起云、行基菩薩、和銅之比、供二養天地院一之日、此山麓帝皇建二立大寺一。広持二仏法一運在レ近也〔云々〕」と

あるので、本文のように解した。

(48) 吉田靖雄「東大寺天地院の創立と行基」(『日本仏教史学』二四、一九九〇年)。

(49) 奈良国立文化財研究所・奈良市教育委員会編『平城京・藤原京出土軒瓦型式一覧』(奈良市教育委員会、一九九六年)に基づく分類番号。

(50) 奈良県立橿原考古学研究所「史跡東大寺総合防災工事に伴う事前発掘調査の概要(平成二~四年度)」(『南都仏教』六九、一九九四年)。

(51) 水野柳太郎は、重源の東大寺再建によって再び行基が注目されるようになる以前に編纂された『東大寺要録』に、天地院を行基創建としているのは信頼できるとする(「行基の大仏勧進記事をめぐって――『続日本紀』巻十五天平十五年十月乙酉条――」『続日本紀研究』三〇〇、一九九六年)。

(52) 岩戸晶子「天地院跡出土品」(奈良国立博物館前掲『特別展　古密教――日本密教の胎動――目録』)。

(53) 和泉に所在した珎努宮(和泉宮)には、王権と密接な由縁を持つ可能性の高い如法経や弥勒菩薩・観世音菩薩像などが存在したことが指摘されている(栄原永遠男「正倉院文書からみた珎努宮・和泉宮」『大手前比較文化学会会報』一二、二〇一一年)。

早良親王・桓武天皇と僧・文人

鷺森浩幸

はじめに

天応元年（七八一）、光仁天皇の子山部親王が即位した（桓武天皇）。同時に同母弟早良親王が皇太子となった。早良はこれ以前、出家の状態にあり、東大寺・大安寺と深い関係を有した。僧時代の早良親王については、山田英雄の研究[1]をはじめとして研究の蓄積がある。

東大寺における早良に関して、「東大寺権別当実忠二十九ケ条事」（『東大寺要録』七）に関係する記述があり、大安寺においては、「大安寺碑文」[2]などがある。また、周知のごとく、早良は後に怨霊となり、桓武天皇の治世に大きな影響を与えたが、その時期に、等定や善珠といった僧との関連が『日本後紀』などにみえる。このように、出家時代の早良の活動や動向を示す史料が、さほど多くはないが、存在する。そして、それらは早良の置かれた学問的な環境を考えるうえで、重要な素材であり、当時の学問のあり方を考える際にも、好適なものであると考えられる。しかし、このような視点は、これまでの研究ではあまり意識されていなかったように思われる。

本稿では、早良をめぐるさまざまな人物に焦点を当て、まず、早良をとりまく学問的な環境を明らかにし、兄桓武天皇との関わりや当時の学問のあり方について論じてみたい。

第一章　早良親王と等定・善珠

『東大寺要録』四諸院章（羂索院）・「大安寺崇道天皇御院八島両処記文」[3]によると、早良親王は神護景雲二年（七六九）または二年に東大寺羂索院から大安寺東院に移住した。「大安寺碑文」にも「寺内東院皇子大禅師」とあり、「大安寺碑文」はこの皇子大禅師の依頼により淡海三船が作成したものである。早良親王の大安寺在住はまちがいないと思われる。早良が東大寺に居住していたことについて、山田英雄・山本幸男[4]のように、早良が宝亀頃から東大寺造営において重要な役割を担ったことから、事実とするのが一般的であるが、牧伸行[5]が否定的な見解を展開する。牧の見解は、⑴親王宣下を受ける前の早良は大安寺東院の住僧であった、⑵早良の師は等定であるが、史料に散見される実忠と早良および等定と実忠の師弟関係は事実ではなく、等定と早良のそれを前提に生じた、⑶等定と早良には大安寺を通じて共通点を見いだすことができる、とするものであり、牧が等定が東大寺僧であることを否定することとも密接に関わる。⑴には、疑問の余地はなく、⑵の等定と早良の師弟関係は事実としてまちがいないが、実忠との師弟関係が疑わしいことも是認できる。しかし、等定や早良が東大寺に関係がなかったとする点に充分な根拠があるとは思えない。

早良が東大寺造営に関与したことは事実である。「東大寺権別当実忠二十九ケ条事」には、実忠が親王禅師の指示により造営に従事し功績をあげた事例が三例みえる。いずれも宝亀期のことである。

A一　奉レ造二建大仏殿副柱一事

合副卌枝各長七丈四尺　広二尺二寸　厚一尺三寸

右　造寺司左大弁佐伯宿祢并長上大工等申云　件副柱構立尤難。皆辞已畢。尓時親王禅師并僧正和尚　相語計宣　斯事非二実忠師之謀一　余人都不レ得レ成　猶汝可レ造。即奉二命旨一　以二宝亀二年歳次辛亥四月一　率二諸匠夫等一　自親往二詣近江国信楽杣一　御柱作備　運二送寺家一　削構造立。八箇月内其事已畢。今迄卅年无二動損一也。

B一　奉二仕寺家造瓦別当一事

合三箇年自二宝亀十一年一迄二延暦元年一

右　被二親王禅師教一称　頃年造レ寺固作瓦甚悪　当レ用被損巨多。覓二吉土一可レ造二能固一者。因誡二所々土一　山城国相楽郡福宏村土巌上也。瓦十九万枚　運二上寺家一　宛二用僧房一。此瓦甚固。至二于今時一　允无二破損一。寺内大衆所二共知一也。

C一　奉二仕寺主政一事

合五箇年自二去宝亀五年歳次甲寅一至二同九年戊午一也

右　先々三綱備二用他物一　雖レ奉レ供猶不レ足。憂悩良繁　遂将二粮食一。是以親王禅師教垂　法師実忠委二寺主政一。是時見二受物一乏　僅有二半月供粮一。将来難レ叶。譲下受備二外国塔一分銅一千斤上。并私功徳粮物等　暫間進寄纔継二僧供一。亦猶思量供応続甚難。因レ茲勘二由田直租等一　取二集斗升一垂以宛二正用一。加以内外産業務加二検校一。其間供物漸豊。先々借物報レ之。実忠倉庫以後　三綱都无二小患一也。

また、宝亀期において、正倉院文書にみえる次のような事例も注目される（表1）[6]。すでに指摘のある通り、当該期における早良と東大寺の関係はきわめて密接であった。東大寺内において、早良は良弁およびその周辺と深く

表1　正倉院文書にみえる早良親王

文書名	日付	内容	大日古
奉写一切経料筆墨紙筆用帳案	宝亀二年九月二十五日	「内親禅師御院」に紙を充てる	一八―四五七
倉代西端雑物出入帳	宝亀四年三月八日	「禅師親王御院」に花盤を充てる	二一―二三六
双倉北雑物出用帳＊	宝亀十年十二月六日	「親王禅師所」に冶葛を充てる	四―一九九

＊親王禅師冶葛請文（二三―六二五）は関係文書

結びついていたと考えられる。前掲のAに改めて注目したい。親王禅師は早良親王、僧正和尚は良弁のことである。両者が協議して大仏殿の副柱を実忠に建てさせたのである。実忠も良弁周辺の僧であった。また、BCには親王禅師の命により、実忠が造瓦や物資の調達に従事したことが記される。(7)筆者はかつて、このような東大寺内の早良に関して、別当であった良弁の地位を継承したと推定した。(8)早良が天皇の子であることは考慮する必要があるが、早良が良弁につながり、良弁の周辺においても有力な僧であったことはまちがいないと思われる。このような早良と東大寺の関係は前段階で早良が東大寺に属したと考えると、自然に理解される。さらに、(3)について、牧の見解では、等定が大安寺に遊学した可能性が指摘されるのみで、両者の関係は推定の域を出ないと思われる。以上の点から、「東大寺権別当実忠二十九ケ条事」や正倉院文書の記載に着目し、早良の東大寺居住を事実とみる通説を継承して問題はないと思われる。早良は当初、東大寺において、おそらく羂索院に居住し、その後、大安寺東院に移住したと考えるのが妥当であろう。(9)

等定は河内国の出身で、延暦二年（七八三）に東大寺別当となり、九年には律師となった。以後、少僧都・大僧都と昇進した。十八年に大僧都を辞したが、その後も、梵釈寺を検校した。二十年には死去していた。東大寺における等定の活動を物語る史料は僅少である。『東大寺要録』から、実忠の弟子であり、良弁から天地院を継承したことがうかがえるが、これらが事実であるかどうかは改めて検討を要する。すでに指摘のある通り[10]、等定は実忠より年長と推定され、実忠・等定の師弟関係は考えにくい。さらに、実忠は早良の指示を受けて東大寺の運営などに従事したことがあり、早良が等定の弟子であるとすると、実忠の立場はきわめて不自然なものとなってしまう。実忠・等定の師弟関係は事実とは考えにくい。また、天地院の継承や別当就任についても、積極的な裏付けとなる史料を欠くといわざるをえない。しかし、前述のように、早良がもともと東大寺に居住したとすれば、その師等定もやはり東大寺僧と考えるのが妥当であろう。そして、東大寺における早良の地位を考えた時、等定の寺内における地位も決して低かったと評することはできないだろう。

等定に関してもうひとつ注目すべき点は西琳寺との関係である。「西琳寺文永注記」寺官事（『羽曳野市史』一）には「大鎮　四十八代　神護景雲二年記云　大鎮僧等定」とあり、この記述はおそらく所引の神護景雲二年八月一日付文書によると思われる。そこには「大鎮僧等定」の名がある。牧は西琳寺大鎮であることから、等定が西琳寺僧であったとするが、この点は明確ではない。たとえば、法華寺大鎮であった慶俊[11]は明らかに尼寺であった法華寺の所属ではない。また、「西琳寺文永注記」には「古徳相伝」として鑑真渡来後、「東大寺律法興行之後　当寺度々為二律院一歟。其所謂者　等定僧都止二住当寺一　鉄鉢幷道具等多被レ収二宝蔵一也」とある。鑑真渡来後、西琳寺は鑑真一門の活動の場となったことが示唆され、等定がそれに深く関与したことがわかる。『三国仏法伝通縁起』によると、西琳寺には等定の房舎が残され、空海が宿泊するほどであったことがみえる。このように、鑑真の渡来後が具体的にどの時期をさすのかは不明であるが、等定と鑑真一門の結びつきが想定され、これも等定が東大寺の所属であるとすると、理解しやすい。等定は東大寺所属で、おそらく出身地河内国にも近かった西琳寺とも関わり、大鎮となったとと考えておきたい。

続いて、善珠について考察したい。善珠は俗姓は阿刀氏で、興福寺僧であった。玄昉を師としたらしいが、詳細は不明である。次に述べるように、延暦十六年正月に、皇太子安殿親王の病気平癒の功績により僧正に任じられたが、四月には死去した。『日本紀略』延暦十六年四月二十一日条の善珠伝によると、善珠の死去にあたり、皇太子安殿親王が善珠の形像を図し、秋篠寺に安置した。また、『扶桑略記』延暦十六年正月十六日条には、国史によるとして、次のようにある。

興福寺善珠任僧正　皇太子病悩間　施二般若験一　仍被レ抽レ賞。去延暦四年十月　皇太子早良親王将レ被レ廃。時馳二使諸寺一　令レ修二白業一。于時諸寺拒而不レ納。後乃到二菅原寺一。爰興福寺沙門善珠含レ悲出迎　灑レ涙礼仏訖之後　遙契遙言　前世残業　今来成レ害。此生絶レ讎　更勿レ結レ怨。使者還報二委曲一　親王憂裡為レ歓云　自レ披二忍辱之衣一　不レ怕二逆鱗之怒一。其後親王亡霊屢悩二於皇太子一。善珠法師応レ請　乃祈請云　親王出レ都之日　厚蒙二遺教一。乞用二少僧之言一　勿レ致二悩乱之苦一。即転二読般若一　説二无相之理一。此言未レ行　其病立除。因レ茲昇進逐拝二僧正一。為人致レ忠　自得二其位一也。

廃太子の時、早良親王は諸寺に向かったが、拒絶され、菅原寺にいたり、興福寺沙門の善珠が出迎え、礼仏の後、怨を残さないことを契ったが、後に早良の亡霊が皇太子安殿親王を悩ましたので、善珠が祈請し、般若経の転読や説法を行い、皇太子の病が回復したというのである。

善珠と早良親王の関係について直木孝次郎・山本幸男・本郷真紹[12]の研究がある。直木は善珠像の安置に関して、善珠が早良の祟りから安殿を守るために修法していたことが関係すると推測し、桓武・平城天皇が秋篠寺に深い尊信を寄せたことを指摘する。山本はさらに、罪に問われた早良に対して、早良の外祖母真妹が出た、土師氏の毛受腹の人々が善珠を通して早良に救援の手をさしのべていたとする。本郷も早良親王と善珠の関係は廃太子以前から存在し、善珠が早良の怨霊の鎮撫にあたったとする。安殿親王の病気が早良親王の怨霊によると認識されたことは事実であり、善珠像の安置は明確にそれと関わりをもつだろう。細部はともかく、『扶桑略記』の記載のような事実を想定すると、善珠像の安置の背景は容易に理解することができる。

『扶桑略記』によると、善珠は菅原寺にいたことになる。善珠像が安置されたのは秋篠寺である。さらに、『日本後紀』弘仁五年（八一四）十月二十二日条の常樓卒伝によると、善珠の弟子常樓は勅により秋篠寺に安置された。秋篠寺・菅原寺は秋篠氏・菅原氏と関係の深い寺院であり、周知のごとく、両氏は土師氏から生まれた氏である。桓武天皇や早良親王にとって土師氏は母方の姻戚にあたり、早良に近い善珠がこの二寺に関係をもつのは自然なところである。善珠は正倉院文書にもいくつかその名がみえる（**表2**）。なお、表記は善修ともみえるが、これは善珠のことである。

表2　正倉院文書にみえる善珠

文書名	日付	内容	大日古
善珠書状	天平十八年九月十六日	肇論疏を奉送する	九―二六〇
応写疏本勘定目録＊	欠（勝宝三年六月頃）	唯識論貶量を所有	一二―一五
経疏出納帳	天平勝宝五年九月四日	十地論（および疏）・華厳伝・華厳論を奉請	三―六三〇
経疏奉請帳	勝宝七年九月十三日	華厳方軌・一乗法界図・起信論疏を奉請	一三―一五六
仁王経散帳	日付欠	仁王経・仁王経疏を奉請	一二―四二七

＊応写疏本目録（一二―一一）も同内容

井上光貞[13]は善珠は教学的に正統法相教学の潮流に属すると評するが、対して、曽根正人や末木文美士の見解がある[14]。曽根は善珠は異端派学説を継承しており、その著作は正統教学確立前夜の様相を反映するとし、末木は、最も基系の正統説を強く受けた善珠でもそれのみによっていたのではないと評する。善珠が必ずしも正統法相教学に属しないことは正倉院文書からも傍証が得られる。たとえば、善珠は法蔵・恵遠・元暁などの華厳宗関係者の論などを奉請しており、華厳教学の修学を示唆する。善珠は正統法相教学ではなく、法相教学に加えて華厳教学なども学習していたと考えられよう。

さて、常樓伝によると、常樓は善珠のもとで仏教を学ぶとともに、膳大丘・土師乙勝と外伝を学習した。これは興福寺における教学活動の具体相を示すと思われるが、大丘は五月一日の勘経と関わって、正倉院文書の、(1)写経奉請牒（日付欠　一二―四七三）、(2)天平勝宝七年四月二十一日造東大寺司牒（二五―一九三）、(3)天平勝宝七年八月十六日［　］勘経所牒（四―七二）に名がみえる。(1)(2)は同内容で、いずれにも使として膳大丘の名がみえ、(3)の日下には大丘の署名がある。大平聡[15]によると、(1)(2)は興福寺宛の文書で、(3)も興福寺勘経所の牒でよい。大丘が興福寺勘経所に出仕していたことはまちがいない。これは基本的に官人としての勤務であるが、結果として僧との交流が生じることはあるだろう。土師乙勝の詳細は不明であるが、土師氏であることは、次代の秋篠氏・菅原氏の存在を考慮すると、やはり興味深い。おそらく、善珠を中心にその門弟や興福寺に関わる官人から構成される、仏教およびそれ以外の分野におよぶ学問的な集団が存在したと考えられる。その時期は、常樓は天平十三年生まれで、幼齢で出家したこと（常樓伝）、大丘が興福寺勘経所に勤務したのが天平勝宝七年頃であること、土師乙勝が天平宝字元年五月二十一日に正六位上から外従五位下へ昇進したこと（『続日本紀』同日条）から、天平勝宝・宝字期を中心に想定することは可能であろう。

第二章　早良親王と淡海三船

淡海三船は石上宅嗣とともに、天平宝字以後の「文人之首」と称された人物である。「大安寺碑文」は「寺内東院皇子大禅師」（早良親王）の意思をもとに三船が作成したものであり、早良親王と密接な関係を有し、その様相は山本幸男の研究に詳細である。[16]『延暦僧録』淡海居士伝（『日本高僧伝要文抄』三）によると、三船は出家して元開と改め、天平勝宝期に勅を奉じて還俗、真人の姓を賜わった。[17]師は道璿である。蔵中進[18]の指摘するように、当初出家していたが遣唐留学生となるためにその直前に還俗・賜姓されたらしい。『延暦僧録』には三蔵および九経を学ぶとあり、仏教・儒学をともに学習した。在家で家族もあったが、梵行を修めた。福原栄太郎[19]が仏門にあった時の修行が学問の基礎を形成したと推定するように、三船の学問の出発点は道璿のもとでの学習にあり、それが仏教および儒学にわたったこともまちがいないだろう。寺院における広範な学問のあり方がここでもうかがえる。三船と大安寺の関係はたとえば、「大安寺碑文」の執筆に明白であるが、もうひとつ注目すべき点がある。それは三船の宝亀十年（七七九）閏五月二十四日送戒明和尚状である。[20]これは三船が戒明に送った書状であり、戒明がもたらした釈摩訶衍論の真偽を論じたものである。それによると、戒明から使者が送られ、釈摩訶衍論が三船のもとにもたらされ、当初、三船は喜んだが、一読して多くの疑点があるのに気づき、ただちに偽書と断定して戒明に書状を送った。疑問点を具体的に記し、「願　早蔵匿　不レ可二流転一。取二笑於万代一」と強い主張で締めくくる。戒明は慶俊の弟子で、大安寺南塔院（塔中院）の僧であった（『日本高僧伝要文抄』所引『延暦僧録』戒明伝）。奉請帳（天平勝宝三年〈七五一〉五月二十七日[21]）には慶俊からの借用経を戒明に付して返却したことがみえ、この段階で戒明が慶俊に弟子として近侍していたとみてよかろう。宝亀十年には三船は大学頭・文章博士であった。三船と戒明の間にこのような形での交渉があったことがわかる。

南塔院については横田健一[22]の研究が詳細である。その内容は、(1)南塔院（塔中院）は西塔の北側に存在した、(2)東には大安寺八幡宮が存在し、八幡宮の神宮寺であり、東西塔や八幡宮と同時に建てられたものと推定される、(3)天平十九年（七四七）大安寺伽藍縁起幷流記資財帳には記載がなく、それ以後の建立と考えられる、(4)南塔院の檀越が和気氏で、弘仁期には何らかの形で八幡神を祀っており、宝亀頃に清麻呂が八幡神を勧請して建立したのが南塔院の濫觴である、(5)行教が大安寺僧であることから南塔院に八幡を勧請したのは行教であると、天永頃には信じられるようになった、などである。

三船は「送戒明和尚状」のなかで「昔膳大丘　従レ唐持来金剛蔵菩薩注金剛般若経亦同二此論一　幷偽妄作也」と、膳大丘が将来した金剛蔵菩薩注金剛般若経も偽妄作であったことを指摘する。膳大丘は前述のように、興福寺やその住僧善珠と関わりの深い人物であった。三船と大丘の交渉は、ここからは直接、明確にはならないが、三船が大丘の金剛蔵菩薩注金剛般若経を実際にみて、偽作と判断したと推定することは可能である。さらに、三船は興福寺の善珠などの集団とも交渉をもっていたと推定することも無理なことではなかろう。

さて、『唐大和上東征伝』は鑑真の弟子思託が三船に依頼して成立したものであり、三船と鑑真やその一門との関わりを示すが、鑑真来日後の戒律普及に関して、次のような記載がある。

唐璿律師請二大和尚門人思託一曰　承学有二基緒一。璿弟子閑二漢語一者令レ学二励疏幷鎮国記一。幸見二開導一。僧思託便受　於二大安唐院一為二忍基等四五一年中研磨数遍。宝字三年僧忍基於二東大唐院一講二疏記一　僧善俊於二唐寺一講二件疏記一　僧忠慧於二近江一講二件疏記一　僧恵新於二大安塔院一講二件疏記一　僧常巍於二大安寺一講二件疏記一　僧真法於二興福寺一講二件疏記一。

道璿の要請により、思託が大安寺唐院において忍基らに戒律を講義し、天平宝字三年、東大寺唐院（講師忍基）・唐律招提（講師善俊）・近江国（講師忠慧）・大安寺塔院（恵新）・大安寺（講師常巍）・興福寺（講師真法）で講義が行われた。大安寺塔院および大安寺がみえるが、大安寺塔院はおそらく大安寺唐院の誤りであろう。「塔院」の名称は南塔院のことをさすと思われるが、当該期に存在したかどうかは定かではない。道璿の要請により思託が教授を行った場所が大安寺唐院であり、こちらが講義の場所としてふさわしいであろう。そして、唐院は字義からしても大安寺における道璿の居住地であった（『扶桑略記』天平七年四月二十六日条）。鑑真に先行して渡来した道璿は、鑑真の渡来後、新しい戒律の学を弟子たちに学ばせたのである。前述のように、道璿は三船の師であり、三船と鑑真一門の交流はこのような状況のなかで生まれたと推定される。

ここまで、早良親王の存在を出発点に、その周辺の僧や官人（文人）たちについて考察してきた。その結果、早良親王をめぐるひとつの学問的なネットワークが浮上してきたように思われる。その概要をまとめると、次のようなものになる。

寺院では、東大寺・大安寺[23]・興福寺をおそらく中軸として早良の母方につながる秋篠寺・菅原寺や、西琳寺を含み、僧では、東大寺の良弁一門や、当初、東大寺唐禅院を本拠とした鑑真一門、大安寺において唐院を拠点とする道璿の集団、および戒明ら南塔院の僧たち、興福寺における善珠の集団などからなり、俗人では、大安寺と深い関係をもつ淡海三船や興福寺に関わる膳大丘・土師乙勝などが含まれる。このネットワークは僧俗あわせたネットワークであり、淡海三船のような地位の高い貴族も含まれる。それゆえ、仏教のみではなく、儒学なども学問の対象とするものであったが、仏教的には華厳教学（東大寺の良弁一門や興福寺の善珠一門）・鑑真系の律教学が含まれ、特に華厳教学が中核をなしていたのではないかと思われる。また、複数の寺院にまたがり、特定の寺院が特に強い求心力をもったものでもないようである。

このネットワークの全体像が把握できたかどうかは、疑問の余地も残るが[24]、出家時代、早良親王はこのような環境のなかで学問に取り組んだと考えられる。

第三章　桓武天皇に仕えた文人たち

前章で述べた早良親王を含む学問的なネットワークは、同時に早良の同母兄である桓武天皇にも近いものであったと思われる。本章では、視点を変えて、桓武天皇の周辺の人物とこのネットワークの関わりを検討してみたい。問題となるのは桓武に近侍する文人貴族たちである。

まず、桓武周辺の文人として著名なのは、いわゆる徳政相論で論陣を張った菅野真道である。真道はもとは津氏で、宝亀九年（七七八）二月に少内記となり、延暦二年（七八三）に外従五下に昇進、三年に左兵衛佐となり、四年、安殿親王立太子とともに従五位下となり、東宮学士に就任した。その後、図書助、続いて図書頭を兼任し、九年には菅野朝臣を賜姓された。さらに、東宮学士のまま、治部少輔・民部大輔を歴任し、十三年に従四位下に昇進した。十六年には『続日本紀』編纂の功績により、正四位下に昇進し（この時、民部大輔・左兵衛督・東宮学士）、その後左大弁に就任した（この時、左大弁・東宮学士・左兵衛督）。二十四年に参議となり、徳政相論の時、参議・左大弁であった。東宮学士は安殿の立太子以後、最後まで在任し、左大弁をも務めた文人である。弘仁二年（八一一）に致仕し、八年に死去した。

『日本後紀』弘仁二年正月二十一日条に致仕の上表が収録される。そこには次のようにある。

参議従三位宮内卿兼常陸守菅野朝臣真道上㆓表致仕㆒曰　臣聞　晨行暮息　身事之恒分　壮仕老休　礼制之通範。所以崇㆑名事㆑主　保㆑身終㆑命也。臣本庸品　才用無㆑取。渉㆑学謝㆓於甲科㆒　干㆑禄朝㆓於下士㆒。徒以早因㆓多幸㆒委質㆓先朝㆒。爰自㆓儲闈㆒　洎㆑臨㆓宸極㆒。夙夜軒陛　綿㆓歴歳序㆒。遂乃曲蒙㆓□奨㆒　濫厠㆓簪纓㆒。兼㆓文武之崇班㆒帯㆓中外之厚秩㆒　以至㆓今日㆒。（略）

古藤真平[25]は、「渉㆑学謝㆓於甲科㆒」の部分および、賀陽豊年伝（『日本後紀』弘仁六年六月二十七日条）の「該㆓精経史㆒　射㆓策甲科㆒」の文言を秀才試に関する記述と推定する。賀陽豊年の場合、「射㆓策甲科㆒」とは秀才試に合格したの意であろう。菅野真道の場合の「謝㆓於甲科㆒」の表現はそれとは異なると思われる。謝には充分ではない、はじるの意味があり、及第しなかったとの意味ではないかと思われる。継いで「干㆑禄朝㆓於下士㆒」とあり、下士として出身したとされることもそれと適合する。すなわち、秀才試に及第しなかったが、下士として出身することができたのであって、逆に、及第したが、下士として出身したとの意味であれば、処遇への不満を述べることになってしまう[26]。真道の場合、秀才試の及第は確認できないことになり、大学の文章生・文章得業生から秀才士及第のような形で学問を修得し、出身したのではないことが示唆されるように思われる。

ここで注目したいのは真道が津氏であったことである。津氏は葛井・船氏とともに渡来人王辰爾の後裔であり、河内国丹比郡の大津神社（大阪府羽曳野市高鷲）周辺を本居とした。王仁の後裔氏族である西文氏との結合を強め、早い段階で仏教を受容し、その後も中国や朝鮮半島ときわめて密接に交渉したことは、井上光貞[27]の研究に詳細である。道昭・慈訓（船氏）、慶俊（葛井氏）ら八世紀に活躍する僧を生んだ氏族群でもある。真道が大学に入学しなかったとすれば、彼の学問形成がこのような氏族的な環境のなかで行われたことは想像に難くない。井上も指摘するように、西琳寺は西文氏の氏寺であり、前述したように、西琳寺は八世紀後半には等定や鑑真の集団の活動の場であった。真道が西琳寺と何らかの関係を有した可能性は大いにあるだろう。真道は弘仁五年に七十四才で死去した。したがって、天平十三年（七四一）生まれである。年齢的にも、学問形成の時期はほぼ等定や鑑真一門と西琳寺との関わりが存在した時期である。

真道や秋篠安人とともに『続日本紀』の編纂に当たった中科巨都雄もやはり津氏である。延暦十年に少外記で中科宿祢を賜姓された。延暦十六年に外従五位下に昇進し、この時、大外記であった。さらに同年に『続日本紀』編纂の功績により、従五位下に昇進した（この時、大外記・常陸少掾）。具体的な根拠を欠くが、巨都雄も真道と同様な環境で学問形成を行った可能性があるだろう。

秋篠安人はもとは土師氏で、菅野真道の跡を追うようにして、昇進した文人である。安人は延暦元年に少内記で、秋篠を賜姓され、八年に外従五下へ昇進、大外記とみえ、翌九年には右兵衛佐を兼任した。十年に従五位下に昇進し、少納言（右兵衛佐と兼任）となった。十五年には左少弁となり、十六年には『続日本紀』編纂の功績により、正五位上昇進し（この時、左少弁・右兵衛佐・丹波守）、十八年には左中弁在任で中衛少将に就任した。二十四年、菅野真道とともに参議となり、右大弁に任命された（近衛少将・勘解由長官を兼任）。弘仁十二年、七十才で死去した。天平勝宝四年（七五二）生まれである。安人は、土師古人らに対する菅原賜姓に預らなかったとして、秋篠賜姓を申請した（『続日本紀』延暦元年五月二十一日条）。土師（菅原）古人と血縁的に近い人物であったのではないかと思われるが、確証はない。安人の学問形成に関する史料を欠き、少なくとも大学修学や式部省試の及第などの事実は確認できない。

さらに注目すべき人物はその菅原（土師）古人である。古人は宝亀十年に外従五位下に昇進し、天応元年（七八一）に遠江介に任命され、同年、従五位下に昇進し、さらに、菅原を賜姓された。延暦四年にはその侍読の功績により、男四人に奨学のために衣粮が支給された。ここには「故遠江介従五位下菅原宿祢古人」とあるので、官職的には外官にとどまり、有力な人物ではなかったらしい。古人は清公の父であり、道真にいたる学者の一族の冒頭に位置する人物である。『公卿補任』承和六年（八三九）条の清公尻付には「遠江介従五下古人四男」とあり、清公も衣粮を受けた男の一人であったと思われる。古人は、その処遇からみて、おそらく皇太子時代の山部親王に近侍した学者であったと思われるが、具体的なあり方は不明である。

秋篠安人や菅原古人と桓武天皇の関係を考えるうえで、まず、問題となるのは桓武の外祖母土師真妹の存在であろう。桓武の母高野新笠は和（高野）乙継と真妹の子であった。『続日本紀』延暦九年十二月三十日条は、菅原道長・秋篠安人への朝臣賜姓、土師諸士らへの大枝朝臣賜姓の記事であるが、そこには「其土師氏惣有二四腹一。中宮母家者是毛受腹也。故毛受腹者賜二大枝朝臣一。自余三腹者　或従二秋篠朝臣一　或属二菅原朝臣一矣」とある。土師真妹（中宮母）は土師氏のうち、毛受腹であり、その一族は大枝朝臣を賜姓された。毛受腹以外は居住地などにより秋篠・菅原を賜姓された。したがって、安人・古人は毛受腹ではなく、土師真妹の近親なのではない。ただ、山部親王や早良親王が土師氏と密接な関係をもつことは事実と思われ、彼らが桓武天皇に近侍したのもそれが理由であったと思われる。

秋篠安人や菅原古人の修学・学問形成のあり方を示す適当な史料はない。やはり、秋篠寺・菅原寺が彼らの学問形成の場ではなかったかと思われる。彼らが大学で修学したことを示すものはもとより、どこで学問形成を行ったかを示す史料はない。前述のように、この二つの寺院は善珠とゆかりが深かった。そして、善珠のもとでは、僧だけでなく、膳大丘や土師乙勝などの官人が内教・外伝を学んでいた。安人や古人にとって、この二つの寺院が身近に存在する学問の場のひとつであったことは確実であり、その可能性を第一に想定することができよう。安人や古人は秋篠寺や菅原寺において、上記の人物たちとの交流のなかで学問を形成していった可能性があるのではないだろうか。確証は得られないが、このように考えておきたい。

和気清麻呂も桓武天皇にとって重要な人物である。和気清麻呂に関する基本的な研究として平野邦雄や長谷部将司のそれ(28)をあげることができる。道鏡事件後の官歴を簡単に整理しておく。宝亀元年に京にもどり、翌二年に本位に復帰し、播磨員外介に任命された。その後、豊前守に任命されたと考えられる。清麻呂が大きく昇進するのは桓武天皇の即位後であり、天応元年に従五位下から従四位下へ昇進し、延暦二年に摂津大夫となって長岡京遷都に関与し、民部大輔・中宮大夫などを歴任した。十五年には従三位に到達しており、十八年に死去した。この時、民部卿・造宮大夫であった。官職は長岡京・平安京造営に関わるものが主で、長岡京の停止と平安京遷都を奏上したのもそのためであろう。同時に、この奏上について「清麻呂潜奏」とあり（『日本後紀』延暦十八年二月二十一日条清麻呂伝）、清麻呂が日常的に桓武に近侍していたことを暗示するようでもある。姉広虫は桓武期においても後宮に出仕したと考えられ、清麻呂も桓武に近侍する人物の一人であったことはまちがいない。しかし、内記・外記や弁官を歴任した菅野真道や秋篠安人などの典型的な文人型の貴族ではない。ただし、清麻呂は学問に対して浅くはない造詣を有した。清麻呂伝には長子広世が大学南辺に弘文院を置き、内外経書数千巻を蔵し、墾田を学料としたことなどは父の志を終したものであるとの記載がある。

道鏡事件前の段階では清麻呂に文人的な要素は希薄である。道鏡事件の前、清麻呂は右兵衛少尉や近衛将監を歴任した。平野邦雄は兵衛として出身し、右兵衛少尉となったと推定し、長谷部将司もそれを継承する。この段階ではむしろ武人的な性格が看取できる。しかし、天応元年に急激な昇進をした時、同時に「明経紀伝及陰陽医家」の才能ある士に糸が支給されており（『続日本紀』同年十一月十八日条）、この措置が全体として学問などに優れた人物に対する褒賞の意味をもったことがわかる。ここでは、清麻呂は文人的な人物として扱われた可能性がある。したがって、道鏡事件以後、桓武即位までの間で、文人としての要素を獲得する段階が存在した可能性を考えなければならない。そこで注目されるのが大安寺南塔院の存在である。『叡山大師伝』には次のような記述がある。

（弘仁）六年秋八月　縁㆓和気氏請㆒　赴㆓於大安寺塔中院㆒　闡㆓揚妙法㆒。時有㆓諸寺強識博達大徳等㆒　集㆓会法筵㆒。巍巍智竜興㆓重雲於秋風㆒　赫赫義虎解㆓厚氷於夏日㆒。或争㆑学或競㆑論　或呼㆓客作㆒或索㆓証文㆒。（略）

最澄が延暦六年に和気氏の要請により、大安寺塔中院（南塔院）において法会を行ったのである。横田健一(29)がこの記事を詳細に論じる。和気氏と最澄の関係について、横田は延暦二十一年に、広世・真綱が最澄を高雄山寺に招請して法会を行ったこと（『叡山大師伝』）に着目し、それは清麻呂の時代にさかのぼるだろうと推測する。また、前述のように、宝亀頃に清麻呂が八幡神を勧請して南塔院を建立したとする。

『日本霊異記』中巻第二十四縁には、聖武天皇の時代に、鬼に召されたかけた楢磐島が「大安寺南塔院」の仁耀に読経を依頼したとあり、『唐大和上東征伝』に天平宝字三年（七五九）に「大安寺塔院」の存在が記される。前者は説話である以上、時期の確実性は低いかもしれない。後者は前述したように、おそらく唐院の誤りである。横田の見解に従って南塔院の創建時期をとらえておきたい。

宝亀頃の八幡神の勧請は、詳細には清麻呂が豊前守となった後であろう。長谷部将司は清麻呂の豊前守就任を宝亀二年のこととし、四年の時点で、清麻呂は現地に赴任していたとしてよく、宝亀五年以降は、官職を帯びた形跡がないとする。清麻呂は豊前守として宇佐八幡宮とも再び関連をもった後、大安寺に八幡社を勧請したということでよかろう。そして、この時から天応元年の叙位までの間が清麻呂が学問を修得していった時期に当たるのではなかろうか。この間に清麻呂は八幡神の勧請や南塔院の創建に深く関わり、そのなかで学問を修得していったと考えておきたい。前述のように、大安寺南塔院は、やはり、淡海三船とも深く関わる場所であった。

以上のように、桓武天皇に学問的な素養をもって近侍した菅野真道・秋篠安人・菅原古人・和気清麻呂は、早良親王を含む学問的なネットワークのなかで育ち、学問的な形成を行った人物であったと考えるべきである。その意味では、このネットワークは桓武天皇をも含み込み、その政策スタッフを供給する機能も有したといえる。母を同じくし、当初、天皇と皇太子の関係にあった桓武と早良は、おそらくひとつの学問的なネットワークのなかで、自らの学問的な素養を得るとともに、自らを支持する人材を得たのであった(30)。

第四章　桓武天皇と仏教

「西琳寺文永注記」の桓武天皇が等定を師としたとの記述の信頼性はともかく、桓武天皇は東大寺・興福寺・大安寺（およびいくつかの寺院）といった寺院と密接な関係を有したことは事実である。しかし、このことにより、桓武が仏教に対して強く統制的な方針をとり、仏教との間にある距離を保ったことを否定するつもりはない。寺院を中心とするネットワークのなかから文人たちが輩出されたのは、桓武の周辺の彼らがほぼ最後ではなかったかと思われる。宝亀・延暦期には大学の振興策が実施されたとされる。そのなかから大学出身の文人たちが登場することになった。ほかならぬ、和気清麻呂や菅原古人の子の世代がその最初であったと思われる。

清麻呂には六男三女がいたが、広世は和気清麻呂伝には「起家補㆓文章生㆒。延暦四年坐㆑事被㆓禁錮㆒」とあるので、延暦四年（七八五）以前に文章生となっていたことがわかる。延暦四年の事件とは当然、藤原種継暗殺事件のことである。しかし、恩詔によって免罪され、大学頭などを歴任した。藤原種継暗殺にどのように関与したのかは不明であるが、次に述べる菅原清公の事例から類推すると、学問上の関係から、早良親王に近侍した可能性がある。仲世は『日本文徳天皇実録』仁寿二年（八五二）二月十九日条の伝に「年十九為二文章生一。大同元年為二大学大允一」とある。この年に六十九才であるので、延暦三年生まれで、十九才は延暦二十一年のことになる。真綱は『続日本後紀』承和十三年（八四六）九月二十七日条の伝に「少遊二大学一 頗読二史伝一。弱冠補二文章生一。延暦廿二年始預二官班一 任二内舎人一」とある。この年に六十四才であり、延暦二年生まれで、弱冠（二十才）で文章生に補されたとすると、延暦二十一年になる。翌二十二年に内舎人として出身した。弁官などを歴任し、最終的には参議まで昇任した。以上の三名は大学での修学の後、官歴が始まる点で共通する。ただ、真綱は文章生となった翌年には内舎人として出仕した。これは、出身の問題で舎人コースが有利であったからと思われるが、大学で充分に修学したとはいえない面もある。

菅原清公は、伝によると（『続日本後紀』承和九年十月十七日条）、宝亀二年（七七一）生まれで、年少の時期にすでに経史を学び、「弱冠奉レ試 補二文章生一。学業優長 学二秀才一。十七年対策登科。除二大学少允一」とその後の経歴を示す。弱冠で文章生となり、秀才（得業生）を経て、延暦十七年に対策試に合格し、大学少允に就任したのである。『公卿補任』（承和六年条清公尻付）にはやや詳細な記事があり、それによると、十七年三月二十五日に対策試を受け、いったん不第と判定されたが、後に及第したらしい。なお、『公卿補任』には得業生となった後、美濃少掾に任命されたことがみえるが、これは得業生兼国の事例であろう。『日本三代実録』元慶四年（八八〇）八月三十日条の菅原是善伝にも清公の経歴の記載がある。

年少期における修学がどのような形を取ったかはわからない。前述のように、修学のために衣粮の支給を受けたのはこの時期である。伝には文章生になる前のこととして「延暦三年詔令陪東宮」とみえ、東宮に陪従したことがわかる。年代からみて、東宮とは早良親王のことである。この時、清公は十三才であったことになる。このことは清公と早良の特別な関係を示唆し、やはり、清公が早良周辺の学問的なネットワークのなかで育ったことを推測させる。また、晩年のこととして「其後託レ病　漸絶二入内一。仁而愛レ物　不レ好二殺伐一。造像写経　以レ此為レ勤。恒服二名薬一　容顔不レ衰」ともみえる。内裏に出仕することをとどめ、造像写経に専念したのである。仏教に対する信仰をもったことも年少期の修学に起因する可能性がある。しかし、その後、大学で修学し、そこで学問形成を行ったことは事実である。

以上のように、おおむね、桓武天皇周辺の文人たちの子の世代あたり、年代的には延暦期後半頃から、大学での修学から文人として出仕する形が一般化したように思われる。おそらく和気広世や菅原清公は、当初、学問的なネットワークを基盤として早良親王に近侍しながらも、大学での修学を経験した点において、その転換点に位置する人物といってよいだろう。これは、個別の人物に関わる問題ではなく、文人の育成に関わる政策的な変化の反映であろう。文人は寺院を場とするネットワークではなく、大学において育成されるようになったのである。それは、まちがいなく、当該期の仏教政策の一端であった。当該期に国家と仏教の関係を再構築したことは事実であり、両者の関係は、以前と比較して、疎遠なものとなり、国家による仏教統制の側面が強化されたのは事実である。政治を支える文人貴族の育成機能、あるいは、さらに儒学そのものを仏教や寺院から分離する意図が存在し、その結果が、広世や清公の学問形成のあり方であったのではなかろうか。

おわりに

早良親王の周辺の僧や文人に検討を加えることから始めて、八世紀後半から九世紀初頭の学問のあり方や、文人の育成方法を考察してきた。結論を要約すると、次の通りである。

(1)桓武天皇や早良親王は東大寺・大安寺・興福寺および秋篠寺・菅原寺・西琳寺にまたがり、良弁・鑑真・道璿・善珠らの一門、および俗人では淡海三船などを含む、聖俗が混在し、仏教・儒教にわたる学問的ネットワークの一員であった。

(2)桓武天皇に近侍した文人（菅野真道・秋篠安人・菅原古人および和気清麻呂）はこの学問的ネットワークのなかで学問形成を行ったと思われる。

(3)桓武期は文人貴族の育成方法において画期となる時期で、寺院を中心とする学問的ネットワークにおける育成は衰退し、大学における育成へと転換した。それは当時の仏教政策の一環であり、学者（官僚）の育成あるいは儒学自身を仏教や寺院から分離する政策であったと考えられる。

以下、論じ残した点などを示し、稿を閉じたい。本稿で析出した、聖俗にまたがり、寺院の枠を越えた、緩やかといってよい学問的なネットワークは、おそらく八世紀を中心とする寺院の学問のあり方の反映であろう。周知のごとく、各寺院には複数の学問集団としての宗があり、それらの結合体として寺院の教学が存在した。同一の宗を通じて、複数の寺院がネットワーク化されることは充分に考えられるであろう。本稿で問題としたネットワークが全体の仏教のなかでどのように位置を占めるのかは不明であるが、同質のネットワークの集まりが当時の仏教研究そのものであったと考える。しかし、その実態の解明にはさらに課題が多い。九世紀初頭以後、このようなネットワークは成立しにくくなるのであろう。天台宗・真言宗といった、より強固な宗派性をもつ集団が登場するのがこの時期であり、総体として、仏教は強固な宗派の緩やかな結合体へと移行していったと思われる。このようなネットワークは、学者の育成機能を失ったのみならず、存在そのものが消えゆく運命にあったといえるだろう。(31)

藤原種継暗殺に関して、早良親王と結びついた奈良の寺院勢力が桓武の遷都政策に反対したことがしばしば論じられる。早良親王と結合した寺院勢力とは本稿で示したネットワーク以外には考えにくいのではないかと思われるが、和気広世が処分された（ただし、恩詔によって免罪）ことが確認できるが、それ以外に処分された形跡のある人物はいない。彼らは基本的に種継暗殺事件とは無関係であったとと考えるべきである。早良親王を取り巻く寺院勢力が桓武の遷都政策に反対したとする従来の理解は再検討の余地が大きいのではなかろうか。

本稿から派生する問題は多いが、それらはすべて今後の課題としたい。

註

（1）山田英雄「早良親王と東大寺」（『南都仏教』一二、一九六二年）。
（2）醍醐寺本『諸寺縁起集』所収、藤田経世編『校刊美術史料　寺院篇上』（中央公論美術出版、一九七二年）による。辻憲男「大安寺碑文を読む」（『親和国文』三二、一九九七年）参照。
（3）醍醐寺本『諸寺縁起集』所収、藤田経世編『校刊美術史料　寺院篇上』による。
（4）山田英雄註（1）論文、山本幸男「早良親王と淡海三船――奈良末期の大安寺をめぐる人々――」（『高野山大学密教文化研究所紀要』別冊一、一九九九年）。
（5）牧伸行「東大寺と等定」（同『日本古代の僧侶と寺院』〈法藏館、二〇一一年〉、初出一九九六年）。
（6）正倉院文書は『大日本古文書（編年文書）』の収録を一八―四五七のように、巻数とページで記す。

（7）鷺森浩幸「奈良時代における寺院造営と僧――東大寺・石山寺造営を中心に――」（『ヒストリア』一二一、一九八八年）。

（8）等定は早良親王の次の別当であったと思われる。早良の立太子による交替ではなかっただろうか。

（9）本郷真紹「光仁・桓武朝の国家仏教」（同『律令国家仏教の研究』〈法藏館、二〇〇五年〉、初出一九九一年）は東大寺から大安寺の移住に関して、時期をずらせて、光仁期の大安寺の地位上昇との関わりをもつとする。

（10）佐久間竜「等定」（同『日本古代僧伝の研究』〈吉川弘文館、一九八三年〉、初出一九七二年）、牧註（5）論文。

（11）天平勝宝五年（七五三）八月五日法華寺牒（四―九六）。

（12）直木孝次郎「秋篠寺と善珠僧正」（同『奈良時代史の諸問題』〈塙書房、一九六八年〉、初出一九六三年）、山本註（4）論文、本郷註（9）論文。

（13）井上光貞「東域伝灯目録より見たる奈良時代僧侶の学問」（同『日本古代思想史の研究』〈岩波書店、一九八二年〉、初出一九四八年）。

（14）曽根正人「平安初期南都仏教と護国体制」（同『古代仏教界と王朝社会』〈吉川弘文館、二〇〇〇年〉、初出一九八四年）、末木文美士「日本法相宗の形成」（同『日本仏教思想史論考』〈大蔵出版、一九九三年〉、初出一九九二年）。

（15）大平聡「天平勝宝六年の遣唐使と五月一日経」（笹山晴生先生還暦記念会編『日本律令制論集』上、吉川弘文館、一九九三年）。

（16）山本註（4）論文。

（17）『続日本紀』では天平勝宝三年（七五一）正月二十七日に淡海真人を賜姓された。

（18）蔵中進「文人之首（その一）――淡海三船の生涯と文学――」（『日本文学』二〇―一一、一九七一年）。

（19）福原栄太郎「淡海三船・石上宅嗣――唐で評価を得た文人ふたり――」（栄原永遠男編『古代の人物3　平城京の落日』清文堂出版、二〇〇五年）。

（20）『宝冊鈔』、『唯識論同学鈔』。蔵中進「淡海三船『送戒明和尚状』考」（『万葉』七三、一九七〇年）参照。蔵中はこの書状の内容や形式を検討し、三船の手になるものと考えてまちがいはないと指摘する。

（21）二四―五一三。「僧付明戒」と記されるが、転倒符が付される。これは戒明の誤記と考えられる。

(22)　横田健一「和気氏と最澄と大安寺と八幡神」(同『白鳳天平の世界』〈創元社、一九七三年〉、初出一九七〇年)。
(23)　なお、大安寺の学問的な活動については渡来僧や漢詩文の制作を中心に考察を試みた蔵中しのぶ『奈良朝漢詩文の比較文学的研究』(翰林書房、二〇〇三年)、中川由莉「奈良時代の大安寺——仏教受容におけるその役割——」(『寧楽史苑』五二、二〇〇七年)がある。
(24)　さしあたり、検討の必要があると考えるのは戒明の師慶俊である。慶俊は大安寺僧とされ、東大寺の良弁などとも交流があったと思われる。慶俊については、改めて考えてみたい。
(25)　古藤真平「文章得業生試の成立」(『史林』七四—二、一九九一年)、「八・九世紀文章生、文章得業生、秀才、進士試受験者一覧(稿)」(『国書逸文研究』二四、一九九一年)。
(26)　森田悌『日本後紀 全現代語訳』中(講談社学術文庫、二〇〇六年)も「学問は甲科に及ばず恥じいっているのですが、禄を求めて下級官人として出仕し」と訳する。この訳が適切であると考える。
(27)　井上光貞「王仁の後裔氏族と其の仏教」(同『日本古代思想史の研究』〈岩波書店、一九八二年〉、初出一九四三年)。
(28)　平野邦雄『和気清麻呂』(吉川弘文館、一九六四年)、長谷部将司『日本古代の地方出身氏族』(岩田書院、二〇〇四年)。
(29)　横田註(22)論文。
(30)　なお、最澄や空海もやはりこのネットワークにつながっていたと思われる。最澄の場合、まず、師行表が延暦十六年に大安寺西唐院において死去したとされる点が注目される(『内証仏法血脈譜』)。行表は道璿の弟子であり、大安寺西唐院とは道璿の居住地であった唐院のことであろう。また、和気清麻呂との交流は先に述べた通りである。空海の場合、虚空蔵求聞持法を空海に伝えた一沙門とは、通説では勤操とされるが、堀池春峰「弘法大師と南都仏教」(同『南都仏教史の研究　下　諸寺篇』〈法藏館、一九八二年〉、初出一九七八年)は戒明と推定する。空海は戒明がもたらした釈摩訶衍論を非常に重視した。
(31)　野田有紀子「平安貴族子弟の寺院生活と初等教育」(榎本淳一編『古代中国・日本における学術と支配』同成社、二〇一三年)は平安時代末期における貴族子弟が寺院で初等教育を受けたことを論じる。この時代までの変遷もまた、検討課題である。

あとがき

全三冊からなる『東大寺の新研究』の第二冊、「歴史のなかの東大寺」をようやく刊行することができた。本冊に収める論文二十三編はすべて文献史学の研究者の手になり、しかもその大部分は東大寺要録研究会で報告されたものである。古代から近世に至る東大寺の長い歴史が、それぞれ独自の視角・方法で探究され、文字通りの「新研究」論集として結実した。

いま私は一九八八年三月、同じ法藏館から『中世寺院史の研究』上下二冊が発刊されたことを思い出さずにおれない。編者は中世寺院史研究会、その代表が黒田俊雄氏であった。黒田氏の提唱した顕密体制論によって中世仏教史が革新され、一方で「社会史」も輝きを失っていなかったそのころ、「寺院史」という総合的な研究分野が拓かれつつあった。同書には二十一人の中世史研究者が集い、さまざまな中世寺院の組織・活動・社会生活を解明し、活写していた。まことに充実した、魅力的な共同研究の成果であった。

しかしもちろん、寺院史は中世史だけのものではない。日本中世の社会・国家における寺社勢力の重要性は贅言するまでもなく、それゆえ複雑にして興味深い事象に満ちている。ただし、古代寺院も近世寺院もそれぞれ独自の役割と様相をもち、決して中世寺院の前史や後日談ではなかった。また、寺院史は文献史学だけのものでもない。考古学・建築史学・美術史学・音楽学・仏教学・文学など、多様な分野からのアプローチと協業が不可欠である。そうしたことは『中世寺院史の研究』でも自明の前提とされ、あらゆる時代と地域において、学際的で自由な寺院史研究が進められることが希求されていたのである。

あれからもうすぐ三十年。日本前近代の寺院史研究はどこまで発展をとげたのであろうか。東大寺という、おそらくは日本で最も豊かな歴史遺産・歴史情報を包蔵する寺院について、私たちは新しい共同研究を進めた。『東大寺の新研究』全三冊が、次なる三十年の基盤となることを強く期待するものである。

本書が成るにあたって、東大寺からは東大寺要録研究会に御支援をたまわった。深く感謝申し上げる。そして、御多忙のなか力作をお寄せ下さった執筆者各位、編集・刊行に御尽力いただいた法藏館に、編者の一人として心より御礼申し上げる。

なお、本書は、平成二十四～二十八年度科学研究費補助金（基盤研究B）による「東大寺史の総合的再構成――『東大寺要録』を中心に――」（課題番号二四三二〇一二九）の成果の一部である。

二〇一七年二月

吉川真司

執筆者紹介（五十音順）

飯田剛彦（いいだ　たけひこ）
一九六八年生まれ。専攻は日本古代史。宮内庁正倉院事務所保存課保存科学室長。主な著作に『正倉院の地図』（『日本の美術』第五二一号、ぎょうせい、二〇〇九年）。

飯塚　聡（いいづか　さとし）
一九六一年生まれ。専攻は日本古代史、寺院制度史、日本蚕糸業史。群馬県立高崎高等学校通信制教頭。主な論文に「平安前期東大寺修理造営と造寺使に関する覚え書」（『財団法人群馬県埋蔵文化財調査事業団研究紀要』六号、一九八九年）。

遠藤慶太（えんどう　けいた）
一九七四年生まれ。専攻は日本古代史。皇學館大学研究開発推進センター准教授。主な著作に『日本書紀の形成と諸資料』（塙書房、二〇一五年）。

門井直哉（かどい　なおや）
一九七一年生まれ。専攻は歴史地理学。福井大学教育学部教授。主な論文に「古代日本における畿内の変容過程――四至畿内から四国畿内へ――」（『歴史地理学』五四―五、二〇一二年）。

熊谷隆之（くまがい　たかゆき）
一九七三年生まれ。専攻は日本中世史。富山大学人文学部准教授。主な論文に「モンゴル襲来と鎌倉幕府」（大津透ほか編『岩波講座　日本歴史　第七巻　中世2』岩波書店、二〇一四年）。

小原嘉記（こはら　よしき）
一九七七年生まれ。専攻は日本中世史。中京大学国際教養学部准教授。主な論文に「鎌倉初期の東大寺再建と栄西」（『論集　中世東大寺の華厳世界』ザ・グレイトブッダ・シンポジウム論集第一二号、東大寺、二〇一四年）。

斎木涼子（さいき　りょうこ）
一九七八年生まれ。専攻は日本古代史。奈良国立博物館学芸部研究員。主な論文に「摂関・院政期の宗教儀礼と天皇」（大津透ほか編『岩波講座　日本歴史　第五巻　古代5』岩波書店、二〇一五年）。

栄原永遠男
奥付に記載。

鷺森浩幸（さぎもり　ひろゆき）
一九六〇年生まれ。専攻は日本古代史。帝塚山大学文学部教授。主な著作に『日本古代の王家・寺院と所領』（塙書房、二〇〇一年）。

佐々田悠（ささだ　ゆう）
一九七六年生まれ。専攻は日本古代史。宮内庁正倉院事務所技官。主な論文に「記紀神話と王権の祭祀」（大津透ほか編『岩波講座　日本歴史　第二巻　古代2』岩波書店、二〇一四年）。

佐藤　信
奥付に記載。

佐藤泰弘（さとう　やすひろ）
一九六三年生まれ。専攻は日本古代・中世史。甲南大学文学部歴史文化学科教授。主な著作に『日本中世の黎明』（京都大学学術出版会、二〇〇一年）。

杉本一樹（すぎもと　かずき）
一九五七年生まれ。専攻は日本古代史。宮内庁正倉院事務所長。主な著作に『日本古代文書の研究』（吉川弘文館、二〇〇一年）。

竹内　亮（たけうち　りょう）
一九七三年生まれ。専攻は日本古代史。日本学術振興会特別研究員（ＰＤ）・奈良大学大学院研究員。主な著作に『日本古代の寺院と社会』（塙書房、二〇一六年）。

中林隆之（なかばやし　たかゆき）
一九六三年生まれ。専攻は日本古代史。新潟大学人文・社会・教育科学系（人文学部）教授。主な著作に『日本古代国家の仏教編成』（塙書房、二〇〇七年）。

野尻　忠（のじり　ただし）
一九七二年生まれ。専攻は日本古代史。奈良国立博物館学芸部企画室長。主な論文に「金光明最勝王経（百済豊虫願経）書誌解題」（総本山西大寺編『国宝西大寺本金光明最勝王経　天平宝字六年百済豊虫願経巻六～巻十』勉誠出版、二〇一三年）。

濱道孝尚（はまみち　たかひさ）
一九八四年生まれ。専攻は日本古代史。大阪市立大学都市文化研究センター研究員。主な論文に「写経所における「私書」の書写――奈良朝官人社会に関する小論――」（『正倉院文書研究』一三号、二〇一三年）。

坂東俊彦（ばんどう　としひこ）
一九七〇年生まれ。専攻は日本近世史。東大寺史研究所研究員。主な論文に「近世東大寺復興活動の一側面――西国沙汰所を中心に――」（『論集　近世の奈良・東大寺』ザ・グレイトブッダ・シンポジウム論集第四号、東大寺、二〇〇六年）。

久野修義（ひさの　のぶよし）
一九五二年生まれ。専攻は日本中世史。岡山大学大学院社会文化科学研究科教授。主な著作に『日本中世の寺院と社会』（塙書房、一九九九年）。

古市　晃（ふるいち　あきら）
一九七〇年生まれ。専攻は日本古代史。神戸大学大学院人文学研究科准教授。主な著作に『日本古代王権の支配論理』（塙書房、二〇〇九年）。

横内裕人（よこうち　ひろと）
一九六九年生まれ。専攻は日本中世史。京都府立大学文学部准教授。主な著作に

『日本中世の仏教と東アジア』（塙書房、二〇〇八年）。

吉江　崇（よしえ　たかし）
一九七三年生まれ。専攻は日本古代史。京都教育大学教育学部准教授。主な論文に「平安前期の王権と政治」（大津透ほか編『岩波講座　日本歴史　第四巻　古代4』岩波書店、二〇一五年）。

吉川真司
奥付に記載。

渡部陽子（わたなべ　ようこ）
一九八二年生まれ。専攻は日本古代史。大阪市立大学都市文化研究センター研究員。主な論文に「正倉院文書にみえる帙」（『正倉院文書研究』一三、二〇一三年）。

【編者略歴】

栄原永遠男（さかえはら　とわお）

1946年生まれ。専攻は日本古代史、正倉院文書。東大寺史研究所所長、大阪歴史博物館館長。主な著書に『正倉院文書入門』（角川学芸出版、2011年）がある。

佐藤　信（さとう　まこと）

1952年生まれ。専攻は日本古代史。東京大学大学院人文社会系研究科教授。主な著書に『日本古代の宮都と木簡』（吉川弘文館、1997年）がある。

吉川真司（よしかわ　しんじ）

1960年生まれ。専攻は日本古代史。京都大学大学院文学研究科教授。主な著書に『律令官僚制の研究』（塙書房、1998年）がある。

東大寺の新研究2

歴史のなかの東大寺

二〇一七年三月三一日　初版第一刷発行

編　者　栄原永遠男
　　　　佐藤　信
　　　　吉川　真司

発行者　西村　明高

発行所　株式会社　法藏館
　　　　京都市下京区正面通烏丸東入
　　　　郵便番号　六〇〇-八一五三
　　　　電話　〇七五-三四三-〇〇三〇（編集）
　　　　　　　〇七五-三四三-五六五六（営業）

印刷・製本　亜細亜印刷株式会社

ISBN 978-4-8318-6022-4 C3021

東大寺の新研究1
東大寺の美術と考古　栄原永遠男・佐藤　信・吉川真司編　一七、〇〇〇円

日本古代の僧侶と寺院　牧　伸行著　二、八〇〇円

奈良時代の官人社会と仏教　大艸　啓著　三、〇〇〇円

権力と仏教の中世史　**文化と政治的状況**　上横手雅敬著　九、五〇〇円

奈良朝仏教史攷　山本幸男著　一一、〇〇〇円

ザ・グレイトブッダ・シンポジウム論集　GBS実行委員会編　各二、〇〇〇円
第三号・論集　カミとほとけ――宗教文化とその歴史的基盤／第四号・論集　近世の奈良・東大寺／第五号・論集　鎌倉期の東大寺復興――重源上人とその周辺／第六号・論集　日本仏教史における東大寺戒壇院／第七号・論集　東大寺法華堂の創建と教学／第八号・論集　東大寺二月堂――修二会の伝統とその思想／第九号・論集　光明皇后――奈良時代の福祉と文化／第十号・論集　華厳文化の潮流／第十一号・論集　平安時代の東大寺――密教興隆と末法到来のなかで／第十二号・論集　中世東大寺の華厳世界――戒律・禅・浄土／第十三号・論集　仏教文化遺産の継承――自然・文化・東大寺（第一号、第二号品切）

法藏館　価格税別